ALL NEW

Smart

SMART DICTIONARY OF EASY ENGLISH EXPRESSIONS

영어회화
표현사전
5000

E&C

MENT○RS

믿고보는 멘토스의 All New SMART
영어회화 표현사전 5000

2024년 11월 18일 인쇄
2024년 11월 25일 개정판 포함 12쇄 발행

지 은 이 Chris Suh
발 행 인 Chris Suh
발 행 처 **MENT⊘RS**
　　　　경기도 성남시 분당구 황새울로 335번길 10 598
　　　　TEL 031-604-0025 FAX 031-696-5221
　　　　mentors.co.kr
　　　　blog.naver.com/mentorsbook
　　　　* Play 스토어 및 App 스토어에서 '멘토스북' 검색해 어플다운받기!
등록일자 2005년 7월 27일
등록번호 제 2009-000027호
I S B N 979-11-94467-01-4
가　　격 26,500원(MP3 무료다운로드)

Preface

"네이티브는 절대 어려운 말로 영어를 하지 않는다!"

"네이티브는 절대 어려운 말로 영어를 하지 않는다!"라는 사실을 모르는 사람이 있을까? "네이티브는 어떻게 그렇게 쉬운 말로 영어를 잘할까?"하고 얄미운 생각이 들어본 적이 없는 사람이 있을까?

우리나라의 영어실력은 언제나 상위권에 들지 못한다. 영어를 못하는 이유로 항상 단골 메뉴인 '실수를 두려워하는 습성,' '완벽한 영어를 지향하려는 갸륵한 시도' 등을 감안한 다 하더라도 10년 넘게 영어교재를 학습하고, 영어강의를 듣거나 영어학원을 다니면서 도 여전히 네이티브 앞에 서면 꿀먹은 벙어리가 되는 것은 왜일까? 혹 실수를 하려고 해 도 표현들이 머릿 속에 없어서 그런 것은 아닐까? 맨날 'open'만하고 'save'를 하지 않은 건 아닐까?

"SMART한 영어학습법"

영어의 가치를 강조하는 건 이젠 입이 아프다. 듣는 사람도 지겨울 것이다. 이보다는 영 어회화를 어떻게든 빨리 배워서 사용할 수 있는 방법을 깨우치는게 급선무다. 방법은 딱 한가지이다. 네이티브들이 즐겨 사용하는 쉬운 표현들을 머릿속에 아주 많이 'save'해놓 는 것이다. 이것이 스마트한 시대에 가장 잘 어울리는 현명한 영어학습법이다.

"SMART 영어회화 표현사전 5000"

『All New SMART 영어회화 표현사전 5000』을 개정증보하여 출간하게 된 것도 바로 이 런 연유에서이다. 『All New SMART 영어회화 표현사전 5000』은 족집게로 집어내듯이 네이티브들이 즐겨 사용하는 쉬운 표현들만 모아서 영어회화를 학습하는 분들에게 가장 효율적으로 전달하는 방법을 연구하였다. 미국 현지에 있는 네이티브들의 도움으로 그 들 머릿속 구석구석을 탐사하면서 활용빈출도가 매우 높은 표현들을 세심하게 골라 빨 리 이해하고 오래 기억될 수 있도록 상황별로 약 5,000여개의 표현들을 집중해서 정리 하였다. 이 표현들을 지~발 눈으로만 보는 게 아니라 큰소리로 따라 읽고 조금은 많지 만 입에 착 달라붙게 달달 암기하여 머릿속에 저장해야 한다. 그래서 필요할 때마다 마 음대로 꺼내 사용할 수 있는 경지(?)에 올라 영어 말하기가 무서움이 아닌 즐거움이 되 어야 한다.

"영어회화 표현사전의 종결서(書)"

물론 어려운 표현도 알아두면 좋겠지만 이는 듣기용이면 족하다. 스피킹용으로는 절대 적으로 쉬운 표현만 알아도 영어로 끝내주게 말할 수 있다는 점을 명심해야 한다. 이제 이책 『All New SMART 영어회화 표현사전 5000』은 영어회화 표현사전의 종결서(書)로, 이 한 권만 완전히 달달달 암기하여 단단히 저장해 두면 태산같아 보이던 영어회화의 산 을 정복하는 그 날이 성큼 다가올 것이라고 확신한다.

How to Use This Book

『All New SMART 영어회화표현사전 5000』이 하는말

"네이티브들이 일상생활에서 반드시 쓰게 되는 기본 표현 5,000개를 비슷한 상황별로 집중적으로 모아, 이제 우리도 스마트하게 네이티브처럼 쉬운 말로 영어회화를 술술할 수 있다."

01 네이티브들이 안 쓰고는 못배기는 기초 표현 5,000여개를 한자리에 모았다.

02 비슷한 표현들끼리 묶어서 한눈에 이해하고, 쉽게 암기하도록 꾸며졌다.

03 각각의 표현에는 해설이 간략하게 1~2줄로 컴팩트하게 되어 있어 지루하지 않다.

04 각 표현 밑에 들어 있는 추가 용례(usage)를 통해 직접 영어로 문장을 만들어 본다.

05 미국 현지에서 날아온 생생한 다이얼로그와 예문을 통해 영어 표현을 완전히 내 것으로 만든다.

『All New SMART 영어회화표현사전 5000』의 내용

총9개의 Chapter로 상황을 대분하였으며, 각 Chapter는 상황을 1p 혹은 2p로 세부적으로 구분하여 정리하였기 때문에 순서없이 아무 데나 원하는 부분을 골라 학습할 수 있다.

Chapter 01   **Work & School**(직장, 비즈니스 및 학교생활에 관한 표현)

Chapter 02   **Computer & Networking**(컴퓨터와 인터넷, 스마트폰 등 통신과 교통에 관한 표현)

Chapter 03   **Social Life with Others**(다른 사람들과 만나고 헤어지는 등 일상 관련 표현)

Chapter 04   **Everyday Life Activities**(아침에 일어나서 자기까지 다양한 일에 관한 표현)

Chapter 05   **Information & Understanding**(듣고 보고 또 이해하는 등 정보와 관련된 다양한 표현)

Chapter 06   **Thoughts & Attitude**(자기 생각과 태도를 나타낼 때 쓰는 표현)

Chapter 07   **Emotions & Situations**(기쁘고 화날 때 혹은 곤란한 상황에 빠졌을 때의 표현)

Chapter 08   **Various Actions**(일상생활에서 하게 되는 다양한 행동에 관한 표현)

Chapter 09   **Time, Place & etc.**(각종 부사구 및 기타 상황에 관한 표현)

INDEX & TEST 모든 표현들을 알파벳순으로 정리하여 쉽게 찾아볼 수 있도록 꾸며져 있다.

5,000여개의 많은 표현들이 수록되어 있기 때문에 찾는 표현이 어디에 있는지 알고 싶을 때를 위하여 알파벳 순으로 엔트리 표현만 정리하였을 뿐만 아니라 네이티브의 녹음이 되어 있어서 암기하는데 도움이 되도록 하였다.

『All New SMART 영어회화표현사전 5000』 한눈에 보기

우리말 상황
각 Chapter안에 다시 세부적으로 나눈 상황을
번호로 매겨 순서대로 정리하였다.

---

32 일반적 업무 수행

give a task

give sb a task
…에게 업무를 부여하다 *task 대신에 job이나 assignment를 사용해도 같은 의미

- give sb another difficult assignment
  …에게 다른 난제를 부여하다
- be assigned to a job[post]
  …일을 맡다 …자리에 앉다

A: Can someone clean up this room? 누가 이 빈 청소를 할 수 있나?
B: I'll give Elaine that job. 일레인에게 시킬 게.

└ He gave his students a difficult assignment.
  그가 학생들에게 어려운 과제를 내줬어.
└ Let's give her a fun task to complete. 재미난 일하기 재미있는 과제를 내주자

complete the work
일을 완수하다 *complete는 일을 끝마치다, 완성하다 혹은 양식사에 작성을 다하다라는 의미로 쓰인다.

- finish working on~
  …에 대한 일을 끝내다
- finish one's work
  …의 일을 마치다

A: Have you finished your report? 보고서를 끝냈나요?
B: I worked all night, but I didn't complete the work.
  밤새 일했는데도 끝내지 못했어요.

└ You can complete the work tomorrow. 넌 내일 일을 끝낼 수 있어
└ Jay completed the work his boss gave him. 제이는 보스가 준 일을 완수했어

send the proposal
제안서를 보내다, 제안하다 *제안서를 보내는 곳은 to~ 이하에 적는다.

- send the proposal via e-mail
  이메일로 제안서를 보내다

A: We need to send the proposal today. 우린 오늘 제안서를 보내야 해.
B: We're almost finished with it. 제안서를 거의 다 끝냈어.

└ Can you send the proposal via e-mail? 이메일을 통해 제안서를 보내줄 수 있니?
└ Send the proposal to my bank. 제안서를 내 은행 앞으로 보내줘.

make a copy of
…을 복사하다 *여러 장일 때는 make copies 라고 한다.

- make copies of~
  …을 복사하다
- make some copies
  몇 개의 사본을 만들다

A: What are those papers you're carrying? 들고 있는 서류가 뭐니?
B: I have to make copies of some files. 파일 몇 개를 복사해야만 해.

└ Make some copies of your passport. 네 여권을 몇 부 복사해봐.
└ Jen made copies of her study sheets. 젠은 학습지를 복사했어.

run errands
심부름하다 *몇몇 심부름을 간다고 할 때는 run a couple of errands라 한다.

- go to a bank on an errand
  은행에 심부름가다
- send sb on errands
  …을 심부름 보내다
- be on an errand
  심부름 중이다

A: Do you have a busy weekend planned? 주말 일정이 바쁜가?
B: Not really. I need to run some errands. 아니. 심부름 할 일은 좀 있어.

└ My boss always makes me run errands. 보스는 항상 나를 심부름 시켜.
└ I'm going to run some errands in my new car. 난 새로 구입한 차로 심부름을 갈 거야.

---

copy의 여러 의미

copy는 컴퓨터의 활용도가 일반화되면서 '복사하다'란 의미로 거의 우리말화된 단어이다. 하지만 명사로 copy하면 뭔가 원본을 복사한 한 부, 혹은 복사나 신문의 한 권, 한 부를 의미하기도 한다. 그래서 비행기에서 신문 한 부를 달라고 할 때는 "Can I get a copy of the New York Times?" 오늘 회의일정표 하나를 달라고 할 때는 "Can I have a copy of the schedule for today's meeting?"이라고 하면 된다. 그리고 동사로 활용하자는 copy의 경우를 보면 비서보고 이거 복사해오라고 할 때는 "I need you to copy these documents"라고. 그리고 불법이니까 함부로 복사하지 말라고 할 때는 'Don't copy that. It's against the law'라고 하면 된다.

대표 표현
각 세부 상황에서 대표적인 표현을 선정하여
보여준다.

엔트리 표현
쉽지만 네이티브들이 가장 많이 쓰는 표현들
을 정리하였다.

용례 및 추가 표현
엔트리 표현의 구체적인 용례 혹은 동의 표현
이나 반대 표현들을 정리하여 한꺼번에 많은
표현들을 익힐 수 있도록 했다.

우리말 설명
엔트리 표현의 용법이나 추가내용을 간단명료
하게 설명하여 이해를 도왔다.

대화와 예문
미국 현지에서 전문적인 Writers' Group이 심
혈을 기울여 쓴 살아 있는 영어문장을 접할 수
있다.

MORE TIPS
알아 두면 요긴한 영어표현에 관한 심층정보
를 실었다.

CONTENTS

Social Life with Others   141
다른 사람들과 만나고 헤어지는 등 일상 관련 표현

Everyday Life Activities   201
아침에 일어나서 자기까지 다양한 일에 관한 표현

Chapter 05   Information & Understanding   267

듣고, 보고, 이해하는 등 정보와 관련한 다양한 표현

Chapter 06   Thoughts & Attitude   309

자신의 생각과 태도를 나타낼 때 쓰는 표현

Emotions & Situations   361

기쁘고 화날 때 혹은 곤란한 상황에 빠졌을 때의 표현

Various Actions   415

일상생활에서 하게 되는 다양한 행동에 관한 표현

Chapter 09 Time, Place & etc. 473
각종 부사구 및 기타 상황에 관한 표현

CONTENTS

Work & School

직장·비즈니스 및 학교 생활에 관한 표현

SMART DICTIONARY OF
EASY ENGLISH EXPREESIONS

work on

work on

- work together
  함께 일하다
- work as usual
  평소처럼 일하다

···에 관한 일을 하다, ···에 애쓰다 * work on sb는 「···에 대해 공을 들여 설득하다」란 뜻

A: I'm so stressed out these days. 요즘 스트레스를 많이 받고 있어.

B: Oh? Do you have to **work on** a big project?
그래? 큰 프로젝트를 맡아서 해야 되는 거야?

↳ I'm going to work on this stuff at home tonight. 오늘 밤 집에서 이 일을 할거야.

↳ Did you hand in the report you were working on?
네가 작업하던 리포트를 제출했니?

get to work

- get back to work
  일을 재개하다
- get down to business
  (본격적으로) 일에 착수하다

···일에 착수하다 *get down to work도 같은 의미로 문맥에 따라 「출근하러 가다」라는 뜻으로도 쓰인다.

A: Hey Nick, how about we get some beer?
야, 닉, 우리랑 맥주 좀 마시자.

B: I'd like to, but I have to **get back to work.**
그러고는 싶지만 다시 일하러 가봐야 해.

↳ I have got to get to work. So can I call you back later?
일해야 돼. 나중에 전화해도 될까?

↳ How long does it take for you to get to work? 출근하는데 얼마나 걸려?

get right on it

- Get (right) on it.
  일을 바로 해.

지금 바로 하다 *get on에서 right를 넣어 바로 하겠다는 걸 강조하는 경우

A: This needs to be done quickly. 이건 빨리 처리해야 돼.

B: Don't worry, I'll **get right on it.** 걱정하지마. 바로 할게.

↳ If it's urgent, I'll get right on it. 그 일이 급하면 바로 할게.

↳ I understand. I'll get right on it. 알았어. 바로 시작할게.

be on

- I'm on it.
  지금 할게, 지금 하고 있어

바로 하다 *「···할 마음이나 용의」가 있거나 지금 하고 있다고 말할 때

A: Have you finished cleaning up? 청소를 끝냈니?

B: **I'm on it.** I'll be done in an hour. 지금 할게. 한 시간이면 될 거야.

↳ I'm on it. It won't take long. 지금 할게. 얼마 걸리지 않을 거야.

↳ I'm on it. You can count on me. 지금 할게. 날 믿어도 돼.

do one's job

- do this job
  이 일을 하다

맡은 일을 하다 *여기서 job은 직업이 아니라 「맡은 일」이라는 의미

A: I have to **do my job** at night. 밤에 일을 해야 돼.

B: Does it work for you? 괜찮겠어?

↳ Don't mention it. I'm just doing my job. 무슨 말씀을. 그냥 내 일을 할 뿐인데.

↳ Please get out of my way so I can do my job. 좀 비키세요 내 일 좀 하게.

do a good job

do a good job

일을 잘 하다 *잘한 정도를 언급하려면 good 대신 great, super 등을 쓰면 된다.

- do a good job at[on, ~ing]
  …일을 잘하다
- You did a good job.
  일 잘했어.

A: I thought you always **did a great job on** exams.
넌 항상 시험을 잘 봤던 것 같은데.

B: Yeah, but actually I cheated all the time.
그랬지, 하지만 항상 커닝을 한 거였어.

↳ You did a good job! I was very impressed. 정말 잘 했어! 매우 인상적이었어.

↳ You did a great job organizing the fundraiser.
모금행사를 조직하는데 일을 훌륭하게 했어.

do good work

일을 잘 하다 *job 대신 work를 쓴 표현으로 직장이든 학교든 자기가 하는 일을 잘한다는 의미.

- do good work on~
  …일을 잘하다

A: I just got a new hairdresser. 새로운 미용사를 구했어.

B: Does she **do good work**? 걔 일 잘해?

↳ My mechanic does good work on cars. 내 차 수리공이 자동차수리를 잘해.

↳ You should do good work in class. 넌 수업시간에 공부 좀 잘 해야 돼.

do a terrible job

형편없이 일을 하다 *형편없이 못한 일을 말할 때는 바로 ~ing를 붙이면 된다.

- do a really poor job ~ing
  일을 아주 못(잘)하다

A: **You're doing a terrible job.** 너 정말 일 엉망으로 한다.

B: **Don't be so hard on me.** 그렇게 빡빡하게 굴지마.

↳ I did a terrible job painting the room. 난 방을 페인트 하는 일을 형편없이 했어.

↳ You did a terrible job cooking last time. 넌 지난번 요리를 한심하게 했어.

do sth (so) stupid

일을 한심하게 하다 *형용사가 do sth뒤에 붙어서 일을 하는 태도를 의미

- do sth habitually
  …을 일삼다
- do the right thing
  옳은 일을 하다

A: Oh my gosh, **I did something really stupid!**
세상에, 내가 정말로 한심한 일을 했구나!

B: Are you dating your ex-boyfriend again?
넌 옛 남친과 다시 데이트하고 있다고?

↳ Jane did something stupid at work. 제인은 사무실에서 바보 같은 일을 저질렀어.

↳ I think he's going to do something stupid.
걔가 뭔가 멍청한 짓을 할 것 같아.

miss work

출근하지 않다, 결근하다 *사무실에 가지 않고 빼먹는 것을 말한다.

A: Why are you staying at home? 왜 집에 있니?

B: **I miss a couple of days of work.** 며칠 동안 일을 빼먹고 있어.

↳ You may often miss school or work. 넌 종종 수업이나 일을 빼먹을 수 있어.

↳ It's unusual for you to miss work. 네가 일을 빼먹다니 이상한 일이다.

work hard

work hard

- **work harder**
  더 열심히 일하다
- **Don't work too hard**
  쉬어가면서 해(헤어질 때 인사)

열심히 일하다 *hard는 부사로 '열심히'라는 의미. study hard하면 열공하다가 된다.

A: **You have to work hard.** Don't let me down.
　열심히 일 해야 돼. 날 실망시키지 마.

B: I'll do my best, boss. Believe me. 사장님. 최선을 다할게요. 믿으세요.

↳ We work hard and we deserve to relax.
　우린 열심히 일했기 때문에 휴식을 취할만해.

↳ My boss said I need to work harder. 보스는 내가 좀 더 열심히 일을 할 필요가 있대.

work all night

- **work all day**
  종일 일하다
- **work all week**
  주중 내내 일하다
- **work all weekend**
  주말 내내 일하다

밤새 일하다 *악덕업주의 모토로 all 다음에 day, week, month 등을 넣으면 된다.

A: **This wedding cake looks great.** 이 웨딩 케이크는 아주 멋져 보이네.

B: I **worked all night** baking it. 난 그걸 굽느라고 밤을 새웠어.

↳ We'll need to work all night to complete this. 이거 끝내려면 밤새야 돼.

↳ I was working all last night to create a new plan.
　새로운 계획짜느라 밤새 일했어.

work late

- **work late tonight**
  오늘 야근하다
- **work late every night**
  매일 밤 야근하다
- **work late on Tuesday**
  화요일에 야근하다
- **work overtime**
  초과 근무하다

야근하다 *언제 야근하는지 말하려면 work late on+요일명으로 하면 된다.

A: I have to **work late** tonight, honey. 여보. 난 오늘 밤 늦게까지 일해야 해.

B: Not again, this is the third time this week.
　또야. 이번주에 3번째야.

↳ I would rather work late than come in early tomorrow.
　내일 일찍 출근하느니 오늘 늦게까지 근무하는 편이 낫다.

↳ I don't want to work overtime every day. 매일 야근하고 싶지 않아.

work around the clock

- **work too many hours**
  넘 많은 시간 일하다
- **work one's way to~**
  뼈빠지게 일하다

열심히 일하다 *24시간 일한다는 의미로 비유적으로 「아주 열심히 일한다」는 의미

A: **You guys look really tired.** 너희들 정말 피곤해 보이네.

B: We **worked around the clock** yesterday. 어제 종일 일했거든.

↳ Everyone at the factory works around the clock.
　공장에 있는 모든 사람들이 종일 일하고 있어.

↳ I'm working around the clock to get it done. 그걸 끝내기 위해 최선을 다하고 있어.

keep up the good work

- **keep it up**
  열심히 하다

열심히 일하다 *특히 하던 일을 계속 열심히 한다는 뉘앙스가 있다.

A: You are doing great work. **Keep it up!**
　아주 잘 하고 있어. 계속 열심히 해!

B: Gee, thanks a lot for noticing all my hard work.
　뭘. 내가 열심히 하고 있다는 걸 알아주니 아주 고마운데.

↳ This looks good. Keep up the good work. 잘한다. 계속 수고해.

↳ You did a great job. Keep up the good work. 너 참 일 잘했어. 계속 수고해.

have a lot of work

have a lot of work

일이 많다 *a lot of 대신 much를 써도 되며 또한 work 뒤에 to do를 붙이기도 한다.

- have a lot of work to do
  할 일이 넘 많다
- have much to do
  할 일이 많다
- have much work to do
  할 일이 많다

A: I came here to see if you were finished.
난 네 일이 끝났는지 알아보려고 여기 왔어.

B: No, I still **have a lot of work** to do. 아니, 난 아직도 할 일이 많아.

↳ If you don't mind, I have a lot of work to do. 괜찮다면 난 아직 할 일이 많이 남았어.

↳ Don't waste your time. We've got a lot of work to do. 시간낭비마. 할 일이 많아.

get held up at work

일에 묻히다 *be[get] held up은 「꼼짝달싹 못하도록 잡혀있다」는 의미

- be stuck at work
  일에 갇혀있다
- be up to one's ears
  목까지 차다
- be up to one's neck in work
  일이 목까지 차다

A: You should have been here an hour ago.
넌 한 시간 전에 여기에 왔어야 했어.

B: I'm sorry but I **got held up at work.** 미안해. 하지만 일에 파묻혀 있었어.

↳ Steve got held up at work last week. 스티브는 지난 주 일에 묻혀 있었어.

↳ Sorry I'm late, I was stuck at work. 늦어서 미안해, 일이 많아서 말이야.

be up all night working~

…일하느라 밤새다 *be up은 안자는 거, all night은 밤새, 그리고 working~은 안자면서 하는 것을 말한다.

A: What's wrong with you? You look tired. 무슨 일 있어? 지쳐 보여.

B: I **was up all night working** on a report.
과제물 하느라고 밤을 꼬박 샜어.

↳ Students are often up all night working. 학생들은 종종 공부하면서 밤을 새지.

↳ Jim was up all night working on the project. 짐은 그 프로젝트 하느라 밤새웠어.

be swamped at [with]

…로 정신을 못차리다 *swamp는 늪지대로 늪에 빠져 허우적대는 모습을 연상하면 된다.

- I'm swamped with work.
  일에 파묻혀있다.

A: You look like you need some rest. 너 좀 쉬어야 될 것 같아.

B: We've been **swamped at** my job. 우린 일에 빠져 정신 없었어.

↳ I'm swamped with work for my classes. 수업준비하느라 정신없이 바빠.

↳ He was swamped with dinner invitations. 걘 저녁초대건으로 정신없었어.

have one's hands full

무척 일이 많다 *두 손이 가득찼다는 말은 무척 바쁘다는 말

- I'm swamped with work.
  일에 파묻혀있다.

A: Can you help me with my homework? 내 숙제를 도와줄 수 있니?

B: I'm sorry, but I **have my hands full.** 미안해, 나도 일이 무척 많아.

↳ She had her hands full with the children's party. 걘 애들 파티로 넘 바빴어.

↳ I've got my hands full with the project. 난 그 프로젝트를 하느라 아주 바빠.

get started on

start to

- start[begin] with+N
  …부터 시작하다
- begin to do
  …하기 시작하다

…하기 시작하다 *빈출 표현으로서 be starting to~는 시작하는 행동을 강조한다.

A: **Are you working out these days?** 요즘 운동하니?

B: **Yeah, I started to go to the gym every day after work.**
응, 퇴근 후 매일 헬스장에 가기 시작했어.

↳ Many people have started to save money. 많은 사람들이 저축하기 시작했어.

↳ We need to start with netiquette education for children.
우린 애들을 위해 네티켓 교육부터 시작할 필요가 있어.

get started on

- get moving
  출발하다, 시작하다
- get sth moving
  …을 진행시키다

시작하다 *뭔가 늦었다는 뉘앙스가 담긴 표현으로 서둘러야 된다는 느낌을 준다.

A: **I'm in. I'm always on your side.** 낄래. 난 항상 네 편이잖아.

B: **Good. Let's get started on the plan.** 좋았어. 그 계획부터 시작하자고.

↳ You need to get started on a diet. 넌 다이어트를 시작할 필요가 있어.

↳ It's time to get moving. We don't want to be late. 이동할 때야. 늦지 않아야지.

get a head start on

- break ground
  착공하다, 시작하다
- ground-breaking
  최초의, 시작을 알리는

먼저 시작하다 *head start는 남보다 앞선 시작을 했다는 뜻으로 start earlier라는 의미

A: **Why are you leaving work so early?** 왜 그렇게 일찍 퇴근하니?

B: **I need to get a head start on the heavy traffic.**
교통이 복잡해지기 전에 먼저 가려고.

↳ The students got a head start on their English lessons.
학생들은 영어 교습을 먼저 시작했어.

↳ We can get a head start on this paperwork.
우린 이 서류작업을 먼저 시작할 수 있어.

set out to

- set off to do
  …을 할 생각이다
- set off on a journey
  여행을 떠나다

…하려고 시작하다 *분명한 계획이나 목적을 가지고 시작한다는 의미 내포

A: **Where is Marsha this morning?** 오늘 아침 마사가 어디에 있니?

B: **She set out to buy some food.** 걘 음식을 좀 사려고 나갔어.

↳ Barry set out to become a doctor. 배리는 의사가 되려고 작정했어.

↳ Some church members set out to help poor people.
일부 교회 성도들은 가난한 사람들을 돕는 일에 착수했어.

hit the road

시작하다, 출발하다 *길로 나선다는 뉘앙스로서 뭔가 시작하거나 출발한다는 의미

A: **Are you ready to start our trip?** 여행 떠날 준비 됐어?

B: **I sure am. Let's hit the road.** 물론. 출발하자고.

↳ I want you to pack up your things and hit the road.
네가 짐꾸려서 떠났으면 좋겠어.

↳ Let's have some food before we hit the road. 출발하기 전에 요기 좀 하자.

06 시도하다
give it a try

try to

- try writing
  글을 써보다
- try on
  옷을 입어보다
- try food
  음식을 한번 먹어보다

…하려고 시도하다 *try ~ing는 현재 하고 있는 일을 열심히 한다는 의미

A: I'm serious. She's in a really bad mood.
정말이야. 걔 기분이 꽤나 안 좋은 것 같아.

B: I'll **try to** avoid her. 피해 다녀야지.

↳ I'll **try to** get back as soon as I can. 가능한 빨리 돌아오도록 할게.

↳ Why **are you trying to** get away from me? 왜 내게서 멀어지려는 거야?

try again

- worth a try
  해볼 가치가 있다

다시 해보다 *좌절하지 않고 다시 해본다는 의미로 조언이나 격려할 때

A: I don't know what I'm going to do. 뭘 해야 할지 모르겠어.

B: Don't worry. You can **try again**! 걱정 마. 다시 한번 해봐!

↳ Even though Carrie failed, she'll **try again**.
캐리가 실패했더라도 걘 다시 해볼 거야.

↳ Exactly! Get out there and **try again**. 바로 그거야! 가서 다시 한번 해봐.

try out

- try out new recipes
  로운 요리법을 시도해보다
- *cf.* try out for
  (팀원이 되려고) 지원하다

테스트 해보다, 시도해보다 *제대로 되는지 새로운 방법으로 시도해 본다는 의미

A: Is this the new smart phone? 이것이 새로 나온 스마트폰이니?

B: Yes it is. You should **try it out**. 그래. 한번 써봐.

↳ Can I **try out** this laptop computer? 이 랩탑 컴퓨터 한번 해봐도 되니?

↳ Mom **is trying out** different chicken salad recipes.
엄마는 다양한 닭 샐러드 조리법을 시도하고 계셔.

give it a try

- have a shot at
  한번 해보다
- give it a shot
  한번 해보다
- go for it
  한번 해보다

시도해보다 *have a shot at 이나 give it a shot도 같은 표현. 결과에 개의치 않고 한번 해본다는 뉘앙스

A: Why don't you **give it a try** right now?
지금 당장 한번 해 보는 게 어때?

B: Okay, let's do it. 알았어, 한번 해 보자.

↳ I've never played baseball, but I'll **give it a try**.
야구해본 적이 없는데 한번 시도해볼게.

↳ Come on, you have the time. **Go for it**! 야, 넌 시간이 있어. 한번 해봐!

make an attempt

- make an attempt to do
  …하려는 시도를 하다
- in an attempt to do
  …하려는 시도에서

시도하다 *시도하는 내용은 to do로 표시한다.

A: I'm going to **make an attempt** to date Patty.
난 패티와의 데이트를 시도해볼 거야.

B: She isn't going to go out with you. 걘 너하고 데이트하지 않을 걸.

↳ The team **made an attempt** to climb Mt. Everest.
그 팀은 에베레스트 등정을 시도했어.

↳ My girlfriend **made an attempt** to cook dinner.
내 여친이 저녁만들려고 시도해봤어.

keep ~ing

keep (on) ~ing

계속 …하다 *keep 다음에 on은 빼도 된다.

• Keep going!
  계속 해!

A: I don't think I can finish this race. 난 이 경주를 마칠 수 없을 것 같아.

B: Come on! **Keep on running!** 왜 그래! 계속 뛰어!

  ↳ Do you think the stock market will **keep going** up?
    주식시장이 계속 오를 것 같아?

  ↳ Never say die. You must **keep trying**. 약한 소리 마. 계속 시도해봐야 한다고.

continue to

계속 …를 하다 *continue one's efforts는 「…의 노력을 계속하다」라는 뜻

• continue ~ing
  …하기를 계속하다

A: Do you think Cindy will quit this job?
  신디가 이 일을 중단할 거라고 생각하니?

B: No, she'll **continue to** work here. 아니. 걘 여기서 일을 계속할 거야.

  ↳ You should **continue to** learn for your lifetime. 넌 평생 동안 계속 배워야 해.

  ↳ I'd rather **continue working** until this is finished.
    이게 끝날 때까지 계속 일하겠어.

go on with sth

…을 계속하다 *go on with sb는 잘 지내다, What's going on with you에서 go on은 happen.

• go on ~ing
  계속해서 …하다

• to go on with my story
  내 얘기를 계속하면

A: It looks like it will snow today. 오늘 눈이 올 것 같아.

B: I still want to **go on with** our trip.
  난 여전히 우리 여행을 계속하기를 원해.

  ↳ Ted didn't **go on with** the speech. 테드는 계속 연설을 하지 못했어.

  ↳ We should **go on with** our game. 우린 경기를 계속 해야 돼.

get on with

…을 계속하다 *get on with sb하면 be friends with sb의 뜻

A: I'm not feeling well today. 오늘 몸이 좋지 않아.

B: You've still got to work. **Get on with it!** 아직 일해야 돼. 계속하라고!

  ↳ It was difficult to **get on with** the gardening. 정원 일을 계속 하기가 어려웠어.

  ↳ She decided to **get on with** her studies. 걘 자신의 공부를 계속하기로 결정했어.

carry on

계속하다 *carry on 다음에 명사나 ~ing가 와 뭔가 멈추지 않고 계속하는 것을 뜻한다.

• carry on+N[~ing]
  멈추지 않고 계속 …하다

A: Andy can't **carry on** with so much stress.
  앤디는 그렇게 많은 스트레스를 계속 받을 수 없었어.

B: So, do you think he's going to quit?
  그래서 걔가 그만둘 것으로 생각하니?

  ↳ Please **carry on** with the presentation. 발표를 계속해 주세요.

  ↳ They **carried on** kissing when there was a knock at the door.
    걔들이 누군가 문을 두드렸을 때 키스를 계속하고 있었어 .

do one's best

do one's best

- try one's best in~
  …에 최선을 다하다

최선을 다하다 *do 대신에 try를 사용하여 try one's best도 많이 쓰인다.

A: You'll have a good job interview. Cheer up.
면접을 잘 볼 거야. 기운 내.

B: Thanks. I'll **do my best**. 고마워. 최선을 다할게.

↳ I'll **do my best** to remember your birthday next year.
내년엔 네 생일 꼭 기억할게.

↳ You just have to be brave and **try your best**. 용기를 갖고 최선을 다해봐.

try hard to~

- try harder (to~)
  (…하기 위해서) 더 노력하다

…하기 위해 노력하다 *더 열심히 한다고 하려면 비교급 harder를 쓴다.

A: To be frank with you, you have to **try harder**.
솔직히 말하자면 넌 좀 더 열심히 노력해야 해.

B: Please let me know what I should do.
내가 해야 할 일을 부디 알려주렴.

↳ I'm **trying hard to** get a job! 취직하려고 열심히 노력하고 있어.

↳ You have to **try harder** if you want to pass the exam.
시험에 합격하려면 더 열심히 해야 돼.

make an effort

- put every effort into
  …에 모든 노력을 경주하다
- make the best of
  힘든 상황에서 최선을 다하다

노력을 기울이다 *make an effort 뒤에 to do를 써서 노력하는 내용을 써준다.

A: We have to **make an effort** to keep those receipts.
영수증들을 보관하는 데 노력해야 돼.

B: I'll ask everyone to submit the ones that they have.
다 얘기해서 갖고 있는 영수증을 제출하라고 할게.

↳ I need to **make an effort** to exercise. 난 운동을 하려고 노력을 해야 해.

↳ You have to **make an effort** to make your wife happy.
넌 부인을 행복하게 해주려는 노력을 해야만 해.

strive to

- be desperate to do
  …하기 위해 필사적이다
- wrestle with+N
  …에 전력을 다하다

…에 심혈을 기울이다 *to do 대신 for sth이라고 해도 된다.

A: Jack **strives to** eat healthy foods. 잭은 건강식을 먹으려고 노력하고 있어.

B: He is in good shape for his age. 걘 나이에 비해 아주 건강해.

↳ They **strive to** get high grades in class. 걔들은 고학점을 따려고 학업에 매진 중이야.
I'm **striving to** get a good job. 난 좋은 직장을 얻으려고 분투 중이야.

do everything in one's power

- do (all) the best one could
  …의 모든 최선을 다하다

…의 모든 힘을 다하다 *최선을 다하는 내용은 to do~로 말하면 된다.

A: I can't believe that Levi died. 레비가 죽었다는 사실을 믿을 수가 없어.

B: We **did everything in our power** to save him.
우린 걔를 구하려고 모든 힘을 다했어.

↳ I **do everything in my power** to be a good person.
난 좋은 인간이 되려고 모든 힘을 다하고 있어.

↳ Dee **did everything in her power** to stay awake. 디는 깨어있으려 안간힘을 다했어.

be devoted to

be devoted to

- be devoted to sth[~ing]
  …하는데 전념하다
- devote[commit] oneself to
  …에 심혈을 기울이다
- keep one's mind on
  …에 늘 마음을 두다

…에[하는데] 전념하다 *devoted 대신 committed를 써도 되고 to 다음에는 명사가 온다.

A: My mom attends church every day. 엄마는 매일 교회에 출석하세요.

B: She must **be devoted to** her religion.
어머니께서 신앙에 전념하고 계심에 틀림이 없어.

↳ Sam **was devoted to** his new girlfriend. 샘은 새로 생긴 여친에게 몰두했어.

↳ We're **devoted to** our favorite teacher. 우린 좋아하는 선생님에게 몰입해 있어.

be enthusiastic about

- be[get] hooked on
  …에 사로잡히다
- get hooked on booze and women
  주색에 빠지다

…에 열광하다 *be crazy about'하고 같은 의미의 표현

A: Vera **is enthusiastic about** collecting stamps.
베라는 우표 수집에 빠져있어.

B: I know. She is always talking about it.
알아. 걘 항상 그것에 대해서 말하고 있지.

↳ Many people **are enthusiastic about** making money.
많은 사람들이 돈버는데 열정적야.

↳ John **was enthusiastic about** his trip to Europe.
존은 유럽여행에 대해 열광했어.

be absorbed in

- be absorbed in sth[~ing]
  …에 몰두하다
- be occupied with[in]
  …에 바쁘다
- be preoccupied with
  …에 몰두해 여념이 없다

…에 몰두하다 *in 다음에는 몰두하는 명사나 ~ing을 이어 쓰면 된다.

A: Kathy, why didn't you answer the phone?
케이씨, 왜 전화안받았어?

B: I **was so absorbed in** my book that I didn't hear it!
책에 푹 빠져 있어서 벨 소리를 못 들었어요.

↳ My girlfriend **was absorbed in** her favorite TV show.
내 여친은 좋아하는 TV 쇼에 푹 빠져 있었어.

↳ The workers **were absorbed in** constructing the building.
노동자들은 빌딩 건설에 몰두했지.

apply oneself to

- apply one's mind to
  …에 힘을 쏟다
- give oneself up to sth
  …에 빠지다(주로 음주 등 나쁜 습관에)

…에 힘(정력)을 쏟다 *to 다음에는 명사 또는 동사의 ~ing를 붙인다.

A: My math class is so difficult. 수학 수업시간이 너무 어려워.

B: You must **apply yourself to** solving the problems.
그 문제들을 푸는데 힘을 쏟아야지.

↳ Tim **applied himself to** finishing the job. 팀은 그 일을 끝내는데 힘을 쏟았어.

↳ The mechanic **applied himself to** fixing the car. 정비사가 차고치는데 온힘을 다했어.

concentrate (one's efforts) on

- focus (one's attention) on sth
  …에 (…의 관심을) 집중하다, 모으다

…에(…의 노력을) 집중하다 *one's efforts 대신 one's energies를 써도 된다.

A: What are your plans for the new year? 너의 신년계획은 무엇이니?

B: I'm going to **concentrate on** losing some weight.
우선 체중 감량에 집중하려고 해.

↳ You need to **concentrate on** being a better person. 좋은 사람되기 위해 노력해.

↳ I'm just trying to **focus on** this. 이거에 집중하려고 하고 있는 거야.

be tied up

be very busy

- be (always) busy with~
  (항상) …로 바쁘다
- be busy (with) ~ing
  …하느라 바쁘다

무척 바쁘다 *약간 바쁠 경우에는 kind[sort] of busy라는 표현을 쓴다.

A: It **has been a very busy** day. 아주 바쁜 날이었어.

B: That's for sure. I **haven't had a break.** 확실하지. 나는 쉴 시간이 없었어.

↳ They **were busy** traveling this weekend. 걔네들은 이번 주말에 여행하느라 바빴어.

↳ I'm **busy with** a client at the moment. 지금은 손님 때문에 바빠요.

keep oneself busy

바쁘다 *자기 자신을 바쁜 상태로 계속 유지한다는 의미로 바삐 산다는 말

A: How do you avoid being bored? 어떻게 지루함을 피하고 살아?

B: I like to **keep myself busy.** 바삐 생활하는 걸 좋아해.

↳ Sam **kept himself busy** at work. 샘은 직장에서 바삐 지내.

↳ You can **keep yourself busy** using the computer.
컴퓨터를 사용해 바쁘게 살 수 있어.

be tied up

- be tied up with
  …로 꼼짝달싹 못할 정도로 바쁘다
- be tied up all day
  종일 꼼짝달싹 못하다
- be tied up with housework all day
  하루 종일 가사로 바쁘다

…로 바쁘다 *tie는 묶다라는 뜻으로 be tied up하면 아무것도 못하도록 바짝 묶인 상태를 말한다.

A: When can I stop by to pick up those books?
그 책들을 픽업하러 언제 들를 수 있을까?

B: Well, I'm **kind of tied up** all day. How about next week?
저, 하루 종일 바쁠거야. 다음주가 어떨까?

↳ I'm **tied up with** something urgent. 급한 일로 꼼짝달싹 못해.

↳ I'm **tied up** all day. How about tomorrow? 온종일 바빠 꼼짝 못해. 내일은 어때?

be[get] hectic

- have a pretty hectic day
  정신 없이 바쁜 날이다
- hectic[tight] schedule
  빡빡한 일정

무척 바쁘다 *hectic은 눈코 뜰 새없이 정신없이 바쁜 상태를 말한다.

A: Can you spare a few minutes to talk?
잠시 얘기할 시간 좀 주실 수 있나요?

B: I'm sorry, but it**'s very hectic** right now.
미안하지만 지금은 바빠서 정신이 없어요.

↳ The tour schedule **was hectic.** 그 여행 스케줄은 무지 바쁘게 짜여 있어.

↳ It **was hectic** getting to the airport on time.
공항에 정시에 도착하느라 정신 없이 바빴어.

haven't got all day

- have a pretty hectic day
  정신 없이 바쁜 날이다
- hectic[tight] schedule
  빡빡한 일정

바쁘다, 시간적 여유가 없다 *하루 종일 이 일만 할 수 없다는 뉘앙스를 가진 표현

A: Just give me ten more minutes. 단 10분 만 더 주실래요?

B: No way. I **haven't got all day.** 안돼. 내가 시간적 여유가 없어.

↳ Work faster. We **haven't got all day.** 좀 더 빨리 일해라. 시간이 없어.

↳ Haven't you finished? We **haven't got all day.** 일을 끝냈니? 우린 시간이 없어.

take one's time

be in a hurry

서두르다 *hurry 대신에 rush라는 단어를 사용해도 된다.

- be hurrying to do
  빨리 …하려고 서두르다
- hurry as fast as one can
  …가 가능한 빨리 서두르다

A: **Why is everyone rushing around?** 왜 모두가 서두르고 있니?

B: They **are in a hurry** to clean up the place.
   걔들은 그곳을 청소하느라 서두르고 있어.

└ Pam and Tina are in a hurry to finish their homework.
   팜과 티나는 숙제를 마치느라 서두르고 있어.

└ I am in a hurry to get to my house. 난 집에 도착하려고 서두르고 있어.

get a move on sth

…을 서두르다 *주로 명령문형태로 상대방에게 서두르라고 말할 때

- Let's get a move on.
  서둘러(= Hurry up!)

A: **Get a move on it!** 서둘러!

B: **I'm going as fast as I can.** 최대한 서두르고 있다고.

└ Get a move on it! We're already late. 서둘러. 우린 이미 늦었어.

└ Let's go! Get a move on it! 가자! 서둘러!

there's no rush

서두를 필요는 없다 *상대에게 서두르지 말라고 할 때 쓰는 표현

- there's no rush to do
  …하는데 서두르지 않아도 된다
- be in no rush
  서두르지 않다
- do without being in a rush
  천천히 하다

A: **I'll have this done in a few minutes.** 난 몇 분내 이 일을 마칠 거야.

B: **There's no rush.** Take your time. 서두를 필요는 없어. 시간을 가져.

└ There's no rush to complete this project.
   이 프로젝트를 완성하는데 서둘 필요는 없어.

└ Take your time. I'm in no rush. 천천히 해. 난 급할 거 없으니까.

take one's time

서두르지 않다 *서두르지 않고 천천히 신중하게 뭔가 한다는 의미

- take one's time ~ing
  …하는데 천천히 하다
- Hold your horses!
  좀 참으면서 기다려라!

A: **I'll be back in ten minutes.** 10분 후에 돌아올 거예요.

B: **Take your time.** It's not that busy.
   여유 있게 하세요. 그렇게 바쁜 일은 아니니까.

└ Hold your horses, honey. I'll be home in 30 minutes.
   진정해. 30분 후에 도착해.

└ Just hold your horses! We have a lot of time. 천천히 해! 우리 시간 많다고.

take it slow

속도를 늦추다, 천천히 하다 *서두르지 말고 신중히 하자고 할 때

- slow down
  천천히 하다

A: **I've got to get this work done quickly.** 이 일을 빨리 끝내야 돼.

B: **Slow down.** You're going to make mistakes.
   천천히 해. 실수하겠다.

└ Take it slow and do a good job. 천천히 일을 잘 해야지.

└ I think it's good to take it slow. 천천히 하는게 좋을 거야.

be tired out

be tired (out)

- look a bit tired
  다소 지쳐 보이다
- be dead tired
  녹초가 되다

지쳐 버리다 *be 대신에 get이나 become이 와도 되고 out를 붙여 강조할 수도 있다.

A: I don't understand why my wife **is so tired** all the time.
이내가 왜 항상 피곤해 하는지 모르겠어.

B: Put yourself in her shoes and you'll see why.
아내 입장이 되봐 그러면 이유를 알게 될 거야.

∟ I**'m tired of** hanging around this boring town.
이 따분한 동네에 죽치고 있는게 지겨워.

∟ It seems that you **are really tired** because of this homework.
숙제하느라 너 완전히 지친 것 같아.

be exhausted

- be completely exhausted
  (from)
  (…으로) 완전히 녹초가 되다
- exhaust oneself
  기진맥진하다

녹초가 되다, 진이 빠지다 *강조하려면 be 다음에 totally 또는 completely를 추가

A: Well, it looks like you haven't had much sleep lately.
저, 요즈음 잠을 못 주무신 것처럼 보여요.

B: Isn't that the truth? I**'m exhausted.**
네, 그렇게 보이죠. 너무 피곤하거든요.

∟ You must **be exhausted from** doing two jobs. 두 가지 일하느라 녹초가 됐겠구나.

∟ They **were exhausted from** driving all afternoon.
개들은 오후 내내 운전해 녹초가 됐어.

be fatigued with

- be worn out with fatigue
  피로해서 지치다

…로 지치다 *매우 지쳐있으면 역시 fatigued 앞에 entirely 또는 utterly를 추가

A: How do you find yourself today? 오늘 기분이 어떠니?

B: I **am totally fatigued with** my office work. 사무실 일로 완전히 지쳐있어.

∟ I feel pleasantly **fatigued with** exercise at health club.
난 헬스클럽 운동으로 아주 유쾌하게 피곤해.

∟ If you **are feeling fatigued,** please stop the work and relax.
피로를 느끼시면 일을 중단하고 쉬세요.

be knocked out

- be knocked out from
  …해서 지쳐 뻗다

지쳐서 뻗다 *펀치를 맞아 뻗듯이 완전히 지쳤을 때

A: Why did he lie like a log? 왜 걔는 세상 모르게 누워있니?

B: He **was knocked out** from overwork. 과로로 지쳐 뻗어버린 거야.

∟ He **was knocked out** in the first round. 걘 1회전에서 KO를 당했어.

∟ Everybody in the office **was knocked out.** 우리 모두 다 지쳤어.

be burned out

- be worn out
  지쳐버리다
- be wiped out
  탈진하다

완전히 지치다 *다 타들어가듯 완전히 녹초가 되었을 때

A: Burt always looks so tired. 버트는 항상 무지 피곤해 보여.

B: He **is burned out** from being here. 걘 여기 있는 것만으로 지쳐버렸어.

∟ I **am totally burned out** from doing this job. 이 일하느라 완전히 뻗었어.

∟ I'm going to have to cancel. I'm totally **wiped out.**
취소해야돼. 완전히 녹초됐어.

13 회복하다

get over

get over

회복[극복]하다, 잊어버리다 *병이나 힘든 상황에서 벗어나 회복되거나 잊는 걸 말한다.

A: **I'm so angry with my wife for deceiving me!**
내 아내가 날 속인 것에 대해 무지 화가 나

B: **You'll get over it.** 잊게 될 거야.

┗ He can't **get over** his father's death. 걘 아버지의 죽음을 극복하지 못하고 있어.

┗ Don't worry. She'll **get over** it in a few weeks.
걱정마, 걘 몇 주 후면 괜찮아질 거야.

get back on one's feet

회복하다 *슬픔이나 질병 등으로부터 회복하는 것으로 get back on track도 같은 의미

- **get back on track**
  회복하다
- **get back out there**
  다시 시작하다
- **get back in the game**
  다시 시작하다

A: **I have no job and no money.** 난 직업도 없고 돈도 없어.

B: **You'll get back on your feet soon.** 넌 조만간 회복될 거야.

┗ I'm weak, but I'm **getting back on my feet.** 쇠약해졌지만 좋아지고 있어.

┗ I want you to **get back on your feet.** 난 네가 빨리 재기하길 바래.

get one's act together

정신을 차리다 *pull oneself together도 같은 의미로 기운과 정신을 차린다는 의미

- **get one's strength back**
  힘을·회복하다
- **gather one's strength**
  기력을 회복하다

A: **These grades are terrible. Get your act together.**
성적이 엉망이야. 정신 좀 차려.

B: **I'm doing the best I can.** 최선을 다하고 있어요.

┗ Shelia needs to **get her act together.** 셸리아는 정신을 차려야 해.

┗ Stop lying and **get your act together.** 그만 누워있고 정신을 차려.

be up and about

호전되다, 일어나 돌아다니다 *환자상태 등이 호전되거나 사람들이 활동적인 걸 뜻함

- **come around**
  정신이 돌아오다

A: **Where did mom and dad go?** 아빠, 엄마는 어디로 갔어?

B: **They've been up and about for a few hours.**
일어나셔서 몇 시간 동안 돌아다니셔.

┗ Everyone **was up and about** early this morning.
모든 사람들이 아침 일찍부터 일어나 돌아다녔어.

┗ The patient **was up and about.** 환자 상태가 호전되었어.

be refreshing to~

…하는 게 신선하다, 재충전되다 *지치고 힘든 상태에서 새롭게 활력을 얻을 때

- **It's refreshing to do**
  …하는 게 상쾌하다, 참신하다

A: **I just love working at Samsung.** 난 삼성에서 일하는 것이 진짜 좋아.

B: **It's refreshing to meet someone who likes her job.**
자신의 일을 좋아하는 사람을 만나는 것은 신선해.

┗ **It's refreshing to** see a park in the city. 도시에서 공원을 보니 상쾌하군.

┗ **It was refreshing to** visit such a kind people.
친절한 사람을 방문하는 일은 즐거웠어.

on one's own

on one's own

혼자서, 독립하여, 자력으로 *쉬운 일은 아니지만 뭐든지 자기 스스로 한다는 표현

A: Does Gina still live with her parents?
지나는 아직도 부모님과 함께 살고 있니?

B: No, she's been **on her own** for a few years.
아니, 걔 몇 년 동안 혼자 살고 있어.

└ I live **on my own** in the center of Seoul. 난 서울 한복판에서 독립하여 살고 있지.

└ Few students can pay for school **on their own**.
스스로 학비내는 학생들은 거의 없어.

do ~ on one's own

…을 혼자 힘으로 하다 *on one's own 앞에 동사 do를 붙인 경우

- do sth (by) oneself
  …을 스스로 하다
- do something alone
  …을 홀로 하다

A: Have you asked your father for help? 아버님한테 도움을 청해봤어?

B: No, I want to **do this on my own**. 아니, 나 혼자 힘으로 해보고 싶어.

└ He can fix the car **on his own**. 걔 스스로 차를 고칠 수 있어.

└ I want to **do something on my own** from now on.
이제부터 뭔가 스스로 하고 싶어.

stand on one's own feet

자립하다 *자신의 발로 일어선다는 말은 스스로 자급자족한다는 의미

A: Why won't you give me any more money?
왜 나한테 돈을 조금 더 주지 않니?

B: You need to **stand on your own feet**. 넌 자립해야 할 필요가 있어.

└ Perry **stood on his own feet** after graduating. 페리는 졸업 후 자립했어.

└ I can't **stand on my own feet** yet. 난 아직 자립할 수가 없어.

support oneself

스스로 부양하다 *사는 데 필요한 걸 스스로에게 제공한다는 말은 경제적으로 독립하다라는 의미이다.

- support oneself financially
  경제적으로 독립하다

A: How do you like your new job? 새로운 일은 어때요?

B: It's OK, but I can't **support myself** with the salary.
좋지만 그 봉급으로 살 수는 없어.

└ I can **support myself** now that I am working. 내가 일하니까 난 자립할 수 있어.

└ She used the extra money to **support herself**.
걔 자신을 부양하기 위해 추가적인 돈을 썼어.

be independent

자립하다 *나라의 독립만 independent를 쓰는 게 아니라 스스로 자립할 때도 쓴다.

- earn one's (own) way
  자립하여 살아가다
- live one's own life
  자립하다

A: You need to get married soon. 넌 조만간 결혼해야 해.

B: **Live your own life** and leave me alone. 너나 잘 사시고 난 내버려 둬.

└ You're telling me to **be independent**? 나보고 독립하라는 거야?

└ We are strong and **independent** career women.
우리는 강하고 독립적인 직업여성야.

be good at

be good at

- be poor[terrible] at[~ing]
  …에 서투르다

…에 능숙하다 *be great at도 같은 의미의 표현으로 at 다음에 명사나 ~ing를 붙인다.

A: Your son **is good at** sports. 네 아들은 스포츠에 능해.

B: He's the best athlete in the family.
갠 우리 집안에서 제일 뛰어난 운동선수야.

ㄴ Actually, I'm not good at using smart phones. 실은 스마트폰에 능숙하지 않아.

ㄴ My boss says I'm good at discussing things with clients.
보스가 말하길 난 고객들과 상담에 능하대.

be able to

- be unable to do
  …을 할 수 없다

…을 할 수 있다 *능력을 의미하며 be capable of와 같은 의미

A: How soon will you **be able to** get here?
언제쯤 여기에 도착할 수 있죠?

B: That depends on the traffic conditions. 그거야 교통상황에 달렸죠.

ㄴ She will **be able to** do better next time. 갠 다음 번에 더 잘 할 수 있을 거야.

ㄴ We hope you'll **be able to** join us. 우리랑 함께 할 수 있으면 좋겠는데.

have the ability

- lose the ability (to do)
  (…할) 능력을 잃다
- beyond one's ability
  …의 능력을 넘어서다

능력을 가지고 있다 *어떤 능력인지는 to do로 말해주면 된다.

A: I just got a visa for the United States. 난 미국 비자를 방금 받았어.

B: Great! Now you **have the ability** to travel there.
좋아! 이제 넌 방미할 수 있는 거지.

ㄴ Susan **has the ability** to make me laugh. 수잔은 날 웃기는 능력이 있어.

ㄴ What makes you think that you **have the ability** to do that?
어째서 네가 그럴 만한 능력이 있다고 생각하는 거야?

do well on

- do fine on
  …을 잘하다

…을 잘하다 *주로 시험 같은데에서 잘한다는 의미

A: Did you **do well on** the exam? 너 시험 잘 봤니?

B: Yes, I think I got a high grade. 응. 높은 학점을 받은 것 같아.

ㄴ You must **do well on** the college entrance test. 넌 대학입학 시험을 잘 봐야 해.

ㄴ We can **do well on** the interview questions.
우린 인터뷰 질문에 대해 잘 할 수 있어.

be capable of

- show A one's capabilities
  A에게 …의 능력을 보여주다

…을 할 능력이 있다 *of 다음에는 명사나 동사의 ~ing를 붙이면 된다.

A: What do you think of Linda? 린다에 대해 어떻게 생각하니?

B: She **is capable of** doing good work. 일을 잘하는 능력을 갖고 있지.

ㄴ Mark **is capable of** winning the race. 마크는 경주를 승리할 수 있어.

ㄴ Are you **capable of** driving all night? 넌 밤새 운전할 수 있겠니?

get ahead of

- **get ahead of sb**
  ···보다 능가하다
- **get ahead of sth**
  ···을 피하다, 넘어서다
- **be ahead of the times**
  시대에 앞서다
- **be far (way) ahead of sb**
  ···보다 훨씬 앞서다(=leave sb far behind)

···보다 앞서가다 *get ahead of 다음에 사람이 나오면 '···를 능가하다'라는 의미

A: People always want to **get ahead of** each other.
사람들은 항상 서로 앞서가길 원해.

B: Sure. Everyone wants to be the most successful.
그래. 누구나 가장 성공하길 원하지.

└ I **got ahead of** everyone else in line. 난 줄에서 누구보다 앞에 서있었어.

└ We **got ahead of** the big traffic jam. 우린 교통 대 혼잡을 피해 앞서갔지.

be better than

- **be worse than**
  ···보다 못하다

···보다 낫다 *가장 기본적인 비교급을 써서 비교대상보다 우위에 있다고 말할 때

A: This ice cream **is better than** the other one.
이 아이스크림은 다른 것보나 나아.

B: Yeah, this ice cream is delicious. 그래. 이 아이스크림은 맛있어.

└ Your apartment **is better than** mine. 네 아파트는 내 것보다 좋아.

└ Joe's car **is better than** his neighbor's. 조의 차는 이웃의 차보다 좋지.

feel up to

- **feel up to+N[~ing]**
  ···할 수 있다
- **be equal to the task**
  그 일을 해낼 능력이 되다(능력을 좀 더 강조하는 표현)
- **I don't feel up to it = I'm not up to that yet**
  그걸 할 능력이 안돼

···하고 싶다, 할 수 있다 *능력보다는 ···할 의사를 좀 더 강조하는 표현.

A: Do you **feel up to** going for a walk? 산책하고 싶니?

B: Oh no, I'm feeling very sick. 아니야, 난 많이 아파.

└ They didn't **feel up to** celebrating last night.
걔들은 어제 밤 축하하고 싶지 않았대.

└ Harry **felt up to** carrying the heavy bags.
해리는 무거운 가방들을 나를 기분이 났어.

know how to

- **know the ropes**
  (특정한 일에) 요령을 알다

···하는 법을 알다 *의문사 to do의 형태에서 가장 인기있는 how to와 know의 결합

A: Do you **know how to** make cheese from milk? 우유로 치즈를
어떻게 만드는지 아니?

B: Not really. But I'm sure it's difficult. 글쎄. 하지만 분명히 어려울 거야.

└ Do you **know how to** get there? 거기 어떻게 가는지 알아?

└ I **know how to** play this game. 이 게임 어떻게 하는지 알아.

lose one's touch

감(요령)을 잃다 *예전에 잘하던 것을 못한다라는 의미로 'fail at what one used to do well'의 의미

A: This food tastes pretty bad. 이 음식 맛은 아주 나빠.

B: The cook here **has lost his touch.** 주방장이 감을 잃었나 봐.

└ The music was terrible after the band **lost its touch.**
밴드가 감을 잃은 후에 음악이 끔찍해졌어.

└ You're **losing your touch** these days. 넌 요즘 감을 잃은 것 같아.

take care of

take care of

···을 처리하다 *이 뒤에 사람이 올 경우 건전사회면 돌보다, 조폭이면 죽이다라는 의미

- take care of the fax
  팩스처리를 하다
- take care of sth for sb
  ···위해 ···를 처리하다

A: I can't find the time to make a dentist appointment.
치과에 전화 예약할 짬이 안나.

B: Let me **take care of** it for you. You're too busy.
나한테 맡겨. 넌 너무 바쁘잖아.

↳ Who's going to **take care of** your kids while you're away?
너 없는 동안 누가 너희 아이들을 돌봐 주게 되니?

↳ Can you **take care of** my work while I'm away? 나 없을 때 내 일 좀 맡아줄래?

deal with

다루다, 처리하다 *문제해결을 위해 어떤 조치를 취한다는 의미로 with 뒤에 주로 사물이 온다.

- deal with a problem[matter]
  문제를 다루다
- deal with sth successfully
  ···을 성공적으로 처리하다
- deal with sb
  ···을 다루다, 거래하다

A: I'm having some problems with my girlfriend.
난 여친과 좀 문제가 있어.

B: You should **deal with** them right away. 즉시 그 문제를 처리해야지.

↳ Can you **deal with** those customers? 저기 고객들을 상대해줄 수 있니?

↳ I am going to **deal with** that noisy dog. 내가 저 시끄러운 강아지를 다뤄볼게.

handle sth well

잘 처리하다 *어려운 상황을 다루기 위해서 조치를 취하는 것으로 목적어로는 사물, 사람 다 온다.

- manage with[without]
  ···을[없이] 처리하다
- manage stress
  스트레스를 다루다

A: Was Harriet sad about failing? 해리엇이 실패한 것에 대해 슬퍼하니?

B: Yes, but she **handled it well.** 그럼. 그래도 잘 정리했나 봐.

↳ You handled the interview well. 넌 인터뷰를 잘 했어.

↳ Hillary didn't handle the bad news well. 힐러리는 나쁜 소식에 잘 대응하지 못했어.

take it easy on

···에 여유를 가지고 대처해라 *···에 여유있게 잘 대처하다라는 뜻이다.

- take it easy on sth
  살살 다루다
- take it easy on sb
  ···에게 부드럽게 대해라(be gentle)

A: Aurora is causing big problems for me.
오로라는 나한테 큰 골칫거리야.

B: **Take it easy on** her. She's still young.
걔에게 잘 대해줘. 아직 어리잖아.

↳ Take it easy on the freshmen students. 1학년 학생들에게 여유 있게 대해.

↳ Take it easy on your new car. 새로 산 차를 살살 다뤄라.

Easy does it

주의깊고 부드럽게 다루다 *물건나를 때 살살 다루라고, 혹은 무리하는 사람에게 천천히 하라고 할 때.

- Easy!
  조심해요!

A: I could work all night long. 난 밤새 일할 수 있어.

B: **Easy does it.** You're going to get tired. 살살해. 피곤해질 거야.

↳ Easy does it. We've got plenty of time. 살살해. 우린 시간이 충분해.

↳ Stop driving so fast. Easy does it. 그렇게 빨리 운전하지 마. 살살해.

go easy on

살살 다루다 *take it easy on과 마찬가지로 on 이하를 살살 다루거나 남용하지 말라는 의미

- go easy on sb
  …을 살살 다루다
- go easy on sth
  …을 조금만 섭취하다

A: **My new assistant is really stupid.** 새로운 보좌관은 정말 멍청해.

B: **Go easy on him. He will learn more.** 살살 다뤄. 배워나갈 거야.

ㄴ **Go easy on** your little sister. 네 여동생에게 너무 심하게 하지마.

ㄴ **Go easy on** punishing Bill. 빌에게 너무 심하게 벌주지 마.

pull through

(병, 어려움) 이겨내다 *특히 매우 어려운 상황을 이겨낼 때 쓰는 표현

A: **I heard your grandmother was in the hospital.**
너의 할머니가 입원했다고 들었어.

B: **She was very sick, but she pulled through.**
아주 아프신데 잘 이겨내셨어.

ㄴ The old man wasn't able to **pull through.** 그 노인은 병을 이겨낼 수가 없었어.

ㄴ He may not **pull through** after his car wreck.
걘 차사고로 인한 부상을 잘 이겨내지 못할 거야.

make it through

…의 어려움을 이겨내다 *어려움이나 난관의 과정을 통과해나간다는 뉘앙스

- make it through+N
  …을 이겨내다, 극복하다

A: **Jim didn't make it through the training period.**
짐은 훈련기간을 잘 이겨내지 못했어.

B: **I guess he wasn't tough enough to finish.**
걔가 훈련을 잘 마칠 만큼 강인하지 못했던 것으로 추측돼.

ㄴ We had to **make it through** a cold winter. 우린 추운 겨울을 잘 이겨내야만 했어.

ㄴ The family **made it through** a hard time without money.
그 가족은 돈 없이 어려운 시기를 잘 이겨냈어.

cope with

(현 상황)을 잘 극복하다 *위기 등 어려움을 잘 극복해낸다는 의미로 overcome과 같은 뜻

- overcome trials and
  tribulations
  시련과 고난을 극복하다

A: **How has Dina been since her dad died?**
디나는 아버지가 사망하신 이래 어떻게 지내?

B: **She's trying to cope with her situation.**
걘 자신의 상황을 잘 극복하려고 노력 중이야.

ㄴ I can't **cope with** the noise my neighbor makes.
난 이웃이 내는 소음을 참을 수가 없어.

ㄴ You'll have to **cope with** stress at school.
넌 학교에서 오는 스트레스를 극복해야만 할 거야.

be finished with

finish ~ing

…하기를 끝내다 *finish 다음에는 명사 혹은 명사상당 어구에 해당되는 ~ing가 온다.

A: **What time do you think you will show up?**
몇 시에 올 수 있을 것 같아?

B: **I'll come after I finish working.** 일 마치고 갈게.

↳ I'll check if he's finished working. 일을 끝냈는지 알아볼게

↳ Have you finished the project you started? 시작한 프로젝트 끝냈어?

be finished with

- be finished with a book
  책을 다 읽다
- be 90% finished
  90% 끝내다

…하기를 끝내다 *with 다음에 sb면 …와의 관계를 끝내다, sth이면 …을 끝내다라는 의미

A: **Bring back that paper when you're finished with it.**
신문 다 보고 좀 돌려줘.

B: **Don't worry, I will.** 걱정 마, 그렇게 할게.

↳ Let me know when you're finished with that. 네가 그거 끝내면 알려줘.

↳ I'm not finished with the report. 그 리포트를 끝내지 못했어.

be done with

- be done with sth
  …의 사용을 끝내다
- be done with sb
  …와 끝내다
- You done?
  끝났니?

(…의 사용)을 끝내다 *be 대신에 have를 써서 have done with이라고 해도 같은 의미이다.

A: **Why are you working so hard on that project?**
왜 그 프로젝트를 그렇게 열심히 하니?

B: **I just want to be done with it.** 난 단지 그걸 끝내고 싶어서.

↳ Are you done with cooking for tonight? 오늘 밤 요리를 끝냈니?

↳ I'm not sure if he's done with it yet. 걔가 그걸 마쳤는지 모르겠어.

get sth done

…을 끝내다, 마치다 *종종 강압적으로 일을 마치라는 뉘앙스를 풍길 때가 많다.

A: **Please get it done right away.** 지금 당장 이것 좀 해줘.

B: **Don't worry, you can count on me.** 걱정 마. 나만 믿어.

↳ I will get the homework done tonight. 난 오늘 밤 숙제를 끝낼 거야.

↳ Don't worry. I'll get it done for you. 걱정 마. 널 위해 해낼 테니까.

be through ~ing

- be through talking on the phone
  전화통화를 끝내다
- be through with sth
  …를 끝내다
- be (all) through
  …을 완전히 끝내다

…하기를 끝내다 *be through with sb하면 …와의 관계를 끝내다는 뜻이 된다.

A: **Can I use the exercise machine?** 운동기계를 사용할 수 있나요?

B: **Sure, I'm through exercising right now.**
그럼요. 전 지금 바로 운동을 끝냈어요.

↳ Sarah is through showering. 새러가 샤워를 끝냈어.

↳ He is through eating his dinner. 걘 저녁식사를 마쳤어.

get through

마치다, 어려운 시기를 넘기다, 뚫고 가다 *through 다음에 끝낸 업무나 어려움을 말하면 된다.

A: Should we drive to the party? 우리 파티장까지 운전해갈거니?

B: We can't **get through** the traffic jam. 교통 혼잡을 뚫고 갈 수가 없어.

↳ Did you **get through** the DVD yet? 그 DVD를 다 보았니?

↳ You need to **get through** this course. 넌 이 과정을 통과해야만 해.

get sth over (with)

해치우다 *별로 하고 싶지 않은 일을 빨리 해치워버린다는 의미

A: I hate swimming in cold water. 난 찬물에서 수영하는 걸 싫어해.

B: Jump in the pool and **get it over with.** 풀장에 뛰어들어 해버려.

↳ Clean up your room and **get it over with.** 네 방 청소를 해치워버려라.

↳ **Get** your studying **over with** before we go.
우리가 떠나기 전에 네 공부를 해치워라.

be over

끝나다 *be 앞에 오는 주어가 끝나다라는 뜻

- be over sb
  …를 완전히 끝내서 잊다
- be up
  끝나다(= expire)

A: Am I in time to see the soccer match? 내가 축구경기에 맞춰서 왔니?

B: No, it's **over.** You missed it. 아니, 이미 끝났어. 넌 놓친 거야.

↳ The time for our coffee break **is over.** 커피 휴식시간이 끝났어.

↳ The dinner **was over** and people went home.
저녁식사가 끝나 사람들이 집에 갔어.

come to an end

끝나다 *come 대신에 put이나 bring을 사용하면 '…을 끝내다'라는 뜻이 된다.

- put[bring] sth to an end
  끝내다
- come to a close[conclusion]
  종결하다, 해결하다

A: This debate must **come to an end.** 이 토론은 끝이 나야만 해.

B: Yes, it's a bit ridiculous, isn't it? 그래, 좀 우습지 않니?

↳ I guess all good things must **come to an end.**
아무리 좋은 일이라도 끝이 있게 마련이라잖아.

↳ Let's **bring** this matter **to a close.** 이 문제를 종결하자.

wrap up

완성하다 *구어체로 뭔가 끝낸다는 의미로 finish와 같은 뜻이다.

- complete
  끝내다
- wind up in[at, with] ~ing
  …으로 끝나다

A: The conference will **wrap up** on Saturday.
그 회의는 토요일에 끝날 거야.

B: It will be very busy until then. 그때까지 무지 바쁘겠네.

↳ You need to **wrap up** what you're doing. 네가 하고 있는 일을 끝낼 필요가 있어.

↳ Let me **wrap up** the speech I made. 내 연설을 끝내도록 하죠.

keep up with

catch up (with)

…을 따라잡다 *열심히해서 보다 앞선 사람과 동일한 수준에 도달하다란 의미

- catch up on sb[sth]
  밀린 것을 하다
- catch up on some sleep
  밀린 잠을 좀 자다

A: Are you planning to **catch up with** your high school friends? 넌 고등학교 친구들을 따라잡을 계획이니?

B: Yeah, I'm going to have to run after them.
  응, 난 걔들 뒤를 따라가야만 해.

↳ She needed to work hard to **catch up with** her classmates.
  걘 학우들을 따라잡기 위해서 열심히 공부할 필요가 있었지.

↳ You go ahead. I'll **catch up with** you later. 먼저가. 곧 따라 갈게.

↳ I need to **catch up on** the class lessons. 학교수업 밀린 거 따라잡아야 돼.

keep up with

…에 뒤떨어지지 않다 *with 이하에 뒤처지지 않도록 보조를 맞추다라는 의미

- keep up with sb
  …에 뒤떨어지지 않다
- keep up with sth
  …을 따라잡다

A: How's your new job going? 새로운 일은 어때?

B: It didn't work out. I couldn't **keep up with** all the work.
  잘 되지 않았어. 모든 일을 따라갈 수가 없었어.

↳ Try to **keep up with** the fastest runner. 가장 빠른 주자를 따라가도록 노력해라.

↳ I can't **keep up with** Tina's studying. 난 티나의 공부를 따라갈 수 없어.

↳ I couldn't **keep up with** my parents. 난 부모님을 따라갈 수가 없어.

keep track of

…을 놓치지 않고 따라가다, 추적하다 *반대로 lose track of는 「…을 놓치다」라는 의미

- keep a record of
  …을 계속 기록하다

A: What are you writing down? 뭘 쓰고 있니?

B: I'm **keeping track of** the money I spend.
  난 내가 쓴 돈을 추적하고 있어.

↳ David's wife should **keep track of** him. 데이빗의 부인은 남편을 따라가야만 해.

↳ Some parents don't **keep track of** their children.
  일부 부모들은 자식들을 따라가지 못해.

keep pace with

…와 보조를 맞추다 *keep abreast of도 같은 의미의 표현

- be abreast of the times
  시대에 뒤떨어지지 않다

A: Are you good at running races? 넌 경주에서 뛰는 것에 능하니?

B: I can **keep pace with** any runner.
  난 어떤 주자와도 페이스를 맞출 수 있어.

↳ Try to **keep pace with** the rest of the group.
  그 그룹의 잔여 사람들을 따라가도록 노력해.

↳ I couldn't **keep pace with** the other workers.
  난 다른 직원들을 따라갈 수가 없었어.

19 만족시키다, 맞추다
meet the deadline

meet the needs of

…의 필요를 충족시키다 *the needs 대신에 the demands를 사용해도 같은 의미

- meet the demands
  요구를 충족시키다

A: Does Larry like living in this small apartment?
래리가 이 작은 아파트에서 사는 걸 좋아하니?

B: It **meets the needs of** his lifestyle. 걔 라이프 스타일에 맞아.

↳ The car was old, but it met my need for transportation.
이 차는 낡았지만 내 이동 욕구를 충족시켰어.

↳ The loan met Jim's needs while he was a student.
그 대출로 학생인 짐의 욕구를 충족시켰어.

↳ This computer will meet the demands of my work.
이 컴퓨터는 내 작업의 요구수준을 맞춰줄거야.

meet the deadline

마감시간을 맞추다 *meet는 만나다라는 의미외에 「…을 충족시켜주다」라는 뜻도 있다.

- meet the requirements
  …의 필요조건을 충족시키다

A: This has to be ready by tomorrow morning.
이건 내일 아침까지 준비되어야 해.

B: We're never going to **meet the deadline.**
우린 결코 마감시간을 맞추지 못할 거야.

↳ If you hurry, you'll meet the deadline.
서두르면 마감시간을 맞출 거야.

↳ Kevin got a bad grade because he didn't meet the deadline.
케빈은 마감시간을 맞추지 못해서 나쁜 학점을 받았어.

↳ All new soldiers must meet the requirements of their training.
모든 신참병은 훈련이 요구되는 것을 맞춰야 한다.

live up to

…에 부응하다, 맞추다 *to 다음에는 sb's expectation이 오게 마련이다.

A: Your father wants you to be successful.
네 아버지는 네가 성공하기를 원하셔.

B: It's difficult to **live up to** his expectations.
아버지의 기대에 부응하기가 어려워.

↳ You need to live up to your teacher's expectations.
넌 선생님의 기대에 부응할 필요가 있지.

↳ Ted didn't live up to his expectations. 테드는 걔의 기대에 부응하지 못했어.

satisfy one's wishes

…의 희망 사항을 만족시켜주다

- satisfy one's curiosity
  …의 호기심을 만족시키다

A: I can never **satisfy my husband's wishes.**
내 남편의 바람을 결코 만족시킬 수가 없어.

B: What does he want you to do? 네가 무엇을 하기를 원하고 있는데?

↳ The Christmas gifts satisfied the children's wishes.
크리스마스 선물로 자녀들의 소망을 채워주었어.

↳ This money has satisfied my wishes. 이 돈으로 내 희망이 이루어졌어.

make it

make it

- I made it!
  난 해냈어!
- make it on one's own
  남의 도움을 받지 않고 스스로 해내다

해내다, 성공하다 *make it+장소명사가 올 경우에는 '…에 제시간에 도착하다,' '오다'라는 뜻이 된다.

A: I can't do this any more. 난 이걸 더 이상 할 수가 없어.

B: Yes, you can. You can **make it!** 넌 할 수 있어. 해낼 수 있다고.

└ The basketball player wants to **make it** in the NBA.
그 농구선수는 NBA에서 뛰고 싶어해.

└ I tried to come to the party, but I couldn't **make it.**
난 파티에 오려고 노력했지만 오지 못했어.

└ I'm sure you'll **make it** as a businessman.
난 네가 사업가로 성공하리라 확신해.

make one's [own] way

- make one's own way to+장소명사
  …로 애써가다
- make one's way through
  …을 헤쳐가다

애써 나아가다, 성공하다 *길을 만들어서 간다는 의미로 어렵게 고생하면서 다다르는 것을 의미.

A: Can I come over to visit you? 널 방문하러 가도 되겠니?

B: Sure. **Make your way** to my apartment. 그럼. 내 아파트로 찾아와라.

└ Ray was drunk and couldn't **make his way to** his home.
레이는 술이 취해서 집을 찾아갈 수가 없었어.

└ We'll have to **make our way to** the store. 우린 가게를 찾아가야만 할거야.

└ Bill Gates **made his own way** with computer. 빌 게이츠는 컴퓨터로 성공했어.

go pretty well

- not be going so well
  잘 되어가지 않다

…가 잘 되어가다 *주어에는 잘 되어가는 파티, 축제 및 데이트 등이 온다.

A: Did you meet your boyfriend's parents? 남친 부모를 만나보았니?

B: I sure did. It **went pretty well.** 그럼요, 아주 잘 되었어요.

└ The festival is **going pretty well.** 축제는 아주 잘 되어가고 있어요.

└ My blind date **went pretty well.** 내 소개팅은 아주 잘 되었어.

get there

- get somewhere
  성공하다
- get nowhere
  실패하다

목표를 달성하다 *목표나 과정을 달성한다는 표현으로서 attain 또는 achieve와 같은 의미

A: How do I become a rich person? 난 어떻게 부자가 될 수 있나요?

B: It takes a lot of hard work to **get there.**
목표를 달성하려면 일을 열심히 해야 돼.

└ They tried to finish, but they didn't **get there.**
걔들은 끝내려고 노력했으나 달성하지 못했어.

└ I hope we all **get there** after we graduate.
우린 졸업 후 모두 목표를 달성하기를 희망해.

come off well

- come off
  성공하다, 계획대로 되다
- break through
  노력 끝에 성공을 이끌어내다

잘 되어가다, 잘 보이다 *특히, 어떤 경쟁 등에서 좋은 결과를 얻었을 때 사용한다.

A: How did your presentation go? 프리젠테이션 어땠어?

B: I think it **came off well.** 잘된 것 같아.

└ The date with Natalie **came off well.** 나탈리하고의 데이트가 잘 된 것 같아.

└ Everything **came off well** at school today. 오늘 학교에서 모든 일이 다 잘됐어.

work out for sb

…에게 잘 되어가다, 잘 맞다 *역시 주어에는 sb에게 잘 되어가는 일이 온다.

A: I really like my new job. 난 새로 구한 직업을 아주 좋아해.

B: It will probably **work out for** you. 아마도 너에게 잘 맞을 거야.

└ The schedule **worked out for** me. 스케줄은 나한테 잘 맞았어.

└ I'm sorry it didn't **work out for** you. 네 일이 잘 안되어서 어쩌니.

get it right

- do all right
  일을 괜찮게 하다, 제대로 하다

일을 제대로 하다, 성공하다 *get+목적어+보어의 형태로 'it'을 제대로(right) 한다는 의미

A: Did you answer her question? 걔의 질문에 대답을 했니?

B: I did, but I didn't **get it right.** 하긴 했지만 제대로 못했어요.

└ If you try to do something, **get it right.** 뭘 하려고 노력한다면 제대로 해라.

└ He quit because he couldn't **get it right.** 걘 일을 제대로 할 수가 없어서 그만두었지.

pull off

- pull it off
  해내다
- He pulled off the deal.
  그는 계약을 성사시켰다.

…을 해내다, 성공하다 *특히 어려운 일을 성사시킬 때 사용한다.

A: Did someone rob the bank next door?
   누군가 옆에 있는 은행을 털었니?

B: Yeah, three crooks **pulled off** a robbery.
   응, 3명의 범인이 은행강도를 했어.

└ You can't **pull off** a stunt like that. 넌 그와 같은 스턴트를 해낼 수가 없어.

└ The baseball team **pulled off** a big win. 그 야구팀은 큰 승리를 해냈어.

manage to

- manage to do
  겨우 …해내다

가까스로 해내다, 그럭저럭 해내다 *열심히 노력한 끝에 어려운 일을 성공적으로 해낸 경우

A: Did you **manage to** lose some weight? 약간 체중 감량을 해냈나요?

B: Yeah, but I have to continue my diet.
   예, 그렇지만 다이어트는 계속해야만 하죠.

└ I didn't **manage to** find a dance partner. 난 댄스 파트너를 찾아내지 못했어.

└ You'll have to **manage to** buy another car. 넌 다른 차를 사보도록 해야 할 거야.

win the game

win the contest

- win the math contest
  수학경시대회에서 우승하다

대회에서 이기다 *win at card game이면 자동사로서 「이기다」라는 의미

A: **How did you get that prize?** 넌 어떻게 그 상을 받았어?

B: **I won the spelling contest.** 철자맞추기 대회에서 우승했어.

↳ Frank won the school's contest. 프랭크는 학교 컨테스트에서 우승했어.

↳ I want to win the poetry contest. 백일장에서 우승하고 싶어.

win the game

- win the marathon
  선거에서 승리하다
- win the soccer game
  축구경기에서 이기다
- win the chess game
  체스경기를 이기다

게임에서 승리하다 *game 대신 스포츠 경기 명을 넣어서 다양하게 바꿔 사용 가능하다.

A: **Will our team win the football game?**
우리 팀이 축구경기에서 이길까?

B: **No, I think they're going to lose.** 아니, 질 것 같아.

↳ We won the game after playing three hours. 3시간 경기 끝에 우리가 이겼어.

↳ So tell me who won the game yesterday? 그래 어제 게임 누가 이겼어?

win first prize

- win an award for excellence
  우수상을 받다
- get[receive] an award
  상을 받다
- get a prize
  상을 받다
- win first prize at a speech
  contest 웅변대회에서 1등하다

1등상을 타다 *경기에서 이겨서 받는 상을 뜻하는 award나 prize등의 명사가 win의 목적어로 오는 경우

A: **I won a small prize in the contest.** 시합에서 조그만 상을 탔어.

B: **It's better than nothing.** 아무 것도 못 타는 것보단 낫지.

↳ She won first prize for being the most beautiful. 걘 미인대회에서 1등했어.

↳ You'll win first prize in the cooking contest. 걘 요리대회에서 1등할거야.

win money at a casino

- win the bet
  내기에서 이기다
- win some money from the
  lottery
  로또에서 돈을 좀 따다
- win all the money
  판돈을 다 쓸다

카지노에서 돈따다 *win money는 주로 도박이나 로또 등에서 사용된다.

A: **I won the bet; my team won the final game!**
내기에서 이겼어. 우리 팀이 우승했어!

B: **You really hit the jackpot there, didn't you?**
너 그럼 완전히 대박 터졌겠구나, 안 그래?

↳ Did you hear that I won the lottery? I am a millionaire now!
내가 복권에 당첨됐다는 얘기 들었니? 난 이제 백만장자라고!

↳ I found it hard to believe that I won the lottery. 복권에 당첨되다니 믿기지 않아.

win the election

선거에서 승리하다 *이번에는 win의 목적어로 선거인 election이 오는 경우

A: **Mr. George wants to win the election.** 조지 씨는 선거 승리를 원해요.

B: **If he wins, he'll become the President.**
만약 이기면 대통령이 될 거예요.

↳ Mrs. Philips won the election after a long campaign.
필립스 부인은 오랜 선거운동 후에 승리하였죠.

↳ I don't know who will win the election. 누가 선거에서 이길 것인지 몰라요.

beat the other team

상대팀을 이기다 *beat은 타동사로 목적어인 상대방을 「물리치다」, 「이기다」라는 의미

A: **Who won the game last night?** 누가 어제 밤 게임에서 이겼니?

B: **Barcelona FC beat the Real Madrid** five to one.
바르셀로나 FC 팀이 레알 마드리드 팀을 5 대 1로 이겼어.

∟ The Celtics **beat the other team.** 셀틱 팀이 상대 팀을 이겼어.

∟ Our school's team couldn't **beat the other team.**
우리 학교 팀은 상대 팀을 이길 수 없었어.

defeat ~

패배시키다 *beat 대신에 defeat를 사용해도 같은 의미

- defeat A by 2 goals to 1
  2대 1로 A에 승리하다
- admit defeat
  패배를 인정하다
- be defeated
  패배하다

A: **What happened in the soccer match?** 그 축구시합 어떻게 됐니?

B: **We defeated** Scranton 3-1. 우린 스크랜턴 팀을 3 대 1로 이겼어.

∟ The boxer couldn't **defeat** his opponent. 그 권투선수는 상대를 이길 수가 없었어.

∟ They **defeated** us in the championship. 걔들은 선수권 대회에서 우릴 꺾었어.

lead by two points

2점차로 이기고 있다 *경기중 몇 점차로 이기고 있는 상황을 말할 때

A: **What was the score at halftime?** 하프 타임에 스코어는 어때?

B: **The Eagles led by two points.** 이글스가 2점 차로 이겼어.

∟ They **led by two points**, but then they lost. 걔들은 2점차로 이기다가 결국 졌어.

∟ The other team is **leading by two points.** 다른 팀이 2점차로 이기고 있어.

get the better of

이기다 *경기나 논쟁 등에서 상대방보다 우의를 점하여 승리한다는 것으로 of 다음에는 sb가 온다.

- get the better of sb
  …을 이기다

A: **Did Tim win the computer game?** 팀이 컴퓨터 게임을 이겼니?

B: No, the other guy **got the better of him.** 아니, 다른 친구가 이겼어.

∟ I **got the better of** my new teacher. 난 새로운 선생님을 이겼어.

∟ You'll never **get the better of** me. 넌 결코 날 이길 수 없을 거야.

lose the game

경기에서 지다 *질 때는 lose를 쓰는데 목적어로는 경기, 시합과 관련된 단어가 온다.

- lose the contest
  시합에서 지다

A: It's too bad you **lost the contest.** Nice try.
네가 지다니 안됐네. 하지만 잘했어.

B: Maybe I'll win next year. 내년엔 이기겠지.

∟ If you quit, you'll **lose the game.** 네가 중단하면 게임을 지게 될 거야.

∟ His team **lost the game** by one point. 걔 팀이 1점차로 게임에 졌어.

make a mistake

make a mistake

- be one's mistake
  …이 …의 실수다
- by mistake
  실수로

실수하다 *대단한 실수라면 awful, terrible 혹은 huge란 형용사를 mistake 앞에 넣는다.

A: You shouldn't have hit your brother. 형을 때리지 말았어야지.

B: Right. I **made a mistake.** 맞아. 내가 실수했어.

↳ I made a mistake. It's my fault. 내가 실수했어. 내 잘못이야.

↳ I'm sorry. I dialed your number **by mistake.** 미안. 다이얼을 잘못 돌렸어.

be one's fault

- be one's fault for ~ing
  …한 것은 …의 잘못이다
- be one's fault that S+V
  …한 것은 …의 잘못이다
- That is no one's fault.
  어느 누구의 잘못도 아니다.

…의 잘못이다, 책임이다 *실수를 해서 자기 잘못이라고 '쿨'하게 '콜'할 때

A: You don't have to say you're sorry. 미안하단 말은 할 필요 없어요.

B: Sure I do. It **was all my fault.** 어떻게 그래요. 이게 다 제 잘못인데.

↳ I kind of feel like it's my fault. 조금은 내 잘못인 것 같기도 해.

↳ It's **not my fault** I'm late. The train broke down.
  지각은 내 잘못아냐. 기차가 고장났었어.

be wrong

- be dead wrong
  전적으로 틀리다
- be wrong about sb[sth]
  …에 대해 잘못 알고 있다
- be wrong with sb
  …가 틀리다, 잘못되다
- What's wrong with you?
  무슨 일이 있니? 왜 그러니?

잘못되다, 틀리다 *with 이하가 잘못된 것, about~이 오면 주어가 잘못 알고 있다는 말.

A: What's **wrong with** your throat? 목이 뭐 잘못 되었어?

B: I'm not sure. I just can't stop coughing.
  잘 모르겠어. 기침이 멈추질 않아.

↳ There's something **wrong with** my wife. 아내한테 문제가 있는 것 같아.

↳ Sorry, I was **dead wrong.** 미안해, 내가 완전히 틀렸어.

go wrong

- go wrong with
  …가 잘못되다

잘못되다 *go wrong은 기계 등이 작동하지 않거나, 문제가 발생하여 사업이나 관계 등이 잘못되는 것.

A: Ariel **went wrong with** her new boyfriend.
  아리엘은 새 남친과 일이 잘못되었어.

B: I don't like him at all either. 나도 걔를 전혀 좋아하지 않아.

↳ Did something **go wrong with** the surgery? 수술이 뭐 잘못되었나요?

↳ What happened? Obviously something **went wrong with** him.
  무슨 일야? 틀림없이 걔한테 뭔가 잘못됐어.

get it all wrong

- get sth wrong
  잘못하다
- get it all wrong about
  …에 대해 완전히 틀리다
- do it (all) wrong
  잘못하다, 틀리다

잘못하다, 틀리다 *상황을 잘못 이해하고 있다는 의미로 get 대신 have를 써도 된다.

A: Is the story in the newspaper true? 신문에 난 스토리가 사실이니?

B: No, they **got it all wrong.** 아니, 걔들이 잘못 낸 거야.

↳ I **got it all wrong** about your family. 너희 가족에 대해 내가 틀렸어.

↳ He **got it all wrong** when studying. 걘 공부할 때 완전히 잘못했어.

do something stupid

바보 같은 짓을 하다 *구체적인 언급은 피한 채 뭔가 잘못된 짓을 했다고 할 때

- do the stupidest thing
  가장 바보스러운 짓을 하다
- say something stupid
  멍청한 말을 하다

A: I'll act very nice. I promise. 내가 아주 좋게 행동할게. 약속해.

B: I don't believe you. You'll **do something stupid.**
  난 못 믿어. 넌 멍청한 짓을 할 거야.

↳ I did something stupid at the party. 난 파티에서 멍청한 짓을 했어.

↳ Cheryl's husband did something stupid. 체릴 남편은 멍청한 짓을 했어.

get the wrong idea

잘못 생각하다 *정확한 정보나 판단없이 사실과 틀리게 생각하고 있을 때

- get the wrong idea about~
  …에 대해 잘못 생각하다
- It[That]'s not what you think
  네가 생각한 것이 아니야

A: Wow, Mindy's dress is sexy. 와, 민디 옷이 섹시하네.

B: Don't **get the wrong idea.** She's a nice girl.
  잘못 생각하지 마. 걘 얌전한 여자 애야.

↳ He got the wrong idea about the stranger. 걘 낯선 사람에 대해 잘못 생각했어.

↳ I think you've got the wrong idea about me.
  나에 대해 잘못 생각하고 있는 것 같아.

be way off base

잘못되다, 맞지 않다 *야구 주자가 베이스에서 상당히 떨어져 있다는 의미에서 출발한 표현

- be on the wrong track
  잘못되어 있다, 잘못된 상태에 있다
- drop the ball
  실수하다

A: Does your family have a lot of money? 네 가족은 돈이 많이 있니?

B: No. You **are way off base.** 아니. 잘못 짚었어.

↳ Jill was way off base about her friend. 질은 자기 친구에 대해 잘못 짚었어.

↳ Your ideas are way off base. 네 생각은 잘못 된 거야.

goof up (on)

(…을) 실수하다, 잘못하다 *부주의나 실수 등을 했다는 구어체 표현

- goof up ~ing
  …하는데 실수하다

A: Did you spill soda on these papers? 이 신문에 소다수를 흘렸니?

B: Yeah, I **goofed up** when I opened the can.
  예, 캔을 열다가 실수했어요.

↳ Peter goofed up when he sent the e-mail. 피터는 이메일을 보낼 때 실수를 했어.

↳ I goofed up remembering her birthday. 걔 생일을 잘못 기억했어.

fail to

…에 실패하다 *실패했다라는 의미외 단순히 '…하지 못하다,' '하지 않다'라는 의미

- fail to do
  …하지 못하다
- be a complete failure
  완전한 실패이다

A: Why did Eli get in trouble? 엘리는 왜 어려움에 처한 거야?

B: He **failed to** pay for the item he took.
  걘 집어 든 상품에 대해 지불을 하지 못했어.

↳ Leo failed to get a good job. 레오는 좋은 직업을 구하는데 실패했어.

↳ He has failed to close many deals. 걘 많은 계약을 맺는데 실패했어.

blow it

실수하다 *우리말 '날려버리다'에 해당되는 것으로 특히 실수나 부주의로 기회를 잃는 것을 말한다.

- screw up
  망치다

A: I am meeting Wendy for a date today.
난 오늘 데이트를 위해 웬디를 만날거야.

B: She likes you. Don't **blow it**. 걘 너를 좋아해. 일을 망치지 마.

└ We were winning, but we **blew it**. 우린 이기고 있었는데 기회를 놓쳐버렸어.

└ Jeff **blew it** before he finished. 제프는 끝내기도 전에 실수해버렸어.

mess up

망치다 *'치우지 않고 어지럽히다'는 의미로 중요한 일을 망치거나 제대로 하지 못할 때 사용된다.

- make a mess (of)
  …을 망쳐놓다, 엉망으로 만들다

A: It sure is windy out today. 오늘 밖에 바람이 정말 많이 불어.

B: My hair is going to **get messed up**. 내 머리가 엉망이 되겠어.

└ These new classes will **mess up** my schedule.
이 새 수업들 때문에 내 스케줄이 엉망이 될 거야.

└ I didn't **mess up** your room. 난 네 방을 어지럽히지 않았어.

fall through

실현되지 못하다, (계획) 불발로 끝나다 *계획이나 계약, 일정 등이 제대로 지켜지지 않을 때

A: Are you still going to the opera tonight?
오늘 밤 결국 오페라에 갈 거니?

B: No, our plans to go out **fell through**. 아니, 외출 계획이 불발되었어.

└ The deal to buy the house **fell through**. 그 집을 사려던 계약이 성사되지 않았어.

└ Jason and Heather's wedding **fell through**.
제이슨과 헤더의 결혼이 실현되지 못했어.

get nowhere with

…에 아무런 성과가 없다 *어디에도 도착하지 못했다는 건 아무런 성과가 없다는 이야기

- get nowhere ~ing
  …하는데 소용없다
- get nowhere with this report
  이 보고서에 성과가 없다
- go to pieces
  동강이 나다, 못 쓰게 되다

A: Did you ask the boss for a raise? 넌 보스에게 봉급인상을 요구했니?

B: Of course, but I **got nowhere with him**. 물론, 그러나 성과는 없었어.

└ You'll **get nowhere with** that policeman. 저 경찰하고는 소용없을 거야.

└ He **got nowhere** asking Kim on a date.
걘 Kim에게 데이트를 요청했으나 성과가 없었어.

mess up vs. mess with

mess up은 주로 「실수하다」, 「망치다」라는 뜻인 반면 mess with sth은 뭔가 위험하고 바람직하지 않은 일에 관련되는(mess with drugs) 것을 뜻한다. 그리고 mess with 다음에 사람이 와서 mess with sb의 형태로 쓰이면역시 「별로 안좋은 사람들과 엮이다」라는 뜻으로 쓰이고 또한 「…을 건드리다」, 「함부로 대하다」는 의미로 사용된다.

ex. No one here wants to mess with him. 아무도 걔와 상종하기를 원치 않아.

Don't mess with that big dog. 거기 큰 개를 잘못 건드리지마.

23 직장 구하기
have a job interview

have a job interview

- **have a job interview at City Bank**
  시티은행에 면접이 있다
- **go for an interview**
  면접 보러 가다
- **be called for an interview**
  면접통보를 받다
- **conduct an interview**
  면접을 하다

면접을 보다 *면접보는 회사를 언급하려면 at+회사, 혹은 일시를 말하려면 시간 부사구를 쓰면 된다.

A: You seem to be worried about something.
　　너 뭐 걱정하는 게 있는 것처럼 보여.

B: I **have a job interview** this afternoon.　오늘 오후에 취직 면접이 있어.

└ I've got a job interview next Monday. Wish me luck.
　다음 주 월요일에 취업면접이 있어. 운을 빌어줘.

└ A good cover letter will help you get an interview.
　커버레터를 잘 쓰면 면접받는데 도움이 될거야.

└ Helen was called for an interview at the UN.
　헬렌은 UN에서 면접받으라는 통보를 받았다.

send one's resume

- **send one's resume to~**
  …로 이력서를 보내다
- **submit one's resume**
  이력서를 제출하다
- **prepare a resume**
  이력서를 준비하다[쓰다]

이력서를 보내다 *resume의 발음이 [réumé]란 점에 주의한다.

A: I'd like to apply for a job here.　난 여기 자리에 지원하고 싶어요.

B: You need to **send us your resume** first.
　　먼저 이력서를 우리한테 보내야 합니다.

└ Randy sent his resume to IBM.　랜디는 IBM 사에 자신의 이력서를 보냈어.

└ I've sent out over one hundred resumes!　난 이력서를 100통도 넘게 보냈다고!

└ You can submit your resume at the office.　사무실에 이력서를 제출하면 됩니다.

apply for a job

- **apply for a job at the university**
  대학교직원 자리에 지원하다
- **look for a new job**
  새로운 직장을 구하다

일자리에 지원하다 *apply for the job하면 동일회사 내 그 자리에 지원하다라는 뜻이 되기도 한다.

A: That's a nice suit you're wearing.　매우 좋은 옷을 입었네.

B: I'm going to **apply for a job.**　일자리에 지원하려고.

└ I applied for some jobs over the Internet.　난 인터넷으로 일자리에 지원했어.

└ You need to apply for a job to get hired.
　넌 고용되려면 먼저 일자리에 지원을 해야 돼.

be qualified for a job

- **be highly qualified**
  높은 자격을 갖추다
- **be fully qualified**
  충분한 자격을 갖추다

일자리에 자격을 갖추다 *강조하려면 be 다음에 well이나 highly 등의 부사를 넣어주면 된다.

A: Make sure that all of the applicants **are qualified for the job.** 지원자들 모두 그 일을 맡을 만한 자질을 갖췄는지 확인해 봐.

B: When are we going to schedule the interviews?
　　면접 일정을 언제로 잡을까?

└ Tracy is qualified for a job with the airlines.
　트레이시는 항공사 일자리에 자격이 있어.

└ He is not qualified for a job with the police force. 걘 경찰 직업에 자격이 없어.

get a job

get[find] a job

- get[find] another job
  다른 일자리를 잡다
- get[find] a better job
  더 나은 일자리를 잡다
- get[find] a job with a great salary
  급여가 센 일자리를 잡다

직장을 잡다 *여기서 job은 고용주에게서 돈을 받고 하는 일이나 일자리를 말한다.

A: I'm sure I will **get a job** with a high salary.
  난 고임금 일자리를 얻을 걸 확신해.

B: Maybe not. Nothing is as easy as it seems.
  아마도 아닐 걸. 어느 것도 보이는 것처럼 쉽지 않거든.

↳ It is getting so hard to find a job right now. 이제 구직은 갈수록 어려워져.

↳ You should get a job and make some money. 너도 취직해서 돈을 벌어야해.

get[find] a job as

- get[find] a job as a nurse
  간호사로 취직하다
- get a job overseas
  해외 일자리를 얻다

…로 취직하다 *구체적으로 무슨 직종으로 취직했는지 말할 때

A: I **got a job as** a car designer. 난 자동차 디자이너로 취직을 했어.

B: That's great! I hope you'll be successful. 아주 좋아! 성공하길 바래.

↳ He couldn't get a job as a garbage man. 걘 쓰레기 청소부로 취업을 할 수 없었어.

↳ I want to get a job as an actor in Hollywood. 난 헐리우드 배우로 취직하길 원해.

take a job

- take a job overseas
  해외에 취직하다
- accept a job at one's company
  …의 회사에 일자리를 받아들이다

취직하다 *take는 언제나 그렇듯 선택하여 자기 것으로 만들다라는 뜻이다.

A: Brian is living in England now. 브라이언은 이제 영국에서 살고 있어.

B: He **took a job** as a university instructor. 걘 대학 강사로 취직했어.

↳ Paula took a job at the factory. 폴라는 공장에 취업했어.

↳ Will you take a job with our company? 우리 회사에 취직할래요?

offer sb a job

- offer sb a job on (the stock market)
  (주식시장에) 일자리를 제안하다
- be offered a job (in Japan)
  (일본에서의) 일자리를 제안 받다

…에게 일자리를 권하다 *일자리를 추천해줄 때. 수동태는 그렇게 제안받았을 때 사용한다.

A: Who **is offering** you the job with such a high salary?
  누가 네게 그런 고임금의 일자리를 권하고 있어?

B: Guess who? The CEO of the company himself.
  누구게? 그 회사 총괄사장 자신이야.

↳ We want to offer you a job as a general manager.
  당신에게 총지배인 자리를 권하고 싶어.

↳ He was offered a job post in Chicago. 걘 시카고에서 일자리를 제안 받았어.

be hired as

- be hired as a technician at the new GM factory
  새로운 GM 공장에 기술자로 고용되다

…로 고용되다 *as 다음에는 고용된 직종, 즉 teacher, secretary 등을 붙이면 된다.

A: What kind of work do you do? 무슨 종류의 일을 하고 있니?

B: I **was hired as** a lawyer. 난 변호사로 고용되었어.

↳ Cindy was hired as a school teacher. 신디는 학교 선생으로 고용되었어.

↳ I'm going to be hired as an editor. 난 편집인으로 고용될거야.

work for

have a job

- have a job at this company
  이 회사에 다니다
- have a part-time job
  파트타임으로 일하다
- have a full-time job
  정규직으로 일하다
- moonlight
  부업하다

일자리가 있다, 직장을 다니다 *일의 내용을 job 다음에 ~ing 형태로 써주면 된다.

A: Neil seems very happy with his work.
닐은 자기 일에 매우 행복해하는 것 같아.

B: He **has a job** working with children. 걘 애들하고 일하는 직장을 다녀.

⌐ They **have a job** in Japan. 걔들은 일본에서 일자리를 구했어.
⌐ Each person **has a job** at the company. 각 개인은 이 회사에서 업무를 보고 있어.

have been in+업종+for

- have been in the insurance industry for 2 years
  2년간 보험업계에 종사했다
- be in the insurance business
  보험업에 종사하다

…동안 …업계에 종사했다 *현재완료로 종사한 기간을 말한다.

A: What does your husband do? 네 남편 직업은 뭐니?

B: He **has been in sales for** 13 years. 13년간 판매분야에서 일하고 있어.

⌐ I **have been in** management for a year. 난 1년간 경영진에서 일하고 있어.
⌐ Liz **has been in** therapy for seven years. 리즈는 7년간 치료 요법을 받고 있어.

work for

- work for sb
  …밑에서 일하다
- work for+업종(업계)
  …에서 일하다
- work at[in]+구체적 회사명
  …에 다니다
- work for the government agency
  공무원이다

…에서 일하다 *일하는 회사를 말할 때 'work for+사장'의 형태로 말하는 경우가 많다.

A: Do you enjoy your job? 네 직업을 즐기고 있니?

B: Yes, I **work for** a television station. 응. TV 방송국에서 일해.

⌐ Jason **works for** his father. 제이슨은 자기 아버지를 위해 일해.
⌐ I want to **work for** a university. 난 대학에서 일하고 싶어.

work as+직업

- work as a computer salesperson
  컴퓨터 영업 사원으로 일하다
- work as a lawyer for an insurance company
  보험회사의 변호사로 일하다

…로 일하다 *as 다음에 주어가 하고 있는 직업명을 구체적으로 적으면 된다.

A: Is this office building where you work?
이 사무실이 네가 일하는 곳이니?

B: Yes, I **work as** a lawyer here. 예. 전 이곳에서 변호사로 일하고 있어.

⌐ My uncle **works as** a company director. 내 삼촌은 회사 이사로 있어.
⌐ Sue wants to **work as** an airline attendant. 수는 항공기 승무원으로 일하길 원해.

work part-time

- work full-time
  정규직으로 일하다
- work on a part-time basis
  파트 타임제로 일하다
- work overseas
  해외에서 일하다

파트 타임으로 일하다 *part-time의 반대는 full-time

A: I never see your daughter anymore. 난 네 딸은 더이상 볼 수가 없구나.

B: She goes to college and also **works part-time**.
걘 대학에 진학하는 한편 파트 타임으로 일하고 있어.

⌐ Gary **works part-time** at the department store.
게리는 백화점에서 파트타임으로 일해.
⌐ I **work part-time** as a French tutor. 난 불어 가정교사로 파트 타임으로 일해.

go to work

go to work

- go to work at
  …로 출근하다
- drive to work
  운전해서 출근하다
- on the way to work
  출근길에
- get back to the office
  사무실로 돌아가다

출근하다 *go to work at the bar하면 직업이 바텐더인 사람에게 해당

A: Wake up! You have to **go to work.** 일어나! 출근해야지.

B: Just let me sleep a few more minutes. 단지 몇 분 만 더 자게 해주라.

⌐ Howard's father **goes to work** on the subway.
하워드 아버지는 지하철타고 출근하셔.

⌐ She **went to work** at the clothing store. 갠 옷 가게로 일하러 갔어.

go[leave] for the day

- have gone for the day
  퇴근했다
- get off (out of) work
  퇴근하다(= leave work)
- get out of the office
  사무실에서 잠시 나오다

퇴근하다 *보통 완료형태로 have gone[done] for the day의 형태로 자주 쓰인다.

A: Excuse me. Is Mr. Jones in his office right now?
죄송합니다. 존스 씨가 지금 사무실에 있나요?

B: I'm sorry, but he's **gone for the day.** 미안합니다만 퇴근했네요.

⌐ I need to **get off work** early on Friday. 난 금요일 일찍 퇴근해야 돼.

⌐ You need to **get out of the office** sometimes for fresh air.
기분전환을 위해 가끔 사무실에서 나올 필요가 있어.

call it a day

- Let's call it a day.
  이제 일을 끝내고 집에 가자.
- after work
  퇴근 후에

일을 끝내다 *day 대신에 night을 쓰기도 하며 또한 call it quits라고도 쓴다.

A: I'm so exhausted. Let's **call it a day.** 넘 지쳤어. 퇴근하자.

B: Sounds good to me. 좋은 생각이네.

⌐ Let's **call it a day** and get some beer. 일끝내고 맥주 좀 먹자.

⌐ Would you like to have a drink **after work?** 퇴근 후 한잔 할 테야?

skip work

- skip lunch
  점심을 거르다
- call in sick
  전화로 병결을 알리다
- take a leave of absence
  휴직하다

결근하다 *skip은 당연히 해야 될 걸 건너 뛴다는 의미로 skip school은 결석하다

A: The holiday will start on Monday. 월요일에 휴일이 시작할 거야.

B: That's why I'm going to **skip work** Friday.
그래서 난 금요일에 결근할 거야.

⌐ Cindy **skipped work** because she was tired. 신디는 피곤했기 때문에 결근했어.

⌐ Dave was fired for **skipping work.** 데이브는 결근했다는 이유로 짤려버렸어.

be on[off] duty

- duty officer
  당직관
- night duty
  야근
- off duty hours
  근무 외 추가 시간

근무(휴무) 중이다 *on은 접촉의 의미로 뭔가 하고 있는 것을, off는 분리로 하고 있지 않는 것을 뜻한다.

A: Will you have to work a long shift? 일하는 교대 시간이 길지?

B: Oh yes. I'll **be on duty** all night. 그럼. 밤새 근무할 거야.

⌐ The cop was **on duty** near my house. 그 경찰이 내 집 근처에서 근무했어.

⌐ Kevin will be **off duty** until 10 pm. 케빈은 밤 10시까지 휴무할 거야.

get paid

TIME TO GET PAID

get a (pay) raise

- get a pay increase
  급여가 인상되다
- have[get] one? salary raised
  급여가 인상되다
- ask for a raise
  급여인상을 요구하다

급여가 오르다 *반대로 회사가 급여를 올려준다고 할 때는 give sb a raise라고 한다.

A: We need to **give the secretary a raise.**
  비서에게 봉급을 올려줘야겠어요.

B: When was the last time we gave her one?
  마지막으로 그녀의 봉급을 올려준 게 언제죠?

↳ I'm curious whether I will **get a raise** next year. 내년에 봉급이 인상될 지 궁금해.

↳ I'm hoping to **get a raise** at work in the spring. 봄에 임금인상이 있길 바래.

cut sb's pay

- accept a 5% pay cut
  5% 임금삭감을 받아들이다
- have a delayed payment (of wages)
  체불되다

감봉되다 *감봉은 pay cut으로 위의 pay raise와는 반대되는 말이다.

A: What made you quit your job? 왜 일을 그만두셨어요?

B: They **cut my pay** and my vacation time by two weeks.
  임금이 삭감된 데다 휴가까지 2주나 줄었잖아요.

↳ The company decided to cut everyone's pay.
  회사가 전직원의 임금삭감을 결정했어.

↳ They are either going to cut back staff or give us a pay cut.
  직원을 줄이든가 아니면 임금삭감이 있을 거야.

get paid

- get paid+돈 an hour
  시급으로 …을 받다
- get an+돈 advance in one? salary
  가불로 …을 받다
- get a paycheck 봉급을 받다
- payday 월급날

급여를 타다 *get paid는 '돈을 받다'라는 의미로 급여 및 기타 보수에 대한 돈을 받을 때도 쓴다.

A: I'm going to **get paid** on Friday. 난 금요일에 봉급을 탈 거야.

B: You'll have money to buy Christmas presents.
  넌 크리스마스 선물을 살 돈을 갖게 되겠네.

↳ Hey, Tom, did you **get paid** this month's wages? 탐, 이달 치 봉급을 받았니?

↳ I don't **get paid** for working overtime. 난 시간외 일로 수당을 받지 못하고 있어.

get a bonus

- get overtime pay
  야근 수당을 받다
- weekly pay
  주당

보너스를 받다 *연말보너스라면 get a year-end bonus라 하면 된다.

A: How can you spend such a lot of money for gifts?
  어떻게 선물로 그렇게 많은 돈을 쓸 수가 있니?

B: You know, I **got a bigger bonus** than last year.
  내가 작년보다 많은 보너스를 받았잖아.

↳ Mary **got the biggest bonus** for her sales record.
  메리는 판매 실적에 따라 최고의 보너스를 받았어.

↳ Are you going to **get a Christmas bonus** this year too?
  금년에도 성탄절보너스 받니?

have a travel allowance

- maternity allowance
  출산 수당
- housing allowance
  주택 수당

여행수당을 타다 *allowance는 직장에선 '수당', 가정에서는 '용돈'을 말한다.

A: It's expensive to stay at this hotel. 이 호텔에 머무는 것이 비싸구만.

B: No problem. I **have a big travel allowance.**
  걱정 마. 여행수당을 많이 받았어.

↳ Most of the salesmen **have a travel allowance.** 대다수 판매원들은 여행수당을 받아.

↳ My new job **has a travel allowance.** 내가 새로 구한 직장은 여행수당을 준다.

get promoted

get[be] promoted

- get the promotion
  승진하다
- get along at one's job
  직장에서 잘해나가다

승진하다 *무슨 자리로 승진했는지를 구체적으로 말하려면 to+자리를 붙이면 된다.

A: You know what? I just **got promoted.** 저 말이야. 나 승진했어.

B: Good for you! You deserve it. 잘됐네. 넌 자격이 있잖아.

ㄴ You're not going to believe it. I **got promoted!** 믿기지 않을거야. 나 승진했어!

ㄴ I didn't **get the promotion.** 승진에서 떨어졌어.

get[be] fired

- get sacked
  쫓겨나다

실직하다 *뒤에 from one's job, 혹은 fire를 동사로 fire sb from one's job이라고도 한다.

A: What happened to your co-worker? 네 동료에게 무슨 일이 생겼니?

B: She **got fired** for stealing things. 걘 물건을 훔친 이유로 해고되었어.

ㄴ Brian is going to **get fired for** being late. 브라이언은 늦었다는 이유로 해고될 거야.

ㄴ I heard you **got fired** a few weeks ago. 몇 주전에 해고됐다고 들었어.

lose one's job

- between jobs
  실직 상태에
- be out of a job
  실직 상태이다

직장을 잃다 *직장 그만두고 담 직장을 다니기 전이라는 의미의 between jobs를 쓰기도 한다.

A: Cheer up! You look so sad. 힘 좀 내봐! 너 정말 슬퍼 보여.

B: I just **lost my job** and my wife has threatened to leave me! 방금 직장을 잃었어. 게다가 아내는 내게서 떠나겠다고 하고.

ㄴ My dad **lost his job** at Samsung. 아빠가 삼성에서 실직했어.

ㄴ Farah may **lose her job** next week. 파라는 다음 주 실직하게 될 가능성이 있어.

lay sb off

- let sb go
  해고하다
- let go of~
  해고하다
- get layoff
  일시 해고되다

정리 해고하다 *일시 해고하는 것. 또한 어떤 일을 그만두다 혹은 괴롭히는 것을 그만두다라는 뜻.

A: My company **is laying everyone off.** 회사는 모두를 정리해고하고 있어.

B: Are they going out of business? 회사가 파산할 예정이니?

ㄴ We're going to have to **lay off** at least 100 people. 적어도 100명은 해고 할거야.

ㄴ We're going to **be laying off people** in every department.
모든 부서별로 몇 사람씩 자를 거야.

quit one's job

- leave one's job
  직장을 그만두다

직장을 그만두다 *자발적으로 그만두는 것을 말하는 것으로 직장 그만둘 땐 "I quit"이라 큰소리치면 된다.

A: What would you do if you had a lot of money?
네가 돈을 많이 갖고 있으면 뭘 할거니?

B: The first thing I'd do is **quit my job.**
가장 먼저 할 일은 직장을 그만두는 거야.

ㄴ Joan hated her boss and **quit her job.** 조안은 보스를 증오해서 직장을 그만두었지.

ㄴ I'm going to **quit this job.** I mean it. 그만 둘래. 진심이야.

resign from[as]

- step down
  (고위직 등에서) 물러나다
- accept one's resignation
  사임을 수락하다

…의 직을 그만두다, 사임하다 *역시 자발적 사퇴를 말하는 것으로 quit보다는 점잖은 표현

A: So, what brings you here at such a late hour?
이렇게 늦은 시각에 무슨 일로 오셨습니까?

B: I came by to tell you that I need to **resign.**
자리에서 물러나야겠다는 말을 하려고 들렀어요.

↳ Perry **resigned from** the sales department. 페리는 판매부에서 그만두었어.

↳ I handed in my resignation this morning. 저 아침에 사직서를 제출했어.

retire from

- plan to retire
  퇴직할 계획이다
- retirement plan
  퇴직후 계획
- think early retirement
  조기 은퇴를 생각하다

…에서 은퇴하다 *retire는 정년 등의 이유로 그만두는 것을 말하며 from 다음에 직장[직업]을 넣으면 된다.

A: Sad to say, but Rick **is retiring.** 유감스럽게도 릭이 은퇴예정이래.

B: We should organize a retirement party for him.
우린 그를 위해 은퇴파티를 준비해야 겠구나.

↳ Bob is really looking forward to **his retirement.**
밥은 정말로 퇴직을 기다리고 있어.

↳ I gave it some serious thought and I've decided to **retire.**
진지하게 생각해 봤는데 퇴직하기로 결정을 했어.

be transferred to

- be transferred from
  …로부터 부서 이동하다

…로 전근가다 *동일 회사 내 다른 지점으로 근무지를 바꾸거나 혹은 부서이동을 의미하기도 한다.

A: I heard you will be moving. 난 네가 이사할거라고 들었어.

B: My dad **was transferred to** England.
우리 아빠는 영국으로 발령이 났어.

↳ Kathy wants to **be transferred to** Florida. 캐시는 플로리다로 전근을 원하고 있어.

↳ Next month, I'm getting **transferred** to a new office location.
다음 달에 새로운 다른 지사로 전근을 가게 됐어요.

be posted to an overseas office

- be assigned to~
  …로 발령이 나다
- foreign[overseas]
  assignment
  해외근무

해외지사로 발령이 나다 *be posted to 대신에 be assigned to를 사용해도 같은 의미

A: Why did you decide to take a job with Sony?
왜 소니에서 일하기로 결정했니?

B: I hope to **be posted to Sony's overseas branch.**
난 소니의 해외지사로 발령났으면 해.

↳ Three employees will **be posted to** an overseas office.
3명의 직원들이 해외지사로 발령이 날거야.

↳ No one wants to **be posted to** the overseas branch.
누구도 해외지사로 발령 나는 것을 원하지 않아.

go out of town

go on a business trip
출장을 가다 *go on a trip for business로 써도 된다.

- **leave on business**
  업무 차 여행을 가다, 출장하다
- **be on a business trip**
  출장중이다
- **take sb on a business trip**
  …를 출장에 데려가다

A: Jack is about to **go on a business trip.** 잭은 출장을 떠나려고 해.

B: Where is he going to travel? 어디로 가는데?

↳ My uncle went on a business trip to Japan. 삼촌은 일본으로 출장갔어.

↳ Can you take your wife on the business trip? 출장에 아내도 같이 가도 되는 거야?

be[go] out of town
출장 가다 *'출장'을 명받고 다른 곳으로 갔다는 의미

- **go abroad on business**
  해외출장을 가다

A: Can I call you on Friday? 금요일 전화해도 돼?

B: No, I'll **be out of town** all next week. 아니. 다음 주 내내 출장 갈 거야.

↳ They are out of town until January 1st. 걔들은 1월 1일까지 출장 중이야.

↳ I'll be out of town all next week. 다음 주 내내 출장 갈 거야.

be out on business
외근 중이다, 출장 중이다 *be away on business와 같은 의미의 표현

- **be away on business for a week**
  일주간 출장으로 도시를 떠나다

A: Can I speak to Randy? 랜디 있어요?

B: I'm sorry. He's **out on business** for this week.
미안하지만 이번 주 출장 중이에요.

↳ Bette is out on business until this afternoon. 베트는 오늘 오후까지 외근 중이야.

↳ I'm thrilled. I'm going away on business to Paris next month.
흥분돼. 담달 파리로 출장을 가거든.

go to+장소+on business
…로 출장을 가다 *출장기간을 말하려면 '장소' 다음에 'for+기간' 형태로 써준다.

- **travel a lot on business**
  출장을 많이 다니다

A: How about we get together next Thursday?
다음 목요일 우리 모이면 어때?

B: Sorry. I have to **go to Boston on business** on Thursday.
미안. 목요일 난 보스턴으로 출장가야 해.

↳ I'm going to Japan for a week on business. 사업상 일주일간 일본에 갈 거야.

↳ I have to go to China on business. 일 때문에 중국에 가야 해.

send sb on a business trip
출장을 보내다 *회사에서 직원을 출장보냈다고 말할 때

- **travel a lot on business**
  출장을 많이 다니다

A: Where is Richard this week? 리차드는 이번 주에 어디에 있어?

B: Mr. Donnelly **sent him on a business trip.**
도넬리 씨가 걜 출장 보냈어.

↳ Mary was sent on a business trip to China. 메리는 중국으로 출장을 갔어.

↳ My company sent me here on a business trip. 회사에서 여기로 출장을 보냈어.

be in town on business

- be here on business
  출장 차 여기 오다
- be in NY on business
  뉴욕에 출장 오다
- visit (a place) on business
  (…에) 출장 오다

출장 차 시내에 와 있다 *town 자리에 Seoul을 넣으면 서울에 출장 와있다는 의미

A: **What's the purpose of your visit?** 너 방문 목적이 뭐니?

B: **I'm visiting on business.** 난 출장 차 온 거야.

 ↳ Is Roy going to move here? 로이가 이곳으로 이사올 거니?

 ↳ No, he is just in town on business. 아니, 걘 출장으로 그냥 온 거야.

come to town on business

- come to town on business
  for+기간
  …동안 출장을 오다

출장을 오다 *출장차 시내와 있다는 말로 town은 주거지가 아니라 일하는 도심지를 말한다.

A: **I'm going to come to town on business.** 출장올기야.

B: **Let's meet up for lunch when you come.** 오면 점심이나 같이 하자.

 ↳ I came to town on business for my company. 난 회사를 위해 출장을 왔어.

 ↳ She will come to town on business next month. 걘 다음 달 출장 올 거야.

meet sb on a business trip

- buy sth on a business trip
  출장 중에 …를 사다

출장 중에 …를 만나다 *출장 중에 출장목적상 혹은 개인적 목적으로 사람을 만날 때

A: **How did you meet your girlfriend?** 넌 여친을 어떻게 만났니?

B: **I met her in California on a business trip.**
  캘리포니아에서 출장 중에 만났어.

 ↳ The salesman met his clients on the business trip.
  그 판매원은 출장을 가서 고객들을 만났어.

 ↳ I may meet some old friends on my business trip.
  난 출장 중에 옛 친구 몇 명을 만날 수 있지.

get back from a business trip

- be home from one's
  business trip
  …의 출장에서 귀가하다
- return from one's business
  trip
  …의 출장에서 돌아오다

출장에서 돌아오다 *return from one's business trip과 같은 의미

A: **Have you been home long?** 집에 돌아온 지 오래 됐니?

B: **I got back from a business trip yesterday.** 어제 출장에서 돌아왔어.

 ↳ We'll get back from our business trip next week.
  우린 다음주 출장에서 돌아올 거야.

 ↳ Just wait until I get back from my business trip.
  내가 출장에서 돌아올 때까지 그냥 기다려.

30 비즈니스 및 사업

run a business

run a business

- run one's own business
  자영업을 하다
- run one's business from one's home
  재택 근무를 하다

경영하다 *business는 '사업'이라는 말 뿐만 아니라 '사업체'라는 뜻으로도 쓰인다.

A: Maybe we should start our own company.
   아마도 우리 자신 회사를 창업해야 할 거야.

B: No, I don't know how to **run a business.** 아냐. 난 경영법을 몰라.

↳ Mike's family ran a small business. 마이크 가족은 소규모 사업을 운영하고 있어.

↳ She decided to run a business with her partner.
   갠 파트너와 함께 사업을 하기로 결정했어.

start a new business

- start (up) own business
  자영업을 시작하다
- be in the restaurant business
  식당 업에 종사하다

새로운 사업을 시작하다, 창업하다 *새롭게 자기 사업체를 시작한다는 말씀

A: Are you going to get a job after you graduate?
   졸업 후엔 취업할 거니?

B: No, I'm going to try **starting up my own business.**
   아니, 사업을 시작해볼까 해.

↳ It takes a lot of money to start a new business.
   신규사업을 하려면 많은 돈이 들어.

↳ I think this is a good time to start our own business.
   내 생각에는 지금이 우리가 사업을 시작하기에 좋은 기회라고 봐.

open a business

- open a clothing store
  옷 가게를 열다
- be open for business
  영업 중이다
- close a business
  폐업하다

사업을 시작하다 *start 대신 open을 써서 사업을 시작하는 것을 뜻한다.

A: What are those workers building? 저 근로자들이 뭘 짓고 있니?

B: Someone is going to **open a business there.**
   누군가 거기에 사업을 시작한대요.

↳ Let's open a business together. 같이 사업을 시작합시다.

↳ He wants to open a business when he graduates. 갠 졸업하고 사업하려고 해.

own one's own business

- work for oneself
  스스로를 위해 일하다
- be self-employed
  자영업을 하다
- be one's own boss
  자영업을 하다, 독립적으로 일하다

자영업을 하다 *앞의 own은 '소유하다'라는 동사, 뒤의 own은 '자신의'라는 형용사

A: Rick always seems very busy. 릭은 항상 무지 바빠 보여.

B: Well, he **owns his own business.** 글쎄, 갠 자영업을 하고 있어.

↳ The businessman owned his own business. 저 사업가는 자기 업체를 소유했어.

↳ I'd like to own my own business. 난 내 사업체를 갖고 싶어.

do business with

- do business internationally
  국제적으로 사업을 하다
- do business overseas
  해외에서 사업을 하다

…와 사업을 하다 *with 다음에는 사업하는 사람이나 회사를 써준다.

A: Is your company international? 네 회사는 국제적이니?

B: We **do business with** people in many countries.
   우린 여러 나라들에서 사업을 해.

↳ I can't do business with my friends. 난 친구들과 사업을 할 수는 없어.

↳ We stopped doing business with that firm. 우린 저 회사와 사업관계를 중단했어.

go into business with

…와 사업관계를 시작하다 *do 대신 '…에 들어가다,' '뛰어들다'라는 go into를 쓴 경우

• go into business for oneself
자기 사업을 시작하다

A: I invented a new kind of computer.
난 새로운 종류의 컴퓨터를 고안했어.

B: You should **go into business with** me.
넌 나와 함께 사업을 시작해야 돼.

└ John **went into business with** his brothers. 존은 자기 형제들과 사업을 시작했어.

└ She found a partner to **go into business with**. 걘 사업 파트너를 찾았어.

expand one's business

…의 사업을 확장하다 *expand는 수직으로 늘어나는 increase, 수평으로 늘어나는 extend를 다 포함.

A: It looks like you're selling a lot of things.
넌 많은 물건들을 팔고 있는 것 같네.

B: Yes, we're about to **expand our business.**
응. 우린 사업을 확장하려고 해.

└ McDonald's **is always expanding its business.**
맥도날드는 항상 사업을 확장하고 있어.

└ Heather **expanded her design business.** 헤더는 디자인 사업을 확장했어.

go out of business

기업이 파산하다 *out of는 …로부터 빠져나온다는 의미로 가게나 회사등이 문을 닫는 것을 뜻한다.

• lose one's business
…의 사업을 잃다

A: No one ever goes into that store. 누구도 저 가게에 들어가질 않아.

B: They'll probably **go out of business.** 아마도 파산할 것 같아.

└ It **went out of business** because there was no money.
걔들은 자금이 없어서 파산했어.

└ Many Internet companies **went out of business** this year.
올해 파산한 인터넷 기업들이 많아.

go bankrupt

파산하다 *파산을 노골적으로 표현한 것으로 go 대신 be를 써서 파산한 상태를 말할 수도 있다.

• file for bankruptcy
파산선고를 신청하다

A: You and your wife spend a lot of money.
너와 네 부인은 돈을 무지 쓰네.

B: I'm afraid we'll **go bankrupt.** 우리가 파산할 까 두려워.

└ Our store needs business or we'll **go bankrupt.**
우리 가게는 사업이 돼야지 아니면 파산할거야.

└ The company **went bankrupt** last September.
이 회사는 지난 9월 파산해버렸어.

be on a night shift

five-day work week
주 5일제 근무이다 *five-day work와 week가 결합된 복합어

• be off on every other
Saturday
격주 토요일은 쉬어

A: The schedule here is pretty nice. 여기 일정은 아주 좋은데.

B: Yeah, I love **a five-day work week.** 그래, 난 주 5일제가 좋아.

↳ Most businesses have a five-day work week. 대부분의 사업체는 주5일제야.

↳ Sharon is too lazy for the five-day work week.
샤론은 주5일제 근무로 넘 게을러졌어.

be on a night shift
야간 근무를 하다 *주간 근무이면 day shift로 쓰면 된다.

• on two shifts
2 교대
• be on three-shift basis
3 교대제로 하다

A: Brian, you look really tired. 브라이언, 정말 피곤해 보이네.

B: **I'm on the night shift** this week. 이번 주에 야간 근무이거든.

↳ You'll earn more if you're on a night shift. 야간 근무 면 돈을 더 벌어.

↳ I can't sleep when I'm on a night shift. 난 야간 근무할 땐 잠을 잘 수가 없어.

work the late shift
야간 근무로 일하다 *work the later shift로도 사용한다.

• work two shift
2교대로 일하다

A: **I've worked the late shift** for nine years.
난 9년간 야간 근무로 일해왔어.

B: Is it difficult to be up all night? 밤새 깨어있는 것이 어렵니?

↳ My father stays up to work the late shift. 아빠는 야간근무로 늦게까지 안주무셔.

↳ I quit because I couldn't work the late shift. 난 밤근무를 할 수가 없어 그만 뒀어.

cover one's shift
…의 교대를 대신 해주다, 커버해주다 *cover는 남을 위해 대신 맡아서 해주는 걸 말한다.

• cover for sb
…대신 일을 봐주다

A: I need you to drive me to the airport.
네가 날 공항까지 운전해주면 좋겠어.

B: Someone will need to **cover my shift** at work.
누군가 내 교대근무를 대신해줘야 해.

↳ None of the employees could cover my shift.
어느 직원도 내 교대근무를 대신해줄 수 없어.

↳ If you cover my shift, I'll pay you. 내 교대근무를 대신해주면 내가 보답할게.

be on call
대기 중이다, 당번이다 *전화걸면 언제든 연락가능한 상태로 주로 의사나 소방대원들의 비상대기형태

A: I'd like to become a doctor. 난 의사가 되고 싶어.

B: Doctors **are on call** 24 hours a day.
의사들은 하루에 24시간 호출 대기 중이야.

↳ I'm on call. Let me know if there are problems.
내가 당번야. 문제가 생기면 알려줘.

↳ Who is going to be on call tonight? 누가 오늘 밤 당번할 거니?

work as a temp

임시직으로 일하다 *temp은 temporary에서 파생된 것으로 '임시직원' 혹은 '임시직으로 일하다'라는 뜻.

- be employed on a temporary basis
  임시직으로 고용되다

A: My cousin **works as a temp.** 사촌이 임시직으로 일해.

B: Does she have a good salary? 급여는 괜찮아?

⌐ I'm only employed here on a temporary basis.
  난 여기에 단지 임시직으로 고용됐어.

⌐ Some people **work as temps** until they get better jobs.
  더 나은 직장을 얻기 전까지 임시직으로 일하는 사람들도 있어.

hire contract workers

계약직원을 고용하다 *contract worker는 일정기간동안 근무하는 것을 조건으로 하는 계약직 사원.

- hire workers on a contract basis
  계약직으로 근로자를 고용하다

A: How is the company saving money?
  회사는 어떻게 돈을 절약하고 있어?

B: They decided to **hire contract workers.**
  계약직원을 고용하기로 결정했어.

⌐ The university hires workers on a contract basis.
  대학은 계약직으로 근로자들을 고용하고 있어.

⌐ They hired contract workers at the computer factory.
  컴퓨터 공장에서 계약직원들을 고용했어.

work freelance from home

프리랜서로 재택근무하다 *freelance는 회사에 소속되지 않고 독자적으로 일을 하는 사람.

- work for oneself as a freelance writer
  프리랜서 작가로 독립적으로 일하다

A: Everyone needs extra money. 모두들 여유 자금을 필요로 해.

B: Some housewives **work freelance from home.**
  일부 가정주부들은 프리랜서로 재택근무해.

⌐ Mr. Johnson works for himself as a freelance writer.
  존슨 씨는 프리랜서 작가로 독립적으로 일해.

⌐ I'd prefer to work freelance from home.
  난 집에서 프리랜서로 일하는 걸 더 좋아해.

give a task

give sb a task

- give sb another difficult assignment
  …에게 다른 난제를 부여하다
- be assigned to a job[post]
  …일을 맡다(…자리에 앉다)

…에게 업무를 부여하다 *task 대신에 job이나 assignment를 사용해도 같은 의미

A: Can someone clean up this room? 누가 이 방 청소를 할 수 있니?

B: I'll **give Elaine that job.** 일레인에게 시킬 게.

┗ He **gave** his students a difficult assignment.
  그가 학생들에게 어려운 과제를 내줬어.

┗ Let's **give** her a fun task to complete. 걔한테 일하기 재미있는 과제를 내주자.

complete the work

- finish working on~
  …에 대한 일을 끝내다
- finish one's work
  …의 일을 마치다

일을 완수하다 *complete는 일을 끝마치거나, 완성하다 혹은 양식서에 작성을 다하다라는 의미로 쓰인다.

A: Have you finished your report? 보고서를 끝냈나요?

B: I worked all night, but I didn't **complete the work.**
  밤새 일했는데도 끝내지 못했어요.

┗ You can **complete the work** tomorrow. 넌 내일 일을 끝낼 수 있어.

┗ Jay **completed the work** his boss gave him. 제이는 보스가 준 일을 완수했어.

send the proposal

- send the proposal via e-mail
  이메일로 제안서를 보내다

제안서를 보내다, 제안하다 *제안서를 보내는 곳은 to~ 이하에 적는다.

A: We need to **send the proposal** today. 우린 오늘 제안서를 보내야 해.

B: We're almost finished with it. 제안서를 거의 다 끝냈어.

┗ Can you **send the proposal** via e-mail? 이메일을 통해 제안서를 보내줄 수 있니?

┗ **Send the proposal** to my bank. 제안서를 내 은행 앞으로 보내줘.

make a copy of

- make copies of~
  …을 복사하다
- make some copies
  몇 개의 사본을 만들다

…을 복사하다 *여러 장일 때는 make copies of라 쓴다.

A: What are those papers you're carrying? 들고 있는 서류가 뭐니?

B: I have to **make copies of** some files. 파일 몇 개를 복사해야만 해.

┗ **Make some copies of** your passport. 네 여권을 몇 부 복사해.

┗ Jen **made copies of** her study sheets. 젠은 학습지를 복사했어.

run errands

- go to a bank on an errand
  은행에 심부름가다
- send sb on errands
  …을 심부름 보내다
- be on an errand
  심부름 중이다

심부름하다 *몇몇 심부름을 간다고 할 때는 run a couple of errands라 한다.

A: Do you have a busy weekend planned? 주말 일정이 바쁘니?

B: Not really. I need to **run some errands.** 아니, 심부름 할 일은 좀 있어.

┗ My boss always makes me **run errands.** 보스는 항상 나를 심부름 시켜.

┗ I'm going to **run some errands** in my new car.
  난 새로 구입한 차로 심부름을 할 거야.

neglect one's work

…의 일을 소홀히 하다 *neglect 다음에 sth이 오면 pay too little attention 이라는 말

- lie down on the job
  (직장에서) 농땡이 치다 (학교에서 농땡이 치면
  play truant를 사용하면 된다)
- goof off on the job
  일을 사보타지하다

A: **Why were those guys fired?** 왜 저 친구들이 잘렸니?

B: **They had begun to neglect their work.**
   걔들이 일을 소홀히 하기 시작했거든.

└ I can't leave and **neglect my work.** 내가 떠나버리면서 일을 소홀히 할 수 없어.

└ This bad grade is because you **neglected your work.**
   네가 공부를 소홀히 해서 학점이 나쁜 거야.

be[go] on strike

파업 중이다 *파업을 계획한다면 plan이나 organize를 사용하고 strike 대신 walkout를 써도 된다.

- nationwide strike
  전국적 파업
- public sector strike
  공공부문 파업

A: **The workers in Paris were on strike.** 파리 노동자들이 파업을 했어.

B: **I heard they closed the subway.** 지하철을 폐쇄했냐고 들었어.

└ The whole company will **be on strike** tomorrow. 회사 전체가 내일 파업할 거야.

└ The workers **on strike** marched down the street.
   파업 중인 근로자들이 거리를 따라 행진했어.

copy의 여러 의미

copy는 컴퓨터의 활용도가 일반화되면서 '복사하다'란 의미로 거의 우리말화된 단어이다. 하지만 명사로 copy하면 뭔가 원본을 복사한 한 부, 혹은 책이나 신문의 한 권, 한 부를 의미하기도 한다. 그래서 비행기에서 신문 한 부를 달라고 할 때는 "Can I get a copy of the New York Times?" 오늘 회의일정표 하나를 달라고 할 때는 "Can I have a copy of the schedule for today's meeting?" 이라고 하면 된다. 그리고 동사로 활약하는 copy의 경우를 보면 비서보고 이거 복사해놓으라고 할 때는 "I need you to copy these documents"라고, 그리고 불법이니까 함부로 복사하지 말라고 할 때는 'Don't copy that. It's against the law'라고 하면 된다.

33 회의하다

have a meeting

have a meeting

회의를 갖다 *have 대신에 hold를 사용해도 같은 의미가 된다.

- have a meeting scheduled for~
  …시로 예정된 회의가 있다.
- There's a meeting scheduled for~
  …시로 예정된 회의가 있다
- have an important meeting in~ …에서 중요한 회의를 갖다

A: **Why are you taking me to the board room?**
왜 날 중역실로 데려가려는 거니?

B: **There is a meeting there for all directors.** 전체 이사회가 있어.

↳ **I have an important meeting** in ten minutes. I've got to run.
10분 후에 중요한 회의가 있어. 빨리 가야 돼.

↳ You've got **a meeting** at three. 3시에 회의 있어.

schedule a meeting

회의 일정을 잡다 *회의하는 사람을 말하려면 뒤에 with sb를 붙이면 된다.

- schedule a meeting with sb
  …와 회의 일정을 잡다
- (meeting) be set for+시간
  (회의)가 …로 일정이 되어 있다

A: **What time is the meeting scheduled for?**
회의가 몇 시에 예정되어 있나요?

B: **It will be at 5 P.M. this afternoon.** 오늘 오후 5시에 열릴 거예요.

↳ **Schedule a meeting** with my secretary. 내 비서와 회의일정을 잡으세요.

↳ I need to **schedule a meeting** with you. 맞아요. 당신과의 회의일정을 짜야 돼요.

go to a meeting

회의에 참석하다 *go to 대신에 attend를, meeting 대신에 seminar 등을 사용해도 된다.

- attend a meeting
  회의에 참석하다
- show up at the meeting
  회의에 나타나다
- participate in a meeting [seminar, conference]
  회의에 참가하다

A: **Are you going to the staff meeting tonight?**
오늘 밤에 있을 직원회의에 갈거니?

B: **I might show up at the end of the meeting.**
아마도 회의가 끝날 때쯤에나 들를 것 같아.

↳ Are you going to **attend the meeting?** 회의에 참석할거야?

↳ I can't believe you never **showed up at the meeting.**
회의에 불참하다니 믿을 수 없군.

be in a meeting

한창 회의 중이다 *in 대신에 in the middle of를 사용해도 같은 의미

- be at a seminar
  세미나에 참가하다
- be busy with meetings
  여러 회의들로 바쁘다
- be in the middle of a meeting
  회의 중이다

A: **Is Louis in the office today?** 오늘 루이스가 사무실에 있나요?

B: **He is, but he is in a meeting right now.**
예, 그런데 지금은 회의에 들어가 있어요.

↳ He's **in a meeting** right now. 걘 지금 회의 중이야.

↳ **I'm in a meeting** all morning, but I'm free after two o'clock.
오전 내내 회의가 있지만 오후 2시 이후에는 시간이 있어요.

start the meeting

회의를 시작하다 *start 대신 begin를 써서 begin the meeting이라고 해도 된다.

- close[finish] a meeting
  회의를 끝내다
- call a meeting
  회의를 소집하다
- a meeting begins
  회의를 시작하다
- begin the meeting
  회의시작하다

A: **Do you know what time the meeting begins tomorrow morning?** 내일 아침 회의가 언제 시작하는지 아시나요?

B: **I was told that it would start at ten-thirty.**
10시 30분에 시작한다고 들었는데요.

↳ Let's **start the meeting** after lunch. 점심 식사 후 회의를 시작합시다.

↳ It's time to **get started with the meeting.** 회의 시작할 시간이에요.

cancel a meeting

회의를 취소하다 *회의가 be cancelled되었다고도 많이 쓰인다.

- miss a meeting
  회의에 참석하지 못하다
- leave in the middle of the meeting
  회의 도중에 나가다
- be late to the meeting
  회의에 늦다

A: **The manager had to leave suddenly.** 매니저가 갑자기 떠나야만 했어.

B: **That means we must cancel the meeting.**
그렇다면 우린 회의를 취소해야만 해.

└ I couldn't believe that Jack left in the middle of the meeting.
잭이 회의 중간에 나가서 얼마나 놀랐는데.

└ I don't want to be late to the meeting again. 난 다시는 그 회의에 늦고 싶지 않아.

take notes for a meeting

회의 내용을 기록하다 *summarize a meeting이면 '회의 내용을 요약하다'라는 의미

- keep the minutes
  의사록을 쓰다
- do the minutes for a meeting
  회의 의사록을 작성하다
- summarize the meeting
  회의를 요약하다

A: **Would you stay and take notes for the meeting?**
남아서 회의 내용을 기록할래요?

B: **Sure, I've got my notebook computer right here.**
그래요, 여기 노트북 컴퓨터를 가지고 있지요.

└ Our secretary usually takes notes for our meetings.
통상 우리 비서가 회의 내용을 기록하죠.

└ Who will take notes for the meeting? 누가 회의 내용을 기록할 건가요?

다양한 회의의 종류들

회의하면 가장 먼저 meeting이 떠오르지만 그 외에도 성격과 규모 그리고 참석자에 따라 다양한 회의종류가 있다.

conference : 정당이나 기업 등 같은 이해 관계로 뭉친 사람들간 며칠에 걸친 대규모 공식 회의

convention : 컨벤션, 집회같은 분야에 종사하는 전문인 간의 대규모 회의. 1년에 한번 열리는게 보통

brainstorming : 브레인스토밍; 모두가 차례로 아이디어를 제출하여 그 중에서 최선책을 결정하는 회의의 한 방법말라고 할 때는 'Don't copy that. It's against the law"라고 하면 된다.

presentation : 발표회

또한 「직원회의」는 staff meeting, 「주주회의」는 shareholders' meeting, 「판매회의」는 sales meeting, 「예산회의」는 budget meeting 이라고 한다.

write a report

write a report

- write this report
  이 보고서를 쓰다
- receive a monthly report
  월간 리포트를 받다
- finish (up) the report
  보고서를 완성하다

보고서를 쓰다 *report는 학교에서는 「과제물」, 회사에서는 「보고서」이다.

A: What if we don't **finish the report** before tomorrow morning? 내일 아침까지 보고서를 못 끝내면 어쩌죠?

B: Then we'll have to face an angry boss.
그럼 열 받은 사장과 대면해야겠죠.

└ Here is **the report that I wrote** for you. 작성한 보고서 여기 있어요.

└ It'll take you about ten minutes to **finish the report** you are working on. 작업중인 보고서 끝내는데 10분 정도 걸릴 거야.

put together a report

- put one's presentation together
  발표문을 만들다

보고서를 준비하다 *put together는 부품을 조립하여 완성하듯 보고할 내용들을 모아 보고서 작성하는 것.

A: What has that team been working on? 저 팀은 무슨 일을 하고 있니?

B: They are trying to **put together a report.**
걔들은 보고서를 준비하려고 노력하고 있어.

└ We **put together a report** in five hours. 우린 5시간 동안 한 보고서를 준비했어.

└ I need you and Gene to **put together a report.** 너와 진이 보고서를 준비해.

give a speech

- make a speech
  연설하다
- a speech on[about]
  …에 관한 연설

연설하다 *give 대신에 make, deliver를 써도 된다.

A: I don't want to **give a speech** in the meeting.
모임에 나가서 연설하기가 싫어.

B: Why? I think you are an excellent speaker.
왜? 난 네가 훌륭한 연설가라고 생각하는데.

└ I have to **make a speech** tonight. 오늘 밤에 연설해야 돼.

└ Did he ask you to **make a speech** at the conference?
걔가 네게 회의연설을 요청했어?

prepare for one's presentation

- have a presentation to give in+시간
  …시간 안에 프레젠테이션을 하다
- be ready for the presentation
  발표회 준비되다

프레젠테이션을 준비하다 *presentation을 할 수 있도록 준비한다는 의미

A: **Is everything ready for the presentation?** 발표회 준비 다 됐어?

B: Let me make sure. 확인해 볼게요.

└ I must **prepare for my presentation.** 프레젠테이션을 준비해야만 해.

└ Jill spent hours **preparing for her presentation.**
질은 발표회 준비로 몇 시간을 보냈어.

work on one's presentation

- practice one's presentation with notebook
  노트북을 이용하여 …의 발표문을 연습하다
- prepare the OHP for the presentation
  발표회를 위해 OHP를 준비하다

발표를 위해 작업하다 *프리젠테이션할 내용을 작업하는 것을 말한다.

A: How long will you **work on your presentation** for the boss? 넌 보스 앞 프레젠테이션을 위해 얼마나 일한 거니?

B: I'm going to be up all night writing it.
난 준비를 위해 밤새 깨어있을 거야.

↳ I **worked on my presentation** for the meeting.
난 회의 프레젠테이션을 위해 일했어.

↳ Each student **worked on his presentation** for the class.
학생들은 수업 중 자신들의 프레젠테이션을 위해 작업했어.

give a presentation on

···에 대해 발표하다 *give 대신에 do 또는 make를 사용해도 같은 의미

- complete [finish up] a presentation
  발표를 끝내다
- wind up a briefing successfully
  브리핑을 성공적으로 끝내다

A: What is the subject of today's meeting? 오늘 회의 주제는 뭐니?

B: Someone **is giving a presentation on** cooking.
누군가 요리에 대해 프리젠테이션을 할 거야.

↳ Our teacher **is giving a presentation on** science.
선생님이 과학에 대해 프리젠테이션을 하고 계셔.

↳ Let's get together after I finish **giving the presentation**.
내가 프리젠테이션을 끝낸 다음 만나자.

do a presentation

프리젠테이션을 하다 *회의실에서 사람들 앞에서 프리젠테이션을 하는 것

- do a presentation on[about]
  ···에 대해 프리젠테이션을 하다
- make the presentation
  발표하다
- make a lot of presentations
  발표회를 많이 하다

A: I **did a presentation** at the museum.
난 박물관에서 프리젠테이션을 했어.

B: What topic did you talk about? 무슨 주제에 대해 말했는데?

↳ Mrs. Cliff **did a presentation for** the audience.
클립 부인은 청중을 위해 프리젠테이션을 했어.

↳ I just don't think I can **do this presentation** today!
난 오늘 이 프리젠테이션을 할 수 있을 것 같지 않아.

cancel the presentation

프레젠테이션을 취소하다 *회의 때와 마찬가지로 취소할 때는 cancel을 쓴다.

- complete the presentation
  프리젠테이션을 끝마치다

A: Many people are absent because of the storm.
많은 사람들이 폭풍으로 인해 빠졌어.

B: We will need to **cancel the presentation**.
프리젠테이션을 취소해야 할 것 같아.

↳ He **cancelled the presentation** because he didn't prepare.
갠 준비를 하지 않았기 때문에 프리젠테이션을 취소했어.

↳ The speaker decided to **cancel the presentation**.
연사가 프리젠테이션을 취소하기로 결정했어.

present the report

보고서를 발표하다 *프리젠테이션을 하다를 한 단어로 하자면 present이다.

- present one's idea
  ···의 생각을 발표하다

A: I need to **present a report** in the morning.
난 아침에 보고서를 발표해야 돼.

B: Have you prepared your materials? 자료준비는 했어?

↳ Joe **presented his ideas** to the class. 조는 자기 생각을 수업시간에 발표했어.

↳ How much time do you need to **present the report**?
그 보고서를 발표하는데 얼마나 시간이 걸려?

deal with

deal with

…와 거래하다 *deal with sb면 …를 상대하다, deal with sth이면 문제나 과제를 처리하다

- **sign a deal with**
  …와 거래를 맺다

A: Did they **sign the deal** yet? 그들이 벌써 계약서에 사인했어요?

B: No, they're still waiting for a house inspection.
아뇨, 아직 주택 점검을 기다리고 있는 중이에요.

↳ We made a deal with an overseas company. 우린 해외 회사와 계약을 했어.

↳ I'm sure that he'll return our calls and **sign a deal with** us.
그가 우리의 요구에 응하여 거래를 맺게 될 것입니다.

close a deal

계약을 체결하다, 완결하다 *close는 계약을 합의하여 성공리에 완결짓는다는 의미

- **cut[strike, make] a deal**
  계약을 체결하다
- **complete a deal**
  계약을 완결하다
- **blow a deal**
  거래를 망치다

A: This is amazing! We may **close the deal** tonight.
세상에! 오늘밤 거래가 매듭지어질지도 모르겠어요!

B: Settle down, we have to think straight.
진정해요. 차분히 생각해 봐야죠.

↳ You told me you were going to Chicago to close a deal.
거래를 마무리하기 위해 시카고에 간다고 했잖아.

↳ I hope that she doesn't **blow the deal** tomorrow.
걔가 내 거래를 망치지 않기 바래.

open an account

계약을 트다, 계좌를 만들다 *여기서 account는 business account, 즉 거래선을 말한다.

- **land the Holdman account**
  홀드맨 고객을 유치하다
- **have an account with**
  …에 계좌를 갖고 있다
- **get an account**
  계약을 따내다

A: Tony just **has opened the first account** in China.
토니가 중국에 첫 번째 거래선을 텄어.

B: That'll really open up the Chinese market to us.
그로 인해 중국 시장이 우리에게 개방될 거야.

↳ I need to talk to you about the Halverson account.
할버슨 거래선에 대해 얘기하자.

↳ Tom opened an account at the stockbroker's firm.
탐은 증권사에 계좌를 개설했어.

lose an account

거래선을 놓치다, 잃다 *놓친 기존 거래 회사는 with 이하에 말하면 된다.

- **handle one's account**
  거래선을 다루다

A: Why does Sarah look so upset? 왜 새라가 낙담해보여?

B: She **lost one of her big accounts.** 큰 거래선 중 하나를 놓쳤거든.

↳ We're looking for someone to handle our account in India.
인도 거래선을 다룰 사람을 찾고 있어.

↳ Why do you think we lost the Miller account? 왜 밀러 고객을 놓쳤다고 생각해?

sign a contract for

···계약을 맺다 *계약서에 서명한다는 얘기는 계약을 맺었다는 말씀

- be under contract
  계약관계에 있다
- make a contract with
  ···와 계약을 맺다
- get[win] the contract
  계약을 따내다

A: **I guess he got the contract.** 제 생각에는 그가 계약을 따낸 것 같아요.

B: **I thought he was in a particularly good mood.**
  그가 무척 기분이 좋다고 생각했어요.

⤷ I'm pleased to announce that we **won the contract.**
  계약따냈다는 소식전하게 돼 기뻐.

⤷ Sally came by and said that she didn't **get the contract.**
  샐리가 잠시 들렀는데 자기가 이번 계약 건을 따내지 못했다고 하더군.

lose the contract

계약을 잃다 *계약을 못 따냈거나 혹은 현재 계약을 놓치는 것을 말한다.

A: **I'm not kidding, we lost the contract.**
  그 계약을 따내지 못했어. 정말이야!

B: **What are we going to tell the boss?** 사장한테 뭐라고 하지?

⤷ The firm **lost their contract** in Japan. 그 회사는 일본에서 계약을 잃게 되었어.

⤷ If you fail again, you'll **lose the contract.**
  네가 한번 더 실패하면 넌 계약을 잃게 될 거야.

trade in A with B

B와 A를 거래(무역)하다 *get into trade는 '장사를 시작하다'라는 의미

- trade in rice with Thailand
  태국과 쌀 교역을 하다

A: **What kind of sales do you do?** 넌 어떤 종류의 판매업을 하고 있니?

B: **I trade in clothing with the Brazilians.**
  난 브라질 사람들과 옷을 거래하고 있어.

⤷ The companies **trade in tea with** China. 그 회사들은 중국과 차 교역을 하고 있어.

⤷ We **trade in cars with** the Middle East. 우린 중동지역과 자동차 장사를 하고 있어.

trade in A for B

차액을 주고 A를 B로 교환하다 *trade-in value하면 통상 중고물건의 보상 가치를 의미

- trade in a used car for a new model
  새 자동차 모델을 구입하기 위해 중고차를 보상 판매하다

A: **I traded in my old phone for a new one.**
  난 옛 전화기에 돈을 더 주고 새 전화기를 샀어.

B: **Wow. That looks really cool!** 와. 정말 멋지다!

⤷ I want to **trade in** my computer **for** a smart phone.
  내 컴퓨터에 돈을 더 얹어줘 스마트 폰을 사고 싶어.

⤷ He'll **trade in** his motorcycle **for** a car next year.
  갠 내년에 자신의 오토바이하고 차액을 더주고 차로 바꿀거야.

deal with 때려잡기

deal은 비즈니스 뿐만아니라 일상생활에서도 다양한 의미로 많이 활약하고 있는 핵심단어이다. 명사로도 많이 사용되지만 동사로 쓰인 deal with 또한 다양한 의미로 사용된다. 제일 먼저 뭔가 문제를 해결하기 위해 「처리하다」 또는 「거래하다」(do business with)가 기본적인 의미이다. 또한 어떤 문제나 일을 「대처하여(cope with) 무리가 없도록 하다」라는 뜻으로 쓰인다. 그래서 "She's hard to deal with"하면 「거래하기 혹은 다루기 힘든 애야」라는 뜻이며 "I can't deal with the raw stuff"하면 날 음식과 거래못한다는 뜻이 아니라 「날 음식을 못먹어」라는 의미가 된다. 또한 "I can deal with it"하면 「내가 처리할 수 있다, 즉 가능하다」라는 뜻의 문장이 된다.

go on sale

SALE!

have a sale

- have a sale on sth
  …을 할인 판매하다

세일하다, 할인 판매를 하다 *세일품목은 on sth의 형태로 붙여준다.

A: There are a lot of people outside the store.
　가게 밖에 많은 사람들이 있네.

B: The store **is having a big sale** today. 그 가게가 오늘 큰 세일을 할거야.

↳ The florist **was having a sale** on lilacs. 꽃집 주인이 라일락을 세일하고 있었어.

↳ I've got to go save 50%. Barney's **is having a sale.**
　난 가서 50%를 아껴야 해. 바니스가 세일을 하고 있거든.

be[go] on sale

- be on sale
  판매중이다, 할인판매하다
- be for sale
  판매중이다(할인 판매는 아님)
- be a rip-off
  바가지 요금이다

할인 판매를 하다 *그냥 단순히 판매중이거나 혹은 할인판매중이라는 두가지 의미가 있다.

A: We can't afford a new washing machine.
　우린 새로운 세탁기를 살 여유가 없어.

B: They**'re going on sale** next week. 걔들은 다음 주에 세일을 할 거야.

↳ The digital TVs **are on sale.** 디지털 TV들이 세일 중이야.

↳ Many items **are on sale** before Christmas.
　많은 품목들이 크리스마스 전에 세일 중이야.

get sth on sale

- get sth at a bargain sale
  …을 할인 구매하다

…을 할인구매하다 *할인 판매중인 제품을 구매했다는 이야기

A: Honey, this is for you. I **got it on sale.** 이거 너 줄려고, 세일 때 샀어.

B: You're so sweet. 정말 친절도 해라.

↳ Kelly **got** a Rolex watch **on sale.** 켈리는 세일하는 로렉스 시계를 샀어.

↳ I **got it on sale** at a department store. 백화점에서 염가 판매하는 걸 샀어.

give a discount

- give a 10 percent discount
  10프로 할인해주다

할인해주다 *반대로 할인받는다는 get a discount이다.

A: Can you **give me a discount for** paying cash?
　현금으로 계산하면 할인해 주실 수 있나요?

B: Let me talk to my boss. 사장님께 얘기해 보죠.

↳ You'll **get a discount** if you pay in cash. 현금결제시 할인받으실 수 있습니다.

↳ I can only **give you a discount** if you buy more than ten.
　10개 이상 사실 때만 할인해 드릴 수 있습니다.

use ten percent off coupon

- 'buy one get one free' sale
  하나 사면 하나 깨워주는 세일

10% 할인 쿠폰을 사용하다 *할인 쿠폰을 사용한다는 착한 이야기

A: We can order the toys online. 장난감을 온라인으로 주문할 수 있어.

B: Let**'s use a ten percent off coupon.** 10% 할인 쿠폰을 사용하자.

↳ The **ten percent off coupon** is for this site.
　이 사이트에서 10% 할인쿠폰을 쓸 수 있어.

↳ We need to find **a ten percent off coupon.**
　우린 10% 할인 쿠폰을 찾아야 해.

37 사다

buy sth for~

buy sth for~

- buy sb sth
  …에게 …을 사주다
- I'm just browsing.
  그냥 둘러보는 거예요.
- be a good buy
  싸게 잘 산 물건

…사다 *for+사람[행사]이 나오면 '…용도로 사다,' for+가격이면 '…에 사다' 그리고 at이 나오면 '…에서 사다.'

A: I'm in charge of **buying the beer for** the party.
파티 때 내가 맥주를 책임지기로 했어.

B: That sounds like an expensive responsibility!
거 참, 돈깨나 들겠는걸!

↳ I need to **buy a gift for** my mother. 어머니께 드릴 선물을 하나 사야겠어.

↳ I **bought** it **at** the duty-free counter at the airport in Incheon.
난 인천 공항에 있는 면세점에서 이걸 샀어.

get sth at[from]

- pick up sth
  …을 사다
- free of charge
  무료로
- for nothing(= for free)
  공짜로

…을 …에서 사서 갖다 주다 *물건을 어디서 샀는지 말할 때

A: I wanted to **pick up some of the golf balls** you had on sale. 세일중인 골프 공을 몇 개 사고 싶은데요.

B: I'm sorry we're sold out. 죄송하지만 다 팔렸습니다.

↳ I **got** this dress **at** Macy's. 난 이 옷을 메이시 백화점에서 구했어.

↳ She **got** make-up **from** the Internet. 걘 인터넷으로 화장품을 구했어.

purchase a new BMW

- make a purchase
  구매하다

신형 BMW 차량을 구매하다 *구매하다는 의미로 산다라는 buy보다는 formal한 표현

A: Did you **purchase the house** you were looking at?
네가 보던 집을 샀어?

B: Yes, we did. It's a done deal. 어, 샀어. 그러기로 한 거야.

↳ I'd like to **purchase 20 computer software programs.** 프로그램 20개 구입하려고요.

↳ We'll call you if we decide to **purchase life insurance.**
생명보험 가입결정하면 연락할게.

make an online purchase

- purchase sth over the Internet
  인터넷 상으로 구매하다
- buy sth online at~
  …사이트에서 온라인으로 사다

온라인으로 구매하다 *인터넷상으로 물품을 구매할 때

A: Many people want to **make online purchases.**
많은 사람들이 온라인 구매를 원해.

B: Yeah, I like shopping on the Internet. 그래, 난 인터넷 쇼핑을 좋아해.

↳ Have you ever **purchased** anything **over the Internet?** 인터넷구매 해봤어?

↳ Why don't you **buy** her something **online at** Amazon? 아마존에서 걔한테 뭐 사줘.

send away for

- send for
  주문하다, 가지러 보내다
- place an order for~
  …을 주문하다

…을 우편으로 주문하다 *원래는 우편주문을 뜻하였으나 인터넷 발달과 더불어 온라인 주문을 뜻함.

A: I **sent away for** some new glasses. 새 안경을 몇 개 우편으로 주문했어.

B: Are you sure they will fit you? 너한테 맞을 거라고 확신하니?

↳ The students **sent away for** their books. 학생들이 책을 우편으로 주문했어.

↳ Did you **send away for** this picture? 이 그림을 우편으로 주문했니?

be sold out

sell sth for~

- sell sth for+가격
  …을 …가격에 팔다
- sell sth at the price of~
  …을 …가격에 팔다
- sell sb sth
  …에게 …을 팔다(sell sth to sb)

…을 얼마에 팔다 *팔려는 가격은 for 다음에 적으면 된다.

A: Did you compare the prices of the 55 inch LED TVs at the site? 그 사이트에서 55인치 LED TV가격을 비교해봤어?

B: Yeah, one vendor **sells it at the price of** 3,000 dollars.
   어, 한 판매회사는 3천불에 팔고 있어.

↳ He's not going to **sell his car for** one thousand dollars.
   걘 천 달러에 자기 차를 팔지 않을거야.

↳ He was born to **sell things**. He could **sell an Eskimo ice**.
   걘 영업 체질이야. 에스키모 사람에게 얼음을 팔 수도 있을거야.

be sold out

- be sold at a certain price
  특정 가격에 팔리다
- (상품) sells well
  상품이 잘 팔리다

다 팔리다, 매진되다 *이럴 땐 가게 유리창 등에 SOLD OUT이라고 붙인다.

A: Can I get one of those necklaces?
   저 목걸이들 중 한 개를 가질 수 있을까요?

B: I'm sorry, but they **are all sold out**. 미안하군요. 매진되었어요.

↳ It's going to **sell quickly**. 빨리 팔릴거야.

↳ The store **sold out** of the new computer game. 가게는 새론 컴게임을 다 팔았어.

carry+상품

- (가게) sell sth
  가게에서 …을 팔다

…을 취급하다, 팔다 *carry 다음에 상품명이 나오면 가게가 해당 물건을 취급한다는 말

A: Do you **carry** ink cartridges? 잉크 카트리지 있습니까?

B: Yes, are you looking for a particular kind?
   예, 특별히 찾는 게 있나요?

↳ The grocery store **carries** our favorite foods.
   저 식품점은 우리가 좋아하는 음식을 팔고 있어.

↳ I'm sorry, we don't **carry** that brand. 미안하지만 그 브랜드는 취급하지 않아요.

have sth in stock

- sth be out of stock
  물건이 떨어지다, 재고에 없다

제품이 있다, 재고에 있다 *재고가 있을 땐 in stock, 없을 땐 out of stock

A: This is a hot sale item nowadays. 이게 요즘 잘 나가는 제품이에요.

B: Do you **have any more in stock?** 물건 재고가 있나요?

↳ I'll check to see if we **have any in stock**. 재고가 있는지 찾아 볼게요.

↳ Let me see if we **have that kind in stock**. 그런 종류가 재고가 있는지 알아볼게요.

sell sth on the Internet

…을 인터넷으로 팔다 *인터넷은 통신이므로 on 혹은 over를 쓰게 된다.

A: How did Don sell his sports car? 돈은 어떻게 자기 스포츠카를 팔았니?

B: He **sold the car on the Internet**. 인터넷으로 팔았대.

↳ It's a good idea to **sell used books over the Internet**.
   중고책을 인터넷으로 파는 건 좋은 생각야.

↳ He's trying to **sell socks on the Internet**. 걘 인터넷으로 양말을 팔려고 해.

exchange A for B

send the wrong order

- return the wrong order
  잘못된 제품을 반송하다

잘못된 제품을 보내다 *주문하지 않은 엉뚱한 제품이 오는 경우

A: Has your package come in the mail yet?
네 소포가 메일로 도착했니?

B: No, the company **sent the wrong order.**
아니, 회사에서 잘못된 제품을 보냈어요.

⌐ It was returned when they **sent the wrong order.**
걔들이 잘못된 제품을 보냈을 때 돌려보내졌어.

⌐ Be careful not to **send the wrong order.** 잘못된 제품을 보내지 않도록 유의해라.

take sth back

- return+반송제품
  제품을 반송하다

…을 반품하다 *한 단어로 하면 return+반품하고 싶은 물품

A: This radio broke after only two days.
이 라디오는 단 이틀 만에 부서졌어요.

B: **Take it back** and get a refund. 반품해서 환불을 받자.

⌐ Mom **took our present back** to the store. 엄마는 우리 선물을 가게로 반품을 했어.

⌐ Let's **take these sneakers back.** 이 운동화들을 반품해 버리자.

exchange A for B

- make an exchange
  교환하다

A를 B로 바꾸다 *뭔가 다른 것으로 바꾸고 싶다고 하려면 for something else라 한다.

A: Did you return the present you got? 네가 받은 선물을 반품했니?

B: Yeah, I **exchanged it for** a new coat. 응. 새 코트와 교환했어.

⌐ Do you want to **return the item** or just exchange it?
제품을 환불 하시겠습니까 아니면 교환하시겠습니까?

⌐ I'd like to **exchange this for** something else. 다른 걸로 교환해주세요

refund for sth

- have[get] a refund for sth
  …을 환불 받다
- refund sb+money or price
  …에게 돈이나 비용을 환불하다
- refund in full
  전액 환불하다

…을 환불하다 *불량제품 등의 이유로 산 제품을 돈으로 환불받을 때

A: Can I get a full **refund for** this? 이 물건을 전액 환불 받을 수 있을까요?

B: Certainly, if you have your receipt. 물론이죠, 영수증만 있으시다면요.

⌐ Rico **got a refund for** the broken stove. 리코는 부서진 난로를 환불받았어.

⌐ Can I **have a refund for** this shirt? 셔츠 환불해주시겠어요?

get one's money back

- would like one's money back
  환불 요구하다

돈을 돌려주다 *가게 주인이 환불받거나 혹은 빌린 돈을 돌려받을 때

A: **I'd like my money back,** please. 돈을 환불해주세요.

B: Was there a problem with this item? 이 물품에 문제가 있었나요?

⌐ Gina **got her money back** from her friend. 지나는 친구로부터 돈을 돌려받았어.

⌐ They wouldn't **give me my money back.** 걔들은 내 돈을 돌려주지 않았어.

invest in

invest in

- invest in real estate
  부동산에 투자하다
- invest in the stock market
  주식시장에 투자하다

…에 투자하다 *명사형을 쓰면 make an investment in라 한다.

A: I'm not sure what to do with my money.
내 돈을 어떻게 해야 할 지 모르겠어.

B: You should **invest in** our company. 우리 회사에 투자해야 해.

└, Many people don't want to **invest in** stocks.
많은 사람들이 주식에 투자하기를 원하지 않아.

└, I decided to **invest in** real estate. 난 부동산에 투자하기로 결정했어.

invest one's money in

- invest my savings in this company
  내 저축을 이 회사에 투자하다
- invest his capital in mines
  그의 자산을 광산업에 투자하다
- investment bank
  투자은행

…의 돈을 …에 투자하다 *in 다음에는 회사 또는 투자한 곳이 나온다

A: My father **invested his money in** Samsung.
아빠는 삼성에 자신의 돈을 투자했어.

B: Did he make a lot of **profit**? 이익을 많이 내셨니?

└, He **invested his money in** his own business. 갠 자신의 사업에 돈을 투자했지.

└, You can **invest your money in** bonds. 넌 채권에 돈을 투자할 수 있어.

play the market

- invest in the stock market
  주식투자하다

주식 투자하다 *좀 의외지만 주식투자를 하다라고 할 때는 동사 play를 쓴다.

A: You always read about stocks. 넌 항상 주식 기사를 읽고 있구나.

B: Well, I enjoy **playing the market**. 글쎄. 난 주식투자를 즐겨.

└, They lost their money **playing the market**. 걔들은 주식 투자에서 돈을 잃었어.

└, Frieda **plays the market** with her salary. 프리다는 봉급으로 주식 투자를 하고 있어.

put money into~

- invest in the stock market
  주식투자하다

돈을 …에 투자하다 *into 다음에는 명사 혹은 ~ing를 쓰면 된다.

A: Should I **put money into** this company?
이 회사에 돈을 투자해야 되나?

B: Yes, I think it's a safe thing to do. 그럼, 안전할 거라고 생각해.

└, We plan to **put money in** investments. 우린 투자할 계획이야.

└, Sam **put his money into** buying a house. 샘은 주택을 구매하는데 돈을 투입했어.

lose one's money

- lose a lot of money in the stock market
  주식시장에 투자한 많은 돈을 잃다
- lose money in mutual funds
  뮤츄얼 펀드에서 돈을 잃다

돈을 잃다 *…ing가 뒤에 붙으면 '…하면서 돈을 잃다'라는 의미

A: William's family **lost all of their money**.
윌리엄의 가족은 가진 돈을 모두 잃었어.

B: It is very risky to invest in the stock market.
주식 시장에 투자하는 것은 매우 위험스러워.

└, She **lost some of her money** on Wall Street. 갠 월 스트리트에서 돈 좀 잃었어.

We all **lost our money** investing in mutual funds.

└, 우린 모두 뮤츄얼 펀드 투자에서 돈을 잃었지.

save money

save money

- save money for a rainy day
  어려운 때에 대비하여 절약하다
- spare no efforts
  수고를 아끼지 않다

돈을 절약하다 *돈이나 시간의 경우에는 save, 비용[노력]의 경우에는 spare가 보다 적절

A: **Are you traveling to Hawaii?** 하와이로 여행할 거니?

B: **No, we're trying to save money.** 아니. 우린 돈을 절약할 거야.

∟ I stopped smoking to **save money**! 난 돈을 아끼려고 담배를 끊었어.

∟ The duty-free shop is a good place to **save money**.
면세점에 가면 돈을 많이 아낀다.

cut back on

- cut back on spending
  지출을 줄이다
- cut down on cigarette
  담배를 줄이다

…을 줄이다 *생산[예산]을 줄일 때, 그리고 건강으로 뭔가 줄일 때는 cut down on을 주로 사용하거나 혼용.

A: **Let's cut back on** eating out. 외식을 줄이자.

B: **But I really like eating in restaurants.**
그런데 난 식당에서 식사하는 것을 정말 좋아해.

∟ Maybe next month we can **cut back on** a few things.
우리는 다음 달에 아마도 몇 가지 줄여야 될지 몰라.

∟ We're going to **cut back on** shopping too. 우린 쇼핑도 역시 줄일 거야.

cut off

- cut corners
  불필요한 부분을 없애 줄이다(비용 등을)
- *cf.* Cut it out!
  그만 둬!(닥쳐!) (= knock it off)

줄이다, 자르다 *shorten by cutting의 의미이며 cut out은 remove by cutting의 의미

A: **How did Shelly save money this year?**
셸리가 금년에 어떻게 절약을 한거야?

B: **She had to cut off all of her extra expenses.**
모든 추가지출을 줄여야만 했어.

∟ He is cutting corners to save cash. 걘 현금을 아끼려고 경비를 줄이고 있어.

∟ Jerry **cut off** one of his buttons. 제리는 단추 한 개를 떼어 버렸어.

waste money

돈을 낭비하다 *시간을 낭비한다면 waste one's time으로 표현

A: **Many people like to go to nightclubs.**
많은 사람들이 나이트 클럽에 가고 싶어해.

B: **They are just wasting money.** 그 사람들은 돈을 그냥 낭비하고 있는 거야.

∟ Don't **waste your money** on candy. 사탕을 사는데 돈을 낭비하지 마라.

∟ They **waste money buying** comic books.
걔 들은 만화책을 사는데 돈을 낭비하고 있어.

conserve sth

- conserve goods[resources]
  물품(자원)을 절약하다
- energy conservation
  에너지 절약

…을 아끼다 *물건이나 자원 등을 아낄 경우 쓰기에 적절한 표현

A: **We don't have much food left.** 우린 음식이 많이 남아있지 않아.

B: **We'll have to conserve food until tomorrow.**
우린 내일까지 음식을 아껴야 해.

∟ The family **conserved money** because of the bad economy.
그 가족은 경제난 때문에 돈을 아꼈어.

∟ Let's **conserve our energy** until the race. 경주 때까지 우리 에너지를 아끼자.

make money

make money

돈을 벌다　*some[a little]를 붙이면 돈을 약간 벌다, more[extra]를 붙이면 더 벌다라는 의미

- make a little money
  돈을 조금 벌다
- make more money
  돈을 더 벌다

A: I want to **make money** and be comfortable.
　난 돈을 벌어 좀더 편안해지고 싶어.

B: You need to work hard to become rich.
　넌 부자가 되려면 일을 열심히 해야 돼.

↳ Some people **make money** easily.　일부 사람들은 돈을 쉽게 벌어.

↳ How can we **make some money**?　어떻게 하면 돈을 벌 수 있을까?

earn a lot of money

많은 돈을 벌다　*make a fortune과 같은 의미

- earn a good salary
  높은 봉급을 받다

A: James **earned a lot of money** as a lawyer.
　제임스는 변호사로 많은 돈을 벌었어.

B: We should have gone to law school.　우리도 법대를 갔어야 하는데.

↳ You won't **earn a lot of money** working here.
　넌 여기서 일해서 많은 돈을 벌 수는 없어.

↳ Korea **earned a lot of money** exporting items.　한국은 수출로 많은 돈을 벌었어.

make a living

생계비를 벌다　*make 대신 earn을 써도 된다.

- earn a living
  생계비를 벌다
- do for a living
  생계를 위해 일하다

A: How will you **make a living?**　넌 어떻게 생계를 꾸릴 거니?

B: I think I'll become a teacher.　난 선생이 될 거야.

↳ I **work my butt off** to make a living.　먹고 살려고 똥끝 타도록 일한다

↳ I have to **earn a living** and pay the rent.　생계비도 벌고 임대료도 내야 돼

make a fortune

큰 돈을 벌다, 부자가 되다　*fortune은 '운'이란 뜻외에도 '재산'이란 뜻이 있다.

- make a killing
  크게 한 몫을 잡다

A: Bill Gates got rich selling his software programs.
　빌 게이츠는 소프트웨어를 팔아 부자가 되었어.

B: That's right. He **made a fortune** on them.
　그렇지. 그걸로 큰 돈을 벌었어.

↳ You're too lazy to **make a fortune**.　넌 부자가 되기에는 너무 게을러.

↳ Rob **made a fortune** while living overseas.　롭은 해외에서 살면서 큰 돈을 벌었어.

rake in money

돈을 긁어 모으다　*갈퀴가 낙엽을 쓸어모으듯 돈을 긁어 모으는 모습을 연상하면 된다.

A: Your business is doing very well.　네 사업이 아주 잘 되고 있구나.

B: That's right. We**'re raking in the money.**
　맞아. 우린 돈을 긁어 모으고 있지.

↳ Bob **rakes in money** with his new job.
　밥은 새로 구한 직장에서 돈을 긁어 모으고 있어.

↳ A few years ago brokers **were raking in money**.
　몇년 전 브로커들이 돈을 긁어 모았지.

cash in on

…로 돈을 벌다 *비유적으로 '…을 이용하다'라는 의미로도 자주 쓰인다.

A: Johnny Depp does a lot of advertisements.
조니 뎁은 광고에 많이 나와.

B: I guess he's **cashing in on** his fame.
걘 자신의 명성을 이용하고 있다고 보여.

└ Rindy **cashed in on** her banking knowledge.
린다는 자신의 금융지식을 잘 이용했어.

└ I'd like to **cash in on** the gold coins I have.
난 내가 보유하고 있는 금화를 현금화하고 싶어.

get rich

- become a millionaire
  백만장자가 되다
- be well-off[well-to-do]
  부유하게 지내다

부자가 되다 *get 다음에 형용사가 오면 '…이 되다'라는 의미가 된다.

A: How did Sally **get rich**? 샐리가 어떻게 부자가 되었니?

B: She owned a real estate company. 걘 부동산 회사를 소유하고 있어.

└ Most people dream about **getting rich**. 모든 사람들은 부자가 되는 꿈을 꾸지.

└ I failed to **get rich** since I started working in the stock market.
난 증권가에서 일을 시작한 이래 부자가 되는데 실패했어.

have a lot of money

- have enough money to~
  …하는데 충분한 돈이 있다

돈이 많다 *모든 이들의 꿈과 희망. have so much money라고도 써본다.

A: Your uncle always has nice cars. 네 삼촌은 항상 좋은 차들을 가지고 있어.

B: That's because he **has a lot of money.** 돈이 많기 때문이지.

└ My new boyfriend **has a lot money.** 내 새로운 남친은 돈이 무지 많아.

└ People in this apartment building **have a lot of money.**
이 아파트 빌딩에 사는 이들은 돈이 많은 사람들이야.

get the money to buy~

- have enough money to~
  …하는데 충분한 돈이 있다

…을 살만한 돈을 갖다 *구체적으로 …을 살만한 돈이 있고 없음을 말할 때

A: I need to **get the money to buy** a car. 난 차를 살 돈이 필요해.

B: Maybe I can lend you some. 내가 좀 빌려줄 수 있어.

└ Terry **got the money to buy** a shop. 테리는 가게를 살만한 돈을 갖고 있어.

└ Kara **got the money to buy** Christmas presents.
카라는 크리스마스 선물을 살만한 돈을 갖고 있어.

43 돈을 쓰다, 지불하다, 계산하다

spend money

spend money ~ing

- spend one's money ~ing
  …하는데 …의 돈을 쓰다

…하는데 돈을 쓰다 *돈은 어떻게 썼는지는 ~ing로 밝히면 된다.

A: **Where did all of your money go?** 네가 가진 모든 돈은 다 어디로 갔니?

B: **We spent our money vacationing.** 우린 휴가에서 써버렸지.

↳ The church **spends money** helping others. 교회는 다른 사람들을 돕는데 돈을 써.

↳ It's easy to **spend more than** you have. 자기 분수이상으로 소비하는 건 쉬워.

spend money on~

- spend one's salary quickly
  …의 봉급을 빨리 써버리다

…에 돈을 쓰다 *spend a lot of money on sth은 '…에 많은 돈을 쓰다'라는 의미

A: **Did the police catch you driving fast?** 경찰이 과속으로 너를 잡았니?

B: **Yeah, I have to spend money on the ticket I got.**
그래, 교통 티켓을 받아 벌금을 내야 해.

↳ The family **spent its money on** food and rent.
가족은 음식과 월세로 돈을 쓰고 있어.

↳ I don't like to **spend money on** jewelry. 난 보석류에 돈을 낭비하고 싶지 않아.

waste one's money

- waste one's money on sth
  …에 돈을 낭비하다
- waste one's money ~ing
  …하는데 돈을 낭비하다

…의 돈을 낭비하다 *어디에 낭비했는지는 뒤에 on sth 혹은 ~ing로 써준다.

A: **Many people are buying i-phones.** 많은 사람들이 아이폰을 사고 있어.

B: **Don't waste your money on them.** 그걸로 돈을 낭비하지 마라.

↳ Louis **wasted his money** gambling. 루이스는 도박으로 돈을 낭비했어.

↳ They **wasted their money on** lottery tickets. 걔들은 복권으로 돈을 낭비했어.

be broke

- be flat broke
  완전히 빈털터리가 되다
- be out of money
  돈이 없다
- be low on money
  돈이 없다

빈털터리가 되다 *broke 대신에 penniless라 써도 된다.

A: **Come on, let's go out tonight.** 이봐, 오늘 밤 외출하자.

B: **I can't go anywhere. I am broke.** 난 어디도 갈 수가 없어. 빈털터리거든.

↳ The older couple **is always broke.** 저 노인 커플은 항상 빈털터리야.

↳ Helen **was broke** after she paid the doctor.
헬렌은 의사에게 지불후 돈이 바닥났다.

cash or charge?

- charge sth on Visa
  비자카드로 …을 구입하다
- I'll charge it, please.
  카드로.
- Cash, please.
  현금으로.

현금 또는 카드? *charge는 돈을 청구하다로 여기서처럼 '신용카드로 계산하다'라는 뜻으로 많이 쓰인다.

A: **Will that be cash or charge, sir?** 현금 아님 카드로 하시겠습니까?

B: **I'm going to pay cash.** 현금으로 할게요.

↳ This is the total you owe. **Cash or charge?** 이게 총액예요. 현금, 카드로 할래요?

↳ Will you use **cash or charge** to pay your bill?
계산서를 지불하는데 현금으로 할래요 카드로 할래요?

pay in cash

• pay by check
수표로 지불하다

• pay in Korean won
한화로 지불하다(화폐단위의 경우 in을 사용)

현금으로 지불하다 *현금일 때는 in cash, 수표나 카드일 때는 by[with]~을 쓴다.

A: Will you **pay for this in cash** or by check?
현금과 수표 중에 어떤 걸로 지불하시겠어요?

B: Let me **pay for it** with my credit card. 신용카드로 계산하겠어요.

⌐ I'd like to **pay in cash**. How much is it? 난 현금으로 계산하고 싶어요. 얼마죠?

⌐ I'm going to **pay for this** with a check. 수표로 낼게요.

pay sth on one's credit card

• buy sth on credit
신용 구매하다

• buy sth with one? credit card
신용카드로 사다

신용카드로 계산하다 *buy sth on credit이면 '…을 신용카드로 구매하다'

A: I'd like to **buy this with my credit card.** 신용카드로 낼게요.

B: I'm sorry but we don't accept credit cards.
우린 신용카드 받지 않아요.

⌐ No one **buys the newspaper** with a credit card.
신문을 신용카드로 사는 사람은 없어.

⌐ I'd like to **buy a car on credit.** 신용 대출로 차를 구매하고 싶어.

take credit cards

• accept credit cards
신용카드를 받다

• accept[take] checks
수표를 받다

신용카드를 받다 *상점이나 가게에서 신용카드를 사용할 수 있는지 여부를 말할 때

A: This store doesn't **take checks.** 이 가게는 수표를 받지 않아.

B: OK. I have some cash. 알았어. 난 현금이 조금 있어.

⌐ Do they **accept checks?** 걔들은 수표를 받나요?

⌐ We **take credit card** only, no checks. 우린 신용카드만 받아요, 수표는 받지 않지요.

pay the bill

• pay the fine
벌금을 내다

• pay one's rent
…의 집세를 내다

• pay one's utility bill
…의 공과금을 내다

계산서를 지불하다 *pay the price라는 표현은 '대가를 치르다'라는 의미로 주로 추상적 개념으로 사용

A: How would you like to **pay the bill?** 대금지불은 어떻게 하시겠습니까?

B: I'd like to put it on my credit card. 신용카드로 하고 싶은데요.

⌐ I'd like to **pay the bill,** please. 계산을 좀 할려구요.

⌐ I can't afford to **pay my rent** this month. 이번 달 월세를 낼 돈이 없어.

pay for

• pay tuition
학비를 내다

• pay money for
…을 위해 돈을 지불하다

• pay sb money
…에게 돈을 지불하다

…의 대금을 지불하다 *for 다음에는 돈을 내야 되는 이유를 말한다.

A: We would like to **pay for** your airline ticket.
저희가 비행기표 값을 지불하겠습니다.

B: That's wonderful. I don't know how to thank you.
정말이요. 어떻게 감사 드려야 할 지 모르겠네요.

⌐ Can you **pay for** our dinner? 우리 저녁 식사비를 지불할 수 있나요?

⌐ Charlie needs to **pay me the money** he owes.
찰리는 내게 빚진 돈을 갚아야 돼.

make a payment

지불하다 *pay의 명사형을 쓴 형태로 지불이유는 for~이하에 말한다.

- make a payment for~
  …에 대한 걸 지불하다
- make monthly payments to~
  …에게 월 지불액을 지급하다

A: How can you afford your new car?
새 차를 구입할 여유가 어떻게 있었니?

B: I **make a payment** for it every month. 난 매달 할부로 지불하고 있어.

↳ She **made a payment** on her credit card. 걘 신용카드로 지불을 했어.

↳ I can't afford to **make the payments** on this. 난 이걸 지불할 여유가 없어.

get behind on payments

계산이 밀리다 *좀 어렵지만 be in arrears with the payments도 같은 의미

- get behind with the payments for one's car
  …의 차 할부금이 밀리다

A: I **got behind on the payments** to my account.
난 내 계좌에 계산이 밀려있어.

B: You're going to owe even more money.
그러면 훨씬 더 많은 돈을 빚지게 될 거야.

↳ It's easy to **get behind on payments** these days. 요즘은 납입이 밀리기가 쉬워.

↳ The Visa can't be used because we **got behind on payments**.
우린 지불이 지체되어서 비자카드를 사용할 수가 없어.

pay off one's debt

…의 빚을 갚다, 청산하다 *pay back과 같은 의미

- pay sb back
  …에게 갚다
- pay sb back with interest
  이자를 쳐서 …에게 빚을 갚다

A: Students owe a lot of money after graduation.
학생들은 졸업 후 많은 돈을 빚지게 돼.

B: They need to **pay off their debt**. 걔들은 빚을 갚아야만 하지.

↳ It will take years to **pay off this debt**. 이 빚을 갚으려면 수년이 걸릴 거야.

↳ When can you **pay off your debts**? 언제 네 빚을 청산할 수 있겠니?

be due on

…에 지불 기일이 되다, …에 기한이 되어 있다 *due+시간명사 혹은 on+요일을 써주면 된다.

A: When is this report going to be finished?
언제 이 보고서가 마무리 될 수 있니?

B: Well, it **is due** next Monday. 글쎄요, 다음 월요일에 제출 예정이에요.

↳ The library books **are due on** Saturday. 도서관 책들이 토요일에 반납예정이죠.

↳ The bills **are due on** the first day of the month.
청구서가 그달 첫날에 지불 기한이죠.

빌리다, 빌려주다, 빚지다
get a loan

owe to sb

- owe A to B
  B에게 A를 빚지다
- I owe you one.
  내가 빚졌어.

…에게 빚지다 *owe A to B 이면 B에게 A를 빚지다, A는 B의 덕이다라는 의미의 표현

A: I heard you **owe a lot of money to** your father.
네 아버지에게 돈을 많이 빚졌다며.

B: Yes, I had no choice but to borrow it from him.
응. 난 아빠로부터 빌릴 수 밖에 없었어.

↳ How much do I owe you for the gas? 기름 값 얼마 내면 되죠?

↳ Thanks for your help. How much do I owe you? 도와줘서 고마워요. 얼마죠?

borrow some money from

- borrow sth from
  …로부터 …을 빌리다

…로부터 돈을 좀 빌리다 *borrow 다음에는 돈 외에도 다른 빌리는 물건이 온다.

A: I need to **borrow some money.** 돈 좀 빌려야겠어.

B: Oh, sure! How much? 어 그래! 얼마나?

↳ I allowed him to borrow my car. 난 걔가 내 차를 빌려가도록 허락했지.

↳ I'm going to borrow some money from my sister. 여동생한테 돈을 좀 빌릴거야.

lend sb money

- lend money to sb at 5 % interest
  …에게 5% 금리로 돈을 빌려주다
- lend sb sth
  …에게 …을 빌려주다

…에게 돈을 빌려주다 *역시 lend 다음에는 돈 외의 사물이 나올 수 있다.

A: Larry is broke this week. 래리는 이번 주 돈이 다 떨어졌어.

B: I can **lend him some money.** 내가 좀 돈을 빌려줄 수 있는데.

↳ Abby lent her brother money for his bills.
애비는 남동생이 청구서들을 지불하도록 돈을 빌려주었어.

↳ Can you lend me some money until payday? 봉급 날까지 돈 좀 빌려줄 수 있어?

loan sb money

- loan sb sth
  …에게 …을 빌리다

…에게 돈을 빌리다 *loan를 동사로 쓴 경우로 borrow와 같은 의미이다.

A: How did Dick buy this BMW? 딕이 어떻게 BMW를 살 수 있었니?

B: His parents **loaned him money** to get it.
부모님이 돈을 대출해 주었대.

↳ I ran out of money. Can you lend me some? 돈이 다 떨어졌어. 돈 좀 빌려줄래?

↳ Can you lend me $10,000 for a few months? 몇 달간 만 달러 좀 빌려주시겠어요?

get a loan

- get a loan from a bank
  은행으로부터 융자를 받다
- give A a loan
  …에게 융자를 주다
- apply for a loan
  대출을 신청하다
- take out a loan
  융자를 받다

융자를 받다 *은행으로부터 받을 때는 from a bank를 넣어준다.

A: Will you be able to buy that new house?
저 새 집을 구매할 수 있니?

B: Yeah, I'll **get a loan** from a bank. 그럼. 은행에서 융자를 받을 거야.

↳ Jay got a loan from his bank to pay for school.
제이는 학비를 은행에서 융자받었어.

↳ Joan applied for a loan to start a business.
조앤은 사업을 시작하려고 사업자금 대출을 신청했어.

make ends meet

make ends meet

수지타산을 맞추다 *수익과 지출이 나오는데 이를 맞대다로 이익도 안보지만 손해도 안보는 상황.

A: Did you sell your gold jewelry? 넌 금 세공품을 팔았니?

B: Yes, I'm just trying to **make ends meet.**
그래. 단지 수지타산을 맞추려고.

└ Tom works three jobs to **make ends meet.**
탐은 수지타산을 맞추려 3가지 일을 해.

└ We need to save money to **make ends meet.** 수지타산을 맞추려고 절약해야 해.

make a profit

수익을 얻다 *turn a profit도 이익을 내다라는 같은 뜻으로 쓰인다.

- make a huge profit
  큰 수익을 얻다
- earn record-breaking profits
  기록적인 수익을 올리다

A: We need to **make a profit** at this shop.
우린 이 가게에서 수익을 올려야만 해.

B: Let's try and attract more customers.
좀 더 많은 고객을 유치하려고 노력하자.

└ The company failed when it didn't **make a profit.**
그 회사는 수익을 내지 못했을 때 망했어.

└ The stocks for our firm **made a profit** this year.
우리 회사 주식은 금년도에 수익을 올렸어.

be in the red

적자상태이다 *반대로 흑자일 때는 색을 바꿔서 in the black이라 한다.

- be in the black
  흑자상태이다

A: We**'re in the red** again this month. 우린 이번 달에도 적자 상태야.

B: We need to find a way to get out of this slump.
이 침체기에서 벗어날 방안을 찾아야만 해.

└ The business **was in the red** for the whole year. 사업이 1년 내내 적자상태였어.

└ With low sales, the store **was in the red.** 판매가 부진해서 가게가 적자였어.

be over budget

예산을 넘어서다 *go over budget는 '예산을 초과하다'라는 의미

- be beyond one's budget
  …의 예산을 넘어서다
- be on a tight budget
  예산이 빠듯하다

A: This apartment building looks very expensive.
이 아파트 빌딩은 무지 비싸게 보이네.

B: They **were millions of dollars over budget.**
걔들은 수백만 불이나 예산이 초과되었대.

└ Hollywood movies **are always over budget.** 헐리우드 영화는 항상 예산이 초과돼.

└ We **went over budget on** our expenses. 우린 지출이 예산 초과되었어.

reduce the cost

비용을 줄이다 *of 이하에 비용을 절감하는 대상을 써주면 된다.

- reduce the cost of sth[~ing]
  …의[하는] 비용을 줄이다
- reduce operating costs
  운영비를 감축하다

A: These school books are so expensive. 이 학교 교재들이 무척 비싸네.

B: I wish we could **reduce the cost** of buying them.
우리가 교재 구입비용을 줄일 수 있으면 좋겠어.

└ The store **reduced the cost of** the jackets. 그 가게는 재킷 만드는 비용을 줄였어.

└ Can you **reduce the cost of** school? 학비를 줄일 수 있겠니?

start cost-cutting measures

비용절감 조치를 시작하다 *start 대신 begin을 넣어도 된다.

- cost effective
  비용 효율이 높은
- propose a budget cut
  예산 삭감을 제안하다

A: Our store is losing a lot of money. 우리 가게는 많은 돈을 까먹고 있어.

B: We need to **begin some cost cutting measures.**
  우린 비용절감 조치를 일부 취해야 해.

↳ They **undertook cost cutting measures** to save money.
  걔들은 돈을 절약하려고 비용절감 조치를 취했어.

↳ Many countries are trying to **start cost cutting measures.**
  많은 국가들이 비용절감 조치들을 취하려고 노력 중이야.

can't afford to

···할 여유가 없다, 여력이 없다 *항상 can't와 붙어다니며 afford 다음에는 명사나 to do를 쓴다.

- can't afford+N
  ···을 살 여유가 없다

A: **I can't afford to** buy a new coat. 난 새 코트를 살 여유가 없어.

B: I can give you one of my brother's coats.
  내 남동생 코트 중 하나를 네게 줄 수 있어.

↳ **I can't afford to** buy you a house. 네게 집을 사줄 여력이 없어.

↳ How much can you **afford to** spend? 예산은 얼마쯤 잡고 있는데?

get into debt

빚지다 *'빚에서 벗어나다'라고 하려면 get out of debt이라고 쓴다

- be in (deep) debt
  (큰) 빚을 지고 있다

A: How did you **get into debt?** 어떻게 빚을 지게 되었니?

B: I had too many credit cards that I used.
  내가 신용카드를 너무 많이 썼나봐.

↳ Leon **got into debt** because of school costs. 레온은 학비 때문에 빚을 지게 되었어.

↳ Some families **got into debt** by buying expensive homes.
  일부 가족들은 값비싼 집을 사느라고 빚을 지게 돼.

make both ends meet

한달을 주기로 살얼음판을 걷는 소위 '월급쟁이'들에게 더더욱 가슴이 아려올 표현이 바로 make (both) ends meet으로, 「근근이 살아갈 돈을 벌다」(get just enough money for all one's needs), 즉 「겨우 빚은 안지고 살아간다」(head above water)는 말이다. 대차대조표나 가계부 상의 제일 끝(end)에 나오는 총수입과 총지출을 맞춘다(meet)는 의미로 이해할 수도 있다. 예로 「겨우 빚 안지고 살아」라고 하려면 "I can barely make ends meet"라 하면 되고 요즘처럼 대학 졸업 후에도 취직안되는 상황에서는 "After college, I couldn't find a job and had a hard time making ends meet"라 할 수 있다.

make a deposit

open a new account

새로운 계좌를 열다 *계좌를 폐쇄한다면 close the account

- open a new bank account
  은행 계좌를 열다

A: I'm going to the bank this morning. 오늘 아침 은행에 갈 거야.

B: Are you planning to **open a new account?** 새 계좌를 열 계획이니?

↳ We'll give you a bonus if you open a new account.
  새 계좌를 개설하면 보너스를 줄 거야.

↳ Many people opened new accounts at the bank. 많은 이들이 새 은행계좌를 열었어.

take money out of one's account

…의 계좌에서 돈을 인출하다

- take money in cash from a bank
  은행에서 현금으로 인출하다

A: I need to **take money out of my account.** 계좌에서 돈을 인출해야돼.

B: Let's stop at this bank machine. 이 현금기계에서 잠깐 서자.

↳ Paula took money out of her account for the ticket.
  폴라는 표를 구입하기 위해 자기 계좌에서 돈을 꺼냈어.

↳ He decided not to take money out of his account.
  자신의 계좌에서 돈을 인출하지 않기로 했어.

withdraw money from a bank

은행에서 인출하다 *withdraw 대신 draw 동사를 사용해도 같은 의미

- overdraw
  초과인출하다(= have an overdraft)

A: Where is your sister going? 네 여동생이 어디 가는거니?

B: She wants to **withdraw money from the bank.**
  돈을 인출하려고 은행에 갔어.

↳ I had no time to withdraw money from the bank. 은행에서 돈 찾을 시간이 없어.

↳ We withdrew money from the bank to pay for our trip.
  우린 여행비 마련을 위해 은행에서 돈을 꺼냈어.

make a (cash) deposit

(현금) 입금하다 *deposit는 입금하다라는 의미의 동사로도 사용된다.

- deposit a check into one's account
  …의 구좌에 수표를 입금하다

A: Hello, how can I help you? 여보세요, 도움이 필요하나요?

B: I'd like to **make a cash deposit.** 현금 입금을 하고 싶어요.

↳ You can make a cash deposit at the ATM. ATM에서 현금입금을 할 수 있어요.

↳ Sam made a cash deposit after selling his car. 샘은 차를 판후에 현금입금을 했어.

transfer money to one's account

…의 계좌로 이체하다, 송금하다 *transfer A to B의 구조

A: How did you sell the computer on the Internet?
  어떻게 컴퓨터를 인터넷으로 팔았니?

B: The buyer **transferred money to my account.**
  매수자가 돈을 내 계좌로 이체해주었어.

↳ I transferred money to my son's account. 난 내 아들 계좌로 돈을 이체했어.

↳ You need to transfer money to the company's account. 회사계좌로 송금해야 해.

cash in traveler's check

- get A cashed
  ···을 현금화하다

여행자 수표를 현금화하다 *cash in은 수표 등을 현금으로 바꾼다는 의미

A: We'll need more money when we travel.
우리 여행할 때 돈이 더 필요하게 될 거야.

B: Oh, we can **cash in our traveler's checks.**
그래, 우린 여행자 수표를 현금화할 수 있어.

ㄴ Mike **cashed in two traveler's checks** in Holland.
마이크가 네덜란드에서 여행자 수표 2장을 현금으로 찾았어.

ㄴ Let's find a bank to **cash in a traveler's check.**
여행자 수표를 현금화할 은행을 찾아 보자.

enter one's account number

- verify an account balance
  계좌 잔금을 확인하다
- start Internet banking
  인터넷 뱅킹을 시작하다

계좌번호를 입력하다 *internet banking 과정에서

A: Why isn't this bank's website working?
왜 이 은행 웹사이트가 작동하지 않니?

B: I think you need to **enter your account number.**
네 계좌번호를 입력해야 될 것 같은데.

ㄴ **Enter your account number** in this space. 이 공간에 네 계좌번호를 입력해라.

ㄴ Kelly **entered her account number** on the site.
켈리는 계좌번호를 그 사이트에 입력했어.

exchange foreign currency

- break a one hundred dollar
  bill into twenties
  100불 지폐를 20불 지폐로 바꾸다

환전하다 *여기서 foreign currency는 외화를 뜻한다.

A: I need to **exchange some foreign currency.**
난 환전을 하고 싶은데요.

B: I can help you do that. 내가 도와드릴게요.

ㄴ They **exchanged foreign currency** while in Europe.
걔들은 유럽에 있는 동안 환전했지요.

ㄴ Every airport has a place to **exchange foreign currency.**
모든 공항에는 환전하는 곳이 있어요.

purchase US dollars with Korean won

한화를 미화로 환전하다 *한화를 내고 미국 달러를 구매한다는 의미

A: Where can I **purchase US dollars with Korean won?**
어디에서 한화를 미화로 환전할 수 있나요?

B: Try the Foreign Exchange Bank over there.
저기에 있는 외환은행에서 해보세요.

ㄴ Tracey **purchased Korean won with US dollars** in Itaewon.
트레이시는 이태원에서 미화를 한화로 환전했어.

ㄴ **Purchase US dollars with Korean won** before your vacation.
휴가 전에 한화를 미화로 환전해라.

go to college

apply to Harvard

하버드 대에 지원하다 *참고로 apply for는 '신청하다'라는 의미

- apply to many colleges
  많은 대학에 지원하다

A: **Are you going to apply to Harvard?** 하버드 대학에 지원할 거니?

B: **No way. I can't afford the tuition.** 아니. 학비를 댈 수가 없어.

└ Very few students get in after they **apply to Harvard.**
   하버드 대에 지원자 중 아주 적은 학생들만 입학해.

└ Drake **applied to Harvard Medical School.** 드레이크는 하버드 의대를 지원했어.

go to college

대학에 들어가다 *우리도 대학진학을 '대학에 가다'라고 말하듯 역시 쉬운 단어로 쓴다.

- go to law school
  법대에 입학하다

A: **What are your plans for the future?** 넌 미래 계획이 뭐니?

B: **I'll go to college for the next four years.**
   향후 4년간 대학에 입학해서 공부할 거야.

└ I **went to college** in California. 난 캘리포니아에 있는 대학에 입학했어.

└ Where does he plan to **go to college?** 걘 어느 대학갈거래?

get into Harvard

하바드 대학에 입학하다 *만능동사 get을 이용하여 'get into+대학'이라고 해도 된다.

A: **Why are John's parents so happy?** 존의 부모는 왜 그렇게 행복하니?

B: **They just found out he got into Harvard.**
   존이 하버드 대학에 입학할 것을 방금 알았거든.

└ You'll never **get into Harvard** with your grades.
   네 성적 가지고는 결코 하버드 대에 들어갈 수 없을 거야.

└ Less than ten percent of applicants **get into Yale.**
   지원자중 10%이하가 예일대입학해.

enter high school

고등학교에 들어가다 *단어 그대로 고등학교에 '들어가다'라고 할 때

- enter a good university
  좋은 대학에 입학하다

A: **When did you enter high school?** 넌 언제 고등학교에 들어갔니?

B: **I started high school back in 2003.**
   2003년도에 고등학교 공부를 시작했어.

└ Vera will **enter high school** this year. 베라가 금년도에 고등학교에 입학할 거야.

└ He was fourteen when he **entered high school.** 걘 고등학교 입학할 때 14세였어.

be admitted to Yale

예일 대에 합격하다 *to 다음에 합격한 대학을 써주면 된다.

- be accepted into+대학
  …대에 합격하다
- gain admission to+대학
  …에 합격하다

A: **Were you admitted to Harvard?** 너 하버드 대에 입학되었니?

B: **No, I had to apply to other schools.** 아니. 다른 학교에 지원해야만 해.

└ Only one of my classmates **was admitted to Princeton.**
   내 학급생 중 단지 1명만 프린스턴 대에 입학했어.

└ They said I'll never **be admitted to Yale.**
   걔들은 내가 예일대에 떨어질거라고 말했어.

attend a good university

좋은 대학에 다니다   *attend class는 '수업에 참석하다'라는 의미

- attend the same high school as sb
  …와 고등학교 동문이다

A: It's important to **attend a good university.**
좋은 대학에 다니는 것이 중요해.

B: I know. It helps people get high paying jobs.
알아. 높은 봉급의 직업을 구하는데 도움이 돼.

∟ My friend Laura **attended a good university.**   내 친구 로라는 좋은 대학에 다녔어.

∟ I told my kids to **attend a good university.**
난 내 애들에게 좋은 대학에 다니라고 말했지.

fail the entrance exam

입학시험에서 떨어지다   *fail의 다음에 바로 시험명사가 온다.

A: John has been up drinking all night.
존은 밤새 술을 마시느라 깨어 있었어.

B: Oh, God, he's going to **fail the entrance exam.**
아이고, 걔 입학시험에 떨어질 거야.

∟ Ray **failed the entrance exam** three times before he gave up.
레이는 3번이나 입학시험에 떨어지고서야 포기했지.

∟ Don't **fail the entrance exam** for the university.   대학 입학시험에 떨어지지 마라.

pay one's tuition

등록금을 내다   *tuition은 학교다니기 위해서 내는 비용, 즉 등록금을 말한다.

A: The cost of school keeps going up.   학비가 계속 올라가.

B: It's so difficult to **pay our tuition.**   등록금을 내기가 무지 어려워.

∟ You must **pay your tuition** before attending classes.
넌 수강을 하기 전에 등록금을 내야 해.

∟ The students **pay their tuition** in the main office.
학생들은 본청에서 등록금을 내고 있어.

quit school

drop out of school

중퇴하다 *dropout은 명사로 중퇴생을 의미

A: Bill **dropped out of school** this year. 빌은 금년에 중퇴했어.

B: He'll have trouble finding work. 걘 직업을 찾는데 어려움이 있을 거야.

∟ Work hard and don't **drop out of school**. 열심히 공부해 그리고 중퇴하지 마.

∟ Jane **dropped out of school** after failing several exams.
제인은 몇 번의 시험에 떨어진 후 학교를 중퇴했어.

quit (attending) school

학교를 그만두다 *attending은 써도 빼도 된다.

A: Where is Billy Joe at these days? 요즘 빌리 조는 어디에 있니?

B: I don't know. He **quit attending school**. 몰라. 걘 학교를 그만 뒀거든.

∟ The lazy students just **quit attending school**.
게으른 학생들이 그냥 학교를 그만 뒀어.

∟ He **quit school** so he could take a job. 걘 직장을 잡기 위해 학교를 그만 두었어.

leave school

• expel sb from school
…을 제적시키다

학교를 그만두다 *학교를 그만둔다는 의미이지만 문맥에 따라 졸업한다는 의미로도 쓰인다.

A: Wally will **leave school** to start a business.
월리는 학교를 그만두고 사업을 시작할거야.

B: I think that's a bad idea. 좋은 생각이 아닌데.

∟ My friend **left school** when she was 17. 내 친구는 17살일 때 학교를 그만뒀어.

∟ You can't **leave school** until you graduate. 졸업때까지 학교를 그만두지 마라.

be expelled from school

• expel sb from school
…을 제적시키다

학교에서 제적당하다, 퇴학당하다 *expel은 「축출하다」, 「내쫓다」라는 동사

A: Jeff **was expelled from school** today.
제프는 오늘 학교에서 제적당했어.

B: He always caused a lot of trouble. 걘 항상 많은 문제를 일으켰지.

∟ Several students **were expelled from school** for cheating.
몇 명의 학생들이 부정행위로 퇴학당했어.

∟ Sam **was expelled from school** after the fight. 샘은 그 싸움 이후에 퇴학당했어.

graduate from

graduate from

- a graduate
  졸업생
- undergraduate
  학부생

졸업하다 *뒤에 with straight A's가 붙으면 '올 A학점으로 졸업하다'라는 표현

A: **When did you graduate from** high school?
고등학교는 언제 졸업하셨어요?

B: **I graduated about five years ago.** 한 5년쯤 전에 졸업했지.

ㄴ I think my secretary **graduated from** your university.
내 비서가 네 대학교를 졸업한 것 같아.

ㄴ When did you **graduate from** university? 대학교 언제 졸업했어요?

finish law school

- finish grad school
  대학원을 마치다
- finish medical school
  의대를 마치다

법대를 마치다 *finish 다음에 졸업한 단과대학을 넣으면 된다.

A: **How long does it take to finish law school?**
법대를 마치는데 몇 년이 걸리니?

B: **It takes about three or four years.** 3년 내지 4년이 걸리지.

ㄴ It may take five years to finish grad school.
대학원을 마치는데 5년 걸릴 수도 있어.

ㄴ Aaron finished medical school when he was 30. 애론은 30세에 의대를 마쳤어.

go back to school

복학하다 *go back 대신에 return이라고 해도 된다.

A: **I need more education to get a better job.**
좀 나은 직업을 얻기 위해서 난 추가 교육이 필요해.

B: **You'll have to go back to school.** 넌 복학해야 할거야.

ㄴ Billy went back to school when he was thirty. 빌리는 30세가 될 때 복학했어.

ㄴ Many older people are going back to school. 많은 노인들이 복학할거야.

have been to university

- only have a high school
  education
  고졸이다
- went to law school
  법대에 입학했다, 법대에 다녔다

대학교 나오다, 다니다 *완료형을 써서 대학교 다녔다는 사실을 전달하는 표현

A: **What kind of education do you have?** 넌 어떤 교육을 받았니?

B: **I went to university** for a few years. 난 몇 년 동안 대학에 나갔어.

ㄴ Only a few of the factory workers **have been to university.**
공장 노동자중 극히 일부만 대학을 다녔어.

ㄴ She **had been to university** before starting her job.
갠 직업을 갖기 전에 대학을 다녔어.

take a course

study hard

- study all night
  밤새 공부하다
- do a lot of studying
  공부를 많이 하다

열심히 공부하다 *더 열심히 하면 study harder, 그리고 목적을 말하려면 to do를 쓴다.

A: I'm aware of John's poor grades. 존의 성적이 안 좋다는 거 알고 있어.

B: Should we help him to **study harder?**
  공부 더 열심히 하도록 도와줘야 할까?

ㄴ Everyone **studied hard** for the final exam.
  모두가 기말시험 때문에 열심히 공부했어.

ㄴ You need to **study hard** to get good grades.
  좋은 학점을 받으려면 열심히 공부해야 해.

study for the test

- study for the entrance exam
  입학시험을 위해 공부하다

시험을 대비하여 공부하다 *대학수능시험 공부하다는 study for the SAT(Scholastic Aptitude Test).

A: Let's **study for the test together.** 시험공부를 같이하자.

B: OK, but I want to eat dinner first. 그래. 근데 먼저 저녁을 먹고 싶어.

ㄴ Did you **study for the test** in English class? 영어시험 공부를 했니?

ㄴ Oh no! I forgot to **study for the test.** 아니! 시험공부를 깜박했네.

study English

- study math
  수학을 공부하다
- improve one's foreign
  language skills
  외국어 능력을 향상시키다

영어를 공부하다 *study 다음에 다양한 학과과목을 넣어본다.

A: We **study English** three times a week. 우린 일주에 3번 영어를 공부해.

B: It's pretty difficult, isn't it? 아주 힘들어 그렇지 않아?

ㄴ Many elementary students **study English.**
  많은 초등학생들이 영어를 공부하고 있어.

ㄴ I **studied English** before going overseas. 난 해외로 가기 전에 영어를 공부했어.

take a course

- take a driving lesson
  운전 교습을 받다
- take an intensive English
  course
  집중영어과정을 수강하다

…수업(과정)을 듣다 *구체적인 과정을 말하려면 course 앞에 부가정보를 말한다.

A: Did you **take a course** at the college? 넌 대학에서 수업을 들었니?

B: Yes, it was a course on artwork. 응. 미술과목이었어.

ㄴ I'll **take a course** with my favorite professor this year.
  난 금년에 내가 좋아하는 교수의 과목을 수강할 거야.

ㄴ When can we **take a course** together? 언제 우리가 같은 과목을 들을 수 있을까?

learn sth quickly

- fast learner
  빨리 배우는 사람(= quick learner)
- late bloomer
  대기만성형의 사람

빨리 익히다, 배우다 *learn뒤에 how to do가 있으면 '…하는 법을 배우다'라는 표현

A: How is my son doing in your class?
  내 아들이 당신 수업에서 잘하고 있나요?

B: He **has learned** the subject **quickly.** 걘 주제를 매우 빨리 익혔어요.

ㄴ Juan **learned** English **quickly.** 후안은 매우 빨리 영어를 배웠어.

ㄴ I hope to **learn** about math **quickly.** 난 수학을 빨리 배우고 싶어.

major in

전공하다   *specialize in이라고 해도 되며 in 다음에 전공한 과목을 말한다.

A: Many students want to **major in** liberal arts.
많은 학생들이 교양과목을 전공하고 싶어해.

B: Science and math are more difficult to study.
과학과 수학은 공부하기가 더 어려워.

⌐ Ellie **majored in** communication studies.   엘리는 커뮤니케이션 학을 전공했어.

⌐ Britt can't decide what to **major in**.   브리트는 뭘 전공할 지 결정하지 못했어.

go study in America

미국 유학가다   *go abroad to study in America랑 같은 말

• study at a university overseas
외국 대학에서 유학하다

A: Why is Byung Chul learning English?
병철이가 왜 영어를 공부하고 있어?

B: He wants to **go study in America**.   걘 미국 유학을 가고 싶대.

⌐ They both **went to study in America** last year.
걔들은 둘 다 작년에 미국으로 유학 갔어.

⌐ Students need a lot of money to **go study in America**.
학생들은 미국에서 유학하려면 많은 돈이 필요해.

hit the books

공부하다   *열심히 몰두하는 자세를 강조하는 표현으로 '책을 파고들다' 라는 뉘앙스

• I have to hit the books tonight.
오늘밤 나는 책을 열심히 파야 해!

A: Are you coming out with us?   우리랑 외출할래?

B: No, I need to **hit the books** tonight.   안 돼. 오늘 밤 난 책을 파야 해.

⌐ Cindy **hit the books** after failing the exam.   신디는 시험에서 떨어진 후 책을 파고 있어.

⌐ You need to **hit the books** more often.   넌 좀 더 자주 책에 파묻혀야 해.

resume one's studies

공부를 재개하다   *여기서 resume은 이력서가 아니라 다시 시작하다라는 별개의 단어

• give up one's studies
공부를 포기하다

A: I heard you're getting out of the hospital soon.
조만간 네가 퇴원할 거라고 들었어.

B: Yes, and I hope to **resume my studies**.   응. 다시 공부를 하기를 소망해.

⌐ They **resumed their studies** after the summer break.
걔들은 여름 휴가 이후 공부를 재개했어.

⌐ There was no time to **resume our studies**.   우리가 공부를 재개할 시간이 없었어.

I'm a fast learner

누가 뭔가를 잘한다고 말할 때 우리는 동사중심으로 「…을 잘한다」라고 말하지만 영어에서는 「…을 잘하는 사람」이라고 명사중심으로 말하는 경향이 있다.

You cook well ⇒ You're a good cook. 너 요리 잘하는 구나

I can learn fast ⇒ I'm a fast learner. 난 일을 빨리 배우는 편이에요.

She kisses well ⇒ She's a good kisser. 그 여자는 키스를 잘해.

Do you drive well ⇒ Are you a good driver? 너 운전잘해?

sign up for

sign up for

등록하다, 신청하다 *강의 등을 신청할 때 전형적으로 쓰는 표현.

- sign up for one's classes
  수강신청을 하다
- have math class this morning
  오늘 아침 수학 수업이 있다
- class scheduled for+시간
  …로 예정된 수업

A: I **signed up for** my classes this morning.
오늘 아침 내 수업에 등록했어.

B: Which ones will you be taking? 어떤 과목을 듣는데?

└ There's only a week to **sign up for** our classes.
수강 신청하는데 단 일주일 남았어.

└ Is this the office where I can **sign up for** my classes?
이 사무실이 내가 수강 신청하는 곳이니?

skip class

수업을 빠지다 *skip school은 '학교를 빼먹다'라는 의미

- miss the class
  수업을 듣지 못하다
- pass the class
  수업을 이수하다

A: How did they get in trouble? 걔들에게 어떤 문제가 생겼대?

B: They tried to **skip class** and got caught. 수업을 빼먹으려다 잡혔대.

└ We **skipped class** and played computer games.
수업을 빼먹고 컴퓨터 게임을 했어.

└ Perry **skipped class** on the day of the test. 페리는 시험 당일 수업에 빠졌어.

be absent from

결석하다 *from school이면 '학교를 결석하다,' from work이면 '결근하다'라는 의미

- play hooky
  무단 결석하다
- play the truant from
  …에 무단 결석하다

A: Was Wendy **absent from** school? 웬디가 결석했니?

B: No, she came to classes today. 아니, 걘 오늘 수업에 왔어.

└ Some people were **absent from** church today.
일부 사람들이 오늘 교회에 빠졌어.

└ I was **absent from** class because I was sick. 난 아파서 결석했어.

leave school early

학교를 일찍 떠나다, 조퇴하다 *회사면 leave work early라고 하면 된다.

- leave school[work] early to do
  …하기 위해 조퇴하다
- school has been canceled
  휴교하다

A: Why did you **leave school early** today?
너 오늘 왜 학교에서 조퇴했니?

B: I wanted to go and meet my girlfriend.
일찍 가서 내 여친을 만나고 싶었어.

└ The freshman **left school early** today. 신입생이 오늘 조퇴했어.

└ I decided not to **leave school early**. 난 조퇴하지 않기로 했어.

after school

하교 후에, 방과 후에 *직장이면 after work라고 하면 된다.

A: When do the sports teams practice? 그 스포츠 팀이 언제 연습하니?

B: They usually get together **after school**. 보통 방과 후에 모여서 해.

└ We've still got to study **after school**. 우린 방과 후에도 여전히 공부해야 해.

└ Do you have any plans for **after school**? 넌 하교 후 계획이 있니?

do one's homework

do one's homework

- have one's homework done
  …의 숙제를 끝내다

숙제를 하다 *assignment도 같은 의미지만 homework가 훨 많이 쓰인다.

A: **I did my homework** on the subway. 난 지하철에서 숙제를 했어.

B: Me too. Now it is all finished. 나도 그래. 이제 다 끝냈지.

┗ I forgot to do my homework! 내 숙제 하는 걸 잊었어.

┗ The teacher was happy we did our homework.
우리가 숙제를 하니 선생님이 기뻐했어.

finish one's homework

- complete one's assignment
  …의 과제를 마치다

숙제를 끝내다 *숙제를 마쳤다고 할 때는 finish 혹은 complete를 쓰면 된다.

A: Where's your daughter right now? 네 딸 지금 어디 있어?

B: She is in the kitchen, **finishing her homework.**
부엌에 있어 숙제마무리하면서.

┗ It took an hour to finish my homework. 내 숙제 끝내는데 한시간 걸렸어.

┗ They will finish their homework later tonight.
걔들은 오늘밤 늦게 숙제를 마칠거야.

help sb with one's homework

- get some help with one's homework
  숙제 하는데 도움 받다
- finish one's homework
  숙제를 끝내다

…의 숙제를 도와주다 *help A with B의 형태를 사용한 표현

A: I don't think Bob is very smart. 밥이 아주 똑똑하다고 생각지 않아.

B: You should **help him with his homework.**
넌 걔가 숙제 하는데 도와줘야 할 거야.

┗ Mr. Sampson helped me with my homework. 샘슨 부인은 내 숙제를 도와주었어.

┗ Our best student helps others with their homework.
우리 중 가장 똑똑한 학생이 나머지 학생들의 숙제를 도와주고 있어.

write a paper

- write a report
  리포트를 쓰다
- write a book report
  독후감을 쓰다

논문쓰다 *paper는 학기말에 제출하는 비교적 간략한 논문(term paper), 학위논문은 thesis나 dissertation.

A: We have to **write a paper** for history class.
우린 역사수업 시간 리포트를 써야 해.

B: What are you going to do it on? 무엇에 대해서 쓸려고?

┗ I wrote a paper for my science teacher. 난 과학 선생님에게 리포트를 썼어.

┗ She will write a paper in two days. 걘 2일 만에 리포트를 쓸 거야.

submit the report

이 보고서(논문)를 제출하다 *submit를 동사구로 바꿔보자면 turn in이라 한다.

A: I can't **submit this report.** 난 이 리포트를 제출할 수가 없어.

B: I know. It's full of mistakes. 알아. 실수 투성이지.

┗ Submit this report in the morning. 이 리포트를 아침에 제출해라.

┗ Let's submit this report to our boss. 이 리포트를 보스에게 제출하자.

take the test

take the test

- get to the exam
  시험 치르다

시험을 치르다 *take 다음에 test나 quiz 등의 시험관련명사를 쓰면 된다.

A: I want a driver's license. 난 운전 면허증을 원해.

B: You'll need to **take the license test.** 면허시험을 치러야 할 거야.

↳ Are you ready to **take the test?** 시험 볼 준비 됐나요?

↳ What time did Anthony **get to the exam?** 앤소니는 몇 시에 시험을 봤어?

cheat on one's exam

- cheat on one's mid-term exam
  …의 중간고사에서 컨닝하다
- skip the final exam
  기말고사를 안보다

…의 시험에서 컨닝하다 *cheat on wife면 '바람을 피우다'라는 의미

A: I heard Kim say you **cheated on** your exam.
  김에 따르면 네가 시험에서 컨닝을 했다고 들었어.

B: Is that what she said? 걔가 그렇게 얘기했어?

↳ He was thrown out of school for **cheating on** his exam.
  걘 시험에서 부정행위로 퇴학당했어.

↳ Never try to **cheat on** the entrance exam.
  입학시험에서 결코 컨닝을 시도하지 마라.

pass the test[exam]

- pass the bar exam
  변호사 시험에 합격하다

시험에 통과하다, 합격하다 *간신히 합격했다면 barely를 맨 앞에 추가하면 된다.

A: I was up drinking all night. 난 밤새 술 마시느라 깨어 있었어.

B: You'll never **pass your exam.** 넌 결코 시험에 합격하지 못할 거야.

↳ Do you think she'll **pass the exam?** 그녀가 시험에 합격할 것 같니?

↳ You will **pass the exam** if you study. 넌 공부만 하면 시험에 합격할 거야.

fail the test[exam]

- mid-term exam week
  중간고사 주간
- final exam week
  기말고사 주간

시험에 떨어지다 *fail 다음에 낙제하거나 떨어진 시험의 종류를 말하면 된다.

A: How did you do? 어떻게 했니?

B: I think I **failed the exam.** 아마 시험에 떨어질 것 같아.

↳ I'm so worried that I might **fail the exam.** 시험에 떨어질까 걱정이야.

↳ It's no wonder she **failed the exam.** 걔가 시험에 떨어지는 건 당연하지.

fail the class

- fail math class
  수학 과목 낙제를 하다

과목 낙제하다 *class 대신에 course를 써서 fail the course라 해도 된다.

A: Do you think Frank can pass? 프랭크가 합격한 걸로 생각하니?

B: No, he's certain to **fail the class.** 아니, 걘 분명히 그 과목 낙제했을 거야.

↳ Neil was always absent and he **failed the class.**
  닐은 항상 결석해서 그 과목에 낙제를 했어.

↳ At least ten percent of students will **fail the class.**
  적어도 10% 학생들이 그 과목에서 낙제를 할 거야.

get a good grade

get an A in class

- get an F in math
  수학에서 F학점을 받다
- get all A's this semester
  이번 학기에 올 A를 받다

…과목에서 A 학점을 얻다 *bad grade, good grade를 사용해도 된다.

A: **Your sister is pretty smart.** 네 여동생은 꽤 똑똑해.

B: **She got an A in science class.** 걘 과학 과목에서 A 학점을 받았어.

ㄴ Ryan needs to **get an A in class.** 라이언은 수업에서 A 학점을 받아야 해.

ㄴ I hope you **do really well on the exam.** 시험 정말 잘 보기를 바래.

get an F on one's report

…의 리포트에서 F 학점을 받다 *과목을 말하려면 history report처럼 report 앞에 과목명을 말한다.

A: **Why are you so upset?** 왜 그렇게 당황하고 있니?

B: **I got an F on my history paper.** 역사 리포트에서 F 학점을 받았어.

ㄴ **The teacher said I got an F on his paper.**
리포트에서 F학점을 받았다고 선생님이 말했어.

ㄴ **You'll get an F on your paper** unless you change it.
넌 리포트 내용을 바꾸지 않으면 F 학점을 받을 거야.

get a good grade

- have a bad grade
  나쁜 학점을 받다
- get ~ on the exam
  시험에서 …를 받다

좋은 학점을 받다 *get a bad grade는 「낮은 학점을 받다」라는 뜻

A: **You've been studying very hard.** 넌 아주 열심히 공부했어.

B: **I need to get a good grade on this exam.**
난 이 시험에서 좋은 학점을 받아야 하거든.

ㄴ I **got the highest grade on the exam.** 시험에서 제일 높은 점수를 받았어.

ㄴ I **got 99% on the exam.** 난 그 시험에서 99%를 맞혔어.

have one's exam result

- get the result from one's exam
  …시험 결과를 받다
- show sb one's low test score
  …에게 …의 낮은 성적을 보여주다

…의 시험 결과를 알다 *have 대신에 see를 써도 된다.

A: **I have the class's exam results.** 난 그 수업 시험 결과를 갖고 있어.

B: **Could we see them please?** 우리가 그것 좀 볼 수 있을까?

ㄴ Tomorrow you will **have your exam result.**
내일 너희들은 시험결과를 알게 될 거야.

ㄴ They were upset when they **had their exam results.**
걔들은 시험결과를 알고 나서 열 받았어.

give sb low grades

- give sb the highest grade
  …에게 최고 학점을 주다

…에게 낮은 학점을 주다 *학점의 경우 grade를 쓰지만 점수로 표시되면 score를 사용

A: **Is Johnny getting a scholarship?** 조니가 장학금 받을까?

B: **No, the teachers gave him low grades.**
아니, 선생님들이 걔한테 낮은 학점을 주었어.

ㄴ **Ms. Perry gave me a low grade.** 페리는 나한테 낮은 학점을 주었어.

ㄴ **The math teacher gave everyone low grades.**
수학선생님이 모두에게 낮은 학점을 줬어.

Computer & Networking

컴퓨터와 인터넷 · 스마트폰 등 통신과 교통에 관한 표현

SMART DICTIONARY OF
EASY ENGLISH EXPREESIONS

fix the computer

turn on the computer

컴퓨터를 켜다 *전자제품, 전등 등 스위치 등을 켤 때는 turn on을 쓴다.

- reboot a computer
  컴퓨터를 리부팅하다

A: I need to use the Internet. 난 인터넷을 사용할 필요가 있어.

B: Let me **turn on the computer.** 컴퓨터를 켜줄게.

⌐ Turn on the computer before we start. 우리 시작하기 전에 컴퓨터를 켜자.

⌐ Please go and turn on the computer. 가서 컴퓨터를 켜라.

use the computer

컴퓨터를 사용하다 *다른 사람의 컴퓨터를 사용할 때 use one's computer라 한다.

- use Windows 7
  윈도우 7를 사용하다

A: Is it okay for me to **use your computer** tonight?
오늘 밤에 네 컴퓨터 사용해도 돼?

B: Sure. I don't need it until tomorrow. 물론. 내일까지는 필요없어.

⌐ Rick needs to use the computer now. 릭은 지금 컴퓨터를 사용할 필요가 있어.

⌐ Can I use your computer when you're gone? 너 퇴근후 네 컴퓨터 써도 될까?

be done with the computer

컴퓨터 사용을 다하다 *일을 끝낼 때, 사람과 헤어질 때, 볼 일 다보거나 「…의 사용을 다했다」고 할 때.

- shut off[down] the computer
  컴퓨터를 끄다

A: I'll **be done with the computer** in just a minute.
곧 이 컴퓨터를 다 쓸 거야.

B: Take your time. I'm in no rush. 천천히 해. 난 급할 거 없으니까.

⌐ Are you done with the computer? 컴퓨터 다 썼니?

⌐ He shut down his computer and cleared his desk.
걘 컴퓨터끄고 책상도 깨끗이 했어.

upgrade one's computer

컴퓨터를 업그레이드하다 *CPU, 메모리, 그래픽카드 등 컴퓨터 성능을 좋게 하다.

- upgrade the video card
  그래픽카드를 업그레이드하다

A: Why are you buying a new notebook? 왜 새 노트북을 사려고 하니?

B: I decided to **upgrade my old computer.**
옛 컴퓨터를 업그레이드하기로 했어.

⌐ You should upgrade your old computer. 넌 오래된 컴퓨터를 업그레이드해야돼.

⌐ I had my computer upgraded. 컴퓨터를 업그레이드 했어.

be down

컴퓨터가 작동이 안되다 *down은 아래로, 비유적으로 낙담한, 낡은, 건강이 나빠진, 기계 등의 의미.

- crash
  컴퓨터(시스템)가 고장나다, 멈추다
- break down
  (기계나 컴퓨터 등이) 고장나다
- be frozen
  컴퓨터가 죽다

A: Why can't you find the file? 왜 그 파일을 찾을 수 없니?

B: I'm sorry, but our system **is down.** 미안해. 우리 시스템이 고장났어.

⌐ My computer crashed this morning and I lost everything.
내 컴퓨터가 오늘 아침에 작동이 안되서 전부 다 날려버렸다구.

⌐ My computer is frozen! 내 컴퓨터가 완전히 꼼짝도 안해!

sth be not working

작동하지 않다 *주어에 컴퓨터 등 기계가 와서 제대로 작동하지 않을 경우.

- be not working properly
  제대로 작동하지 않다
- (do not) work
  작동하다(지 않다)

A: Is there a problem with the computer? 컴퓨터에 문제가 있니?

B: Yeah, the mouse **doesn't work properly.**
   응. 마우스가 제대로 작동을 안해.

└ The computers **aren't working.** 컴퓨터가 작동하지 않아요.

└ I'm not sure if this computer program will **work.**
   이 컴퓨터 프로그램이 작동될 지 모르겠어.

(computer) fail

컴퓨터가 고장나다 *역시 주어자리에 컴퓨터 등이 와서 고장나서 작동되지 않음을 말한다.

A: The computer system **failed.** 컴퓨터 시스템이 고장 났어.

B: Call a technician right now, I'm on my way.
   당장 기술자를 불러. 나도 바로 갈게.

└ Why did my computer just **fail?** 왜 내 컴퓨터가 고장이 났지?

└ The computer **failed** because of a virus. 바이러스 때문에 컴퓨터가 고장났어.

call a computer specialist

컴퓨터 기사를 부르다 *call 다음에 바로 부르는 전문가를 써주면 된다.

- call a computer technician
  컴퓨터 기사를 부르다

A: I can't see what the problem is. 난 문제가 뭔지 알 수가 없어.

B: We will have to **call a specialist.** 우린 전문가를 불러야할 거야.

└ Will **called a specialist** to fix it. 윌은 그걸 고치도록 전문가를 불렀어.

└ I'll **call** our computer **specialist.** 우리 컴퓨터 전문가한테 전화해 볼게.

fix the computer

컴퓨터를 수리하다 *fix this computer, fix my computer 등 다양하게 바꿔본다.

A: Is it important to **fix this computer?** 이 컴퓨터를 고치는 게 중요해?

B: It can't wait. **Fix** it as quickly as you can.
   급해. 가능한 한 빨리 고치도록 해.

└ I'll help you **fix your computer.** 네 컴퓨터 고치는 거 도와줄게.

└ Do you know anything about **fixing computers?** 컴퓨터 수리에 대해 뭐 좀 알아?

change the printer's ink cartridge

프린터 토너를 바꾸다 *토너가 떨어져 교체할 때

- (printer) be out of ink
  토너가 모자라다

A: There is no writing on this paper. 이 종이에 글씨가 없네.

B: It's time to **change the printer's ink cartridge.**
   프린터의 토너를 바꿀 시간이군.

└ **Change the printer's ink cartridge** before we start.
   우리 시작하기 전에 프린터의 토너를 바꾸자.

└ No one **changed the printer's ink cartridge.**
   아무도 프린터의 토너를 바꾸지 않았어.

load the file

set up the computer

컴퓨터 설정[설치]을 하다 *컴퓨터를 사용할 수 있도록 설치나 설정하는 것

A: I need help **setting up the computer.**
컴퓨터를 설치하는데 도움이 필요해요.

B: I'll give you a hand after lunch. 점심 먹고 도와줄게요.

└ Tell your brother to set up the computer.
동생에게 컴퓨터를 설치해 달라고 말해봐.

└ She set up the computer on her desk. 걘 자기 책상위에 컴퓨터를 설치했어.

install the program

프로그램을 깔다 *컴퓨터에 필요한 program이나 software를 설치하는 것

- uninstall the program
  프로그램을 삭제하다
- install the software again
  소프트웨어를 다시 깔다

A: What is Bob doing to his computer?
밥은 자기 컴퓨터에 뭘 하고 있니?

B: He's trying to **install the Windows 7 program.**
윈도우 7 프로그램을 설치하려고 노력중이야.

└ They installed all of the software on every computer.
걔들은 각각의 컴퓨터에 모든 소프트웨어를 설치했어.

└ Do you know how to install the new version of Windows?
윈도우 새 버전을 설치하는 방법을 알고 있니?

load the file

파일을 (컴퓨터)에 띄우다 *프로그램 등을 컴에 깔거나 띄우는 것을 말한다.

- load software onto one's computer
  소프트웨어를 …의 컴퓨터에 띄우다

A: You shouldn't **load that program** on your computer.
네 컴퓨터에 이 프로그램을 깔지마.

B: What's wrong with the program? 프로그램에 문제라도 있는 거야?

└ Just load the file and we can start. 파일을 띄우면 우리가 시작할 수 있어.

└ It will take a minute to load the file. 그 파일을 띄우는데 1분 정도 걸릴 거야.

run the program

프로그램을 돌리다 *컴퓨터에 깐 프로그램을 사용하게 돌리는 것을 뜻한다.

- update the software
  소프트웨어를 업데이트하다

A: I don't think this computer can **run the program.**
이 컴퓨터는 그 프로그램을 돌릴 수 있다고 생각되지 않아.

B: Yeah, it's a pretty old computer. 그래, 꽤 오래된 컴퓨터야.

└ I'll teach you how to run the program. 어떻게 그 프로그램을 돌리는 지 가르쳐줄게.

└ Sally is going to run the program tonight. 샐리는 오늘 밤 그 프로그램을 돌릴 거야.

download the program

프로그램을 다운로드하다 *download의 반대말은 upload이다.

- upload the program
  프로그램을 업로드하다
- download a file
  파일을 다운로드하다
- download sth on one's smart phone
  …을 …의 스마트 폰에 다운로드하다

A: Are you coming with us? 우리랑 같이 갈래?

B: Yes, I just need to **download a file** and I'll be right there.
파일 하나만 다운받고 바로 갈게.

└ I'm going to download them on my smart phone. 그것들을 스마트폰에 다운받을거야.

└ I went to my favorite sites and downloaded lots of music and games.
내가 좋아하는 사이트에 가서 많은 음악과 게임들을 다운로드했어.

unzip the file

- **zip a file**
  파일을 압축하다
- **open the files**
  파일을 열다
- **open the junk mail folder**
  스팸메일 폴더를 열다

파일의 압축을 풀다 *압축파일은 zip file이라고 하는데 여기서는 zip이 동사로 쓰인 경우이다.

A: **Why isn't this file opening?** 이 파일이 왜 열리지 않지?

B: **You have to unzip the file first.** 넌 먼저 그 파일 압축을 풀어야해.

↳ The instructions say to **unzip the file**.
지시사항을 보면 그 파일의 압축을 풀도록 되어있어.

↳ **Unzip the file** you just downloaded. 네가 방금 다운로드 받은 파일의 압축을 풀어라.

delete one's files

- **throw away one's files in the garbage**
  파일을 휴지통에 버리다

파일들을 삭제하다 *원치 않는 파일 등을 삭제한다는 의미로 remove[erase]를 써도 된다.

A: **People will be angry if they see our report.**
사람들이 우리 보고서를 보면 화를 낼거야.

B: **We need to delete our files.** 파일들을 삭제해야돼.

↳ Peter accidentally **deleted his files.** 피터는 뜻하지 않게 파일들을 지웠어.

↳ He says that someone **erased the report from** his computer.
누군가가 자기 컴퓨터에서 보고서를 지웠대.

save the file

- **save the file as~**
  …의 형태로 파일을 저장하다
- **save the file in one's computer**
  …의 컴퓨터에 파일을 저장하다
- **save the file on a USB drive**
  USB 드라이브에 파일을 저장하다

파일을 저장하다 *save 안하면 갑작스런 blackout이나 컴퓨터가 not working 할 때는 고생 시작~

A: **I think we have finished everything.**
우린 모든 것을 끝낸 것으로 생각해.

B: **Save the file before you shut off the computer.**
컴퓨터를 끄기 전에 파일을 저장해라.

↳ **Save the file** so we can check it again.
우리가 다시 체크해볼 수 있도록 그 파일을 저장해라.

↳ Let's **save the file** containing our homework. 숙제가 포함된 파일을 저장해놓자.

recover the data

- **recover a deleted[erased] file**
  삭제된 파일을 복구하다

데이터를 복구하다 *중요 파일들이 be gone됐을 때는 어쩔 수 없이 해야되는 것

A: **My computer broke last night.** 내 컴퓨터가 지난 밤 고장났어.

B: **I hope you can recover the data on it.**
거기 있던 데이터를 복구할 수 있기를 바래.

↳ The computer repairman **recovered the data.** 컴퓨터 기사가 그 데이터를 복구했어.

↳ Can you **recover the data** on this disk?
이 디스크에 있는 데이터를 복구할 수 있니?

back up the documents

- **back up the documents on a USB drive**
  USB드라이브에 서류들을 백업하다
- **copy the file**
  파일을 복사하다

서류들을 백업하다 *backup은 명사로도 쓰여 backup drive라고도 쓰인다.

A: **This system is very user-friendly.** 이 시스템은 사용하기 정말 편리해.

B: **It even reminds you to back up important documents.**
중요 문서들을 백업 받아 놓으라는 것까지 알려 준다니까.

↳ I used a USB drive to **back up the documents.** USB 드라이브로 서류들을 백업했어.

↳ He forgot to **back up the documents** yesterday. 걘 어제 서류 백업하는 것을 잊었어.

have a virus

have[get] a virus

바이러스에 걸리다 *컴퓨터 작동을 느리게 하거나 먹통을 만드는 주범

A: **Why is my computer screen flashing?** 왜 내 컴퓨터 화면이 깜박이니?

B: **I think your computer has a virus.** 네 컴퓨터가 바이러스에 걸린 것 같아.

⤷ Randy's computer **got a virus from** a website.
랜디 컴퓨터가 한 사이트로부터 감염됐어.

⤷ The computer was fixed after it **had a virus.** 컴퓨터는 바이러스 감염후 수리됐어.

be infected with a virus

바이러스에 감염되다 *감염시키다라는 동사 infect를 수동형으로 사용한 표현

A: **What's wrong with your computer?** 네 컴퓨터 뭐가 잘못된거야?

B: **It was infected with a virus.** 바이러스에 감염됐어.

⤷ The system failed when it **was infected with** a computer virus.
컴퓨터 바이러스에 감염됐을 때 시스템이 망가졌어.

⤷ It was repaired after **being infected with** a virus. 바이러스 감염후 수리됐어.

(the file) be gone

(파일이) 날아가다, 사라지다 *작업한 것이 다 날아가 없어지는 최악의 악몽

• lose everything on the hard drive
하드 드라이브가 통째로 날아가다

A: **Can you save the reports I wrote?**
내가 작성한 보고서를 저장할 수 있니?

B: **I'm sorry, but the files are gone.** 미안해. 그 파일들이 날아가버렸어.

⤷ The files **were gone** after the virus hit.
바이러스가 공격한 후에 그 파일들이 사라졌어.

⤷ After the computer crashed, the files **were gone.**
컴퓨터가 고장나면서 파일들이 날아갔어.

check for viruses

(컴퓨터에) 바이러스가 있는 지 점검하다 *컴이 평소와 달리 버벅거릴 때

• check for computer errors
컴퓨터에 오류가 있는 지 점검하다

A: **What is this program used for?** 이 프로그램은 용도가 뭐니?

B: **It checks for viruses** on your hard drive.
하드가 바이러스에 감염되었는 지 여부를 점검해.

⤷ I need software to **check for viruses.** 난, 바이러스를 검사하는 소프트웨어가 필요해.

⤷ Did you **check for viruses** after using the Internet?
인터넷사용후 바이러스 체크했어?

format the disk

디스크를 포맷하다 *최악의 상태로 컴퓨터를 원상태로 만드는 것

• have the computer formatted
컴퓨터를 포맷하다

A: **Can we hurry up a little bit?** 우리 좀 서두를 수 있을 까?

B: **It takes time to format the disk.** 디스켓을 포맷하려면 시간이 걸려.

⤷ Carlos said he would **format the disk.**
카를로스는 자신이 디스켓을 포맷하겠다고 말했어.

⤷ Let's **format the disk** before we start. 시작하기 전에 먼저 디스켓을 포맷하자.

run an anti-virus program

바이러스 퇴치 프로그램을 돌리다 *컴퓨터를 보호하려면 V3같은 프로그램이 필요

• buy an anti-virus program
바이러스 퇴치 프로그램을 사다

A: **What can we do to fix this?** 이것을 고치려면 무엇을 해야 되니?

B: **Run an anti-virus program** on your computer.
네 컴퓨터에 있는 바이러스 퇴치 프로그램을 돌려봐.

↳ The computer worked better when I **ran an anti-virus program.**
바이러스 퇴치 프로그램을 돌렸을 때 컴퓨터가 더 잘 작동이 되었어.

↳ I just **ran a virus scan on** your computer.
방금 네 컴에 있는 바이러스 스캔을 돌렸어.

clean out the virus

바이러스를 치료하다 *안티바이러스 프로그램 등으로 오염된 바이러스를 치료하는 것

A: **Can you make do with my computer?** 우선 내 컴퓨터라도 써볼래?

B: **Sure, if you cleaned out that virus.** 그래, 그 바이러스만 치료했다면.

↳ I was not able to **clean out the virus.** 난, 바이러스를 완전히 치료할 수가 없었어.

↳ Sheila **cleaned out the virus** on her laptop.
세일라는 자신의 랩탑에 있는 바이러스를 완전히 청소해냈어.

이상하게 하는 영어발음들~

네이티브들이 발음하는 것을 보면 가끔 우리가 상식적으로 아는 것과 다르게 발음하는 경우가 종종 있다. anti-가 대표적인 것 중 하나로 주로 [앤타이]로 발음하며 같은 맥락상 semi-도 [세마이]라고 말음한다. 또한 [이더]로 철썩 같이 믿고 있는 either가 [아이더]로 neither 또한 [니이더]가 아니라 [나이더]로 발음 경우가 많다. 한편 often은 캐나다식 발음의 영향을 받아 't'를 발음하며 [오프튼]이라고 발음할 때도 있다.

have access to

log in[on to]
로그인하다 *거의 우리말화 된 것으로 log in 혹은 log on to라 한다.

- log on to Messenger
  메신저에 연결하다
- log on to the Internet
  인터넷에 접속하다
- log off[out]
  로그아웃하다

A: **How do I use this e-mail account?** 이 이메일 계정을 어떻게 사용하니?

B: **You have to log in right there.** 바로 거기에 로그인을 해야돼.

⌐ Use the box on the screen to **log in**. 화면에 있는 박스를 이용해서 로그인을 해라.

⌐ You must **log in** to use a library computer.
도서관컴을 이용하려면 먼저 로그인 해야돼.

get connected to
(인터넷)에 접속하다 *인터넷 접속을 뜻하는 것으로 뒤에 the Internet를 붙여준다.

- connect[hook up] to the
  Internet
  인터넷에 연결하다
- get on the Internet
  인터넷에 접속하다
- tap into the Internet
  인터넷에 접속하다

A: **Why isn't the computer working?** 컴퓨터가 왜 작동이 안되는 거야?

B: **I tried to connect to the Internet,** but I did it wrong.
인터넷 연결하다 잘못했어.

⌐ We **got connected to** the Internet at the coffee shop.
우린 커피숍에서 인터넷을 연결했어.

⌐ I will **get connected to** the Internet soon. 난 조만간 인터넷 연결을 할 거야.

search the Internet
인터넷을 검색하다 *현대인 최고의 취미거리. 특히 google이 동사로 쓰이는 것에 주목!

- surf the Net
  인터넷 서핑을 하다
- google sth[sb]
  구글 검색엔진을 이용해 검색하다, 구글링하다

A: **How did you find your new car?** 넌 새차를 어떻게 찾았니?

B: **I searched the Internet** for a good deal.
좋은 거래를 하려고 인터넷을 검색했지.

⌐ Don't **surf the Internet** during business hours. 근무중 인터넷 검색을 하지마라.

⌐ Younger people **are using the Internet** to express their opinions.
젊은이들은 자신들의 의견을 나타내려고 인터넷을 사용하고 있어.

have access to
…을 이용하다 *이용 가능하다고 혹은 이용 가능하지 않다고 할 때는 (un)accessible이라고 한다.

- can't access the site
  사이트에 접속할 수 없다
- block access to harmful
  sites
  유해사이트에 접속을 차단하다
- find Internet access
  (인터넷 카페 등) 인터넷이 되는 곳을 찾다

A: **Many people use computers in the library.**
많은 사람들은 도서관에 있는 컴퓨터를 사용한다.

B: **That's because they have access to the Internet there.**
거기서 인터넷 접속이 되기 때문이지.

⌐ I must **have access to** a new computer. 난 새 컴퓨터를 이용해야만 해.

⌐ John **had access to** his e-mail account.
존은 자신의 이메일계정을 이용할 수 있었어.

go online
인터넷에 연결되다 *특정 사이트에 연결되었다고 할 때는 go online to~라고 한다.

- go online to Google's
  website
  야후에 연결되다
- shop online
  온라인 쇼핑하다

A: **How often do you go online?** 넌 얼마나 자주 인터넷을 사용하니?

B: **Usually I'm on the Internet a few times a day.**
보통 하루에 몇 번 정도 사용하지.

⌐ Jim **went online** to research the book. 짐은 그 책을 연구하기 위해 인터넷을 했어.

⌐ I **go online** when I need to email people.
사람들과 이메일할 필요가 있을 때 인터넷 사용해.

do research on the Internet

- type the keyword in the search bar
  검색창에 검색어를 입력하다

인터넷에서 자료 검색을 하다 *지식의 바다인 인터넷에서 자료를 찾을 때

A: **Why do students go online so much?**
왜 학생들이 그렇게 많이 인터넷을 사용하니?

B: Many of them **do research on the Internet.**
대다수가 인터넷으로 자료 검색을 하고 있기 때문이야.

┗ Danny did research on the Internet for class.
대니는 수업을 위해 인터넷에서 자료를 검색했어.

┗ I did research on the Internet to find the best price.
난 가장 좋은 가격을 찾으려고 인터넷을 검색했어.

visit one's blog

- read about sth in one's blog
  …의 블로그에서 …에 관한 것을 읽다
- write sth on one's blog
  자신의 블로그에 …글을 쓰다
- visit website
  웹사이트를 방문하다

…의 블로그에 방문하다 *블로그나 사이트를 방문한다고 할 때 visit를 쓴다.

A: **I'm going to use the Internet.** 난 인터넷을 해야겠어.

B: **You should visit my blog.** 넌 네 블로그를 방문해야돼.

┗ We visited Dave's blog and read his comments.
우린 데이브의 블로그를 방문해서 그의 글을 읽었지.

┗ No one visits my blog anymore. 누구도 내 블로그를 더 이상 방문하지 않아.

click the right button

- (a message) pop up
  …메시지가 뜨다

마우스 오른쪽 버튼을 클릭하다 *마우스를 버튼을 누를 때

A: **Click the right button** to open the file.
파일을 열려면 마우스 오른쪽 버튼을 클릭해라.

B: **OK, just give me a minute.** 알았어. 조금 있다가.

┗ I clicked the right button on the icon.
난, 화면 위 아이콘에 마우스 오른쪽 버튼을 클릭했어.

┗ Click the right button when you want to start.
네가 시작하고 싶을 때 마우스 오른쪽 버튼을 클릭해라.

use Internet banking

- pay sth through Internet banking
  인터넷 뱅킹으로 …을 내다

인터넷 뱅킹을 하다 *Internet banking은 online banking이라고도 한다.

A: **How do you pay your bills?** 넌 청구서를 어떻게 지불하니?

B: **I always use Internet banking.** 난 항상 인터넷 뱅킹을 사용해.

┗ Helen saved her money using Internet banking.
헬렌은 인터넷 뱅킹을 하면서 돈을 절약했어.

┗ They used Internet banking to transfer funds.
걔들은 자금 이체를 위해 인터넷 뱅킹을 사용했어.

post one's opinion

post sth on the Internet

인터넷에 …을 올리다

- write sth on the Internet
  인터넷에 …을 써서 올리다
- posting of one's personal views
  개인적 의견 올리기

A: I'm going to **post a message on the Internet.**
난 인터넷에 메시지를 올릴 생각이야.

B: **What kind of message is it?** 무슨 종류의 메시지인데?

↳ Pam **posted her phone number on the Internet.**
팸이 인터넷에 자기 전번을 올렸대.

↳ The company **posted an ad for a job on the Internet.**
회사는 인터넷에 구인 광고를 올렸어.

post one's opinion

…의 의견을 올리다 *about sth을 뒤에 붙여 무엇에 대한 의견인 지를 말한다.

- write bad things about~
  …에 대해 나쁜 내용을 써서 올리다

A: **What have you been typing?** 뭘 타이핑 하고 있었니?

B: I **posted my opinion about** the government.
난 정부에 대한 내 견해를 올렸어.

↳ Sam **posted his opinion about** the election.
샘은 선거에 대한 자신의 견해를 올렸어.

↳ Janie **posted her opinion about** the article.
재니는 그 기사에 대한 자신의 견해를 올렸어.

post~in a chat forum

대화방에 글을 올리다 *chat forum은 대화방으로 다른 사람들이 볼 수 있도록 올리는 곳

A: I just **posted my address in a chat room.**
내 주소를 채팅방에 방금 올렸어.

B: **I think you should delete it quickly.** 빨리 그걸 삭제하는게 나을 걸.

↳ Jeff **posted his opinion in** a chat forum. 제프는 채팅방에 자기 의견을 올렸어.

↳ Never **post your phone number in a chat forum.**
채팅방에 네 전번을 절대 올리지마.

react to an Internet article

인터넷기사에 반응하다 *논란이 되는 기사에 댓글을 다는 등의 반응을 나타내는 것

A: How did Kevin **react to the Internet article?**
케빈이 그 인터넷 기사에 어떤 반응을 보였니?

B: **He didn't like what it said.** 걘 그 기사를 좋아하지 않았어.

↳ Many people **reacted angrily to the Internet article.**
많은 사람들이 그 인터넷기사에 분노했어.

↳ They didn't **react to the Internet article.**
걔네들은 그 인터넷 기사에 대응하지 않았어.

troll on the Internet

인터넷에 악성댓글을 올리다 *인터넷에 무례한 악성댓글을 올리는 사람을 troll이라 한다.

- troll
  온라인상에서 무례하고 악성댓글을 올리는 사람

A: **This person keeps posting nasty things.**
이 사람은 한심한 글을 계속 올리고 있어.

B: **He's just trolling on the Internet.** 걘 인터넷에 악성 댓글을 올리고 있어.

└ A troll on the Internet tries to make people angry. 악성댓글 다는 사람땜에 화가나.

└ I think trolls on the Internet need to be banned. 악성댓글은 금지되어야 해.

cyber bullying

인터넷상에서 약자 괴롭히기 *bully는 약자를 괴롭히는 사람. 여기에 cyber가 붙은 경우.

- cyberbully
  온라인상에서 사람들을 괴롭히다

A: **Why was your daughter so upset?** 왜 네 딸은 그렇게 화가난거야?

B: **Someone was cyber bullying her on the Internet.**
누군가 사이버상에서 걔를 괴롭혔어.

└ The student's problems came from cyber bullying.
그 학생의 문제는 사이버상 괴롭힘을 받아 생겼어.

└ The cyber bully was not allowed to use the computer.
사이버상에서 괴롭히는 사람은 컴퓨터 사용이 허용되지 않았어.

use a false name

가명을 사용하다 *인터넷에서 자기 신분을 숨기고 다양한 못된 짓을 할 때

A: **Who started those rumors about you?**
누가 너에 대한 그런 루머를 시작했니?

B: **Someone using a false name on the Internet.**
인터넷에서 가명을 쓴 작자야.

└ He used a false name to post in the chatting forum.
걘 대화방에서 가명을 사용해서 의견을 올렸지.

└ Able uses a false name to chat with women.
에이블은 인터넷에서 여성들과 대화를 나누는데 가명을 쓰고 있어.

use a nickname

별명을 사용하다 *여기서 nickname은 애칭이 아니라 인터넷에서 쓰는 별명을 말한다.

A: **Does Dan use his name when he posts?**
댄은 인터넷에 글을 올릴 때 본명을 사용하니?

B: **Never. He always uses a different nickname.**
아니지. 걘 항상 다른 별명을 사용해.

└ Many people use nicknames in chatrooms. 많은 사람들은 대화방에서 별명을 사용해.

└ Harold used a nickname to give his opinion.
해롤드는 자신의 견해를 내는데 별명을 사용했어.

nickname이란?

닉네임은 일반적으로 긴 이름을 짧게 줄여쓰는 애칭을 말한다. 남자이름으로는 Richard는 Rick, Robert는 Bob, Andrew는 Andy, Nicolas는 Nick, Thomas는 Tom, Joseph은 Joe라고 부른다. 여자이름으로는 Samantha는 Sam, Cynthia는 Cindy, Katherine는 Kate, Susan은 Sue 등으로 부르며 친근감을 표시할 수 있다. 또한 Nickname는 여기서처럼 애칭이 아니라 그냥 혹은 익명으로 나쁜 짓(?)을 하기 위해 컴퓨터상에서 쓰는 이름을 뜻하기도 한다.

play computer games

play computer games

컴퓨터 게임을 하다 *항상 play computer games처럼 복수형으로 쓰인다.

- play computer games with one's friends
  친구와 컴퓨터 게임을 하다
- like computer games
  컴퓨터 게임을 좋아하다

A: **What did you do last night?** 어제 밤에 무엇 했니?

B: **I played computer games all night.** 난 밤새 컴퓨터 게임을 했지.

↳ I'm not interested in playing computer games. 컴퓨터 겜하는데 관심없어.

↳ I forgot how much fun it is to play computer games.
　컴퓨터 게임을 하는 게 얼마나 재미있는지 잊었어.

play some online games

온라인 게임을 하다 *혼자 앉아서 하지만 혼자서 하는 게임이 아닌 경우

A: **Let's play some online games** together. 같이 온라인 게임을 하자.

B: **My favorite game is World of Warcraft.**
　내가 좋아하는 게임은 월드 오브 워 크래프트야.

↳ Tim played some online games for hours. 팀은 몇 시간 동안 몇몇 온라인 게임을 했어.

↳ Do you like playing online computer games? 온라인 컴퓨터 게임하는거 좋아해?

spend too much time playing computer games

컴퓨터 게임에 너무 많은 시간을 소비하다

- be a much better player of+ 게임 (than A)
  (A보다) …게임을 훨씬 잘하다

A: **I am really tired this morning.** 난 오늘 아침 너무 피곤해.

B: **You spend too much time playing computer games.**
　넌 컴퓨터 게임을 하는데 너무 많은 시간을 소비해.

↳ My cousin spends too much time playing computer games.
　내 조카는 컴퓨터 게임을 하는데 너무 많은 시간을 소비하고 있어.

↳ Don't spend too much time playing computer games. 컴겜에 넘많은 시간 버리지마.

be addicted to computer games

컴퓨터 게임에 중독되다 *세상 등지고 폐인처럼 컴과 씨름하는 경우

- be addicted to the Internet
  인터넷에 중독되다

A: **I think I'm addicted to computer games.** 컴겜에 중독이 된 것 같아.

B: **You should spend time doing other things.**
　넌 다른 일을 하면서 시간을 보내 봐야해.

↳ He's addicted to computer games and plays daily. 걘 컴퓨터겜에 중독돼 매일 해.

↳ Helen is still addicted to computer games. 헬렌은 아직도 컴퓨터 겜에 중독되어 있어.

forbid computer games

컴퓨터 게임을 금지하다 *컴퓨터에 중독되었으면 당연히 해야 될 조치

- stop playing computer games
  컴퓨터 게임을 그만하다

A: **Can we play computer games now?** 우리 컴퓨터 게임을 해볼까?

B: **Sorry, but my parents forbid computer games.**
　미안해. 우리 부모님이 컴퓨터 게임을 하지 못하게해.

↳ The library forbids playing computer games. 도서실에서 컴퓨터 겜하는 건 금지야.

↳ Some schools forbid computer games. 일부 학교들은 컴퓨터 게임을 금지해.

meet online

meet online

- meet sb on the internet
  …을 인터넷에서 만나다

온라인에서 만나다 *온라인 사이트나 특정 카페 등을 통해 만나는 경우

A: Gina and her boyfriend **met online.** 지나와 걔 남친은 온라인에서 만났어.

B: I think he's a really nice guy. 걘 아주 괜찮은 친구로 생각돼.

↳ You can't trust people you meet on the Internet. 인터넷에서 만난 사람들 믿지마.

↳ I went on a date with the guy I met online. 온라인에서 만난 남자와 데이트 했어.

meet sb at[in] a chat room

- connect to a chat site
  채팅 사이트에 접속하다
- get on a chat site
  채팅 사이트에 접속하다

채팅방에서 …을 만나다 *교제를 목적으로 채팅방에서 만나는 경우

A: I'm going to **meet my friends in a chat site.**
  나 채팅 사이트에서 친구들을 만날거야.

B: Let me see who is online with you.
  네가 누구랑 온라인 채팅을 하는 지 한번 보자.

↳ Aaron met new people in a chat room. 아론은 채팅방에서 새로운 사람들을 만났어.

↳ Nowadays, kids are meeting on the Internet in chat rooms.
  요즘 애들은 인터넷 채팅방에서 서로 만나고 있어.

do a lot of chatting on the Internet

- be addicted to online chatting
  온라인채팅에 중독되다
- be video chatting online
  화상채팅을 하다

인터넷에서 채팅을 많이 하다 *채팅만으로 끝나면 다행인데…

A: Do you **do a lot of chatting on the Internet?** 인터넷채팅 많이 해?

B: No, I'm only online a few times a week.
  아니, 난 일주일에 몇 번만 인터넷을 해.

↳ My girlfriend does a lot of chatting on the Internet. 여친이 인터넷채팅을 많이 해.

↳ Many people do a lot of chatting on the Internet. 많은 사람들이 인터넷 채팅을 많이 해.

add sb to one's Messenger (list)

- be addicted to online chatting
  온라인채팅에 중독되다
- be video chatting online
  화상채팅을 하다

…을 메신저 리스트에 올리다 *메신저 프로그램에서 친구로 추가하는 것

A: Are you going to chat with Abe? 넌 아브라함과 채팅을 할거니?

B: Sure, I'll **add him to my Messenger list.**
  그럼. 난 걔를 메신저 리스트에 올릴 거야.

Kelly added Bill to her Messenger list. 캘리는 빌을 자신의 메신저 리스트에 추가했어.

Should I add Max to my Messenger list? 맥스를 내 메신저 리스트에 추가해야 되니?

use instant messenger for

- instant message (IM)
  인스턴트 메신저로 보낸 메시지
- send an instant message to
  …에게 IM을 보내다
- cf. Jim IMed(instant messaged) me about the party.

…하는데 메신저를 사용하다 *IM(internet message)은 동사로도 사용된다.

A: I **use instant messenger for** contacting my sister.
  여동생과 연락하는데 인스턴트 메신저를 사용해.

B: Do you do that everyday? 너 메신저 매일 하니?

↳ We send instant message to our overseas friends 해외친구들에게 IM을 보내.

↳ Sam just got an instant message from his wife. 샘은 아내로부터 IM을 방금 받았어.

find sb on Facebook

tweet something

트윗하다 *'친구맺기' 기능 및 메신저 기능을 묶어놓은 인터넷 서비스

A: Do you ever **tweet about** your day? 일상생활을 트위터에 올리니?

B: Yes, I let my friends know what I'm doing.
응. 난 친구들에게 내가 하고 있는 것을 알려줘.

↳ Some celebrities **tweet about** their lifestyle. 일부 유명인들은 자신의 생활에 대해 트윗을 해.

↳ He took extra time to **tweet the details.** 걘 세세한 내용들을 트윗하느라 시간이 더 걸려.

update one's Facebook profile

…의 페이스북 프로필을 업데이트하다

- join Facebook
페이스 북에 가입하다
- via Facebook
페이스 북을 통해

A: I never see Lisa these days. 요즘 리사를 볼 수가 없어.

B: She **is always updating her Facebook profile.**
걘 항상 자신 페이스북의 프로필을 업데이트하고 있어.

↳ I **joined Facebook** last year. 난 작년에 페이스북에 가입했어.

↳ The students **got together via Facebook.** 학생들은 페이스북을 통해 모여.

find sb on Facebook

페이스북에서 …를 찾다

A: An old girlfriend **found me on facebook.**
오래된 여친이 페이스북을 통해 날 찾았어.

B: Are you going to meet up with her? 넌 걔를 만날 거니?

↳ I **found** many classmates from high school **on Facebook.**
난 페이스북을 통해 고등학교 동창을 많이 찾았어.

↳ Tommy hopes to **find new friends on Facebook.**
토미는 페이스북을 통해 새로운 친구를 만나기를 소망해.

delete one's Facebook account

…의 페이스북 계정을 삭제하다

A: I had to **delete my Facebook account.** 페이스북 계정을 삭제해야만 했어.

B: Were you worried about your private information?
네 개인 정보에 대해 걱정이 되었니?

↳ All of my kids **deleted their Facebook accounts.** 애들 모두 페이스북 계정 삭제했어.

↳ You must **delete your Facebook account** as soon as possible.
넌 가능한 한 빨리 페이스북 계정을 삭제해야 돼.

I friended someone

페이스북에 친구로 등록했다 *friend를 동사로 사용한 경우로 주로 과거로 쓰인다.

A: How did you stay in touch with your classmates?
넌 어떻게 네 친구들과 연락을 주고 받았어?

B: I **friended all of them on Facebook.** 난 페이스북에 친구들 다 등록해놨어.

↳ People at work want you to **friend** them. 직장 사람들은 네가 자기들을 친구등록하기를 바래.

↳ Josh **friended** some of his relatives. 조쉬는 자기 친척 몇명을 친구로 등록해놨어.

have an e-mail account

set up e-mail accounts

이메일 계정을 새로 만들다 *email account는 이메일 계정, email address는 이메일 주소를 말한다.

- set up an anonymous email account
  익명의 이메일 계정을 만들다
- delete e-mail accounts
  이메일을 계정을 삭제하다

A: Where should I **set up an e-mail account?**
어디서 이메일 계정을 만들어야 하나요?

B: Many people use Yahoo for e-mail.
많은 사람들이 이메일을 위해 야후를 쓰고 있죠.

ㄴ Let's keep in touch. **My e-mail address is** abc11@aol.com.
계속 연락하고 지내자. 내 이메일 주소는 abc11@aol.com이야.

ㄴ Do you **know her e-mail address?** 걔 이메일 주소 알아?

have an email account

이메일 계정을 갖다 *이메일 계정을 만들고 나면~

- have a Gmail account
  G메일 계정이 있다
- access one's Yahoo account
  자신의 야후메일 계정에 들어가다

A: Do you **have an e-mail account?** 이메일 계정을 가지고 있니?

B: Yes, let me give you the address. 그럼, 이메일 주소를 줄게.

ㄴ I **have had an e-mail account** for 10 years. 난 10년 동안 이메일 계정 하나로 썼어.

ㄴ Steve **has a secret e-mail account.** 스티브는 이메일 비밀 계정을 가지고 있어.

change one's email address

이메일 주소를 바꾸다 *이메일 주소를 바꿨을 때

- (My email address) has been changed to~
  (내 이메일 주소는) …로 바꿨어
- change one's address from A to B
  이메일 주소를 A에서 B로 변경하다

A: I'm going to **change my e-mail address.** 내 이멜 주소를 변경할거야.

B: Tell me your new address so I can send you a mail.
네게 메일보낼게. 새로운 이메일 주소를 말해줘.

ㄴ She **changed her e-mail address** because of spam. 스팸땜에 이멜주소를 변경했어.

ㄴ Dad is going to **change his e-mail address.** 아빠가 이메일 주소를 바꿀 거야.

give sb one's email address

…에게 이메일 주소를 주다 *이멜 계정을 만든 이유는 사람들과 연락하기 위한 것

- exchange email addresses
  이메일 주소를 서로 교환하다
- know one's email address
  …의 이메일 주소를 알고 있다

A: How can I stay in touch with Rick? 릭하고 어떻게 계속 연락을 할 수 있어?

B: **Give him your e-mail address.** 걔한테 이메일 주소를 줘.

ㄴ Darryl **gave** Sam his e-mail address. 다릴은 샘에게 자신의 이메일 주소를 주었어.

ㄴ Did you **give me your e-mail address?** 나한테 네 이메일 주소를 주었니?

add sb's address to a mailing list

이메일 주소록에 …의 주소를 첨가하다 *친구로 선택한 경우

- delete one's name from one's mailing list
  이메일 주소록에서 …를 삭제하다

A: Why do I get so much spam e-mail? 왜 난 그렇게 많은 스팸멜이 오는거야?

B: Someone **added your address to a mailing list.**
누군가 네 주소를 수신자 명단에 추가했겠지.

ㄴ They will **add his address to a mailing list.** 걔주소를 수신자명단에 추가할거야.

ㄴ Don't **add my address to your mailing list.** 내 주소를 네 메일링 명단에 추가하지마.

check one's e-mail

check one's email

- check the email
  이메일을 확인하다
- access one's email
  …의 이메일에 접속하다

이메일을 확인하다 *새로운 이메일이 왔는지 등을 확인할 때

A: **Hurry up, we're going to be late.** 서둘러. 우리 늦겠다.

B: **Let me check my e-mail first.** 내 이메일부터 먼저 확인할게.

↳ I'd like to know how I can **access my e-mail.** 메일 접속방법을 알고 싶은데요.

↳ I **check my e-mail** about as regularly as I brush my teeth.
난 양치질하는 만큼이나 정기적으로 이메일을 확인해.

send (sb) an email

- send a quick email to let sb know that~
  …에게 …을 알리려 급히 이메일을 보내다
- send an email to the wrong address
  잘못된 주소로 이메일을 보내다
- send a message by email
  이메일로 연락하다

(…에게) 이메일을 보내다 *다른 사람에게 이메일을 보낼 때

A: **Does Sally know about the meeting?** 샐리가 회의에 대해 알고 있니?

B: **Yes, I sent her an e-mail yesterday.** 응. 어제 걔한테 이메일을 보냈어.

↳ **Send an e-mail** right now so that she gets it before noon.
그 여자가 정오 전에 받아볼 수 있도록 지금 당장 이메일을 보내요.

↳ Who did you **send that e-mail to?** 그 이메일은 누구에게 보낸 거야?

send sth to one's Naver email

…을 …의 네이버 이메일에 보내다 *받는 상대방 이메일 사이트까지 말할 때

A: **I sent an attachment to your Naver e-mail.**
난 네 네이버 이메일에 첨부파일을 보냈어.

B: **Really? I didn't receive anything.** 정말? 난 아무 것도 받지 못했는데.

↳ Hank **sent the file to Bart's Naver e-mail.**
행크는 바트의 네이버 이메일로 파일을 보냈어.

↳ Don't **send anything to** my **Yahoo e-mail** account.
내 야후이메일에 아무것도 보내지마.

drop (sb) an email

- drop sb an email to say~
  …에게 이메일을 보내 …라고 하다
- contact sb by e-mail
  이메일로 …에게 연락하다

(…에게) 이메일을 보내다 *drop a line처럼 email에도 drop을 붙여 쓰는 경우

A: **Today is Athena's 40th birthday.** 오늘이 애시너의 40세 생일이야.

B: **I'll drop her an e-mail** to say happy birthday.
걔한테 생일 축하 이메일을 보낼 거야.

↳ **Drop Ned an e-mail** about the job. 네드에게 직장에 대해 이메일을 보내줘라.

↳ **Drop me an e-mail** to let me know how things are.
이멜로 상황이 어떤지 알려줘.

e-mail sb about~

- email at help@mentors114.co.kr
  help@mentors114.co.kr란 주소로 이메일을 보내다
- block unwanted email
  원치 않는 이메일을 차단하다
- open unknown emails
  모르는 사람이 보내는 이메일을 열어보다

…에게 …관한 이메일을 보내다 *email이 동사로 사용되는 경우

A: **E-mail me** to let me know how you're doing.
어떻게 지내는지 궁금하니까 이메일 보내.

B: **I will. But I don't have your e-mail address.** 그래. 그런데 이멜주소를 몰라.

↳ We shouldn't **open any e-mail from** people we don't know.
모르는 사람이 보낸 이메일은 열면 안돼.

↳ See you later. Don't forget to **e-mail me.** 나중에 봐. 잊지말고 메일 보내.

forward one's email to~

…의 이메일을 …로 다시 보내주다 *받은 이메일을 다른 사람에 토스할 때

- forward the message to~
  메시지를 …로 다시 보내주다

A: Al's e-mail said he'll be late to class.
알은 이메일로 자기가 수업에 늦을 거라고 말했어.

B: **Forward his e-mail to** his teacher.
걔의 이메일을 선생님에게 다시 보내줘.

└ Forward the manager's e-mail to everyone.
매니저의 이메일을 전부에게 재전송해줘.

└ Forward this e-mail to the police. 이 이메일을 경찰에게 재전송해라.

get an email from

…로부터 이메일을 받다 *이멜을 받았다고 할 때 get동사를, 발신자는 from 다음에 쓴다.

- get email
  이메일을 받다
  ('email 앞에 an은 굳이 필요없지만 써도 된다.)
- get one's email
  …의 이메일을 받다

A: **I got an e-mail from** Julie today. 난 오늘 줄리로부터 이메일을 받았어.

B: How are her classes at school? 학교에서 걔 수업은 어떻대?

I got an e-mail from him early this afternoon.
난 걔로부터 오늘 오후 이메일을 받았어.

I got an e-mail from a friend in the US. 난 미국에 있는 친구로부터 이메일을 받았어.

receive one's email

…의 이메일을 받다 *전통적인 단어인 receive를 써서 이메일을 받았다고 할 때

- receive one's email of June 21
  6월 21일자 …의 이메일을 받다

A: **Did you get the note I sent?** 내가 보낸 메모를 받았니?

B: **Sure, I received your e-mail.** 그래, 네 이메일을 받았어.

└ I didn't receive Tracey's e-mail. 난 트레이시의 이메일을 받지 못했어.

└ Did you receive an email from your teacher?
네 선생님으로부터 이메일을 받았니?

(an email) got through to sb

…가 (이메일)을 받아보다 *이메일이 주어가 되어 어디로 발송되었다고 말할 때

- (an email) be sent out to~
  …에게 이메일이 발송되다

A: **The Internet was down for two hours.**
인터넷이 2시간 동안 되지 않았어.

B: My e-mail still **got through to** my girlfriend.
그래도 여친은 내 이메일을 받았대.

└ The e-mail got through to everyone on the list.
그 이메일은 리스트에 있는 모든 사람들에게 보내졌어.

└ Each e-mail got through to the addressee.
각각의 이메일이 수신인들에게 보내졌어.

read one's e-mail

메일을 읽다, 보다 *받은 편지함의 이메일을 읽어볼 때

A: **Are you finished yet?** 다 끝났니?

B: **I need time to read my e-mail.** 내 이메일을 읽는데 시간이 필요해.

└ Michelle read her e-mail at the airport. 미쉘은 공항에서 자신의 이메일을 읽었어.

└ I read my e-mail several times a day. 난 내 이메일을 하루에 여러 번 봐.

attach the file

attach the file

파일을 첨부하다 *첨부된 파일은 attached file

- attach a file to the email
  이메일에 파일을 첨부하다
- read the attached file
  첨부된 파일을 읽다
- get the file to open
  파일을 열다

A: How can I get this information to Barry?
이 정보를 배리에게 어떻게 줄 수 있을까?

B: **Attach the file** to an e-mail for him.
걔한테 가는 이메일에 파일을 첨부해줘.

↳ **Attach the file** you just finished. 네가 방금 끝난 파일을 첨부해라.

↳ **Attach the files** so I can look at them. 내가 볼 수 있도록 파일들을 첨부해.

open the attached file

첨부파일을 열다 *이메일에 첨부되어서 오는 파일을 열어볼 때

- download the attached file
  첨부된 파일을 다운로드하다

A: Are you going to e-mail that information?
저 정보 이메일로 보낼거야?

B: Yes, just **open the attached files** I send.
어, 내가 보내는 첨부파일을 열어봐.

↳ I couldn't **open the attached file.** 첨부파일을 열 수가 없어.

↳ **Open the attached files** to see our photos. 우리 사진보게 첨부파일을 열어봐.

get returned

이메일이 되돌아오다 *주소가 틀리거나 등의 이유로 보낸 이메일이 반송되어올 경우

- (email) be returned to sb
  이메일이 …에게 되돌아오다
- return to one? inbox
  받은편지함으로 되돌아오다
- get rejected
  이메일이 보내지지 않다

A: Have you contacted Mary yet? 메리와 접촉을 해보았니?

B: No, my e-mails to her **get returned.**
아니, 걔한테 보낸 이메일이 돌아왔어.

↳ All of these e-mails **got returned.** 이 모든 이메일이 되돌아왔어.

↳ This e-mail **got returned** right away. 이 이메일은 즉시 돌아와 버렸지.

go to one's junk file

(이메일이) 스팸메일 박스로 들어가다 *junk file은 spam email이라고도 한다.

- (a junk e-mail) arrived in the inbox
  정크 메일이 메일 수신함으로 오다
- put into a junk email folder
  스팸 메일 폴더로 넣다

A: I never got the e-mail Dick sent.
난 딕이 보낸 이메일을 결코 받지 못했어.

B: Maybe it **went to your junk file.**
아마도 그것이 네 스팸메일 박스로 들어갔나봐.

↳ Twenty or thirty e-mails **go to my junk file** daily.
하루에 20개에서 30개에 이르는 이메일이 내 스팸메일 박스로 들어와.

↳ The invitation **went to Tina's junk file.**
그 초청서는 티나의 스팸메일 박스로 들어 갔어.

answer one's e-mail

answer one's email

…의 이메일에 답하다 *받은 이메일에 답장할 땐 answer 다음에 바로 …의 이메일란 명사를 쓴다.

- answer one's email ASAP
  가능한 한 빨리 이메일에 답하다

A: I have to **answer my e-mail.** 난 이메일에 답을 해야 해.

B: How much time will that take? 얼마나 걸릴까?

↳ She **answers her e-mail** every morning. 걘 매일 아침 이메일에 답을 하고 있지.

↳ I'm sorry I didn't **answer your e-mail.** 네 이메일에 답을 하지 않아서 미안해.

respond to one's email

…에게 답장하다 *이번엔 answer 대신 respond를 쓰는 경우로 이땐 to를 반드시 써준다.

- respond earlier
  더 일찍 답하다

A: Did you **respond to Robin's e-mail?** 로빈의 이메일에 답을 했니?

B: No, I haven't had time to do that. 아니, 그럴 시간이 없었어.

↳ Annie **responded to my e-mail.** 애니는 내 이메일에 답을 했어.

↳ I can't **respond to Fran's e-mail.** 난 프란의 이메일에 답을 할 수 없어.

receive a response

답장을 받다 *뒤에 from sb를 붙여서 답장을 보내는 사람을 적는다.

- thank you for your quick response
  빨리 답장해줘서 감사하다

A: Has Angie e-mailed you back yet? 앤지가 이멜답장했어?

B: No, **I have not received a response from** her.
  아니, 걔한테서 답장 메일 못받았어.

↳ She **did not receive a response from** her boyfriend.
  걘 남친에게서 답장을 못받았어.

↳ We didn't **receive a response from** Jim after his computer broke.
  짐컴퓨터가 고장난 후로 답장을 못받았어.

send a reply to sb

…에게 답장을 보내다 *reply는 명사로 답장, 답신을 뜻한다.

- reply to sb soon
  …에게 곧 답장하다
- prompt reply to one's email of+날짜
  …일자 이메일에 대한 빠른 답신
- answer sooner 더 빨리 답하다

A: Did you see the e-mail Shane sent? 세인이 보낸 이메일을 보았니?

B: I've already **sent a reply to him.** 난 이미 걔한테 답을 보냈어.

↳ The company **sent a reply to** her. 회사가 걔한테 회답을 보냈어.

↳ You need to **send a reply to** your partner. 넌 파트너에게 회신을 보낼 필요가 있어.

write back

답장을 하다 *(뒤에 when you can을 붙이면 가능한 때 하라는 의미)

- write sb whenever one can
  언제든 가능할 때 …에게 답장하다
- write with regard to one's email of+날짜
  …일자 이메일에 대해 답장 멜을 쓰다

A: I sent an e-mail to my boyfriend in the army.
  난 군에 있는 남친에게 이메일을 보냈어.

B: Tell him to **write back** when he can.
  가능할 때 답장을 해달라고 걔한테 말해라.

↳ There was no time to **write back.** 답장을 할 시간이 없었어.

↳ I **wrote back** to my grandmother. 난 할머니한테 답신을 했어.

drop a line

write to sb

- write (sb) a letter
  (…에게) 편지를 쓰다
- mail[post] a letter to~
  …에게 편지를 보내다
- mail sth (for~)
  (…에게) 우편(물)을 보내다

…에게 편지를 쓰다 *to 없이 바로 write sb 라고 해도 된다.

A: Did you ever **write to** a movie star?
영화 스타에게 편지를 써본 적이 있니?

B: I wrote to Tom Cruise but never got an answer.
톰 크루즈에게 편지를 했는데 답장을 결코 못받았어.

↳ She stayed up for a few hours and wrote a letter to her mother.
걘 몇시간 동안 잠을 자지 않고 엄마에게 편지를 썼어.

↳ I was up all night writing this letter to her. 걔한테 이 편지를 쓰느라 밤샜어.

write an apology letter

- write a long letter to sb
  …에게 장문의 편지를 쓰다
- write home frequently
  집에 자주 편지를 쓰다

사과 편지를 쓰다 *write 다음에 목적어로 편지가 바로 오는 경우

A: I heard you had a fight with Kate. 네가 케이트와 싸웠다고 들었어.

B: I plan to **write an apology letter** to her.
난 걔한테 사과 편지를 쓸 계획이야.

↳ Madge wrote an apology letter to Guy. 매지는 가이에게 사과 편지를 썼어.

↳ You need to write an apology letter. 넌 사과 편지를 쓸 필요가 있어.

drop (sb) a line

- drop a line to~
  …에게 편지를 쓰다
- drop a line as soon as~
  …하자마자 바로 편지쓰다

(…에게) 편지 몇 줄 써 보내다 *a line 대신 a note라고 해도 된다.

A: Don't forget to **drop me a line.** 잊지 말고 꼭 편지해.

B: I'll make sure that I keep in touch. 내가 꼭 연락할게.

↳ Drop me a line when you get the chance. 기회되면 편지해.

↳ Drop me a line to let me know how you're doing. 어떻게 지내는지 편지나 좀 써.

answer a letter

- get[receive] a letter
  편지를 받다
- reply a letter
  편지에 답장을 쓰다

답장을 하다 *이메일의 경우처럼 편지도 답장할 때는 answer를 쓴다.

A: Did you write back to Patrick? 패트릭한테 답장을 했니?

B: No, I never **answered his letter.** 아니. 난 걔 편지에 답을 하지 않았어.

↳ Mr. Barnes answers every letter that he gets. 반즈씨는 받는 모든 편지에 답장해.

↳ She will answer the letter in the morning. 걘 아침에 편지에 답장을 쓸거야.

send a fax

- send sth to sb by fax
  …에게 …를 팩스로 보내다
- get the fax (from)
  (…로부터) 팩스를 받다

팩스를 보내다 *fax는 동사로 fax sth to sb 혹은 fax sb sth, 혹은 fax+장소로 쓰인다.

A: I can mail the report to you. 난 그 보고서를 너한테 우편으로 보낼게.

B: Just **send a fax** of it. 그냥 팩스하면 어때.

↳ I've been trying to fax your office all day. 종일 당신 사무실로 팩스를 넣으려 했어.

↳ I will fax them to you tomorrow morning before 12:00.
내일 아침 12시 이전에 팩스로 보내드릴게요.

send sb a postcard

• send off a letter
편지를 보내다

• send sb a letter of
acceptance
…에게 합격통지서를 보내다

• receive one's letter of
acceptance
합격통지서를 받다

write a note to sb

• write a note and put it on~
쪽지를 적어 …에 놓다

• take a note
메모를 받아 적다

• leave a note
메모를 남기다

엽서를 보내다 *인터넷과 스마트폰의 발달로 많이 위축되었지만 특히 여행가서 보내는 엽서.

A: My friend **sent me a postcard** from her vacation.
친구가 휴가 중 엽서를 내게 보냈어.

B: Is she traveling through Egypt now? 걘 지금 이집트를 여행하고 있니?

↳ Tim sent his friends nice postcards. 팀은 자기 친구들에게 멋있는 엽서를 보냈어.

↳ I plan to send off a letter to the newspaper. 난 신문사에 편지를 보내볼 생각이야.

…에게 메모를 적다 *write me a note, write one's family a note처럼 write sb a note로도 쓸 수 있다.

A: How did Carey quit her job? 어떻게 케어리가 직장을 그만 두었니?

B: She **wrote a note to** her boss. 걘 보스에게 메모를 썼나봐.

↳ I'll write a note to my mom tonight. 난 오늘 밤 엄마에게 메모를 쓸거야.

↳ I'll send a note around letting everyone know.
난 모든 사람이 알도록 메모를 돌릴거야.

give a call

give (sb) a call

- give (sb) a ring[buzz]
  (…에게) 전화하다
- call (sb) up
  (…에게) 전화를 걸다

(…에게) 전화하다 *call 대신 벨소리를 뜻하는 ring이나 buzz를 써도 된다.

A: Let's have dinner sometime. 언제 한 번 저녁 먹자.

B: OK. **Give me a call.** 알았어. 전화해.

↳ Feel free to **give me a call** if you have any questions.
궁금한 점이 있으면 조금도 주저하지 마시고 전화주세요.

↳ Why didn't you **give me a ring** yesterday? 왜 어제 내게 전화 안한거야?

call sb[sth]

- call 911
  911에 전화하다
- call security
  경비에게 전화하다

…에 전화하다 *call 다음에 바로 사람 혹은 911, security 혹은 the police, the hotel 처럼 기관이 온다.

A: The bank is being robbed! 은행이 털리고 있어.

B: I'll **call 911 and get the police!** 911을 호출해서 경찰을 부를게.

↳ **Call the hotel** and book a room. 호텔에 전화해서 방을 예약해라.

↳ **Call the store** and see when they open. 가게에 전화해서 언제 여는지 알아봐라.

call (sb) back

- call back later
  나중에 전화를 다시 하다
- return one's call
  …의 전화에 답하다

다시 전화하다 *전화했는데 찾는 사람이 없을 때 다시 하거나 혹은 전화를 달라고 할 때

A: Could you tell her to **call back** after lunch?
점심식사 후에 전화해 달라고 그 사람한테 전해주겠니?

B: I'll tell her right now. 지금 바로 하지 뭐.

↳ That's okay. I'll **call back later** in the afternoon. 괜찮아. 오후에 다시 전화할게.

↳ Hi Jason, it's Nick. I'm **returning your call.**
안녕, 제이슨, 닉이야. 전화했다고 해서.

make a call

- make an international call
  국제전화를 하다
- make an important call
  중요한 전화를 하다
- make a quick call
  간단히 전화를 하다

전화하다 *반대로 전화를 받는 것은 take the call이라고 한다.

A: I've got to **make a call** right now. 난 바로 지금 전화를 해야해.

B: Here, you can use my cell phone. 여기 내 휴대폰을 사용해라.

↳ I have to go **make a call**, I'll be back. 전화 좀 걸고, 곧 돌아올게.

↳ She took out her phone and **made a call**. 걘 전화기를 꺼내서 전화를 걸었어.

be calling to ask~

- be calling to talk to sb
  …와 말하기 위해 전화하다
- call to tell sb S+V
  …에게 …을 말하기 위해 전화하다
- call to see if S+V
  …인지 알아보기 위해 전화하다

…을 물어보려고 전화하다 *전화한 이유를 밝힐 때

A: Chris, I'm **calling to ask** you for a favor.
크리스, 너한테 부탁할 게 있어서 전화했어.

B: I'll do my best, what would you like?
힘 닿는대로 해볼게. 부탁이 뭔데?

↳ I'm **calling to ask** you for a favor. 부탁 하나 하려고 전화했어.

↳ I'm just **calling to see if** you received the payment. 지불을 받았는지 전화했어.

write로 편지쓰기

write가 편지를 쓰다라는 의미로 쓰이는 경우 기본형은 write a letter to sb이지만 「…에게 편지를 쓰다」라고 할 때는 특이하게도 write to sb라고 해도 되며 혹은 그냥 to를 빼고 write sb라고 해도 된다. 그래서 「그녀에게 편지를 쓰다」라고 하려면 write her several letter 라고 해도 되는 것이다. 다시 말해서 write는 목적어로 a letter나 sb를 받을 수 있다는 점이다.

take the call

take the call

- take the call in one's office
  사무실에서 전화를 받다
- take this call
  (걸려오는 전화를 보며) 전화를 받다

전화를 받다 *...의 전화를 받다라고 할 때는 take one's call이라고 한다.

A: **Your mom is on the line.** 네 엄마가 전화에 나와 계셔.

B: **I can't take her call right now.** 난 지금 전화를 받을 수 없어.

∟ Would you excuse me for a second while I **take this call?**
전화 받는 동안 잠시만 양해를 구할께요.

∟ I will **take the call** in my office. 내 사무실에서 전화를 받을게.

get the phone

- answer the phone
  전화를 받다
- get a call saying that ~
  ...라는 전화를 받다

전화를 받다 *반대로 '전화를 끊다'는 get 다음에 off만 붙이면 된다.

A: **Hey, someone is calling us.** 헤이, 누가 우리에게 전화하네.

B: **I'll get the phone and see who it is.** 내가 전화 받아서 누군지 볼게.

∟ Sally **got the phone** when it rang. 샐리는 전화기가 울렸을 때 전화를 받았어.

∟ I'm sorry, but I couldn't **get the phone.** 미안해, 전화를 받을 수가 없었어.

get through to

- get through to sb on the phone
  ...와 전화연결이 되다
- get through to the warehouse
  창고로 전화연결이 되다

...와 통화가 되다, 연결되다 *to 다음에는 자기가 전화거는 사람이나 장소명사를 쓴다.

A: **Did you get through to your brother?** 네 동생에게 연결이 되었니?

B: **No, he never picked up the phone.** 아니, 걘 전화를 받지 않았어.

∟ It was hard to **get through to** the office. 사무실로 통화하기가 힘들었어.

∟ I **got through to** my parent's house. 내 부모님 집으로 통화가 되었지.

have got another call

- be getting another call
  다른 전화가 걸려오다

다른 전화가 왔어 *have got은 have로 생각해도 된다.

A: **Hold on, I've got another call.** 잠깐, 다른 전화가 왔어.

B: **Don't keep me waiting for you.** 너를 기다리게 하지 마라.

∟ I have another call. Can I call you back later? 다른 전화가 왔어. 나중에 전화할게.

∟ Can you hold on a moment? I **have another call.**
잠깐 기다려 줄래? 다른 전화가 왔어.

get off (the phone)

- hang up
  전화를 끊다, 옷걸이에 옷을 걸다
- hang up on sb
  화가 나 그냥 끊어 버리다

전화를 끊다 *get off the phone with sb하면 '...와 전화를 끊다.'

A: **Would you please get off the phone?** 전화 좀 끊을테야?

B: **Why? I can use it if I want to.** 왜? 내가 필요하면 써도 되는 거 아냐?

∟ Please **hang up** the phone. 제발 전화 좀 끊어.

∟ Don't **hang up.** Just listen. 전화 끊지 말고 내 얘기 들어.

be available

a phone call for

…에게 전화가 오다 *There is a phone call for~에서 There is가 생략된 경우

A: There's **a phone call for** you. 전화 왔어요.

B: Thank you. I'll take it in my office. 고마워요. 내 사무실에서 받을게요.

ㄴ Hey Cindy! Phone call for you! 야 신디야! 전화왔어!

ㄴ Excuse me. There's a phone call for you. 실례합니다. 전화왔어요.

have a phone call

전화가 오다 *주어와 뒤의 전치사 for[from]가 다르지만 다른 사람에게 전화가 왔다고 전할 때 사용한다.

- I have a call for sb
  …에게 전화가 왔어
- You have a call from~
  …로부터 전화가 왔어

A: Did you need to see me? 날 보자고 했니?

B: Yeah, you **have a phone call.** 응, 너 전화 왔어.

ㄴ I have a call on the other line. I'll have to say good bye.
  다른 전화가 와서 이만 끊어야겠어요.

ㄴ You have a call from Mr. Thomas. 토마스 씨에게서 전화 왔어요.

be available

(전화를) 받을 수 있다 *전화영어 뿐만 아니라 약속정할 때, 시간이 있고 없음을 말할 때도

- be free right now
  지금 한가하다

A: Is Michael **available?** 마이클 있나요?

B: I'm sorry he's just stepped out. 어쩌죠, 지금 막 나갔는데요.

ㄴ They will be available in an hour. 걔들은 한시간 지나야 전화를 받을 수 있어.

ㄴ I'd like to speak with Anthony, if he is available.
  앤소니 있으면 통화하고 싶은데요.

sb be on line 3

…가 3번 전화로 걸려오다 *여러 회선을 쓰는 회사에서 전화바꿔줄 때

- It's sb on the line
  …로부터 전화와 있다
- pick up on line one
  1번 전화를 받다

A: **It's your mom on the line.** 어머니 전화 와 있어요.

B: Please take a message. I'm busy now. 메모 받아놔요. 지금 바빠요.

ㄴ It's your boyfriend on the line. 남친 전화 와 있어요.

ㄴ Is Jessica still on the line? 제시카가 아직 전화하고 있어?

be not in

지금 안에 없다 *사무실 안에 없어서 전화를 바꿔줄 수 없다고 말할 때

- step out of the office
  사무실을 나가다

A: Hello, could I speak to Jason Lane? 여보세요, 제이슨 레인있나요?

B: Sorry, but **he's not in** right now. 죄송하지만 지금 없는데요.

ㄴ Susan stepped out of the office and can't take your call.
  수잔은 방금 사무실을 나가서 전화를 받을 수 없어요.

ㄴ My boss is not in, but maybe I can help you.
  사장님 안계신데 제가 도와드릴까요?

be on the phone

be on the phone

- The (phone) line is busy
  통화중이다
- be on the other line
  다른 전화를 받고 있다
- sb on the phone
  …로부터 전화가 왔다

통화 중이다 *다음에 to sb하면 「…와 통화중이다」, for+시간하면 「…동안 통화중이다」라는 뜻.

A: Is Jimmy at home right now? 지미가 지금 집에 있니?

B: Sorry, but he's on the phone. 미안해 걔가 지금 통화 중이야.

↳ Linda was on the phone for hours. 린다는 여러 시간 동안 전화통화 중이야.

↳ Quiet! I'm on the phone right now. 조용히 해! 나 지금 통화 중이잖아.

hold the line

- hold the line and tell the operator
  전화를 끊지 않고 기다리다 교환에게 …라고 말하다
- have been on hold for+시간
  …동안 전화를 끊지 않고 기다리다

전화끊지 않고 기다리다 *뒤에 (for) a second를 넣을 수도 있다.

A: Could you just hold the line for a second? 잠깐 기다리시겠어요?

B: Sure. 그러죠.

↳ You'll need to hold the line until I finish.
  내가 끝날 때까지 끊지 말고 기다려야 될거야.

↳ I've been on hold for 10 minutes already. 벌써 10분 동안 기다렸어요.

hang on

- hold on
  기다리다
- hold on a minute
  잠깐 기다리다
- hold on a second
  잠시 기다리다

기다리다 *참고로 wait 또는 be patient의 뜻으로 사용된다.

A: Excuse me, is there someone there who can speak English? 실례지만, 영어하는 사람 있어요?

B: Hold on. I'll get the manager. 잠시만요, 매니저를 바꿔줄게요.

↳ Hang on a minute. I'll get him. 잠깐만요. 바꿔줄게요

↳ Can you hang on? I've got another call. 기다릴래? 다른 전화가 와서.

give (sb) a message

- leave a (voice) message
  (음성) 메시지를 남기다
- leave a message saying~
  …라고 하는 메시지를 남기다
- take a message
  메시지를 받아 적다

…에게 메시지를 전하다 *통화실패시 메시지를 남길 때

A: I'm sorry he's out on business. 미안한데 걘 일로 밖에 나가 있어.

B: Can I leave a message for him? 걔한테 메시지 좀 남길 수 있을까요?

↳ Could I take a message? 메시지를 전해 드릴까요?

↳ She didn't answer her phone. I left a message.
  걘 전화를 받지 않아 메시지를 남겼어.

have A call B

- spell one's name
  …의 이름의 철자를 말하다

A가 B에게 전화를 걸도록 하다 *찾는 사람이 오거나 연락이 닿아 전화를 걸도록 할 때

A: I'll have her call you back as soon as she gets in.
  걔가 들어오는 대로 전화하라고 할게.

B: Thank you. 고마워요.

↳ Just have him call me, okay? 그 사람 보고 나한테 전화하라고해 알았지?

↳ If she finds it, have her call me immediately.
  그걸 찾으면 내게 바로 전화하라고 해.

put A through B

put A through to B

A를 B에게 전화 바꿔주다 *온 전화를 돌려주거나 바꿔줄 때 쓰는 전형적 표현

- put A through a telephone call
  A에게 전화를 연결시키다

A: **Phone call for you. Are you available?** 전화왔는데 받을 수 있어요?

B: **Sure, put it through to** my office. 그럼요, 내 사무실로 돌려줘요.

↳ Would you **put me through to** the manager, please? 매니저 좀 바꿔줄래요?

↳ I'll **put you through** right away. 바로 바꿔드리죠.

put sb on the phone

…을 바꿔주다 *전화해서 …을 바꿔달라고 할 때의 구어적 표현

A: I want you to **put mom on the phone.**
네가 전화로 엄마를 바꿔주면 해.

B: **Sorry, but she's busy right now.** 미안하지만 엄마는 지금 바빠.

↳ **Put your manager on** the phone. 매니저를 바꾸세요.

↳ You should **put Lucy on the phone.** 전화로 루시를 바꿔주라.

transfer this call to

이 전화를 …에게 돌려주다 *transfer 대신 switch, direct 등의 동사를 써도 된다.

- switch the phone to sb
  …에게 전화를 돌려주다
- switch A over to B
  A전화를 B로 돌려주다
- direct one's call
  …의 전화를 돌려주다

A: **I'd like to talk to Taylor Walker, please.** 테일러 워커씨 부탁드려요.

B: **Hold the line please, and I will transfer you.**
기다리세요, 바꿔 드릴께요.

↳ American Airlines. **How can I direct your call?**
아메리칸 항공사입니다. 어디로 연결시켜 드릴까요?

↳ What a noisy line! I'll **switch to another.**
왠 잡음이 이리 심해! 다른 전화로 걸어볼게.

get A for B

B에게 A를 바꿔주다 *친구처럼 친한 사이에서 많이 쓰이는 구어체 표현

- give me A
  A좀 바꿔주세요

A: **I'd like to speak with Joanna, please.** 조앤나와 통화하고 싶은데요.

B: **I'll get her for you.** 바꿔드리죠.

↳ Just a moment. Let me **get the manager for** you. 잠시만요. 매니저 불러올게요.

↳ **Give me Natalie** in sales, please. 영업부의 나탈리 부탁합니다.

reach sb at~

…에게 …번호로 통화하다 *reach+사람명사가 혹은 at 다음에는 연락가능한 전화번호를 쓰면 된다.

- contact sb
  …에게 연락하다
- would like to contact sb
  …와 통화하고 싶다
- Where can I reach him?
  어떻게 그 사람에게 연락하죠?

A: **How can I get in touch with you?** 어디로 통화할까요?

B: **You can reach me at** 010-3794-5450 any time.
아무때나 010-3794-5450으로 해.

↳ How should I **contact you** to arrange another meeting?
다시 만나려면 어떻게 연락해야 하나요?

↳ My name is Lee, and I would like to **contact Sam.**
내 이름은 리인데 샘하고 연락하고 싶은데요.

be cut off

have a bad connection

접속 불량이다, 혼선되다 *전화연결상태가 좋지 않을 때

- (this) must be a bad connection
  감이 멀다
- (the lines) be crossed
  전화가 혼선이다

A: I think we **have a bad connection.** 연결상태가 안 좋은 것 같아요.

B: Maybe I should call you back. 다시 전화드려야겠네요.

↳ There must **be a bad connection.** 연결상태가 안 좋은가봐.

↳ I'm still here, but we **have a really bad connection.**
안 끊었는데 연결상태가 아주 나빠.

get bad reception

수신상태가 나쁘다 *reception은 전화의 수신상태를 말한다.

- get good reception
  수신상태가 좋다

A: I've been calling your cell. 핸드폰으로 계속 전화했었는데.

B: Well, we **get bad reception** on the elevator.
저기, 엘리베이터에서는 수신상태가 안 좋아.

↳ Jim **got bad reception** while he was hiking.
짐은 하이킹중 전화상태가 아주 안좋았어.

↳ He said his cell phone **wasn't getting good reception.**
걘 전화수신상태가 안좋았대.

have trouble hearing sb

…가 잘 안들리다 *have trouble ~ing와 hearing sb가 결합된 표현

- sound far away
  (전화) 감이 멀다
- be noise on one's line
  전화에 잡음이 들리다

A: You sound far away. 감이 아주 멀어.

B: My cell phone's reception isn't good. 내 핸드폰 수신상태가 좋지 않아.

↳ I'm having trouble hearing you. Can you repeat that? 잘 안들려. 다시 말해줘.

↳ There's noise on my line. 전화에 잡음이 들리는데.

break up

전화 소리가 끊기다 *낯선 표현이지만 전화중 소리가 끊겨 들리지 않는 부분이 있을 때

A: Your voice isn't very clear. 네 목소리가 아주 분명하지 않아.

B: I think this line **is breaking up.** 아마 전화가 자꾸 끊겨.

↳ The cell phone call began to **break up.** 휴대폰 소리가 끊어지기 시작했어.

↳ You're breaking up! 소리가 끊어져서 들려요!

be cut off

전화가 끊기다 *주어로 전화가 오며 전기가 끊긴다고 할 때도 be cut 애를 쓰면 된다.

- (battery) be dying
  (배터리)가 다 되어가고 있다
- (the phone) go dead
  (전화)가 죽었다
- It eats up batteries.
  배터리가 빨리 닳아.

A: Did you break your cell phone? 핸드폰 망가졌어?

B: No. My battery **went dead** and it stopped working.
아니. 배터리가 다 돼서 작동이 안돼.

↳ The phone is dead. 전화가 먹통이야.

↳ Here is the number in case we **get cut off,** 212-555-1234.
우리 전화가 끊어질 경우에 대비해서 번호는 212-555-1234 야.

wait for one's call

wait for one's call

…의 전화를 기다리다 *기다린다고 할 때는 대표적인 동사구 wait for을 쓴다.

- expect one's call (from)
  (…의) 전화를 기대하다

A: Mr. Johnson, please. It's Bob from New York.
존슨 씨 부탁해요. 뉴욕의 밥예요.

B: He's **expecting your call.** I'll connect you.
전화 기다리고 계셨어요. 돌려드릴게요.

↳ I spent all night **waiting for her call.** 난 걔 전화를 기다리느라 밤샜어.

↳ She **was waiting for your call.** Hold on a moment.
걘 네 전화를 기다리고 있어. 조금 기다려.

use the phone

전화를 쓰다 *특히 May I use the phone?의 형태로 많이 사용된다.

A: Do you mind if I **use your phone?** 전화기 좀 써도 돼?

B: Sure, go ahead. 그럼, 어서 써.

↳ Excuse me, I have to **use the phone.** 미안하지만 전화 좀 쓸게.

↳ Why can't you **use the phone** in here? 왜 여기서 전화를 사용 못하는 거야?

talk on the phone

전화로 얘기하다 *집 전화기든 핸드폰이든 전화기로 얘기한다는 말

- say on the phone
  전화로 말하다

A: What did Danny **say on the phone?** 대니가 전화해서 뭐라고 그랬어?

B: Something's come up and he can't attend the meeting.
일이 생겨서 회의에 참석할 수가 없대.

↳ I really hate to **talk on the phone.** 난 정말로 전화로 말하는 것이 싫어.

↳ We **talked on the phone** for a long time. 우린 오랜 시간 전화로 이야기를 나누었어.

recognize one's voice

…의 목소리를 알아듣다 *오랜 만에 통화하는 사람의 목소리를 알아듣는 경우

- recognize sb[sth]
  …의 (목)소리를 듣다

A: It's me, Tom. 나, 탐이야.

B: Sorry, Tom. I didn't **recognize your voice.**
미안해, 탐. 목소리를 못알아봤네.

↳ I **recognized** my mom's voice. 난 엄마의 목소리를 알아 들었어.

↳ Everyone **recognized** the actor's voice. 모두 배우의 목소리를 알아들었어.

have the wrong number

전화를 잘못 걸다 *wrong number 앞에 have, call, dial 등 다양한 동사를 쓸 수 있다.

- recognize sb[sth]
  …의 (목)소리를 듣다

A: May I speak to Jerry, please? 제리와 통화할 수 있나요?

B: You must **have the wrong number.** 전화를 잘못 거셨네요.

↳ I'm afraid you **have the wrong number.** 전화를 잘못하셨어요.

↳ I'm sorry, you've got **the wrong number.** 미안하지만 전화 잘못 하셨어요.

dial the wrong number

전화번호를 잘못 돌리다 *이번엔 전화를 잘못 걸 때의 동작을 강조한 표현

- dial the wrong number (by mistake)
  (실수로) 다른 번호를 돌리다
- call the wrong number
  전화를 잘못 걸다

A: Is this the Lewis Movie Theater? 여기가 루이스 영화관인가요?

B: No, you **have dialed the wrong number.** 아뇨, 전화잘못 거셨어요.

⌐ I dialed the wrong number after drinking several beers.
  난 맥주 몇잔 마신 후에 전화를 잘못 걸었어.

⌐ Maybe you dialed the wrong number when you called her.
  걔한테 전화걸 때 네가 다이얼을 잘못 돌렸을 수도 있어.

call sb over

…을 전화로 (오라고)부르다 *대화 혹은 용건이 있어서 말하는 사람 쪽으로 상대방을 오라고 할 때.

- be on call
  전화 대기하다

A: Do you want to go to a movie? 영화 보러 갈거니?

B: I'd like to, but I'**m on call** today. 그러고 싶은데, 난 오늘 대기해야 돼.

⌐ Call your friend over here. 저기 있는 네 친구 좀 불러주라.

⌐ I'm on call at the hospital all weekend. 주말 내내 병원에서 비상 대기해야 하거든요.

text sb

call sb's cell phone

…의 핸드폰으로 전화를 하다 *sb 자리엔 소유격 혹은 다른 사람의 이름[직책]을 쓴다.

- call sb on your cell phone
  네 핸드폰으로 …에게 전화하다

A: Paula never came to dinner. 폴라는 저녁 먹으러 오지 않았어.

B: Let's **call her cell phone.** 걔 핸드폰으로 전화해보자.

ㄴ I called my supervisor's cell phone. 난 직장 상사의 핸드폰으로 전화했어.

ㄴ Call me on your cell phone when you are free. 시간 날 때 핸드폰으로 전화해.

reach sb on one's cell phone

…의 핸드폰으로 …에게 연락하다 *주어의 핸드폰으로 「…에게 연락하다」라는 뜻이다.

- contact sb on one's cell phone
  …의 핸드폰으로 …에게 연락하다

A: Have you talked to Andre today? 오늘 안드레에게 얘기해봤어?

B: No, I couldn't **reach him on my cell phone.**
아니, 내 핸드폰으로 했는데 연락이 안됐어.

ㄴ Bonnie **reached her sister on her cell phone.**
보니는 핸드폰으로 동생에게 연락했어.

ㄴ He **reached the police on his cell phone.** 걘 자기 핸드폰으로 경찰에 연락했어.

be on a cell phone

핸드폰으로 통화하다 *주어가 핸드폰으로 통화중인 모습을 떠올리면 된다.

- talk on a cell phone
  핸드폰으로 통화하다

A: My roommate is driving me crazy. 내 룸메이트가 날 미치게 해.

B: Yeah, she talks all night **on her cell phone.**
그래, 걘 밤새 핸드폰으로 전화해.

ㄴ Let Gary **talk on your cell phone.** 게리에게 네 핸드폰으로 전화하라고해.

ㄴ She **is on a cell phone,** talking to Mom. 걘 핸드폰으로 엄마에게 전화 중이야.

answer one's cell phone

…의 핸드폰을 받다 *걸려오는 핸드폰을 받는다는 의미.

- (cell phone) be ringing
  …의 핸드폰이 울리다

A: Why didn't you **answer your cell phone?** 왜 네 핸드폰 안 받았어?

B: I forgot it at home today. 오늘 집에 두고 왔어.

ㄴ He's not answering his cell phone. 걘 핸드폰을 받지 않아.

ㄴ Your cell phone's ringing. 네 핸드폰 전화온다.

turn off the cell phone

핸드폰을 끄다 *「핸드폰 전원을 끊는다」는 말로 turn 대신 switch를 써도 된다.

- use one's cell phone
  …의 핸드폰을 사용하다
- borrow a cell phone
  핸드폰을 빌리다
- prohibit the use of cell phones
  핸드폰 사용을 금지하다

A: Can you call a taxi for me? 나한테 택시를 불러줄 수 있니?

B: Sure, I'll **use my cell phone.** 그럼, 내 핸드폰으로 할게.

ㄴ I'm sorry to trouble you, but could I **borrow a cell phone?**
미안하지만 핸드폰 좀 빌릴 수 있을까요?

ㄴ I **turned my cell phone off.** 핸드폰을 꺼놨어.

have one's phone on vibrate

핸드폰을 진동으로 해놓다 *have+sth+전치사구의 구문

- be set to vibrate
  (핸드폰을) 진동으로 해놓다
- (phone) be on silent mode
  (핸드폰을) 진동으로 해놓다

A: We must be quiet during the movie. 우린 영화 도중에 조용히 해야 해.

B: I **have my cell phone on vibrate.** 내 핸드폰을 진동으로 해놓았어.

⌐ The students **had their phones on vibrate.** 학생들은 핸드폰을 진동모드로 했어.

⌐ I always **have my phone on vibrate.** It's more polite.
  항상 핸드폰을 진동으로 해놔. 더 예절을 지키는 거지.

keep one's cell phone charged

핸드폰을 충전하다 *charge는 동사로 밧데리 충전시키는 것

- charge the cell phone
  핸드폰을 충전시키다

A: My phone isn't working again. 내전화가 또 안되네.

B: You need to **keep your cell phone charged.**
  넌 핸드폰을 충전시킬 필요가 있어.

⌐ **Keep your cell phone charged.** 네 핸드폰 충전시켜.

⌐ I forgot my cell phone charger. 핸드폰 충전기를 두고 왔어.

miss a call

부재 중 전화가 있다 *전화를 받지 못하는 걸 말하며 발신자 번호가 뜨게 하는 건 caller-ID라고 한다.

- get caller-ID
  발신자 번호 서비스를 받다

A: I **missed a call** when I was in the movie. 영화관에 있을 때 전화를 못받았어.

B: Was it someone whose number you recognize?
  네가 알고 있는 번호였니?

⌐ Did you **miss a call** just now? 너 방금 전화를 놓쳤니?

⌐ Mark **missed a call** from his girlfriend. 마크는 여친으로부터 오는 전화를 놓쳤어.

send sb a text message

…에게 문자 메시지를 보내다 *반대로 받을 때는 get a text message라 한다.

- send sth to sb in a text message
  …을 …에게 문자 메시지로 보내다
- get a text message saying~
  …라고 말하는 문자메시지를 받다

A: Are you ready to leave yet? 너 떠날 준비가 되었니?

B: Wait, I need to **send Ted a text message.** 잠깐, 테드에게 문자 보내야 해.

⌐ Did you see that I sent you a text message? 내가 보낸 문자 메시지 봤어?

⌐ I can't remember, but I'll send it to you in a text message later.
  기억이 안 나지만 나중에 문자로 알려줄게.

text sb

…에게 문자 메시지를 보내다 *text는 요즘 각광받는 단어로 동사로도 쓰인다.

- text message sb
  …에 문자 메시지를 보내다

A: How often do you **text message your friends?**
  친구들한테 얼마나 자주 문자 메시지를 보내니?

B: Oh, I do that all day long. 어, 나 하루 종일 하지.

⌐ She didn't call or **text me** all week. 걘 주중내내 내게 전화나 문자를 보내지 않았어.

⌐ Most exchanges take place by email or **text message.**
  대부분 교환은 이메일이나, 문자 메시지를 통해 이루어진다.

take a selfie

take a selfie

- take a selfie with sb
  …와 함께 셀카를 찍다
- use a selfie stick
  셀카봉을 이용하다

셀카를 찍다 *스마트폰으로 스스로의 사진을 찍다

A: **What were you doing in the museum?** 박물관에서 뭐하고 있었어?

B: I decided to **take a selfie** before leaving.
떠나기 전에 셀카를 찍기로 했어.

↳ I want to **take a selfie** with my friend. 난 내 친구과 셀카를 찍고 싶어

↳ We used a selfie stick to take a picture of everyone.
우리는 다들 나오게 사진찍기 위해 셀카봉을 이용했어.

install applications on a Smartphone

- delete specific application
  on a Smartphone
  스마트폰에 특정 어플을 삭제하다

스마트폰에 어플들을 설치하다

A: **Which applications did you install on your Smartphone?**
네 스마트폰에 어떤 어플들을 설치했니?

B: Applications like Smartbanking, Twitter, YouTube and so on. 스마트 뱅킹, 트위터, 유튜브 등이야.

↳ I can use my Smartphone as a camcorder or fax machine if I want.
난 원하면 스마트폰을 팩스나 캠코더로 사용할 수 있어.

↳ I enjoy exploring the various functions of my Smartphone.
난 스마트폰이 가지고 있는 다양한 기능을 탐색하는 것을 즐겨.

car linked to a Smartphone

스마트폰 기술을 자동차와 연결하다

A: **Which would you prefer, a hybrid car or a car equipped with a Smartphone?** 하이브리드 카 또는 스마트폰 기술을 갖춘 차 중 어느 것을 선호하니?

B: I'd prefer a car linked to a Smartphone because it could prevent car crashes. 난 후자인데 왜냐면 차에 스마트폰 기술을 연결함으로써 차 충돌을 사전에 예방할 수 있기 때문이지.

↳ We can use Smartphone technology to improve auto safety.
우린 자동차 안전을 향상시키기 위해 스마트폰 기술을 이용할 수 있어.

↳ I love using Smartphone features on the dashboard screen.
난 차 대시보드에 있는 화면을 통해 스마트폰의 모든 기능을 즐겨.

download e-books from an iBookstore

아이패드에 있는 iBookstore에서 전자책을 다운로드하다

A: Why do you want to buy an iPad? 넌 아이패드를 왜 사려고 하니?

B: Mainly because I'll be able to read e-books by **downloading them from an iBookstore.** 아이패드에 있는 iBookstore로부터 e-book들을 다운로드해서 큰 고화질 화면으로 읽을 수 있기 때문이야.

⌐ I can print NYT articles from my iPad using AirPrint.
난 NYT 기사들을 아이패드의 AirPrint를 통해 인쇄할 수 있어.

⌐ We can do more effective multitasking on iPads.
우린 아이패드를 사용하면 멀티태스킹을 좀 더 효과적으로 할 수 있어.

own a Smart TV

스마트 TV를 갖다

• interactive functions built into Smart TV
스마트 TV에 내장된 쌍방향 기능

A: Don't you want to **own a Smart 3D TV?**
스마트 입체 TV를 사고 싶지 않니?

B: Not yet. I will buy one when we don't have to use 3D goggles. 아직. 입체 TV를 보기 위해 안경을 쓰지 않아도 될 때 살 거야.

⌐ Let's use the webcam through our Smart TV's screen.
스마트 TV의 큰 화면으로 웹 캠을 이용해보자.

⌐ It is interesting to do Internet banking with our Smart TV.
스마트 TV를 통해서 인터넷 뱅킹을 하는 것이 흥미롭네.

wear smart watch

스마트워치를 차다

• use smartwatch
스마트워치를 이용하다

• check time on one's smartwatch
스마트워치로 시간을 보다

• wear smart watch
스마트워치를 차다

A: **Are you wearing a smartwatch?** 너 스마트워치 차고 있는거야?

B: Yeah, I got it as a birthday present. 어, 생일선물로 받았어.

⌐ Could you check the time on your smartwatch?
네 스마트워치로 몇시인 지 볼래?

⌐ She was wearing a purple smartwatch at school.
걔는 학교에서 보라색 스마트워치를 차고 있었어.

phishing

피싱사기, 피싱사기를 하다 *private date+fishing의 조어이다.

• phish
피싱사기를 치다

• phishing scam
피싱사기

A: **You get a lot of e-mail.** 너 이메일 많이 온다.

B: Most of it is some type of **Internet phishing.**
대부분 인터넷 사기멜이야.

⌐ The cyber criminals were phishing for information.
인터넷 사기범들이 피싱사기를 쳐서 정보를 빼냈어.

⌐ You lost money because of a phishing scam? 피싱사기로 돈을 잃었어?

video chat

- video chat with sb(have a video chat)
  …와 화상통화를 하다
- make a video call to sb
  …에게 화상전화를 걸다

화상통화(를)하다
*video call이라고도 한다. 단 video chat에는 동사 have를, video call에는 동사 make를 쓴다는 점만 다르다.

A: **What were you doing last night?** 지난밤에 뭐했어?

B: **I was video chatting with** my boyfriend. 남친과 화상통화를 했어

⌐ It's easy to **video chat with** people around the world.
  전세계 사람들과 화상통화를 하는 것은 쉬워.

⌐ Just **make a video call to** Tommy. 토미에게 화상전화를 걸어봐.

pay using a mobile phone

- mobile payment app
  스마트폰 결제앱

스마트폰으로 결제하다, 지불하다

A: **This mobile payment app** can be used anywhere.
  이 스마트폰 결제앱은 어디서나 사용할 수 있어.

B: **So you'll never have to carry cash again?**
  그럼 이젠 현금을 갖고 다닐 필요가 없게 되는거야?

⌐ He **has never paid using his mobile phone.**
  걘 스마트폰으로 결제를 해본 적이 전혀 없어.

⌐ I'll pay for dinner **using a mobile phone.** 내가 스마트폰으로 저녁식사를 낼게.

drone delivery system

- delivery drone
  드론배달기

드론배달시스템

A: **How was the medicine brought to the hospital?**
  약이 어떻게 병원으로 배달됐어?

B: I think they **have a drone delivery system.**
  걔네들 드론배달시스템을 갖추고 있는 것 같아.

⌐ **Drone delivery systems** are not used very much.
  드론배달시스템은 많이 이용되지 않고 있어.

⌐ **A delivery drone** will bring you the package.
  드론배달기로 소포가 당신에게 배달될 것입니다.

self-driving car

- driverless technology
  자율주행기술

자율주행 자동차

A: **How are blind people going to travel?**
  눈못보는 사람들은 어떻게 여행을 할까?

B: Maybe they could **use a self-driving car.**
  아마도 자율주행자동차를 이용할 수 있을거야.

⌐ **A self-driving car** makes some people nervous.
  자율주행 자동차는 일부 사람들을 불안하게 해.

⌐ Apple is trying to **develop driverless technology.**
  애플은 자율주행기술을 개발하고 있어.

Ultra HD

초고화질 TV

A: **Your TV is much brighter than ours.** 너네 TV가 우리 것보다 훨씬 밝아.

B: **That's because it uses Ultra HD.** 초고화질 TV여서 그래.

⌐ **Ultra HD** is the newest type of TV. 초고화질 TV는 가장 최신의 TV 형태야.

⌐ **The ultra-HD TVs** are very expensive. 초고화질 TV는 매우 비싸.

wear a VR headset

VR헤드셋을 쓰다

- virtual reality
  헤드셋(안경)을 쓰다
- use the VR headset
  VR헤드셋을 사용하다

A: **How come you didn't answer your phone?**
  너 왜 전화를 받지 않는거야?

B: Sorry, I **was wearing a VR headset** at the time.
  미안, VR헤드셋을 쓰고 있었어.

⌐ You'll need to **wear a VR headset** for this game.
  너 이 게임을 하려면 VR헤드셋을 써야 돼.

⌐ I'll **wear a VR headset** if everyone else does.
  사람들이 다들 그러면 나도 VR헤드셋을 써볼거야.

the concentration of fine dust

미세먼지농도

- the concentration of fine dust
  미세먼지농도
- wear a protective mask
  보호마스크를 쓰다

A: **There is a lot of fine dust in the air today.**
  오늘 미세먼지 공기중에 아주 많아.

B: **I suggest that you wear a protective mask.** 보호마스크를 써라.

⌐ **Fine dust** is causing old people to have breathing problems.
  미세먼지는 나이든 사람들의 호흡문제를 일으키고 있어.

⌐ The explosion **caused a concentration of fine dust.**
  그 폭발로 미세먼지농도가 야기됐어.

electric transportation

전동이동수단 *보드나 하나의 휠 또는 두개의 휠 등 각종 모양의 전동으로 사람을 이동시켜 주는 수단.

A: **What electric transportation are they using?**
  쟤네들이 타고 있는 건 무슨 전동이동수단?

B: **That is a transporter known as a Segway.**
  저건 세그웨이라고 불리는거야.

⌐ New batteries allow **electric transportation** to work better.
  새로 나온 밧데리로 전동이동수단들이 더 잘 작동해.

⌐ Some tours **use electric transportation** to get around.
  일부 여행객들은 전동이동수단을 사용해 주변을 구경해.

get held up

get caught in traffic

교통혼잡에 오도가도 못하다 *get[be] caught in~은 '···에 잡히다.' '소나기' 등을 만날 때

- be caught in rush hour traffic
  출근 차량으로 길이 막히다
- be caught in a shower
  소나기를 만나다

A: How come you're so late? 어쩌다 이렇게 늦은 거야?

B: I **got caught in** rush hour traffic. 출근혼잡에 차가 밀려서.

↳ I'm going to be a bit late. I got caught in traffic. 좀 늦어. 길이 막혀 꼼짝도 못해.

↳ Maybe he got caught in traffic because of the bad weather.
날씨가 안좋아 교통이 막히나봐.

get held up

(교통) 막히다 *hold up은 늦어지게 하는 것. traffic을 주어로 Traffic was[got] held up by~라고 쓸 수도 있다.

- be[get] held up behind a traffic accident
  교통사고로 차가 막히다
- be[get] held up by a traffic jam 교통 체증에 꼼짝하지 못하다
- get held up at work
  일로 늦어지다(교통혼잡 외에도 쓰인다)

A: Why didn't you come to the picnic? 왜 소풍에 오지 않았어?

B: I'm sorry. We **got held up** in town. 미안해. 우린 시내에 묶여 있었어.

↳ They got held up at the airport. 걔들은 공항에서 발이 묶였어.

↳ I got held up behind a traffic accident on the highway.
고속도로에 사고나 꼼짝못했어.

be stuck in traffic

교통 혼잡에 걸리다 *be[get] stuck은 '···에 갇히거나 빠지는 것'을 뜻한다.

- get stuck in traffic on the way
  도중에 차가 막히다
- (road) be blocked
  차량이나 도로가 막히다
- (the traffic or cars) be backed up
  길이 막히다

A: The traffic was so bad this morning.
오늘 아침에 교통상황이 너무 안좋았어.

B: You can say that again. I **was stuck for** over an hour!
내말이 그말야. 한 시간 넘게 꼼짝도 못했다니까!

↳ I'm sorry I'm late again. I got stuck in traffic. 또 늦어서 미안해요. 차가 막혔어요.

↳ It looks like we're stuck in traffic. 차가 밀리는 것 같아.

be a big traffic jam

차량이 많이 막히다 *막히는 장소가 고속도로라면 뒤에 on the highway 를 붙여준다.

- be bumper to bumper
  차가 밀리다(주로 차량이나 traffic을 쓴다.)
- during rush hour
  러시아워중
- put up with a traffic jam
  교통 혼잡을 참다

A: How come she didn't show up? 어떻게 걔가 나오지 않았어?

B: She's probably just late **because of a traffic jam.**
차가 막혀서 좀 늦을거야.

↳ I decided to walk and avoid driving in the rush-hour traffic.
난 러시아워에 운전하는 것을 피하기 위해 걷기로 결정했지.

↳ There was a big traffic jam on the highway. 고속도로에 교통이 크게 막혔어.

beat the traffic

교통혼잡을 피하다 *여기서 beat은 서둘러 사람들이나 차량혼잡등을 피하는 것

- beat the rush hour traffic
  러시아워를 피하다
- fight the traffic
  교통과 씨름하다

A: I usually try to get to the office by 6:45 to **beat the traffic.**
교통혼잡을 피하려고 보통 6시 45분까지 출근하려고 해.

B: Then what time do you leave home for work?
그럼, 몇 시에 집에서 출발하는데?

↳ I had no idea that traffic was this bad in Seoul. 서울교통이 이렇게 심한줄 몰랐어.

↳ It was raining and there was a lot of traffic. 비가 왔고 교통이 매우 혼잡했어.

have a car accident

have a car accident
교통 사고를 당하다 *그냥 단순히 have an accident라고 해도 된다.

- have an accident on the way here
  이리 오는 길에 교통 사고를 당하다
- have a small accident
  가벼운 교통 사고를 당하다
- have a fender-bender
  가벼운 접촉 사고를 내다

A: **I had a small accident** when I was driving your car, dad.
아빠, 아빠 차를 몰다가 조그만 사고를 냈어.

B: I'll never let you drive my car again.
다시는 내 차를 운전하지 못하게 할거야.

↳ Sam, **have you ever had a car accident** before? 샘, 이전에 차사고 나본 적 있어?

↳ **I had a fender-bender** on the way here. 여기 오는 길에 가벼운 접촉 사고가 났어.

get into a car accident
교통사고를 당하다 *get into는 어떤 상태에 빠지는 것을 말한다.

- be in a car accident
  교통사고를 당하다
- be involved in a car accident
  교통사고를 당하다

A: **I was in a car accident** this morning. 오늘 아침에 차 사고를 당했어.

B: Oh no! Are you okay? 저런! 괜찮아?

↳ I **got into a car accident** a few days ago. 며칠 전에 차 사고를 당했어.

↳ Did you hear she **got into a car accident** today? 걔 오늘 차 사고 난 거 알아?

get hit by a car
차에 치이다 *get 대신에 be를, hit 대신에 run over를 써도 된다.

- be[got] run over by a car
  차에 치이다
- cause[bring about] a traffic accident
  교통사고를 일으키다
- avoid accidents
  교통사고를 피하다

A: Watch how fast I can drive. 내가 얼마나 빨리 운전하는지 잘 봐.

B: You're going to **cause a traffic accident!**
너 교통 사고를 낼 것 같구나.

↳ He **got hit by a car** and tumbles on the asphalt.
걘 차에 치여 아스팔트위에 굴렀어.

↳ Alice **caused a traffic accident** on the bridge. 앨리스는 다리에서 교통사고를 냈어.

wreck a car
차량을 망가뜨리다 *차량을 주어로 be wrecked in the accident로도 쓰인다.

- damage someone's car
  …의 차량을 망가뜨리다
- crash a car
  차를 망가뜨리다, 차를 들이박다
- fall asleep at the wheel
  운전 중 졸다

A: Jim **crashed his car** and is in the hospital.
짐이 차사고 나서 병원에 입원했어.

B: What a shame! 안됐네!

↳ Don't **fall asleep behind the wheel.** 운전 중에 잠들지 마라.

↳ I think someone **damaged** your car in the parking lot.
누군가 주차장에서 네 차를 손상시킨 것 같아.

die in a car accident
교통사고로 사망하다 *die와 in a car accident의 결합으로 보면 된다.

- be killed in a traffic accident
  교통사고로 사망하다
- lose one's life in a traffic accident 교통사고로 목숨을 잃다
- be injured in a traffic accident 교통사고로 부상당하다

A: I heard that John **was injured in a car accident.**
존이 교통사고 나서 다쳤다며.

B: Is he still in the hospital? 걘 아직도 입원해 있니?

↳ My good friends **died in a car accident.** 내 절친이 교통 사고로 사망했어.

↳ Many people **die in car accidents.** 많은 사람들이 교통 사고로 사망해.

take a taxi

get in[on]

차량에 타다 *in은 자동차 그리고 on은 발계단 높이가 좀 있는 버스나 기차일 때 쓴다..

- get out [of]
  자동차에서 내리다
- get off
  버스나 기차 등에서 내리다
- hop in
  타다

A: Please let me know where to **get off to** get to Bloomingdale's. 불루밍데일 백화점에 가려면 어디서 내려야하나요.

B: You can just **get off at** the next stop. 그냥 담 정류장에서 내리면 돼요.

↳ Is this where we **get on** the train to New York? 뉴욕 행 기차 여기서 타나요?

↳ Take the subway for two stops and **get off at** Paddington Station.
지하철로 두 정거장 가서 패딩턴 역에서 내리세요.

take a taxi

택시를 타다 *take 대신 get[grab]을, taxi 대신 cab이라고 써도 된다.

- catch a taxi
  택시를 잡다
- hail a cab
  택시를 (손짓으로) 부르다
- call a taxi
  (전화로) 택시를 부르다

A: Can you **get me a taxi**, please? 택시 좀 불러줄래요?

B: I'd be glad to. 그럼요.

↳ We'll **grab a taxi** to the hotel and get some rest. 호텔까지 택시타고가 쉴거야.

↳ Why don't you **take a taxi** with me and stay overnight at my place?
나랑 택시로 가서 내 거처에서 일박하면 어때?

pull up

(차가) 멈추다, 멎다 *차가 신호등에 걸렸을 때처럼 차량을 세우는 것을 말한다.

- pull up at the traffic light
  신호등에 차를 세우다
- pull up to~
  …에 차를 세우다

A: Where should I park my car? 내 차를 어디에 주차해야 돼?

B: **Pull up** in front of the apartment building. 아파트 건물 앞에 세워.

↳ You should **pull up** a little further. 조금 더 가서 차를 세워.

↳ I **pulled up to** Mr. Lane's house. 랜씨 집에 차를 세웠어.

pull over

차를 세우다 *특히 교통경찰에 걸렸을 때나 사람을 내려주려고 차를 길가로 붙일 때

- pull over on the shoulder
  갓길에 차를 세우다
- pull sb over and give sb a speeding ticket
  …보고 차를 대라고 하고 교통딱지를 발급하다

A: Hey, **pull over.** I want to talk to the girl walking down the road. 야, 차세워봐. 저기 길에 걸어가는 여자애랑 말하고 싶어.

B: What for? She's too fat and ugly. 왜? 무지 뚱뚱하고 못생겼잖아.

↳ She saw her husband **pull up** in front of a hotel.
갠 남편이 호텔 앞에 차세우는 걸 봤어.

↳ I got **pulled over** for speeding this morning.
오늘 아침 속도위반으로 단속에 걸렸어.

put on one's brakes

브레이크를 걸다, 밟다 *비유적으로 put on the brakes하면 '…을 중단시키다'라는 뜻

- step on the brakes
  브레이크를 밟다
- slam on the brakes
  급브레이크를 밟다
- slow down
  차량 속도를 늦추다

A: Why don't you **slow down** a bit? 좀 천천히 가자.

B: I like to drive fast. 난 빨리 달리는 걸 좋아해.

↳ I don't know how to **put on the brakes.** 난 어떻게 브레이크를 거는 지 몰라.

↳ She **put on the brakes** too quickly. 갠 너무 자주 브레이크를 밟아.

run out of gas

get locked out of the car

- lock the door
  문을 잠그다
- lock myself out
  차 키를 안에 두고 잠그고 나오다

차에 열쇠를 두고 차문을 잠그다 *방에 열쇠를 두고 나왔다면 get locked out of my room.

A: **I got locked out of my car.** 차 키를 안에 두고 잠가버렸네.

B: **Did you call the locksmith?** 열쇠 수리공은 불렀어?

↳ Lisa **got locked out of her car** downtown.
리사는 시내에서 차안에 열쇠를 놓고 닫았어.

↳ Did you ever **get locked out of your car?** 차키를 안에 두고 잠가 버린 적 있어?

fasten one's seatbelt

- wear a seatbelt
  안전벨트를 매다
- unfasten[undo] one's seatbelt
  안전벨트를 풀다

안전벨트를 매다 *구어체에서는 buckle up이라고 많이 쓰인다.

A: **Please wear your seatbelt in my car.** 내 차에서는 안전벨트를 매 줘.

B: **Is this really necessary?** 꼭 이래야 하니?

↳ Please **fasten your seat belt**, we're going for a ride.
안전벨트 매요, 드라이브 갈 거니까.

↳ You'd better **buckle up** in case we get stopped at a police checkpoint.
불시검문을 당할 경우에 대비해서 안전벨트를 매는 게 좋을 거야.

(car) won't start

- (the brakes) don't work
  (브레이크가) 작동되지 않다

(차량이) 시동이 걸리지 않다 *차에 이상이 생겨 시동이 켜지지 않을 때

A: **My car won't start.** What should I do?
자동차 시동이 안걸려. 어떻게 해야 하지?

B: **Why don't you call a repair shop?** 정비소에 전화해.

↳ Darryl's car **won't start**, so he must fix it. 다릴의 차가 시동이 안걸려, 고쳐야겠어.

↳ Carol's new car **won't start** today. 캐롤이 새로산 차가 오늘 시동이 걸리지 않아.

have a flat tire

- (tire) blow out
  펑크나다
- (tire) be punctured
  타이어가 터졌다
- (tire) be low
  타이어의 바람이 빠졌다

타이어가 펑크나다 *우리말 「펑크났다」에 해당되는 말

A: **Why is the car making that noise?** 왜 차에서 그런 소리가 나는 거야?

B: **I think we have a flat tire.** 펑크가 난 것 같아.

↳ Thomas had a **flat tire** on the freeway. 토마스는 고속도로에서 펑크가 났어.

↳ We **had a flat tire** while driving to New York. 뉴욕으로 운전하다가 펑크가 났었어.

have car trouble

- have a big trouble with one's car
  …차에 큰 문제가 있다

차량에 문제가 있다 *trouble은 문제가 발생하고 곤란한 지경에 처했을 때 쓴다.

A: **We had car trouble on our trip.** 우린 여행 중에 차에 문제가 생겼어.

B: **Were you able to fix it?** 고칠 수 있겠니?

↳ Renee **had car trouble** this summer. 르네는 이번 여름에 차에 문제가 생겼어.

↳ He was late because he **had car trouble**. 걘 차에 문제가 생겨서 늦었대.

make repairs to+ 차량

…을 수리하다 *make 대신 carry out 혹은 do를 써도 된다.

- being repaired
  수리중이다
- repair the car
  차를 수리하다
- get one's care repaired
  차를 수리받다

A: I plan to **get my car repaired** next weekend.
   다음 주에 차 수리 받을 거야.

B: How long will it take to **get it fixed**? 차를 수리하는데 얼마나 걸릴까?

⌐ Do you know anything about **repairing a car**? 차 수리에 대해 좀 알아?

⌐ The repairs on your car are going to be really expensive.
   차 수리비가 정말 많이 나올거예요.

wash one's car

세차하다 *get를 써서 get one's car washed라고 해도 된다.

- go to an automatic car wash
  자동 세차를 하다
- get one's car washed
  차를 세차시키다

A: Cheryl's car looks quite dirty. 셰릴의 차는 정말 더럽게 보여.

B: Tell her to **wash her car**. 걔한테 세차하라고 말해봐.

⌐ It's time to **wash our cars**. 우리 세차할 시간이야.

⌐ I'm planning to **wash my car** this afternoon. 오늘 오후 세차할 계획이야.

put gas in the car

기름을 넣다 *휘발유인 gasoline를 줄여서 gas라고 많이 쓴다.

- fill it up with regular
  unleaded
  무연 휘발유로 넣다
- fill it up with premium
  고급유를 넣다

A: Hello. What would you like? 안녕하세요. 어떻게 드릴까요?

B: Regular unleaded. Please **fill it up**. 보통 무연휘발유로 가득 채워주세요.

⌐ Put gas in the car before it runs out. 기름이 떨어지기 전에 넣어라.

⌐ I need to stop to put gas in the car. 난 차에 주유하는 것을 중단해야겠어.

run out of gas

기름이 떨어지다 *run out of는 돈이나 기름 등이 떨어졌을 때 사용하는 필수표현

- be out of gas
  기름이 바닥이 나다
- be short of gas
  기름이 떨어지다
- find a gas station
  주유소를 찾다

A: Did you have a problem while driving yesterday?
   어제 운전하다 문제 있었어?

B: Yeah, I ran out of gas. 어, 기름이 떨어졌었어.

⌐ We're about to run out of gas. 기름이 바닥이 나려고 하는데.

⌐ I ran out of gas. Where can we fill up? 기름이 다 떨어졌어. 어디서 기름 넣어?

tune up

엔진을 정비하다, 악기를 조율하다 *tuning은 피아노나 자동차를 미세하게 조정하는 것

- change the oil
  엔진오일을 교체하다

A: What would you like done to your car? 차 어떻게 해드려요?

B: Would you **change the oil**, please?
   차 어떻게 해드려요?엔진 오일 좀 갈아줄래요?

⌐ This car runs poorly and needs a tune up.
   이 차가 형편없이 달리는데 튠업이 필요해.

⌐ Would you change the oil, please? 엔진오일 좀 바꿔주세요.

give a ride

give a ride

- give A a ride (to~)
  A를 (…까지) 차태워주다
- give A a ride home
  A를 집에 까지 태워주다

차에 태워가다 *영국 영어에서는 ride 대신 lift를 쓰기도 한다.

A: Are you going downtown right now? 지금 시내에 가

B: Yes I am. Get in and I'll **give you a ride.** 어 그래. 어서 타. 데려다 줄게.

↳ How about I give you a ride home? 내가 집까지 데려다 줄까?

↳ Do you want me to give you a ride to the airport? 내가 공항까지 태워다 줄까?

get a ride (home)

- get a ride with sb
  …와 함께 차를 얻어타다
- need a ride
  차를 얻어타고 가야 한다
- hitch a ride
  차를 얻어타다

차를 얻어타다 *give 대신 get을 넣으면 반대로 차를 얻어타는 것을 말한다.

A: I need to **get a ride home.** 난 집까지 차를 얻어타야해.

B: I can call a taxi for you. 난 네게 택시를 불러줄게.

↳ Can I get a ride with you? I'm going to the station.
같이 타도 될까요? 역에 가는데.

↳ It's too dangerous to hitch a ride these days.
요즘 지나가는 차얻어타는 건 무척 위험해.

ride a bicycle

- ride a bicycle to work
  자전거타고 출근하다
- ride the bus to work
  버스타고 출근하다

자전거를 타다 *자건거나 오토바이를 제외한 경우 ride는 자기가 운전하지 않는 차량에 타는 걸 말한다

A: You know how to **ride a bike,** don't you?
너 자전거 탈 줄 알지, 그렇지 않아?

B: Of course! 그렇고 말고!

↳ Is it hard to learn how to ride a bike? 자건거 타는 법을 배우기가 어렵니?

↳ I started to ride the bus to work this week. 난 이번주 버스로 출근하기 시작했어.

drive very fast

- drive a little faster[safer]
  조금 과속[안전운행]하다
- drive a lot[much] faster
  무척 빨리 달리다
- be speeding
  과속하다

과속하다 *a little faster보다는 a little safer가 더 좋은데…

A: Why are you acting so nervous? 넌 왜 그렇게 초초하니?

B: I think you **drive very fast.** 네가 너무 빨리 운전하는 것 같아.

↳ Harold drove very fast to get to his house.
해롤드는 집에 가려고 무지 빨리 운전했어.

↳ Most teenagers drive very fast. 대부분의 10대들은 아주 빨리 운전을 하지.

have[take] a drive

- have a long drive before we get to~
  …에 가기까지 장거리 운전을 하다
- take a drive in the countryside
  야외로 드라이브가다

드라이브하다 *바람쐴 겸 혹은 목적지에 가기 위해 운전해가는 걸 말한다.

A: We **have a long drive to** Washington.
워싱톤까지 가려면 한참 운전해야 해.

B: Let's get some rest before we leave. 출발하기 전에 좀 쉬자.

↳ Leo took a drive to the beach. 레오는 해변까지 운전해갔다.

↳ I took a drive and got some fresh air. 드라이브하고 신선한 바람 좀 쐈어.

go for a drive

- go for a ride
  드라이브 가다
- take sb for a drive[ride]
  …을 드라이브시켜주다

드라이브하다 *drive 대신 ride를 써도 된다.

A: Why don't we **go for a drive?** 우리 드라이브 갈까?

B: That's a great idea. I'm a little bored.
  그거 좋은 생각이야. 좀 따분했는데.

ㄴ They **went for a drive** on Sunday. 걔들은 일요일에 드라이브했어.

ㄴ I **took him for a ride.** 난 걜 드라이브 시켜줬어.

drive one's car home

- drive to work
  차를 몰고 출근하다
- drive sb home
  …을 집에 태워다주다

차를 몰고 집에 가다 *drive의 목적어로 사람이나 차가 올 수 있다는 걸 주목한다.

A: I really did drink too much. 나 정말 술 많이 취했어.

B: Let me **drive you home.** 집까지 태워다줄게.

ㄴ Mary **drove my car home.** 메리는 집까지 내차를 몰았어.

ㄴ I **drive to work.** It takes about 30 minutes to get to the office.
  차로 출근해. 사무실 가는 데 약 30분 걸려

take this exit

- miss the exit
  출구를 지나치다
- change lanes
  차선변경을 하다
- use the turn signal
  방향지시등을 사용하다

이번 출구로 나가다 *고속도로 등에서 출구로 빠져나가는 것을 뜻한다.

A: Which direction is the airport in?
  공항으로 가려면 어느 쪽으로 가야 하니?

B: You have to **take this exit.** 이번 출구로 나가야 해.

ㄴ **Take this exit to** go home. 집으로 가려면 이 출구로 나가세요.

ㄴ I'm going to **take this exit** on the highway. 난 고속도로에서 이 출구로 나갈거야.

be a good driver

- be good at driving
  운전을 잘하다

운전을 잘하다 *반대로 운전을 못하는 사람은 be a bad driver라고 하면 된다.

A: Watch out! You almost hit that car! 조심해! 차 칠뻔했잖아!

B: Relax, **I'm a good driver.** 진정하라고. 나 운전 잘해.

ㄴ Your sister **is a good driver.** 네 여동생은 운전을 잘해.

ㄴ You're such a good driver. 운전을 참 잘하시네요.

drink and drive

- drunk driver
  음주운전자
- drunk driving
  음주운전
- doze off while driving
  졸음 운전하다
- nod off at the wheel
  졸음 운전하다

음주운전하다 *driving under the influence라는 뜻의 DUI라고도 쓴다.

A: Why are the police gathered at the bridge?
  왜 경찰들이 다리쪽으로 모여있니?

B: They are trying to catch people who **drink and drive.**
  음주 운전자들을 잡으려고 하나봐.

ㄴ Does Korea **have a tough drinking and driving policy?**
  한국에 강력한 음주운전 방지책이 있니?

ㄴ Korea **introduced a strike-out system for drunk drivers.**
  한국은 음주운전자에게 삼진아웃 시스템을 도입했어.

get a ticket

get one's driver's license

운전면허를 따다 *driver's를 빼고 get one's license라고 해도 된다.

- pass the driving test
  운전면허를 따다
- renew one's driver's license
  운전면허증을 갱신하다

A: Robert can't drive, can he? 로버트는 운전 못하지, 그지?

B: Yes, he just **got his license.** 할 수 있어. 면허를 막 땄거든.

↳ Is it hard to get your driver's license? 운전면허를 따는 게 어려워?

↳ I just **got my driver's license** today! 난 오늘 방금 운전면허를 땄어.

get a (speeding) ticket 교통딱지 끊기다 *ticket은 여러 종류가 있지만 get a ticket하면 교통위반 딱지를 떼었다는 말

- give sb a ticket
  …에게 딱지를 발급하다
- get a traffic ticket
  교통위반 딱지를 떼다

A: I'm giving you a ticket for speeding. 교통딱지 끊겠습니다.

B: Please give me a break. 제발 한번 봐줘요.

↳ I **got a ticket** while I was driving here. 여기 운전하면서 교통위반 딱지를 받았어.

↳ Did you **get a ticket?** 딱지 끊겼어?

be fined+벌금+for a traffic violation 교통위반으로 벌금을 부과받다

- be fined+벌금+for speeding

A: Why are you so unhappy today? 왜 오늘 그렇게 불행해보이니?

B: I got fined $200 for driving too fast. 과속으로 벌금 200달러를 받았어.

↳ My dad **was fined $100 for a traffic violation** during the holiday.
아버지가 휴일에 교통위반으로 벌금 백 달러를 받았어.

↳ The student **was fined over $500 for traffic violations.**
그 학생은 교통위반으로 500 달러가 넘는 벌금을 받았어.

have one's license suspended

면허가 정지되다 *면허정지는 당하는 것이기 때문에 have+sth+pp를 사용한다.

- get a license suspension
  면허정지당하다

A: Why isn't Cindy driving her car? 왜 신디가 자기 차를 몰지 않아?

B: She **had her license suspended** again. 걔 면허가 다시 정지됐어.

↳ Brian's **had his license suspended** for drinking and driving.
브라이언은 음주운전으로 면허가 정지되었어.

↳ Thousands of people **get license suspensions** every year.
많은 사람들이 매년 면허정지를 당해.

have one's license revoked

면허가 취소되다 *이번엔 취소되는 경우로 이때는 revoked를 쓰면 된다.

- be revoked for one year
  일년간 면허취소되다

A: Does Brett take the bus to work? 브레트가 버스를 타고 출근하니?

B: Yeah, he **had his driver's license revoked.**
응. 걔 운전면허가 취소되었어.

↳ Drunks usually **have their licenses revoked.** 술고래들은 통상 면허가 취소되어 있어.

↳ I'd be in trouble if I **had my license revoked.** 면허취소되면 난 어려움에 빠질거야.

park one's car

park one's car

- park one's car on the street
  노상 주차를 하다
- park one's car here
  …의 차를 여기에 주차하다
- park somewhere else
  다른 곳에 주차하다

차를 주차하다 *park+차 다음에 장소부사(구)를 쓰는 경우로 '차'는 생략할 수 있다.

A: How much does it cost to **park here?** 여기에 주차하는데 얼마예요?

B: The parking charge is $4.50 per hour.
주차요금은 시간당 4달러 50센트입니다.

↳ Is it all right to park my car here? 차 여기다 주차해도 돼?

↳ I don't think it's very nice of you to park here.
여기 주차하는 건 좋지 않은 것 같아.

pull into a parking lot

- pull out of a parking lot
  주차장을 나가다
- park in the parking lot
  주차장에 주차하다

주차장에 차를 세우다 *주어는 운전하는 사람 혹은 차량이 올 수 있다.

A: Where is the best place to park? 주차하기 제일 좋은 곳이 어디니?

B: **Pull into this parking lot.** 이 주차장에 세워.

↳ I parked in a parking lot so I could call her.
걔한테 전화하려고 주차장에 차를 세웠어.

↳ Be careful when you pull out of the parking lot. 주차장에서 나올 때 조심해.

park in one's parking space

- there are no parking space~
  …에 주차공간이 없다

…의 주차공간에 주차하다 *주차공간이 없다고 할 때는 there are no parking spaces라고 한다.

A: Someone **parked in my parking space.**
누군가 내 주차공간에 차를 세웠어.

B: Let's get them to move their car. 걔들에게 차를 옮기라고 하자.

↳ Someone parked in my parking space. 누군가 내 주차 공간에 주차를 했어.

↳ There are no parking spaces near the school. 학교 인근에는 주차 공간이 없어.

valet bring up one's car

- hand the valet the ticket
  주차요원에게 주차권을 주다

주차요원이 …의 차를 가져오다 *valet는 주차장에서 대리 주차를 해주는 사람

A: I'm ready to go home now. 난 지금 집에 갈 준비가 되어있어.

B: **The valet will bring up your car.** 주차요원이 네 차를 갖다 줄 거야.

↳ She handed the valet a ticket to get her car.
주차요원에게 차가져다 달라고 주차권줬어.

↳ A valet brought up our car from the lot. 주차요원이 주차장에서 우리 차를 가져왔어.

tow a car

- tow a car to the garage
  정비소로 차를 견인하다
- tow-away zone
  주차위반차량 견인지역
- write sb a parking ticket
  주차위반 딱지를 떼다

차를 견인하다 *차고를 뜻하는 garage가 차량정비소를 뜻하기도 한다.

A: Can I park here for a while? 잠시 여기에 주차할 수 있나요?

B: No. Someone will come and **tow your car.**
아니, 누군가 와서 네 차를 견인해 갈거야.

↳ The man will **tow the old car away.** 그 사람이 그 오래된 차를 견인해 버릴거야.

↳ The police will **tow a car** that is in the wrong place.
경찰은 잘못된 곳에 세워진 차를 견인할 거야.

take a bus

catch a train

- catch a bus bound for~
  …행 버스를 타다
- catch a bus to Chicago
  시카고행 버스를 타다
- catch a bus into town
  시내로 가는 버스를 타다

기차를 타다 *bus[train] 다음에 도착지를 말할 때 to나 bound [going]~를 쓴다.

A: Are you leaving so soon? 벌써 가?

B: Yeah, I've got a bus to catch. 그래, 버스를 타야 돼.

└ Tara caught a bus going to Toronto. 타라는 토론토에 가는 버스를 잡아탔어.

└ The cheapest way to travel is to catch a bus. 가장 싸게하는 여행은 버스타는거야.

take a bus

- take a bus going to~
  …로 가는 버스를 타다
- take a bus to one? work
  버스로 출근하다
- take bus number 45
  45번 버스를 타다

버스를 타다 *역시 bus 다음에 도착지를 말하는 법을 눈여겨 본다.

A: It's going to be hard to find a parking spot.
주차공간을 찾기가 어려울 거야.

B: Let's take a bus instead of driving. 운전하는 대신 버스를 타자.

└ I have to take a bus to the subway. 지하철까지 버스를 타고 가야만 해.

└ The great thing about taking the bus is I never have to worry about parking! 버스를 타는 데 가장 좋은 것은 주차 걱정을 하지 않아도 된다는 거지.

take the train

- take the train for[to]~
  …행 기차를 타다
- take the red line
  적색 라인을 타다
- take the subway for one stop
  전철타고 한 정거장가다
- take the subway to work
  전철로 출근하다

기차[전철]를 타다 *기차나 전철을 탄다는 의미로 도착지를 말하려면 to[for]를 쓰면 된다.

A: How did you get to Seoul? 넌 어떻게 서울까지 갔니?

B: I took the train from Busan. 부산에서 기차를 탔어.

└ Just take the red line and get off at the third stop.
적색노선타고 3번째 역에서 내려.

└ Does it bother you to take the train instead of an airplane?
비행기 말고 기차를 타서 불편한가요?

go (A) by bus

- go (A) by train
  (…를) 기차로 가다

(…를) 버스로 가다 *'by+차량'으로 이동수단을 말하는 것. 이때 차량수단에는 관사를 붙이지 않는다.

A: Have you got any plans for the break?
휴가때 무슨 계획을 가지고 있니?

B: I'm going to my hometown by bus. 난 버스로 고향에 갈거야.

└ Can I get there by bus? 버스로 갈 수 있나요?

└ Why don't you go by train? 기차를 타고 가렴.

get on[board] the bus

- ride the bus
  버스를 타다
- use a bus[the subway]
  버스[지하철]를 이용하다

버스를 타다 *board는 동사로 배나, 버스 혹은 비행기를 탄다라는 뜻으로 쓰인다.

A: Excuse me, is this where we get on the bus to Chicago?
저기, 시카고행 버스 여기서 타나요?

B: No, you have to go to the next terminal.
아뇨, 다음 터미널로 가야 하는데요.

└ She got on the bus near her house. 걘 자기 집 근처에서 버스를 탔어.

└ Where did you get on the bus? 버스 어디서 탔니?

get off at~

- get off at the third stop
  3번 째 정거장에서 내리다
- get off at the next stop
  다음 정거장에서 내리다

(버스나 기차) …역[정거장]에서 내리다 *차량에서 내릴 때는 분리의 전치사 off를 쓴다.

A: What's the fastest way to get to Kwangwhamoon?
광화문 가는 가장 빠른 방법이 뭔가요?

B: Take the Line Number 3 and **get off at** Gyeongbokgung Station. 3호선을 타고 경복궁역에서 내리세요.

↳ Take Line Number 2 and **get off at** Seolleung Station.
2호선을 타서 선릉역에서 내려요.

↳ Take bus number 9000 and **get off at** the third stop.
9000번 타고 3번째 정거장에서 내려요.

transfer trains at~

- change trains for A at B
  B에서 A행 열차로 갈아타다
- transfer from bus to subway
  버스에서 전철로 환승하다

…에서 열차를 갈아타다 *요즘 환승한다고 할 때 이 transfer를 쓰면 된다.

A: Can I ride this train to London? 이 기차로 런던까지 갈 수 있나요?

B: No, you need to **transfer trains at** the next stop.
아니요, 다음 역에서 기차를 갈아타야 돼요.

↳ Ellen **transferred trains at** the depot. 엘렌은 그 정류장에서 기차를 갈아탔어.

↳ We should **transfer trains at** the Berlin station.
우린 베를린 역에서 기차를 갈아타야해.

be in the subway

- be a long subway ride to one? house
  …집까지 전철을 오래 타고 가다
- while riding the subway
  전철을 타고 가면서
- leave sth in the subway
  전철에 …을 두고 내리다
- get a seat in the subway
  전철에서 자리를 잡다

전철을 타고 있다 *영국에서는 전철을 tube라고 한다.

A: Are Karen and John coming to our party?
카렌과 존이 우리 파티에 올거니?

B: Yes, but they **are still in the subway.** 그럼, 아직 지하철에 있나봐.

↳ The old woman **was in the subway station.** 나이든 여성이 지하철 역에 있었어.

↳ Many small restaurants **are in the subway tunnel.**
작은 식당들이 지하철 터널에 많이 있어.

read (sth) on the subway

- fall asleep on the subway
  전철에서 자다
- offer sb a seat on the subway
  전철에서 …에게 자리를 양보하다

전철에서 (…을) 읽다 *전철안에서 멍하니 있지 말고 아주 양질의 멘토스 책을 읽는게 낫지 않을까….

A: What do you do on the way to work? 출근하면서 무엇을 하니?

B: I **read novels on the subway.** 난 지하철에서 소설을 읽어.

↳ Vera **fell asleep on the subway** and missed her stop.
베라는 지하철에서 졸다가 내리는 역을 놓쳤어.

↳ We **offered the old woman a seat on the subway.**
우린 지하철에서 나이든 여성에게 자리를 양보했어.

miss the flight

catch the flight

- catch the flight to New York
  뉴욕행 비행기를 타다
- catch the two-fifteen flight
  2시 15분 비행기를 타다
- catch the connecting flight to~
  …로 가는 연결편 비행기를 타다

비행기를 타다 *운송수단을 잡을 때는 역시 catch와 take를 많이 쓴다.

A: We need to **catch the flight** to Miami.
우린 마이애미로 가는 비행기를 타야해.

B: OK, let's go buy our tickets. 그래. 항공권을 사러 가자.

ㄴ I **caught the flight** to New York City. 난 뉴욕시로 가는 항공편을 탔어.
ㄴ We need to make sure we **catch the flight**. 비행기 타는 거 확실히 해야지.

take a flight

- take the early flight
  이른 항공편을 타다
- take a flight to~
  …행 항공편을 타다
- take a long airplane flight
  장거리 항공편을 타다

비행기를 타다 *도착지를 말하려면 flight to 다음에 도착하는 도시를 말하면 된다.

A: My girlfriend **took a flight to** see her family.
내 여친은 가족을 만나러 비행기를 탔어.

B: Where does her family live? 걔 가족들은 어디에 사는데?

ㄴ You can't **take a flight to** Tokyo from here. 여기서 도쿄행 항공편을 탈 수가 없어.
ㄴ The tour group **took a flight to** Paris. 그 여행 그룹은 파리로 가는 항공편을 탔어.

board the plane

- be flying to~
  …로 비행기로 가다

비행기에 탑승하다 *board는 동사로 train, bus, plane에 타다라는 의미. '승재[탑승]하다'에 해당되는 표현.

A: If you have your boarding pass, you can **board the plane** now. 탑승권 소지하신 분은 지금 탑승하십시오.

B: Is there a place that I can store my carry-on?
짐을 놔둘 곳이 있나요?

ㄴ You can **board the plane** now. 이제 탑승해주십시오.
ㄴ I'm **flying to** Boston next Saturday. 나 다음 주 토요일에 비행기 타고 보스톤에 가.

miss the flight

- miss one's plane
  비행기를 놓치다

비행기를 놓치다 *miss 다음에 운송수단이 나오면 타지 못하고 놓쳤다는 얘기

A: I need to pack my suitcase. 난 내 여행가방을 꾸려야해.

B: Hurry! You're going to **miss the flight**.
서둘러. 넌 비행기를 놓칠 것 같아.

ㄴ I **missed the flight** to Beijing. 난 북경으로 가는 비행기를 놓쳤어.
ㄴ It cost a lot of money to **miss the flight**. 항공편을 놓치면 돈이 꽤 날아가.

check baggage

- check in luggage
  짐을 부치다
- have luggage to check in
  부칠 짐이 있다
- pick up one's luggage
  …의 짐을 찾다
- take one's carry-on
  (부치지 않고) 들고 탈 짐을 갖고 있다

수화물(짐)을 부치다 *짐을 부칠 때는 check in+짐인데 in을 생략하기도 한다.

A: How many pieces of **luggage are you checking in**?
부치실 짐이 몇 개죠?

B: I would like to **check three pieces**. 세 개를 부치려고 하는데요.

ㄴ You can **check in luggage** at this desk. 이 데스크에서 짐을 부칠 수 있어요.
ㄴ The group **had a lot of luggage to check in**. 그 그룹은 부칠 짐이 아주 많았어.

clear customs

통관절차를 마치다 *customs는 복수로 「세관절차」, 「세관원」을 뜻한다.

- go through customs
  통관절차를 마치다
- the customs officer
  세관원
- have sth to declare
  세관에 신고할 게 있다

A: Do you **have anything to declare?** 신고한 물건이 있나요?

B: No, we only have personal belongings.
   아뇨, 단지 개인소지품뿐이에요.

↳ As soon as we clear customs, we're going to catch a cab.
   통관절차가 끝나자 마자 즉시 우린 택시를 잡아탈거야.

↳ The customs officer asked me if I had brought any food with me.
   세관원이 음식물 들여오는게 있는지 물었어.

suffer from jet lag

시차로 고생하다 *시차로 고생할 때 suffer from을, 극복할 때는 recover를

- recover from jet lag
  시차를 극복하다

A: Go easy on them today because they **have jet lag.**
   시차 적응이 안 될 테니까 오늘 편안하게 놔두라구.

B: The first day will be pretty relaxed.
   첫 날은 아주 편안하게 지내게 될 거야.

↳ I'm still suffering from jet lag. 아직 시차가 적응이 안되었어요.

↳ I'm so sleepy. I'm still recovering from jet lag.
   넘 졸려. 아직 시차적응에서 벗어나는 중이야.

customs 세관? 관습?

custom은 원래 「관습」이란 의미이지만 일상생활에서 복수로 쓰이면 '세관'이란 의미가 된다. 「세관에 간다」고 할 때는 go to customs, 「세관을 통과한다」는 의미로는 clear[go through] customs라고 한다. 「문제가 생겨 사람을 세관에 잡아둘」 때는 keep sb at customs 라고 한다. 모든 경우 다 customs 앞에 the가 쓰이지 않는다는 점을 눈여겨 봐두어야 한다.

get lost

be[get] lost

- **get lost**
  길을 잃다(대문자로 명령문이 되면 '꺼져'라는 의미)
- **get sb lost**
  …을 길을 잃게 하다

길을 잃다 *사람이 주어로서 '길을 잃다'라는 뜻이 되면 be 대신 become을 써도 된다.

A: Excuse me, I think **I'm lost.** Is this Sunae-dong?
  죄송한데 길을 잃었어요. 여기가 수내동인가요?

B: Yes, it is. Where do you want to go? 맞는데요. 어디가세요?

  ↳ If you **get lost**, just give me a call. 혹시 길을 잃으면 내게 전화해.

  ↳ Can you help me? **I'm lost.** 좀 도와주실래요? 길을 잃었어요.

draw sb a map

- **bring (along) a map**
  약도를 가져오다
- **find A on the map**
  지도상의 A라는 지점을 찾다
- **give sb directions to~**
  …가는 길안내를 해주다
- **ask for directions**
  길을 물어보다

…에게 약도를 그리다 *directions도 항상 복수로 지시사항, 안내, 약도 등을 뜻한다.

A: It's easy to find the National Theater. 국립극장은 찾기 쉬워요.

B: Could you **draw me a map?** 약도 좀 그려줄래요?

  ↳ I don't know, but we can **find it on a map.** 몰라, 하지만 지도에서 찾을 수 있을거야.

  ↳ Why don't you stop and **ask for directions?** 잠시 멈춰서 길을 물어보지 그래?

be located in

- **be located nearby**
  근처에 위치해 있다
- **be in a suburb of (Seoul)**
  (서울) 근교에 있다

…에 위치해 있다 *locate는 '위치를 찾다'라는 동사로 수동태가 되면 …에 위치해있다라는 뜻이 된다.

A: Where's the tourist information center?
  관광 안내센터가 어디에 있어요?

B: It's **located in** our lobby. 로비에 있어요.

  ↳ It's **located** about 10 kilometers from Ilsan. 일산에서 한 10킬로 미터 지점에 있어.

  ↳ You **are in a suburb of** Seoul. 서울 근교에요.

be situated in

…에 위치해 있다 *be located와 같은 의미로 in, near, at 등의 전치사가 온다.

A: Where is the national art museum? 국립미술관이 어디에 있나요?

B: The museum **is situated in** the center of Barcelona.
  그 미술관은 바르셀로나 중심에 위치해 있지요.

  ↳ The Italian restaurant **is situated in** my neighborhood.
  이태리식당은 내 동네에 있어.

  ↳ The police station **is situated at** the end of the street.
  경찰서가 이 길 끝쪽에 있어요.

take 20 minutes by car

- **A be 10 km west of B**
  A는 B의 서쪽 10킬로미터 지점에 있다
- **be a 10 minute walk[on foot] (from here)**
  (여기서부터) 걸어서 10분 거리이다
- **be about 10 minutes' ride from~**
  …로부터 약 10분 타고 가는 거리에 있다

차로 20분 걸리다 *목적지까지 가는 시간을 말할 때

A: Where is the historical museum? 역사 박물관이 어디에 있어요?

B: It's **about 20 minutes' ride** from here.
  여기서 차로 한 20분이면 갈 수 있어요.

  ↳ It should **take 50 minutes by car.** 차로 50분 정도 걸릴 거예요.

  ↳ The bank is **a ten minute walk** from the bus stop.
  은행은 정거장에서 걸어 10분걸려.

go this way

go this way

- go that way
  그 길로 가다
- go one? way
  같은 방향으로 가다
- *cf.* go one's own way
  자기 주장대로 하다

이리로 가다 *길을 알려주면서 이 길로, 이 방향으로 가라는 의미

A: Which path would you like to take? 어느 길을 택하려고 하니?

B: I think we should **go this way.** 우리가 이길로 가야한다고 생각해.

↳ You can **go this way** to reach the store. 그 가게로 가려면 이 길로 갈 수 있어.

↳ We **went this way** on our first date. 첫번째 데이트에서 우린 이 길로 갔어.

go straight

- go straight through~
  …을 지나 곧장 가다
- go straight up to~
  …까지 곧장 가다
- go straight until S+V
  …할 때까지 곧장 가다
- keep going straight until you reach~
  …에 도착할 때까지 곧장 쭉 가다

곧장 가다 *이 길을 따라 똑바로 가라고 할 때는 go straight down this street

A: Could you tell me how I get to the subway?
지하철로 가려면 어떻게 가야 하나요?

B: **Go straight ahead** until you see the sign.
지하철 표지판이 나올 때까지 앞으로 쭈욱 가세요.

↳ Let me repeat that, first **go straight** then take a left at the light.
그러니까 우선 곧장 가다 신호등에서 좌회전하라는 말이죠.

↳ **Go straight** for five blocks. You can't miss it. 5블록 곧장 가요. 쉽게 찾을 거예요.

take this road for+시간

- take this road for about five minutes
  한 5분 동안 이 길로 가다
- get across the street
  길을 건너다

…동안 이 길로 가다 *이 길 따라 얼마동안 계속 가라고 할 때

A: Excuse me, where is the Hilton Hotel?
실례지만, 힐튼 호텔이 어딘가요?

B: **Take this road for** about ten minutes and it's on your right. 이 길 따라 한 10분가면 오른편에 있어요.

↳ **Take this road until** it ends and then turn right. 이 길 끝에서 우회전해요.

↳ **Take this road until** you reach the traffic lights. 신호등까지 이 길을 따라 가세요.

go south 2 blocks

- go south to ~
  …을 향해 남쪽으로 가다
- go west until sb gets to~
  …에 도착할 때까지 남쪽으로 가다
- follow those signs
  저 표지판을 따라가다

2 블럭 남쪽으로 가다 *거리의 블럭 수로 길 안내를 할 때

A: How do I get to Kyobo Bookstore? 교보문고를 어떻게 가나요?

B: **Go west three blocks** and it's on the left.
서쪽으로 세블럭을 가면 왼편에 있어요.

↳ **Go west for three blocks** and turn left. 서쪽으로 세블럭 간 다음 좌회전해요.

↳ I think if you **follow those signs,** you'll get there.
저 표지판들을 따라가면 거기에 도달할 거야.

turn to the left

- turn (to the) left at the corner
  모퉁이에서 좌회전하다
- turn to the left when you come to~
  …에 도착했을 때 좌회전하다
- turn right at the first traffic light
  첫번째 신호등에서 우회전하다

좌회전하다 *그냥 줄여서 turn left라고 해도 된다.

A: Is the computer shop around here? 컴퓨터 가게가 여기에 있나요?

B: Sure, just **turn left** when you reach the corner.
예, 저 코너에 도달하면 그냥 좌회전하세요.

↳ Just go straight and **turn left.** 그냥 직진해서 왼쪽으로 돌기만 하면 돼요.

↳ **Turn left** at the intersection. You'll see it. 교차로에서 좌회전하세요. 보일 거예요.

be next to

be on one's left

- be on one's right
  …의 오른편에 있다
- be on the right side of
  …의 오른 편에 있다

…의 왼편에 있다 *목적지에 도착해서 목적물의 위치를 구체적으로 말할 때

A: **Which way is the stock exchange?** 증권거래소가 어느 쪽예요?

B: **It's two miles ahead, on your left hand side.**
2마일 전방, 왼편에 있어요.

↳ The waiting room **is around the corner on your left.**
대기실은 코너 왼쪽에 있어요.

↳ The headquarters **is on the right side of this map.**
본사는 이 지도의 오른편에 있어.

be next to

- be close to~
  …의 가까이에 있다
- be right there
  바로 거기에 있다
- be in the other direction
  다른 쪽에 있다

…의 옆에 있다 *다른 큰 건물이나 공공기간 등을 기준으로 목표물을 안내할 때

A: **My car is next to the post office.** 내 차는 우체국 옆에 있어.

B: **Let's walk there and go for a drive.**
거기까지 걸어가서 드라이브하러 가자.

↳ The store **is just next to** your building. 그 가게가 네 빌딩 바로 옆에 있어.

↳ The store is across the street, **next to** the station.
가게가 길건너 역 바로 옆에 있어.

go the right way

- Coming through!
  길 좀 비켜주세요!
- Clear the way!
  비켜주세요
- move out of one's way
  …의 길을 비켜주다

제대로 길을 가다 *목적지를 향해 바른 길로 가고 있다는 표현

A: **Turn right at the next traffic light.** 신호등 있는 데서 우회전해.

B: **Are you sure we're going the right way?**
우리, 제대로 가고 있는 거 맞아?

↳ I have hot coffee. Please **move out of my way.** 뜨거운 커피야. 비켜주라.

↳ We **moved out of her way** because she was running.
걔가 뛰어가고 있어 길을 비켜줬어.

get into an elevator

- ride the elevator to the 2nd floor
  2층까지 엘리베이터를 타다
- be going down
  엘리베이터가 내려가다

엘리베이터를 타다 *올라갈 때는 going up 내려갈 땐 going down이라고 한다.

A: **I want to go to the top of the Empire State Building.** 난 엠파이어 스테이트 빌딩 꼭대기로 올라가길 원해.

B: **Let's get into an elevator and go up.** 엘리베이터를 타고 올라가자.

↳ Kevin has to **get into an elevator to** go to his apartment.
케빈은 자기 아파트로 가려면 엘리베이터를 타야 해.

↳ I **got into an elevator to** reach Steve's office.
난 스티브의 사무실로 가기 위해서 엘리베이터를 탔어.

get on the escalator

- take the escalator down to~
  …로 내려가는 에스컬레이터를 타다
- ride the escalator up toward~
  …로 올라가는 에스컬레이터를 타다

에스컬레이터를 타다 *마찬가지로 get on, ride, take 등의 동사를 사용한다.

A: **Let's get on the escalator and go upstairs.**
에스컬레이터를 타고 위층으로 가자.

B: **Sure, I want to see the shops up there.** 그래, 위쪽가게들이 보고 싶어.

↳ You should **take the escalator down to** get to the sports section.
스포츠 코너로 가려면 에스컬레이터를 타고 내려가야해.

↳ **Go down the escalator** and you're there. 에스컬레이터를 타고 내려가면 바로거기예요.

Chapter 03

Social Life with Others

다른 사람들과 만나고 헤어지는 등 일상 관련 표현

SMART DICTIONARY OF
EASY ENGLISH EXPREESIONS

get a minute

get a minute

- get[have] a second
  잠깐 시간이 있다
- wait a second
  잠깐만 기다리다
- Hold on a minute[second]!
  잠깐 기다려봐!

잠깐 시간이 있다 *get 대신 have를 쓰기도 하며 여기서 minute은 '잠깐'의 의미

A: Do you **have a minute?** 시간 좀 있어?

B: Well yeah, sure, what's up? 그럼, 뭔데?

⌐ I need to talk to you, **if you have a minute.** 시간 좀 있으면 얘기할 게 있어.

⌐ **Hold on a second.** I have a question for you. 잠깐만. 네게 질문이 있어.

have (the) time to

- have time for+N
  …할 시간이 있다

…할 시간이 있다 *단, Do you have the time?하면 몇시냐고 물어보는 말

A: The plane is not due to arrive for another hour.
   한 시간 더 있어야 비행기가 도착할 거라는군.

B: Then we **have time for** another drink.
   그럼 한 잔 더 할 시간이 있겠구나.

⌐ Do you **have time to** talk about the meeting tomorrow?
   내일 회의에 대해 얘기할 시간이 있나요?

⌐ Do you **have time to** talk for a bit? 잠깐 얘기할 시간이 있니?

have no time to

- not have much time
  시간이 충분하지 않다
- not have much free time to do
  …할 자유시간이 충분치 않다
- have no time available
  가용시간이 없다

…할 시간이 없다 *to 뒤에 동사원형이, for 다음에는 명사를 쓰면 된다.

A: You should come out with us. 넌 우리랑 함께 나가야 해.

B: I **have no time to** hang out these days.
   난 요즘 같이 어울릴 시간이 없어.

⌐ I **have no time to** waste. Please give me a break.
   시간이 없어요. 한번만 봐주세요.

⌐ I **have no time to** go there. 거기 갈 시간이 없어.

be available to

- Are you available?
  시간돼?, 사귀는 사람없어?
- be available on
  …에도 가용하다
- (be) available for+N[to do]
  …에 손이 비어있다, 이용가능하다

…할 시간이 있다 *available는 만날 수, 사귈 수, 전화받을 수, 일을 줄 수 있는지 등을 물어볼 때 애용된다.

A: Do you need to visit a dentist? 넌 치과의사를 방문해야 돼니?

B: Yeah. Who **is available** now? 그럼요. 어느 의사가 가능하니?

⌐ I'm not sure if I **am available** Friday. 내가 토요일에 시간되는지 모르겠어.

⌐ I'd like to speak with Mark, if he **is available.** 마크가 가능하면 통화하고 싶은데요.

have 시간 to do before~

- have a couple of hours before S+V
  …하기 전에 몇 시간이 남아있다
- have a few hours before
  …전에 몇 시간이 있다
- have an hour free
  한 시간 쯤 비어 있다

…하기 전에 …할 시간이 있다 *take 동사를 쓰면 시간이 걸리다의 의미

A: The movie starts at eight. 영화가 8시에 시작해.

B: We **have time to eat before** it begins.
   시작하기 전에 먹을 시간이 있겠다.

⌐ We **have a couple of hours before** school ends. 우리는 두어시간지나야 학교끝나.

⌐ I **have a few hours before** I need to go home. 집에 가야할 때까지 몇시간 있어.

make time

make time to

…할 시간을 내다 *to do 대신 for+N를 쓰기도 한다.

- **make some time to do [for~]**
  …할 시간을 좀 내다

A: I'm going to see my grandmother this weekend.
난 이번주말 할머니를 만나볼 거야.

B: It's good you **make time to** visit her.
할머니를 방문할 시간을 내는 것은 좋은 일이야.

└ **Make time to** pack up your suitcase. 네 옷가방을 꾸릴 시간을 내라.

└ I'll **make time to** come down and see you. 시간을 내 내려가서 널 만날게.

take time out to

시간내서 …하다 *take out은 뭔가 떼어낸다는 점을 착안하면 이해가 쉽다.

A: I'm going to **take time out to** do some shopping.
시간을 내서 쇼핑을 솜 할거야.

B: Oh good, let's go shopping together. 좋지, 같이 쇼핑가자.

└ She **took time out to** plant a flower garden 걘 시간을 내서 꽃밭에 나무를 심었다.

└ We'll **take time out to** visit some old friends. 우린 시간내서 옛친구를 만날거야.

put in+시간명사

…에 시간을 투자하다 *뭔가 일을 하는데 시간과 에너지를 쓸 때

A: How long have you been working here?
여기서 얼마동안 일한거야?

B: We **put in** seven hours so far. 지금까지 7시간 일했어.

└ Workers must **put in** thirty years before retiring.
근로자들은 퇴직까지 30년간 일해야돼.

└ The baseball players **put a lot of energy into** playing.
야구선수들은 시합에 많은 에너지를 쏟는다.

spare time for

…에 시간을 내다 *make time for와 같은 맥락의 표현으로 for 다음에는 ~ing를 쓴다.

- **spare some time for ~ing**
  …하는데 시간을 좀 보내다

A: I can **spare some time for** hiking. 난 하이킹하는데 시간을 낼 수 있어.

B: Well, let's go to the mountains this weekend.
그러면 이번 주말에 산에 가자.

└ He **spared some time for** helping the old woman.
걘 시간내서 노부인을 도와줬어.

└ You should **spare some time for** relaxing. 넌 쉬는데에도 시간을 할애해야해.

arrange time for~

…에 시간을 정하다 *참고로 set the time하면 '시간을 정하다'라는 뜻

- **arrange time for ~ing**
  …하는데 시간을 정하다
- **arrange time for sb to do**
  …가 …하는데 시간을 정하다

A: I would like to interview that musician.
난 저 음악가와 인터뷰를 하고 싶어.

B: We can **arrange time for** you to meet him.
우리가 그분을 만나도록 시간을 정해줄 수 있어.

└ The farmers **arranged time for** harvesting red peppers.
농부들은 고추를 추수하는 시간을 정했어.

└ I need to **arrange time for** our Christmas party. 성탄파티 시간을 정해야 돼.

spend time

spend time (on) ~ing

…하는 데 시간을 보내다 *on+ 명사[~ing]를 쓰며 ~ing의 경우 on 생략가능

- spend a lot of time (on) ~ing
  …하는데 시간을 많이 보내다
- spend (more) time with
  …와 (더 많은) 시간을 보내다
- spend a spare time
  여가 시간을 보내다

A: **What did you do with your friends?** 친구들과 뭐했어?

B: We **spent time** talking and drinking coffee.
⤷ 얘기하고 커피마시며 시간보냈어.

↳ I'm planning to spend a lot of time on the beach. 해변에서 실컷 있으려고 해.

↳ We spend too much time commuting back and forth to work.
출퇴근에 너무 많은 시간이 걸리는 것 같아.

spend+시간명사 ~ing

…하면서 …을 보내다 *spend 다음에 time 등의 시간을 나타내는 명사가 오는 경우

- spend+시간명사+~ing[with~]
  …하는데[와 함께] 시간을 보내다
- spend+시간명사+at~
  …에서 밤을 보내다
- spend the day in bed
  침대에서 하루를 보내다

A: **This report looks pretty good.** 이 보고서는 아주 좋아 보여.

B: I **spent hours writing** it. 그거 작성하는데 여러시간 걸렸어.

↳ I think we will spend a few days in that area. 우린 그 지역에서 몇일을 보내려고.

↳ Don't you spend Christmas with your family? 성탄절을 가족과 함께 보내지 않니?

use one's time effectively

시간을 효율적으로 사용하다 *make effective use of sth는 '~을 효율적으로 이용하다'라는 표현.

- make good use of one's time
  시간을 잘 활용하다

A: **You spend hours playing computer games.**
넌 컴게임으로 몇시간을 보내는구나.

B: Yeah, I need to **use my time more effectively.**
네, 전 시간을 좀 더 효율적으로 써야 해요.

↳ Peter uses his time very effectively. 피터는 자기 시간을 아주 효과적으로 쓰고 있어.

↳ All students must use their time effectively.
모든 학생들은 자신들의 시간을 효과적으로 사용해야돼.

be up+시간명사 ~ing

…하면서 …을 보내다 *참고로 be up and ~ing하면 '열심히 ~하다'

- be up all night playing computer games
  밤새며 컴퓨터게임을 하다
- be in+장소+for+기간+doing research
  연구를 하면서 …에서 얼마동안 있다

A: **Susan was up for an hour exercising.**
수잔은 운동하면서 1시간을 보냈어.

B: **She's always in good physical condition.** 걘 항상 건강상태가 좋아.

↳ Jim was up all night playing computer games. 짐은 밤새 컴퓨터게임을 했어.

↳ The campers were up for hours singing songs. 캠퍼들은 수시간 노래를 불렀어.

be worth one's time

시간을 들일만하다 *뒤에 to do를 붙여 시간을 들이는 구체적인 내용을 말할 수 있다.

- be up all night playing computer games
  밤새며 컴퓨터게임을 하다
- be in+장소+for+기간+doing research
  연구를 하면서 …에서 얼마동안 있다

A: **Should we go watch the parade today?**
우린 오늘 퍼레이드를 보러갈거니?

B: No, it**'s not worth our time** to do that. 아니, 그럴 가치가 없어.

↳ The seminar was really worth my time. 그 세미나는 진짜 참석할 만 했어.

↳ Irma's party was worth our time. 일마의 파티는 우리가 갈 만한 가치가 있었어.

waste one's time

- waste one's time ~ing
  …하면서 시간을 낭비하다
- waste time on[~ing]
  …하는데 시간을 낭비하다
- waste of time
  시간 낭비

시간을 낭비하다 *구체적으로 낭비하는 내용은 (on) ~ing로 붙여 주면 된다.

A: I have something you really should buy.
   네가 진짜 살 만한 걸 내가 가지고 있어요.

B: I don't want it. Don't **waste my time.**
   원하지 않아요. 제 시간을 뺏지 마세요.

ㄴ The traffic jams in Seoul **waste everyone's time.**
   서울은 교통체증으로 모든 사람들의 시간을 낭비하고 있어.

ㄴ Using the Internet all day long **wastes your time.**
   하루종일 인터넷을 하면 네 시간을 낭비하는 거야.

save time

- time saving
  시간 절약의, 시간을 절약해주는

시간을 절약하다 *참고로 save the day하면 가까스로 궁지를 벗어나라라는 뜻

A: Is this the best way to drive to work?
   이것이 차로 출근하는 가장 좋은 길이니?

B: No, I'll show you a way to **save time.**
   아니, 시간을 절약할 수 있는 길을 알려줄게.

ㄴ I tried to **save time** so I could finish faster.
   난 시간을 절약해서 좀더 일찍 끝낼 수 있었어.

ㄴ The computer program will **save time** for you.
   이 컴퓨터 프로그램으로 넌 시간을 절약할 수 있을 거야.

~ing를 잘 붙여야 영어를 잘 해!
언어의 속성은 원래 편리함을 추구하다 보니 원래는 spend on ~ing이었지만 on을 생략하는 추세이다. have a hard time in ~ing 에서 in이 생략되는 것도 마찬가지이다. 이렇게 전치사들을 빼다보니 목적어명사 다음에 바로~ing가 오게 된다. 또한 "There is a cold going around the office"에서 처럼 going 앞에 which is가 생략되는 경우 그리고 "I will be there for you moving to a new apartment"처럼 부대상황을 추가적으로 말할 때도 ~ing를 많이 붙여 쓴다. 따라서 어렵게 영어를 만들려고 하지말고 자연스럽게 자기 가 말하고 싶은 것을 뒤에 ~ing을 붙이면 완벽한 영어가 되는 경우가 많으니 이제부터라도 ~ing를 적극적으로 활용해보도록 한다.

take time

take time ~ing

- take time to do
  …하는데 시간이 걸리다
- take time for sb to do
  …가 …하는데 시간이 걸리다

…하는데 시간이 걸리다 *take 대신 have를 써도 된다.

A: It's easy to fall down on the snow and ice.
눈과 빙판에서 넘어지기가 쉬워.

B: It will **take time getting** to the subway station.
지하철 역까지 가는데 시간이 걸릴거야.

↳ It'll take time to repair that computer. 컴퓨터 수리하는데 시간이 좀 걸릴 것 같아요.

↳ It will take time for him to drive here. 걔가 여기로 운전해오는데 시간이 걸릴거야.

take+시간+to

- take+시간+(for A)+ to do
  A가 …하는데 …시간이 걸리다
- take (A) a long time to do
  A가 …하는데 시간이 많이 걸리다

…하는데 …시간이 걸리다 *to do의 동작주체는 take A~ 또는 for A to do로 표시한다.

A: I thought you were going to leave. 네가 떠날 것으로 생각했어.

B: It **took me a while to** find my keys. 내 열쇠를 찾는데 시간이 좀 걸렸어.

↳ It takes time to cook a big meal. 푸짐한 식사를 요리하려면 시간이 걸리지.

↳ It took an hour to walk home. 집까지 걸어가는데 한시간이 걸렸어.

take long to

- take a long time to do~
  …하는데 오랜 시간이 걸리다
- take way too much time to~
  …하는데 정말로 너무 많은 시간이 든다
- It won? take long to do~
  …하는데 시간이 많이 걸리지 않다

…하는데 시간이 오래 걸리다 *take a while도 '시간이 좀 걸리다'라는 의미

A: How long will it take to have the interview?
인터뷰하는데 얼마나 걸립니까?

B: It won't **take long** at all. 얼마 안 걸릴거예요.

↳ It'll take a long time to paint the house.
집에 페인트 칠하는데 시간이 많이 걸릴거야.

↳ It won't take long to set up the new computer.
새로운 컴퓨터를 설치하는데 시간이 많이 걸리지 않을거야.

it didn't take long before~

- take a great deal of time
  제법 시간이 걸리다

…하는데 시간이 많이 걸리지 않았다 *before 다음에는 S+V를 쓴다.

A: Did Heather and Ralph break up? 헤더와 랠프는 헤어졌니?

B: Yes, but it **didn't take long before** they were back together. 응. 근데 곧 재결합했어.

↳ It didn't take long before the thunderstorm began. 곧 뇌우가 시작되었지.

↳ It didn't take long before he finished his ice cream.
걘 금방 아이스크림을 먹어치웠어.

last for+시간

- last+시간명사
  …동안 계속되다
- last four weeks
  4주동안 계속되다

…동안 계속되다 *last 다음에 바로 시간명사, 혹은 for+시간명사를 쓰면 된다.

A: Is this a good cell phone to buy? 이거 사도 좋은 휴대폰이니?

B: It will probably **last for** a few years. 아마 몇 년 정도는 쓸 수 있을거야.

↳ The movie will last for two hours. 그 영화는 2시간짜리야.

↳ I bet you he won't last a month in prison.
걘 틀림없이 감방에서 한 달을 못 버틸거야.

It has been~

It has been+시간 +since~

…한지 …됐다 *since 다음에는 과거동사 혹은 현재완료를 써주면 된다.

- have been a long time since S+V
  …한지 오래만이다

A: **Have you seen Gina lately?** 요즘 지나를 보았니?

B: **It has been a few years since** I've seen her.
　　내가 걔를 본지 몇 년이 되었어.

↳ It has been a week since our last rainstorm.
　　마지막 폭풍우가 있은지 일주일 됐어.

↳ It has been six months since he joined the army. 걔가 입대한지 6개월이 되었어.

It's about time S+V

…할 시기이다, 해야할 때이다 *좀 늦었다는 뉘앙스를 풍기는 표현법

- It's high time S+V
  …하기 적기이다, 마침 좋을 때이다

A: **It's about time** we got a raise. 임금을 올려 받을 때야.

B: **You're telling me.** 네 말이 맞아.

↳ It's time for you to get married. 네가 결혼할 시기야.

↳ It's high time he finds a good job. 걔가 좋은 직장을 잡을 호기야.

not A until B

B에 이르러서야 비로소 A하다 *until 다음에는 S+V를 써준다.

- It was not until that S+V
  …되어서야 …했다

A: **I'm getting really hungry now.** 난 이제 무지 배고파지네.

B: **We can't eat until** Katie arrives. 케티가 도착할 때까지 우린 먹을 수 없어.

↳ You can not go out until you finish working.
　　넌 일을 마무리할 때까지 외출할 수 없어.

↳ He did not smile until he saw Bonnie. 걘 보니를 볼 때까지 웃지 않았어.

by the time S+V

…할 때쯤에 *접속사 대용어의 하나로 by the time 다음에 S+V를 넣어준다.

- every time S+V
  …할 때마다
- Whenever S+V
  …할 때마다
- each time S+V
  매번 …할 때마다

A: **Is it possible for me to become rich by the time** I'm thirty? 30살에 부자될 수 있을까?

B: **It would be difficult, but you can never tell.**
　　어렵겠지만, 그야 알 수 없는 일이지.

↳ By the time Karen arrives, we will be ready.
　　카렌이 도착할 때까지 우린 준비되어 있을 거야.

↳ Every time I turn around, Hal is looking at me.
　　내가 돌아설 적마다 할이 날 쳐다보고 있어.

when I was young

내가 어렸을 때 *as a child도 '어렸을 때'의 의미로 쓰인다.

- when you were young
  네가 어렸을 때
- at one's time of life
  …의 나이 때에
- at one's age
  …나이에(at the age of~)

A: **Do you know anything about playing the violin?**
　　바이올린 연주하는 법 아는 거 있어?

B: **I studied the violin for a few years when I was young.**
　　어렸을 때 몇 년간 바이올린 공부했어.

↳ I lived in the country when I was young. 내가 어렸을 때 난 시골에서 살았어.

↳ I would play the violin when I was young. 어렸을 때 간혹 바이올린을 켰어.

have a plan

have a plan

- have other plans
  다른 계획들이 있다
- have got plans for that evening
  그 날 저녁 계획들이 있다

계획이 있다, 계획을 세우다 *뒤엔 for sth 이나 to do가 올 수 있다.

A: **You should go out with us on Friday night.**
금요일 밤엔 우리랑 같이 나가자.

B: **I'd like to, but I have other plans.** 그러고는 싶지만 다른 계획이 있어.

↳ We **have a plan to** retire early. 우린 조기 은퇴 계획이 있어.

↳ **I've got other plans for** this evening. 오늘 저녁 다른 계획을 가지고 있어.

have no plans to

- not have any special plan
  특별한 계획이 없다
- have sth planned
  …이 계획되어 있다

…대한 계획이 없다 *have no plans for+명사라 해도 된다.

A: **Are you going home for the holiday?** 휴일 때 집에 갈거니?

B: **No, I have no plans to travel home.** 아니, 집에 갈 계획은 없어.

↳ They **have no plans to** go out tonight. 걔들은 오늘 밤 외출할 계획이 없어.

↳ We **have no plans to** visit Joe and Elaine.
우린 조와 일레인을 방문할 계획은 없어요.

make a plan

- make a plan for+N[to do]
  …에 대핸[할] 계획을 세우다
- work out a plan
  계획을 짜다
- draw up a plan
  계획을 기안하다

계획을 세우다 *부정관사 a를 빼고 make plans로 써도 된다.

A: **I don't know what I want to study.** 뭘 공부하길 원하는지 나도 모르겠어.

B: **You should make a plan for your future.**
넌 미래를 위해 계획을 세워야해.

↳ They **made a plan to** meet in a week. 걔들은 일주일 후에 만날 계획을 세웠어.

↳ Alan **made a plan to** complete the report. 알란은 그 보고서를 끝낼 계획을 세웠어.

plan to

- plan on ~ing
  …할 계획을 하다
- plan anything for~
  …에 대해 조금이라도 계획하다

…하기를 계획하다 *be planning to[on]처럼 진행형으로 많이 쓰인다.

A: **I heard that you plan to quit your job.** 직장 그만 둘 거라며.

B: **All I need is a better job.** 내가 필요한 건 더 나은 직장이야.

↳ What do you **plan to** do this weekend? 이번 주말에 뭘 하실 계획이에요?

↳ She's **planning on** getting married this year.
걘 금년도 결혼할 계획을 세우고 있어.

go as planned

- go according to plan
  계획대로 되다

계획대로 되다 *go as scheduled로도 쓸 수 있다.

A: **Did you have a good time on your date?**
데이트에서 좋은 시간을 보냈니

B: **No, it really didn't go as planned.** 아니, 계획대로 되지 않았어.

↳ The English class didn't **go as planned.** 영어 수업이 계획대로 이루어지지 않았어.

↳ If everything **goes as planned,** we're going to making a killing.
모든 일이 계획대로 된다면 한 몫 긁어 모을 수 있을 거에요.

be up to something

…을 꾸미고 있다 *뭔가 계획하거나 꾸미고 있다는 의미의 표현

A: You look like you're **up to** something.
너 어째 뭔가 좀 다른 걸 해보려고 하는 것 같은데.

B: I feel like selling my stocks. 내 주식을 좀 팔까 봐.

ㄴ I think those teenagers **are up to something.**
저 10대 애들이 뭔가를 꾸미고 있다고 생각돼.

ㄴ Angelina Jolie is always **up to something.**
안젤리나 졸리는 항상 뭔가를 꾸미고 있어.

keep to a plan

계획대로 지키다 *keep 대신에 stick을 써도 된다.

- fulfill a plan
  계획을 이행하다
- change of plan
  계획 변경

A: Maybe we shouldn't go on a vacation.
아마도 우린 휴가를 가면 안될 거야.

B: Let's **keep to our plan** and just go. 우리 계획대로 그냥 가자.

ㄴ Bart can never **keep to a plan.** 바트는 결코 계획을 지킬 수 없어.

ㄴ It was hard, but I **kept to my plans.** 어려웠지만 난 내 계획대로 지켰어.

be under consideration

고려중이다 *be under+명사는 '명사'를 하고 있는 중이다라는 의미

A: Will your father allow you to go on the trip?
네 아빠가 네 여행을 허락할 거니?

B: He said that it **is under consideration.**
아빠가 아직 고려중이라고 말했어.

ㄴ The plans for the new building **are under consideration.**
건물 신축 계획이 아직 검토중이야.

ㄴ A new menu for the cafe **is under consideration.**
그 카페에 새 메뉴가 고려중이야.

be going to

be going to

- be about to do
  막 …하려고 하다

…할 것이다, …하려고 한다   *'…할 것이다'(의도)와 '…일 것이다'라는 의미가 있다.

A: Aren't you afraid he's going to be angry?
개가 화낼 거라는 건 걱정 안하니?

B: Who cares what he thinks? 개가 무슨 생각을 하든 누가 신경이나 쓴대?

⌐ I wonder how it's going to turn out? 난 일이 어떻게 될 지 궁금해.

⌐ I'm going to work on this stuff at home tonight. 오늘 밤 집에서 이 일을 할 거야.

be supposed to

…하기로 되어 있다, 예상되다   *'~할 의무가 있다'는 뜻으로도 쓰인다.

A: You're supposed to pick up Sarah. 너 새라를 마중나가야 하잖아.

B: Well, I'd better leave now. 응. 지금 출발해야겠다.

⌐ Do you know what time we're supposed to leave? 몇 시에 떠나기로 한지 아니?

⌐ We're supposed to visit my parents tonight.
오늘밤 부모님댁에 가기로 되어 있어요.

be scheduled to

- be planned to do[for~]
  …할 예정이다

…(하기)로 예정되어 있다   *scheduled 대신에 planned를 써도 된다.

A: When is your flight scheduled for? 비행기가 언제 뜨기로 되어 있지?

B: At 6 a.m. I've got to wake up early. 오전 6시에. 일찍 일어나야 돼.

⌐ The bus is not scheduled to leave for another 45 minutes.
버스는 45분간 더 정차할거야.

⌐ When is he scheduled to arrive at the airport?
그 사람이 공항에 언제 도착할 예정이니?

be due to

…할 예정이다   *참고로 due to+N[~ing]은 '…때문에'라는 의미

A: The plane is not due to arrive for another hour.
한 시간 더 있어야 비행기가 도착할 거라는 군.

B: Then we have time for another drink.
그럼 한 잔 더 할 시간이 있겠구나.

⌐ Kerry can't be here due to getting sick. 케리는 아파서 여기 올 수가 없어.

⌐ The bus was late due to breaking down. 버스가 고장나서 늦었어.

be bound to

…할 예정이다, …하지 않을 수 없다   *be very likely to~및 be obliged to~의 의미

A: Dan is a very slow runner. 댄은 매우 늦은 주자야.

B: I think he is bound to lose the race. 걘 경주에서 질 것으로 생각돼.

⌐ You're bound to get fat from eating so much. 과식으로 뚱뚱해지지 않을 수 없어.

⌐ This new car is bound to become popular. 이 새 차는 인기를 얻을 수 밖에 없어.

be expected to

• Are you expecting?
임신했어?

…할 것으로 기대된다 *예상이 강할 경우 have to의 의미로도 쓰인다.

A: How much was your new dress? 새로 산 옷은 얼마줬어?

B: It was three times what I **had expected to** pay.
예상보다 3배나 더 나갔어.

∟ Everyone is expected to bring a present. 누구나 선물을 가져와야 돼요.

∟ Brian is expected to enter Harvard University.
브라이언은 하버드 대학에 입학할 것으로 예상돼요.

earlier than (sb) expected

• earlier than usual
평소보다 빨리

예정보다 빨리 *expected 대신 planned[scheduled]를 넣어도 된다.

A: Did you get the package I sent you? 내가 보낸 소포를 받았니?

B: Yes, it came **earlier than I expected.** 응, 예상한 것보다 빨리 도착했어.

∟ Sally graduated from high school earlier than expected.
샐리는 예상보다 빨리 고등학교를 졸업했어.

∟ She went to the office a little earlier than usual.
걘 평소보다 다소 일찍 출근했어.

ahead of schedule

• be+시간+ahead of schedule
…시간 만큼 예정보다 앞서다

예정보다 앞선 *ahead of time이라고 해도 된다.

A: Where did my school bus go? 내 통학버스는 어디로 갔나요?

B: It left the stop **ahead of schedule.**
그 버스는 예정보다 빨리 정류장을 떠났어요.

∟ The building was finished ahead of schedule.
그 빌딩은 예정보다 빨리 완공되었어.

∟ Our train arrived ahead of schedule. 우리 기차는 예정보다 빨리 도착했어.

behind schedule

• be+시간+behind schedule
시간만큼 예정보다 늦다

• behind time
(기차 등이) 정각보다 늦게

예정보다 뒤쳐진 *fall[get] behind는 '뒤처지다'라는 의미

A: Why do I have to stay late tonight?
왜 오늘밤 늦게까지 있어야 하는 거죠?

B: Everyone has to stay late tonight because we're **behind schedule.** 계획보다 늦어졌기 때문에 다들 어쩔 수 없습니다.

∟ We are behind schedule on this work. 이 작업이 예정보다 뒤쳐져 있어.

∟ The project was stopped for being behind schedule.
그 프로젝트는 예정보다 늦는다는 이유로 중단되어 버렸어.

on schedule

• be right on schedule
예정대로 진행되고 있다

• arrive on schedule
예정대로 도착하다

예정에 짜여진 대로 *according to schedule은 '예정대로'라는 의미이다.

A: Is Flight 187 arriving at six o'clock? 187편이 6시에 도착했나요?

B: Yes, that flight is **on schedule.** 그럼요, 그 편은 예정대로죠.

∟ It's difficult to keep the work on schedule. 그 일을 예정대로 하는 것은 어려워.

∟ My father arrived at my house on schedule. 아빠는 예정대로 내 집에 도착했어.

have a schedule

set up a schedule

- set up
  (일정 등을) 정하다, 세우다

스케줄을 잡다 *스케줄의 내용을 언급하려면 for[of]~로 이어 써준다.

A: **I'm visiting ten countries in Europe.** 난 유럽 10개국을 방문할 거야.

B: **You should set up a schedule of things to see.**
  년 관광 계획을 짜야 돼.

⌐ I **set up a schedule** for this weekend. 난 이번 주말 스케줄을 잡았어.

⌐ Did Jeff **set up a schedule** for his schoolwork? 제프가 학업 스케줄을 잡았니?

set a date

- set a date to do[for~]
  …할 날짜를 잡다

(약속 등의) 날짜를 잡다 *set 동사 대신에 fix를 사용해도 된다.

A: **I've got to schedule an appointment with the surgeon.**
  외과의사하고 약속시간을 정해야 해.

B: **Well, make sure you let me know when you set a date.**
  그럼, 날짜가 잡히면 내게 꼭 알려줘야 돼.

⌐ Harry and Melinda **set a date** to get married.
  해리와 멜린다는 결혼 날짜를 잡았어.

⌐ We've **set a date** for the festival. 우린 축제 날짜를 정했어.

check one's schedule

- check the schedule
  스케줄을 확인하다

…의 스케줄을 점검하다 *약속을 정하기 앞서 스케줄을 확인해야…

A: **When are you free to talk with me?**
  년 언제 우리랑 얘기할 시간이 있니?

B: **Mmm, let me check my schedule.** 음, 내 스케줄을 점검해보고.

⌐ I went there to **check the schedule.** 난 거기에 일정을 확인하러 갔어.

⌐ Just let me **check the schedule** and I'll get back to you.
  일정을 확인하는대로 전화해줄게.

have a schedule

- have a too tight schedule
  너무 빡빡한 스케줄이 있다
- have a set schedule
  정해진 스케줄이 있다
- know sb's schedule
  …의 스케줄을 알다

계획[일정]이 있다 *일정없는 외톨이라면 I have nothing on my schedule.

A: **Let's just go shopping this afternoon.** 오늘 오후 그냥 쇼핑을 가자.

B: **I can't. I have a schedule to keep.** 안돼. 난 다른 스케줄이 있어.

⌐ Greg has a **schedule** of his classes. 그레그는 수업 스케줄이 있어.

⌐ The soldiers **have a schedule** of their training. 병사들은 훈련스케줄이 있어.

schedule the meeting

- schedule an appointment
  약속스케줄을 잡다

회의 일정을 정하다 *schedule은 동사로 회의, 약속 등의 명사를 목적어로 받는다.

A: **Can you introduce me to your boss?** 상사 분을 소개시켜 줄래요?

B: **Leave it to me. I'll schedule an appointment.**
  저한테 맡기세요. 제가 약속을 잡죠.

⌐ Please **schedule a meeting** for Monday morning.
  월율 아침 회의일정을 잡아줘요.

⌐ I'm calling to find out if the meeting has been **rescheduled.**
  회의가 재조정되었는지 알아 보려고 전화했어요.

change one's schedule

일정을 변경하다 *reschedule도 스케줄을 다시 조정하는 것

- changes in the schedule
  일정상 변화
- move up the meeting schedule
  회의일정을 옮기다

A: Are you going to join us for dinner? 만찬에 우리랑 함께 할래?

B: No, I can't **change my schedule.** 아니, 내 스케줄을 바꿀 수가 없어.

ㄴ Abe will **change his schedule** to meet his friend.
  아베가 자기 친구를 만날 스케줄을 바꿀 거야.

ㄴ They **changed their schedule** during the summer.
  걔들은 여름 스케줄을 바꿨어.

rearrange one's schedule

…의 일정을 조정하다 *modify one's schedule도 같은 의미

- fit sth into one's schedule
  …의 일정에 맞추다

A: Traffic in Seoul can be a real killer. 서울의 교통은 정말 죽여줘.

B: I guess I'd better call and **reschedule.**
  전화해서 일정을 재조정하는 편이 낫겠어.

ㄴ My boss **rearranged his schedule** on Thursday.
  보스가 목요일 일정을 재조정했어.

ㄴ The tour company **rearranged its schedule.** 관광회사가 관광일정을 다시 잡았어.

There's a ~ **scheduled for**

…에 대한 일정이 있다 *일정이 있다. 없다라고 할 때 필요한 표현

- There isn't time on one's schedule to do
  …의 일정에 …할 시간이 없다

A: **There is a meeting scheduled for** tomorrow afternoon.
  내일 오후로 정해진 회의가 있어.

B: Our boss wants everyone to attend it. 보스는 다 참석하래.

ㄴ There is a play **scheduled for** this evening. 오늘 저녁 예정된 연극이 있어.

ㄴ There is a festival **scheduled for** Saturday. 토요일로 예정된 축제가 있어.

be due (tomorrow)

(내일이) 마감일이다 *due 다음에 시간부사구가 와서 예정일, 마감일을 말한다.

- be due in January
  1월에 예정[마감]일이다
- be due on May 5
  5월 5일 예정[마감]일이다
- A is overdue (by+기간)
  A의 기한이 지났다
- meet the due date
  마감일을 맞추다

A: Why are the students working so hard?
  왜 학생들이 그렇게 열심히 공부하고 있니?

B: **Their project is due tomorrow.** 걔들 프로젝트가 내일 마감이거든.

ㄴ Our electric bill **is due tomorrow.** 우리 전기료 고지서가 내일이 마감일이야.

ㄴ The team's report **is due on January 4.** 그 팀의 보고서는 1월 4일이 마감이야.

discuss today's schedule

오늘 일정을 토의하다 *adjust the schedule은 「일정을 조정하다」란 뜻이다.

- develop the new schedule
  새로운 일정을 세우다
- announce the schedule to~
  …에게 일정을 알려주다

A: Why were you in a meeting this morning? 왜 네가 올아침회의에 참석했니?

B: We needed to **discuss today's schedule.** 올일정 토의할 필요가 있었어.

ㄴ The guide **discussed today's schedule** with the tourists.
  투어 가이드가 오늘 스케줄을 관광객들과 상의했어.

ㄴ No one **discussed today's schedule** with us. 누구도 오늘 스케줄을 우리랑 협의하지 않았어.

be late for

be late for

- be late to do
  ~하기에 늦다
- be late because of the traffic jam
  교통체증 때문에 늦다

···에 늦다 *for 다음에는 명사가 오며 동사를 이어주려면 ~late to do~라고 하면 된다.

A: We will **be late for** my doctor's appointment.
　병원예약에 늦을거야.

B: Don't worry, we'll get there on time. 걱정마. 제시간에 도착할거야.

└ I'm worried it's too late for us to get there on time.
　우리가 제 시간에 도착 못할 것 같아 걱정야.

└ I don't want to be late to the meeting again. 그 모임에 또 늦기 싫단 말야.

turn up late for work

- be late for work
  지각하다

지각하다 *for 다음에는 명사가 오며 동사를 이어줄려면 ~late to do~라고 하면 된다.

A: Lonnie **turned up late for work** again. 로니는 또 지각했어.

B: I'll bet her boss is very angry. 사장이 무척 화나있을거야.

└ I was late for work on the first day. 출근 첫날 지각했어.

└ You can't be late for work every day. 넌 매일 지각하면 안되잖아.

be+시간+late for

- be 2 hours late for
  ~에 두시간 늦다

···만큼 늦다 *반대로 'be+시간+ early~'는 ~만큼 이르다라는 의미

A: Do you care if we're late? 늦을 까봐서 걱정되니?

B: I don't care if we **are a little late for** the party.
　파티에 조금 늦는다고 해도 신경안써.

└ He was 15 minutes late for class. 걘 수업시간에 15분 늦었어.

└ We were an hour late for the movie. 우린 영화시간에 1시간 늦었어.

be getting late

- be running late (for)
  (…하는데) 늦어지다
- be running (a bit) late
  (다소) 늦어지고 있다

늦어지고 있다, 늦어지다 *getting 대신에 running을 쓰기도 한다.

A: It has been dark for a few hours. 어두워진지 몇시간이 되었어.

B: I guess it **is getting late.** 늦어질 것으로 생각해.

└ It is getting late in the day. 너무 늦었어.

└ I'd love to, but it's really getting late. 그러고 싶지만 정말 늦었어.

be delayed for+시간

- put off
  연기하다(postpone)
- keep sb
  (사람을) 지체하게 하다

···만큼 지연[연기]되다, 지체되다 *be postponed = be put off도 같은 의미

A: It's snowing pretty hard tonight. 오늘 밤에 눈이 펑펑 올거야.

B: Yeah. Will the flight **be delayed?** 그렇구나. 비행기가 연착될까?

└ The flight to Miami is delayed for one hour.
　마이애미 비행 일정이 한시간 연기되었어.

└ I don't know what's keeping him. 걔가 뭐 때문에 늦는지 모르겠어.

mean to

It is our intention to...

be intended to

···할 예정이다, ···하려고 만들어지다 *intended for는 '~을 위해 의도된'이란 의미

- intend to do
  ···할 의도이다
- go as I intended
  의도했던대로 되다

A: Why did they build that large hotel? 왜 저 큰 호텔을 지은 거야?

B: **It was intended to** attract wealthy people.
　부자들을 끌어들이려고 했던거지.

└ The garden **was intended to** grow flowers. 저 정원은 꽃을 키우려고 만들어졌지.

└ Does your wife **intend to** work here during your stay?
　네가 머무는 동안 네 부인이 여기서 일하려고 하니?

mean to

···하려고 하다 *to do를 의미한다는 말은 '···을 하려고 하다.' '작정하다'라는 의미

- mean to tell
  말하려고 하다
- be meant to do
  ···할 작정이다, ···하려고 생각하다

A: Hey, you just stepped on my toe. 야, 네가 방금 내 발끝을 밟았잖아.

B: Sorry, I didn't **mean to** hurt you. 미안해, 널 다치게 하려고 한 것은 아냐.

└ They didn't **mean to** come late. 걔들은 늦게 올 뜻은 없었대.

└ Henry didn't **mean to** break your watch. 헨리는 네 시계를 깨트릴 의도는 아니었어.

have no intention to

···할 의도가 없다 *to do 대신 of ~ing를 써도 된다.

- have no intention of ~ing
  ···할 의도가 없다
- with the intention of ~ing
  ···할 목적으로

A: Casey invited you to her party. 케이시는 널 파티에 초청했어.

B: I **have no intention of** going there. 거기 갈 의도는 전혀 없어.

└ He **has no intention of** leaving his house. 걘 자기 집을 떠날 의도는 없어.

└ Seamus **has no intention of** talking to her.
　시무스는 걔와 얘기할 의도가 전혀 없어.

be designed to

···하기로 의도되다, 예정되다 *특정한 용도로 만들어졌다는 의미

- have no intention of ~ing
  ···할 의도가 없다
- with the intention of ~ing
  ···할 목적으로

A: Is this computer program useful? 이 컴퓨터 프로그램은 유용하니?

B: It **was designed to** make work easier.
　그건 일을 좀 더 쉽게 해주기위해 만들어졌어.

└ This sports car **was designed to** go fast. 이 스포츠 카는 빨리 달리게 고안되었지.

└ This building **was designed to** be comfortable.
　이 빌딩은 편안하도록 설계되어 있어.

on purpose

일부러, 의도대로 *일부러 의도한대로라는 뜻으로 한단어로 하자면 deliberately

A: Kelly got into a fight last night. 켈리는 어제 밤 싸움에 휩싸였어.

B: He did it **on purpose.** He was in a bad mood.
　걘 의도적으로 그런거야. 기분이 좋지 않았거든.

└ Bill was late for class **on purpose.** 빌은 고의적으로 수업에 늦게 왔어.

└ I didn't hand in my homework **on purpose.**
　난 내 숙제를 고의적으로 제출하지 않았어.

get together

get together (with sb)

(…와) 만나다 *만나는 목적은 for sth, 만나서 할 행동은 and do로 말한다.

- get back together
  다시 모이다
- have a get-together
  모임을 갖다

A: Why don't we **get together** on Saturday? 토요일에 좀 만나죠.

B: Sure. Call me in the morning. 그래요. 아침에 전화해요.

∟ I wonder if we could **get together** on the 15th? 15일에 만날 수 있을까?

∟ Why don't we **get together** on Saturday? 토요일에 좀 만나죠?

meet sb in person

…를 직접 만나다 *in person은 '직접, 몸소'를 의미한다.

- meet with
  …와 만나다
- meet a client
  고객을 만나다

A: Do you like our new President? 너 새로된 우리 대통령 좋아하니?

B: Sure. I**'ve met him in person.** 그럼요. 난 개인적으로 만난 적이 있어요.

∟ Danielle **met** Brad Pitt **in person.** 다니엘은 브래드 피트를 개인적으로 만났어.

∟ Have we **met** somewhere before? 우리 어디선가 전에 만나지 않았나요?

run into

우연히 마주치다 *meet sb unexpectedly라는 뜻으로 run into 다음에 사람을 넣어준다.

- run[come] across
  …과 우연히 마주치다, 발견하다
- bump into
  …와 우연히 마주치다

A: I **ran into** Chris this morning. 오늘 아침에 크리스를 우연히 만났어.

B: How's he doing? 어떻게 지낸대?

∟ He **ran into** his ex-girlfriend at the market.
  걘 시장에서 옛 여친과 우연히 마주쳤어.

∟ We **ran into** our former math teacher. 우린 옛날 수학 선생님과 우연히 마주쳤어.

show up

나타나다, 도착하다 *모임, 약속장소에 나타나는 것으로 turn up도 같은 뜻

- turn up
  나타나다

A: What made you think that I wasn't going to **show up?**
  왜 내가 나타나지 않으리라고 생각했지?

B: I just thought you had other more important plans.
  네가 다른 중요한 약속이 있을 거라고 생각했지.

∟ How come he didn't **show up** at the seminar this morning?
  왜 그가 아침 세미나에 참석하지 않았지?

∟ I might **show up** at the end of the meeting. 회의가 끝날 때 쯤에 나타날 수 있어.

keep sb company

…와 동행하다, 같이 있어주다 *여기서 company는 다른 사람과 함께 있는 상태나 손님을 말한다.

- expect a company
  손님이 올 예정이다

A: Helen has been in the hospital since yesterday.
  헬렌은 어제 이래 입원해있어.

B: I should go there and **keep her company.**
  거기 가서 같이 있어줘야겠다.

∟ He came by to **keep me company.** 걘 나랑 같이 있어주려고 들렸어.

∟ My mom's dog always **keeps her company.**
  우리 엄마 애견은 항상 엄마랑 같이 있어.

have company

일행이 있다, 손님이 와있다 *company 앞에 a, the 등의 관사가 없다는 걸 기억한다.

- have company at the moment
  지금 일행이 있어
- enjoy one? company
  …가 있어 좋다

A: Is it OK if I come over now? 내가 지금 가도 좋아?

B: I'm sorry, but we **have company.** 미안해, 지금은 일행이 있어.

ㄴ We're going to **have company** this weekend. 우린 이번 주말 일행이 있을 거야.

ㄴ They **had company** when they went out to eat.
개들이 외식하러 갈 때 동행이 있었어.

see each other

만나다 *see에는 만나다, 사귀다라는 의미까지도 있다.

- be alone with
  …와 단둘이 있다

A: I heard Brett and Wendy **are seeing each other.**
브레트와 웬디는 서로 사귀고 있다고 들었어.

B: It's true. They make such a cute couple.
사실이야. 귀여운 커플이야.

ㄴ Bob and his girlfriend decided not to **see each other.**
밥과 걔 여친은 서로 사귀지 않기로 했대.

ㄴ They began to **see each other** during high school.
걔들은 고등학교 시절 사귀기 시작했어.

company는 무조건 회사?

company하면 「회사」다. 누구나 다 아는 사실. 좀 더 세심히 공부한 사람이라면 company가 「동료」, 「친구」, 「벗」, 「일행」이란 뜻도 있다는 사실을 알고 있을 것이다. 하지만 사전에 줄치면서 외운 단어 실력하고 이 표현들을 실제로 쓰고 알아듣는 것은 별개의 문제이다. 외국인 친구가 관광을 시켜주겠다고 하루종일 시내를 안내했을 경우 "I was grateful for Mr. Smith's company on the long journey up to Edinburgh" 또는 회사를 구경시켜주겠다고 같이 동행하면서 사내 곳곳을 설명해줄 경우 "I enjoyed your company"란 표현으로 상대방에게 감사하는 마음을 전달할 수 있다. company를 회사로 잘못 알아 듣고 "Thank you very much. The company I work with is very good"이라고 한다면 자기망신, 회사망신.

company는 「누구와 함께 있는다」(the presence of another person)라는 추상적인 의미도 되지만 「옆에 있는, 그래서 시간을 같이 보내고 있는 사람」(the people with whom a person spends time)이라는 가산명사도 된다. 재미없는 파티에 장대처럼 서있는 두남녀의 대화. "The people at this party are really boring - present company excepted, of course!(파티에 모인 사람들 정말 재미없다-물론 넌 빼고!)"

invite sb to

invite sb to+장소

- invite sb for+N
  …에 초대하다
- invite sb to[for] dinner
  …를 만찬에 초대하다
- be invited to+장소
  …에 초청되다

···에 초대하다 *to 다음에는 초대하는 장소나 파티 등을 써주면 된다.

A: I **invited Jerry to** our wedding. 제리를 우리 결혼식에 초대했어.

B: That's great! I hope he will come. 잘했어! 개가 오면 좋겠다.

↳ No wonder she didn't **invite you to** her birthday party.
개가 생일파티에 널 초대하지 않은 건 당연해.

↳ I am thrilled to **be invited to** the party. 난 그 파티에 초대되어 무척 흥분돼.

invite sb to

- invite sb over
  …의 집에 초대하다
- be invited to do
  …하도록 초청받다

···를 ···하도록 초청하다 *초대목적을 말할 때는 to 다음에 동사를 써준다.

A: **Were you invited to** join the science club?
과학클럽에 가입하도록 초청받니?

B: Sure. I'm aware of where they will meet.
그래. 개들이 만나는 장소를 알고 있어.

↳ I'll **invite you over** and explain it to you in English.
집에 초청해서 영어로 설명해줄게.

↳ Paul **invited her to** have dinner on Christmas Eve at his place.
폴은 개를 크리스마스 이브에 자기 집으로 초청했어.

turn down one's invitation

- reply to an invitation
  초대에 회답하다

초대를 거절하다 *뒤에 politely를 붙여 정중히 거절할 수도 있다.

A: Are you coming to her New Year's party? 개 신년파티에 올거니?

B: No, I had to **turn down her invitation.** 아니, 개초청을 거절해야만 했어.

↳ We turned down David's invitation. 우린 데이비드의 초청을 거절했어.

↳ Dick turned down Harriet's invitation. 딕은 해리엇의 초청을 거절했어.

make oneself at home

- make oneself comfortable
  편안하게 쉬다

자기 집에 있는 것처럼 편하게 지내다 *at home 대신에 comfortable을 써도 된다.

A: Wow! This is a great place. 야, 집이 아주 멋지네요.

B: Thank you. Just **make yourself comfortable.**
고마워요. 그냥 편히 계세요.

↳ **Make yourself at home** while you wait. 기다리는 동안 편안히 계세요.

↳ Come in and **make yourself at home.** 들어와서 편히 쉬세요.

wear out one's welcome

너무 오래 머물러 미움을 사다 *wear out은 다써서 닳게 만드는 것을 의미

A: I asked my friend to leave my house. 친구에게 집에서 나가달라고 했어.

B: I guess he **wore out his welcome.** 개가 너무 오래 머물러 미움샀구나.

↳ Don't stay too long and wear out your welcome. 너무 오래 있어 미움을 사지마라.

↳ He wore out his welcome with his bad manners.
갠 나쁜 매너로 인해 미움을 샀어.

would like sb to meet

would like A to meet B

A에게 B를 소개시켜주다 *introduce보다 캐주얼하게 쓰이는 표현

- want A to meet B
  A가 B를 만나기를 원하다
- I?e heard so much about you.
  말씀 많이 들었습니다.
- I?e been dying to meet you.
  무척 만나고 싶었습니다.

A: Hello, Sarah. **I want you to meet** my friend, John.
안녕, 새라. 내 친구 존을 소개할게.

B: It's a pleasure. I've heard so much about you.
반가워요. 말씀 많이 들었어요.

↳ Mom, I would like you to meet my boyfriend. 엄마, 내 남친예요.

↳ I'd like you to meet my roommate. 내 룸메이트하고 인사해.

This is+(관계)+사람이름

이쪽은 …야 *구어체에로 우리말의 「이쪽은…」에 해당되는 표현이다.

- This is+사람이름+speaking
  (전화에서) …입니다

A: **This is my lovely wife, Susie.** 여긴 사랑스런 내 아내 수지야.

B: **Nice to meet you.** 반가워요.

↳ Danny, this is Jim Tomson. He's a colleague. 대니, 짐 톰슨이라고 내 동료야.

↳ This is my friend, Jennifer. 얘는 내 친구 제니퍼야.

introduce A to B

A를 B에게 소개하다 *introduce oneself to는 「자신을 …에게 소개하다」라는 의미

- It gives me great pleasure to introduce A
  A를 소개하게 되어 무척 기쁘다(공식석상에서)

A: **There are cute girls at the bar.** 술집에 예쁜 여자애들이 있어.

B: **Let's go over and introduce ourselves.** 가서 우리를 소개하자.

I'd like to introduce you to Mr. Kim, our president.
널 우리 김 사장님께 소개할게.

It gives me great pleasure to introduce Mr. Carter.
카터 씨를 소개하게돼 무척 기뻐.

(it's) Nice to meet you

만나서 반가워요 *소개받고 만나서 반갑다고하는 전형적인 표현

- It's nice to meet you, too.
  나도 만나뵈서 좋아요.
- I'm glad[thrilled] to meet you.
  만나뵈서 기뻐요.

A: **Julie, I want you to meet my friend. This is Allan.**
줄리야, 인사해. 내친구 앨런야.

B: **Hi! Nice to meet you.** 안녕, 반가워.

↳ Nice to meet everyone. It's great to be here.
모두 만나 기뻐. 나도 여기 오게 돼 좋아.

↳ It's nice to meet you, too. I've heard a lot about you from my wife.
저도 만나뵈서 기뻐요. 아내로부터 많이 들었어요.

know each other

서로에 대해 알게 되다 *뒤에 by one's voice하면 '목소리로 서로를 알아 보다'란 뜻

A: **Have you ever met Brian?** 브라이언을 한번 만난 적이 있니?

B: **Oh yes, we know each other well.** 그럼, 우리 서로 잘 알아.

↳ Sam and Dave know each other from high school.
샘과 데이브는 고등학교 동창야.

↳ Do you know each other from work? 너희들은 직장에서 알게된 거니?

come over

come over

- come over to one's place
  …의 집에 들르다
- come over to do
  …하러 들르다
- come over here
  여기에 들르다

…에 들르다 *방문한다고 할 때 가장 많이 쓰이는 표현으로 to 다음에 목적지를 쓰면 된다.

A: When can I **come over to** see you? 언제 보러 가면 돼?

B: Whenever you like. Just don't forget to bring some food.
너 좋을 때 아무때나. 음식 가져오는 것만 잊지마.

ᴸ Feel free to come over to my place. 어려워말고 집에 들러.

ᴸ Why don't you come over here and talk to me for a second?
이리 와 나랑 잠시 얘기하자.

stop by

- stop off
  방문하다, 들르다
- stop by any time after~
  …한 후 아무 때나 잠시 방문하다
- stop by one's apartment
  …의 아파트에 잠시 들리다

방문하다 *visit의 의미로 특히 다른 목적지를 가는 중에 잠시 들르는 것을 뜻한다.

A: I'm going to **stop by** the store on the way to work.
난 출근 길에 그 가게에 잠시 들를 거야.

B: Can you pick me up some snacks? 내게 스낵 좀 사다줄래?

ᴸ We're going to stop by a nightclub. 우린 나이트클럽을 잠시 방문할 거야.

ᴸ I'll stop by your house on my way home. 집에 가는 길에 네게 들를게.

drop by

- drop by for~
  …하러 들르다
- drop in
  잠시 들르다
- drop in at+장소[on+사람]
  …에[…를] 잠시 들르다

(불시에) 들르다 *시간을 정해놓지 않고 그냥 들를 경우에 쓰는 표현

A: What brings you here? 여기는 웬일이세요?

B: I was in the neighborhood and I thought I'd **drop by.**
이 근처에 온 김에 한번 들러야겠다고 생각했지.

ᴸ Let's drop by Tara's apartment. 타라의 아파트에 잠시 들리자.

ᴸ Feel free to drop by anytime. 언제든 편하게 들러.

stop over

잠시 머무르다 *stopover는 명사로 비행중 들리는 기착지로 layover와 같은 의미

A: Do you have a direct flight to LA? LA까지 직항이 있니?

B: No, I have a **stop over** in New York. 아니. 뉴욕에 잠시 기착할거야.

ᴸ Our stopover will last 2 hours. 우리 기착은 2시간 정도 걸릴거야.

ᴸ My flight has a stopover in Iceland. 내가 탄 항공편은 아이슬랜드에서 기착해.

visit someplace

- visit sb in the hospital
  A를 병문안하다
- be worth visiting
  가볼만하다

…를 방문하다, 들르다 *visit 다음에는 사람이나 장소명사가 올 수 있다.

A: We are thinking of coming to **visit you** this summer.
이번 여름에 너희 집에 갈까 생각 중이야.

B: Fancy that! I'll have to get my guest room all ready!
어머 정말! 손님방을 치워 놓아야겠네!

ᴸ I've been looking forward to visiting the factory.
공장 방문하기를 무척 기다려왔어.

ᴸ I'm going to visit Tom in the hospital at lunch.
난 점심시간에 톰을 병문안할거야.

come to visit

보러 오다, 찾아 오다, 들르다   *on a visit은 '~을 방문 중,' '체류중'이라는 숙어

- come and visit (sb for dinner)
  (저녁식사하러 …의 집에) 들르다
- be on a visit to (China)
  (중국을) 방문중이다
- pay a visit to
  …를 방문하다

A: **You should come to visit us** in Miami.
   넌 마이애미에 있는 우리 집을 들러야해.

B: **Sure, I can do that in December.**   그럼, 12월 중에 할 수 있을 거야.

  ↳ When is Grandma going to come to visit?   할머니가 언제 우릴 방문할까?
  ↳ Come to visit my hometown in Canada.   캐나다에 있는 내 고향에 한번 놀러와.

call on

…를 방문하다   *또한 call on은 '…에게 부탁하다'라는 뜻으로도 쓰인다.

A: **Did you see your friend from church?**   넌 교회 친구를 봤니?

B: **Yeah, I called on her at her house.**   응, 내가 걔 집을 방문했어.

  ↳ When is a good time to call on you?   언제 널 방문하는게 좋을까?
  ↳ Let's call on our new neighbor.   우리 새 이웃을 방문하자.

buzz sb in

인터폰이 울리면 문열어주다   *버튼으로 호출하는 사람을 문열림으로 들어오게 하는 것

- knock on the door
  문을 두드리다
- come up to one's apartment
  …의 아파트까지 오다

A: **Jerry is standing outside the door.**   제리가 문밖에 서있어.

B: **You better buzz him in.**   걔한테 문을 열어주는게 좋아.

  ↳ Sharon didn't buzz the stranger in.   샤론은 낯선 사람에게 문을 열어주지 않았어.
  ↳ The doorman buzzed me in.   도어맨이 나에게 문을 열어줬어.

stay for

머무르다   *for 다음에는 머무르는 이유나 기간명사를 이어 말하면 된다.

- stay for a little while longer
  조금 더 머무르다
- stay for+기간명사
  …기간 동안 머물다
- stay for+식사
  …식사를 위해 남아있다

A: **It's late and I should go home.**   늦었어. 난 집에 가야해.

B: **Please stay for a while longer.**   좀 더 머물러 주세요.

  ↳ I'm planning to stay for three weeks.   3주간 머물거야.
  ↳ That's too bad. I was hoping you'd stay for dinner.
      그렇군요. 남아서 식사하시기를 바랬는데요.

wait for

wait for

- **wait for sb to do**
  …가 …할 것을 기다리다
- **wait a while**
  잠시 기다리다

기다리다 *for sb는 기다리는 대상을, for+시간명사는 기다린 시간을 말한다.

A: I need to do my hair before we go. 가기 전에 머리를 해야 되는데.

B: I'll **be waiting for** you in the living room. 거실에서 기다려줄게.

↳ Can you **wait for** me in my room? 내 방에서 잠시 기다려 줄래요?

↳ We have to **wait for** the bride and groom to cut the cake.
신랑, 신부가 케이크를 짜르기를 기다려야해.

wait until

- **wait until later**
  추후까지 기다리다
- **wait until S+V**
  …할 때까지 기다리다
- **wait until late at night without going to bed**
  잠자리에 들지않고 늦게까지 기다리다

…할 때까지 기다려보다 *놀랍거나 흥미로운 것을 말하거나 보여줄 때

A: Can I open my birthday presents? 내 생일 선물을 열어볼 까요?

B: **Wait until** we bring out the cake.
우리가 케이크를 가져올 때까지 기다려요.

↳ You'll have to **wait until** I finish my breakfast. 내가 아침 마칠 때까지 기다려야 돼.

↳ I don't think I want to **wait until** Monday! 월요일까지 기다리고 싶지 않은데요!

keep sb waiting

…를 계속 기다리게 하다 *약속시간 안지켜서 발생하는 아까운 시간

A: I have been here for twenty minutes. 제가 여기 20분 정도 있었어요.

B: I'm sorry. I **kept you waiting** so long.
미안합니다. 너무 오랫동안 기다리게 했군요.

↳ She **kept me waiting for** an hour. 걘 내가 한시간이나 계속 기다리게 했어.

↳ Sorry to **keep you waiting**, I had a call on the other line.
기다리게 해서 미안해요. 다른 전화가 와서요.

wait one's turn

- **It's my turn to do**
  내가 …할 차례다

차례를 기다리다 *turn은 여기서 차례, 순번이라는 뜻이다.

A: I have to buy this dress right now. 난 이 옷을 바로 사야돼.

B: Come on lady, **wait your turn.** 아가씨, 순서 좀 기다려주세요.

↳ The man didn't **wait his turn** to get on the bus.
걘 버스 타는 순서를 지키지 않았어.

↳ I can **wait my turn** to turn in my exam. 난 시험지 제출 순서를 지킬 수 있어요.

take turns

- **take turn ~ing**
  교대로 …하다
- **in turn**
  차례차례

교대로 하다 *교대로 하는 행위를 말하려면 바로 ~ing을 붙이면 된다.

A: The children are very polite. 애들이 무척 공손해.

B: They **take turns** playing with toys.
걔들은 교대로 장난감을 가지고 놀고 있어.

↳ We **took turns** using the computer. 우린 교대로 컴퓨터를 사용했지.

↳ You'll have to **take turns** driving. 너희들 교대로 운전을 해야 돼.

get in line

뒤에 줄서다 *자기만 급한 줄 아는 사람들이 하는 cut in line은 '새치기 하다.'

- wait in line
  줄서서 기다리다
- stand in line
  줄서다
- be next in line
  다음차례이다

A: I can't stand **waiting in lines** like this.
이렇게 줄서서 기다리는 건 못 참겠어.

B: Me, neither, do you want to leave? 나도 그래. 다른 데로 갈래?

↳ They **got in line** at five this morning. 걔들은 아침 5시에 줄을 섰어.

↳ You must **get in line** to buy your food. 음식을 사려면 반드시 줄을 서야 해.

put sb on a waiting list

대기자 명단에 올리다 *put sb on the wanted list는 지명수배하다라는 표현이다.

- wait in line
  줄서서 기다리다
- stand in line
  줄서다
- be next in line
  다음차례이다

A: They **put us on a waiting list for** the flight.
그 사람들이 우리를 비행기 탑승 대기자 명단에 올려놓았어.

B: Hopefully you'll get it. 난 너희들이 비행기를 탈 수 있게 되기를 바래.

↳ They **put us on a waiting list for** the flight.
걔들은 우릴 항공탑승 대기자명단에 올려놓았어.

↳ **Put me on a waiting list for** the tickets. 절 탑승권 대기자명단에 올려주세요.

while we wait

우리가 기다리는 동안에 *while 다음에 S+V가 오지만 종종 ~ing 형태를 쓰기도 한다.

A: Gosh, it is so boring sitting here. 어휴, 여기 앉아있는게 정말 지겹네.

B: Let's play a game **while we wait.** 기다리면서 게임을 해보자.

↳ We can't smoke **while we wait.** 우린 기다리면서 담배를 피울 수가 없어.

↳ I'll read you a story **while we wait.** 기다리는 동안 내가 스토리를 읽어줄게.

hold on

기다리다 *대표적인 전화표현 중 하나이지만 일반상황에서도 많이 쓰인다.

- Hold it! = Wait! Stop!
  기다려
- hold it a second
  잠시 기다리다
- hold on a moment
  잠시 기다리다

A: The key's stuck in the lock. 키가 자물쇠에 박혔어.

B: I can fix it. **Hold on.** 내가 고칠 수 있어. 기다려.

↳ **Hold on**, there's a stain on your shirt. 가만있어봐, 네 셔츠에 얼룩이 있어.

↳ Just **hold on for** a second and I'll find it. 잠깐만 기다리시면 찾아 드리겠습니다.

one after another

잇따라서, 차례로 *'무작위로' 는 at random이라고 한다.

A: Did everyone go home already? 모두 이미 집으로 돌아갔니?

B: Yes, they left **one after another.** 응. 걔들은 차례로 떠났어.

↳ The teams were defeated, **one after another.** 그 팀들은 잇따라서 패배했지.

↳ I met with the students, **one after another.** 난 학생들을 차례대로 면담했어.

say hi to

say goodbye to

…에게 작별인사를 하다 *good bye는 붙여도 되고 띄워도 되고 (-)을 넣어도 된다.

A: **Are you ready to leave yet?** 떠날 준비가 되었니?

B: I am. **Say goodbye to** your friends.
부탁해. 친구들에게 작별인사 좀 부탁해.

⌐ It's time to say good-bye. 이제 헤어질 시간야.

⌐ I have a call on the other line. I'll have to say good bye.
다른 전화가 와서 이만 끊어야겠어요.

say hi to~

• say hi to A for me
A에게 내 안부를 전해주라
• say hello to (A for B)
A에게 B의 안부를 전하다

…에게 안부를 전해주다, …에게 인사하다 *to 다음에 안부를 전해주는 사람이 나온다.

A: **By the way, Jim said to say hello to you.**
그런데 짐이 너한테 안부 전하래.

B: **Where did you see him?** 넌 짐을 어디서 본거니?

⌐ Say hi to your mom and dad. 네 부모님에게 안부 좀 전해줘.

⌐ Say hello to your parents for me. 부모님께 내 안부 전해줘.

give one's best to

• remember me to A
A에게 안부를 전해주다

…에게 안부를 전하다 *best 대신에 best regards를 써도 된다.

A: **Give my best to** everyone at the school.
학교에 계신 모두에게 안부를 전해주세요.

B: **I'll tell them you said hello.** 모든 분들에게 안부를 전할 게요.

⌐ Give my best to Uncle John. 존 아저씨에게 안부를 전해줘.

⌐ Give my best regards to him for me when you see him.
그를 만나면 안부 좀 전해 주세요.

see sb off

• see sb out
집밖까지 …을 동행하다

환송하다 *send off도 배웅하다. 전송하다라는 의미로 send-off party는 송별회

A: **I went to the station to see Patty off.** 난 패티를 환송하러 역까지 갔어.

B: **Is she moving to another city?** 걘 다른 도시로 이사가니?

⌐ Dad said he would see Anna off. 아빠는 걔가 안나를 환송할 거라고 말했어.

⌐ We saw Charlie off when he joined the military.
찰리가 입대할 때 우리가 환송했지.

walk sb to

• walk sb out
…를 밖에까지 걸어서 안내하다

…를 …까지 배웅하다 *walk sb는 '같이 걸어가다'라는 뜻으로 사용된다.

A: **It's time for me to drive home.** 내가 운전해서 귀가할 시간이야.

B: **I'll walk you to your car.** 네 차있는 데까지 바래다 줄게.

⌐ Jason walked Cindy to her home. 제이슨은 신디를 집까지 바래다 줬어.

⌐ You don't have to walk me home. 집까지 바래다줄 것까진 없는데.

have an appointment

have an appointment

약속이 있다 *appointment는 병원, 미장원 등의 예약을 말하며 promise는 …을 하겠다는 다짐.

- **have a doctor's appointment**
  검진 일정이 있다
- **have another appointment**
  다른 약속이 있다
- **have an appointment to do**
  …할 약속이 있다

A: So what did you do today? 그래 오늘 뭐했어?

B: Oh, I **had an appointment** to get my hair cut.
어, 머리깎기로 약속이 있었어.

↳ I can't. I have an appointment. 안돼. 선약이 있어.

↳ You have a dental appointment today. 오늘 치과 예약이 되어있지.

make an appointment

약속을 하다 *만날 약속을 언제, 누구와 무슨 목적으로 하는지 말할 때

- **make an appointment with sb**
  …와 약속을 하다
- **make a dentist appointment**
  치과 약속을 하다

A: I think that we should make an offer on the property.
그 부동산 매입가를 제시해야 할 거 같은데.

B: I'll **make an appointment with** the agent for later today.
오늘 늦게 부동산 중개업자하고 약속을 잡을게.

↳ I'm calling to make an appointment with Dr. Laura.
로라선생님 예약하려고 전화했어요.

↳ I can't make my 3:30 appointment this afternoon.
오늘 오후 3시 30분 약속을 지키지 못할 것 같아요.

set up an appointment

약속을 정하다 *with sb는 약속상대를, for~는 만나는 목적이나 시간을 말한다.

- **set up an appointment for next week**
  다음 주 약속을 정하다

A: Are you going to get checked by a doctor?
의사 검진을 받을 예정이니?

B: I **set up an appointment** for Monday. 월요일로 약속을 정했어.

↳ Let's set up an appointment for an interview. 인터뷰 약속을 정하시죠.

↳ I'd like to set up an appointment for next week. 담주로 약속 정하고 싶은데요.

keep an appointment

약속을 지키다 *역시 만날 약속을 지킨다는 의미

- **cancel tomorrow's appointment**
  내일 약속을 취소하다
- **miss an appointment**
  약속을 놓치다

A: You are very late today. 오늘 무척 늦었구나.

B: I had to **keep an appointment** this morning.
오늘 아침 약속을 지켜야 했어요.

↳ I couldn't keep an appointment with her. 전, 걔와의 약속을 지킬 수가 없었어요.

↳ You need to keep an appointment for next week. 넌 다음 주 약속을 지켜야돼.

take a rain check

다음을 기약하다 *rain check은 우천시 다음 경기를 볼 수 있는 교환권을 의미한다.

- **give a rain check**
  나중에 다시 초대하겠다고 약속하다
- **rain check**
  우천교환권

A: Come on upstairs for some coffee. 커피 마시게 2층으로 올라와.

B: I can't, but I'll **take a rain check.** 지금은 안되는데 다음에 해줘.

↳ Sarah took a rain check on the invitation. 새라는 초청을 다음으로 미루었어.

↳ I'm very busy, so I'll take a rain check. 지금 무지 바빠서 담번에 초대해주면 좋겠어.

get in touch

KEEP IN TOUCH

get in touch with

…와 연락을 취하다 *with 다음에 연락을 취하고 지내는 사람을 쓰면 된다.

- get back in touch (with)
  (…에게) 다시 연락을 취하다

A: I heard that John is coming to town this weekend.
   이번 주에 존이 올라온데.

B: **Did you get in touch with him?** 걔하고 연락해봤어?

↳ Where can I **get in touch with** her? 어디로 연락해야 걔와 연락이 될까요?

↳ I **got back in touch** with old friends through a web site.
   사이트로 예전 친구들에게 연락을 취했어.

keep in touch with

…와 연락을 유지하다 *정기적으로 연락을 취하고 있는 상태로 keep 대신 stay[be]로 써도 된다.

- stay[be] in touch with
  …와 연락을 유지하다

A: **What happened to your friend Tim?**
   네 친구 팀에게 무슨 일이 있었니?

B: I **keep in touch with** him through e-mail.
   이메일로 걔와 연락하고 있는데요.

↳ Would you **keep in touch** with me? 나하고 연락하고 지낼래요?

↳ Let's **keep in touch!** 연락하고 지내자!

lose touch with

…와 연락이 끊기다 *lose는 타동사로 touch를 목적어로 바로 받는다.

- be out of touch with sb
  …와 연락이 않된다

A: **What are all your cousins doing these days?**
   요즘 너의 사촌들은 모두들 어떻게 지내고 있니?

B: I don't know. I **lost touch with** them over the years.
   나도 몰라. 연락이 끊긴지 오래 됐어.

↳ She **lost touch with** her college classmates. 걘 대학 친구들과 연락이 끊겼어.

↳ I hope we don't **lose touch** with him. 그 분과 연락이 끊어지지 않았으면 해요.

make contact with

…에게 연락하다 *touch 대신 같은 맥락의 contact이 쓰인 경우

- contact sb
  …와 연락하다
- keep in contact with
  …와 계속 연락하다
- get back in contact with
  …와 연락을 재개하다

A: **I haven't heard from Joan in a month.**
   조안 소식을 한달동안 듣지 못했어.

B: Let's try to **make contact with** her soon.
   조만간 걔하고 연락을 해보자.

↳ We **made contact with** our manager. 우린 매니저와 연락을 했어.

↳ Did you **make contact with** Tim this weekend? 이번 주말에 팀하고 연락해봤니?

get a hold of~

…와 연락이 되다 *obtain이라는 의미로 '…을 얻다'라는 뜻으로도 쓰인다.

- get through to ~
  …와 연락이 되다
- get called in
  호출받다

A: **Mike never answers his e-mail.** 마이크는 이메일에 결코 답을 하지 않아.

B: It's difficult to **get a hold of** him. 걔와 연락하기가 어렵군.

↳ She needs to **get a hold of** a lawyer. 걘 변호사를 잡을 필요가 있어.

↳ I've been trying to **get a hold of** you all morning!
   아침 내내 네게 연락하려고 했어!

make a reservation

book a flight

항공편을 예약하다 *book이 동사로 a seat, a room, a ticket 등의 목적어를 받는다.

- **book a flight[ticket] to+도시**
  …행 항공편을 예약하다
- **book a flight from A to B**
  A발 B행 항공편을 예약하다
- **be booked on flight ~**
  …항공편에 예약이 되어 있다

A: American Airlines. How may I direct your call?
아메리칸 항공사입니다. 어디 연결시켜 드릴까요?

B: I'd like to **book a ticket** from Chicago to New York.
시카고발 뉴욕행 비행기표를 예약하려고요.

⌐ The tickets are going fast so we'd better **book some seats** right away.
티켓이 빨리 없어질테니 지금 당장 자리를 좀 예약해야겠네요.

⌐ I'm **booked on** American Airlines flight number 567 to New York.
뉴욕행 아메리칸 에어라인 567번 비행편을 예약해 두었는데요.

be booked (up)

예약이 끝나다 *호텔이나 식당, 항공편 예약이 다 끝나 자리가 없다는 뜻

- **sth be booked (up)**
  …의 예약이 다 찼다
- **sb be booked (up)**
  할 일이 꽉 찼다

A: Why don't you make a reservation on Northwest Airlines? 노스웨스트 항공사에 예약하는 게 어때?

B: I tried, but the flights **are all booked.**
해봤어. 하지만 비행기가 다 예약됐대.

⌐ Every bus to Seoul **was all booked up.** 서울행 버스가 모조리 예약이 끝났대.

⌐ I tried to leave but the train **was booked up.** 떠나려고 했는데 기차예약이 끝났어.

reserve a room at

…에 방을 예약하다 *식당 등에서 'Reserved'란 예약석을 말한다.

- **reserve a table for+사람수**
  몇 명의 테이블을 예약하다
- **reserve a seat[ticket]**
  자리[입장권]을 예약하다
- **be reserved**
  예약이 되어 있다

A: Did you plan your vacation yet? 휴가계획을 짰니?

B: Yes, we **reserved a room at** Hilton Hotel.
응. 힐튼 호텔에 방을 예약했어.

⌐ The newlyweds **reserved a room at** a Hawaiian hotel.
신혼부부가 하와이에 있는 한 호텔을 예약했어.

⌐ Let's **reserve a room at** one of the cheaper hotels. 저렴한 호텔방하나 예약하자.

make a reservation

예약을 하다 *make reservations을 한단어로 하자면 reserve

- **make a reservation for**
  …에 대한 예약을 하다
- **confirm a reservation**
  예약사항을 확인하다
- **reconfirm my reservation**
  내 예약을 재확인하다

A: Can I **make reservations?** 예약을 할 수 있을까요?

B: No, it's on a first come, first serve basis.
죄송하지만, 저희는 선착순이라서요.

⌐ I want to reconfirm my reservation. 예약을 재확인하려구요.

⌐ I didn't have time to **make a hotel reservation** before leaving.
출발전에 시간이 없어 호텔 예약을 못했어.

cancel one's reservations

…의 예약을 취소하다 *예약내용은 for sth, to do~ 형태로 말해주면 된다.

- **change my return date**
  내 돌아오는 날짜를 변경하다

A: What did you do when the storm came? 폭풍이 올 때 넌 뭘했니?

B: I **canceled my reservations** for the trip. 난 여행 예약을 취소했어.

⌐ Cancel **my reservations** at the hotel. 호텔에 내 예약을 취소해라.

⌐ I must cancel **my reservations** to go out to eat. 난 외식 예약을 취소해야만 해.

make friends with

make friends with

- be friends with
  …와 사이가 좋다
- Let's just be friends.
  사이좋게 지내자.

···와 친구하다 *친구사이는 혼자 할 수 없기 때문에 항상 friends가 된다.

A: **Did you enjoy your visit to Europe?** 유럽 방문을 즐겼니?

B: **Yes, I made friends with some people there.**
그럼, 거기서 친구 몇 명을 사귀었어.

↳ She made friends with everyone in class. 걘 학급내 누구와도 사이가 좋았어.

↳ I don't want to make friends with anyone here.
난 여기 누구와도 친구가 되고 싶지 않아.

shake hands (with)

(···와) 악수하면서 인사를 주고받다 *악수 역시 혼자 할 수 없어 hands가 된다.

A: **The President visited our school.** 대통령이 우리 학교를 방문했어.

B: **Did he shake hands with the students?** 학생들과 악수를 했니?

↳ Dan shook hands with his boss. 댄은 걔 보스와 악수를 했어.

↳ We shook hands to complete the deal. 우린 악수를 하면서 계약을 끝냈지.

get on well

사이좋게 지내다 *사이 좋게 지내는 사람은 with 이하에 써주면 된다.

A: **Does Dave get on well with his wife?**
데이브가 자기 부인하고 잘 지내니?

B: **No, they are always arguing.** 아니. 걔들은 항상 다퉈.

↳ He got on well with his boss. 걘 자기 보스하고 잘 지내.

↳ Try to get on well with everyone. 누구와도 사이좋게 지내도록 노력해봐.

get along

사이가 좋다, 잘 지내다 *역시 사이 좋게 지내고 있는 사람은 with 이하에 쓴다.

A: **I don't get along with my roommate.**
난 룸메이트와 사이가 좋지 않아.

B: **Maybe you should move elsewhere.**
아무래도 딴 곳으로 이사해야 겠구나.

↳ The children got along with each other. 얘들이 서로서로 잘 지냈어.

↳ It's easy to get along with your friends. 친구들과 잘 지내는 것은 쉽지.

get acquainted (with)

(···와) 알게 되다 *acquaintance는 아는 사람, 지인이라는 의미이다.

A: **Why are we having a meeting?** 우린 왜 회의를 하지?

B: **It's to get acquainted with the new workers.**
신규 직원들과 서로 알고 지내기 위해서야.

↳ I got acquainted with her during the bus ride. 버스타고 가면서 걔와 알게 되었어.

↳ Let's get acquainted with our new neighbors. 새로운 이웃들과 알고 지내자.

have a good relationship

- have a good[bad] relationship with
  …와 좋은[나쁜] 관계이다
- develop relations
  관계를 발전시키다
- miss the relationship with
  …와의 관계를 그리워하다

좋은 관계이다 *반대로 사이가 안좋다라고 할 때는 good 대신 bad를 쓰면 된다.

A: **Can we use the classroom after school?**
방과후 우리가 교실을 쓸 수 있나요?

B: **Sure. I have a good relationship with my teacher.**
그럼요. 난 선생님과 좋은 관계를 가지고 있어요.

↳ She had a good relationship with her parents. 걘 자기 부모님과 좋은 관계에 있어.

↳ I have a good relationship with my principal. 난 교장선생님과 관계가 좋아요.

be on good terms with

- be on bad[poor] terms with
  …와 나쁜 관계이다

…와 좋은 사이 (관계)이다 *terms는 여기서 관계라는 의미로 쓰였나.

A: **I heard you visit this restaurant often.**
네가 이 식당을 자주 다닌다고 들었어.

B: **I am on good terms with the staff here.**
난 여기 식당 직원들과 좋은 사이야.

↳ Hank is on good terms with his doctor. 행크는 주치의와 좋은 사이야.

↳ I am on good terms with the new supervisor. 난 새로운 관리자와 좋은 관계야.

be bonded together

- bond with
  …와 유대감을 형성하다
- be bonding (with)
  (…와) 사이가 좋다
- be social with
  …와 사이좋게 지내다

혼연일체가 되다 *be united[joined] together도 같은 표현이다.

A: **Mary and Jane seem very close.** 메리와 제인은 아주 가까운 것 같다.

B: **They are bonded together like sisters.** 걔들은 마치 형제처럼 가까워.

↳ My best friend and I are bonded together. 내 절친과 난 혼연일체가 되어 있어.

↳ We are social with the other employees. 우린 다른 직원들과 사이좋게 지내.

go way back

오랜 친구야 *오래전부터 알고 지내던 막연한 친구라는 뜻

A: **Have you ever met my friend Logan?**
내 친구 로간을 만나본 적이 있니?

B: **Yes. Logan and I go way back.** 그럼. 로간과 난 오랜 친구야.

↳ Their close relationship goes way back. 걔들의 가까운 관계는 매우 오래됐지.

↳ Janice and Ian's friendship goes way back.
재니스와 이안의 우정은 매우 오래 되었지.

be at odds with

- be out with
  …와 사이가 안좋아지다

…와 다투다, 사이가 좋지 않다, 맞지 않다 *with 다음엔 사람이나 사물이 온다.

A: **Why did the company fire Alex?** 왜 회사가 알렉스를 해고했니?

B: **His behavior was at odds with his job.**
그의 행동이 그의 직책과 맞지 않았어.

↳ Teenagers are often at odds with their parents.
10대들은 종종 부모님들과 의견이 맞지 않아.

↳ Her lies were at odds with the truth. 걔의 거짓말은 진실과 달랐지.

talk to

talk to

- talk to sb privately
  …에게 개인적으로 말하다
- talk with
  …와 말하다
- talk later
  추후에 말하다

대화하다 *to sb은 '…에게 말하다,' with sb은 '…와 함께 말하다'이다.

A: Is it okay if I phone after lunch? 점심 시간 후에 전화해도 되니?

B: No problem. I'll **talk to** you then. 상관없어. 그럼 그때 얘기하자.

ㄴ Sorry, I got a date. Talk to you later. 미안 나 데이트 있어. 나중에 얘기해

ㄴ I need to talk with you. Can you please come out? 너랑 얘기해야 돼. 좀 나올래?

talk about

- talk more about
  …에 대해 좀 더 말하다
- I'm talking about~
  난 …얘기하는거야
- talk about A over dinner
  저녁을 하면서 A에 대해 말하다

…관해 말하다 *about 다음에는 사람 및 사물 모두 다 올 수 있다.

A: What do you think about my proposal?
내 제안에 대해 어떻게 생각해?

B: We need to **talk about** that. 그것에 대해 얘기 좀 해야 되겠어.

ㄴ Are you ready to talk about it? 일에 대해 얘기할 준비 됐니?

ㄴ I don't know what you're talking about. 어째서 그런 소리를 하는 거야?

have a word with

- have words with
  …와 다투다, 언쟁하다
- have a quick word with
  …와 잠깐 말을 나누다
- have a talk
  …와 의논하다, 이야기를 나누다

…와 말하다 *a word'를 'words'로 바꾸면 다른 표현이 되니 조심해야 한다.

A: Umm, Jimmy. May I **have a word with** you?
저기, 지미야. 얘기 좀 해보자.

B: Yeah, of course. 응. 물론이지.

ㄴ You should have a word with Melanie. 넌 멜라니와 말을 나눠봐야해.

ㄴ May I have a word with you? 잠깐 얘기할 수 있을까요?

chat about

- chat with
  …와 함께 수다떨다
- have a chat with
  …와 잡담하다
- have a little chat with
  …와 잠시 수다떨다

…에 관해 수다떨다 *chatting이란 단어로 익숙해진 단어의 동사로 잠깐 수다떠는 것

A: Did you meet your friends from grade school?
넌 초등학교 친구들을 만나보았니?

B: Yes, we **chatted about** our lives and families.
응, 우린 인생과 가족에 대해 수다를 떨었지.

ㄴ Let's chat about next month's schedule. 다음 달 일정에 대해 담소를 나눠보자.

ㄴ Some people enjoy chatting about the weather.
어떤 사람들은 날씨에 대해 잡담하는 것을 즐겨.

let me say~

- let me see
  어디 보자, 글쎄요

(소감을 한마디) 말하겠다, ～에 대해 말하자면 *자기 느낌을 언급하기 시작할 때

A: Are you happy about Aurora's performance?
오로라의 공연에 만족하니?

B: **Let me say that** it was very disappointing.
아주 실망스러웠다고 말하겠어.

ㄴ Let me say that this can be repaired. 이건 고칠 수 있다고 말하겠어.

ㄴ Let me say that you look very nice tonight.
말하자면 넌 오늘 밤 무지 멋있게 보여.

get back to~

- get back to sb (on)
  (…에 대해) …에게 다시 연락하다
- get back to sth
  …로 다시 돌아가다

…에게 나중에 다시 연락하다 *나중에 전화하거나 혹은 나중에 논의하다라는 뜻.

A: I need a decision from you. **Get back to** me.
너의 결정이 필요해. 나중에 연락해.

B: I'll call you tomorrow morning. 내일 아침 연락할게.

⤷ I'm sorry I didn't **get back to** you sooner. 더 빨리 연락 못 줘서 미안해.

⤷ I'll **get back to** you on that. I might have other plans.
나중에 말해줄게. 다른 일이 있을지도 모르거든.

speak to sb about

- speak up
  큰소리로 말하다
- speak English
  영어로 말하다

…에게 …대해 말하다 *to 다음에는 사람, about 다음에는 말하는 내용을 쓴다.

A: Eddie is making everyone in his class upset.
에디는 자기 학급 모두를 당황시키고 있어.

B: I'll **speak to** him **about** his behavior. 걔의 행동에 대해 내가 말해볼게.

⤷ **Speak to** Nicky **about** being on time. 니키에게 시간을 지키는 것에 대해 말해줘라.

⤷ I would like to **speak to** the head of your department.
당신 부서 책임자와 통화하고 싶은데요.

say something to

- say something about
  …에 대해 말하다
- say much about
  …에 대해 많이 말하다
- say that S+V
  …라고 말하다

…에게 할 얘기가 있다 *구체적인 얘기를 하기 앞서 뭔가 할 얘기가 있다고 할 때

A: Have you asked about the price of this vase?
이 꽃병 가격에 대해 물었니?

B: No, I'll **say something to** the clerk before we go.
아니요, 우리가 가기전에 점원에게 할말이 있어요.

⤷ I have to **say something to** all of you. 난 여러분 모두에게 꼭 할 말이 있어요.

⤷ He doesn't **say much about** it. 걘 그것에 대해 말을 많이 하지 않아.

tell sb about ~

- tell sb some details about
  …의 구체내용을 …에게 말하다
- tell sb sth
  …에게 …을 말하다

…에 대해 …에게 말하다 *4형식구문으로 tell A B의 형태로 써도 된다.

A: Can you **tell me about** the pyramids in Egypt?
이집트 피라미드에 대해 내게 말해줄 수 있니?

B: Sure. I visited them a few years ago.
그럼. 전 몇 년전에 그곳을 방문했어요.

⤷ Can you **tell me about** it over the phone? 그거 전화로 얘기해줘.

⤷ Can you **tell me** your address? 네 주소 좀 알려줘.

tell sb S+V

- Don't tell me S+V
  내게 …라고 말하지 마라
- tell sb how[what, why~]
  …에게 …을 말하다

…에게 …을 말하다 *말해주는 내용이 길어서 S+V의 형태로 쓸 경우

A: Can you **tell me** where the toilet is? 화장실이 어딘지 알려줄래요?

B: Wait a minute, let me ask someone for you.
잠시만요, 다른 사람한테 물어보고요.

⤷ I **told you**! Don't **tell me** you don't remember! 말했잖아! 기억안난다고는 하지마!

⤷ You didn't **tell me** your boyfriend smoked. 네 남자친구가 담배핀다는 얘기안했어.

consult with

consult with sb

…와 상의하다 *조언을 받을 때 쓰며 consult with의 형태로 많이 쓰인다.

- consult a lawyer
  변호사와 상담하다
- consult sb about~
  …에 대해 …와 상의하다

A: Timothy is getting a divorce from his wife.
티모시는 부인과 이혼을 할거야.

B: He needs to **consult with** his lawyer about it.
걘 이혼과 관련해서 변호사와 상담을 해야할 거야.

↳ I consulted with my parents about my school.
학교문제에 대해 부모님과 상의했어.

↳ She consulted her boyfriend about the party.
걘 파티와 관련 남친과 협의했어.

get counseling

상담받다 *상담받는 곳이나 사람을 언급하려면 from~이하에 적어주면 된다.

- be in marriage counseling
  부부상담을 받고 있다
- seek counseling
  상담을 요청하다
- counsel sb to do
  …에게 …하라고 조언하다, 상담해주다

A: Max gets mad very easily. 맥스는 무지 쉽게 화를 내.

B: He should try to **get counseling**. 걘 상담을 받도록 노력해야돼.

↳ She got counseling for her mental problems. 걘 정신문제에 대해 상담을 받았어.

↳ Why don't you go and get counseling? I think it would really help.
가서 상담을 좀 받아보는게 어때? 훨씬 도움이 될 것 같아.

discuss A with B

A에 대해 B와 토의하다 *discuss는 전치사의 도움없이 바로 토의내용이 온다.

- discuss the problem
  그 문제를 토의하다

A: The board of directors are going to meet next week.
이사회가 다음주에 열릴 예정이야.

B: What are they going to **discuss**? 무슨 회의를 할 건데?

↳ Let's discuss the trip with your mom. 네 어머니와 함께 여행문제를 토의하자.

↳ We need to get together to discuss the proposal.
우리 만나서 그 제안서에 대해 의논 좀 해야 겠어요.

talk over

상의하다, 협의하다 *over는 '…에 대하여'라는 뜻으로 다음에 토의대상을 써주면 된다.

A: The club will meet at seven tonight.
클럽은 오늘 밤 7시에 회의를 할거야

B: We have to **talk over** our new projects.
우린 새로운 프로젝트들에 대해 상의해야돼.

↳ Did you talk over the problems you had? 네가 가지고 있는 문제에 대해 상의했니?

↳ She talked over her future plans. 걘 자신의 미래 계획들에 대해 이야기를 했어.

take sth up with~

(중요한 문제로) …와 상의하다 *sth 자리에는 문제삼는 것을 적으면 된다.

- take up sth with sb
  …와 …을 상의하다

A: The toilets smell very bad today.
화장실에서 오늘 매우 나쁜 냄새가 나네.

B: You must **take it up with** the cleaning staff.
넌 청소담당과 상의를 해봐야해.

↳ I took my low salary up with my boss. 난 낮은 봉급과 관련 보스와 상의했어.

↳ She took the bad food up with her waitress. 걘 여종업원에게 음식이 상했다고 했어.

speaking of~

• speaking of which
  얘기가 나왔으니 말인데

…에 대해 말한다면 *of 다음에 얘기를 하려는 내용의 주제어를 말하면 된다.

A: I just joined a health club. 난 방금 헬스클럽에 가입했어.

B: **Speaking of** health, let's go jogging.
   건강에 대해 말하자면 조깅을 하러 가자.

↳ Speaking of your sister, how has she been?
  네 여동생에 대해 말하자면 걘 요즘 어떻게 지내니?

↳ Speaking of lunch, let's get something to eat.
  점심? 그러고 보니 먹으러 가자.

put one's heads together

• be on the table
  협의중인

머리를 맞대고 의논하다 *뭔가 해결책을 찾으려고 머리 맞대는 모습

A: It's too difficult to solve this problem.
   이 문제를 해결하기는 무척 어려워.

B: Let's **put our heads together** and figure it out.
   머리를 맞대고 해결책을 찾아보자.

↳ We put our heads together and created a program.
  우린 머리를 맞대고 프로그램을 만들어냈어.

↳ We can put our heads together and fix this.
  우린 머리를 맞대고 이 문제를 해결할 수 있어.

run it[that] by~

…에게 …을 설명하다, …에 관해서 상담하다 *by 뒤에는 상의할 사람을 쓴다.

A: Do you like my new ideas? 내 새로운 아이디어가 어떠니?

B: I need to **run them by** my boss.
   내 보스에게 그 아이디어를 설명할 필요가 있어요.

↳ Run it by me one more time. 한번 더 내게 설명해봐.

↳ I'll run it by my wife tonight. 난 오늘 밤 그것에 대한 아내의 의견을 들어볼 거야.

run sth by sb

run sth by sb는 「…에게 …에 대한 자문을 구하다」라는 의미의 표현이다. 즉 sb에게 sth에 대한 「의견」(opinion)을 물어보거나, 「허락」(permission)을 구하기 위해 「…에 대해 말하다[설명하다]」라는 뜻이다. 예를 들어 run that contract by a lawyer라고 하면 "그 계약 건에 대해 변호사에게 상담하다"라는 뜻이 된다. 이와 달리, 상대방이 한 말을 잘 이해하지 못했을 때 "다시 한번 설명해주세요"라는 뜻으로 run that by me again이라고 말하기도 한다.

leave for

go to someplace

- go to the gym
  체육관에 가다
- go to sb's house
  …의 집에 가다
- go to the grocery store
  식품점에 가다

…에 가다 *to 다음에는 아무 곳이든 가는 곳을 적으면 된다.

A: What did you do last Friday evening? 금요일 밤에 뭐 했어?

B: I **went to** the theater with my boyfriend. 남자친구랑 극장에 갔었어.

↳ Let's **go to** this Internet cafe to surf the Web.
인터넷 카페에 가서 웹 서핑 좀 하죠

↳ I've decided to **go to** New York without you. 너없이 뉴욕에 가기로 했어.

go abroad

- go overseas
  해외로 가다
- travel abroad
  해외 여행을 하다

해외에 가다 *study abroad는 '해외유학하다,' go abroad on a scholarship은 '장학금받아 해외가다'

A: I heard a lot of students **are going abroad** these days.
요새 유학가는 학생들이 많다더라.

B: True. It's because we aren't satisfied with our education.
맞아. 우리나라에서 받는 교육이 만족스럽지 못해서 그래.

↳ I'd like to **go abroad** for a few years. 난 몇 년간 해외로 가고 싶어.

↳ Have you traveled **overseas**? 해외 여행 해본 적 있어?

leave for+장소

- leave+장소
  …를 떠나다
- leave+장소+for~
  …로 향해 …를 떠나다
- leave so soon
  즉시 떠나다

…로 출발하다 *leave 다음에는 출발지를 for 다음에는 도착지를 말한다.

A: Why are you packing your clothes? 왜 네 옷을 꾸리고 있니?

B: I **leave for** Mexico in the morning. 난 아침에 멕시코로 떠날 거야.

↳ Brad and Andrea **leave for** their vacation tonight.
브래드와 안젤라는 오늘 밤 휴가를 떠날 거야.

↳ I'm going to **leave for** Canada. 캐나다로 떠날거야.

be headed for

- be headed over to
  …로 가보다
- head for[out]
  …로 향하게 하다
- head off to
  …로 향해가다

…으로 향하다 *head가 동사로 go towards라는 뜻으로도 사용된다.

A: By the way, what are you doing tonight? 근데, 오늘 밤에 뭐할거야?

B: I'm **headed to** the library. 도서관에 가려고.

↳ Bette is **headed for** New York City. 베티는 뉴욕시로 향해 가고 있어.

↳ We're **headed for** a large campground. 우린 큰 캠프장을 향하고 있어.

get out of (here)

- Get out of here!
  여기서 나가!, 말도 안돼!
- *cf.* get off work
  일을 끝내고 떠나다

가다 *명령문 형태로 상대방이 말도 안되는 소리를 할 때 쓸 수 있다.

A: I thought I told you to **get out of here**. 나가라고 말했던 것 같은데.

B: You did, but I don't want to. 그랬지, 하지만 싫은 걸.

↳ Would you like me to **get out of here**? 여기서 나가줄까?

↳ I can't wait to **get out of here**. 여기서 나가고 싶어 죽겠어.

be off to

- take off
  떠나다, 자리를 뜨다
- be leaving
  가다, 자리를 떠나다
- be gone
  가고 없다, 가버렸다

(서둘러) 떠나다, 출발하다 *off는 분리, 출발의 의미로 to 다음에는 목적지를 말한다.

A: I saw your kids leave in a taxi. 네 애들이 택시로 떠나는 것을 봤어.

B: Yes, they **are off to** their grandmother's house.
그래, 걔들은 할머니 댁으로 떠난거야.

⌐ Well, I'm off to China in the morning. 난 아침에 중국으로 떠나.

⌐ I am leaving with my best friend. 난 절친과 함께 떠날 거야.

have been to+장소

- Where have you been?
  어디 갔었어?

…에 갔었다[갔다 왔다] *have gone to는 가버리고 없다는 의미가 강하다.

A: Have you traveled much internationally?
넌 국제적으로 여행을 많이 했니?

B: Yes, I **have been to** 36 different countries.
네, 36개 국을 다녀봤어요.

⌐ She **had been to** the Lourve Museum. 걘 루브르 박물관을 다녀왔어.

⌐ Tad **has been to** the best restaurant in Busan.
태드는 부산에서 제일 좋은 식당을 가 본거야.

while I'm away

- while I'm out
  내가 없는 동안
- while I'm gone
  내가 떠나 있는 동안

내가 없는 동안 *잠시 외출이나 출장 등 자리를 비울 때

A: Can you water my plants **while I'm away?**
내가 떠나 있는 동안 화분에 물을 줄 수 있니?

B: You need to give me the key to your apartment.
네 아파트 열쇠를 줘야지.

⌐ Don't behave badly **while I'm away.** 나 떠나 있는 동안 나쁘게 행동하지마.

⌐ You might have problems **while I'm away.**
내가 떠나 있는 동안 넌 문제가 생길 수 있어.

need to be at+장소

- while I'm out
  내가 없는 동안
- while I'm gone
  내가 떠나 있는 동안

…에 가야 하다 *need를 써서 꼭 가야 된다는 뉘앙스를 풍긴다.

A: I **need to be at** my house in 20 minutes.
20분내에 난 집에 가 있어야해.

B: I'll try to drive a little faster. 좀 더 빨리 운전해 볼게.

⌐ Fiona **needs to be at** school today. 피오나는 오늘 학교에 가야해.

⌐ You **need to be at** the bus station soon. 넌 곧 버스 정류장에 가야해.

go up to~

- come up to
  …까지 가다
- walk up to
  …까지 걷다
- drive up to
  …까지 운전하다

…에 다가가다 *up to는 …까지 다가가는 것을 말하며 다음에 사람, 사물이 올 수 있다.

A: I think we have gotten lost. 우리가 길을 잃은 것 같아.

B: Let's **go up to** someone and ask for help.
누군가에 가서 도움을 청하자.

⌐ Simon **went up to** her and asked her out.
사이먼은 걔한데 가서 외출 데이트를 신청했어.

⌐ We're going to **go up to** Zane's house. 우린 제인의 집으로 갈 거야.

come here to

go+동사

- go (out) and+동사 ~
  나가서 ···하자
- go to+동사 ~
  ···하러 가다

···하러 가다 *구어표현으로 go and+동사, go to+동사와 같은 의미이다.

A: **Go do** some work on your school project.
가서 학교 프로젝트 일을 좀 해라.

B: I will. It's almost finished now. 할 거예요. 이제 거의 끝났어요.

↳ Do you want to go get something to eat? 밖에 나가서 뭘 좀 먹을래?

↳ Where can I go to check my e-mail? 어디 가서 이메일을 볼 수 있나요?

go ~ing

- go shopping
  쇼핑하러가다
- go camping
  캠핑가다

하러 가다 *go 다음에 동사의 ~ing을 붙여서 가는 목적을 말하면 된다.

A: What are your plans for this weekend? 이번 주말에 뭐 하려고 해?

B: **I'm going hiking** on Sunday. 일요일에 하이킹갈 거야.

↳ I'm going jogging tomorrow morning. 내일 아침에 조깅하러 갈 거야.

↳ Are you ready to go shopping? 쇼핑 갈 준비 다 됐어?

go for+N

- go for a walk
  산책하다
- go for a swim
  수영하러 가다

···하러 가다 *or 다음에 다양한 명사를 넣어서 ···로 가는 목적을 말하는 표현법

A: Did you have any plans on Sunday? 일요일에 무슨 계획이 있었니?

B: I'd like to **go for** a hike in the country. 지방에 하이킹하러 가고 싶어요.

↳ Would you like to go for a drive? 드라이브 갈래요?

↳ Let's do that now and then go for a coffee. 지금 하고 나서 커피 마시러 가자.

come to

- come and+동사 ~
  와서 ···하다
- come for+N
  ···하러 오다
- come to+장소명사
  ···로 가다

···하러 오다 *to 다음 명사가 오면 도착지를, to do~가 되면 방문 목적으로 말하게 된다.

A: This was the first time I visited a beach.
이번이 내가 해변을 방문한 첫번째였어.

B: Really? I just love **coming to** see the ocean.
정말로? 난 바다를 보러 오는 것을 그냥 좋아해.

↳ Would you like to come for dinner? 저녁 먹으러 올래요?

↳ I came for the meeting at ten. 10시에 회의가 있어서 왔어요.

come here to

- I'm here to do~
  ···하러 왔습니다

···하러 여기에 오다 *어느 장소에 도착해서 온 이유를 말할 때

A: When did your dad **come to** the States?
아버님이 언제 미국에 오셨니?

B: When he was in his thirties. 30대에.

↳ Do you need me to come to your house? 내가 네 집에 가야할 필요가 있니?

↳ I came here to see if I could get a job. 난 취업을 할까해서 여기에 왔어.

go downtown

go downtown

- go downtown to do
  …하러 시내에 가다
- go into town
  시내로 들어서다
- get to downtown
  시내에 다다르다

시내에 가다 *the downtown area는 the city center로 시내 중심가를 뜻한다.

A: How would you like to go to a movie? 영화보러 가면 어떨까?

B: Let's not **go downtown** tonight. 오늘 밤을 시내에 가지 말자.

↳ I went downtown to buy groceries. 난 식료품을 사려고 시내에 갔어.

↳ Just go downtown and it's right across from City Hall.
시내로 가시면 그건 바로 시청 건너편에 있어요.

come downtown

- come downtown to do
  …하러 시내에 오다
- come to town for
  …하러 시내에 나오다

시내에 오다 *to do, for+N 등으로 시내에 온 목적을 말하면 된다.

A: I heard that John **is coming to town** this weekend
이 번 주에 존이 올라온데.

B: Did you get in touch with him ? 연락해 봤어?

↳ Let me know when you come downtown. 언제 시내로 나올지 알려줘.

↳ We came downtown to see a movie. 우린 영화를 보려고 시내로 갔어.

walk downtown

- take sb all over the city
  …을 끌고 시내를 휘돌아 다니다

시내를 걸어가다 *시내로 가려고 차를 타지만 시내에서는 걸어다닐 때가 많은 법

A: Can I give you a ride somewhere? 어딘가 차로 데려다 줄까?

B: No thanks. I'm going to **walk downtown.**
고맙지만 시내를 걸어다닐거야.

↳ I don't want to walk downtown. 시내에서 걸어다니는 걸 원하지 않아.

↳ Jane walks downtown twice a week. 제인은 일주에 2번 시내에서 걸어다녀.

be in town

- be in town to do
  …하러 시내에 나오다
- stay in town
  시내에 머물다

시내에 나오다 *in the city 는 '시내에' 라는 표현으로 downtown과 같은 의미이다.

A: Why are you buying so much food? 왜 그렇게 많은 음식을 사니?

B: My parents **are in town** this week.
부모님이 이번 주에 시내에 나와 계셔.

↳ I heard the sheriff was in town looking for you this morning.
오늘 아침 보안관이 시내에서 너를 찾고 있었다고 들었어.

↳ Don't hesitate to give me a ring when you're in town next.
다음에 이곳에 오셨을 때 주저하지 말고 나한테 전화해요.

be out in the suburbs

교외에 나와 있다 *suburb는 '외곽'이라는 의미이다.

A: Where did Kevin and Anna buy a house?
케빈과 안나는 어디에 집을 샀니?

B: Their house **is out in the suburbs.** 걔들 집은 교외에 있지.

↳ Gordon lived out in the suburbs after moving. 고든은 이사후 교외에 나와 살았어.

↳ Our family's house was out in the suburbs. 우리 가족의 집은 교외에 있었어.

26 도착하다(상대방있는 쪽으로 가거나 오다)
get to

get to+장소

…에 도착하다 *get to가 아니라 get to 다음에 장소명사를 쓴다는 점에 유의

A: Could you tell me how I **get to** the subway?
지하철로 가려면 어떻게 가야 하나요?

B: Go straight ahead until you see the sign.
지하철 표지판이 나올 때까지 앞으로 쭈욱 가세요.

↳ How will you **get to** the airport? 공항까지 어떻게 갈 거야?

↳ I cannot wait to **get to** New York. 어서 뉴욕에 가고 싶어.

get there

도착하다 *get to+장소명사에서 to+장소명사 대신 장소부사 there가 온 경우

- How do I **get there**?
거기에 어떻게 가니?
- **get here**
여기에 오다

A: Isn't there a short cut to **get home**? 집으로 가는 지름길은 없나?

B: No, there's only one way to **get there**. 없어, 가는 길은 딱 하나야.

↳ I can't **get there** by one o'clock. 한 시까지 거기에 못 가.

↳ It takes an hour to **get there** from here. 여기서 거기 가는데 한 시간 걸려.

be there

그리로 가다 *be just in time for는 '…에 빠듯하게 도착하다'라는 의미의 표현

- **be almost there**
거의 거기에 도착하다
- **be right here** = be coming
바로 오다

A: Make sure that you arrive on time tomorrow.
내일 정시에 도착할 수 있도록 확실히 해.

B: Don't worry. I'll **be there** early. 걱정하지마, 일찍 올테니까.

↳ We'll **be there** in a few minutes. 우리 몇 분후에 도착할게.

↳ I'll **be there** as soon as I can. 될 수 있는 한 빨리 갈게.

arrive on time

정각에 도착하다 *가장 대표적 도착동사로 주로 arrive in[at]의 형태로 쓰인다.

- **arrive at the airport** (early)
공항에 (일찍) 도착하다
- **arrive at**+시간
…시에 도착하다

A: When is he scheduled to **arrive at** the airport?
그 사람이 공항에 언제 도착할 예정이니?

B: He's supposed to arrive tomorrow after lunch.
내일 점심 후에 도착하게 되어 있어.

↳ I hope the bus will **arrive on time**. 버스가 정시에 도착하기를 바래.

↳ Make sure that you **arrive on time** tomorrow. 내일 정시에 꼭 도착하도록 해.

reach+장소

…에 도착하다 *arrive at과 같으며, '…에'라는 말이 들어가지만 reach 뒤에는 바로 목적지가 나온다.

A: How long will it take for us to **reach the Inn**?
우리가 여관에 도착하려면 얼마나 걸리니?

B: It should only take about 20 minutes. 약 20분 정도만 걸릴거야.

↳ It takes about 15 minutes for him to **reach the office**.
사무실가는데 약 15분 걸려.

↳ Keep going straight until you **reach the church**.
교회가 나올 때까지 곧장 가세요.

be on the way

- be on the way to
  …로 가는 도중이다
- be on one's way (to)
  …가 (…로) 가는 중이다

…로 가는 중이다 *on the way 혹은 가는 사람을 말할 때 on one's way라 한다.

A: **When are you leaving?** 언제 출발할거니?

B: **I'm on my way** now. 지금 가고 있는 중이야.

  ↳ I was **on my way home** from work. 퇴근해서 집에 오는 길이었어.

  ↳ I left my passport in the taxi **on the way to** the hotel.
    호텔가는 길에 택시에 여권을 두고 내렸어.

be on the way back

- be on the way back to
  …로 돌아가고 있는 중이다
- be on one's way back (to)
  …가 (…로) 돌아가고 있다

오는 길에 *오는 장소를 말하려면 to+장소명사를 써준다.

A: **Thanks, I will return soon.** 곧 돌아올게요.

B: **Bring me a coffee on your way back.**
    돌아오는 길에 커피 좀 가져오세요.

  ↳ Larry is gone, but he **is on the way back.** 래리는 갔지만 돌아오고 있는 중이야.

  ↳ I was just **on my way back** from Brian's house.
    브라이언 집에서 돌아오는 길이었어.

make it to+장소

- make it to the wedding
  결혼식에 늦지 않게 참석하다
- can('t) make it = can('t) go
  somewhere
  성공할 수 없다

시간에 늦지 않게 …에 도착하다 *make it만으로도 문맥상 '도착하다,' '오다'라는 의미로 쓰인다.

A: **I won't be able to make it to the presentation.**
    발표회에 가지 못할 것 같아.

B: **That's okay. I'll take notes for you.** 걱정 마. 내가 대신 노트해 줄게.

  ↳ Helen can't **make it to** Washington DC. 헬렌은 워싱턴 DC에 가지 못했어.

  ↳ We're having a party for Tom. Hope you can **make it.**
    탐에게 파티를 열어주려고 해. 너도 올 수 있었으면 좋겠다

I'm coming

- I'm going
  갈거야
- I'm not going
  안갈거야

가고 있다 *상대방이 있는 곳으로 갈 경우 come이 '가다'라는 의미로 쓰인다.

A: **Come on, or we're going to be late.** 서둘러, 안그러면 우린 늦는다구.

B: **I'm coming** as quickly as I can. 최대한 빨리 갈게.

  ↳ **I'm coming to** your birthday party. 네 생일파티에 갈게.

  ↳ **I'm coming to** class in ten minutes. 10분안에 수업에 들어갈게.

I'm coming vs. I'm going

I'm going은 모임 등에 참석하겠다는 의미로 "난 가"라는 의미이고 I'm coming은 난 온다가 아니라 "갈게"라는 뜻이다. 무조건 go는 「가다」, come은 「오다」라고 외운 우리들로서는 이상할 수밖에 없을 것이다. 영어의 come과 go는 「말을 하는 사람」(speaker)과 그 이야기를 「듣는 사람」(hearer)을 기준으로 한 「이동방향」에 따라 구분한다. 좀 더 자세히 살펴보면, 말을 하거나 듣는 사람이 있는 곳으로 (moving to the place where the speaker or hearer is) 이동하는 경우에는 come을 쓰고 그 외의 장소로(moving from where one is to another place) 움직이는 경우에는 go를 쓴다. 그래서 누가 부를 때는 I'm going이 아니라 I'm coming으로 해야 된다. 결국 I'm going은 내가 지금 있는 곳으로부터 여기도 아니고 상대방이 있는 곳도 아닌 제 3의 장소로 이동한다는 의미이고, I'm coming은 내가 지금 있는 장소로부터 상대방이 있는 곳(where the other person is)으로 이동한다는 의미인 셈이다.

go together

go together (with)

…와 함께 가다 *함께 가는 사람이 누군인지 말하려면 with sb를 붙인다.

A: **Would you like to get a drink?** 술 한잔 할래요?

B: **Sure, let's go together with our friends.**
좋죠, 친구들하고 같이 갑시다.

↳ I can't **go together with** everyone here. 여기 모든 분들과 같이 갈 수는 없어요.

↳ Let's **go together** and grab dinner before. 같이 가서 그 전에 저녁부터 먹자.

go with

~와 함께 가다 *선택하다의미로도 쓰이며 또한 come with처럼 '…가 …에 딸려나오다'라는 의미로도 쓰임.

- a condo goes with the job in Manhattan
  맨하튼 직장에는 콘도가 같이 제공된다

A: **I'm going to visit Beijing this summer.** 올 여름에 베이징에 갈 거야.

B: **I wish I could go with you.** 나도 같이 갈 수 있으면 좋으련만.

↳ Do you need me to **go with** you? 함께 가줄까?

↳ I decided I'm going to **go with** her. 걔랑 연애하기로 결정했어.

come along with

…와 함께 가다 *한 단어로 accompany의 의미이고 come 대신 go를 써도 된다.

- be accompanied by[with]
  …을 동반[수반]하다

A: **I would like to go out for lunch on Friday.**
금요일에 같이 점심 먹으러 갔으면 하는데.

B: **Sounds good to me. I'll ask Greg to come along.**
좋지. 그렉에게도 같이 가자고 할게.

↳ Celia decided to **come along with** us. 셀리아는 우리랑 함께 가기로 결정했어.

↳ Do you want to **come along**? 같이 갈래?

come outside

밖으로 나오다 *go outside하면 '밖으로 나가다'라는 뜻

- come[go] inside
  안으로 들어오다[가다]
- come[go] downstairs
  아래층으로 오다[가다]

A: **Martha, I need to take a break from this discussion.**
마서, 좀 쉬었다가 다시 얘기해야겠어.

B: **Sure. Why don't you go outside for a while.**
알았어. 잠시 밖에 나갔다 오는 게 어때?

↳ You'd better not **go outside**. It's too cold. 나가지 마. 밖은 너무 추워.

↳ We should **go outside** and get something to eat.
밖에 나가서 먹을 것을 가져와야해.

go over there

저쪽으로 가다 *여기에서 저쪽 편으로 갈 경우, 반대는 go 대신 come을 쓴다.

- go there alone
  혼자 그쪽으로 가다
- come over here
  이쪽으로 오다

A: **I need you to come over here at 5 p.m. tomorrow.**
내일 오후 5시에 여기로 와주셨으면 해요.

B: **I'm sorry, I can't. I have another appointment.**
죄송하지만 안돼요. 선약이 있어서요.

↳ **Go over there** and buy me some coffee. 거기 가서 커피 좀 사와라.

↳ Would you **come over here** please? 좀 이리로 와볼래요?

go back to

go back (to)

(…로) 돌아가다 * 꼭 장소가 아닌 '앞에 있었던 일이나 말하던 내용으로 돌아가다' 라는 의미도 있다.

- go back to do
  …하러 돌아가다
- come back (to)
  (…로) 돌아오다

A: What are your plans for next year? 내년도 네 계획은 어떠니?

B: I'm going to **go back to** live in LA. 돌아가서 LA에서 살려고.

↳ Do you have to go back to work? 일하러 돌아가야 돼?

↳ I'd rather die than go back. 돌아가느니 죽는 게 낫겠어.

get back to~

…로 돌아가다 *to 뒤에 사물명사가 와서 물리적, 추상적으로 돌아간다는 의미.

A: What are we learning how to cook today?
오늘 우린 어떤 요리법을 배우나요?

B: Today we are going to **get back to** basics.
오늘 우린 기초로 돌아가려고.

↳ Try to get back to your hometown. 네 고향으로 돌아가도록 해봐라.

↳ I will get back to the painting eventually. 난 결국 다시 그림을 그릴거야.

be back+시간

…후에 돌아오다, (곧) 돌아오다 *one hour, in ten minutes 등의 시간명사구가 온다.

- be back one hour
  1시간 후에 돌아오다
- be back any minute
  당장이라도 돌아오다
- be right back
  금방 돌아오다
- be back from
  …로부터 돌아오다

A: Are you going to be long? 오래 걸리나요?

B: No, I'll **be back** in ten minutes. 아뇨, 10분 후에 돌아올거에요.

↳ I have a feeling that we will be back here soon.
곧 여기 다시 올 것같은 예감이 들어.

↳ What time do you think she will be back? 걔가 몇 시에 돌아올 것 같니?

find one's way back

되돌아오다 *직역하면 돌아오는 길을 찾는다는 의미

- find one's way back into
  …로 복귀하다, 컴백하다

A: We got lost while walking in the forest.
우린 숲속을 걷다가 길을 잃었어.

B: How did you **find your way back**? 어떻게 다시 돌아가는 길을 찾았니?

↳ I hope she'll find her way back to me. 갠 나한테 돌아올 것으로 기대해.

↳ It was difficult to find our way back home. 집으로 가는 길을 찾기가 어려웠어.

return to+장소

…로 돌아가다 *가장 대표적 동사로 to 다음에는 돌아가는 장소명사를 쓴다.

A: The student government meeting is over. 학생회 회의가 끝났어.

B: We have to **return to** our classrooms. 우린 교실로 돌아가야해.

↳ Why did you decide to quit your job and return to England?
직장 그만두고 영국으로 돌아올 결심을 왜 했니?

↳ How soon will you return to the US? 언제쯤 미국으로 돌아갈 거야?

go home

go home

집에 돌아가다 *더 넓은 의미로 '귀향하다,' '귀국하다'의 의미로도 쓰인다.

A: Just say when and we can **go home**. 시간만 말해. 집에 갈 수 있으니까.

B: I'll let you know when I want to go. 언제 가고 싶은지 알려줄게.

⌐ I'd love to, but I have to **go home** early tonight.
그러고 싶지만 올저녁 집에 일찍 가야돼.

⌐ I wanted to let you know that Sam **went home**.
샘이 집에 간 것을 알려주고 싶었어.

get home

집에 오다 *get to+장소명사에서 to+장소명사자리에 home이라는 부사구가 쓰인 경우

- arrive at home
집에 도착하다
- I'm home.
나 집에 왔어.

A: John is leaving work right now. 존은 지금 사무실에서 떠날 거야.

B: When will he **get home**? 걘 언제 집에 도착할건가?

⌐ It takes around 1 hour for me to **get home**. I should get going.
집에 오는데 한 시간 걸려. 가야 돼.

⌐ When's she getting home? 걘 언제 집에 와?

come home

집에 오다 *집으로 돌아온다는 느낌을 주려면 come back home이라고 한다.

- come home late
늦게 집에 오다

A: When will Sharon be here? 샤론이 언제 여기에 올 건가?

B: She'll **come home** when the movie finishes.
영화가 끝날 때 돌아올 거야.

⌐ Barry didn't **come home** until late. 배리는 늦게까지 집에 오지 않았어.

⌐ Why did you **come home** so late last night? 어젯밤에 왜 그렇게 늦게 들어왔니?

stay (at) home

집에 머물다 *at를 쓰면 home이 명사, 안쓰면 부사가 된다.

- stay home all day
하루 종일 집에 머물다
- stay in
집에 머물다
- keep at home
나가지 않고 집에 있다
- be home
집에 있다

A: My son had to **stay home** from school today.
아들이 오늘 학교에 못가고 집에 있어야 했어요.

B: Why's Is he sick? 왜요? 아프기라도 해요?

⌐ You should **stay at home** for a few days. 넌 몇 일 정도 집에 머물러야해.

⌐ Do you mind if I **stay home** tonight and play with the kids?
오늘 밤 집에 남아서 애들하고 놀아도 괜찮겠지?

drive home

차로 집에 가다 *다른 사람을 차로 집에 데려다줄 때는 drive A home하면 된다

- take the taxi home
택시타고 집에 가다
- walk home
걸어서 집에 가다

A: Thanks for your time. 시간 내줘서 고마워.

B: It was nothing. **Have a safe drive home.**
별거 아냐. 운전 조심해서 가.

⌐ Bart didn't **drive home** when it was snowing.
바트는 눈올 때 차로 귀가하지 않았어.

⌐ Rachel plans to **drive home** tomorrow morning.
라헬은 낼 아침 차로 집에 갈거야.

30 …을 데리고 가다, 이동시키다
take ~ to

take A to+장소

- take A to B
  A를 B로 데리고 가다
- take the suitcase to the car
  가방을 차에 싣다

A를 …로 데려가다, 가지고 가다 *take sb by car하면 차로 데려다주다가 된다.

A: Wow, it's really late right now. 어휴. 이제 정말 늦었네요.

B: Shall I **take you to** your place? 집까지 바래다줄까요?

ㄴ You told me you were going to **take me to** lunch. 나 점심 사준다고 했잖아.

ㄴ I wanted to **take you to** one of my favorite restaurants.
내가 자주 가는 식당으로 당신을 데려가고 싶었어요.

pick up

차로 데려오다, 데려가다 *pick up A 혹은 pick A up이라고 해도 된다.

A: We are on our way to the airport to **pick up** the boss.
사장님 모시러 공항에 가는 길이야.

B: Did you check to see if his flight is arriving on time?
비행기가 정시에 도착하는지 알아봤니?

ㄴ I'll **pick you up** tomorrow at 9 a.m. 내일 아침 9시에 데리러 올게.

ㄴ Do you need me to **pick you up** from the airport?
공항에서 널 픽업해 줄 필요가 있니?

ride with sb to ~

…를 태우고 …로 가다 *with 다음에 사람, to 다음에는 목적지를 말한다.

A: Has Pam called a taxi yet? 팜이 택시를 불렀니?

B: No, she'll **ride with Lisa to** the airport.
아니, 리사 차를 타고 공항까지 갈거야.

ㄴ Sandra **rode with me to** the museum. 샌드라는 나와 함께 차로 박물관에 갔어.

ㄴ Inga **rode with her friends to** the festival. 잉가는 친구들과 함께 차로 축제에 갔어.

move over

- move A over to+장소
  A를 …로 옮기다

이동하다, 옮기다 *참고로 shift from A to B는 A에서 B로 이동하다란 의미

A: Can you **move over** and give me some space?
좀 옮겨서 나한테 공간을 좀 줄 수 있니?

B: Sure, I'd be glad to give you more room.
그럼요. 기쁜 마음으로 공간을 생기게 해드릴께요.

ㄴ No one on the subway would **move over.**
지하철에서 어느 누구도 자리를 옮기지 않아.

ㄴ I asked each person to **move over.** 난 각자에게 자리를 옮기라고 요청했지.

move sth outside

- move A into B
  A를 B로 이동하다
- move back[forward]
  뒤로[앞으로] 이동하다

…를 밖으로 치우다 *move A 뒤에 다양한 부사[전치사]를 써서 이동방향을 말할 수 있다.

A: Have you filled this garbage bag? 이 쓰레기 봉지를 채웠나요?

B: Yeah, we can **move it outside.** 예. 우린 그것을 치울 수 있지요.

ㄴ Let's **move these chairs outside.** 이 의자들을 밖으로 치웁시다.

ㄴ You should **move the bicycle outside.** 넌 그 자전거를 치워야해요.

move to

move to

- move to another apartment
  다른 아파트로 이사하다
- move to this town
  이 도시로 이사하다
- move out
  이사 나가다

이사하다 *to 다음에는 이사가거나 오는 장소명사를 쓰면 된다.

A: I've decided to **move to** Japan this year.
올해 일본으로 이사가기로 했어.

B: Really? Are you sure about that? 정말? 확실한 거야?

↳ Sal wants to **move to** Brooklyn. 샐은 브루클린으로 이사가길 원해.

↳ I may have to **move to** New York for my job. 일 땜에 뉴욕으로 이사가야 할지 몰라.

move from

- move away
  이사 가버리다
- move away from
  …에서 이사가다

…에서 이사해오다 *이사하기 위해 떠나는 곳을 말할 때 쓰는 표현

A: The rent is too high at my apartment. 내 아파트 월세가 너무 높아.

B: You should **move from** that place. 그 곳에서 이사를 나와야지.

↳ Pam decided to **move from** her parent's house.
팸은 부모님집에서 이사나오기로 했어.

↳ I don't want to **move from** my hometown. 난 고향에서 이사 나가길 원하지 않아.

move in

- move in with sb
  …와 함께 살다, 동거하다
- move abroad
  해외로 이사가다

이사해오다, 동거하다 *in 대신에 into를 써도 되며 또한 move in with하면 '동거하다.'

A: Marie and Andy will **move in** after they get married.
마리와 앤디는 결혼한 후 이사해올 거야.

B: Have they planned their wedding yet? 걔들은 결혼식 준비를 했니?

↳ You can **move in** after you pay the rent. 넌 월세를 낸 후에야 이사 들어올 수 있어.

↳ We **moved in** after I got a new job. 난 새 직업을 얻은 후에 이사 들어왔어.

move here

- move there
  거기로 이사가다
- move somewhere else
  다른 곳으로 이사하다

이리로 이사오다 *move around는 '여기저기 이사다니다'라는 표현

A: This city has many international residents.
이 도시에는 해외출신 거주민들이 많아.

B: People **move here** from all around the world.
사람들이 전 세계에서 이곳으로 이사오고 있어.

↳ Cindy decided not to **move here**. 신디는 이곳으로 이사하지 않기로 결정했어.

↳ You can **move here** with your parents. 네 부모님과 함께 이곳으로 이사올 수 있어.

help sb move to

…가 …로 이사가는 것을 돕다 *보통 도움없이는 이사를 못하기 때문에 많이 쓰이는 표현이다.

A: Are you going somewhere this morning?
오늘 아침 어딘가 갈 거니?

B: I must **help Tony move to** a new apartment.
난 토니가 새 아파트로 이사가는 걸 도와줘야해.

↳ We helped the professor move to a new office.
우린 교수님이 새 사무실로 이사가는 것을 도왔어.

↳ Help me move to a better place. 내가 좀 나은 곳으로 이사가는데 도와주라.

stay for

stay for+기간

- stay longer (with)
  (…와) 좀 더 머물다

…동안 머물다 *남다라고 할 때는 remain보다 stay가 구어체로 많이 쓰인다.

A: I'd like to talk more with you. 난 너와 좀 더 말하고 싶어요.

B: You should **stay for** a few more minutes.
　　넌 몇 분 정도 더 머물러야해.

└ I've decided to **stay longer**. 더 머물기로 결정했어.

└ Do you need me to **stay longer**? 내가 좀더 있어야 하나요?

stay another day

- stay overnight
  하룻밤을 보내다
- stay the night
  저녁을 지새다

하루 더 머물다 *stay 뒤에 전치사 없이 바로 시간명사가 와서 '잠시 머물다'라는 뜻

A: Are you going home tomorrow? 내일 집으로 갈 거니?

B: No, we'll **stay for another day**. 아니, 하루 더 머물거야.

└ Are you sure it's okay if we stay another day?
　　우리가 하루 더 머물러도 정말 괜찮아?

└ It's Mr. Lee in room 607, I need to stay another day.
　　607호에 있는 미스터 리인데요, 하루 더 체류하고 싶습니다.

stay at

- stay at a friend's home
  친구 집에서 머물다
- stay over
  외박하다, …에서 하룻밤을 보내다

…에 머물다, …에서 지내다 *at 다음에는 머무르는 장소명사가 오기 마련이다.

A: Where did Tim stay in Chicago? 팀은 시카고 어디에서 묵나요?

B: He **stayed at** an expensive hotel.
　　팀은 시카고 어디에서 묵나요? 걘 비싼 호텔에 있어요.

└ We'll stay at my uncle's house. 우린 내 삼촌 집에 머물거에요.

└ They didn't stay at the university. 걔들은 대학에서 묵지 않았어요.

stay here

- stay there
  거기에 머물다
- stay inside
  안에 머물다
- stay outside
  밖에 머물다

여기에 머물다 *stay 담에 here, there 등 다양한 부사가 와서 머무는 장소를 말한다.

A: We really like your new house. 우린 너의 새 집을 정말로 좋아해.

B: You can **stay here** when you visit me.
　　날 방문할 때 여기에 머물러도 돼요.

└ Feel free to stay here as long as you like. 계시고 싶을 때까지 마음놓고 머무세요.

└ They will allow us to stay here. 걘 우리가 여기 머무는 것을 허용할 거야.

stick around

- stick with
  …의 곁에 머물다(stay close to)

머무르다 *예정보다 좀 길게 주변에 남아 머무르는 것을 의미

A: Are you in a hurry to leave? 너 빨리 떠나야하니?

B: No, I can **stick around** for a while. 아니, 잠시 주변에 있을 수 있어.

└ She'll stick around until eleven tonight. 걘 오늘 밤 11시까지 가지 않고 있을 거야.

└ Greg stuck around the nightclub. 그레그는 나이트클럽 주변에서 얼쩡댔어.

call A B

call by one's first name

• be on a first name basis
서로 이름을 부를 정도로 친하다
• be on first-name terms with sb
서로 친밀한 사이이다
• call sb names
···의 욕을 하다

이름을 부르다 *Mr.[Mrs.]+성(姓) 이 아니라 이름을 부른다는 표현

A: **Do you know the manger well?** 매니저 잘 알아?

B: Yes I do. We **are on a first name basis.** 어 그래. 친한 사이야.

↳ Don't call our boss by his first name. 우리 보스의 이름을 부르지마.

↳ She called her mom by her first name. 걘 엄마의 이름을 불렀어.

call A B

• call sb a liar
···를 거짓말쟁이라 하다
• call sb a chicken
···를 겁쟁이라 부르다

A를 B라고 부르다 *B에는 사람이름이나 사람을 지칭하는 명사가 온다.

A: **What is the name of your boss?** 네 보스 이름은 뭐니?

B: Everyone **calls him Mr. Gibbs.** 모두 다 그를 깁스라고 불러.

↳ Sue called Brandon a liar. 수는 브랜던을 거짓말쟁이라고 불러.

↳ We call Beth Dr. McKinney. 우린 베스를 맥킨리 박사라고 칭해.

call sth in English

~을 영어로 말하다 *'이것을 영어로 뭐라 하죠?'는 "What's this called in English?"라 하면 된다.

A: **What is the word for this thing?** 이것을 칭하는 단어는 뭐니?

B: We **call it an umbrella in English.** 우린 이걸 영어로 우산이라고 부르지.

↳ What do you **call that in English?** 저걸 영어로는 뭐라고 하니?

↳ I don't know how to **say it in English.** 그걸 영어로 뭐라고 하는지 모르겠어.

be called

(특별한 이름으로) 불리다 *이름이나 명칭, 별명, 애칭을 말할 때 쓰는 표현

A: **Does Michael have a nickname?** 마이클은 별명이 있니?

B: He **is called** Micky by his friends. 걘 친구들이 미키라고 불러.

↳ This snack **is called** a Twinkie. 이 스낵은 트윈키라고 불려져.

↳ Our New Year's celebration **is called** Sul-nal.
우린 새해 명절을 설날이라고 부르지.

name sb+이름

• name A after B
A의 이름을 B를 따라 붙이다
• be named for
···라고 불리다
• sb named sth
···라는 이름의 ···

···를 ···라고 이름짓다 *name이 동사로 name A B의 경우로 쓰인 경우

A: **Leo and Madge have a new child.** 레오와 매지는 새 아이를 낳았어.

B: I heard they **named him Phil.** 아이 이름이 필이라고 들었어.

↳ We **named** our dog Henry. 우린 강아지 이름을 헨리라고 지었어.

↳ We'll **name** the baby Fred. 우린 그 아이 이름을 프레드라고 부를거야.

behave oneself

be polite to

…하는 것은 예의바르다 *단 사람이 주어로 오는 경우 to 다음에도 역시 사람이 온다.

- A be polite to B
  A가 B에게 정중하다
- It's polite[impolite] to do
  …하는 것은 예의바르다[불손하다]

A: **That man is very powerful.** 그 사람은 무지 강해.

B: **We should all be polite to him.** 우리 모두 걔한테 공손해야해.

└ I am always polite to my grandpents. 난 조부모에게 항상 공손하지.

└ Donald **was not polite to** his teacher. 도날드는 선생님에게 공손하지 않았어.

have good manners

매너가 좋다 *manner가 복수형태로 쓰이면 의미가 바뀌어 '예의'를 뜻한다.

- be well-mannered
  태도가 얌전하다
- remember one's manners
  …의 매너를 기억하다

A: **Everyone loves Danielle's children.** 모두가 다니엘 애들을 사랑해.

B: **They have good manners.** 걔들은 매너가 좋거든.

└ All of my classmates **have good manners.**
  내 학급 학생들은 모두 좋은 매너를 가지고 있어.

└ Do your students **have good manners?** 네 학생들 매너가 좋니?

behave oneself

예의 바르게 행동하다 *behave nicely는 '얌전하게 굴다'라는 의미

- be on one's best behavior
  예의 바르게 행동하다
- one's behavior is out of
  place
  …가 예의 바르지 못하다

A: **Why is Bart sitting over in the corner?** 바트가 왜 코너에 앉아있니?

B: **He didn't behave himself in class.** 걘 수업시간에 행실이 좋지 않았어.

└ I always **behave myself** when I drink. 난 음주할 때 항상 예의가 바르지.

└ Did Fara **behave herself** at the party? 파라가 파티에서 예의 바르게 행동했니?

talk back to

말대꾸하다 *talk back sb all the time는 '꼬박꼬박 말대꾸를 하다'라는 뜻

- be rude to do~
  무례하게도 …하다

A: **It is very rude to talk back to teachers.**
  선생님에게 말대꾸하는 것은 매우 무례한 일이야.

B: **Parents must teach children good manners.**
  부모님들이 애들에게 좋은 매너를 가르쳐야해.

└ Brett was punished when he **talked back.** 브레트는 말대꾸할 때 처벌을 받았어.

└ Don't **talk back to** our boss. 우리 보스에게 말대꾸하지마.

have a date

fix A up with B

A에게 B를 소개시켜주다 *특히 이성을 소개시켜주는 것으로 fix 대신 set을 쓰기도 한다.

- set A up with B
  A에게 B를 소개시켜주다

A: I'm going to **fix you up with a date.** 내가 소개팅 시켜줄게.

B: I'd rather go to the party all by myself. 그 파티에 그냥 혼자 갈래.

  ↳ Lisa set Rebecca up with her friend. 리사가 레베카에게 자신의 친구를 소개시켰어.

  ↳ Let's set my sister up with a nice guy. 내 여동생에게 괜찮은 친구를 소개시켜주자.

have a date

데이트하다 *데이트 상대는 with sb로 표시해준다.

- get a date with sb
  …와 데이트하다
- want a date
  데이트를 원하다
- have a hot date
  멋진 데이트가 있다

A: What are your plans for tonight? 오늘밤 뭐해?

B: I **have a date.** We're going out for dinner.
  데이트가 있어. 나가서 저녁 먹을 거야.

  ↳ I've got a date with Lilly this evening. 오늘 저녁 릴리와 데이트가 있어.

  ↳ Can you believe she had a date with the teacher?
  걔가 선생님이랑 데이트 했다는게 믿겨져?

date sb

…와 데이트하다 *date는 명사로 '데이트(상대)', 동사로는 '데이트하다'라는 의미

- How was your date?
  너 데이트 상대 어땠어?
- How did your date go?
  너 데이트 잘 됐니?

A: Did you ever **date Melisa?** 너 멜리사하고 데이트 한 적 있어?

B: No, but I was interested in her. 아니, 하지만 예전에 걔한테 관심이 있었지.

  ↳ How can you date that younger guy? 어떻게 그렇게 어린 애랑 데이트할 수 있어?

  ↳ This is why she doesn't date short guys.
  이래서 걔가 키작은 남자들하고 데이트 안하는 거야 .

go out with

…와 데이트하다 *문맥에 따라 단순히 '…와 함께 나가다'라는 뜻도 있다.

- go out with
  데이트하다, 외출하다
- go out
  외출하다, 데이트하다
- go with
  …와 함께 가다, 연애하다

A: Will you **go out with me** tonight? 오늘 나하고 데이트할래?

B: I'd rather stay home and watch TV. 그냥 집에서 TV나 볼래.

  ↳ She doesn't want to go out with you. 걔 너하고 데이트하는 것 원하지 않아.

  ↳ It's hard to get women to go out with me. 난 여자한테 작업하는 게 어려워.

go on a date

데이트하다 *go 다음에 out을 붙여도 되고 with sb로 데이트상대를 말할 수 있다.

- go (out) on a date with sb
  last night
  간밤에 …와 데이트하다
- be out on a date
  데이트 중이다

A: Wow, you look really nice tonight. 와, 너 오늘 밤 정말로 멋있게 보이네.

B: I'm **going on a date** with a doctor. 난 의사와 데이트를 할 거야.

  ↳ He'll go on a date with Melinda. 걘 멜린다와 데이트를 할 거야.

  ↳ How would you like to go out on a date with me? 나랑 데이트 할래?

go out on a blind date

블라인드 데이트하다 *blind date는 서로 모르는 사람을 만나게 해주는 소개팅

- set sb up on a blind date
  …를 블라인드 데이트를 주선해주다

A: I'm **going out on a blind date.** 난 블라인드 데이트에 나갈 거야.

B: Really? Who introduced you to her? 정말? 누가 걔를 소개시켜줬는데?

└ I'm afraid to **go out on blind dates**. 블라인드 데이트에 나가는게 두려워.

└ They met when they **went out on a blind date**.
개들은 블라인드 데이트에서 만났대.

be seeing sb

···와 교제하다 *진행형으로 쓰이는 경우 이성과의 만남을 뜻하는 경우가 많다.

A: Bonnie and Mark seem very close. 보니와 마크는 아주 가까워 보여.

B: They **have been seeing each other** for a year.
개들은 1년 간 서로 만나고 있어.

└ So you mean now you're **not seeing anyone**?
그럼 지금 사귀는 사람이 없다는 말야?

└ What makes you think he's **seeing someone**?
왜 개가 다른 사람을 만나고 있다는거야?

ask sb out

- **ask sb out on a date**
  ···에게 데이트 신청하다
- **ask sb on a date**
  ···에게 데이트 신청하다
- **get asked out on a date by~**
  ···로부터 데이트 신청을 받다

···에게 데이트 신청하다 *좀 더 구체적으로 뒤에 on a date를 붙여도 된다.

A: I think that boy is very cute. 저 남자애 되게 귀여운 것 같아.

B: You should **ask him out**. He'll probably say yes.
데이트 신청을 하라구. 아마 좋다고 할거야.

└ Wasn't that the same guy who **asked you out** last week?
저 친구가 지난 주 네게 데이트신청했던 애 아냐?

└ I just **got asked out on a date by** my next door neighbor.
이웃집 애한테서 방금 데이트 신청을 받았어.

have been on a few dates

- **haven't been on a date in+ 기간**
  ···동안 데이트를 못해봤다

데이트를 몇 번 했다 *현재완료를 써서 지금까지의 데이트 경험을 말할 때

A: Are George and Mindy engaged to get married?
조지와 민디는 약혼했니?

B: No, but they **have been on a few dates** together.
아니지만 서로 데이트 몇 번 했대.

└ Sarah **has been out on a few dates** this month.
새라는 이번 달에 데이트를 몇 번 했어.

└ I **have been on a few dates** with Lily. 난 릴리와 몇 차례 데이트를 했어.

go steady with

- **meet the girl of one's dreams**
  이상형의 여자를 만나다

···와 지속적으로 사귀다 *오랜 기간 지속적으로 한 이성을 꾸준히 만날 때

A: Have you **asked Andrea out** yet? 안드레아에게 데이트를 신청했니?

B: No, but I hope to **go steady with** her someday.
아니지만 언젠가 걔랑 지속적으로 사귀면 좋겠어.

└ I **haven't gone steady with** anyone. 난 누구와도 지속적으로 사귀지 못하고 있어.

└ Patty is **going steady with** a businessman. 패티는 사업가와 계속 사귈 거야.

have feelings for

like sb better than~

…보다 …를 좋아하다 *비교대상과 비교하여 더 좋다고 말하는 경우

A: How is your new math teacher? 새 수학 선생님은 어때?

B: **I like her better than** my history teacher. 역사 선생님 보다 더 좋아.

↳ I like her better than any other girl. 난 다른 여자 애보다 걔가 더 좋아.

↳ He likes Matt better than his other friends. 걘 다른 친구들 보다 매트를 더 좋아해.

fall in love with

~와 사랑에 빠지다 *가장 대표적이고 잘 알려진 사랑표현

• fall in love quickly
빠르게 사랑에 빠지다

A: Brian **fell in love with** a girl from Brazil.
브라이언은 브라질 출신 여자 애와 사랑에 빠졌어.

B: Where did they meet for the first time? 걔들이 처음 어디서 만났대?

↳ My brother falls in love with many girls. 내 동생은 많은 여성들과 사랑에 빠져 있어.

↳ She fell in love with the tall young man. 걘 키가 크고 젊은 남성과 사랑에 빠졌어.

love at first sight

첫눈에 빠지다 *보자마자 첫눈에 빠지는 '급사랑'을 말한다.

A: Were Tina and Arnold friends before they dated?
티나와 아놀드는 데이트 전부터 친구사이였니?

B: No. It was **love at first sight** for both of them.
아니. 걔들은 천생 연분이었어.

↳ It was love at first sight when I met my wife. 아내를 만났을 때 첫 눈에 반했어.

↳ It was love at first sight when she saw me. 걔가 날 봤을 때 첫 눈에 사랑에 빠졌어.

have feelings for

…을 좋아하다 *우리도 누굴 좋아할 때 '감정이 있다'라는 말로 한다는 걸 떠올린다.

• not have any feelings for
…에 대해 어떤 감정도 갖지 않다

• have a strong feeling that
S+V …라는 강한 느낌을 갖다

• take a shine to sb
…에게 반하다

A: Are you in love with my sister? 내 여동생을 사랑하고 있니?

B: Yes, I **have feelings for** her. 그럼. 좋아하고 있어.

↳ He had feelings for his co-worker. 걘 자신의 동료를 좋아했어.

↳ Sandy had feelings for my boyfriend. 샌디는 내 남친을 좋아했어.

have a crush on

…에게 반하다 *crush는 일시적으로 이성에게 홀딱 홀린 상태를 말한다.

• have got a major crush on
sb
…에게 아주 반하다

• have a huge crush on sb
…에게 아주 반하다

A: You keep looking at Doris tonight.
넌 오늘 밤 도리스를 계속 쳐다보고 있네.

B: I think I **have a crush on** her. 난 걔한테 반한 것 같아.

↳ It's common to **have a crush on** someone in school.
학교에서 누군가에 반하는 것은 흔한 일이야.

↳ She **had a crush on** a boy in her apartment building.
걘 자기 아파트 빌딩에 사는 한 소년에게 반했어.

be crazy about

- be crazy about sth
  …을 무척 좋아하다
- be nuts[mad] about
  …에게 홀딱 반하다
- be stuck on
  푹 빠지다

…에 푹 빠지다 *이성에 미칠 정도로 빠져있는 상태를 말한다.

A: Angie and Brad spend all of their time together.
앤지와 브래드는 자신들의 모든 시간을 같이 보냈어.

B: That's because they **are crazy about** each other.
그건 걔들이 서로 홀딱 반해있기 때문이야.

↳ I'm crazy about my new girlfriend. 난 새 여친에게 푹 빠졌어.

↳ Kathy is crazy about her husband. 케시는 자기 남편에게 푹 빠졌지.

be drawn to sb

- be attracted to
  …에게 매력을 느끼다, 끌리다
- be into sb
  …에 빠지다, 끌리다

…에 끌리다 *우리도 이성에게 '끌린다'고 하는 것처럼 영어도 그럴 때 draw를 사용한다.

A: The professor is very smart. 교수님이 매우 스마트해.

B: I'm **drawn to** him because of his intelligence.
난 교수님의 지성에 끌려.

↳ Neil was drawn to Stacy's happy personality.
닐은 스테이시의 밝은 성격에 끌렸어.

↳ She was drawn to the talented singer. 걘 그 재능 있는 가수에게 끌렸어.

fall for sb

…에 반하다 *for 다음에 sth이 오면 '…에 속어 넘어가다'란 뜻이 된다.

A: I have heard Barb is in love. 바브가 사랑에 빠져있다고 들었어.

B: She **fell for** a man who is much older than her.
걘 자기보다 훨씬 나이 많은 남성에 반했어.

↳ I fell for her while we were dancing. 우리가 춤을 추었을 때 난 걔에게 반했지.

↳ Tara fell for a boy in her class. 타라는 자기 학급의 한 남학생에게 빠졌어.

miss sb

…을 보고 싶어하다 *사랑하는 사람이 곁에 없어 맘이 아프다는 말씀

A: Well, I guess this is goodbye. 자, 이제 헤어져야겠군요.

B: I'm going to **miss you** so much. 정말 보고 싶을 거예요.

↳ I miss Allie more every day. 난 매일 매일 더 앨리가 그리워.

↳ Lisa misses her grandmother. 리사는 할머니를 무지 그리워해.

be one's type

- show affection toward
  …에게 애정을 보이다
- be the love of one? life
  …의 일생 일대의 사랑이다
- be perfect for each other
  천생 연분이다
- be meant to be each other
  천생 연분이다

…가 좋아하는 스타일이다 *type 대신에 style을 써도 된다.

A: Elsie is tall and has dark hair. 엘시는 키가 크고 까만 머리야.

B: That's great! She **is my type**. 대단해. 걘 내가 좋아하는 타입이야.

↳ The handsome actor is my type. 저 잘 생긴 배우는 바로 내 타입이야.

↳ All of those girls are my type. 저기 모든 여성들은 바로 내가 좋아하는 타입이야.

give a hug

give sb a hug

- run to hug sb
  달려가 …을 안아주다
- hold sb in one's arms
  …의 팔로 …를 안다
- hold sb tight
  꼭 안아주다

…을 안아주다 *프리허그로 잘 알려진 hug는 동사로도 많이 쓰인다.

A: Go **give your brother a hug.** 네 남동생에게 가서 껴안아 줘라.

B: I have to wait until he gets off the plane.
  걔가 비행기에서 내릴 때까지 기다려야죠.

↳ My girlfriend **gave me a big hug.** 내 여친은 날 크게 껴안았어.

↳ She **gave him a hug** before she left. 걘 떠나기 전 그를 껴안았어.

be turned on

- turn sb on
  …을 성적으로 흥분시키다
- turn sb off
  …의 흥분을 가라앉히다

흥분하다 *스위치켜면 불켜지듯, sexual 스위치가 켜질 때, 즉 핫걸, 핫놈(?)을 봤을 때~

A: Did you like the dress Helen wore? 넌 헬렌이 입은 옷을 좋아했니?

B: Yes, **I was turned on** by it. 응. 그옷으로 내가 흥분되었지.

↳ She **was turned on** by his personality. 걘 그의 개성에 끌려 흥미를 갖게 되었어.

↳ Men **are turned on** by a woman's face. 남성들은 여성들의 얼굴에 성적 흥분을 가져.

make love

- make out with
  …와 애무하다
- get it on (with sb)
  (…와) 즐기다, 성적으로 놀다
- have intercourse with
  …와 성관계를 갖다

사랑을 나누다 *have intercourse는 '성관계를 갖다'는 뜻으로 경찰이나 의사가 쓸만한 표현.

A: What is your biggest wish? 너의 가장 큰 바람은 뭐야?

B: I want to **make love to** Ryan on a beach in Acapulco!
  아카풀카의 해변에서 라이언과 사랑을 나누고 싶어!

↳ I want to **make love to** my girlfriend. 난 여친과 사랑(성관계)을 나누고 싶어.

↳ Did you **get lucky** with Cynthia last night? 어제밤에 신시아하고 잤지?

come on to

- make a move on sb
  …에게 수작을 걸다
- make a pass at sb
  …에게 수작을 걸다
- hit on sb
  …을 유혹하다
- talk dirty to
  …에게 음란한 말을 하다

…에게 추파를 던지다 *이성에게 수작이나 집적대는 것으로 to 다음에 sb를 넣는다.

A: You seem very angry with Rick. 넌 릭한데 무지 화난 것처럼 보이네.

B: Yeah. He **came on to** me last night.
  그래. 걘 어제 밤 나한테 추파를 던졌어.

↳ Don't **come on to** every girl you know. 네가 아는 모든 여성들에게 추파를 던지지마

↳ He **came on to** Steph while they worked together.
  걘 같이 일하면서 스테파니에게 추파를 던졌어.

sleep with

- make a move on sb
  …에게 수작을 걸다
- make a pass at sb
  …에게 수작을 걸다
- hit on sb
  꼭 을 유혹하다
- talk dirty to
  …에게 음란한 말을 하다

잠자리하다 *팔베개해주는 잠자리가 아니라 「남녀간의 체조(?)」를 뜻하는 완곡어법

A: I hope you didn't **sleep with** Brandon.
  네가 브랜든과 자지 않았기를 바래.

B: No, I really don't trust him. 아니야. 난 걔를 정말로 믿지 않아.

↳ Be careful about who you **sleep with.** 동침하는 대상에 대해 조심해.

↳ I didn't **sleep with** your girlfriend. 네 여자 친구랑 안잤어.

break up with

break up with

- break (off) with sb
  …와 관계를 끝내다
- break it off with sb
  …와 헤어지다
- break off one's relationship
  …의 관계를 끝내다

…와 헤어지다 *헤어진 사람은 with 이하에 쓰면 된다.

A: I heard you had some trouble with your girlfriend.
네 여친과 문제가 좀 있다고 들었어

B: I had to **break up with** her. We were fighting a lot.
난 헤어져야했어. 우린 많이 싸웠거든.

⌐ It seems like it's time to **break up with** her. 헤어질 때가 된 것 같구나.

⌐ I'm sorry but I have to **break up with** you. 미안한데 너랑 헤어져야해.

dump sb

- get dumped by
  …에 의해 차이다

(애인을) 차다 *break up with sb보다는 구어적인 표현

A: What did Carole do when her boyfriend cheated?
캐롤은 남친이 바람을 필 때 어떤 반응을 보였니?

B: She **dumped him** and found someone else.
걘 남친을 버리고 새 사람을 찾았어.

⌐ I'd **dump my girlfriend** for a date with you.
난 너와 데이트하려고 내 여친을 버리겠어.

⌐ You should **dump her** and get someone else. 그 여자 차버리고 다른 애 사귀어.

split up (with)

- be separated from sb
  …와 헤어지다
- sb be over (sb)
  (…와) 끝이다(it's over with sb)
- be through (with sb)
  (…와) 끝이다

(…와) 갈라서다 *우리도 갈라선다는 말을 많이 하듯 split up 역시 아주 많이 쓰이는 표현

A: Fran and Barb are always fighting. 프랜과 바브는 언제나 싸워.

B: I'm thinking that they should **split up.**
걔들은 헤어져야 한다고 생각해.

⌐ It's **over between** Jen and Terry. 젠과 테리 관계는 끝났어.

⌐ My girlfriend told me it's **over with** us. 여친은 우리 관계가 끝이 났다고 내게 말했어.

cheat on sb

- cheat on A with B
  A를 속이고 B와 바람 피우다

바람피다 *주어는 바람 핀 사람 on 다음에 배신당한 애인이나 배우자를 쓰면 된다.

A: What caused the big fight between them?
걔들이 왜 그렇게 크게 싸웠대?

B: Bill **cheated on** his girlfriend. 빌이 자기 여친을 속이고 바람폈대.

⌐ Greg was caught when he **cheated on** his wife.
그렉은 부인을 속이고 바람을 피다 잡혔어.

⌐ She **cheated on** her boyfriend twice. 걘 자기 남친을 두번이나 속이고 바람을 폈어.

break one's heart

- heartbreaker
  마음을 아프게 하는 것(사람)
- broken heart
  (실연의) 상심
- get over one's broken heart
  실연의 상처를 극복하다

…의 가슴을 찢어 놓다 *비통하게 만들다 사람하는 이와 헤어질 땐 맘이 찢어지는 법

A: Why are you so sad about your girlfriend?
왜 네 여친에 대해 슬퍼하니?

B: She said goodbye and **broke my heart.**
걘 이별하자고 해서 내 가슴을 찢어 놓았어.

⌐ That girl will **break his heart.** 저 여자 애가 그의 마음을 비통하게 만들거야.

⌐ Bud **breaks** many girls' **hearts.** 버드는 많은 여성들의 마음을 찢어놓고 있어.

get married to

get married to

- **be married to**
  …와 결혼하다. 아내[남편]이다

…와 결혼하다 *marry sb와 같은 의미지만 get married to가 많이 쓰인다.

A: **Is that woman your girlfriend?** 저 여자가 네 여자친구지?

B: **No, I'm married to her.** 아니. 내 아내야.

↳ The point is that you're **married to** Jane. 요는 네가 제인과 결혼했다는 거지.

↳ Why did you choose to **get married to** your wife? 왜 네 아내와 결혼한거야?

marry sb

- **get hitched (with)**
  (…와) 결혼하다
- **marry young**
  젊어서 결혼하다

…와 결혼하다 *'…와' 때문에 marry with라 하고 싶은 충동을 억제해야 한다.

A: **Tomorrow I'm going to ask Amanda to marry me.**
나 내일 어맨더에게 청혼하려고 해.

B: **I'll keep my fingers crossed for you.** 행운을 빌어.

↳ Kate, will you **marry me**? 케이트, 나랑 결혼해 줄래?

↳ I can't believe you're going to ask her to **marry you**!
네가 걔에게 결혼해 달라고 말할 거라니 못 믿겠어.

propose to sb

- **accept the proposal**
  프로포즈를 승락하다
- **plan out wedding for May**
  5월 결혼을 세심하게 준비하다

…에게 청혼하다 *proposition은 '제의,' '과제' 그리고 동사로는 '섹스하자'는 단어가 된다.

A: **She said you actually proposed to her.**
아냐, 네가 자기한테 청혼했다고 그러던데.

B: **Well I didn't! I didn't propose!** 저기 난 안했어. 프로포즈 안했다고!

↳ What makes you think he's going to **propose**?
왜 걔가 프로포즈할 거라 생각하는거야?

↳ I got a **marriage proposal** last night. 난 어제 밤 결혼 프로포즈를 받았어.

be engaged to

- **get engaged to sb**
  …와 약혼하다
- **break off an engagement**
  약혼을 파기하다

…와 약혼하다 *'약혼'은 engagement

A: **Are June and Rob still dating?** 준과 롭은 아직도 데이트하고 있니?

B: **Yes, June is engaged to Rob.** 그럼, 준은 롭과 약혼한 사이야.

↳ My best friend **got engaged to** the biggest loser.
내 절친이 아주 머저리와 약혼했어.

↳ I've never **been engaged in** my life. 난 내 생애 한번도 약혼을 한 적이 없어.

get[be] pregnant

- **get sb pregnant**
  …을 임신시키다
- **be pregnant with one's second child**
  둘째를 임신중이다

임신하다 *실수로 임신했을 때는 get pregnant by mistake라 한다.

A: **What should I do? I got her pregnant.**
어떻게 해야지? 걔를 임신시켰어.

B: **I knew it. I told you to use a condom.**
그럴 줄 알았어. 콘돔쓰라고 했잖아.

↳ Diane **got pregnant** six months ago. 다이앤은 6개월 전에 임신했어.

↳ You told me Jessica **was pregnant**. 제시카가 임신했다고 내게 말했지.

start a family

아이를 갖다, 가정을 꾸리다 *결혼해서 아이를 갖는 것을 뜻한다.

A: Why did you decide to get married? 왜 결혼하기로 결정을 했니?

B: I am ready to **start a family.** 가정을 꾸밀 마음의 준비가 되었어.

⌐ People are more focused on their careers than on **starting a family.**
다들 자식을 낳아 가정을 이루는 것보다는 일에 더 초점을 맞추잖아.

⌐ Maybe now is not the right time to **be starting a family.**
아마도 지금이 아이를 가질 적기야.

have a baby

아이를 낳다 *미래형 동사(will, be going to)와 함께 사용될 때는 임신하다라는 의미로도 사용될 수 있다.

- have a baby boy
  사내 아이를 갖다
- have a baby girl
  여자 아이를 갖다

A: Yeah. I mean, we **are having a baby** together.
그래. 내 말은 우리가 애기를 가졌어.

B: Hold on! You got her pregnant? 잠깐 네가 쟤를 임신시켰어?

⌐ We decided to **have a baby.** 우린 애를 갖기로 했어.

⌐ Congratulations on **having a baby!** 아기 낳은 것 축하해!

give birth to

출산하다 *쌍둥이를 낳았을 땐 ~to twins, 널 낳았다고 할 때는 ~ to you라고 하면 된다.

- give birth to a baby boy
  사내 아이를 출산하다
- Caesarean section
  제왕절개
- natural childbirth
  자연분만

A: Alicia **gave birth to** twins. 알리샤는 쌍둥이를 낳았어.

B: Let's go visit her in the hospital. 걔 병원 문안가자.

⌐ Do you remember when I **was giving birth to** the twins.
내가 쌍둥이를 낳았을 때 기억하니?

⌐ My wife recently **gave birth to** a beautiful baby daughter.
내 아내가 최근 예쁜 딸을 낳았어.

expect a baby

임신중이다, 출산예정이다 *pregnant라는 뜻으로 expect가 쓰인 경우

- be in labor
  진통중이다
- labor pains
  산고
- deliver
  분만하다

A: Heather looks like she is pregnant. 헤더는 임신한 것처럼 보여.

B: She **is expecting a baby** in a few months.
걘 몇 달안에 출산할 거야.

⌐ The married couple **is expecting a baby** soon.
결혼 커플은 조만간 출산예정이야.

⌐ She doesn't have a stomach ache, she's **in labor.**
걘 복통이 아니라 산고로 진통하고 있어.

get a divorce

이혼하다 *divorce는 명사로 혹은 동사로도 많이 쓰인다.

- be divorced from sb
  …와 이혼하다
- file for divorce
  이혼소송을 내다
- sign the divorce papers
  이혼서류에 도장을 찍다

A: I'm worried about Dick. He doesn't look good these days. 딕이 걱정야. 요즘 안좋아 보여.

B: I heard his wife is asking him to **divorce.**
아내가 이혼하자고 그런대.

⌐ It took two months to **get a divorce.** 이혼하는데 2달이나 걸렸어.

⌐ I have no other choice but to **file for divorce!** 난 이혼 소송을 낼 수 밖에 없어!

get involved in

get involved in

- be involved with sb
  …와 사귀다(be in a romantic relationship)

…에 관계되다, 연루되다 *문맥에 따라 다양하게 해석되나 기본적으로는 「…에 관여되다」는 뜻이다.

A: Why was Nate sent to jail? 왜 네이트가 감옥에 갔니?

B: He **got involved in** illegal activities. 걘 불법활동에 관여했어.

↳ She's **getting** more **involved in** school activities now.
걘 이제 학교활동에 좀 더 참여하고 있어.

↳ Are you married or **involved with** anyone? 결혼했니 아님 누구랑 사귀고 있니?

be related to~

- be closely related to
  …와 밀접하게 관련되어 있다
- A related+N
  A와 관련된…

…와 관계가 있다 *be relevant to도 유사한 의미

A: You**'re not related to** Kirk Smith, are you?
커크 스미스씨와 친척 정도 됩니까?

B: Actually, he's my father. 사실은 제 부친되시는데요.

↳ Are you **related to** Emily Thompson? 에밀리 톰슨과 관계가 있니?

↳ Yes, she is my mother. 그럼, 우리 엄마야.

be a party to

…에 관계[가담]하다 *어떤 행동이나 결정에 관여해있다는 의미

A: Jacob **was a party to** cheating. 제이콥은 사기에 가담했어.

B: Well, we will have to punish him. 그래, 걜 처벌해야겠구나.

↳ Debbie **was a party to** the theft. 데비는 절도에 관여했어.

↳ I'm not going to **be a party to** your lie. 난 네 거짓에 가담하지 않을 거야.

step in

- step into
  …을 시작하다, 어떤 상황에 개입되다

관여하다, 개입하다 *문제점 등을 해결하거나 막기 위해서 나선다는 의미

A: I think Mr. Wilson is retiring soon. 윌슨 씨가 조만간 은퇴할 것 같아.

B: Who will **step in** to replace him? 누가 후임자가 될까?

↳ I will **step in** and help her. 내가 끼어들어 걜 도울거야.

↳ You can **step in** and fix it. 네가 끼어들어 문제를 해결할 수 있어.

be engaged in

- be occupied with
  …에 여념이 없다

…에 종사하다, 참가하다 *engage oneself in이라고도 하며 in을 to로 하면 '약혼하다.'

A: Ivan **was engaged in** criminal activity. 이반은 범죄활동에 참여했어.

B: Did the police catch him? 경찰이 걜 잡았니?

↳ I'm **engaged in** writing a novel. 난 소설 쓰는 일에 종사하고 있어.

↳ They **were engaged in** finishing their homework.
걔들은 숙제를 끝내는 일로 바빠.

be connected with

- be connected in some way
  어떤식으로든 연관되어 있다

…와 연관되어 있다 *흔히 말하는 연줄이나 빽은 connection이라 한다.

A: Many houses have been broken into. 많은 집들이 침입당했어.

B: I think it's **all connected with** one gang.
이 사건 모두가 한 조직하고 연관되어 있다고 생각해.

> ⌐ These problems are connected with the economy.
> 이 문제들은 경제와 연관이 되어 있어.

> ⌐ My bills are connected with an accident I had.
> 내 청구서는 내가 당한 사건과 관계가 있는 거야.

have to do with

- have got to do with
  …와 관련이 있다

…와 관련되어 있다 *with 다음에는 사람, 사물 다 올 수 있다.

A: **What do you want to talk about?** 넌 무엇에 대해 이야기 할 거니?

B: It **has to do with** our class schedule. 우리 학급 스케줄과 관련된 거야.

> ⌐ What does stress have to do with my sickness?
> 스트레스하고 병이 무슨 상관이 있나요?

> ⌐ What does that have to do with you? 그게 너와 무슨 관계가 있니?

have something to do with

- have got something to do with
  …와 관계가 있다
- have a lot to do with
  …와 관련이 많다

…와 관계가 있다 *something 대신 a lot은 관련이 많을 때

A: **The new manager is not very good.** 새로운 매니저는 그리 좋지 않아.

B: **Many problems have something to do with him.**
많은 문제들이 그와 관련되어 있어.

> ⌐ This festival has something to do with the school.
> 이 축제는 학교와 관계가 있어요.

> ⌐ Our accident had something to do with the weather.
> 우리가 당한 사건은 날씨와 관련이 있었어.

have nothing to do with

- be unconnected with
  …와 관련이 없다

…와 아무 관련이 없다 *nothing 뒤에는 사람, 사물 혹은 ~ing 등 다양한 단어들이 이어질 수 있다.

A: **You made me hurt my leg.** 넌 내 다리를 다치게 했어.

B: **I had nothing to do with hurting you.**
난 너를 다치게 한 것과 전혀 관련이 없었어.

> ⌐ It's got nothing to do with age. 그건 나이와 관련이 없어.

> ⌐ This has nothing to do with me and my family.
> 이건 나와 내 가족과는 무관한 일이야.

get[be] mixed up

- get mixed up in sth
  (주로 불법적인 일에) 연루되다

연루되다, 어울리다 *특히 불법적이거나 부정직한 일에 연루될 때 사용한다.

A: **Why was Paul expelled from school?** 폴이 왜 퇴학 당했어?

B: **He got mixed up in drug dealing.** 마약거래에 연루되었대.

> ⌐ The exam papers got mixed up on the desk. 시험지가 책상위에서 뒤섞여 버렸어.

> ⌐ I got mixed up in some really bad stuff. 난 아주 나쁜 일에 연루되었어.

stay out of

mind ~ing

- mind if S+V
  …하는데 괜찮다
- would[do] you mind ~ing [if S+V]?
  …하면 괜찮겠니?
- not mind ~ing
  기꺼이 …을 하다

…을 상관하다, 꺼려하다 *mind는 기본적으로 부정적 의미를 갖는 동사임을 잊지말자.

A: **Would you mind if** I take a look around here?
내가 여기 좀 둘러봐도 괜찮겠니?

B: Not at all, be my guest. 그럼. 물론이지.

↳ **Do you mind** picking me up tomorrow? 내일 나 좀 태워 줄 수 있겠니?

↳ **Do you mind if** I sit here for a sec? 여기 잠시 앉아도 돼?

not care 의문사 S+V

…을 상관하지 않다 *not care the less는 '조금도 개의치 않다'라는 강조표현

A: What do you think about the situation? 이 상황, 어떻게 생각해?

B: I **don't care if** we go on strike or not.
우리가 파업을 하든 안하든 난 상관없어.

↳ I **don't care if** she's fat or thin. 난 걔가 뚱뚱하든 날씬하든 상관안해.

↳ I **don't care who** he sleeps with. 걔가 누구랑 자는지 관심 없어.

not matter to sb

- it doesn't matter 의문사 S+V
  …해도 상관이 없다

…에게 상관없다 *matter를 부정형태로 써서 to sb에게 상관없음을 뜻한다.

A: When do you want to get together to talk about it?
언제 만나 그 얘기 할까?

B: It **doesn't matter to** me. 나는 별로 상관없어.

↳ It **doesn't matter what** other people think. 다른 사람이 어떻게 생각하든 상관없어.

↳ Don't tell me it **doesn't matter.** 상관없다고 말하지마.

be none of one's business

- mind your own business
  남의 일에 참견하지 마라
- keep one? nose out of one? business
  …의 일에 상관하지 않다

상관하지 마라 *이것저것 구분하지 않고 어디든 상관하는 사람에게 쓰는 말

A: David was curious about how much money you make.
데이빗은 네가 얼마나 버는지 호기심이 나나봐.

B: That **is none of his business.** 걔가 상관할 일이 아니지.

↳ Their relationship **is none of your business.** 걔들의 관계는 네가 상관하지마.

↳ Our conversation **is none of their business.**
우리의 대화는 걔들이 상관할 일이 아니야.

stay out of

- stay out of one's way
  …을 피하다, 가까이 하지 않다

관여하지 않다 *특히 명령문의 형태로 끼지 말고 빠지라고 할 때 자주 사용된다.

A: I think Tom is smarter than his wife.
톰이 부인보다 더 스마트한 것 같아.

B: Let's just **stay out of** their business. 걔들 일에 관여하지 말자.

↳ **Stay out of** her way when she is upset. 걔가 흥분해 있을 때는 피해버려.

↳ I asked you to **stay out of** this. 이거에 관여하지 말라고 했잖아.

poke one's nose in

- poke[stick] one nose into~
  ···에 참견하다

···에 끼어들다, 참견하다 *코를 들이대며 참견하는 모습. in 대신 into를 써도 된다.

A: Thelma is always talking about other people.
델마는 항상 다른 사람에 대해 말해.

B: She **pokes her nose into** other people's lives.
걘 다른 사람들 생활에 참견하고 있지.

ㄴ Don't **poke your nose in** and bother her. 쓸데없이 참견해서 걔를 괴롭히지마.

ㄴ I was fine until you **poked your nose in**. 네가 참견할 때까지는 난 괜찮았어.

get one's hands off of~

- get one's hands off me
  나 좀 내버려둬
- get one's hands on
  ···을 찾다, 얻다

···에서 손을 떼다 *글자 그대로 '···에서 손을 off하게 하는 것'으로 'of'는 생략가능하다.

A: **Get your hands off of** my money! 내 돈에서 손을 떼라.

B: I was just counting it for you. 단지 널 위해 세고 있었던 거야.

ㄴ **Get your hands off of** that candy! 그 캔디로부터 손을 떼!

ㄴ **Get your hands off of** my new car! 내 새차에 손대지 마!

regardless of ~

- get one's hands off me
  나 좀 내버려둬
- get one's hands on
  ···을 찾다, 얻다

···에 개의치 않고 *of 다음에 명사나 ~ing, 혹은 절이 올 수도 있다.

A: Do you like red or white wine with fish?
생선먹을 때 적, 백포도주 중 어느 것을 좋아해?

B: I prefer white to red **regardless of** what I'm eating.
뭘 먹든지 적포도주보다 백포도주를 더 좋아해.

ㄴ He likes to be outdoors, **regardless of** the weather.
걘 날씨에 관계없이 밖에 나가 있는 걸 좋아해.

ㄴ I feel happy, **regardless of** having no money. 돈이 없어도 난 행복해.

Do you mind ~?에 대답하는 방법

영어로 native speaker들과 얘기를 하다보면 갑자기 침묵이 흐르는 경우가 있다. native speaker의 질문에 "예, 안 그래요.", "아뇨, 그래요"식의 불가사의한 대답을 우리가 하기 때문이다. 영어는 우리말 사고와는 달라서 부정으로 물어볼 경우 yes와 no의 기준은 대답하는 사람이다. 즉 대답하는 사람이 긍정인 답변이면 Yes를, 부정의 내용이면 No를 하는 것이다.

"밥 안먹었니?" 라고 물었을 경우, 우리는 밥을 먹었으면 "아니, 먹었어요"라고 그리고 반대로 안먹었으면 "예, 안 먹었어요."말하는 것이 정상. 그러나 영어는 달라서 물어보는 것이 부정이건 긍정이건 말하는 내용이 긍정이면 무조건 Yes를, 부정이면 No로 대답을 시작하면 된다.

여기서 말하는 Do you mind if~ 꼴의 형태는 부정이 없지만 내용상 부정의문문으로 분류된다. mind는 「귀찮게 여기다」, 「···에 반대하다」라는 부정적인 의미를 띄고 있기 때문이다.

A: Do you mind if I sit here? 여기 앉아도 됩니까?

B: No, go right ahead. 예, 앉으세요.

take part in

take part in

- participate in
  …에 참가하다

참여하다 *어떤 일이나 경기, 행사 등에 관심이 있어 참가하는 걸 말한다.

A: You have been running a lot lately. 넌 요즘 상당히 뛰고 있네.

B: I want to **take part in** a marathon. 난 마라톤에 참가하고 싶어.

↳ Did you take part in the game show? 넌 그 게임쇼에 참가했니?

↳ Come and take part in our celebration. 이리 와서 우리 기념행사에 참석해라.

want in

- want out
  (어떤 일에서) 빠지고 싶어하다
- be in[out]
  (어떤 일에) 끼다[빠지다]

(어떤 일에) 끼고 싶어하다 *want 대신에 be를 써도 된다.

A: We're setting up a game of cards. 우린 카드놀이를 준비할 거야.

B: Great. I **want in** when you start. 좋아. 네가 시작하면 나도 참석할게.

↳ Things have changed since then. I want in.
  그 이래 상황이 바꿨어. 난 참가할 거야.

↳ I know what's going on, and I want in. 난 돌아가는 상황을 알아. 난 참가할 거야.

count sb in

- count sb out
  …을 빼주다

~를 끼워주다 *「…을 끼워주거」나 「뺄 때」는 동사 count를 쓴다.

A: Would you like to drink some beer? 맥주 좀 마실래?

B: Oh yeah. **Count me in.** 그래. 나도 끼워줘.

↳ Count me in to play computer games. 컴퓨터 게임하는데 날 끼워줘.

↳ Why did you count me out? 왜 날 뺐니?

join sb for~

- join sb for[in]~
  …와 함께 …하다
- join sth
  …에 가입하다
- Welcome aboard.
  환영합니다.

…와 함께 …하다 *상대방과 함께 뭔가를 할 때 쓰는 표현으로 for 대신 in을 써도 된다.

A: I'm busy, but **join me for** drinks later.
  나 지금 바쁜데 나중에 나와 술자리 같이하자.

B: What time should I come by? 그럼 언제 갈까?

↳ Would you like to join me for a cup of coffee? 나랑 커피 한잔 할래?

↳ I want to get into better shape so I joined a gym.
  난 건강하길 원해서 헬스클럽에 등록했어.

be excused from~

…로부터 빠지다, 면제해 주다 *어떤 일로부터 빠지는 것을 정중하게 표현할 때

A: Brenda has been very sick. 브렌다는 아주 아팠어.

B: She **was excused from** all of her classes.
  걘 모든 수업에서 빠지게 해줬어.

↳ They are excused from exercising. 개들은 훈련에서 면제되었어.

↳ David was excused from the exam. 데이빗은 시험이 면제되었어.

Everyday Life Activities

아침에 일어나서 자기까지 다양한 일에 관한 표현

SMART DICTIONARY OF
EASY ENGLISH EXPREESIONS

get to bed

go[get] to bed

- go[get] to sleep
  잠자리에 들다
- go back to sleep
  다시 자러 가다

자다, 잠자리에 들다 *구어적 표현으로 hit the sack[pillow]라고도 한다.

A: I just called to talk to you. 너하고 얘기하려고 전화했어.

B: It's 2:00 in the morning. **Go to sleep.** 새벽 2시야. 좀 자라.

⌐ I **got to bed** really late last night. 난 지난 밤 정말로 늦게 잠자리에 들었어.

⌐ I'm getting ready to **go to sleep.** 난 자러 갈 준비됐어.

sleep tight

- sleep well
  잘 자다
- sleep on one's side
  옆으로 자다
- sleep like a log[dog]
  세상모르고 자다, 정신없이 자다

푹 자다 *명령형으로 잘 쓰이며 앞에 Good night 등을 붙이기도 한다.

A: You look very tired. Didn't you **sleep well** last night?
  너 굉장히 피곤해 보이는구나. 어젯밤에 잠을 잘 못잤니?

B: It was so cold that I couldn't sleep. 너무 추워서 잘 수가 없었어.

⌐ I didn't **sleep well** last night. 간밤에 잠을 잘 못잤어.

⌐ **Sleep tight.** Have a good rest. 푹 자. 잘 쉬어.

fall asleep

- begin to fall asleep
  잠들기 시작하다
- fall asleep at the wheel
  운전 중에 졸다

잠들다 *fall into a sleep도 '잠이 들다'라는 유사한 표현

A: Don't **fall asleep.** It's only 9:30. 잠 들지마. 아직 9시 반밖에 되지 않았어.

B: I'm tired. I worked hard all day. 피곤해. 하루 종일 열심히 일했거든.

⌐ Jason **fell asleep** while riding the bus. 제이슨은 버스를 타는 동안 잠이 들었어.

⌐ My cousin **fell asleep** while watching TV. 내 조카는 TV를 보면서 잠이 들었지.

get sleepy

- look sleepy
  졸려보이다
- feel a little sleepy
  조금 졸리다
- yawn
  하품하다

졸리다 *동의어인 drowsy는 졸려서 제대로 생각하는 것이 어렵다는 의미를 내포한다.

A: Oh God, **I'm so sleepy** today. 어휴. 오늘 너무 졸리다.

B: You look exhausted. Go and get some rest.
  피곤해보이네. 가서 좀 쉬어.

⌐ Everyone **got sleepy** in the hot classroom.
  이 더운 교실에서는 다 졸리게 되어 있어.

⌐ My father **gets sleepy** early in the evening. 아빠가 초저녁에 졸린가봐.

take a nap

- take naps
  낮잠을 자다
- doze off
  자신도 모르게 깜박 졸다(node off)

낮잠자다 *take 대신 have를 쓰기도 하며 또한 nap이 동사로도 쓰이기도 한다.

A: What a day! I'm really tired. 정말 짜증나는 날이네! 정말 피곤해.

B: Do you want to **take a nap** before dinner?
  저녁먹기 전에 낮잠 잘래?

⌐ I like to **take a nap** in the afternoon. 난 오후에 낮잠을 자고 싶어.

⌐ I think I'm going to **take a nap.** 낮잠이나 한숨 자야겠다.

talk in one's sleep

잠꼬대하다 *따라서 sleeptalking은 잠꼬대, sleepwalking은 몽유병을 뜻한다.

- sleep in one's clothes
  옷을 입은채로 자다

A: What's the matter? Why did you wake me up?
왜그래. 왜 날 깨웠어?

B: You **were talking in your sleep.** 네가 자면서 말을 하고 있었어.

└ John's brother **talks in his sleep** about school.
존의 동생은 자면서 학교에 대해 말했어.

└ I **talk in my sleep** whenever I am tired. 난 피곤할 때마다 잠꼬대를 해.

turn in

잠자리에 들다 *좀 의외의 표현으로 turn in early하면 '일찍 잠자리에 들다'라는 의미.

A: We have to leave at 4 am tomorrow. 우리 내일 새벽 4시에 떠나야해.

B: I think we'd better **turn in** early tonight.
우리가 오늘 밤 일찍 잠자리에 드는 것이 좋겠어

└ I'm ready to **turn in** for the night. 일찍 잠자리에 들 준비가 되었어.

└ When is everyone going to **turn in?** 모두들 언제 잠자리에 들건가?

keep late hours

늦게 자고 늦게 일어나다 *late 대신 early를 쓰면 반대의 뜻이 된다.

- keep early hours
  일찍 자고 일찍 일어나다
- sleep late
  늦잠자다

A: The light in Mike's window is always on.
마이크 집 창문 속의 불빛은 항상 켜있어.

B: That's because he **keeps late hours.** 걔가 늦게 자기 때문이지.

└ I'm tired because I've been **keeping late hours.** 난 늘 늦게 자기 때문에 피곤해.

└ She prefers to **keep late hours.** 걘 늦게 자는 것을 선호해.

sleep with
내일을 위해서 지친 몸을 쉬게 하기 위해서 자는게 sleep의 정상적인 의미이지만 우리말에서도 「…와 자다」라고 하면 비유적으로 have sex with의 의미가 되듯이 영어에서도 마찬가지로 sleep with sb하면 「…와 성적인 의미로 자다」라는 뜻을 갖게 된다. 특히 결혼하지 않은 상태에서 섹스를 하는 것을 말하는 완곡한 표현이다.

get out of bed

get out of bed

- get out of bed on the wrong side
  아침부터 기분이 안좋다
- get out of the wrong side of the bed
  꿈자리가 사납다

잠자리에서 일어나다 *make the bed는 일어나 하는 '이불을 개다, 잠자리를 정리하다'라는 의미

A: Arthur is going to be late for work. 아더는 출근이 늦어질 것 같아.

B: Tell him to **get out of bed** right now. 지금 바로 일어나라고 말해.

↳ I didn't want to get out of bed this morning.
   난 오늘 아침 잠자리에서 나오고 싶지 않았어.

↳ Get out of bed and get ready for school!
   잠자리에서 일어나 학교갈 준비를 해라!

get up

- get out of bed on the wrong side
  아침부터 기분이 안좋다
- get out of the wrong side of the bed
  꿈자리가 사납다

잠자리에서 일어나다, 일어서다 *일찍 일어나는 건 get up early라고 한다.

A: Do you need to **get up** early tomorrow morning?
   내일 아침 일찍 일어나야 돼?

B: Yeah. Please set the alarm for 5 a.m. 어. 5시로 알람 좀 해줘.

↳ Do you need to get up early tomorrow morning? 내일 아침 일찍 일어나야 돼?

↳ Why do you get up so early these days? 요즘 왜 그렇게 일찍 일어나니?

wake up

- wake sb up
  …을 깨우다
- wake-up call
  모닝 콜(호텔에서 깨워주는 서비스)

잠깨다, 정신차리다 *wake up to sth은 「…을 깨닫게 되다」, 「의식하게 되다」라는 의미

A: I **wake up** at 5 every morning. 난 매일 아침 5시에 일어나.

B: I don't get up as early as you do. 난 너만큼 일찍 일어나지는 않아.

↳ I hope I didn't wake you up this morning.
   아침에 잠을 깨운 게 아니었으면 싶은데요.

↳ I'd like to request a wake-up call. 모닝콜을 부탁하고 싶습니다.

stay up (late)

- stay up all night
  밤을 새워 일하다
- be up all night
  밤새 안자다
- remain awake (at night)
  밤에 깨어있다

늦게까지 안자다, 깨어있다 *through the night도 '밤새'라는 의미로 쓰이는 표현

A: Did she **stay up late** last night? 어젯밤에 늦게까지 안자고 있었니?

B: No, she went to bed early. 아니, 일찍 자던데.

↳ Are you going to stay up and watch the sunrise? 밤을 새고 일출을 지켜볼거니?

↳ It's not good for you to stay up too late. 너무 늦게까지 안자고 있는 건 좋지 않아.

wait up for

- stay up all night
  밤을 새워 일하다
- be up all night
  밤새 안자다
- remain awake (at night)
  밤에 깨어있다

…을 자지 않고 기다리다 *sit up for 혹은 stay up for라고 해도 된다.

A: Paul won't be back until midnight. 폴은 자정까지 돌아오지 않을 거야.

B: Let's **wait up for** him to get here. 걔가 올 때까지 자지말고 기다리자.

↳ I'll be late so don't wait up for me. 나 늦을거니까 기다리지마.

↳ Wait up for the members of the tour group. 투어 그룹 사람들을 기다리자.

wash up

wash up

(손을) 씻다 *설거지하거나 뭔가를 씻는다는 뜻이지만 주로 손을 씻다라는 뜻

A: Work was very difficult today. 오늘 일이 매우 힘들었어.

B: Go ahead and **wash up** and get ready for dinner.
바로가서 손을 씻고 저녁먹을 준비를 해라.

↳ John went to the bathroom to **wash up**. 존은 손을 씻으려고 화장실로 갔어.

↳ I'm going to **wash up** before I join you. 손 좀 씻고 갈게요.

wash one's face

세수하다 *이번에는 구체적으로 wash 다음에 씻는 부위를 말하는 경우

- wash one's hands
  손을 씻다
- wash one's face
  세수하다
- wash[shampoo] one's hair
  머리를 감다

A: Dinner is ready to eat now. 이제 저녁 먹을 준비되었다.

B: Let's go **wash our hands**. 가서 손씻자.

↳ Tara **washes her face** every morning. 타라는 매일 아침 세수해.

↳ **Wash your hands** so you don't get sick. 병에 걸리지 않도록 손을 씻어.

brush one's teeth

양치질하다 *양치한 후에는 치실(floss)로 flossing(치실질을 하다)을 하면 더욱 좋다.

- (dental) floss
  치실질을 하다
- gargle
  가글하다

A: You have such healthy teeth. 넌 아주 건강한 치아를 가졌구나.

B: Well, I **brush my teeth** three times a day.
음, 난 하루에 3번 양치질을 해.

↳ Lisa **is brushing her teeth** in the bathroom.
리사는 화장실에서 양치질을 하고 있어.

↳ You should **brush your teeth** more often. 넌 좀 더 자주 양치질을 해야돼.

shave one's head

머리를 밀다 *shave는 면도하다라는 동사로 면도하지 않고 지낼 때는 go unshaven이라고 한다.

- have one's head shaved
  면도하다
- cut oneself shaving
  면도하다 베다
- use the electric shaver
  전기면도기를 사용하다

A: What happened when you joined the military?
입대했을 때 무슨 일이 생겼어?

B: On the first day they **shaved my head**.
입대 첫날 내 머리를 밀어버렸어.

↳ I'm going to **shave my head** this summer. 난 이번 여름 머리를 밀어버릴거야.

↳ He **shaved his head** because he was going bald.
대머리가 될 것 같아 머리를 밀었어.

splash on aftershave

면도후 애프터세이브 로션을 바르다 *화장품 등을 바를 때 'apply'동사를 써도 된다.

- put on some aftershave lotion
  애프터 세이브 로션을 바르다
- wear lotion on one? face
  얼굴에 로션을 바르다

A: So, you've got a date with Angela tonight.
그럼 넌 오늘밤 안젤라와 데이트가 있는 거지.

B: Yeah. I'm going to **splash on some aftershave**.
그래. 애프터 세이브를 좀 바를 거야.

↳ Rick **splashed on aftershave** this morning.
릭은 오늘 아침 애프터세이브를 발랐어.

↳ My skin felt cooler after I **splashed on some aftershave**.
오늘 애프터세이브를 좀 발랐더니 피부가 시원하네.

trim one's nails

손톱을 깎다   *trim은 머리나 머리와 비슷한 잔디나 나뭇가지 등을 다듬다라는 의미로 많이 쓰인다.

- paint one's nails
  손톱에 색을 칠하다
- bite one's nails
  손톱을 물어뜯다

A: **You should trim your nails** soon. 넌 네 손톱을 곧 깎아야해.

B: I know. They are getting long. 알아. 손톱이 길어지고 있어.

   ↳ I took a shower and **trimmed my nails.** 난 샤워를 하고 손톱도 깎았어.

   ↳ Tim took a long time to **trim his nails.** 팀은 손톱을 깎는데 시간이 많이 걸렸어.

take a shower

샤워하다   *take 대신 have 그리고 shower 대신 bath로 바꿔써도 된다.

- be in the shower
  샤워중이다
- take a bath
  목욕하다

A: What happened? 무슨 일야?

B: Nothing. I'm going to **take a shower.**
아무 일도 아냐. 샤워나 해야겠어.

   ↳ I feel like **taking a shower.** 샤워하고 싶어.

   ↳ It's been eight days since I **took a shower.** 내가 샤워한 지 8일이 지났어.

dry one's hands

손을 말리다   *손이나 몸을 씻은 후 닦는 towel 또한 동사로 타월로 말리다라는 뜻으로도 쓰인다.

- dry one's hair with the towel
  수건으로 머리를 말리다
- dry oneself with the towel
  수건으로 몸을 닦다

A: Do you have something I could **dry my hands** with?
손 좀 닦을 거 좀 가지고 있니?

B: Sure. You can use one of my towels. 그럼, 내 수건을 사용해.

   ↳ He **dried his hands** after washing them. 걘 손을 씻은후 말렸어.

   ↳ Jason had to **dry his hands** on his t-shirt.
제이슨 티셔츠로 자신의 손을 닦아야 했어.

freshen oneself up

얼굴이나 손을 씻다   *freshen up 무언가를 더 깨끗하고 산뜻하게 만든다는 의미이다.

- freshen up
  씻다, 새롭게 하다

A: I need to **freshen myself up.** 난 얼굴과 손을 씻어야 해.

B: There is a bathroom over there. 저기 화장실이 있어.

   ↳ You can **freshen yourself up** at my house. 내 집에서 네 얼굴과 손을 씻어도돼.

   ↳ Patty **freshened herself up** before going out.
패티는 외출하기 전에 얼굴과 손을 씻었어.

wear one's glasses

안경을 쓰다   *wear 대신에 put on을 쓰면 안경을 쓰는 행위를 강조하게 된다.

- clean one's glasses
  안경을 닦다

A: Jim looks very different today. 짐은 오늘 아주 달라보이네.

B: That's because he**'s wearing his glasses.**
걔가 안경을 써서 그럴거야.

   ↳ I need to **wear my glasses** to read books. 난 책을 읽으려면 안경을 써야해.

   ↳ She **wears her glasses** during the class. 걘 수업 중 안경을 쓰고 있어.

get one's hair cut

---

get one's hair cut

머리를 깎다 *미장원 등 다른 사람이 머리를 깍아줬다는 의미로 have를 써도 된다.

- **get[have] a haircut**
  머리를 깎다

A: **You look different today.** 너 오늘 좀 달라보인다.

B: **I got my hair cut. Does it look good?** 머리를 잘랐거든. 보기 좋아?

↳ I'll **get my hair cut** on Wednesday afternoon. 난 수요일 오후 머리를 자를 거야.

↳ Did you just **get your hair cut?** 넌 네 머리를 잘랐니?

---

brush one's hair

머리를 빗다 *comb one's hair도 같은 의미의 표현

- **scratch one's head**
  머리를 긁다

A: **Let's go eat some lunch.** 가서 점심을 하자.

B: **I need to brush my hair first.** 먼저 머리부터 빗어야해.

↳ Sarah forgot to **brush her hair** this morning.
  사라는 오늘 아침 머리 빗질하는 걸 잊었어.

↳ I **brushed my hair** before going to work. 난 출근하기 전에 머리를 빗었어.

---

get one's hair done

머리를 손질하다 *역시 다른 사람이 머리를 해주었다는 'get+A+pp' 구문

- **fix one's hair**
  머리를 고치다
- **change one's hairstyle**
  머리스타일을 바꾸다
- **hate one's hairdo**
  자신의 머리스타일을 싫어하다

A: **Where is your mom at today?** 오늘 네 엄마는 어디 계시니?

B: **She went to the salon to get her hair done.**
  머리를 손질하러 미장원에 가셨어요.

↳ Melissa **got her hair done** before her wedding.
  멜리사는 결혼식전 머리를 손질했어.

↳ It's getting expensive to **get my hair done.** 머리를 손질하는게 갈수록 비싸지는군.

---

dye one's hair black

머리를 검게 염색하다 *「염색하다」라고 할 때는 dye 외에 color를 동사로 해서 써도 된다.

- **dye one's hair blond**
  머리를 금발로 염색하다

A: **Barry has quite a bit of gray hair.** 배리는 회색 머리가 상당히 있어.

B: **He's planning to dye his hair black.**
  걘 머리를 검은 색으로 염색하려고 해.

↳ She **dyed her hair black** after her haircut. 걘 머리를 깎은후 검은 색으로 염색했어.

↳ I need to **dye my hair black** to look younger.
  젊게 보이려고 머리를 검게 염색해야겠어.

---

go bald

대머리되다 *go 대신 become을 써도 된다.

- **comes off[fall out]**
  머리가 빠지다
- **lose one's hair**
  머리가 빠지다
- **hair loss**
  탈모
- **stop the hair from falling out**
  탈모를 방지하다

A: **Peter went bald when he was 25 years old.**
  피터는 25세가 될 때 대머리가 되었어.

B: **That's too bad. He looks less attractive now.**
  안됐군. 좀 덜 매력적으로 보이네.

↳ I hope I don't **go bald** when I'm older. 난 나이들어서 대머리가 되고 싶지 않아.

↳ My dad **went bald** when he was in his fifties. 아빠는 50대에 대머리가 되었어요.

wear one's makeup

wear one's makeup

- wash one's makeup off
  화장을 지우다
- wear a new perfume
  향수를 바르다

화장하다 *wear는 「옷을 입다」라는 뜻 뿐만 아니라 「화장품을 바르다」는 뜻도 있다.

A: Why does Dana look so nice? 다나는 왜 그렇게 멋있게 보이지?

B: She **wore her makeup** to the dance. 걘 무도회가려고 화장을 했어.

↳ Carly **wore her makeup** when she went shopping. 칼리는 쇼핑갈 때 화장했어.

↳ She didn't **wear her makeup** during the meeting.
  걘 회의중 화장을 하지 않았어.

put one's makeup on

- put on heavy[light] makeup
  화장을 짙게[옅게]하다

화장을 하다 *뒤의 on은 put on의 on으로 빠트리면 안된다.

A: I **put on too much makeup**. I look like a clown.
  화장을 너무 많이 했나봐. 광대같아.

B: No, you don't. But I would remove that eyeliner.
  아냐. 그렇지 않아. 정 그럼 내가 눈썹 화장을 지워줄게.

↳ Betty decided not to **put her makeup on**. 베티는 화장을 하지 않기로 결정했어.

↳ The women **put their makeup on** in the bathroom.
  그 여성들은 화장실에서 화장을 했어.

have makeup on

- have no make-up on
  얼굴에 화장을 안하고 있다
- put[wear] make up
  화장을 하다

화장을 하고 있다 *동사구가 명사형으로 쓰인 경우로 make-up, make up 또는 makeup이라 쓴다.

A: Most of the girls **have makeup on**. 대부분의 소녀들은 화장을 하고 있지.

B: They want to look good for the boys.
  걔들은 소년들에게 멋있게 보이고 싶어해.

↳ She is too young to **have makeup on**. 걘 화장을 하기에는 너무 어려.

↳ I **have makeup on** because I'm meeting Larry.
  래리를 만나기 때문에 화장하고 있어.

do one's makeup

- do one's makeup in the mirror
  거울 앞에서 화장하다

화장을 하다 *do 대신 바르다라는 의미를 갖는 apply를 써도 된다.

A: Why has Katie been in the bathroom so long?
  캐티가 왜 그렇게 오래 화장실에 있는 거야?

B: I think she**'s been doing her makeup**. 화장을 하고 있다고 생각돼.

↳ Every morning I **do my makeup**. 매일 아침 난 화장을 하지.

↳ She'll **do her makeup** before her date. 걘 데이트하기 전에 화장을 할 거야.

fix one's makeup

- check one's makeup
  화장을 확인하다

화장을 고치다 *화장에 관련되어서는 make up은 명사로 쓰이며 동사로는 거의 안쓰인다.

A: I need to **fix my makeup** now. 난 이제 화장을 고쳐야해.

B: I'll have a drink while you do that. 그동안 난 한 잔 걸치고 있을게.

↳ She **fixed her makeup** after getting wet. 걘 비에 젖은 후 화장을 고쳤어.

↳ They **fixed their makeup** before going downtown.
  걔들은 시내가기 전 화장을 고쳤어.

use the bathroom

use the bathroom

- use the public toilet
  공중화장실을 이용하다
- use the rest room
  화장실을 이용하다

화장실을 이용하다 *공중화장실은 public toilet이라고 한다.

A: Do you mind if I **use your bathroom?** 화장실 좀 써도 되겠어?

B: No, go ahead. 그래, 그렇게 해.

┗ Let me know if you need to use the bathroom. 화장실을 쓰려면 말해.

┗ I'll use the bathroom before we leave. 우리가 떠나기전 난 화장실에 가야겠어.

go to the rest room

- go to the bathroom[powder room]
  화장실에 가다
- be in the rest room
  화장실에 있다

화장실가다 *rest room은 식당,극장 등의 화장실, powder room은 주로 손님용 작은 화장실을 의미.

A: Hello Peter. Where have you been? 야 피터, 어디 갔었어?

B: Hi. I **have been in the bathroom.** 어, 화장실에.

┗ I'm going to the bathroom now. 지금 화장실 좀 갔다올게.

┗ She arrived earlier and has gone to the powder room.
갠 일찍 도착해 화장실에 갔어.

take a piss

- go for[have] a piss[pee]
  소변보다
- hold one's urine 소변을 참다
- feel nature's call
  오줌마려(장난기 있는 표현)
- call of nature 대소변의 마려움

오줌누다 *pee보다는 어른스럽지만 urine(소변)보다는 점잖지 못한 표현

A: You drank a lot of beer tonight. 넌 오늘밤 맥주를 너무 많이 마셨어.

B: Yeah, and now I need to **take a piss.** 그래. 이제 소변을 봐야겠어.

┗ Fred is outside taking a piss. 프레드는 밖에서 소변보고 있어.

┗ I couldn't find a place to take a piss. 난 소변을 볼 장소를 못찾겠어.

do one's business

- ease oneself
  대변보다
- relieve oneself[one's bowels]
  대변보다
- have a bowel movement
  대변보다
- be taken short
  갑자기 뒤가 마렵다

볼일 보다 *배설도 주요한 업무(?)중의 하나로 on business하면 '볼일이 있어서'라는 뜻

A: I'm going in the toilet to **do my business.**
볼일 보려고 화장실에 갈 거야.

B: I'll give you some privacy. 개인시간을 줄게.

┗ She took a long time to do her business. 갠 볼일 보는데 시간이 많이 걸렸어.

┗ I'm going to do my business in the bushes over here.
저기 숲속에서 볼일 좀 볼게.

do[go] number one

- fart in front of~
  …의 앞에서 방귀뀌다
- break the wind
  방귀뀌다
- hold one's gas in
  방귀를 참다
- smell the fart
  방귀 냄새가 나다

소변보다 *구어체로 어린 아이들이 쓰는 표현. number two는 대변을 의미

A: What's up, Tom? 톰, 무슨 일 있어?

B: I have to **go number two, mom.** 엄마, 나 대변을 봐야해요.

┗ You don't have to hold in your fart. 넌 방귀를 참을 필요가 없어.

┗ I want to do number one. 난 소변이 마려워.

get dressed

get dressed

- get undressed
  옷을 벗다
- get sb dressed
  …의 옷을 입히다

옷을 입다 *구어체에서 dress를 단독으로 사용하는 것보다 get dressed가 많이 쓰인다.

A: **Get dressed** for the party. 파티에 가게 옷을 입어라.

B: **What time are we going there?** 언제 도착할 거예요?

↳ Now **get dressed**, we're going to the gym. 체육관에 가게 옷입어.

↳ How long does it take to **get dressed?** 옷을 입는데 얼마나 걸려?

wear a suit

- wear a winter coat
  겨울코트를 입다
- wear size 34
  34사이즈를 입다
- wear one? shoes
  신발을 신다

양복을 입고 있다 *wear a suit and tie하면 '정장을 차려입다'라는 의미

A: **So, where are we going to eat tonight?**
그래서, 오늘 밤 어디에서 먹나요?

B: **It's a nice restaurant. Wear a suit.** 좋은 식당이야. 양복을 입어야해.

↳ All workers will **wear a suit** in the office.
모든 직원들은 사무실에서 양복을 입어야해.

↳ I plan to **wear a suit** to the wedding. 난 결혼식에 양복을 입을 계획이야.

put on

- have something on
  …을 입고 있다(상태 중심)

옷을 입다 *have나 wear에 비해 옷입는 동작을 강조한다.

A: **Should I wear my red dress?** 내 붉은 드레스를 입어야 하나요?

B: **No, you should put on your black skirt.**
아니, 검은 스커트를 입어야해.

↳ I'll **put on** some shorts to exercise. 난 운동을 하려고 반바지를 입을 거야.

↳ Go ahead and **put on** something comfortable. 그렇게해. 편안한 옷을 입어라.

take off

- have something on
  …을 입고 있다(상태 중심)

옷을 벗다 *undress는 옷을 벗(기)다, be naked는 옷을 벗은 상태를 말한다.

A: **It seems to me that the room became hot.**
방이 무척 더워진 것 같아.

B: **I know. I have to take off my jacket.** 알아. 윗도리를 벗어야해.

↳ **Take off** your coat and sit down. 코트를 벗으시고 앉으시죠.

↳ Well, **take off** your shirt and lie down. 자, 웃옷을 벗고 누우세요.

try on

- have something on
  …을 입고 있다(상태 중심)

옷을 입어보다 *옷 사기 전에 몸에 맞는지 맘에 드는지 확인하기 위해 입어보는 것을 뜻한다.

A: **Do you think this coat will fit me?** 이 코트 나한테 어울릴 것 같아?

B: **Why don't you try it on?** 한번 입어보지 그래?

↳ Can I **try on** one of these suits? 이 옷중 하나를 입어볼까요?

↳ Why don't you **try it on?** 그거 입어봐.

dress up

차려입다, 정장을 입다 *선이나 면접보러 갈 때 처럼 짝 빼입는 것을 말한다.

- get[be] all dressed up
  옷을 잔뜩 잘 빼입다
- get[be] too dressed up
  넘 옷을 차려입다
- be well dressed
  옷을 잘 입다

A: **Why are you dressed up** tonight? 오늘 왜 그렇게 차려입었어?

B: I've got a date that I want to impress.
   데이트가 있는데 강한 인상을 주고 싶어.

↳ Why **are you all dressed up**? 왜 그렇게 차려 입었어?

↳ I plan to **dress up** for the talent show. 장기자랑 쇼에 나갈 때 성장할 계획이야.

change one's clothes

옷을 갈아입다 *옷을 갈아 입는 곳은 fitting[dressing] room이라고 한다.

- get changed
  옷을 갈아입디

A: Can you help me move this furniture?
   이 가구를 옮기는데 좀 도와줄래?

B: Sure, but I need to **change my clothes** first.
   물론이지. 그런데 먼저 옷부터 갈아입고.

↳ Bob will **change his clothes** before leaving. 밥은 떠나기전 옷을 갈아입을 거야.

↳ I'll **change my clothes** after showering. 샤워 후 난 옷을 갈아입을 거야.

look good[nice] on

좋아 보이다, 잘 어울리다 *주어 자리에는 사람이 아니라 옷이나 안경 등 입는 대상이 와야 한다.

- A look good[nice] in that dress
  그 옷을 입으니 멋지다

A: That shirt **looks good on** you. 그 셔츠가 네게 잘 어울려.

B: Thank you. I just bought it. 고마워. 방금 산거야.

↳ Do these glasses **look good on** me? 이 안경이 내게 맞는 것 같니?

↳ All clothes **look good on** her. 모든 옷들이 걔에게 잘 맞아.

go well with

…와 잘 어울리다 *suit이나 match 동사도 옷 등이 잘 어울리다라는 뜻으로 쓰인다.

A: I'm going to wear my black shirt. 난 검은 셔츠를 입을 거야.

B: That shirt **goes well with** blue jeans.
   그 셔츠에는 청바지가 잘 어울려.

↳ Your hat and gloves **go well with** your coat. 네 모자와 장갑은 네 코트와 잘 어울려.

↳ Does this scarf **go well with** my outfit? 이 스카프가 내 옷과 잘 어울리니?

try on vs. try sth

try는 다음에 주로 명사나 to+동사가 목적어로 와서 「아직 해보지 않은 것을 해보다」, 「시도하다」라는 뜻이다. 특히 명사가 목적어로 올 경우에는 I'll try my best처럼 시도하다라는 의미이지만 "Try Bulgogi"처럼 음식이 올 경우에는 「먹어보다」라는 의미가 된다. 하지만 try 다음에 옷 등이 올 경우에는 옆의 try it on처럼 'on'을 붙여야 한다.

take a seat

take a seat

- (Is this seat) Taken?
  자리 있나요?
- have a seat in the chair
  의자에 앉다

자리에 앉다 *take 대신에 have를 쓰기도 한다.

A: Can I sit at this table with you? 이 테이블에 너와 같이 앉아도 되니?

B: Of course you can. **Have a seat.** 당연하지. 앉아.

↳ Take a seat and tell me about your day. 앉아 그리고 오늘 하루 어땠는지 말해봐.

↳ Please have a seat in the reception area. 접견실에 앉아 계세요.

sit by

- sit with one's legs crossed
  다리를 꼬고 앉아 있다
- sit face to face with~
  마주보고 앉다
- sit side by side with~
  …와 나란히 앉다

곁에 앉다 *by 대신에 옆을 나타내는 표현인 beside(not besides)나 next to를 써도 된다.

A: Is Greg still in the building? 그렉이 여전히 빌딩안에 있니?

B: Yes, but he went to **sit by** his friends.
   응, 그런데 걔가 친구들 곁에 앉으려고 갔어.

↳ I can't sit by you right now. 난 바로 지금 네 옆에 앉을 수 없어.

↳ Angie decided to sit by Brad in the library.
   앤지는 도서실에서 브래드 옆에 앉기로 했어.

sit down

- sit down on the sofa
  소파에 앉다

자리에 앉다 *'Please be seated'는 좀 격식 차린 표현으로 '앉으세요'라는 의미이다.

A: I'm ready to eat some food. 난 음식 좀 먹으려고 해.

B: **Sit down** and I'll bring it to you. 앉아, 갖다 줄게.

↳ Sit down until we are ready to start. 우리가 시작할 준비가 될 때까지 앉아 있어.

↳ Is it okay for me to sit down here? 내가 여기 앉아도 될까?

stand up

- stand on one's toes
  발끝으로 서다
- stand in a line
  한 줄로 서다

일어서다 *참고로 rise from one's seat는 말그대로 「자리에서 일어나다」라는 의미

A: **Stand up** and help me move this chair.
   일어서서 이 의자를 옮기는데 도와주라.

B: I think you can move it by yourself.
   너 혼자 옮길 수 있다고 보이는데.

↳ Stand up and let me sit down there. 일어서, 내가 거기에 앉게.

↳ Stand up and let me take a look. Lift up your shirt.
   일어서세요. 한번 봅시다. 셔츠를 올리시구요.

lie down

- lie down on the bed
  침대에 눕다(lie in bed)
- lie on one's back
  드러눕다
- lie on one's face
  엎드리다
- lie back
  반드시 눕다, 뒤로 기대다

눕다 *lie 다음에는 눕는 곳의 명사 혹은 누우면서 접촉하는 신체부위 등이 이어진다.

A: Vera has a bad stomach ache today. 베라는 오늘 복통이 심했어.

B: Tell her to **lie down** for a while. 잠시동안 누워있으라고 말해봐.

↳ I will lie down after I finish working. 일을 끝낸후 난 누울 거야.

↳ Did Jeff lie down and rest tonight? 제프가 오늘 밤 누워서 좀 쉬었니?

blow one's nose

blow one's nose

- have a runny nose
  콧물을 흘리다(= one's nose runs)
- nose bleed
  코피
- have a bloody nose
  코피 나다(one's nose bleeds)

코를 풀다 *pick one's nose는 전 국민이 숨어서라도 꼭 하는 '코를 후비다'라는 표현

A: Excuse me, I have to **blow my nose.** 죄송합니다. 코 좀 풀겠습니다.

B: Oh, did you catch a cold? 오, 감기 걸리셨나요?

∟ Kevin **blew his nose** at the table. 케빈은 테이블에서 코를 풀었어.

∟ Cindy went to the bathroom to **blow her nose.** 신디는 코를 풀려고 화장실로 갔어.

sweat a lot

- wipe the sweat off[from]
  …의 땀을 닦다
- get sweaty
  땀이 나다
- drop sweat
  땀을 흘리다

땀을 많이 흘리다 *비유적으로 뭔가 열심히 할 때도 sweat를 쓰기도 한다.

A: I like doing different types of exercise.
난 여러 다른 종류의 운동을 좋아해.

B: Me too, but I really **sweat a lot.** 나도 그래. 난 정말로 땀을 많이 흘려.

∟ She **sweats a lot** when the weather gets hot.
날씨가 더워지니까 걘 엄청 땀을 흘려.

∟ I'll try not to **sweat a lot** when I'm on my date.
데이트할 때 땀을 많이 안흘리려고 해.

hold a sneeze

- give a sneeze
  재채기를 하다
- sneeze a lot
  재채기를 많이 하다
- make A sneeze
  …때문에 A가 재채기하다

재채기를 참다 *상대방이 재채기를 했을 때는 "(God) Bless you!"라고 해주는 게 에티켓

A: I think it's rude to sneeze loudly.
재채기를 하는 것이 예의 없는 행동이라고 생각해.

B: Is it better to **hold a sneeze** then? 그러면 참는 것이 나은가?

∟ It's probably unhealthy to **hold a sneeze.** 재채기 참는 건 아마 건강에 안좋을거야.

∟ My sister tries to **hold her sneezes.** 내 여동생은 재채기를 참으려고 노력해.

have bad breath

- have a body odor
  암내가 나다

입냄새가 심하다 *냄새 제거제는 'mouthwash'나 'breath freshener'라 한다.

A: Why don't you want to date Herb again?
허브랑 다시 데이트안할거야?

B: He **has bad breath.** Can't you smell it?
입냄새가 지독해. 넌 냄새 안나던?

∟ Use some mouthwash because you **have bad breath.**
입냄새나면 구강청결제 써.

∟ They **had bad breath** after eating the garlic. 걔들은 마늘 먹은 후 입냄새가 났어.

spit on sb

- cf. Spit it out!
  솔직히 털어놔라!

…에 침을 뱉다 *시제에 상관없이 spit-spit-spit이라고 쓰면 된다.

A: So you went to the protest march? 그래서 넌 항의 데모에 참가했니?

B: Yes, but someone **spit on me.** 응, 그런데 누군가 나에게 침을 뱉었어.

∟ He **spit on me** and we got in a fight. 걔가 나에게 침을 뱉어서 우린 싸우게 되었지.

∟ The students **spit on** the unpopular child. 학생들이 인기없는 애에게 침을 뱉었어.

burst into tears

burst into tears

울음을 터트리다, 갑자기 울기 시작하다 *안좋은 소식을 듣고 충격속에 울기 시작할 때

- break into tears
  울음을 터트리다
- with tears in one's eyes
  눈물을 머금고

A: What did June do when you broke up with her?
준과 헤어졌을 때 걔가 어땠어?

B: She **burst into tears.** She was very upset.
걘 울음을 터트렸지. 무척이나 당황했어.

└ Beth burst into tears when she got a failing grade.
베스는 낙제학점받고 울음을 터트렸어.

└ Nancy was so tired and unhappy that she burst into tears.
낸시는 아주 피곤하고 기분이 좋지 않아 울어버렸어.

be in tears

눈물을 흘리다, 울다 *drop tears라고 해도 된다.

- shed tears
  눈물을 흘리다
- end in tears
  결국 눈물을 흘리다

A: Was Paul still in his house? 폴이 아직도 집안에 있었니?

B: Yes, but he **was in tears** when I got there.
응, 내가 도착했을 때 걘 울고 있었어.

└ The crowd was in tears after the President spoke.
대통령이 연설한 후 군중들이 울어버렸어.

└ She was in tears when she left her family.
걔가 가족들을 떠날 때 울고 있었어.

cry a lot

엉엉울다 *cry one's eyes out은 '눈이 붓도록 울다'란 의미

- cry bitter tears
  피눈물을 흘리다
- cry oneself to sleep
  울다 자다
- make A cry   A를 …울리다
- cry for joy 기뻐 울다

A: Your boyfriend joined the army? 네 남친이 군대에 갔지?

B: Yeah, I **cried a lot** after he was gone. 응, 걔가 떠나버린 후 엄청 울었어.

└ You'll cry a lot when you see that movie. 그 영화를 보면 넌 무지 울거야.

└ Suzie cried a lot after her mom died. 수지는 엄마가 돌아가신 후 아주 많이 울었어.

sob

흐느껴 울다 *sob out 은 '흐느껴 울며 말하다'의 의미

- weep
  (문어체) 소리내지 않고 한참동안 울다

A: I can hear Betsy **sob** in her room.
벳시가 자기 방에서 흐느끼는 소리를 들을 수 있어.

B: Go see if you can make her feel better.
걔 기분 좀 좋아지게 한번 가봐.

└ Everyone sobbed during the funeral. 장례식 도중 모두가 흐느꼈어.

└ You shouldn't sob when you hurt yourself. 스스로 다쳤을 땐 훌쩍대지마.

dry one's tears

눈물을 닦다 *땀이나 눈물을 닦을 때는 wipe 이나 dry를 사용하면 된다.

- wipe a tear from one's eye
  눈물을 닦다

A: It seems like everything is so terrible. 모든 것이 끔찍한 것처럼 보여.

B: **Dry your tears.** It will be fine. 눈물을 닦아. 모두 잘 될 거야.

└ Daria dried her tears after crying all night. 다리아가 밤새 울더니 눈물을 닦았어.

└ Dry your tears and go take a shower. 눈물을 닦고 샤워를 해라.

smile at

smile at

- smile back
  상대방의 웃음을 받아 웃음짓다
- smile with relief
  안도의 미소를 짓다
- have a big smile
  함박웃음을 짓다

…보고[에] 웃다 *smile은 laugh와 달리 소리내지 않고 얼굴에 미소를 짓는 걸 말한다.

A: I think the waitress is kind of cute. 여종업원이 좀 귀엽네.

B: She **smiled at** you. I think she likes you.
넌 보고 웃고 있는데 널 좋아하나봐.

└ Try to smile at the students in class. 수업 중인 학생들에게 웃도록 노력해라.

└ Did you smile at your new teacher? 새로 온 선생님에게 웃어주었니?

laugh at

- laugh out loud
  큰 소리로 웃다
- have a laugh
  웃다
- have a good laugh
  크게 웃다

웃다, 비웃다 *laugh는 소리내서 웃는 걸 말하며 문맥에 따라서 비웃다라는 뜻도 갖는다.

A: What happened when Ron fell down?
론이 넘어졌을 때 무슨 일이 생겼니?

B: Everyone **laughed at** him. 모두 다 걔를 비웃었지.

└ I laugh at Jim Carrey movies. 난 짐 케리가 나오는 영화들을 보면서 웃었어.

└ We laughed at her arrogant behavior. 우린 걔의 건방진 행동을 비웃었지.

make sb laugh

- can't help laughing
  웃지 않을 수 없다
- burst into laughter
  웃음을 터트리다
- burst out laughing
  웃음을 터트리다

…을 웃게 하다 *좀 어렵지만 keep sb in stitches는 '배꼽을 잡고 웃게 하다'란 의미

A: How can I impress a girl I want to date?
데이트하고 싶은 애에게 어떻게하면 관심 끌 수 있니?

B: You can impress a girl if you **make her laugh.**
웃길 수 있다면 관심을 끌 수 있지.

└ Some jokes will make me laugh. 어떤 농담에는 내가 웃겠지.

└ The comic made almost everyone laugh. 그 만화가 거의 모두를 웃게 했어.

keep a straight face

- keep one's face straight
  (웃음을 참고) 진지한 표정을 짓다

웃음을 참다 *hold back one's laughter도 역시 '웃음을 꼭 참다'란 말

A: I can't believe our teacher made that mistake.
우리 선생님이 그런 실수를 했다는 걸 믿을 수 없어.

B: I know. It was hard to **keep a straight face.**
알아. 웃음을 참기 어려웠지.

└ Can you keep a straight face when Sam tells jokes?
샘이 농담을 할 때 웃음을 참을 수 있니?

└ I can never keep a straight face when I lie.
난 거짓말을 할 때면 결코 웃지 않을 수가 없어.

---

smile과 laugh외 다양한 웃음들

우리도 웃는 종류가 여러가지 있듯이 영어 또한 다양한 웃음을 나타내는 단어들이 있다. 먼저 **chuckle**하면 뭔가 생각을 하면서 조용히 낄낄대는 것을, **giggle**은 웃거나 당황해서 반복적으로 피식피식 웃는 것을 또한 **grin**은 소리없이 활짝 웃는 것을 말한다.

shout to

shout to[at]

- shout so loud
  크게 소리치다
- shout for help
  도와달라 소리치다

…에게 소리치다 *shout sth out 하면 똑똑히 들리도록 '~을 큰 소리로 말하다'라는 뜻

A: The other hikers are far ahead of us.
다른 하이커들이 우리보다 한참 앞서있어.

B: **Shout to** them and tell them to slow down.
걔들한테 소리쳐서 속도를 늦추라고 말해봐.

⌐ Did you **shout to** the people in the next building?
옆 빌딩에 있는 사람들에게 소리쳤니?

⌐ **Shout to** our friends over there. 저기 있는 우리 친구들에게 소리를 쳐봐.

yell at

- yell out
  소리치다

…에게 소리치다 *두렵거나 화나거나 혹은 들떠 크게 소리칠 때

A: Billy was behaving so badly today.
빌리는 오늘 아주 나쁘게 행동하고 있어.

B: That's why the teacher **yelled at** him.
그래서 선생님이 걔한테 소리친 거야.

⌐ We **yelled at** our unkind classmates.
우린 친절하지 않은 반 친구들에게 소리를 질렀어.

⌐ Don't **yell at** me for being wrong. 내가 잘못했다고 소리지르지 마라.

scream (out)

- cry out
  외치다. 큰소리로 말하다

큰 소리로 외치다, 비명을 지르다 *scream in ånger는 「화가 나서 소리를 지르다」라는 뜻

A: Did you hear someone **scream**? 누군가 소리지르는 것을 들었니?

B: Yes, I think somebody may be in trouble.
응. 누군가 곤경에 빠졌나봐.

⌐ Annie **screamed** when she saw the spider. 애니는 거미를 볼 때 비명을 질렀어.

⌐ I'm going to **scream** if you bother me again. 날 다시한번 괴롭히면 소리지를 거야.

keep one's voice down

- raise one's voice
  큰소리로 말하다, 소리 높이다
- talk ~in a low[loud] voice
  조용히[큰 소리로] 말하다
- lower one's voice
  목소리를 낮추다

…의 목소리를 낮추다 *목소리가 안 나오는 것은 lose one's voice 이다.

A: Hey, what are you doing here? 야. 여기서 뭐하니?

B: **Keep your voice down.** We're in a library.
목소리 낮춰. 우린 도서실에 있잖아.

⌐ Gene kept his voice down when he talked. 진은 말하면서 목소리를 낮췄어.

⌐ Keep your voices down during the movie. 영화 도중에는 목소리를 낮춰라.

groan with pain

- moan with pain
  아파 신음하다

아파 신음소리를 내다 *반대로 groan with pleasure는 기뻐서 낮게 '탄성을 지르다'이다.

A: I saw Mark get hurt playing football.
마크가 미식축구를 하면서 다친 것을 보았어.

B: He **groaned with pain** after being injured.
걘 부상을 당한 후 고통으로 신음했어.

⌐ The old man **groaned with pain** as he sat down. 노인은 앉으면서 고통으로 신음했어.

⌐ Wendy **groaned with pain** when she fell. 웬디는 넘어져서 고통으로 신음했지.

13 숨쉬다
take a breath

take a breath

- take a deep breath
  깊은 숨을 쉬다(breathe deeply)
- take one's breath away
  숨이 막히다

호흡하다 *catch one's breath하면 '호흡을 가다듬다'라는 뜻의 표현이다.

A: I can't continue working here. 난 여기서 계속 일할 수 없어.

B: **Take a breath,** you'll be alright. 호흡을 한번 해봐, 괜찮아질 거야.

↳ Take a breath before you dive into the pool.
수영장에 뛰어들기 전에 심호흡을 해라.

↳ He took a breath and then began to run. 걘 숨을 크게 쉬고나서 뛰기 시작했어.

breathe in[out]

- breathe in
  숨을 들이쉬다(inhale)
- breathe out
  숨을 내쉬다(exhale)

숨을 들이쉬다 *반대로 breathe out하면 숨을 밖으로 내쉬다는 의미

A: I am so stressed out right now. 난 지금 매우 스트레스를 받고 있어.

B: **Breathe in** slowly and relax. 숨을 천천히 쉬면서 느긋해져봐.

↳ Breathe in and out during the exercise. 운동 중에 들숨과 날숨을 쉬어봐.

↳ Breathe in while the doctor checks your heart.
의사가 심장을 검사할 때 들이 쉬어.

hold one's breath

숨을 멈추다 *엑스레이를 찍기 위해서나 혹은 남에게 들키지 않기 위해

A: How long can you **hold your breath?**
넌 얼마동안이나 숨을 멈출 수 있니?

B: I think I can hold it about two minutes.
아마도 2분 정도 가능할 거야.

↳ You learn to hold your breath while swimming.
수영중 숨을 멈추는 법을 배워야해.

↳ Okay, this is going to be tough. Hold your breath.
그래, 이거 쉽지 않을거야. 숨쉬지마.

be out of breath

- gasp
  헐떡거리다
- pant
  숨을 헐떡거리다

달려서 숨이 차다 *= be breathless = be short of breath = breathe hard = be panting 다 같은 의미.

A: I **am out of breath** from walking home.
난 집까지 걸어가는 바람에 숨이 차.

B: That's because you're getting fat. 네가 살이 쪄서 그런거야.

↳ Adam was out of breath after the marathon.
아담은 마라톤을 뛴 이후에 숨이 찼어.

↳ Jim exercises often and is never out of breath.
짐은 종종 운동해서 결코 숨이 차지 않아.

sigh with relief

- give a sigh of relief
  안도의 한숨을 쉬다

안도의 한숨을 쉬다 *sigh가 동사로 쓰인 경우로 「한숨을 쉬다」라는 의미

A: What happened when the exam finished? 시험끝날 때 어땠니?

B: All of the students **sighed with relief.** 학생 모두 안도의 한숨을 쉬었지.

↳ I'm going to sigh with relief when this report is done.
보고서 끝나면 안도의 한숨을 쉴거야.

↳ Pam sighed with relief when school was canceled.
팸은 수업이 취소되자 무지 안심했어.

live in

live in ~

- live in a luxury apartment
  고급 아파트에서 살다
- live in California
  캘리포니아에서 살다
- live in that area
  저 지역에서 살다

…에서 살다 *in 다음에는 살고 있는 장소명사를 붙이면 된다.

A: **My family is going to move overseas.** 우리집 해외로 이민가.

B: **It's hard to believe that you're going to live in another country.** 네가 다른 나라에서 살거라니 믿기지 않아.

↳ I live in a small one bedroom studio. 난 방이 하나인 작은 스튜디오에 살고 있어.

↳ Can you afford to live in that apartment? 넌 그 아파트에 살 여유가 있니?

live in the neighborhood

- be in the neighborhood
  근처에 살다
- live close by
  가까이 살다
- live in a suburb
  교외에 살다

근처에 살다 *neighbor는 이웃 사람이고, neighborhood는 동네, 주변을 뜻한다.

A: **Is Joseph driving by?** 조셉이 운전해서 지나가는 거니?

B: **Yes, he lives in the neighborhood.** 응. 걘 우리 동네에 살고 있어.

↳ A famous actress lives in the neighborhood.
  유명한 여배우가 우리 동네에 살고 있어.

↳ My Uncle Tom lives in the neighborhood. 우리 삼촌 톰이 우리 동네에서 살아.

live all alone

- live together
  함께 살다
- live longer
  오래 살다
- live an interesting life
  흥미로운 삶을 살다

혼자 살다 *live by oneself = live on one's own이라고 해도 된다.

A: **Does your grandmother live with you?**
  할머니가 너랑 같이 살고 있니?

B: **No, she chose to live all alone.** 아니. 할머니께서는 내내 혼자 사셨어.

↳ Lots of college couples live together before marriage.
  많은 캠퍼스 커플들이 결혼전에 동거하고 있어.

↳ It's not like we agreed to live together forever.
  우린 평생 같이 살기로 한 것 같지 않아.

live away from

- live away from home
  타향살이하다
- live away from one's family
  가족과 떨어져 살다

…와 떨어져 살다 *live far apart하면 '멀리 떨어져 살다'라는 의미

A: **What is the hardest part of going to a university?**
  대학생활중 가장 힘든 부분은 어떤거니?

B: **All of the students live away from their families.**
  모든 학생들이 가족들과 떨어져 있다는거지.

↳ He lives away from his wife most of the week.
  걘 주중 대부분 부인과 떨어져 살아.

↳ She lived away from Korea for a few years.
  걘 몇 년간 한국에서 멀리 떨어져 살고 있어.

settle down

- live overseas[abroad]
  해외에서 살다
- settle down to reading
  마음을 가라앉히고 독서를 하다
- settle down to work
  마음을 가라앉히고 일을 하다

자리를 잡다, 정착하다 *반면 settle down to sth은 '~에 집중하기 시작하다'라는 뜻

A: **I'm happy that I'm finished with military service.**
  이제 군대를 마치니 정말 행복해.

B: **Are you going to settle down now?** 이제 정착할 거니?

↳ I'd like to settle down somewhere in the country. 난 시골 어딘가에 정착하길 바래.

↳ Jane and Dick settled down and had some kids. 제인과 딕은 정착해 애를 몇 낳았어.

rent a house

rent a house

- rent a larger room
  큰방을 임대하다
- rent an apartment
  아파트를 임대하다
- monthly rent
  월세

집을 임대하다 *rent는 빌려 사용하고 돈을 지불하는 것으로 대상은 집, 차, 및 전자제품 등이다.

A: **Why don't you get your own place?**
네 자신의 거처를 마련하지 그러니?

B: **It's too expensive to rent a house.** 집을 임대하면 무지 비싸.

∟ They are going to rent a house in Hawaii. 걔들은 하와이에 집을 임대할 거래.

∟ Try to rent a house before you buy one. 집을 사기전에 임대를 해봐.

find a house to rent

- a house to rent
  세들어 살 집

셋집을 찾다 *find 대신 look for를 써도 된다.

A: **Orlando and his wife are divorcing.** 올랜도와 걔 부인은 이혼하려나봐.

B: **He should find a house to rent.** 걔 우선 셋집을 찾아야하겠네.

∟ Did she find a house to rent near her job? 걔 직장 근처에 셋집을 찾았대?

∟ I found a house to rent on your street. 난 네가 사는 거리에 셋집을 찾았어.

live in a rental

- live in a monthly rented housing
  월세살다

월세로 살다 *monthly rent = rental fee 는 '월세'

A: **How is Helen doing these days?** 헬렌은 요즘 어때?

B: **She's living in a cheap rental unit.** 걔 값싼 월세 집에서 살고 있어.

∟ They lived in a rental until they bought a house.
  걔들은 집을 살 때까지 월세로 살았어.

∟ She lives in a rental near a shopping center.
  걔 쇼핑센터 인근에서 월세로 살고 있어.

sign a lease

- the lease expires[runs out]~
  임대가 만료되다
- the lease runs[takes effect]~
  임대가 시작되다

임대계약서에 서명하다 *lease는 주로 사업용으로 장기간 건물, 자동차 등을 빌리는 것

A: **How long is your lease for?** 네 임대계약은 얼마동안이니?

B: **I signed a lease for one year.** 1년짜리 임대계약에 서명했어.

∟ My lease says I can't have pets. 내 임대계약에 따르면 난 애완동물을 키울 수 없어.

∟ The lease expires in six months. 임대계약이 6개월후에 만료돼.

be leased in one's name

- lease out
  임대주다
- lease sth from sb
  …로부터 …를 임대하다
- buy a house
  집을 사다

…의 이름으로 임대되다 *lease는 농사로 …를 사업용으로 빌리다라는 뜻이다.

A: **How can you afford this place?** 이 거처를 어떻게 구했니?

B: **It was leased in my father's name.** 우리 아빠 이름으로 임대된거야.

∟ She leased the apartment in her boyfriend's name.
  걘 남친이름으로 아파트임대했어.

∟ It was all leased in Terry's name. 그건 모두 테리의 이름으로 임대된거야.

do the dishes

do the dishes

- wash the dishes
  설거지하다

설거지하다 *dishes는 복수형태로 설거지할 모든 접시, 컵, 그릇을 말한다.

A: **Your kitchen is pretty dirty.** 너희 집 부엌 굉장히 지저분하구나.

B: I know. I don't like **doing the dishes.**
맞아. 내가 설거지하는 걸 싫어해서.

↳ I don't like to do the dishes. 설거지하기 싫어.

↳ Let me help you finish washing the dishes. 설거지 도와줄게.

do the laundry

- run the washer
  세탁기를 돌리다
- get the laundry washed
  세탁하다

빨래하다 *세탁물을 깨끗이하는 것으로 wash the clothes라는 의미

A: **Will you help me load up the truck?** 트럭에 짐 싣는 것 좀 도와줄래요?

B: **Not until I get the laundry washed.** 세탁을 다하고 나서요.

↳ I'm going to go do the laundry. 세탁하러 가야겠어.

↳ You need to do the laundry tomorrow. 넌 내일 세탁을 해야 돼.

clean one's room

- clean the apartment
  아파트를 청소하다
- need to be cleaned
  청소해야 한다
- keep it clean
  …을 깨끗이 하다

방을 청소하다 *clean은 동사 뿐만 아니라 형용사로도 쓰인다.

A: **I want to go play with my friends.** 난 친구들과 같이 놀기를 원해.

B: **Not until you clean your bedroom.** 네 침실을 청소할 때까지는 안돼.

↳ I cleaned my room before you came. 네가 오기전에 내 방을 치웠어.

↳ Don't forget to clean your room. 방청소하는 거 잊지마.

clean up

- clean this place up
  이 곳을 깔끔히 청소하다

치우다, 청소하다 *깨끗하고 깔끔하게 치우고 정리할 때 쓰는 표현

A: **I can't clean up this place alone.** 나 혼자서는 여기 못 치워.

B: **That's why we're here. We'll help you.**
그래서 우리가 왔잖아. 우리가 도와줄게.

↳ Didn't you clean up the kitchen? 부엌을 청소했니?

↳ We need to clean up the room as quickly as possible.
가능한 한 빨리 이 방을 치워야 해.

wash off

- wash sth off
  …을 씻어내다
- sth wash off
  …가 씻겨나가다

깨끗이 씻어내다, 씻겨 없어지다 *깨끗이 씻다, 씻겨내다 등 자타동사로 쓰이는 표현

A: **I have been working outside for hours.**
난 몇시간 동안 밖에서 일을 하고 있어.

B: **You should wash off in the bathroom.**
넌 화장실에서 깨끗이 씻어야해.

↳ That dirt will wash off in the shower. 그 먼지들이 샤워를 하면 씻겨나갈 거야.

↳ There was no time to wash off when I finished.
내가 일을 끝냈을 때 씻을 시간이 없었어.

wipe up

먼지 등을 닦다 *wipe은 먼지나 물기 등을 젖은 천 등으로 닦는 것을 말한다.

- wipe the floor
  바닥청소를 하다

A: **Gee, the eggs I was cooking spilled.**
이런, 내가 조리하던 계란들을 흘렸어.

B: **Wipe up the mess you made here.** 여기 지저분해진 곳을 잘 닦아라.

↳ You can **wipe up** the water with a towel. 넌 수건으로 물기를 닦아낼 수 있어.

↳ Did he **wipe up** the soda on the floor? 걘 바닥에 흘린 소다수를 닦아냈니?

sweep the floor

바닥을 쓸다 *sweep은 빗자루 같은 걸로 쓸어 모아 청소하는 것을 뜻하는 단어

A: **The party will be starting in an hour.** 1시간이면 파티가 시작될 거야.

B: **We should sweep the floor before people arrive.**
사람들이 도착하기 전에 우린 바닥을 쓸어야해.

↳ It only takes ten minutes to **sweep the floor**.
바닥을 쓰는데 약 10분 정도만 걸릴거야.

↳ Did you **sweep the floor** of your bedroom? 네 침실 바닥을 쓸었니?

mop up

물기를 빨아들여 깨끗이 하다 *mop은 대걸레로 청소하고 닦는 것을 말한다.

- mop the floor
  바닥을 걸레질하다

A: **The students left a mess in the classroom.**
학생들이 교실을 엉망으로 해놓았어.

B: **Well, go mop up whatever they spilled.**
글쎄, 걔들이 흘린 곳에 걸레질을 해라.

↳ I didn't **mop up** the gymnasium. 난 체육관을 물걸레질을 하지 않았어.

↳ Mom **mops up** the kitchen every morning.
엄마는 매일 아침 부엌 바닥을 물걸레질을 해요.

vacuum the mat

진공 청소기로 매트를 청소하다 *vacuum은 줄여서 그냥 vac이라고도 한다.

A: **You need to vacuum the mats in your car.**
넌 자동차안에 있는 매트를 진공 청소해야해.

B: **I need to clean everything in my car.**
난 내 차안에 있는 모든 것을 청소해야해.

↳ **Vacuum the mat** in front of the door. 문앞에 있는 매트를 진공청소해라.

↳ Ask him to **vacuum the mat** in his bedroom.
걔한데 자기 침실에 있는 매트를 진공청소하라고 해.

mow the lawn

잔디를 깎다 *따라서 잔디 깎는 기계는 lawn mower라 한다.

A: **You really should go out and mow the lawn.**
넌 정말로 나가서 잔디를 깎아야해.

B: **Yeah, I guess the grass is getting pretty high.**
그래, 잔디가 무척 자랐어.

↳ Don **mowed the lawn** every week this summer. 돈은 이번 여름 매주 잔디를 깎았지.

↳ I paid Steve $25 to **mow the lawn**. 난 스티브에게 잔디를 깎는데 25불씩 주었어.

break down

break down

- break sth down
  …을 부수다
- breakdown
  자동차나 기계의 고장

고장나다 *컴퓨터나 자동차 등의 기능이 멈춰 작동하지 않는 경우

A: **You are late for class.** 수업에 늦었구.

B: **It's not my fault I'm late. The bus broke down.**
지각한 건 제 잘못이 아니에요. 버스가 고장났다구요.

∟ Did your car **break down** again? 네 차 또 고장났어?

∟ I can't believe the bus **broke down.** 버스가 고장났다니 믿을 수가 없어.

not work well

- work properly
  제대로 작동되다
- stop working
  작동이 안되다

작동이 잘 되지 않다 *장비나 기계 등이 제대로 돌아간다고 할 때 쓰는 표현.

A: **Why did you return your new TV?** 새로운 TV를 왜 반환했니?

B: **It did not work well when I used it.** 써보니까 잘 작동이 되지 않았어.

∟ The old car **didn't work well.** 그 중고차가 잘 달리지 않아.

∟ Does the machine **work well?** 이 기계는 작동이 잘 되나요?

be out of order

- be out of service
  운행이 안되다
- shut off the electric
  전기가 끊기게 하다

고장나다 *가장 유명한 표현으로 기계 등이 고장나서 제대로 안돌아간다는 뜻

A: **Can you make 20 copies of this paper?**
이 보고서를 20장 복사해줄 수 있니?

B: **Sorry, the copier is out of order.** 미안해, 복사기가 고장이 났어.

∟ The juice machines **are all out of order.** 쥬스 기계가 완전 고장이 났어.

∟ The pay phone **was out of order.** 공중전화가 고장났어.

failure in~

- engine failure
  엔진고장

결함 *역시 기계가 제대로 돌아가지 않는다는 의미의 단어

A: **The rocket didn't work properly.** 로켓이 제대로 작동하지 못했어.

B: **Yes, there was a failure in its engine.** 그래, 엔진에 결함이 있었대.

∟ There was **a failure in** our house's heating system.
우리 집 히터가 고장이 났어.

∟ Was there **a failure in** your plans? 네 계획에 결함이 있었니?

call a mechanic

- call a plumber
  배관공을 부르다
- call a serviceman
  수리공을 부르다

수리공을 부르다 *수리공은 repairman이라고 해도 된다.

A: **This car is always breaking down.** 이 차는 항상 고장이 나고 있어.

B: **Call a mechanic and get it fixed.** 정비사를 불러서 고쳐.

∟ **Call a mechanic** to help you out. 정비사를 불러서 도움을 받아.

∟ **Call a mechanic** when it gives you problems. 문제가 생기면 정비사를 불러라.

fix the car

fix the car

- fix the[one's] house
  집을 수리하다
- fix the leak in the sink
  싱크대누수를 수리하다

차를 수리하다 *고장났거나 제대로 돌아가지 않는 것을 수리할 때는 fix동사를 쓴다.

A: You never **fixed the broken window** in your car.
차에 깨진 유리창을 안바꿨네.

B: That's because I don't have enough money.
그야 그럴 돈이 없으니까.

↳ What will it cost to fix the car? 그 차를 고치는데 얼마나 들겠니?

Can you come into the living room and help me fix the TV?
↳ 응접실에 와서 TV 고치는 걸 도와줄 수 있겠니?

fix the problem

- fix things
  일을 고쳐나가다, 풀어나가다
- fix the problem with one? car
  …의 자동차고장을 해결하다

문제를 해결하다 *fix 동사 대신에 resolve 동사를 써도 된다.

A: Do you think that she will be able to **fix the problem?**
걔가 그 문제를 해결할 수 있을 거라고 생각하니?

B: If she can't do it, nobody can. 걔가 할 수 없으면 아무도 못하거든.

↳ Did you help Jan fix the problem? 얀이 그 문제를 해결하는데 네가 도와주었어?

↳ No. I have no idea how to help her. 아니, 어떻게 걔를 도와줄지 전혀 아이디어가 없어.

get sth fixed

- get fixed
  고치다
- fix up
  수리하다, 날짜를 정하다

…를 수리하다 *'get+sth+pp'의 구문으로 A를 다른 사람에게 수리를 의뢰한 경우에 쓴다.

A: I **had my car fixed.** 차를 수리했어.

B: How much did it cost? 얼마 들었니?

↳ The restaurant got the stove fixed. 그 식당은 난로를 고쳤어.

↳ We got the broken window fixed. 깨진 유리창을 수리했어요.

repair the house

- make[do] repairs
  수리하다
- do repairs on the house
  집을 수리하다
- get A repaired
  A를 고치다
- repair the damages
  손상된 부분을 수리하다

집을 수선하다 *repair를 명사로 쓸 때는 복수형태로 do[make] repairs로 쓴다.

A: Your roof is leaking water. 너의 집 지붕에서 물이 새네.

B: I know. We have to **repair this house.** 알아요. 집을 수선해야돼.

↳ Will you repair the house or sell it? 집을 수선할래 아니면 팔아버릴래?

↳ I need to repair the house before our vacation.
우리가 휴가가기 전에 집을 고칠려구.

remodel the house

- renovate the house
  집을 보수하다

집을 리모델링하다 *remodel A into B는 'A를 B로 개조하다'라는 의미

A: Vera bought a 20 year old house.
베라는 20년이 된 낡은 집을 매수했어.

B: She'll have to **remodel her house** soon.
조만간 그 집을 리모델링해야할 거야.

↳ It cost a lot of money to remodel the house. 집을 리모델링하려면 많은 돈이 들지.

↳ We remodeled the house so it was comfortable.
집을 리모델링해서 아주 안락해졌어.

be sunny

be sunny

- be windy
  바람이 많이 불다
- be cloudy
  날씨가 흐리다
- be fine
  날씨가 좋다

날씨가 화창하다 *비유적으로 look on the sunny side of things하면 '긍정적으로 보다'라는 의미

A: It's going to **be sunny** most of the week. 금주 대부분 해가 뜰거야.

B: Let's plan some outdoor activities. 야외 활동을 계획해보자.

∟ It was sunny yesterday afternoon. 어제 오후 화창했었지.

∟ You told me it was sunny outside. 밖이 화창했다고 나한테 말했잖아.

have beautiful weather

- have bad weather
  날씨가 안좋다
- when the weather changes
  날씨가 변할 때

날씨가 화창하다 *그밖에 clear, fine, bright, sunny, fair 등도 화창하다는 형용사

A: Today is so sunny and warm. 오늘 아주 해가 있고 따뜻하네.

B: We **have beautiful weather** often here.
여긴 종종 날씨가 아주 좋아요.

∟ They had beautiful weather during their trip. 걔들은 여행도중 날씨가 좋았다.

∟ I hope we have beautiful weather for our picnic.
우리 소풍갈 때 날씨가 좋기를 바래.

have unpredictable weather

- be so irregular[erratic]
  날씨가 변덕이다
- The weather forecast said S+V
  일기예보에 따르면 …하다

날씨가 예측불허이다 *기상 예보는 weather forecast나 weather report라 하면 된다.

A: The river flooded in our city. 우리 도시에 강이 범람했어.

B: I guess you've **had very unpredictable weather.**
일기가 아주 예측불허였구나.

∟ Georgia has very unpredictable weather in the spring.
조지아주는 봄에 아주 날씨가 예측불허야.

∟ Some of the islands had very unpredictable weather.
일부 섬은 날씨가 예측불허였어.

turn cold

- turn hot
  (날씨) 더워지다
- get cold
  (날씨) 추워지다
- be freezing to death
  엄청 춥다

날씨가 추워지다 *매우 춥다고 할 때는 freezing cold, stone cold라 하면 된다.

A: Do you know what the weather will be like?
날씨가 어떨지 알겠니?

B: I've heard it will **turn cold** tomorrow. 내일 추워질거라고 들었어.

∟ It usually turns cold in October. 10월이면 보통 추워지지.

∟ Will it turn cold when it gets dark? 어두워지면 추워질까?

have been cold for

날씨가 추웠다 *현재완료로 일정기간 동안의 날씨를 언급할 때 사용하면 된다.

A: It **has been cold** this week. 금주는 날씨가 추웠어.

B: Let's hope it will warm up soon. 조만간 따뜻해지길 바라자.

∟ New York has been cold for a while. 뉴욕은 당분간 추워.

∟ We have been cold for the entire time. 우린 내내 추웠지.

go up to ~degrees

- be ~ degrees in here
  여기 온도가 …이다
- be ~ degrees outside
  밖의 온도가 …이다

기온이 …까지 올라가다 *degrees 다음에 Fahrenheit가 생략된 것으로 보면 된다.

A: **Did you turn on the heater?** 히터를 틀었니?

B: **Sure, it's gone up to 70 degrees.** 그럼, 70도까지 기온이 올라갔잖아.

↳ The temperature will go up to 90 degrees today.
  오늘 기온이 90도까지 올라갈 거야.

↳ The temperatures on the beach went up to 87 degrees.
  바닷가 온도가 87도까지 올라갔어.

miss the sunny weather

- hate cloudy days
  흐린 날씨를 싫어하다
- if the weather holds
  좋은 날씨가 계속되면
- weather permitting
  날씨가 좋다면

화창한 날씨를 그리워하다 *weather는 특정지역 특정시간의 기상, climate은 넓은 지역 장시간에 걸친 기상.

A: **Do you enjoy being in London?** 런던에 체류하는 것이 즐겁니?

B: **No, I miss the sunny weather of my home.**
  아니, 우리 고향의 화창한 날씨가 그리워.

↳ Joan misses the sunny weather of summer.
  조앤은 여름의 햇살이 비치는 날씨를 그리워해.

↳ We miss the sunny weather we had last week.
  우린 지난주 같은 화창한 날씨가 그리워.

feel chilly

- get chilly
  쌀쌀해지다
- feel sticky
  장마 때 끈쩍끈쩍하다

쌀쌀한 *cool보다는 춥고 cold보다는 덜 추운 상태

A: **Could you turn up the thermostat?** 자동온도조절기를 올려줄 수 있니?

B: **Of course. Are you feeling chilly?** 물론이지. 춥니?

↳ I felt chilly in the bus station. 난 버스 정거장에서 으슬으슬 추웠어.

↳ We feel chilly when the weather starts to change.
  날씨가 변하기 시작했을 때 우린 추위를 느껴.

have yellow dust storm

- issue a yellow-dust warning
  황사경보를 발령하다

황사가 불다 *황사는 sandy dust라고 해도 된다.

A: **What was the weather like in Seoul?** 서울 날씨는 어땠어?

B: **We had a yellow dust storm that covered everything.**
  황사 폭풍이 모든 것을 덮어버렸어.

↳ I hope we won't have a yellow dust storm. 황사 현상이 없기를 바래.

↳ The event will be canceled if we have a yellow dust storm.
  황사가 있으면 행사가 취소될 거야.

fall heavily

(snow) fall heavily

- heavy rain[snow]
  폭우[폭설]
- (the snow) started to fall
  (눈이) 내리기 시작하다

(눈)이 많이 내리다 *비나 눈 등이 많이 내린다고 할 때 heavy를 애용한다.

A: Why did they cancel classes today? 왜 오늘 수업을 취소했는데?

B: The snow **fell heavily** on the roads this morning.
오늘 아침 도로에 눈이 엄청 왔거든.

↳ Snow **falls heavily** on the higher mountains. 고산지역에 폭설이 오고 있어.

↳ Snow **fell heavily** over most of the state. 그 주 대부분 지역에 폭설이 왔어.

it starts to rain

- It started snowing~
  눈이 내리기 시작했다

비가 내리기 시작하다 *"It starts raining[snowing]"이라고 해도 된다.

A: **It started to rain** late last night. 어제 밤 비가 오기 시작했어.

B: The weather was still gloomy this morning.
오늘 아침 날씨도 여전히 음울하네.

↳ **It starts to rain** whenever I go outside. 내가 외출할 때마다 비가 오기 시작해.

↳ **It started to rain** as the airplane took off.
비행기가 이륙하자마자 비가 내리기 시작했어.

be pouring rain

- in the pouring rain
  비가 쏟아지는 가운데
- It rains all day long.
  온종일 비가 오다.
- rain cats and dogs
  비가 많이 내리다
- rain hard
  비가 많이 내리다

비가 마구 쏟아지다 *폭우가 쉬지 않고 계속 마구 쏟아지는 것으로 보통 진행형으로 쓰인다.

A: Should we plan the picnic for tomorrow?
내일 소풍을 준비해도 될까?

B: No, it's going to **rain hard** all day.
아니야, 내일 하루 종일 폭우가 올거든.

↳ **It rained hard** for the entire week. 주내내 폭우가 왔어.

↳ **It was pouring rain** when I left the bus. 내가 버스에서 내릴 때 폭우가 오고 있었어.

walk in the rain

- go out in the rain
  비가 오는데 외출하다
- get caught in the rain
  비를 맞다

빗속을 걷다 *눈이 오는데라고 할려면 'in the snow'라고 한다.

A: I think I'll go for a **walk in the rain.** 난 비속에서 산책을 할 생각이야.

B: Make sure you take your umbrella. 우산 가져가는거 확실히 챙겨.

↳ Debbie and Jim **took a walk in the rain.** 데비와 짐은 빗속에서 산책을 했어.

↳ It's foolish to **go out and walk in the rain.** 비오는데 나가 걷는 것은 바보스러워.

get wet

- get soaking wet
  흠뻑 젖다

젖다 *흠뻑 젖었다고 하려면 'get soaking wet'이라고 하면 된다.

A: The children **got wet** while walking home.
애들이 집으로 걸어오면서 흠뻑 젖었어.

B: Tell them to put on dry clothes. 마른 옷을 입으라고 해.

↳ You'll **get wet** if you go outside. 너, 지금 외출하면 비에 젖을 거야.

↳ I **got wet** because of the rainstorm. 호우로 난 흠뻑 젖어버렸어.

have dinner

go out to eat

- eat out
  외식하다

식사하러 나가다 *먹는 음식까지 얘기하려면 ~eat 다음에 음식명을 넣으면 된다.

A: Are you meeting Paul tonight? 오늘 밤 폴을 만날 거니?

B: Yeah, we plan to **go out to eat.** 응. 외식할 계획이야.

└ I love to **go out to eat** at restaurants. 난 외식을 무지 좋아해.

└ Let's **go out to eat** some spaghetti. 나가서 스파게티를 먹자.

go to lunch

- go out to lunch
  점심 먹으러 나가다
- go (out) for lunch
  점심 먹으러 나가다
- step out for lunch
  점심 먹으러 나가다

점심 먹으러 나가다 *점심 먹는 사람을 언급할 때는 with sb를 붙이면 된다.

A: May I speak to Bill, please? 빌 좀 바꿔 주시겠어요?

B: He just **stepped out for lunch.** 점심 식사하러 방금 나가셨는데요.

└ Where do you want to **go for lunch?** 점심 먹으러 어디 가고 싶어?

└ How about **going out for lunch?** 점심 먹으러 나갈까?

have dinner (with)

- do[get] dinner
  저녁을 먹다
- dinner with~
  …와 함께 저녁을 먹다
- eat (some) dinner
  저녁을 (좀) 먹다

…와 저녁먹다 *"What's for dinner?"하면 「저녁으로 뭘 먹나요?」라는 말

A: Do you have time to **have dinner?** 저녁 먹을 시간 있어요?

B: Not really. I think I must be going now.
   실은 안 돼요. 지금 가봐야 될 것 같아요.

└ Do you have time to **have dinner?** 저녁 먹을 시간 있어?

└ Where are you going to **eat dinner?** 저녁 먹으러 어디로 가니?

be at lunch

- before[after] dinner
  저녁먹기 전[후]에
- during one's lunch hour
  점심시간에
- on one's lunch hour
  …의 점심시간에

점심 중이다 *그냥 at lunch하면 점심 때라는 부사구가 된다.

A: Are you going to visit Danny in the hospital?
   병원에 입원한 대니를 찾아가 볼 건가요?

B: Yes, I am going **at lunch.** 네, 점심 때 갈 거예요.

└ Our boss plans to **be at lunch** with us. 우리 사장이 우리랑 점심을 할 계획이야.

└ Tammy **is at lunch** for another hour. 태미는 1시간 더 점심을 먹을 거야.

take sb for dinner

- take A to lunch
  A를 데리고 나가 점심을 먹다
- come over for dinner
  저녁 먹으러 들르다
- join A for dinner
  A를 만나 저녁을 먹다
- ask sb for dinner
  …에게 저녁을 먹자고 제의하다

…를 데리고 나가 저녁을 먹다 *밖으로 나간다는 뜻에서 take out~를 쓰기도 한다.

A: What do you want to **have for lunch?** 점심으로 뭐 먹을래?

B: How about getting a hot dog? 핫도그가 어때?

└ Where are you **taking me for lunch?** 점심 먹으러 어디로 데려갈거야?

└ It's possible to **go outside for lunch.** 점심을 먹으러 외출해도 돼.

grab a bite

have+음식+for dinner

저녁으로 …을 먹다 *점심먹은 걸 얘기하려면 have+음식+ for lunch라 한다.

- What's on the menu?
  메뉴에 뭐가 있습니까?
- have pizza for lunch
  점심으로 피자를 먹다

A: **What will mom make for us tonight?**
오늘 밤 엄마가 우릴 위해 무얼 요리해주실까?

B: **I think we are having meatloaf for dinner.**
저녁으로 미트 로프를 먹을거 같아.

↳ I had a big steak for dinner. 난 저녁에 커다란 스테이크를 먹었어.

↳ She wants to have vegetables for dinner. 걘 저녁에 야채를 먹기를 원해.

have a light meal

식사를 가볍게 먹다 *meal 대신에 dinner나 lunch를 써도 된다.

- have a big meal
  과식을 하다
- eat so much food
  음식을 많이 먹다
- have a light lunch
  점심을 가볍게 먹다

A: **Can I get you a plate of food?** 음식 한 접시 드릴까요?

B: **Sure, I'd like to have a light meal.** 그럼요, 난 가볍게 먹고 싶어요.

↳ Curtis had a big meal at the airport. 커티스는 공항에서 과식했다.

↳ She had a light meal because she's on a diet.
걘 다이어트중이라 가벼운 식사를 했어.

grab a bite

재빨리 먹다, 요기하다 *빨리, 간단히 먹는다라는 뉘앙스로 'grab a (cup of) coffee'라는 표현도 있다.

- grab some dinner
  저녁을 좀 먹다
- grab sb+음식
  …에게 …음식을 사다주다
- want a bite of A
  A를 한 입 먹다
- get a bite to eat
  간단히 들다

A: **I feel hungry. Let's eat.** 배가 고파. 우리 뭐 좀 먹자.

B: **Do you want to grab some snacks?** 간식 좀 먹을까?

↳ Let's grab a bite to eat. 뭐 좀 먹으러 가자.

↳ Could you grab me a coffee when you go to the coffee shop?
커피 숍 갈 때 커피 한 잔만 사다줘.

help oneself to+음식

음식을 자유롭게 먹다 *주로 "Help yourself to+음식"의 형태로 쓰인다.

- want some (more)
  음식을 (좀 더) 들기를 원하다
- treat oneself to
  큰 맘먹고 …을 즐기다[먹다]

A: **Angela, please help yourself to the cake.** 안젤라, 케익 갖다 먹어라.

B: **I will. It looks quite delicious.** 네. 되게 맛있어 보이네요.

↳ Help yourself to the cake. 케익 드세요.

↳ He helped himself to a bottle of beer. 걘 맥주 한 병을 가져다 마셨어.

come and get it

와서 식사해라 *식사준비 다 해놓고 와서 먹으라고 말할 때

- Dinner is served
  저녁이 준비되었습니다. (집사 등이)

A: **Everything is ready. Come and get it.**
모든 것이 차려졌어. 와서 식사해라.

B: **This food looks like it will be good to eat.**
이 음식은 먹기에 좋아 보이네요.

↳ Dinner is served. Come and get it. 저녁이 준비되었어. 와서 먹어라.

↳ Take anything you want. Come and get it. 원하는 것 아무거나 집어. 와서 먹어.

take a drink

have a drink

- get[take] a drink
  술 한잔하다
- have (a few) drinks with
  …와 술을 (좀) 먹다
- have a drink together
  함께 술을 먹다

한잔하다   *drink는 물이나 주스 등의 한잔을 뜻하기도 하지만 술을 뜻할 때가 많다.

A: I've really got to go home now.   난 이제 정말로 집에 가야 해.

B: **Have a drink** with me before you leave.
    떠나기 전에 나랑 술 한잔하자.

  ∟ Have a drink with us after work.   퇴근 후 우리랑 술 한잔하자.

  ∟ You're not allowed to have drinks out here.
    음료는 밖으로 가지고 나가실 수 없어요.

go for a drink

- meet[come by] for a drink
  한잔하러 만나다[들르다]
- go out drinking
  술먹으러 나가다
- buy A a drink
  A에게 술한잔 사다

술 한잔 하러 가다   *booze는 알콜을 의미하는 구어로 'hit the booze'하면 「술을 마시다」라는 표현

A: How about **going out for a drink** tonight?   오늘 밤 한잔하러 나가자?

B: Yes, let's do that.   좋아. 그렇게 하자.

  ∟ How about going out for a drink tonight?   오늘 밤 술 한잔하러 가는거 어때?

  ∟ What do you say to getting together for a drink?   만나서 술 한잔 하면 어때?

drink a lot of alcohol

- drink coffee
  커피를 마시다
- drink a few beers
  맥주 몇잔 마시다
- don't drink
  술을 마시지 않다

술을 많이 마시다   *a lot of 대신 too much를 써도 된다.

A: My uncle **drinks a lot of alcohol.**   삼촌은 술을 많이 마셔.

B: That sounds very unhealthy.   건강에는 아주 좋지 않을텐데.

  ∟ I drank a lot of alcohol with my friends?   난 친구들과 술을 엄청 마셨어.

  ∟ Don't let me drink too much beer.   내가 맥주를 너무 많이 마시지 않도록 해줘.

get[have] a beer

- have a few beers during our lunch break 점심 때 맥주 몇 잔하다
- have a nice cold beer
  차갑고 맛난 맥주를 마시다
- go drink some beer
  가서 맥주 좀 하다

맥주를 마시다   *참고로 flat beer는 '김빠진 맥주'라는 의미

A: Where are you going tonight?   오늘 밤 너 어디 가니?

B: I'm going to **have a beer** with Brad.   브래드하고 맥주마시러 가.

  ∟ Did you have a beer with those guys?   그 친구들하고 맥주를 마셨니?

  ∟ I feel like going for a beer.   맥주 한잔 하러 가고 싶은데.

pour+술+into one's glass

- pour sb some wine
  …에게 와인을 좀 따라주다
- spill one's coffee (on)
  커피를 …에 흘리다
- spill wine all over one's dress
  와인을 …의 옷에 짝 흘리다

…의 잔에 술을 따르다   *pour 다음에 음료 그리고 into 다음에 음료를 따르는 그릇을 쓰면 된다.

A: Can I have some of that wine.   그 포도주 좀 마실 수 있니?

B: Sure, **pour some into your glass.**   그럼, 네 잔에 약간 부어봐.

  ∟ He poured juice into the glass.   걘 쥬스를 잔에 따랐어.

  ∟ Please pour it into my glass.   그걸 내 잔에 부어줘.

have some more soda

탄산음료를 좀 더 마시다 *soda는 사이다나 콜라처럼 탄산음료를 지칭한다.

A: You must be thirsty. **Have some more soda.**
목이 마를 거야. 소다수 좀 더 마셔라.

B: Thank you. I need to drink a lot. 고마워. 많이 마셔야할 것 같아.

↳ **Have some more soda** with your burger. 햄버거와 함께 소다수를 좀 더 마셔라.

↳ **Have some more soda** with me. 나랑 소다수를 좀 더 먹자.

make a toast

축배를 들다 *make 대신 propose를 써도 되며 축배대상은 to sth[sb]로 표시

- Bottoms up!
  건배! (Cheers!)
- Here's to~!
  …을 위하여 건배!

A: Let's **make a toast to** everyone here.
여기 모든 사람들을 위해 축배를 들자.

B: Cheers everybody! Drink up! 모두 건배. 잔 비워!

↳ Everyone **make a toast to** the married couple.
모두가 결혼 커플을 위해 축배를 해.

↳ Did you **make a toast to** your boss? 네 상사를 위해 축배를 들었니?

freshen up

술을 새로 채우다 *뭔가 새롭게 한다는 의미로 몸단장 뿐만 아니라 술을 새로 채울 때도 쓰인다.

- Say when
  (술따를 때) 그만 받고 싶을 때 말을 해라

A: Can I **freshen up your drink?** 술한잔 더 따라줄까?

B: Sure. I'm drinking cocktails tonight. 그래. 오늘밤에 칵테일을 마실게.

↳ The waiter will **freshen up** our drinks. 웨이터가 우리 술잔을 다시 채워줄거야.

↳ Could you **freshen up** my tonic water? 탄산음료 좀 새로 따라줄래?

make a toast to vs. Here's to~

어떤 사람의 행복(happiness)이나 성공(success) 등을 위하여 축배를 들자고 제안할 때 쓰는 표현으로 make 대신 propose를 쓰기도 한다. 가장 많이 쓰이는 문장으로는 I'd like to propose a toast(축배합시다)가 있으며 축배할 내용을 언급하려면 to sb (for~) 이하로 언급해주면 된다. 그래서 김선생을 위해 건배하자고 할 때는 I'd like to make a toast to Mr.Kim이라고 하면 되고 Bill이 열심히 한 노고에 대해 건배하자고 할 때는 I'd like to propose to Bill for all the hard work he's done이라고 하면 된다. 영화나 미드에서 많이 듣는 전형적인 문장으로는 결혼식 피로연에서 신혼부부를 위하여 건배할 때 "I'd like to propose to the newly married couple" 혹은 신부가 넘 예쁠 때 "Let's have a toast to the wonderful bride" 등이 있다. 단 이 표현은 결혼식이나 모임 등 여러 사람이 모인 곳에서 사용하는 formal한 표현이며 캐주얼한 소규모 모임 자리에서는 Cheers. Bottoms up 혹은 Here's to your health처럼 Here's to~ (…을 위하여)나 Let's drink to~ 등의 표현을 쓴다.

get drunk

drink too much

- be a heavy drinker
  술을 많이 마시다
- be on the booze
  과음하다
- be off the booze
  술을 끊다

과음하다 *술고래처럼 술을 많이 마시는 것은 'drink like a fish'라 한다.

A: Why does my head hurt so much today?
왜 오늘 머리가 이렇게 아픈거야?

B: You **drank too much beer** last night. 간밤에 술을 넘 많이 마셔서 그래.

↳ It's really unhealthy to drink too much. 과음은 정말 건강에 안좋아.

↳ He really did drink too much. 그는 정말이지 술을 너무 많이 마셨어.

get tipsy

약간 취기가 있다 *약하게 취한 상태를 tipsy라 하며 get 대신에 feel을 써도 된다.

A: That was the best party we ever had.
어느때보다도 가장 멋진 파티였어.

B: Yeah, most of the guests **got tipsy.** 그래, 손님늘 대부문 솜 취했어.

↳ I need to go home. I **feel tipsy.** 나 집에 가야 돼. 좀 취했어.

↳ She **got tipsy** after a few shots of whisky. 위스키 몇잔 먹고 걘 취했어.

get a hangover

- relieve hangovers
  숙취에서 해소하다
- have an awful hangover
  끔찍한 숙취를 겪다
- wake up with a terrible hangover
  끔찍한 숙취와 함께 잠이 깨다

숙취가 있다 *'엄청난 숙취를 겪다,라고 할 때는 'have a huge hangover'라 한다.

A: I have never seen Peter drink that much.
피터가 그렇게 마셔대는 건 처음 봤다니까.

B: I bet he **has a huge hangover** today.
오늘 분명히 엄청난 숙취를 느낄 거야.

↳ John **got a hangover** after drinking soju. 죤은 소주를 마신후 숙취를 겪었어.

↳ You'll **get a hangover** if you drink too much. 과음하면 숙취를 겪을거야.

get[be] drunk

- get[feel] tipsy
  알딸딸하게 취하다

취하다 *속어로 「채우다」, 「싣다」라는 의미의 load를 써서 'be loaded'라고도 한다.

A: You **seem a little drunk** tonight. 오늘 밤 너 좀 취한 것 같아.

B: It has been a while since I had beer. 맥주 마신지 좀 됐는데.

↳ I heard you **were drunk** and broke a window yesterday.
듣자하니 너 어제 취해서 창문을 깼다면서.

↳ How did Ted **get so drunk** on Friday night?
테드가 금요일 저녁에 어떻게 해시 그렇게 고주망테기 된거니?

drink and drive

- drive drunk
  음주운전하다
- a drunk driver
  음주 운전자
- DUI(Driving Under the Influence)
  음주운전
- while under the influence
  술에 취해서

음주운전하다 *'음주운전,은 'drunk driving'이라고 하면 된다.

A: Why are the police stopping cars? 왜 경찰이 차들을 세우는 거야?

B: They want to catch people who **drink and drive.**
음주운전자 단속하려고.

↳ The accident happened when he **was drinking and driving.**
걔가 음주운전했을 때 사고가 났어.

↳ It is illegal to **drink and drive** in this country. 우리나라에서 음주운전은 불법야.

have the same

eat at[in]

···식당에서 식사하다 *eat in은 eat out의 반대표현으로 집에서 식사하다라는 의미도 된다.

- eat at home
  집에서 식사하다(↔ eat out)
- go out to a Mexican
  restaurant
  멕시칸 식당에 가다

A: Would you like to go out to lunch with me?
나랑 점심 먹으러 나갈래?

B: Sure. Do you like to **eat at** Vietnam restaurant?
그래. 베트남 식당에서 먹을래?

↳ Would you like to eat at McDonald's? 맥도날드에서 먹을래?

↳ Do you like to eat at Happy Noodles? 그래. 해피 누들즈에서 먹는 거 좋아해?

I'll have+음식

···먹을 거야, ···로 주세요 *식당 주문시 쓰는 표현으로 "I'd like to order~"라는 의미

A: Can I get you some food to eat? 먹을 음식을 좀 드릴까요?

B: **I'll have** a sandwich and some milk. 샌드위치하고 우유 약간 주세요.

↳ I'll have a salad and a burger. 샐러드하고 햄버거를 먹을래요.

↳ I'll have a steak and some potatoes. 스테이크하고 감자를 먹겠습니다.

have the special

오늘의 특식을 먹다 *오늘의 스페셜 메뉴가 아닌 일반 메뉴는 regular menu라 한다.

A: Do you want to **have the special**? 스페셜을 드시길 원하나요?

B: No, I'm going to order something different.
아니요, 다른 것을 시킬래요.

↳ I'll have the special with some French fries.
스페셜하고 프렌치프라이 좀 먹을래요.

↳ Let's have the special for lunch. 점심 스페셜을 시키자.

order the steak

스테이크를 주문하다 *반대로 주문을 받다라고 할 때는 'take[get] an order'라 한다.

- order one's food
  음식을 주문하다
- order a pizza
  피자를 주문하다
- take[get] an order
  주문을 받다

A: **I ordered the steak** with peas. 난 콩이 포함된 스테이크를 주문했어.

B: That sounds delicious. I want the same thing.
맛있게 들리네. 나도 같은 걸로.

↳ Order the steak. You'll love it. 스테이크를 주문하세요. 좋아하실 거예요.

↳ I didn't order the steak for breakfast. 난 아침식사로 스테이크를 주문하지는 않았어.

have the same

같은 걸로 하다 *same 앞에는 future나 Internet과 마찬가지로 항상 the를 붙인다.

- Make it two!
  같은 걸로 주세요!

A: Give me some bacon and eggs. 베이컨과 계란을 좀 주세요.

B: I'll **have the same** as you. 난 너랑 같은 걸 먹을래.

↳ Do you want to have the same thing? 너도 같은 걸 원하니?

↳ I'll have the same as she's having. 나도 걔가 먹는 것과 같은 걸로 할래.

come with

···와 같이 달려 나오다 *come 앞의 주어에는 메인 상품이 나와야 한다.

- What comes with~?
  ···에 무엇이 달려 나와요?

A: All of our specials **come with** a salad and dessert.
저희 모든 특별요리에는 샐러드와 디저트가 나옵니다.

B: Okay, I think I'll have special number 2, please.
알겠습니다. 두 번째 특별요리로 하죠.

└ Does this vacation come with a free car rental?
이 휴가여행에는 자동차 무료 대여도 딸려있는 건가요?

└ The pie comes with a scoop of ice cream.
이 파이는 아이스크림 한 스쿠프가 같이 나와요.

would like steak rare

고기를 생으로 원하다 *스테이크는 rare, medium rare, well done 등으로 취향에 맞게 주문한다.

- would like steak medium
  고기를 미디움으로 원하다
- How would you like+음식?
  …을 어떻게 해드릴까요?

A: **How do you want your steak?** 스테이크를 어떻게 구워드릴까요?

B: **I would like my steak cooked medium.**
중간 정도(미디엄)로 요리해 주세요.

└ Dad would like his steak rare. 아빠는 스테이크를 덜익힌 것(레어)을 원했어.

└ She would like her steak medium. 걘 미디엄 스테이크를 원했어.

Would you care for~?

…을 드시겠어요? *care for는 부정/의문문에서 '좋아하다'라는 의미이다.

- what would you like to order[eat]?
  무엇을 주문하겠습니까?
- I will have the usual.
  늘상 먹는 걸로 하죠.

A: **I would like to have a hot dog.** 난 핫도그를 원합니다.

B: **Would you care for some mustard on it?**
그 위에 겨자를 좀 뿌려 드릴까요?

└ Would you care for some salad dressing? 샐러드 드레싱을 드시겠어요?

└ Would you care for some chocolate ice cream?
초코렛 아이스크림을 좀 하시겠습니까?

find a store that sells~

…을 파는 가게를 찾다 *원하는 물건을 파는 가게가 어디인지 찾을 때

- a place that serves~
  …를 파는 곳

A: **I need to find a store that sells smoked salmon.**
훈제 연어를 파는 가게를 찾아야 해요.

B: **Try that big gourmet deli.** 저기 고급 식품점에 가봐.

└ Where can I find a store that sells t-shirts?
티셔츠를 파는 가게를 어디서 찾을 수 있나요?

└ Frank found a store that sells peanut butter.
프랭크는 땅콩 버터를 파는 가게를 찾았어.

wait on

(식당/가게) 시중들다 *Are you waited on?하면 누군가 시중을 들고있나요?라는 표현

- wait on sb
  …을 시중들다, 기다리다
- get waited on
  시중받다
- wait on sth[sb]
  …을 기다리다

A: **Go wait on those customers.** 가서 저기 손님들을 잘 모셔.

B: **They aren't ready to order yet.** 걔들은 아직 주문할 준비가 안되어 있어.

└ The waitress will wait on you soon. 여종업원이 곧 시중들러 올거야.

└ No one came to wait on us. 아무도 우릴 시중들러 오지 않았어.

pay for dinner

pay for dinner

- pay the cost or bill
  다른 사람 식사비 등을 내다
- buy lunch
  점심을 사다

저녁 식사비를 내다 *식사 뿐만아니라 무엇이든 값을 지불하는 것은 'pay for sth'으로 표현한다.

A: Did Harry make you **pay for dinner**?
해리가 저녁값을 네가 내게 했단 말야?

B: He tried to get me to pay for it, but I refused.
내가 돈내게끔 하려고 하더라구. 하지만 싫다고 했어.

└ Who's going to **pay for dinner**? 누가 저녁식사를 내나요?

└ Can you **pay for dinner**? I can't afford it. 저녁값 낼래? 내가 돈이 없어서.

pick up the tab

- foot the bill
  돈을 치르다
- tip~
  팁을 주다
- leave a tip for
  …에게 팁을 주다

식당에서 계산을 하다 *여기서 tab은 식당에서 계산해야 할 계산서를 말한다.

A: Michael said that he'd **pick up the tab**.
마이클이 자기가 계산한다고 했어.

B: In that case I'll have another drink. 그러면 한잔 더 해야지.

└ I don't have enough money to **pick up the tab**. 내가 낼만큼 돈이 충분치 않아.

└ She **picked up the tab** for everyone. 걘 모두를 위해 식당에서 계산을 했어.

split the bill

- go Dutch
  각자 부담하다
- go fifty-fifty with
  …와 반반으로 하다

돈을 나눠서 내다 *Dutch pay는 콩글리시로 국내용으로만 사용해야 한다.

A: Let's **split the bill**. 각자 내자.

B: That sounds like a good idea. 좋은 생각이야.

└ We **split the bill** among five people. 우린 5명이 계산서를 나누어 냈어.

└ They **split the bill** for their dinner. 걔들은 저녁식사비를 나누어 냈어.

be on sb

- It's on me.
  내가 사겠다.
- be on the house
  가게 주인이 돈을 내다

…가 (돈을) 내다 *주어자리에는 It 혹은 This one 등 사주는 것을 말하면 된다.

A: This one **is on me**. 이번은 내가 낼게.

B: Thanks a lot! I'll pay for lunch tomorrow.
어머 고마워! 내일 점심은 내가 내지 뭐.

└ Order anything you want because it's **on me**.
내가 쏠 테니까 먹고 싶은 거 아무거나 다 시켜.

└ Let's go out for dinner and drinks **on me**. 저녁식사하러 나가죠, 술을 제가 살테니.

be one's treat

- It's my treat.
  내가 낼게.
- That will be my treat.
  이번에 내가 낼 차례야.

…가 내는 식사이다 *treat 은 동사 단독으로도 '한턱 내다'라는 의미를 갖는다.

A: How much do we owe for the meal? 식사비가 얼마야?

B: Forget it, it's **my treat** tonight. 신경쓰지마, 오늘 밤은 내가 낸다구.

└ My father says it's **his treat**. 우리 아빠가 쏜대.

└ Let's go to a fancy restaurant. It's **my treat**. 고급 레스토랑에 가자. 내가 쏠게.

For here or to go?

For here or to go?

여기서 드시겠어요 아니면 포장요? *앞에 for를 빼고 "Here or to go?"라고도 한다.

- Is that for here or to go?
  여기서 드실래요 아님 포장요?

A: Is that **for here or to go?** 여기서 드시겠어요, 아니면 가져 가시겠습니까?

B: To go, please. 가져갈 거예요.

↳ Is your food for here or to go? 음식을 여기서 드실래요 아니면 가져가십니까?

↳ I'll take it home with me. 집에 가져갈 겁니다.

Is this to go?

이거 포장인가요? *"Do you want it to go?"라고 해도 된다.

- get some food to go
  포장음식을 사오다
- Can I get it to go?
  포장으로 해줄 수 있죠?
- I'd like+음식+to go
  …을 포장해주세요

A: I have your order. **Is this to go?** 주문을 받았어요. 포장입니까?

B: No, I'm going to sit down and eat. 아니요, 앉아서 먹을래요.

↳ Is this to go home with you? 이것을 포장으로 집에 가져가시나요?

↳ Your food is ready. Is this to go? 네 음식이 나왔어요. 포장인가요?

have+음식 +delivered

…음식을 배달시키다 *배달하는 곳은 뒤에 to sb를 쓰면 된다.

- take-out food
  식당에서 포장해온 음식

A: What food are you having at the party?
파티에서 넌 무슨 음식을 먹니?

B: We're having pizza delivered to my house.
우린 집으로 배달해온 피자를 먹고 있어.

↳ Let's have some Chinese food delivered. 중국음식을 좀 배달시키자.

↳ Ben had his groceries delivered. 벤은 식료품을 배달시켰어.

pick up

음식을 사오다 *식료품을 사오는 것 즉 장보러 가는 것을 'grocery shopping'이라고 한다.

- pick up some food for dinner
  저녁식사로 음식을 픽업하다
- bring some food home
  음식을 집에 사오다

A: Can you **pick up** dinner on the way home?
집에 가는 길에 저녁을 사갈 수 있니?

B: I'm sorry, I don't have time to get it. 미안, 그럴 시간 없어.

↳ Pick up some snacks for us to eat. 우릴위해 스낵 좀 픽업해주라.

↳ I'm going to pick up a coffee, do you want one?
커피 한잔 마셔야겠어, 너도 마실래?

get doggie bag

남은 음식을 포장해가다 *brown bag은 도시락인데 이는 갈색종이봉투에 도시락을 싸는데서 유래.

- ask for a doggie bag
  음식 포장을 요청하다
- leftover
  남은 음식물

A: Could we **have a doggie bag?** 남은 음식 좀 싸주시겠어요?

B: Sure. Do you want all of it put in the doggie bag?
그러죠. 전부 다 싸드릴까요?

↳ I got a doggie bag for the leftover food. 남은 음식을 싸가지고 왔다.

↳ Get a doggie bag from our waitress. 여종업원한테 포장된 음식봉투를 받으세요.

be full

feel hungry

- be starving
  굶주리다

배가 고프다 *I could eat a horse는 「배고파 죽겠다」라는 구어표현이다.

A: **I'm so hungry I could eat a horse.** 배고파 죽겠네.

B: **Let me buy you dinner. You've been working so hard these days.** 저녁을 사 줄게. 넌 요즘 너무 무리했어.

└ It's just that I'm **not hungry** right now. 그냥 지금은 별로 배가 안 고파요.

└ You must have been hungry. 배고팠겠구만.

be full

- be stuffed
  배부르다
- have enough
  충분히 먹다

배가 부르다 *너무 많이 먹어서 더 이상 먹지 못한다고 할 때 쓰는 표현

A: **How about something for dessert?** 디저트 좀 할래요?

B: **I am too full to eat anything else.**
너무 배가 불러서 아무 것도 못 먹겠어요.

└ John **was full** after eating at the buffet. 존은 부페에서 먹고서 완전 배가 불렀어.

└ Gerry **is full** and wants to lie down. 게리는 배가 불러서 눕고 싶어해.

have good appetite

- not have much of an appetite
  입맛이 별로 없다
- not have any appetite
  입맛이 별로 없다
- lose one's appetite
  입맛을 잃다

식욕이 좋다 *군침이 돈다고 할 땐 "My mouth waters[is watering]"라 한다.

A: **My son is always eating something.** 내 아들은 항상 뭔가를 먹고 있어.

B: **Yes, he has a very good appetite.** 그래. 식욕이 아주 좋구나.

└ I **have a good appetite** and want to eat. 난 식욕이 좋아서 먹고 싶어.

└ Gina never **has a good appetite.** 지나는 결코 식욕이 좋지 않아.

look delicious

맛있어 보이다 *tasty, yummy도 역시 「맛있다」라고 말할 때 쓰는 단어들이다.

A: **The wedding cake looks absolutely delicious!**
그 웨딩케익 끝내주게 맛있어 보이는데!

B: **I am dying for a piece.** 한조각 먹고 싶어 죽겠구만.

└ These cookies **look delicious.** 이 과자들이 맛있어 보이네.

└ Everything in the bakery **looks delicious.** 제과점에 있는 모든 것이 다 맛있어 보여.

taste good

- taste bitter
  입맛이 쓰다
- taste the same
  같은 맛이다
- taste like
  …같은 맛이다

맛이 좋다 *넘 맛좋아 입안에서 살살 녹는다고 할 땐 "melt in one's mouth"라고 한다.

A: **Does seaweed taste good?** 미역이 맛이 있니?

B: **Some people like its flavor.** 어떤 사람들은 그 맛을 좋아해.

└ The chocolate ice cream **tastes good.** 초코렛 아이스크림이 맛이 좋아.

└ This old rice does not **taste good.** 이 묵은 쌀은 맛이 없어.

cook dinner

cook dinner

- cook a meal
  식사를 요리하다
- cook breakfast
  아침요리를 하다
- cook Korean food
  한국 요리를 준비하다

저녁요리를 하다 *cook의 목적어로 식사 명사 및 음식, 음식재료가 오는 경우

A: How will we get something to eat? 우린 먹을 걸 어떻게 하지?

B: Mom is going to **cook dinner** for everyone.
   엄마가 모두를 위해 저녁을 준비할 거야.

ㄴ I need to cook dinner before it gets late. 내가 늦기전에 저녁을 준비할 거야.

ㄴ Jane loves to cook Korean food. 제인은 한국 음식을 요리하길 좋아해.

cook sth for dinner

- cook rice for dinner
  저녁으로 밥을 짓다

저녁으로 …을 준비하다 *저녁, 점심 등으로 먹으려고 뭔가 요리하고 있을 때

A: What are you doing in the kitchen? 부엌에서 너 뭐하니?

B: I'm going to **cook something for dinner.**
   저녁 식사로 뭔가를 요리하고 있어.

ㄴ Please cook something for my dinner. 내 저녁 식사로 요리 좀 해줘라.

ㄴ She'll cook something for lunch soon. 걔가 곧 점심 음식을 준비할 거야.

cook sth for

- cook sb sth
  …에게 …를 요리해주다
- cook sb lunch
  …에게 점심을 준비해주다

…에게 …를 요리해주다 *cook은 열을 가해 요리를 만드는 것.

A: My father-in-law is coming over today. 시아버지가 오늘 오실거야.

B: You should **cook dinner for** him. 네가 저녁식사를 준비해야겠네.

ㄴ I cooked spaghetti for Sunny. 난 써니를 위해 스파게티를 요리했어.

ㄴ She cooked treats for all of her friends. 걘 친구들 모두를 위해 특별한 걸 요리했어.

make dinner for~

- make some food
  음식을 좀 만들다
- make (A) some breakfast
  (A에게) 아침을 만들어주다
- make some coffee for~
  …에게 커피를 좀 만들어주다

…에게 저녁을 만들어주다 *make는 음식이나 음료를 만들어주거나 준비하는 것

A: Well, I must be off. Got to **make dinner for** the kids.
   그만 가야 돼. 애들 저녁을 만들어 줘야 하거든.

B: What are you making tonight? 오늘밤엔 뭘 만들어 줄거지?

ㄴ It's time to make dinner for the guests. 손님들을 위해 저녁을 준비할 시간이야.

ㄴ We can make dinner for Jason. 우린 제이슨을 위해 저녁식사를 준비할 수 있어.

fix sb sth

- fix dinner
  저녁을 준비하다
- fix oneself+음식
  …을 먹다

…에게 …를 준비해주다 *fix의 활약상을 볼 수 있는 것으로 「음식이나 음료를 준비한다」는 뜻.

A: Kevin is waiting in the living room. 케빈은 거실에서 기다리고 있어.

B: **Fix him some coffee** while he waits.
   걔가 기다리는 동안 커피 좀 타줘라.

ㄴ I'm going to fix myself a drink. 난 스스로 음료를 만들어 마실 거야.

ㄴ You should fix them some coffee. 넌 걔들에게 커피를 만들어 줘라.

boil the stew

roast

불로 굽다 *오븐이나 불로 고기나 야채 등을 요리하는 걸 의미

- **roast the chicken**
  닭을 굽다
- **bake a cake**
  케익을 굽다(bake는 오븐에 열을 가해 빵이나 케익을 굽는 것)
- **bake better cookies**
  좋은 과자를 굽다

A: Why is everyone so busy in the kitchen?
왜 모두가 부엌에서 바쁘지?

B: We're going to **roast a turkey** today. 오늘 우린 칠면조를 구울 거야.

└ I love to **roast nice pieces of meat.** 난 고기의 좋은 부분을 굽는 것을 좋아해.

└ Have some of my fresh **baked cookies.** 내가 방금 구운 과자 좀 들어.

boil the stew

스튜를 끓이다 *boil은 뜨거운 물에 넣고 steam은 수증기로 요리하는 것을 말한다.

- **boil water**
  물을 끓이다
- **steam the vegetables**
  야채를 찌다

A: We had to **boil the stew** all night. 우린 밤새 스튜를 끓여야했어.

B: I'll bet it will taste great. 무척 맛있을 거로 장담해.

└ **Boil the stew** so it's ready to eat. 스튜를 끓여라 먹기 편하게.

└ She **boiled the stew** for several hours. 걘 몇시간 동안 스튜를 깛畸눖?

knead the dough

밀가루를 반죽하다 *발음에 주의한다. 'k'는 묵음이고 dough는 [dou]이다.

- **knead the dough**
  반죽을 하다
- **mix the batter**
  반죽을 잘 섞다

A: You have big muscles in your arms. 넌 팔에 큰 근육을 가졌네.

B: That's because I **knead the dough** all day long.
그래서 내가 하루 종일 밀가루를 반죽하는 거야.

└ **Knead the dough** before baking the bread. 빵을 굽기전에 먼저 밀가루를 반죽해라.

└ You must **knead the dough** for ten minutes. 넌 10분 정도 밀가루를 반죽해야해.

grill meat

고기[생선]을 굽다 *바베큐처럼 그릴 위에서 생선이나 고기를 구울 때

- **grill the bacon**
  베이컨을 굽다
- **grill chicken**
  닭을 굽다

A: Let's **grill hamburgers** for dinner tonight.
오늘 밤 저녁에 햄버거를 구워먹자.

B: That sounds like a great idea. 좋은 생각으로 들리네.

└ Our neighbors **grill steaks** every weekend.
우리 옆집은 매주말 스테이크를 구워먹어.

└ Let's **grill some salmon** to eat. 연어를 좀 구워먹자.

slice the meat

고기를 썰다 *slice는 얇게 저민다는 뜻이고 chop은 좀 더 조각으로 써는 것을 말한다.

- **stir**
  휘젓다
- **chopping board**
  도마

A: Can I help you make dinner? 네가 저녁 준비하는데 도와줄까?

B: Sure. **Slice the meat** on the counter.
그래. 카운터에 있는 고기 좀 썰어주라.

└ **Slice the ham** for our sandwiches. 우리 샌드위치를 위해 햄 좀 썰어라.

└ You have to **slice the meat** for us. 우릴 위해 고기를 썰어줘야해.

give up smoking

smoke a cigarette

담배 피우다　*chain smoking은 '줄담배', heavy smoking 은 '담배를 많이 피는것'

- have a smoke
  담배를 피우다
- second-hand smoking
  간접 흡연

A: I forgot that he **smokes cigarettes.** 걔가 담배를 피우는 걸 잊었어.

B: I'll ask him to smoke outside. 나가서 피우도록 내가 말할게.

↳ I'm going outside to **smoke a cigarette.** 난 나가서 담배를 피울게.

↳ You're not allowed to **smoke in restaurants.**
식당에서 담배를 피우는 것이 허용되지 않아.

light a cigarette

담배에 불을 붙이다　*담배를 끌 땐 put out, 담배를 비벼끌 땐 stub out를 쓴다.

- borrow one's lighter
  라이터를 빌리다

A: Can you **light a cigarette** for me? 담배 불 좀 붙여줄래요?

B: I'm sorry, but I have no lighter. 미안합니다. 라이터가 없어요.

↳ Let me **light a cigarette** first. 내가 먼저 담배에 불을 붙일게요.

↳ She **lit a cigarette** in the bathroom. 걘 회장실에서 담배를 피웠어.

smoke heavily

담배를 많이 피우다　*a light smoker는 담배를 그다지 많이 피지 않는 사람을 의미한다.

- be addicted to smoking
  담배에 중독되다
- chain smoker
  꼴초

A: Why does this office smell so bad? 왜 이 사무실 냄새가 안좋아?

B: One of my co-workers **smokes heavily.**
동료중 하나가 담배를 많이 펴서.

↳ Dave got cancer because he **smoked heavily.** 데이브는 흡연과다로 암에 걸렸어.

↳ If you **smoke heavily,** you'll be unhealthy. 담배많이 피면 건강에 안좋아.

cut down on smoking

담배를 줄이다　*cut down on 뒤에 줄이고 싶은 drinking, expenses, fat 등을 쓰면 된다.

- reduce smoking
  담배를 줄이다

A: I can't run as fast as I used to. 난 과거처럼 빨리 뛸 수가 없어.

B: Try to **cut down on your smoking.** 담배를 좀 줄이도록 노력해봐.

↳ Phil **cut down on smoking** because of the cost.
필은 비용 때문에 흡연량을 줄었어.

↳ The doctor said to **cut down on smoking.** 의사가 흡연을 줄이라고 권했어.

give up smoking

담배끊다　*stop smoking은 '담배끊다,' stop to smoke는 '담배피려고 멈추다'라는 뜻

- stop[quit] smoking
  담배를 끊다

A: Wow, Tom, you look really good. 와. 톰. 좋아보이네.

B: I **gave up smoking** about a year ago. 난 1년 전쯤 담배를 끊었어.

↳ You have to **stop smoking.** It is going to kill you some day.
담배 끊어야 해. 언젠간 담배 땜에 죽을거야.

↳ She helped many people **quit smoking.** 걘 많은 사람들이 금연하는 걸 도와줬어.

go on a vacation

take a vacation

- get a vacation
  휴가를 얻다
- look forward to a vacation
  휴가를 기다리다
- take a holiday and go to~
  휴가를 얻어 …로 가다

휴가가다 *take a leave of absence 또한 '휴가내다' 혹은 '휴직하다'라는 뜻이다.

A: **I'm looking forward to our vacation.** 방학이 무척 기다려져.

B: **We should have a great time.** 재미있을거야.

└ Why don't you go to Thailand for your vacation? 너 휴가때 태국에 가는 건 어때?

└ I can't wait for my vacation to begin. 어서 빨리 휴가가 시작됐으면 해.

go on a vacation

- go on a vacation with~
  …와 함께 휴가가다
- go on a holiday
  휴가가다
- be here on a vacation
  휴가로 여기왔다

휴가가다 *vacation 대신 holiday를 써도 된다.

A: **Shall we go on a vacation together?** 함께 휴가갈까?

B: **I'm not sure. Let's talk about it.** 몰라. 얘기해보자.

└ You'll be sorry if you don't come on a vacation with me.
  나랑 휴가가지 않으면 후회하게 될거야

└ I'm thinking of going on a vacation. 휴가갈까 생각중야.

go away (for+기간)

- be away on vacation[leave]
  휴가를 가다

…동안 떠나다 *go away는 집을 나와 하룻밤 이상 다른 곳에서 시간을 보낸다는 뜻

A: **Hello, is Mr. Jones in the office?** 여보세요, 존스씨 계십니까?

B: **No, he's away on a vacation.** 아니, 휴가 가셨는데요.

└ Let's go away for a few days. 며칠 동안 떠나 있자.

└ We went away during the winter break. 겨울휴가 기간중 우린 떠나 있었어.

join sb on a vacation

- meet sb while I was
  vacationing in+장소
  …에 휴가중에 …를 만나다

…와 함께 휴가가다 *참고로 tag along 초대하지 않았는데도 따라가다라는 구어표현

A: **When will you see Tim and Trish?** 넌 팀과 트리시를 언제 볼거니?

B: **We'll join them on their vacation.** 우린 걔들 휴가 때 합류하게 될 거야.

└ The students joined the teacher on a vacation.
  학생들이 방학을 선생님과 같이 보냈어.

└ We'll join another family on a vacation. 우린 휴가 때 다른 가족과 같이 할 거야.

be on leave

- be on vacation[holiday]
  휴가중이다
- during one's vacation
  …의 휴가중에

휴가중 *출산휴가는 maternity leave 혹은 maternal leave라 한다.

A: **I saw Jim working in the office today.**
  오늘 짐이 사무실에서 일하고 있더라.

B: **That's weird. He is supposed to be on a vacation.**
  거 이상하네. 그 친구는 휴가중일텐데.

└ I'll take care of your dog when you're on vacation.
  너 휴가가면 강아지를 맡아줄게.

└ I met Herman when he was on leave. 허만이 휴가 중일 때 내가 만났어.

take a break

take a break

- take a ten-minute break
  10분간 휴식하다
- take a coffee break
  커피 시간을 갖다
- need a break
  휴식시간이 필요하다

휴식을 취하다 *보통 5분을 쉬는 것에서 유래하여 take five라 해도 '휴식을 취하다'라는 의미

A: **Shall we take a break now?** 지금 잠시 좀 쉴까?

B: **No, let's keep going.** 아니. 계속하자.

└ Why don't you **take a break**. 쉬지 그래.

└ **Take a break** from your work. 일을 잠시 중단하고 휴식을 취하자.

after a break

- after a short break
  짧은 휴식후
- during the school break
  방학 기간중

휴식 후에 *이렇게 잠깐 쉬는 시간은 break time이라 한다.

A: **The concert will continue after a break.**
연주회가 잠시 휴식후 속개될 거야.

B: **Let's stand up for a few minutes.** 몇 분 정도 서있자.

└ We'll return to classes **after a break**. 휴식후 우린 수업에 들어갈 거야.

└ The TV show will be on **after a break**. TV 쇼가 잠시 휴식후 다시 시작할 거야.

have[take] ~ off

- take[get] time off
  쉬다
- take the rest of the day off
  하루중 나머지를 쉬다
- on one's days off
  쉬는 날에

쉬다 *일을 하지 않고 쉬거나 일정 기간 동안 쉴 때

A: **Why don't you take the rest of the day off and go home?**
오늘은 그만 하고 집에 가지 그래요?

B: **God bless you!** 이런 고마울 데가!

└ Will he **have** the Christmas holiday **off**? 걘 크리스마스 휴일에 쉴거니?

└ I **have** the whole week **off**. 난 일주일 전부 쉴거야.

be off

비번이다, 쉬다 *be on duty는 근무중, 당번이라는 의미

A: **I see your brother is around these days.** 네 동생이 요즘 잘 보이네.

B: **He is off from school until January.** 걘 1월까지 학교를 쉬고 있어.

└ They **are off** from work today. 걔들은 오늘 출근하지 않는 날이야.

└ I **am off** until later this afternoon. 난 오늘 늦은 오후까지 출근하지 않아.

get some rest

- take a rest
  쉬다
- take time to relax
  시간을 내서 쉬다
- kill time
  시간을 보내다

좀 쉬다 *피곤해보이는 사람에게 좀 쉬라고 할 때 쓰는 대표적인 표현

A: **It's getting to be pretty late.** 아주 늦을 거야.

B: **I'm going upstairs to get some rest.** 좀 쉬려고 윗층에 올라갈 거야.

└ Go home and **get some rest**. 집에 가서 좀 쉬어라.

└ I'll take a nap and **get some rest**. 낮잠을 자면서 좀 쉴게.

take a trip

go travel

여행을 가다 *go travelling이라고 해도 같은 의미이다.

A: I'm itching to **go travelling** again.
다시 여행 가고 싶어서 견딜 수가 없어.

B: When was the last time you went travelling?
여행을 마지막으로 간 게 언제였는데?

↳ She'll **go travel** after she graduates. 걘 졸업후 여행을 갈 거야

↳ I want to **go travel** around Europe. 난 유럽 일주여행을 하고 싶어.

travel to~

…로 여행하다 *to 다음에 목적지를 with 다음에는 같이 여행하는 사람을 쓰면 된다.

- **travel with a tour group**
  단체 여행을 하다
- **travel here from China**
  중국에서 여기로 여행오다
- **travel overseas on vacation**
  휴가 때 해외여행을 하다

A: How was your summer vacation? 여름 휴가는 어땠어?

B: Great! We **traveled to** five countries in Europe.
끝내줬지! 유럽 5개국을 돌아다녔다구.

↳ I love to **travel to** other countries on my vacations.
휴가중에 난 다른 나라로 여행다니는 걸 정말 좋아해요.

↳ He is excited to **travel overseas**. 걘 해외여행을 하게 되어 무척 흥분해 있어.

travel around [across]

…주위를 여행하다 *특히 전세계를 여행한다고 할 때 around the world를 쓴다.

- **travel around the world**
  전세계를 여행하다
- **travel all over the world**
  전세계를 여행하다

A: **Have you traveled around** the US? 미국 일주여행을 해보았니?

B: No, I spent most of my time in New York.
아니, 대부분 뉴욕에서 시간을 보냈어.

↳ You should **travel around** the country. 넌 국내 일주여행을 해봐야해.

↳ Sam promised to **travel around** Asia. 샘은 아시아 일주여행을 하기로 약속했어.

go on a trip to~

…로 여행하다 *go on a business trip은 '출장가다.' go on a honeymoon은 '신혼여행가다'이다.

- **go on a journey**
  여행가다
- **take off on a trip**
  여행가다

A: Where do you want to visit most? 넌 어딜 가장 가고 싶니?

B: I want to **go on a trip to** Australia. 난 호주 여행을 하고 싶어.

↳ The class **went on a trip to** the zoo. 학급은 동물원으로 실습여행을 했어.

↳ Our family **went on a trip to** Sweden. 우리 가족은 스웨덴으로 여행을 갔어.

take a trip to [around]

…로 여행하다 *주로 여행의 목적(business trip)이나 목적지(trip to Chicago)를 말할 때

- **take a one-day trip**
  당일치기로 여행을 다녀오다
- **take a trip around the world**
  전세계를 여행하다
- **be on a group tour**
  단체 여행하다

A: Let's **take a trip around** Italy. 이태리 일주여행을 하자.

B: Won't that be really expensive? 너무 비싸지 않겠니?

↳ I **took a trip around** Korea last year. 난 작년에 한국 일주여행을 했어.

↳ The girls **took a trip to** the beach. 소녀들이 바닷가로 여행을 했어.

start the trip

여행을 시작하다 *구어체인 hit the road 또한 '여행을 떠나다'란 의미로 쓰인다.

- plan the trip
  여행계획을 세우다

A: Have you planned your vacation yet? 휴가 계획은 세웠니?

B: Yeah, we'll **start the trip** in London. 그럼. 런던에서부터 시작할 거야.

   ⌐ Wendy started the trip early in the morning. 웬디는 아침 일찍 여행을 시작했어.

   ⌐ You can't start the trip without money. 우린 돈 없이 여행을 떠날 수 없어.

set off for~

…로 가기 시작하다 *달리 말하면 begin a journey라는 뜻으로 start off라 해도 된다.

- plan the trip
  여행계획을 세우다

A: Are you all ready to begin your vacation?
   너 휴가를 시작할 모든 준비가 되고 있니?

B: Sure. I'll **set off for** Hawaii soon.
   물론이지. 난 조만간 하와이로 떠날 예정이야.

   ⌐ Her mom set off for the high school. 걔 엄마는 고등학교로 가기 시작했어.

   ⌐ Each person set off for a different place.
   각각의 사람들이 서로 다른 곳으로 떠나고 있어.

leave on a long trip

장거리 여행을 떠나다 *road trip은 특히 자동차를 이용한 장거리 여행을 말한다.

- come along on the trip
  여행을 가다
- leave on a trip overseas
  해외 여행을 떠나다

A: Bill has got five suitcases with him. 5개의 여행가방을 가지고 있어.

B: He's going to **leave on a long trip** tomorrow.
   걔 내일 장거리 여행을 떠날 거야.

   ⌐ Clancey left on a long trip last month. 클랜시는 지난 달 장거리 여행을 떠났어.

   ⌐ We'll leave on a long trip as soon as possible.
   우린 가능한 한 조속히 장거리 여행을 떠날 거야.

show sb around

…를 구경시켜주다 *around 다음에는 구경시켜주는 장소명사를 쓰면 된다.

- guide sb around~
  …에게 …주변을 구경시켜주다

A: I grew up in Los Angeles. 난 LA에서 성장했어.

B: Could you **show me around** the city? 나한테 도시 구경 좀 시켜줄래?

   ⌐ The kind man showed me around. 친절한 사람이 날 주변을 구경시켜 주었어.

   ⌐ I can show you around this place. 내가 이곳 주변을 보여줄 수 있어.

do some camping

캠핑을 좀 하다 *일반적으로 캠핑가다라고 할 때는 go camping을 쓴다.

- camp in the woods
  숲에서 캠핑하다
- be on a camping trip
  캠핑여행을 하다
- go backpacking
  배낭여행을 가다

A: Where are you off to this weekend? 이번 주말 어디로 뜰건대?

B: We're going to **do some camping** in the mountains.
   우린 산에서 캠핑 좀 하려구.

   ⌐ You can do some camping this spring. 넌 이번 봄 캠핑을 할 수 있어.

   ⌐ Norman did some camping with his friends. 놀만은 친구들하고 캠핑을 했어.

hang out

hang out (with)

- hang around with
  (…와) 어울리다

(…와) 시간을 보내다, 어울리다 *특별한 것을 하지 않으면서 시간을 보내며 노는 것

A: **What** did you do Saturday night? 토요일 저녁엔 무얼 하니?

B: I **hung out with** an old friend of mine. 오랜 친구랑 시간을 보냈어.

↳ Stay a little longer and **hang out with** me. 더 남아서 나랑 놀자.

↳ Do you know of any cool places to **hang out**? 가서 놀 만한 근사한 데 어디 알아?

enjoy~ing[N]

…을 즐기다 *enjoy 다음에는 ~ing만 오는 게 아니라 명사도 많이 온다.

A: Did you **enjoy walking** around today? 오늘 둘러보는 거 좋았어?

B: Yes, but I'd like a guide tomorrow. 어, 하지만 내일은 가이드가 필요해.

↳ I **enjoyed talking** with you. 너랑 얘기해서 즐거웠어.

↳ **Enjoy your stay** in Chicago. 시카고에 있는 동안 즐거운 시간 되길 바래.

enjoy oneself very much

- enjoy oneself at the concert
  콘서트를 매우 즐겁게 보다

즐겁게 보내다 *식사, 영화, 휴가 등에서 즐거웠다, 좋았다고 말할 때

A: How did you like the new restaurant? 그 새 식당 좋았니?

B: We **enjoyed ourselves very much** there. 우린 거기서 매우 즐겼어.

↳ It's high time we took a vacation and **enjoyed ourselves**.
휴가를 얻어 즐길 때가 되었어.

↳ I hope you **enjoy yourself** today. 오늘 즐거운 시간이 됐으면 좋겠네요.

have fun

- have a little bit of fun
  좀 재미있게 보내다
- sound like a lot of fun to
  …에게는 매우 재미있는 것처럼 들린다

재미있게 놀다 *a lot of나 much를 넣어서 아주 재미있다고 강조할 수 있다.

A: Oh boy, we're going to **have fun** tonight!
야! 우리 오늘밤에 재미있게 놀거다!

B: What are you guys doing? 너희들 뭘 할건데?

↳ I want you to feel free to **have fun** while you're on vacation.
휴가 때 마음편히 재미있게 보내길 바래.

↳ I'd rather **have fun** than save money. 난 저축을 하느니 즐기고 싶어.

be fun ~ing

- be fun to do
  …하는 것이 재미있다
- be (just) for fun
  그냥 재미삼은 것이다
- be a fun time (for)
  (…에게) 재미있다

…하는 것을 재미있어 하다 *fun 다음에 to do 뿐만 아니라 ~ing도 쓴다는 점에 주목

A: It **was really fun** attending the school reunion.
동창회 가서 정말 재미있었어.

B: Now I wish I had gone with you. 나도 너랑 같이 갈 걸.

↳ It **was fun** playing basketball today. 오늘 농구를 해서 재미있었어.

↳ It **is fun** riding bikes to school. 학교까지 자전거를 타고가는 것은 재미있어.

have a good time (at)

- have a nice day
  좋은 날을 보내다
- have a great time with~
  …와 함께 즐거운 시간을 보내다
- have a good time at the musical
  뮤지컬을 재미있게 보다

(…에서) 즐겁게 보내다 *"Have a good one!"은 "Have a nice day!"와 같은 구어체 표현

A: Sandy is back from her date. 샌디가 데이트 하고 돌아왔어.

B: I wonder if she **had a good time.** 즐거운 시간 보냈는지 모르겠네.

∟ I wonder if she **had a good time.** 걔가 즐겁게 지냈는지 모르겠네.

∟ You'll have a good time at the nightclub.
넌 나이트클럽에서 즐겁게 보낼 수 있을 거야.

fool around (with~)

- goof around
  시간을 허비하다
- cf. goof off
  할 일을 안하고 빈둥거리다. 농땡이치다

빈둥거리다, 장난치다 *play[mess] with와 같은 의미로 with 다음에 사람이나 사물이 온다.

A: Who was making all of that noise? 누가 저 소음을 전부 내고 있나?

B: Some kids **were fooling around** with each other.
애들이 서로 떠들면서 장난치고 있었어.

∟ Don't fool around with my car. 내 차 가지고 장난하지마.

∟ I'm going to fool around with this computer. 이 컴퓨터를 가지고 놀거야.

waste time

- screw around
  방탕하게 놀아나다

허송세월하다 *허송세월하면서 하는 행위를 말하려면 뒤에 동명사의 형태를 붙이면 된다.

A: Shall we drive up to Seoul? 서울까지 운전하고 갈까?

B: Let's fly. I don't want to **waste time.**
비행기 타고가자. 난 시간을 낭비하고 싶지 않아.

∟ You shouldn't waste time watching TV. 넌 TV를 보면서 시간을 낭비하면 안돼.

∟ Kara always wastes time in the morning. 카라는 항상 아침에 시간을 낭비해.

take sb on a picnic

- go on[for] a picnic
  피크닉가다
- have a picnic+장소부사구 ~
  …로 피크닉가다

…를 피크닉에 데려가다 *피크닉에 간다고 할 때는 'go on a picnic'이라 한다.

A: Have you planned any activities for your mom?
네 엄마를 위해서 특별한 행사를 준비했니?

B: I think I'll **take her on a picnic.** 엄마를 소풍에 모시고 갈까 생각중이야.

∟ Let's take everyone on a picnic! 모두를 다 소풍에 데려가자!

∟ Mr. Park took us on a picnic. 미스터 박이 우릴 소풍에 데려갔어.

live it up

- have a blast with
  …와 신나게 즐기다

돈을 막 쓰면서 신나게 지내다 *단독으로 혹은 뒤에 at, in 등의 전치사가 뒤따른다.

A: Should I go on a date with Pierre? 피에르와 데이트를 해도 될까?

B: **Live it up.** Go have fun with him. 놀아봐. 걔하고 재미있게.

∟ We decided to live it up at the casino. 우린 카지노에서 신나게 즐기기로 했어.

∟ Did you live it up at your birthday party? 네 생일파티에서 신나게 놀았나?

watch a movie

watch a movie

- watch action movies
  액션영화를 보다
- watch the sports channel on TV
  TV에서 스포츠채널을 보다
- watch baseball games
  야구경기를 보다

영화를 보다 *watch 대신에 catch를 써도 된다.

A: I can't **watch a movie** without popcorn. 난 팝콘 없이는 영화를 못봐.

B: Don't be so picky. 너무 까다롭게 굴지 마.

↳ We went to **watch a movie** at the shopping mall.
   우린 쇼핑몰에서 영화를 보러 갔어.

↳ Would you like to go **watch a movie**? 영화보러 갈래?

see a new movie

- see a movie tonight
  오늘 밤에 영화를 보다

새로운 영화를 보다 *see는 주의 깊게 본다는 뜻의 watch와 달리 그냥 보인다는 뉘앙스.

A: Shall we watch something on TV? TV로 무슨 프로를 볼까?

B: No, I want to **see a new movie.** 아니야. 새로 나온 영화를 보고 싶어.

↳ They went out to **see a new movie.** 걔들은 새로 나온 영화를 보러 나갔어.

↳ Did you ever **see the movie** "The Fan?" "The Fan"이란 영화를 보았니?

go to a movie

- go to a cinema
  영화를 보러가다
- get to the movie theater
  극장에 가다

영화관에 가다 *~a movie는 단수이지만 the를 쓸 때는 복수로 the movies라고 한다.

A: Why don't we **go to the movies** tonight? 오늘 영화보러 갈래?

B: Why don't you get lost? 좀 사라져 줄래?

↳ How about we **go to a movie** tonight? 오늘 저녁 영화가는거 어때?

↳ How often do you **go to the movies**? 영화 얼마나 자주 보러 가니?

listen to music

- listen to music on a cell phone 핸드폰으로 음악듣다
- listen to music with headphones
  헤드폰끼고 음악듣다
- hear classical music
  클래식 음악듣다

음악을 듣다 *listen to는 hear와 달리 주의를 기울여 듣는 것을 말한다.

A: Did you come here to dance? 너 여기 춤추러 왔니?

B: No, I just came to **listen to music.** 아니. 단지 음악을 들으려고 왔어.

↳ The audience sat down to **listen to music.** 청중들은 음악을 감상하려고 앉았다.

↳ I would **listen to music** when I rode the subway. 난 지하철을 탈 때 음악을 듣지.

turn A off

- turn off the light
  불을 끄다
- turn the TV off
  TV를 끄다
- turn A on
  …을 켜다

A를 끄다 *주로 전기, TV, 가스 등을 끄는 것을 말하며 반대로 켤때는 turn on.

A: I'm going to bed in a while. 조금 있다가 잠자리에 들거야.

B: **Turn the lights off** when you do. 그때 전등들을 꺼라.

↳ It's okay to **turn off the radio.** 라디오를 끄는 것도 좋아요.

↳ I'm not sure how to **turn on this phone.** 이 전화를 어떻게 켜는지 자신이 없네요.

turn A up

- turn A down
  …의 소리를 줄이다

A의 소리를 키우다 *반대로 소리를 줄일 때는 up의 반대말을 써서 turn down이라 한다.

A: I can't hear the television. 난 TV 소리를 들을 수가 없어.

B: **Turn the volume up** a little. 볼륨을 조금 올려라.

↳ **Turn the heat up** before it gets cold. 추워지기 전에 온도를 좀 올려.

↳ **Turn the radio up** so we can dance. 라디오 소리 좀 키워라. 우리 춤 좀 추게.

tune in

- stay in tune
  스위치를 끄거나 다른 데로 돌리지 않다
- put on some dance music
  댄스 음악을 틀다

(라디오, TV의) 주파수를[채널을] 맞추다 *맞추고 싶은 채널이나 프로그램은 to를 연결해 쓴다.

A: What are your plans this evening? 오늘 저녁 네 계획은 뭐니?

B: I'm going to **tune in** to my favorite show.
내가 좋아하는 쇼 프로에 채널을 맞출 거야.

└ Are you going to **tune in** to the program? 넌 그 프로에 채널을 맞출 거니?

└ You should **tune in** and watch it. 넌 채널을 맞춰서 그것을 봐야 해.

hit play

- hit pause
  리모콘으로 잠시 멈춤을 누르다
- push the power button on
  the remote control
  리모콘의 전원버튼을 누르다
- surf the channel
  채널을 이리저리 돌리다

리모콘으로 플레이를 누르다 *리모콘을 누를 때마다 불이 빤짝여서 구어로 flicker라고도 한다.

A: How can I start the DVD player? DVD 플레이어를 어떻게 시작하지?

B: **Hit play** on the front panel. 앞 패널에 있는 play란을 눌러봐.

└ It didn't start because you didn't **hit play**.
네가 play란을 누르지 않아서 시작하지 않은 거야.

└ **Hit play** on the CD player and the music will come on.
CD 플레이어에서 play란을 눌러봐 그러면 음악이 나올 거야.

get a ticket

- get a ticket for the concert
  콘서트 표를 구하다
- get tickets
  표를 구하다
- get good seat
  좋은 좌석을 얻다

표를 구하다 *어떤 표인지는 for 다음에 공연, 게임명 등을 적어주면 된다.

A: I **got a ticket** for the Lakers game. 레이커스 팀의 경기 표를 하나 얻었어.

B: Let's go to the game together. 그 경기 같이 가자.

└ Did you **get a ticket** for the flight? 그 항공편 표를 받았니?

└ Laura **got a ticket** for the concert. 로라는 그 연주회 입장권을 받았어.

have an exhibit

- exhibit pictures
  그림을 전시하다
- exhibit works of art
  미술품을 전시하다

전시하다 *exhibit는 「전시하다」라는 의미의 동사로도 많이 쓰인다.

A: Why are you going to the museum? 넌 왜 박물관에 가니?

B: It **has an exhibit** with items from the Titanic.
타이타닉호에서 나온 물품을 전시하거든.

└ The school **had an exhibit** with student art.
학교에서 학생들이 그린 그림들을 전시했어.

└ Our gallery **has an exhibit** with famous photos.
우리 갤러리는 유명 사진 전시회를 하고 있어.

have a party

have a party

파티를 하다 *파티하는 사람은 with sb, 파티해주는 사람은 for sb라 하면 된다.

- have a farewell[going-away] party
  환송파티를 하다
- have a party at one? house
  집에서 파티를 하다
- have a barbecue party
  바비큐파티를 열다

A: **I'm having a party** tonight. Can you come?
오늘 밤 파티 할건데. 올래?

B: I'm sorry, I can't. I have to study for my exams.
미안하지만 못가. 시험공부 해야 해.

↳ We're having a party for Tom. Hope you can make it.
탐을 위해서 파티여는데, 올 수 있었으면 좋겠어.

↳ He might **have a party** at home. 걘 집에서 파티를 할 것 같아.

hold a party

파티를 열다 *참고로 potluck party는 각자 만든 음식을 가져오는 파티

- host a housewarming party
  집들이를 하다
- host the party
  파티를 주최하다

A: We'll **hold a party for** everyone on Friday.
우린 금요일 모두를 위해 파티를 열거야.

B: Can I bring my boyfriend to it? 내 남친을 데려갈 수 있을까?

↳ When will you **hold a party** for your mom? 넌 언제 엄마를 위해 파티를 할 거니?

↳ It takes a large place to **hold a party**. 파티를 열려면 넓은 장소가 필요해.

throw a party

파티를 열다 *give a party 역시 파티를 열다라는 뜻이다.

A: I'm going to **throw a party** this Friday.
요번 주 금요일에 파티를 열 거야.

B: We have a test on Monday. I wonder how many people will come. 월요일에 시험이 있잖아. 몇명이나 올지 모르겠네.

↳ Shouldn't we **give a party** for him? 그를 위해 파티를 열어줘야 하지 않을까요?

↳ Helen threw a party in her new apartment. 헬렌은 새 아파트에서 파티를 열었어.

organize a party

파티를 준비하다 *organize 대신 arrange를 써도 된다.

- organize the staff party
  직원 파티를 준비하다
- plan a surprise party
  깜짝 파티를 기획하다

A: Can you help **organize a surprise party** for Helen?
헬렌을 위한 깜짝 파티를 준비하는데 도와줄래?

B: Sure. When do you want to have it? 그럼. 언제로 할 건대?

↳ The class is **organizing a surprise party** for Mr. Thompson.
그 학급 학생들은 미스터 톰슨을 위한 깜짝 파티를 준비하고 있어.

↳ Jack **organized a surprise party** for his best friend.
잭은 절친에게 깜짝파티를 준비했어.

go to the party

파티에 가다 *초대받지도 않고 파티에 가는 것은 crash a party라고 한다.

- go to the festival
  축제에 참석하다
- leave the party
  파티장을 떠나다

A: **Are you going to the party** tomorrow night?
내일 밤 파티에 갈 거니?

B: If Scott goes, I'll go too. 스캇이 가면 나도 갈 거야.

↳ Hey Bob, do you feel like going to a party? 밥, 파티에 가고 싶어?

↳ I went to a party last night. 어젯밤에 파티에 갔었어.

come to the party

…의 파티에 오다 *꼭 흥깨는 사람들이 있기 마련인데 이자들은 partypooper라 한다.

- come with A to the party
  A랑 함께 파티에 오다

A: I need to know whether you're coming to the party.
파티에 올 건지 알려주세요.

B: I'm still not sure. 아직은 잘 모르겠어요.

↳ How many people came to the party? 몇명이나 파티에 왔니?

↳ Are you coming to the party tonight? 오늘 밤 파티에 올거야?

attend one's party

파티에 오다 *attend는 회의만 참석하는게 아니라 파티에 온다고 할 때도 쓴다.

- attend one's wedding
  …의 결혼식에 참석하다
- meet at a party
  파티에서 만나다

A: How did you two get together? 두분은 어떻게 만나셨어요?

B: We met at a party in California. 캘리포니아의 한 파티에서 만났죠.

↳ Didn't we meet at a party a few years ago? 우리, 몇년 전에 파티에서 만났었죠?

↳ I can't attend your party on Wednesday night.
수요일 밤 네 파티에 참석할 수가 없어.

celebrate one's birthday

…의 생일을 축하하다 *celebrate의 목적어로는 생일, 기념일, 성탄절 등이 올 수있다.

- celebrate one's (first)
  anniversary
  …의 (첫번째) 기념일을 축하하다
- celebrate the holiday
  명절을 기념하다

A: What is the special event tomorrow? 내일 특별행사가 뭐니?

B: We're going to celebrate Daniel's birthday.
우린 다니엘의 생일을 축하할 거야.

↳ We went to a bar to celebrate her birthday. 우린 걔 생일을 축하해주려고 술집에 갔어.

↳ I forgot to celebrate my brother's birthday. 난 남동생 생일을 축하하는걸 깜빡했어.

start one's birthday celebration

생일파티를 시작하다 *celebration은 명사로 기념행사, 축하연이라는 뜻을 갖는다.

- come to the celebration
  축하연에 가다

A: Did you sing 'Happy Birthday' to Hank?
행크에게 "생일 축하합니다" 노래를 했니?

B: Not yet. Let's start his birthday celebration.
아직. 이제 생일 축하행사를 시작하자.

↳ We started her birthday celebration early. 우린 걔 생일 축하행사를 일찍 시작했어.

↳ Terry started his birthday celebration after work.
테리는 퇴근후 생일 축하행사를 시작했어.

fall on

(날짜가) …요일이다 *주어로는 기념일, 생일 등이 오면 on 다음에는 요일명사를 쓰면 된다.

- come to the celebration
  축하연에 가다

A: What day is Christmas Eve this year?
금년 크리스마스 이브는 무슨 요일이니?

B: I think it will fall on a Saturday. 토요일인 것 같아.

↳ Joe's birthday fell on a Wednesday. 조의 생일은 수요일이야.

↳ The lunar newyear falls on a different day each year.
구정은 매년 다른 날에 돌아와.

keep in shape

keep in shape

- be in good[bad] shape
  건강이 [안]좋다, 몸매가 좋다
- be in good condition
  건강이 좋다
- shape up
  (컨디션을) 좋게 하다

건강을 유지하다 *keep[maintain] one's health 또한 '건강을 유지하다'라는 의미

A: How are you able to **keep in shape?** 어떻게 건강을 유지하는 거야?

B: I go jogging almost every day. 난 거의 매일 조깅을 해.

└ It is difficult to **keep in shape.** 계속 건강을 유지하는 것은 어려워.

└ Those women do aerobics to **keep in shape.**
저 여성들은 건강을 유지하기 위해 에어로빅을 하고 있어.

feel a lot healthier

- look unhealthy
  건강해 보이지 않는다
- get healthy
  건강하다
- be in good health
  건강이 좋다
- be out of health
  건강이 안 좋다

무척 건강하게 느낀다 *동사+healthy, be in[out of]+health의 형태로 주로 쓴다.

A: How is your new diet going? 새 다이어트는 어떻게 되어가고 있니?

B: It has made me **feel a lot healthier.** 훨씬 건강하게 느끼게 해줘.

└ Heather **felt a lot healthier** after exercising.
헤더는 운동후에 훨씬 더 건강하게 느꼈다.

└ Some of the workers **are not in good health.** 직원 일부는 건강이 좋지 않아.

ruin one's health

- keep one's health
  건강을 유지하다

건강을 망치다 *be bad[good] for one's health는 건강에 나쁘다[좋다]라는 뜻

A: Mike has been drinking too much alcohol.
마이크는 술을 너무 많이 마셔.

B: I think he's going to **ruin his health.** 걘 건강을 망칠 것 같아.

└ The disease **ruined Maria's health.** 그 병으로 마리아의 건강이 망쳐졌어.

└ Cigarette smoking **ruins people's health.** 흡연이 사람들의 건강을 망치게 해.

get well

- be in failing health
  건강이 나빠지다
- one's health fails
  …의 건강이 나빠지다
- get severe
  심해지다

병에서 회복하다 *여기서 well은 형용사로 '건강한'이란 뜻. 더 좋아진다고 할 땐 get better.

A: Simon has been in the hospital for a week.
사이몬은 일주간 병원에 입원해있어.

B: I think he will **get well** soon. 난 걔가 조만간 회복할 것으로 생각해.

└ How long did it take you to **get well?** 네가 회복하는데 얼마나 걸렸니?

└ I hope you **get well** soon. 곧 낫기를 바래.

keep fit

- keep oneself fit
  건강을 유지하다
- keep fit by exercising
  운동으로 건강을 유지하다

건강을 유지하다 *fit의 다양한 의미중 형용사로 '건강한'이란 뜻으로 쓰인 경우이다.

A: This video will help you **keep fit.**
네가 건강을 유지하는데 이 비디오가 도움을 줄거야.

B: Does it have different exercises? 그 비디오에 다른 운동들도 들어있니?

└ Eat a healthy diet and **keep fit.** 다이어트 건강식을 먹고 건강을 유지해라.

└ Linda **kept fit** for her boyfriend. 린다는 남친을 위해 건강을 유지했어.

39 다치다
get hurt

get hurt

- 신체+hurts
  …가 아프다
- hurt oneself
  아프다
- get ill[sick]
  아프다

아프다 *hurt의 동사변화는 hurt-hurt-hurt이며 여기서는 과거분사로 쓰여 get+pp 구문이다.

A: It looked like you injured your leg. 다리가 다친 것 같네요.

B: I'm pretty sure I did. **It hurts!** 정말 그랬어요. 아파요!

ㄴ **My ear really hurts.** 귀가 무지 아파.

ㄴ I've got a terrible headache today and **my back hurts.**
두통이 엄청나고 허리도 아파.

be allergic to

- feel lousy
  몸이 안좋다

…에 앨러지반응이 있다 *to 다음에 앨러지반응을 일으키는 음식명사 등을 적으면 된다.

A: Come here and try some of this. 이리 와서 이것 좀 먹어봐.

B: I can't. **I'm allergic to** peaches. 안돼. 난 복숭아 알레르기가 있어.

ㄴ Maybe you're **allergic to** something in the room.
넌 이 방의 뭔가에 앨러지가 있을지 몰라.

ㄴ **I'm allergic to** peanuts. 난 땅콩 알레르기가 있어.

contract the disease

- contract a virus
  바이러스에 걸리다
- have trouble with~
  …가 안 좋다 ('질병을 예방하다'는
  prevent a disease)

병에 걸리다 *contract는 「계약하다」란 뜻 이외에 「바이러스나 병에 걸리다」라는 뜻이 있다.

A: How was your overseas church trip? 교회에서 간 해외여행은 어땠어?

B: One of our members **contracted a disease.**
그룹중 한명이 병에 걸렸어.

ㄴ I don't know when I **contracted this disease.** 난 언제 이 병에 걸렸는지 모르겠어.

ㄴ Do you think he **contracted the disease** while in Africa?
그가 아프리카에 있는 동안 병에 걸렸다고 생각하세요?

have pain (in)

- feel pain in
  …가 아프다
- have got a pain in my side
  옆구리가 아프다
- have a sore throat
  목이 아프다

(…가) 아프다 *아픈 신체부위는 in 다음에 써주면 되고 동사는 have 대신 feel을 써도 된다.

A: Why are you walking so slowly? 넌 왜 그렇게 천천히 걷고 있니?

B: I **have a pain in** my foot today. 오늘 발이 좀 아파서.

ㄴ Mom **has pain in** her hand. 엄마는 손에 통증이 있어.

ㄴ Older people **have pain in** their joints. 노인들은 관절에 통증을 가지고 있지.

develop into ~

- develop+병명
  …병에 걸리다
- 병명+develop
  …병에 걸리다

…으로 변하다 *develop은 병이 걸리는 것 혹은 병이 다른 병으로 커지는 것을 말한다.

A: Why is Andy in the hospital? 앤디가 왜 병원에 있는거니?

B: His cold **developed into** pneumonia. 걔 감기가 폐렴으로 발전했대.

ㄴ The doctor thinks it will **develop into** a serious illness.
의사는 그게 심각한 질환으로 발전할 수 있다고 생각해.

ㄴ The scratch **developed into** a painful problem.
찰과상이 통증문제로 발전해버렸어.

break one's leg

get injured

- get hit by a car
  차에 치이다
- be seriously wounded
  (총이나 칼에 의해) 중상을 입다

부상당하다 *injure는 사고나 천재지변 등으로, wound는 총, 칼에 의해 부상당하는 걸 말한다.

A: I used to play football for my university.
난 대학에서 미식축구를 하곤 했어.

B: It's so easy to **get injured** doing that.
운동중에 부상당하기가 무지 쉬워.

ㄴ Annie got injured in the car wreck. 애니는 사고난 차속에서 부상을 당했어.
ㄴ I heard that John was injured in a car accident. 존이 교통사고나서 다쳤다며.

break one's leg

- trip over[down]
  넘어지다

다리가 부러지다 *break 다음에 부러지는 신체부위를 적어주면 된다.

A: How did you **break your leg**? 어떻게 다리가 부러진거야?

B: It happened when I was skiing. 스키를 타다가 부러졌어.

ㄴ Joan broke her leg last summer. 조안은 지난 여름 다리가 부러졌지.
ㄴ That's when I broke my leg. 그때 다리가 부러진거야.

hurt one's ankle

- hurt one's knee ~ing
  …하면서 발목을 다치다

발목이 다치다 *hurt 역시 injure처럼 사고 등으로 다치는 것을 뜻한다.

A: I **hurt my ankle** while I was running. 내가 뛰면서 발목이 다쳤어.

B: How long will it take to heal? 고치는데 얼마나 걸린데?

ㄴ Henry jumped and hurt his ankle. 헨리는 점프하다가 발목을 다쳤어.
ㄴ This is how she hurt her leg. 걔가 이렇게 다리를 다친거야.

sprain one's neck

- foot is cramping
  다리에 쥐가 나다
- become paralyzed
  마비가 되다
- fracture a rib
  갈빗대가 부러지다
- have got a really stiff neck
  목이 뻣뻣하다

목을 삐다 *자주 쓰이는 표현인 a stiff neck은 '목이 뻐근'한 것을 의미한다.

A: My legs **have been cramping up**. 다리에 쥐가 났어요.

B: Since when? 언제부터요?

ㄴ I got a cramp in my thigh. 허벅지에 쥐가 나서.
ㄴ Sarah sprained her neck when she fell. 사라가 넘어졌을 때 목을 삐었어.

scrape up one's knees

- get a scrape on~
  …가 까지다
- get a mild scratch
  가벼운 찰과상이다
- get this scratch
  찰과상이다
- feel so itchy
  가렵다

무릎이 까지다 *운동선수 등이 하는 무릎보호대는 knee pads라 한다.

A: My son **scraped up his knees**. 내 아들 무릎이 까졌어.

B: Was he playing in the park? 공원에서 놀고 있었나?

ㄴ Hal scraped up his knees when he fell down. 할은 넘어지면서 무릎이 까졌어.
ㄴ Rollerskaters frequently scrape up their knees.
롤러스케이트를 타는 사람들은 종종 무릎이 까져.

catch a cold

catch a cold

- catch a cold from~
  …에게서 감기가 옮다
- There? a cold going around
  감기가 유행하고 있다

감기 걸리다 *catch 대신 get을 써서 get a cold라고 해도 된다.

A: **What's wrong with you?** 어디 아파요?

B: **I caught a cold** yesterday. 어제 감기에 걸렸어요.

⌐ Many children **caught colds** at school. 많은 애들이 학교에서 감기에 걸렸어.

⌐ Stay inside or you'll **catch a cold**. 안에 들어가 있어 아니면 감기걸린다.

have a bad cold

- have a slight cold
  감기가 약간 걸리다
- have a head cold
  코감기 걸리다

심한 독감에 걸리다 *get over one's cold는 「감기가 낫다」라는 뜻

A: **Can you help me? I have a cold.** 나 좀 도와줄래? 감기에 걸렸어.

B: **Sure. I've got some medicine.** 그럼. 내가 약을 좀 갖고 있어.

⌐ She is at home because she **has a bad cold**. 걘 독감이 걸려서 집에 있어.

⌐ Take some vitamin C if you **have a bad cold**. 독감이 걸리면 비타민 C를 좀 먹어라.

have a fever

- run a fever
  열이 나다
- have a runny nose
  콧물이 나다

열이 나다 *열이 많이 날 때는 high를 써서 'have a high fever'라 한다.

A: **The kid has a runny nose and is coughing a lot.**
애가 콧물이 나고 기침을 많이 해요.

B: **Does he have a fever?** 열도 나나요?

⌐ You feel hot. I think you **have a fever**. 몸이 뜨겁지. 열이 나는 것 같아.

⌐ Pam took aspirin because she **has a fever**. 팸은 열이나 아스피린을 먹었어.

have got the flu

- be sick with the flu
  독감에 걸리다

유행성 독감에 걸리다 *flu는 influenza의 약자로 일반감기와는 다른 유행성 독감을 뜻한다.

A: **Kerry has got the flu.** 캐리는 유행성 독감에 걸렸어.

B: **She needs to get some rest.** 걘 좀 쉴 필요가 있어.

⌐ Many people **have got the flu** this winter.
많은 사람들이 이번 겨울에 유행성 독감에 걸렸어.

⌐ These hospital patients **have got the flu**. 이 병원 환자들이 유행성 독감에 걸렸어.

come down with~

…에 걸리다 *그리 심각하지 않은 병에 걸렸을 때 사용하며 with 다음에 병명을 쓴다.

A: **Where's Bill today?** 오늘 빌은 어디있니?

B: **He came down with a cold and called in sick.**
그 친구 감기에 걸려서 병가냈어.

⌐ I must be **coming down with** a cold. 감기 걸린 게 분명해

⌐ Lisa **came down with** malaria in Indonesia.
리사는 인도네시아에서 말라리아에 걸렸어.

have a headache

have a headache

• give A a headache
A를 머리 아프게 하다

머리가 아프다 *have 대신 어디서나 빠지지 않는 촉새동사 get를 써도 된다.

A: I **have a severe headache** and I need some medicine.
두통이 심해. 약을 좀 먹어야겠어.

B: Do you want Tylenol or aspirin? 타이레놀이나 아스피린 줄까?

↳ I've got a splitting headache. 머리가 빠개질 것 같아요.

↳ I can't work because I have a headache. 두통으로 일을 할 수 없어요.

suffer from headaches

머리가 아프다 *splitting headache라 하면 '뽀개질 것 같은 두통'을 뜻한다.

A: I've **suffered from headaches** since I was young.
난 어릴 때부터 두통으로 고생하고 있어.

B: Is there any treatment you use? 네가 사용하는 치료법은 없니?

↳ We suffered from headaches because of the noise.
우린 소음 때문에 두통으로 고생했어.

↳ They suffered from headaches after drinking too much.
걔들은 과음후 머리가 아팠어.

feel heavy

• heavy-headed
머리가 무거운

무겁게 느껴지다 *뭔가 상태가 안 좋아서 무겁게 느껴지는 것으로 주어에 무거운 신체부위를 써준다.

A: You know, my arms **feel heavy.** 내 팔이 무겁게 느껴져.

B: I think you need to get some sleep. 네가 좀 자야될 거야.

↳ His heart felt heavy when he left his girlfriend.
여친과 헤어졌을 때 걔 마음이 무거웠어.

↳ The runner's feet felt heavy during the race.
그 주자는 경주도중 발이 무겁게 느껴졌어.

have a migraine

• come down with a migraine
편두통에 걸리다

편두통을 앓다 *have 대신에 get을 써도 되며 migraine은 빈출 필수단어

A: Why are you holding your head? 왜 네 머리를 쥐고 있니?

B: I **have a migraine** and my head hurts. 편두통으로 머리가 아파.

↳ Tess has a migraine and needs some medicine.
테스는 편두통으로 약이 필요해.

↳ I have a migraine every few months. 난 몇 달에 한번씩 편두통이 생겨.

complain of a headache

• come down with a migraine
편두통에 걸리다

두통을 호소하다 *만성적인 두통'은 chronic headache라 한다.

A: What happened to your daughter? 네 딸에게 무슨 일이 있니?

B: She **has been complaining of a headache.** 두통을 호소하고 있어.

↳ Tom complained of a headache before class. 탐은 수업시간 전 두통을 호소했어.

↳ Has anyone here complained of a headache? 여기 누구 두통없는 사람 있나요?

have a breakdown

have a breakdown
신경쇠약에 걸리다 *좀 더 구체적으로 말하면 have a nervous breakdown

- suffer from insomnia
  불면증을 앓다
- nervous prostration
  신경쇠약

A: **Why did Karen stop working here?** 카렌이 여기서 왜 일을 그만두었니?

B: **I heard she had a nervous breakdown.**
개가 신경쇠약에 걸렸다고 들었어.

ㄴ Zelda **had a nervous breakdown** and was hospitalized.
젤다는 신경쇠약으로 입원했어.

ㄴ Relax or you'll **have a nervous breakdown.**
느긋해봐 안그러면 신경쇠약에 걸릴 거야.

have high blood pressure
고혈압을 앓다 *고혈압을 한 단어로 말하면 hypertension

- check one's blood pressure
  혈압을 재보다

A: I always **have high blood pressure.** 난 항상 고혈압을 가지고 있어.

B: You need to have a healthier life.
넌 좀 더 건강한 생활을 할 필요가 있어.

ㄴ He **has high blood pressure** and can't eat salt. 걘 고혈압으로 소금을 못먹어.

ㄴ Let me **check your blood pressure.** 혈압 좀 재볼게요.

have heart failure
심부전(증)을 앓다 *heart attack 혹은 cardiac arrest는 심장마비를 의미한다.

- have a heart attack
  심장마비가 오다
- be at risk of cardiac arrest
  심장마비가 올 위험에 처하다

A: **What caused Leo to die?** 왜 레오가 죽었니?

B: He **had heart failure.** 심부전증이 있었어.

ㄴ Tim **had heart failure** while at work. 팀은 직장에서 심부전증이 생겼어.

ㄴ She **had heart failure** and passed away. 걘 심부전증으로 사망했어.

have a stroke
뇌졸중을 앓다 *have 동사 대신에 suffer을 써도 된다.

A: **What causes people to have a stroke?**
왜 사람들이 뇌졸중에 걸리는 거야?

B: **It can be caused by smoking cigarettes.** 흡연으로도 발생해.

ㄴ Ray couldn't talk after he **had a stroke.** 레이는 뇌졸중에 걸린 후 말을 못해.

ㄴ Many older people **have a stroke.** 노인 대다수가 뇌졸중에 걸려.

pass out
졸도하다 *한마디로 faint, 참고로 pass away는 '돌아가시다,' pass up은 '기회를 놓치다'

- black out
  졸도하다
- faint
  졸도하다

A: **It was so hot outside today.** 오늘 밖이 무지 뜨거웠지.

B: I know. The heat made me **pass out.** 알아. 졸도하겠어.

ㄴ Cheryl **passed out** when she heard the news.
체릴은 그 소식에 접한 후 쓰러져 버렸어.

ㄴ I'll **pass out** if I see someone bleeding.
누군가 피를 흘리는 것을 본다면 난 졸도할 거야.

have a sore throat

have bad[poor] eyes

- be a little nearsighted
  눈이 근시이다
- be farsighted
  원시이다
- go blind
  실명하다

눈이 나쁘다 *'시력이 좋다'라고 하려면 have good eyesight라 한다.

A: Can you see the deer in the distance? 멀리서 사슴을 볼 수 있니?

B: No, I can't. **I have bad eyesight.** 아니, 못봐. 내 눈이 나쁘거든.

  ↳ The accident was caused **by poor eyesight.** 그 사고는 시력이 나빠서 발생한 거야.

  ↳ He **had bad eyesight** and couldn't enter the military.
    걘 시력이 나빠서 입대를 할 수 없었어.

have eye trouble

- have red eyes
  눈이 충혈되다
- have an eye infection
  눈병이 나다

눈이 이상해 *have sore eyes는 '눈이 아프다'를 의미한다.

A: I used to **have eye trouble** as a kid. 난 어릴 때 눈이 이상하곤 했어.

B: Is that why you wear glasses? 그래서 안경을 끼게 된거니?

  ↳ Danni is seeing the doctor because she **has eye trouble.**
    대니는 눈이 이상해서 의사에게 갈 거야.

  ↳ Alan **has eye trouble** and needs an operation.
    알란은 눈이 이상해, 수술이 필요해.

have [get] toothaches

- pull the tooth
  치아를 빼다
- have a cavity
  치아에 구멍이 있다
- get the braces
  치열 교정을 하다

치통이 있다 *심한 경우 bad, terrible, appalling 등의 형용사를 넣어주면 된다.

A: Would you like some tea or coffee? 차나 커피를 마실래?

B: No, **I get toothaches** when I drink hot things.
   아니요, 뜨거운 것을 마시면 치통이 생겨요.

  ↳ Rick **gets toothaches** after eating candy. 릭은 캔디를 먹은 후 치통이 생겼어.

  ↳ His teeth are bad and he **has toothaches.** 걔 치아는 나빠서 치통이 있어.

have an ear infection

- have en ear trouble
  귓병을 앓다
- one's ears are burning
  귀가 간지럽다
- one's ears are ringing
  귀가 멍멍하다

귓병을 앓다 *어떤 부위든 '염증'이 생긴 경우엔 infection을 사용하면 된다.

A: Oh, my ear hurts so much! 오, 내 귀가 너무 아프네.

B: I think you **have an ear infection.** 귓병이 있다고 생각돼.

  ↳ Nick got an ear infection after he went swimming. 닉은 수영후 귓병이 생겼어.

  ↳ The doctor said Mark **has an ear infection.** 마크가 귓병이 있다고 의사가 말했어.

have a sore throat

- be stuffed up
  (코가) 막히다

목이 아프다, 인후염에 걸리다 *have a hoarse throat는 '목이 쉬다'라는 의미

A: I caught a cold this week. 나 이번 주에 감기 걸렸어.

B: I'll bet you **have a sore throat.** 인후염일 거야. 장담해.

  ↳ He had a sore throat due to smoking. 걘 흡연으로 인후염에 걸렸어.

  ↳ I have had a sore throat for three days. 난 3일간 인후염에 걸려 있었어.

45 배가 아프다
have an upset stomach

have an upset stomach

- suffer from indigestion
  체하다
- one's stomach is upset
  배탈나다
- feel bloated
  배가 더부룩하다

체하다 *그냥 가볍게 소화불량이라고 할 때는 have indigestion이라 한다.

A: Both of my kids **have an upset stomach.** 내 얘들 둘다 체했어.

B: That's because they ate too much junk food.
    걔들이 정크푸드를 너무 많이 먹어서 그래.

└ He had an upset stomach after breakfast. 걘 아침식사후 체했어.

└ Eating new foods can give you an upset stomach.
    새로운 음식을 먹으면 체할 수 있지.

get food poisoning

- be poisoned by food
  식중독에 걸리다

식중독에 걸리다 *get 대신에 suffer from을 써도 된다.

A: **Have you ever gotten food poisoning?** 식중독에 걸린 적이 있니?

B: Yes, I had it once when I was overseas.
    응, 해외에 있을 때 한번 그랬어.

└ Owen got food poisoning and threw up. 오웬은 식중독에 걸려 토했어.

└ The group got food poisoning at the restaurant.
    그 그룹은 식당에서 식중독에 걸렸어.

have stomach cramps

- have a cramp in one's stomach
  위경련을 일으키다
- muscle cramps
  근육경련
- have[get] a cramp
  쥐가 나다

위경련을 일으키다 *cramp는 근육 등에 경련이 일어나는 것을 말한다.

A: I have to stop running right now. 난 이제 구보를 중단해야해.

B: Do you **have a cramp in** your stomach? 위경련이 생겼니?

└ He had stomach cramps after eating. 걘 식후 위경련이 발생했어.

└ I have a cramp in my stomach that hurts. 난 위경련으로 매우 아파.

have diarrhea

- have the runs
  설사하다
- be constipated
  변비가 있다

설사하다 *'변비'는 constipation, '변비가 있다'는 be constipated로 쓴다.

A: **Are you suffering from diarrhea?** 설사가 있으신가요?

B: No, but I have a stomachache. 아니요, 위통예요.

└ Kate had diarrhea after eating spicy food. 케이트는 매운 음식을 먹은 후 설사했어.

└ Some international travelers have diarrhea. 해외여행자들중 일부는 설사를 해.

throw up

- vomit
  통하다
- feel sick to one's stomach
  토하려하다
- feel nauseated
  구역질나다

토하다 *vomit보다 자주 쓰이는 구어체 표현이다.

A: My stomach is very upset right now. 나 지금 배탈났어.

B: Let me know if you have to **throw up.** 토할 것 같으면 내게 말해.

└ She was sick but she didn't throw up. 걘 아팠는데 토하지는 않았어.

└ I threw up many times because I had the flu.
    독감에 걸렸기 때문에 여러 번 토했어.

get diabetes

have[get] diabetes

당뇨를 앓다 *당뇨가 가족력이라고 할 때는 one's family has a history of diabetes.

- die from diabetes
  당뇨병으로 죽다

A: Why do you always carry food with you?
왜 늘상 음식을 소지하고 다니니?

B: I **have diabetes,** so I need to eat a lot.
내가 당뇨래서 많이 먹을 필요가 있거든.

↳ Some famous people have diabetes. 유명인사 일부는 당뇨를 앓고 있어.

↳ Her diet changed because she has diabetes. 당뇨가 있어 식이요법을 변경시켰어.

have side effects

부작용을 앓다 *부작용을 일으키는 주범은 from~ 이하에 말하면 된다.

- develop complications
  합병증을 일으키다

A: I'm **having side effects from** my surgery. 수술로 부작용이 있어.

B: Is it causing you a lot of pain? 그래서 심한 통증이 생기니?

↳ Pam had side effects from her medication. 팜은 약물치료법으로 부작용이 생겼어.

↳ Do people have side effects from drinking?
사람들이 음주로부터 부작용이 생기니?

be swollen

부어있다 *부기를 빼다라고 할 때는 reduce the swelling, let the swelling go down라고 한다.

- get swollen
  붓게 되다
- reduce the swelling
  부기를 빼다

A: We've been walking along for hours. 우린 여러시간 동안 걸었어.

B: I know. My feet **are very swollen.** 알아. 내 발이 많이 부어 올랐어.

↳ Christian's eye was swollen after the fight. 그 싸움이후 크리스찬의 눈은 부었어.

↳ If your legs are swollen, lie down for a while. 다리가 부어있으면 잠시 누워있어라.

have a rash

발진이 생기다 *broke out in a rash도 '발진이 생기다'라는 의미이다.

- 신체부위+break out in a rash
  발진이 생기다
- have a heat rash on
  땀띠가 나다
- get hives
  염증이 생기다

A: What are the signs of poison ivy? 옻이 오르면 증세가 어때요?

B: **A rash and itching.** Do you think you have it?
뾰루지가 나고 가려워요. 옻이 올랐어요?

↳ I have a rash on the palm of my hand. 손바닥에 발진이 생겼어.

↳ Most babies have a rash on their fannies.
대부분의 유아들은 엉덩이에 발진이 생겨.

pop some pimples

여드름을 좀 짜다 *pop 대신에 쥐어 짠다는 의미의 squeeze 를 써도 된다.

- 신체부위+break out in a rash
  발진이 생기다
- have a heat rash on
  땀띠가 나다
- get hives
  염증이 생기다

A: Teenagers often **pop their pimples.** 10대들은 종종 여드름을 짜내.

B: I think that might leave a scar. 상처가 남을 수 있다고 생각해.

↳ He popped some pimples while looking in the mirror.
갠 거울을 보면서 일부 여드름을 짜냈어.

↳ The doctor said not to pop your pimples. 의사들은 여드름을 짜지 말라고 말했어.

take one's medicine

pick up one's prescription

처방전을 받다 *prescribe는 '처방하다', prescription은 '처방(전)'을 뜻한다.

- prescribe some medicine
  약을 처방하다

A: I'm here to **pick up my prescription.** 처방전 받으러 왔어요.

B: **Here it is.** 여기 있습니다.

⌐ You can pick up your prescription at the pharmacy.
조제실에서 처방전을 받을 수 있어요.

⌐ Where can I pick up my prescription? 내 처방전을 어디서 받죠?

take one's medicine

약을 먹다 *한약은 herbal medicine이라고 한다.

- take a dose of~
  …을 복용하다
- eat the medicine
  약을 먹다

A: Here, **take this medicine.** 자, 이 약 먹어.

B: Will it help me get rid of my cold?
이거 먹으면 감기를 떨어뜨리는 데 도움이 될까?

⌐ Don't forget to take your medicine. 약 먹는 것을 잊지마라.

⌐ I took my medicine three times a day. 난 하루에 세번 약을 복용했어.

take vitamins

비타민을 먹다 *특정약을 먹을 때도 take를 써서 활용하면 된다.

- take some medicine for indigestion
  소화제를 먹다
- take some cold medicine
  감기약을 먹다
- take a painkiller
  진통제를 먹다

A: Is your stomach feeling better now? 배가 이제 좀 나아지니?

B: Yes. I **took some medicine** for indigestion. 응. 소화제를 먹었죠.

⌐ He took some cold medicine after the meal. 걘 식후에 감기약을 먹었어.

⌐ Let's take some vitamins for our health. 우리 건강을 위해 비타민을 좀 먹자.

take medication

약물치료를 받다 *medicine은 일반적인 약(물), medication은 특정병을 치료하기 위한 약물(치료)을 뜻.

- put sb on medication
  …을 약물치료하다
- be on medication for~
  …치료로 약물치료 중이다

A: I've been feeling very sick lately. 요즘 계속 속이 메슥거려.

B: **Are you taking any medication?** 약은 먹고 있는 거니?

⌐ You should take medication for your headache. 넌 두통약을 먹어야해.

⌐ Henry took medication in the hospital. 헨리는 병원에서 약을 복용했어.

swallow[take] a pill

알약을 삼키다 *물약은 liquid medicine, 가루약은 powdered medicine이라고 한다.

A: Here, you have to **swallow these pills.** 여기 알약을 삼켜야 해.

B: Are they going to make me feel better? 그걸 먹으면 좀 좋아질까?

⌐ I can't swallow pills easily. 난 알약을 쉽게 삼킬 수가 없어.

⌐ Swallow this pill for your allergies. 알레르기 용으로 이 알약을 삼켜라.

cure a disease

cure a disease

- cure sb (of+병)
  …을 치료하다
- cure for+병
  …의 치료법

병을 치료하다 *목적어로는 치료 대상인 병 혹은 사람이 목적어로 온다.

A: Has Danny been in the hospital yet? 대니가 아직 병원에 있니?

B: Yeah, they **cured his cancer.** 그래. 걔 암을 치료했지.

↳ The doctors have drugs to cure malaria.
의사들은 말라리아를 치료할 약을 가지고 있어.

↳ We don't know how to cure stomach cancer. 우린 위암 치료법을 모르고 있어.

treat the headache

- treat a patient
  환자를 치료하다
- treat sb with+약
  …으로 …을 치료하다
- treatment
  치료법

두통을 치료하다 *treat은 cure 혹은 remedy로 대체해서 쓸 수도 있다.

A: What is the best way to **treat a headache?**
두통을 치료할 최선의 방법은 뭐야?

B: Most people just take two aspirin.
대부분 사람들은 아스피린 2알을 먹지.

↳ My grandma has a special way to treat a headache.
할머니는 특별한 두통치료법을 가지고 있어.

↳ You can treat a headache by putting ice on it.
머리에 얼음을 올려 놓아 두통을 치료할 수 있어.

get over

- get over a cold
  감기를 이겨내다

(병을) 이겨내다 *상처 등이 낫는 것은 heal (up)을 쓴다.

A: I hope you **get over** your illness soon.
네가 조만간 병을 이겨내기를 희망해.

B: Me too. I really hate being sick. 나도 그래. 난 정말로 아픈 걸 싫어해.

↳ Did Inez get over her cold? 이네즈는 감기를 이겼어?

↳ It took a long time to get over the flu. 유행성 독감을 극복하는데 오랜 시간이 걸렸어.

wear a cast

- wear a bandage
  붕대를 하다
- walk on crutches
  목발을 짚고 걷다

깁스를 하다 *깁스를 한 부위는 ~around+신체부위라고 써주면 된다.

A: Why **are you wearing a cast** around your foot?
네 발 주변에 왜 깁스를 했니?

B: I hurt my leg when I fell off my bike.
자전거에서 넘어졌을 때 다리를 다쳤어.

↳ Kevin had to wear a cast around his arm. 케빈은 팔 주변에 깁스를 해야했어.

↳ She wore a cast around her broken bones. 걘 부러진 뼈 주변에 깁스를 했어.

go away

(병이나 아픔이) 없어지다 *당연히 주어에는 병이나 통증 등의 명사가 오게 된다.

A: Many students start to cough in the winter.
많은 학생들이 겨울에 기침을 시작하지.

B: It will **go away** when nicer weather comes.
날씨가 좋아지면 기침도 사라질 거야.

↳ A cold will go away in about a week. 약 1주일이면 추위도 사라질 거야.

↳ My sore throat went away after a while. 목감기가 잠시 후 괜찮아졌어.

apply some ointment to~

연고를 좀 바르다 *apply는 화장품만 바르는 것이 아니라 연고를 바를 때도 쓴다.

- apply a heating pad to
  …에 히팅패드를 대다

A: **My husband's knee has been hurting.** 남편이 무릎을 아파해.

B: **Why don't you apply some ointment to it?**
  연고를 좀 발라주지 그래?

↳ I'll **apply some ointment to** this rash. 발진에 연고를 좀 바를 거야.

↳ The doctor said to **apply some ointment to** your skin.
  의사가 네 피부에 연고를 좀 바르라고 말했지.

get acupuncture

침을 맞다 *단어가 좀 어렵지만 한의원에서 하는 침은 'acupuncture'라 한다.

- get acupuncture on one's neck
  목에 침을 맞다
- apply acupuncture on~
  …에 침을 놓다

A: **I heard you are using oriental medicine.**
  네가 한약을 쓰고 있다고 들었어.

B: **Yes. It's very effective to get acupuncture.**
  그래. 침을 맞는게 매우 효과적이야.

↳ Melvin **got acupuncture** for his stomach problems.
  멜빈은 배탈로 침을 맞았어.

↳ You should **get acupuncture** for your headaches. 넌 두통으로 침을 맞아야해.

leave one's stomach empty

공복으로 하다 *leave sth empty의 구문. 참고로 「공복에」는 on an empty stomach라 한다.

- drink sth on an empty stomach
  공복에 …을 마시다

A: **Was that your stomach making noise?** 네 배에서 소리가 났니?

B: **Yeah, I left my stomach empty this morning.**
  응. 오늘 아침 공복이었거든.

↳ It's not healthy to **leave your stomach empty.**
  공복으로 지내는 것은 건강에 좋지 않아.

↳ There was no time to eat so I **left my stomach empty.**
  먹을 시간이 없어서 공복이었어.

stop the bleeding

지혈하다 *bleeder는 피를 흘리는 사람이라는 뜻으로 stop the bleeder라고도 한다.

- I've got a bleeder.
  출혈자가 있다.

A: **That is a huge cut on your hand.** 네 손에 큰 자상이 있네.

B: **I need your help to stop the bleeding.** 지혈하는데 네 도움이 필요해.

↳ It took ten minutes to **stop the bleeding.** 지혈하는데 10분이 걸렸어.

↳ That bandage will **stop the bleeding.** 그 붕대면 지혈이 될 거야.

뒤통수 치는 cast와 apply

두 단어 모두 우리가 기본적으로 알고 있는 단어와 다르게 쓰인 경우이다. cast는 「던지다」, apply는 「지원하다」 정도로만 알았던 단어들이지만 여기에서 보듯 실생활에서는 어떻게 보면 엉뚱하다 싶을 정도로 의외의 의미로 쓰인다. 이런 부류의 단어로는 contract(병에 걸리다), ground(외출금지시키다), delivery(출산), literature(광고문), book(예약하다) 등 다양하다.

have a checkup

have a checkup

- **get a check-up**
  검진을 받다(regular check-up 정기 검진)

진찰받다 *have a medical check up[examination]이라고도 한다.

A: **What brings you to the doctor's office today?**
   병원엔 웬일이세요?

B: **I need to have my yearly checkup.** 매년 건강진단을 받아야 하거든요.

↳ You must have a checkup before playing sports.
   스포츠를 하기 전에 검진을 받아야 돼.

↳ My grandparents have a checkup every year. 조부모님들은 매년 검진을 받으셔.

examine a patient

- **have+신체+examined**
  …을 진찰받다

환자를 검사하다 *see a patient라고 해도 '진찰을 하다'가 된다.

A: **What is taking the doctor so long?** 왜 의사가 시간이 많이 걸리지?

B: **He needs time to examine a patient.** 환자를 검사하는데 시간이 걸려.

↳ The nurse couldn't examine a patient. 간호사는 환자를 검사할 수 없었어.

↳ Let me examine a patient before we start.
   우리 시작하기 전에 내가 먼저 환자를 검사할게.

see a doctor

- **consult a doctor**
  진찰받다

진찰받다 *consult a doctor도 같은 뜻이나 see a doctor가 통상적으로 자주 쓰인다.

A: **The rash on my skin keeps getting worse.**
   피부에 뾰루지가 점점 심해지고 있어.

B: **Hurry and go to see a doctor.** 어서 병원에 가봐.

↳ I need to go to see a doctor. 의사한테 가봐야겠어.

↳ Shelly saw a doctor about her cough. 셸리는 기침문제로 진찰을 받았어.

go to a doctor

- **go to a doctor for a check up**
  검사받으러 병원에 가다
- **go to a doctor for an overhaul**
  정밀검사를 받으러 의사에게 가다
- **go to the dentist**
  치과에 가다

진찰받다 *의사한테 간다는 이야기는 다시 말해서 진찰받으러 간다는 이야기

A: **I have been feeling tired all the time.** 난 항상 피곤함을 느끼고 있어.

B: **You need to go to a doctor about that.** 그 문제로 진찰을 받아봐.

↳ Have you gone to a doctor recently? 요즘 진찰받은 적이 있니?

↳ He only goes to a doctor when he's very ill. 걘 아주 아플 때만 병원에 가.

take sb to the doctor

- **be rushed to the emergency room**
  응급실에 실려가다
- **take someone's temperature**
  체온을 재다

…를 병원에 데려가다 *take A to the hospital이라고 해도 된다.

A: **Can you take Monica to the doctor's office?**
   모니카를 병원에 데려다줄 수 있니?

B: **Sure, When does she want to go?** 그럼요, 언제 가길 원하나요?

↳ He took his wife to the doctor. 걘 아내를 병원에 데려갔어.

↳ I'll take my father to the doctor today. 난 오늘 아버지를 병원에 모시고 갈거야.

be in the hospital

- be in the hospital giving birth
  분만을 위해 입원하다

입원하다 *hospital을 동사로 써서 be hospitalized라고 해도 된다.

A: **What made Charlie so sick?** 찰리가 왜 그렇게 아픈거야?

B: **He's been in the hospital** with cancer. 암으로 입원해 있어.

∟ Larry is in the hospital with a stomach bug. 래리는 배탈로 입원해 있어.

∟ How long will you be in the hospital for? 얼마나 오래 입원해 있어야 하는 거야?

get surgery

- perform an operation
  수술을 하다
- undergo surgery
  수술을 받다

수술하다 *수술받는 사람이나 수술부위는 on~ 이하에 써주면 된다.

A: **Freddy got surgery** on his heart this year.
프레디는 금년에 심장 수술을 받았어.

B: I heard that is a dangerous operation. 위험한 수술이라고 들었어.

∟ Did she get laser surgery on her eyes? 걘 눈에 레이저 수술을 한 거야?

∟ You need to get surgery before it's too late.
넌 늦기 전에 수술을 받을 필요가 있어.

get A x-rayed

- take an x-ray
  엑스레이를 찍다

엑스레이를 찍다 *x-ray가 동사로 쓰였다는 점 그리고 「get+A+pp」의 구문을 캐치한다.

A: **Arnold hurt his leg playing soccer.**
아놀드는 축구를 하면서 다리를 다쳤어.

B: Go **get his leg x-rayed** quickly. 빨리 가서 다리에 엑스레이를 찍어봐.

∟ Get your head x-rayed when you have a chance.
기회가 있으면 머리에 엑스레이를 찍어라.

∟ Did you get Brandon's foot x-rayed? 브랜든의 다리에 엑스레이를 찍게했니?

go through physical therapy

- take an x-ray
  엑스레이를 찍다

물리치료를 받다 *물리재활치료는 physical rehab treatment라 한다.

A: **My mom had to go through physical therapy.**
어머니가 물리치료를 받아야 했어.

B: Has it helped her to feel better? 좋아지시는데 도움이 됐어?

∟ She needs to go through physical therapy for her hand.
걘 손때문에 물리 치료를 받아야 돼.

∟ Many injured people go through physical therapy.
많은 부상자들이 물리치료를 받아.

have plastic surgery

- get a nose job
  코 성형수술을 받다
- get a boob job
  가슴성형수술을 받다

성형수술을 받다 *cosmetic surgery도 '성형수술'을 뜻하는 표현이다.

A: **Is it a good idea to have plastic surgery?**
성형수술을 받는게 좋은 생각이니?

B: Only after someone is forty years old. 40세만 넘으면 괜찮아.

∟ Sue had plastic surgery on her nose. 수는 코에 성형수술을 했어.

∟ He had plastic surgery to become more handsome.
걘 좀 더 멋있게 보이려고 성형수술을 했지.

work out

go for a walk

- take a walk[walks]
  산책하다
- take a long walk
  오래 산보하다

산보하다 *walk+sb는 타동사로 쓰인 경우로 '산책시키다' 혹은 …까지 같이 걸어가주다의 의미이다.

A: **Where are you going?** 어디 가니?

B: I want to **take a walk** around the park. 공원 근처에 산책하러 가려고.

⤷ How about we **take a walk** tonight? 오늘 저녁 산보하자

⤷ I don't want to **go for a walk** in the rain. 비맞으며 산책하고 싶지 않아.

go on a hike

- go hiking
  하이킹가다
- take a long hike
  하이킹을 장시간 하다

하이킹하다 *하이킹 코스는 a hiking trail라 한다.

A: **What is the chess club doing tomorrow?**
  내일 체스클럽에서 뭘하니?

B: We **are all going on a hike.** 우리 모두 하이킹을 갈 거야.

⤷ The fall season is the best time to **go on a hike.**
  가을이 하이킹하기에 가장 좋은 때야.

⤷ Would you like to **go on a hike** with me? 나랑 하이킹 갈래?

go to a[the] gym

- go to a gym to work out
  운동하러 체육관에 가다
- go to a gym 4 days a week
  일주일에 4일 체육관에 가다

체육관에 가다 *get the gym은 '체육수업을 받다'라는 의미이다.

A: **Care to have a few drinks with me?** 나랑 몇 잔 할래?

B: I'm sorry, but I have to **go to the gym** now.
  미안. 난 지금 체육관에 가야해.

⤷ I try to **go to the gym** three times a week. 난 주 3회 정도 체육관을 가려고 노력해.

⤷ He **went to a gym** located in his neighborhood.
  걘 동네에 소재해 있는 체육관에 갔어.

work out

- work out all night
  밤새 운동하다

운동하다 *work out regularly는 '규칙적으로 운동하다'이고 workout은 명사로도 쓰인다.

A: **Why are you sweating so much?** 왜 그렇게 많이 땀을 흘리니?

B: I just finished **working out.** 난 방금 운동을 끝냈어.

⤷ Morning is her favorite time to **work out.** 걔한테는 아침이 가장 좋은 운동시간이야.

⤷ If you **work out,** you will become stronger. 만약 네가 운동을 하면 강건해질 거야.

exercise every day

- exercise regularly
  규칙적으로 운동하다

매일 운동하다 *take exercise도 '운동하다'라는 표현이다.

A: **I have no energy and feel sick.** 나 힘이 하나도 없고 메슥거려.

B: This is why you **need to exercise.** 이래서 네가 운동을 해야 하는 거야.

⤷ I **exercise** before going to work. 출근하기 전에 운동을 하거든.

⤷ The only way to lose weight is **to exercise** and eat right.
  살을 빼려면 운동하고 제대로 식사하는 방법 밖에는 없어.

run two miles

2마일을 달리다 *달리는 거리를 직접목적어로 받을 수도 있지만 run for+거리로 표현할 수도 있다.

- run for five miles
  5마일 뛰다
- be a fast runner
  빨리 달리는 사람이다

A: Lisa looks like she's in good condition.
리사는 매우 상태가 좋은 것 같이 보여.

B: She **runs at least two miles** every day. 걘 매일 적어도 2마일을 달려.

↳ They plan to **run two miles** before they come home.
걔들은 집에 오기전에 2마일을 뛰려고 해.

↳ I don't think I could **run ten miles** these days.
난 요즘 10마일을 뛸 수 있다고 생각하지 않아.

run in the marathon

마라톤을 뛰다 *마라톤 대회 등에서 뛴다는 점에서 run in~ 형태로 쓰인다.

- run in one's first marathon
  첫번째 마라톤을 달리다
- run the entire 42 km
  42km을 완주하다
- finish the marathon
  마라톤을 완주하다

A: Why did Randolph come to New York City?
랜돌프가 왜 뉴욕시에 왔니?

B: He's here to **run in the marathon.** 걘 마라톤을 뛰려고 여기에 왔어.

↳ Jen has trained hard to **run in the marathon.**
젠은 마라톤에서 뛰려고 열심히 훈련했어.

↳ Most people aren't strong enough to **run in a marathon.**
대부분의 사람들은 마라톤에서 뛸 만큼 강하지는 못해.

play golf

골프를 치다 *a golf club은 골프채, a golf course는 골프장

- practice one's golf swing
  골프 스윙을 연습하다
- play tennis
  테니스를 치다

A: Does your father enjoy being retired?
네 아버님은 은퇴 생활을 즐기고 있니?

B: Yeah, he **plays golf** almost every day.
응, 거의 매일 골프를 치고 계셔.

↳ We're going to watch some pros **play golf.**
우린 프로선수들이 골프를 치는 것을 관전할 거야.

↳ Did you **play golf** on your vacation? 너, 휴가 때 골프쳤니?

---

work out, 밖에서 일하는 것?

우리는 이미 알고 있거나 쉬운 단어 등과 마주치면 이미 알고 있는 의미로만 해석을 하려는 억지를 부리곤 한다. 사전을 찾기가 귀찮거나 혹은 단어를 지나치게 공식처럼 외운 까닭에 상상력이 굳었기 때문일 것이다. 사전은 모르는 단어만 찾으라고 있는 것은 아니다.

work를 모르는 사람은 없다. 그러나 「일」 아니면 「일하다」 라는 work가 통념상 일과는 동떨어진 「운동하다」라는 의미로 쓰인다는 것을 잘 알지는 못한다. 고작 우리는 「운동」이라고 하면 exercise 뿐이다. 일요일마다 「운동을 한다」(work out)는 건강한 사람의 말을 듣고, 속으로 「그래 이거야!」라고 외치면서 나도 이번 주부터 매주 일요일에 나와서 일을 해야(work)겠다는 사람도 없지 않아 있을 것이다. 모르는 것은 병이다. 절대로 약이 될 수 없다.

요즘 건강(physical fitness)을 위해서 직장인들이 등록한 스포츠 센타나 테니스장에서 하는 운동 그리고 군살을 빼려고 주부들이 혼신의 힘을 기울이는 aerobics 등 「건강, 몸매, 체력 따위를 가꾸기 위해 각종 운동을 하는 것」을 work out이라 한다. 특히 매일 또는 규칙적으로(regularly) 열심히 운동하는 것을 말한다. Gym, fitness clubs(헬스클럽), day spa 등 work out을 하는 곳을 workout spot이라 한다. workout처럼 붙여 쓰면 명사로 「운동」이 된다.

go on a diet

go on a diet

- be on a diet
  다이어트하다
- start a new diet
  새롭게 다이어트를 시작하다

다이어트하다 *diet에는 식이요법외에도 좀 의외지만 일반적인 식사, 음식물의 의미도 있다.

A: **My mom has gotten kind of heavy.** 우리 엄마는 약간 뚱뚱해지고 있어.

B: **She needs to go on a diet for a while.**
   잠시 다이어트를 하실 필요가 있을 걸.

↳ Many people go on a diet after the holidays.
   많은 사람들이 휴일이후에 다이어트를 하지.

↳ I went on a diet before my wedding. 난 결혼식 전에 다이어트를 했어.

get fat

- get a little fat
  좀 살찌다

살이 찌다 *fat은 상당히 직설적인 표현법으로 다른 사람에게 사용할 때 조심해야 한다.

A: **Stella got fat after eating a lot of ice cream.**
   스텔라는 아이스크림을 먹은 후 살이 쪘어.

B: **She has to eat fruits and vegetables instead.**
   걘 과일과 야채를 대신 먹어야해.

↳ I would be unhappy if I got fat. 내가 살이 찌면 난 불행할 거야.

↳ No wonder they're getting so fat. 걔네들이 그렇게 살찔 만도 하군.

put on some weight

- gain weight
  살이 찌다
- watch one's weight
  …의 몸무게를 주시하다

살이 좀 찌다 *휴가나 명절 때 많이 먹어서 찌는 살은 holiday weight라 한다.

A: **It's difficult to lose weight over the age of 40.**
   40세 이상이면 감량하기가 어려워.

B: **Most middle aged people put on some weight.**
   대다수의 중년들은 살이 좀 찌지.

↳ Randy put on some weight while he was a student. 랜디는 학생때 살이 쪘었어.

↳ My girlfriend thinks she has put on some weight. 여친은 살이 쪘다고 생각해.

lose weight

- lose some weight
  살이 좀 빠지다

살이 빠지다 *날씬해졌다라고 하려면 become thin[slim]이라고 한다.

A: **I wish I could lose some weight.** 살을 좀 빼고 싶어.

B: **It's what's inside that counts.** 중요한 건 육체의 내면이라구.

↳ It's so hard to lose weight. 몸무게를 줄이기가 굉장히 어려워.

↳ It looks like you've lost weight lately. 너 최근에 살이 빠진 것 같아.

join a health club

- lift the weight
  역기를 들다
- do[practice] yoga
  요가를 하다
- do stretching
  스트레칭을 하다

헬스클럽에 가입하다 *health club은 fitness club이라고도 한다.

A: **How can I get into better shape?** 어떻게 하면 몸이 더 좋아질까?

B: **Why don't you join a health club?** 헬스클럽에 들어가지 그래?

↳ Harry joined a health club in January. 해리는 1월에 헬스클럽에 가입했어.

↳ I lost some weight because I've joined a gym to work out.
   어, 체육관에 가서 운동을 해서 살이 좀 빠졌어.

Information & Understanding

듣고, 보고, 이해하는 등 정보와 관련한 다양한 표현

SMART DICTIONARY OF
EASY ENGLISH EXPREESIONS

hear sb ~ing

hear from

…로부터 듣다 *'receive news or information from'이라는 뜻이다.

- hear from sb recently
  최근에 …로부터 소식을 듣다
- hear from the bank
  은행으로 연락을 받다

A: I'll give you a call when things cool down.
상황이 가라앉으면 내가 연락할게.

B: I look forward to **hearing from** you. 네 소식 듣기를 고대해.

↳ How have you been? I **haven't heard from** you in a while.
어떻게 지냈어? 한참 동안 네 소식을 듣지 못했어.

↳ I'm looking forward to **hearing from** you soon. 조만간 네 소식 듣기를 고대해.

hear of

…에 대해 듣다 *소문 등으로 들어서 안다는 것으로 know about의 의미.

- hear much of~
  …에 대해 많은 소식을 듣다

A: Have you seen the new war movie? 새로 나온 전쟁영화 보았니?

B: No, I've never **heard of** it. 아니, 들어보지 못했는데.

↳ Lynn **heard of** a popular beauty shop. 린은 인기 있는 미용실에 대해 들었대.

↳ I can't believe it. I never **heard of** such a thing. 설마, 말도 안돼.

hear about

…에 관해 (상세한 말을) 듣다 *hear of는 소문 등으로 '…에 대해 듣다'라는 의미

- hear more about+sth[what S+V]
  …에 관해 더 듣다
- hear about sth second hand
  간접적으로 전해 듣다

A: Nice to meet you, Sam. 만나서 반가워, 샘.

B: I've **heard so much about** you. 너에 대해 많은 얘기 들었어.

↳ I **heard about** your daughter. 네 딸 얘기 들었어.

↳ I **heard about** your wedding the other night. 지난 밤에 너 결혼식 얘기 들었어.

↳ Did you **hear about** the man who died yesterday? 어제 죽은 남자 이야기 들었어?

not hear anything about

…에 관해 전혀 들어보지 못하다 *not ~ any~를 써서 강한 부정을 나타낸다.

- not hear of any of~
  …에 대해 전혀 들어보지 못하다
- not hear anything of~
  …에 대해 전혀 소식을 못듣다

A: I **haven't heard anything about** the money.
그 돈에 대해서 아무 것도 듣지 못했어.

B: Yeah, I hope they give it to us soon.
그래. 걔들이 조만간 그걸 우리에게 주기를 바래.

↳ Are you sure? I **haven't heard anything about** that.
정말? 전혀 그런 소식 못들었는데.

↳ Have you **heard any of** the current popular music?
요즘 유행하는 음악 들어본 것 있어?

↳ I've **never heard of** anyone dying from lack of sex.
섹스부족으로 죽었다는 사람 이야기는 전혀 못들어봤어.

hear that[what~] S+V

…을 듣다 *hear의 목적어로 절이 오는 경우로 that이 오거나 혹은 what, who, how 등이 올 수 있다.

- I heard [that]
  ~라고 들었다

A: Did you **hear if Mark got the job?**
마크가 일자리를 얻었는지 소식 들었어요?

B: Judging by the look on his face, I'd say yes.
얼굴 표정으로 봐선 그런 것 같던데요.

↳ I hear that the weather there is very nice. 그곳 날씨가 아주 좋다고 하던대.

↳ I heard that he moved to Philadelphia. 걔가 필라델피아로 이사갔다며.

hear the news

뉴스[소식]를 듣다 *미디어에서 뉴스를 들었다고 할 때는 ~from the newspaper라고 한다.

- hear sth on the radio
  라디오에서 …을 듣다
- hear sb loud and clear
  …의 말이 잘 들리다

A: **Have you heard the news about Greg?**
그레그에 대한 소식을 들었니?

B: No, did something happen to him? 아니, 걔한테 무슨 일이 생겼어?

↳ We all heard the news about the earthquake. 우리 모두 지진에 대한 소식을 들었어.

↳ The television is where many people hear the news.
많은 사람들이 뉴스를 듣는 것은 바로 TV를 통해서야.

hear sb ~ing

…가 …하는 것을 듣다 *~ing 대신에 동사원형을 써도 된다.

- hear sb do
  …가 …하는 것을 듣다
- hear sb say
  …가 말하는 것을 듣다

A: **I heard you and Justin talking.** 너하고 저스틴이 이야기하는 거 들었어.

B: Talking about what? 무슨 이야기를?

↳ Have you ever heard him talk about his father?
걔가 자기 아빠에 대해 얘기하는 거 들어본 적 있어?

↳ I didn't hear you come in. 네가 들어오는 소리 못 들었어.

hear sb out

…가 말하는 것을 끝까지 듣다 *…가 말하는 것을 중단하지 말고 끝까지 듣는다는 의미

- Hear me out!
  내 말을 끝까지 들어봐!

A: **Stop lying to me. I'm not stupid.** 거짓말 마. 내가 바보인 줄 알아.

B: Please **hear me out.** I can explain this.
끝까지 들어봐. 내가 설명할 수 있어.

↳ Hear us out and then we can talk. 내 말을 끝까지 들어봐 그래야 얘기할 수 있지.

↳ I didn't even hear her out. 난 걔 말을 끝까지 들을 수가 없었어.

be+형용사+to hear that~

…하다니 …하다 *어떤 소식을 듣고 미안하거나, 놀라거나 등의 감정적인 표현을 나타낼 때 사용한다.

- be sorry to hear that
  그걸 들으니 안됐다
- be pleased to hear that~
  …을 들으니 기쁘다

A: **Andy's ex-girlfriend just got married.**
앤디의 옛 여친은 방금 전 결혼했어.

B: He **was sorry to hear that** she didn't love him.
그는 걔가 사랑하지 않는다는 말에 유감스러워 했어.

↳ I'm glad to hear you're all right. 네가 괜찮다니 기뻐.

↳ I'm sorry to hear that he was injured. 걔가 다쳤다니 안됐군.

listen to

…을 (주의 깊게) 듣다 *hear는 '들린다'라는 뉘앙스가 있는 반면 listen은 '신경을 써서 듣는다'는 뜻.

• I'm listening
  듣고 있으니 어서 말해

A: I'm sorry, but let me explain why I did it.
  미안해, 하지만 내가 왜 그랬는지 설명할게.

B: I really don't have time to **listen to** you now.
  지금은 네 얘기를 들을 시간이 정말 없다니까.

↳ I like listening to new age music. 뉴에이지 음악 듣는 걸 좋아해.

↳ I'm listening to the MP3 files from a Mentors' book.
  난 멘토스 출판사 책에 있는 MP3 파일을 청취하고 있어.

from what I hear [heard]

내가 들은 바에 따르면, 내가 듣기로는 *자기가 들은 정보를 바탕으로 얘기할 때

• Not that I have heard
  내가 들은 바로는 아니다

A: Is Mrs. Carlson going to continue working?
  칼슨 부인이 계속 일을 할까요?

B: **From what I hear,** she plans to retire.
  내가 듣기로는 은퇴할 계획이래요.

↳ From what I hear, that's going to take a while. 내가 듣기로는 시간이 좀 걸릴거야.

↳ From what I hear, it's supposed to rain tomorrow.
  내가 들은 바로는 내일 비가 올거래.

be all ears

열심히 귀기울이다, 경청하다 *be all+명사의 경우 '무척 …하다'라는 뜻

• be all thumbs
  손재주가 없다

A: Do you know Jerry and Tina are going to get a divorce?
  제리와 티나가 이혼할 것이라는 사실을 아니?

B: Oh my God, is that true? Why? **I'm all ears.**
  세상에, 정말이니? 왜? 어서 말해봐.

↳ That's unbelievable. Tell me what you know. I am all ears.
  말도 안돼! 아는 대로 말해 봐. 열심히 듣고 있으니까.

↳ When she has a problem, everyone's all ears.
  걔한테 문제가 생기면 다들 신경 써서 듣잖아.

hear vs. listen
hear와 listen 모두 다 '듣다'라는 동사이지만 hear은 자신의 의지와는 상관없이 들리는 것을 들었을 때 말하며 반면 listen은 주의를 기울이며(pay attention) 소리나는 것에 귀기울인다는 점에서 성격이 다르다. 특히 listen의 경우 바로 명사를 목적어로 받을 수 없기 때문에 listen to+명사[의문사 S+V]의 형태로 써줘야 한다.

look at

see sb ~ing

- see sb do
  …가 …하는 것을 보다
- not see sb in years
  수년간 …을 못보다

…가 …하는 것을 보다 *~ing 대신 동사원형이 올 수도 있으나 ~ing가 좀 더 동적이다.

A: Are you still dieting? I **saw you eating** some cake.
아직도 너 다이어트해? 케익 먹는 걸 봤어.

B: I gave up. I couldn't turn away delicious food.
포기했어. 맛난 음식을 외면할 수 없었어.

⌐ I **saw him working** in the office today. 오늘 그가 사무실에 일하는 거 봤어.

⌐ You **saw her dancing** in the street? 걔가 거리에서 춤추는 거 봤어?

watch sb ~ing

- watch sb do
  …가 …하는 것을 보다
- watch TV
  텔레비전을 보다

…가 …하는 것을 지켜보다 *see가 우연히 보는 것, watch는 의도적으로 주의깊게 보는 것.

A: Why did you come here today? 너 오늘 왜 여기 온거야?

B: I want to **watch Heather act** in the play.
헤더가 연극에서 연기하는 걸 보고 싶어서.

⌐ I like to **watch[watching]** baseball games. 난 야구경기 관람하는 걸 좋아해.

⌐ I'm not tired yet. I think I will **watch TV**. 아직 피곤하지 않아요. TV 볼래요.

look at

- take a look (at)
  쳐다보다
- take a look around
  주위를 둘러보다

…을 쳐다보다, 자세히 검토하다 *의도적으로 뭔가 보기 위해 고개를 돌리는 것을 말한다.

A: **Look at** this. It's a picture of my boyfriend.
이것 좀 봐. 내 남친 사진이야.

B: Wow, he looks like a movie star. 와. 영화배우처럼 생겼네.

⌐ She is afraid to **look at** snakes. 걘 뱀 쳐다보는 걸 무서워해.

⌐ Do you mind if I **take a look around** here? 내가 여기 좀 둘러봐도 괜찮겠니?

wait and see

- wait and see what happens
  상황을 지켜보다
- wait and see how S+V
  …가 어떻게 되는지 지켜보다

(상황이나 결과 등을) 지켜보다 *앞으로 일어날 일을 확실히 몰라서 관망하거나 지켜볼 때

A: When will the festival begin? 축제가 언제 시작돼?

B: We need to **wait and see**. 기다려봐야 돼.

⌐ Let's **wait and see how** things go. 일이 어떻게 돼가는지 지켜보자.

⌐ Just **wait and see what** she has to say. 걔가 무슨 말을 할지 지켜보자.

lose sight of

…을 못보다, 놓치다 *시야에서 사라졌다는 말로 못보거나 그래서 놓쳤다는 의미

A: Where did Miranda go? 미란다가 어디 갔어?

B: I don't know. I **lost sight of** her. 몰라. 걜 못봤어.

⌐ Don't **lose sight of** the goals you have in life. 네 인생의 목표를 놓치지 마라.

⌐ He **lost sight of** his girlfriend at the mall. 걘 쇼핑몰에서 여친을 놓쳤어.

get to know

know sth[sb]

…을 (직접) 알다, 알고 있다 *특히 know sb의 경우는 직접 만나서 be familiar하다는 말

- **know (all) about**
  …에 관해 (모두) 알다
- **know of**
  …에 관해 들어 알다
- **know sb by sight = recognize**
  안면이 있다

A: I'd like to buy some antiques. 골동품을 좀 사고 싶은데.

B: I **know** a lovely antique shop in New York.
뉴욕에 근사한 가게를 알고 있어.

↳ I know his phone number and e-mail address. 걔 전번과 이메일주소를 알고 있어.

↳ Who is she? What do we **know** about her? 걔 누구야? 걔에 대해 뭐 알고 있는 것 있어?

get to know

알게 되다 *모르지만 만나서 친해지거나 혹은 직접 가서 경험해서 알게 되고 싶다고 할 때

- **need to know**
  알아야 한다
- **happen to know**
  혹 알다

A: Can you recommend a good therapist to me?
좋은 심리 치료사 좀 추천해 줄래요?

B: Yes, I **happen to know** a very good psychiatrist.
예, 마침 아주 훌륭한 정신과 의사를 알고 있어요.

↳ You can take this opportunity to get to know her well.
이 기회를 통해 걜 잘 알아봐.

↳ Do you **happen to know** if there is a good restaurant around here?
이 근처에 혹 좋은 식당 아시나요?

know the answer

답을 알고 있다 *뭐에 대한 답인지 말할 때는 answer to sth이라 한다.

- **know the answer to that question**
  그 문제에 대한 답을 알고 있다
- **know the whole story**
  진실[모든 진상]을 알다
- **know the truth**
  진실을 알다

A: The teacher might not **know the answer.**
선생님도 그 해답을 모를 수 있어.

B: It doesn't hurt to ask. 물어봐야 손해볼 것 없잖아.

↳ Please just level with me. I want to know the truth. 솔직히, 사실 그대로 알고 싶어.

↳ I think I know the answer to this question. 그 문제의 답을 알 것 같아.

know that[what] S+V

…을 알다 *접속사 that 대신 what, which, how, why 등을 써도 된다.

- **know what to do**
  …을 해야 할 지 알다
- **want to know what S+V**
  …을 알고 싶다
- **want sb to know that ~**
  …가 …을 알았으면 한다

A: We're playing cards. Want to join us?
카드놀이 하려고 하는데. 같이 할래?

B: Sure. I **know how to** play this game. 좋지. 나 포커 칠 줄 알아.

↳ You know how to ride a snowboard, don't you? 스노보드 탈 줄 알지, 그렇지 않아?

↳ I want to know what the boss said. 사장이 뭐랬는지 알고 싶어.

have some knowledge of

어느 정도는 알고 있다 *형용사형 knowledgeable은 많이 알고 있다는 뜻의 형용사이다.

- **have good knowledge of**
  …을 잘 알고 있다
- **be knowledgeable about**
  …을 잘 알고 있다

A: How can I repair my car? 내 차를 어떻게 수리하지?

B: Nick **has some knowledge of** car repair. 닉이 차수리에 대해 좀 알아.

↳ I have some knowledge of foreign cultures. 외국문화에 대해 좀 알고 있어.

↳ I have some knowledge of computers. I can write programs.
난 컴퓨터는 잘 알아. 프로그램을 짤 수 있어.

be aware of

- be aware that S+V
  …을 잘 알고 있다
- be aware of what~
  …을 잘 알다

…을 깨닫다, 잘 알고 있다 *강조하려면 aware 앞에 well, fully 등의 부사를 넣는다.

A: **Are you aware of what she said about you?**
개가 너에 대해 무슨 말했는지 알아?

B: **No. Did she say something bad?** 아니. 뭐 나쁜 말을 한거야?

↳ You **were** both **aware of** the situation. 너희 둘 모두 상황을 알고 있었잖아.

↳ **Are you aware of what**'s going on with Jim? 짐이 어떻게 지내는지 알아?

be familiar with

- be familiar to sb
  …에 눈에 익다

…을 잘 알고 있다 *with 다음에는 잘 알고 있는 sth이 오며 be familiar to sb하면 '눈에 익다'라는 뜻.

A: **Have you met Bonnie's family?** 보니의 가족 만나봤어?

B: **No, I'm not familiar with them.** 아니, 그 집 사람들 잘 알지 못해.

↳ **I'm familiar with** this area. 이 지역은 잘 알아.

↳ **She's familiar with** all phases of this business. 갠 이 사업의 모든 단계를 잘 알아.

as far as I know

- as you know
  알다시피
- as you see
  보다시피
- as you can see
  알다시피

내가 알고 있는 한 *자기가 말하는 얘기가 확실하지 않을 때.

A: **As far as I know,** they sent it yesterday.
내가 아는 바로는 그 사람들이 어제 그걸 보냈다던데.

B: **Then it should arrive later today.** 그럼 오늘까지는 도착하겠군요.

↳ **As far as I know,** he didn't show up at the party.
내가 아는 한 갠 파티에 오지도 않았어.

↳ **As you know,** a lot of people are not familiar with Korean food.
알다시피 많은 사람들이 한국 음식에 익숙하지 않아.

realized that~

- take a[the] hint
  힌트를 알아채다, 눈치채다
- give a hint
  힌트를 주다

…을 깨닫다 *미처 느끼지 못한 걸 새롭게 깨우치고 알았다는 의미

A: **Why did you decide to go back home early?**
왜 집에 일찍 돌아가기로 한거야?

B: **I realized that** I was much happier here with my family.
여기 가족들과 훨씬 행복하단 걸 깨달았거든.

↳ She came to **realize that** she was stupid. 갠 자기가 명청하다는 걸 깨닫게 되었어.

↳ I **realize** now **that** it was a mistake. 이제 그게 실수였다는 걸 깨달았어.

notice sth[sb]~

- notice S+V
  …을 알아차리다
- notice A ~ing
  A가 …하는 것을 알아차리다
- start to notice that S+V
  …을 알아차리기 시작하다

…을 알아차리다 *보고 듣고 하면서 '…한 사실을 알아차렸다'는 뉘앙스

A: **She has an eye for expensive antiques.**
갠는 값나가는 골동품을 보는 눈이 있어.

B: **I noticed that.** 나도 눈치챘어.

↳ I started to **notice that** I was making an improvement.
내가 발전하고 있다는 걸 알아차리기 시작했어.

↳ You'll **notice that** things are done differently here.
상황이 여기서는 다르게 돌아간다는 걸 알게 될거야.

have no idea

not know sth[sb]

…을 모르다 *not know 또는 not know about 다음에 모르는 것을 말한다.

• not know about
…에 대해 모르다

A: My uncle died suddenly last week. 삼촌이 지난주 갑자기 돌아가셨어.

B: I **didn't know** that. I'm so sorry for your loss.
몰랐네. 얼마나 상심이 커.

┗ I have an idea, but I **don't know** the exact figure. 알 듯 한데 정확한 수치는 몰라.

┗ I mean it. I **didn't know about** that. 정말야. 난 정말 그거에 대해 몰랐어.

not know how [what] to~

어떻게[뭘] …해야할지 모르다 *모르는 내용을 의문사 to do의 형태로 말하는 법

A: Jerry was happy to see you tonight. 제리는 오늘 밤 널 봐서 기뻤어.

B: I know, but I **didn't know what to** say to him.
알아, 하지만 걔한테 뭐라 말해야 할지 몰랐어.

┗ I **don't know how to** thank you. 뭐라 감사해야 할지 모르겠네요.

┗ I **don't know what to** do. 어떻게 해야 할지 모르겠어.

not know that [what, when] S+V

…을 모르다 *모르는 내용이 길 때는 that, what, if 다음에 S+V를 붙인다.

A: I **don't know if** my homework is correct.
숙제를 제대로 했는지 모르겠어.

B: Why don't I check it for you? 내가 체크해줄까?

┗ I **don't know what** I'm going to do. 뭘 해야 할지 모르겠어.

┗ I **don't know if** it's such a good idea. 그게 좋은 생각인지 모르겠어.

have no idea

모르다 *여기서 idea는 반짝이는 아이디어가 아니라 knowledge의 뜻이다.

• have no idea how[what~] to do~ …인지 모르다
• have no idea how[what~] S+V~ …인지 모르다
• not have the slightest idea~ 전혀 모르다

A: How was your trip to Toronto? 토론토 여행은 어땠어?

B: You **have no idea how** exciting it was.
얼마나 신났었는지 넌 모를 거야.

┗ I **had no idea** you were from New York. 네가 뉴욕 출신이라는 걸 몰랐어.

┗ I **have no idea what** you're talking about. 네가 무슨 말을 하는 건지 모르겠어.

not have a clue

전혀 모르다 *clue는 단서. 부정으로 not have a clue하면 아무 것도, 조금도 모른다는 강조표현이다.

• not have a clue what [where, why, how~]
…인지 전혀 모르다
• not see any reason why S+V
왜 …인지 영문을 모르겠다

A: Has Peter ever been to Boston? 피터가 보스톤에 가본 적 있어?

B: I **don't have a clue.** 모르겠는데.

┗ I **don't have a clue** where we are. 우리가 어디에 있는지 전혀 모르겠어.

┗ He **doesn't see any reason why** you were so upset.
걘 네가 왜 그렇게 화가 났었는지 알지 못해.

know nothing about

...에 대해 전혀 모르다 *know를 부정하지 않고 부정의미의 nothing을 쓴 경우

- not know anything about
  ...에 관해 아는 것이 전혀 없다
- not know the first thing about~
  ...에 대해 아무 것도 모르다
- not know the half of~
  ...에 대해 잘 모르다

A: Did those kids break the window? 저 애들이 유리창을 깬거야?

B: No, they **know nothing about** it.
   아니, 걔네들은 그것에 대해 아무 것도 몰라.

↳ You don't know anything about her, do you? 걔에 대해 아무 것도 모르지, 그지?

↳ I don't know the first thing about the stock market.
   난 주식시장에 대해 아무 것도 몰라.

not know for sure

확실히 모르다 *sure 대신 certain를 써서 not know for certain이라고 해도 된다.

A: How long is the storm going to last? 폭풍이 얼마나 갈거래?

B: Maybe an hour. I **don't know for sure.** 한 시간정도. 나도 잘 몰라.

↳ I think she might be a little late but I don't know for sure.
   걔가 좀 늦을 수도 있는데 확실히 몰라.

↳ I really don't know for sure, but I'm willing to give it a try.
   확실히는 잘 모르겠지만, 노력을 해볼려구.

without one's knowing

...가 모르게 *sb가 모르게 어떤 행동을 했다고 말할 때

- without knowing what to do
  어찌할 바를 모르고서
- without knowing A
  A를 모르고서

A: Did the teacher catch you skipping class?
   너 수업 빼먹는거 선생님에게 걸렸어?

B: No, I skipped class **without her knowing.**
   아니, 선생님 모르게 빼먹었어.

↳ Linda left the party without my knowing. 린다가 나 모르게 파티를 떠났어.

↳ The thief stole the money without anyone knowing.
   도둑이 아무도 모르게 돈을 훔쳤어.

You got me

몰라 *내가 졌을 때 혹은 내가 모르는 것을 질문했을 때 하는 말

- Search me.
  몰라.
- Beat me.
  몰라.

A: Is George coming over today? 조지가 오늘 들른대?

B: **You got me.** I haven't heard anything. 나도 몰라. 들은 바 없어.

↳ I don't know. You got me. 몰라. 나도 모르겠어.

↳ What will happen? You got me. 어떻게 될까? 나도 모르겠어.

not that I know of

내가 알기로는 아냐 *know of 대신 remember, recall 등 동사를 바꿔보며 사용할 수 있다.

- Not that I remember
  내 기억하는 한 아냐

A: Are you allergic to any kinds of medication?
   특정 약에 대해 알러지 반응이 있나요?

B: **Not that I know of.** 제가 알기로는 없어요.

↳ Not that I know of, but I'll go and check. 내가 알기로는 아냐, 하지만 가서 확인해볼게.

↳ Not that I know of. Why? 내가 알기로는 아냐. 왜?

ask about

ask (sb) about

- ask about sth[sb,~ing]
  …에 관해 묻다
- ask sb about sth[sb, ~ing]
  …에 관해 …에게 묻다

(…에게) …에 관해 묻다   *about 다음에는 명사는 동사의 ~ing형태가 온다.

A: Who should I **ask about** extending my vacation?
휴가연장을 누구한테 물어야 돼?

B: Me, I'm the one in charge.   나야. 내가 책임자야.

↳ Why did you **ask me about** my marriage?   왜 내 결혼에 대해 물었어?

↳ I'm told they **asked about** us.   걔네들이 우리에 관해 물었다고 들었어.

ask (sb) a question

- ask some questions about
  …에 관한 질문을 좀 하다

(…에게) 질문하다   *물어보는게 몇 개 일 때는 a few questions이나 some questions라고 하면 된다.

A: Can I **ask you a few questions?**   질문 몇 개 좀 해도 돼?

B: You can ask me anything you want to.   뭐든 물어 봐.

↳ Can I **ask you a question?** It's urgent.   질문해도 돼? 급한건데.

↳ Feel free to **ask me any questions** you might have.   질문 있으면 편하게 해.

ask sb why[what~]

- ask sb if S+V
  …에게 …인지를 물어보다

…에게 …을 물어보다   *물어보는 내용이 길어질 때 의문사 S+V를 붙인다.

A: My boss **asked me if** I planned to change jobs.
사장이 내게 이직할 계획이냐고 물었어.

B: So, what did you say to him?   그래서, 뭐라고 했어?

↳ The bank teller **asked me if** I wanted to open an account.
은행원은 은행계좌를 개설하고 싶은지 물었다

↳ She **asked me what** I did for a living.   걔가 내 직업을 물었어.

have a question

- have a question for sb
  …에게 질문이 있다
- have a question about sth
  …에 관해 질문이 있다
- call into question~
  …에 의문을 제기하다

(…에게) 질문이 있다   *질문하는 내용을 추가하려면 about+sth을 추가하면 된다.

A: You got a sec? **I have a question** for you.   시간돼? 물어볼 게 있어.

B: Sorry, how about later? I have an appointment.
미안, 나중에 하자. 약속이 있거든.

↳ Excuse me, I **have a question** for you.   실례지만 질문할 게 있는데요.

↳ Do you **have some questions** to ask me?   내게 뭐 물어볼 거 있어?

answer one's question

- answer sb
  …의 질문에 답하다
- answer me this
  내게 이 문제에 대해 답해봐

…의 질문에 답하다   *answer sb 하면 '…의 질문에 답하다'라는 뜻이 된다.

A: Why didn't you **answer my question?**   왜 내 질문에 답을 안했어?

B: Okay, I will give you an answer soon.   좋아. 네 질문에 곧 답을 줄게.

↳ You didn't **answer my question.**   내 질문에 답을 안했어.

↳ Just **answer me this:** Why did we break up?
이 질문에 답해봐. 우리가 왜 헤어진거야?

give sb an answer
···에게 답을 주다 *answer가 명사로 쓰일 때 give 또는 get과 어울린다.

- give (sb) a firm answer
  ···에게 확답을 주다
- get an answer
  답을 받다

A: Could you **give me an answer** by tomorrow?
내일까지 알려주시겠어요?

B: Sure, I'll let you know by then. 그러죠. 그 때까지 알려드릴게요.

⤷ I'd like to **give you an answer** after work. 퇴근 후에 답을 줄게.

⤷ You don't have to **give me an answer** right now. 지금 당장 대답해야만 하는 건 아냐.

wonder if S+V
···인지 궁금해하다 *wonder는 기본적으로 확실하지 않아 '궁금해하다'라는 뜻이다.

A: **I wonder if** Tammy is still angry that she was fired.
태미가 해고돼서 아직도 화나 있는지 궁금해.

B: Well, that was five years ago. 글쎄. 5년전 일이잖아.

⤷ **I wonder if** he will finish the report on time. 걔가 보고서를 제시간에 끝낼지 궁금해.

⤷ **I am curious whether** I will get a raise next year.
내년에 내가 급여인상이 될지 궁금해.

be curious about
···에 대해 궁금해하다 *curious to 다음에는 know, see, hear 등 정보소스 동사들이 오게 된다.

- be curious about how~
  ···인지 궁금해하다
- be curious to know~
  ···을 알고 싶어 궁금하다
- be curious whether S+V
  ···인지 궁금해하다

A: What I'm **curious about** is whose USB it was?
내가 궁금한 건 그게 누구 USB이냐는거야?

B: It was my USB. 그건 내 USB였어.

⤷ You're not **curious what** he wrote about you?
걔가 네 얘기 어떻게 썼는지 궁금하지 않아?

⤷ I'm just **curious about how** she talked you into doing that.
걔가 어떻게 너로 하여금 그걸 하게 했는지 궁금해.

check out

check out

- Check it out!
  이것 좀 봐!
- checkout
  체크아웃

확인하다, 셈을 치르고 나가다, 책을 대출받다 *특히 확인차원에서 보라고 할 때

A: I'd like to **check out** now. 체크아웃을 하고 싶은데요.

B: Could you tell me your room number please?
방 번호를 말씀해 주시겠습니까?

⌐ Check out all the houses decorated with lights for Christmas.
성탄불빛으로 장식된 집들 살펴봐.

⌐ We need to **check out** your office. 당신 사무실을 살펴봐야겠어요.

check in

- check in one's baggage
  (공항 등에서) 짐을 부치다

체크인하다, 탑승수속을 하다 *호텔 입실 절차를 밟거나 공항에서 탑승 수속을 받는 것

A: We have to **check in** our bags at least half an hour
before our flight. 최소 비행기 출발 30분 전에 가방을 부쳐야 해.

B: Let's do that now and then go for a coffee.
지금 하고 나서 커피 마시러 가자.

⌐ Is it too early to **check in**? 체크인하기엔 너무 이른가요?

⌐ She **checked in** yesterday and paid with a credit card.
어제 투숙했고 카드결재했어요.

go over

- go over sth
  …을 조사하다
- *cf.* go over to a place
  …로 가다
- check over
  철저하게 조사하다

정밀하게 조사하다 *참고로 go over to~하면 …로 가다라는 뜻이 된다.

A: Why did Jeremy call the meeting? 제레미가 왜 회의를 소집한거야?

B: He wants to **go over** our future plans.
향후 우리 계획을 면밀히 검토하고 싶어해.

⌐ They didn't **go over** the schedule. 걔네들은 일정을 조사하지 않았어.

⌐ Let's sit down and **go over** the budget. 함께 앉아서 예산을 검토해보자.

check on

- check up on
  (상태를) 확인하다

확인하다 *이상이 있는지, 제대로 일을 하고 있는지, 안전한지, 사실인지 등을 확인한다는 의미.

A: The chair I ordered has not yet arrived. 주문한 거 아직 못받았어요.

B: I can **check on** your order for you. 주문서 확인해볼게요.

⌐ Sam ran forward to **check on** what was going on.
샘은 무슨 일인지 확인하러 뛰어갔어.

⌐ I **checked on** him but he's a little busy today. 걜 확인해봤더니 오늘 좀 바빠.

run a check

- run a check on sth[sb]
  …을 조사하다

조사하다, 확인하다 *run 대신 carry out, make, do 등의 동사로 바꿔 써도 된다.

A: Is all of this information correct? 이 모든 정보가 정확한거야?

B: We should **run a check** to make sure.
확실히 하기 위해 조사해봐야 겠어요.

⌐ I can **run a check on** the new employees. 난 신입직원들을 조사할 수 있어.

⌐ They **ran a check on** each person. 걔네들은 모든 개개인을 조사했어.

let me check

내가 확인해보겠다 *check 다음에는 확인하는 대상인 명사 혹은 if S+V 절이 올 수 있다.

- Let me check sth
  …을 확인해보다
- Let me check if S+V
  …인지 확인해보다

A: **Do you know when the next train leaves?** 다음 열차는 언제죠?

B: **Just a moment. Let me check.** 잠깐만요. 확인해볼게요.

↳ Let me check your temperature. 체온 재볼게요.

↳ Let me see if I can reschedule the appointment.
약속을 다시 조정할 수 있는지 알아볼게.

check to see if S+V

…인지 알아보기 위해 확인하다 *check if 혹은 see if 아니면 두 개를 합쳐서 check and[to] see if~.

- check and see (if)
  (…인지) 확인해보다
- check if S+V
  …인지 확인해보다
- see if
  …인지 알아보다

A: **Is your boss in the office?** 사장님 사무실에 계셔?

B: I'll **check to see if** he came in. 돌아오셨는지 확인해볼게.

↳ I'm just checking to see if she's okay. 난 걔가 괜찮은지 확인해보는 거야.

↳ I'll see if she wants to come back. 걔가 돌아오고 싶어하는지 알아볼게.

look over

살펴보다, 훑어보다 *빨리 검토하는 것을 뜻한다. 정밀하게 조사하는 go[check] over과 구분할 것.

A: **James gave me the report this morning.**
제임스가 오늘 아침 보고서를 줬어.

B: Let's **look over** what it says. 뭐라 썼는지 훑어보자고.

↳ Karen looked over the new rules. 캐런이 새로운 규칙을 살펴봤어.

↳ You need to look over this e-mail. 넌 이 이메일을 살펴봐야 돼.

look into

조사하다 *examine carefully라는 의미로 look into 다음에는 명사 혹은 ~ing가 온다.

A: **Did you ever look into that stock I told you about?**
내가 너한테 말했던 그 주식 잘 살펴봤니?

B: **I did and I bought some of it.** 응. 살펴보고 그 주(株)를 좀 샀어.

↳ Let's look into getting a dog. 강아지를 구할 수 있는지 알아보자.

↳ We have to look into the matter right now. 우린 지금 당장 그 문제를 조사해야 돼.

look up

찾아보다 *책, 사전 및 컴퓨터 등에서 원하는 정보를 찾는 것을 뜻한다.

- look (sth) up in the dictionary
  (…을) 사전에서 찾아보다

A: **I don't know what this word means.** 이 단어 뜻이 뭔지 모르겠어.

B: Let's **look it up** in the dictionary. 사전에서 찾아보자.

↳ We can look up his name in the phone book.
전화번호부책에서 걔 이름을 찾을 수 있어.

↳ I want to look up a friend who lives in Seoul. 난 서울에 사는 친구를 찾아보고 싶어.

make sure

확실히 하다 *원가를 확실히 하라는 말로 주로 조언이나 충고를 할 때 많이 쓰인다.

- make sure of
  …을 확실히 하다
- make sure that S+V
  반드시 …하도록 하다

A: **Make sure that** you log off when you're through.
끝나면 접속을 끊는 거 잊지마.

B: **Don't worry, I will.** 걱정마. 그렇게.

↳ We need to **make sure that** the CEO is able to attend.
CEO가 참석할 수 있도록 조치할 필요가 있어.

↳ I'll **make sure that** I'll keep in touch. 내가 꼭 연락할게.

get sth straight

…을 제대로 해놓다, 바로잡다 *주로 "Let me get this straight"의 형태로 쓰인다.

- get things straight
  상황을 바로 잡다, 확인하다
- straighten out
  바로잡다, 정리하다
- Let me get this straight.
  정리해보자.

A: **Let me get this straight,** you don't love me?
정리해보자, 날 사랑하지 않는다는거야?

B: **That's right!** 맞아!

↳ **Let me get this straight.** He tried to hit you? 정리해보자. 걔가 널 치려고 했다고?

↳ Let's just **get one thing straight.** I don't want to date you.
한가지 분명히 해두자고. 너랑 데이트하기 싫어.

let me repeat that

다시 말하지만 *자기가 한 말을 다시 확인해주고자 할 때 쓰는 말로 that 다음에 S+V를 덧붙여도 된다.

A: So can I buy a new sports car? 그래 내가 새로 나온 스포츠카를 사도 돼?

B: No! **Let me repeat that.** No! 아니! 다시 말하는데, 안된다고!

↳ I'm leaving. **Let me repeat that.** I'm gone. 나 간다. 다시 말하지만 나 간다고.

↳ **Let me repeat that,** first insert your card then turn the key.
다시 말할게, 우선 카드를 넣은 담에 열쇠를 돌리란 말이지.

you said S+V

…라고 말했어 *상대방이 과거에 한 말을 상기시켜주거나 억양에 따라 시시비비를 가릴 때 쓰는 표현.

- You told me (that) ~
  네가 …고 했어
- I thought you said S+V
  네가 …라고 말한 것 같은데
- I guess you're talking about~
  …에 관한 이야기를 하는 것 같은데

A: **You said** I'm such a loser? 내가 아주 삐주리라고 했다며?

B: **I'm so sorry, but everyone knows that.**
미안, 하지만 다들 알고 있는 사실인데.

↳ **You said that** you liked me! How could you do this to me?
나 좋아한다고 했잖아! 어떻게 이럴 수 있어?

↳ **You told me that** you didn't like the secretary. 비서를 싫어한다고 내게 말했잖아.

see to it that ~

…하도록 하다 *원가 제대로 이루어지도록 상대방에게 당부할 때 쓰는 것으로 make sure와 같은 의미

- see (to it) that S+V
  반드시 …하도록 하다
- see to it
  반드시 되도록 확실히 하다

A: I can give you the money tomorrow. 내일 돈을 줄게.

B: **See to it that you do.** 꼭 그렇게 하도록 해.

↳ **See to it** Candy gets this package. 캔디가 이 패키지를 받도록 해.

↳ **See to it** the computer gets turned off. 컴퓨터를 반드시 끄도록 해.

hear a rumor

rumor has it that~

소문에 의하면 …라고 한다 *들은 소문에 대해서 말을 꺼낼 때.

- There is a rumor that S+V
  …라는 소문이 있다
- There is a rumor going around the office[campus] that S+V
  …라는 소문이 있다
- It is wildly rumored that S+V
  …라는 소문이 자자하다

A: **Rumor has it that** you'll be promoted next month.
소문듣자니 다음달에 승진한다며.

B: Right. I'll become a vice president. 맞아. 부사장이 될거야.

ㄴ Rumor has it that we are going to get a 20% cut. 20% 임금삭감소문이 있어.
ㄴ There is a rumor that Christine is pregnant. 크리스틴이 임신했다는 소문이 있어.

hear a rumor

(…라는) 소문을 듣다 *구체적인 rumor는 rumor about~ 혹은 rumor that~이라고 쓴다.

- hear a rumor that S+V
  …라는 소문을 듣다
- hear some negative rumors about
  …에 관한 부정적 소문을 듣다

A: Annie, I **heard a rumor that** you got married.
애니야, 너 결혼했다는 소문들었어.

B: That's not true. I'm so embarrassed. 사실이 아냐. 정말 당황스러워.

ㄴ I heard a rumor that the store's going to shut down. 가게가 문닫을거란 소문야.
ㄴ I heard some negative rumors about the election.
선거에 관한 부정적인 소문을 들었어.

start rumors

소문을 퍼트리다 *단수로 start a rumor라고 해도 된다.

- spread rumors
  소문을 퍼트리다
- spread gossip about
  …에 관한 소문을 퍼트리다
- hear an interesting piece of gossip about
  …에 관한 흥미로운 소문을 듣다

A: They've been **spreading rumors about** us.
걔들이 우리에 관한 소문을 퍼트리고 있어.

B: We've got to get even. 우리도 갚아 줘야지.

ㄴ I heard you **were spreading gossip about** my divorce.
네가 내 이혼소식을 퍼트린다며.
ㄴ Do you want me tell you the rumor people spread?
사람들이 내는 소문을 말하라고?

get wind of

…라는 소문을 듣다 *동서양 모두 '바람'은 소문의 진원지. 우리말 '풍문에 듣다'에 해당된다.

- get wind of the possibility (that) S+V
  …할지도 모른다는 소문을 듣다
- hear sth through the grapevine
  …을 소문을 통해 듣다
- A little bird told me (that S+V)
  …라는 얘기를 들었다

A: Is it true that Richard is going to quit?
리차드가 회사 그만 둔다는 게 사실야?

B: I think so. I just **got wind of** it. 그럴걸. 풍문으로 들었어.

ㄴ I **got wind of** the possibility that the store would be sold.
가게가 팔릴 수도 있다는 얘길 들었어.
ㄴ I heard through the grapevine that you're going to move. 이사할 거라며.

travel fast

(소문 등이) 빨리 돌다 *주어로는 word, good news 혹은 bad news 등이 온다.

- (Rumors) get around fast
  소문이 빨리 돌다

A: Did you hear Rex got engaged? 렉스가 약혼했다는 거 들었어?

B: Yes I did. Good news **travels fast.** 어. 좋은 소식은 빨리 돌잖아.

ㄴ Word of her accident traveled fast. 걔의 사고 소식이 빨리 돌았어.
ㄴ News of the baby's birth traveled fast. 애기 출산소식은 빨리 돌았어.

find out

inform sb of sth

···에 관해 ···에게 알리다 *of 대신 about을 써도 된다.

- inform sb that S+V
  ···에게 ···을 알리다
- be informed of
  ···을 통지받다, ···을 알게 되다

A: I'm here to tell you that we're cutting 100 jobs.
   100개의 일자리를 줄인다고 말하려 왔어요.

B: Why didn't you **inform us** earlier? 왜 더 일찍 알려주지 않았죠?

└ Sandy informed us she was quitting school. 샌디는 학교를 그만둔다고 알려줬어.
└ She came by to inform us of her resignation. 걘 들러서 사임소식을 알려줬어.

get (sb) information on~

···에 관해 정보를 얻다 *on 대신 about를 써도 된다.

- give sb the information
  ···에게 정보를 주다
- find the information for sb
  ···을 위해 정보를 찾다
- hide the information from sb
  ···로부터 정보를 숨기다

A: Please **get me some information on** the company.
   그 회사에 대한 정보를 몇 가지 가져다 줘.

B: What kind of information do you need?
   어떤 종류의 정보가 필요해?

└ When we get any new information, I'll let you know.
   뭐 새로운 정보있으면 알려줄게.
└ I'm just trying to find some information on the city.
   시에 관해 정보를 좀 구하고 있어.

find out

(진상을) 알아내다 *···대한 정보를 얻는다는 의미로 'get information about'이라는 뜻

- find out about sth[sb]
  ···에 대해 알아내다
- find out what S+V
  ···을 알아내다

A: How did you **find out** about this concert?
   이 콘서트 정보 어떻게 알아낸거야?

B: There was a newspaper ad describing it.
   콘서트에 대한 신문광고가 있었어.

└ When you find out the results, please give me a call. 결과 알게 되면 전화해줘라.
└ I'm calling to find out if the meeting has been postponed.
   회의연기여부 확인차 전화했어.

keep sb posted

···에게 근황을 알리다 *sb에게 계속 post를 하라고, 즉 최근 정보를 알려달라는 말.

- keep sb posted on how S+V
  어떻게 ···인지 ···에게 최신정보를 주다

A: Paula was taken to the hospital today. 폴라가 오늘 병원에 실려갔어.

B: **Keep us posted on** what happens to her. 걔 근황 계속 알려줘.

└ Keep me posted on how she's doing. 걔가 어떻게 지내는지 소식전해줘.
└ I've got to go. I'll keep you posted, okay? 나 가야 돼. 너한테 소식 전할게, 응?

fill sb in on

···에게 ···에 관한 자세한 정보를 주다 *give background information to라는 의미.

- fill in the blank
  빈칸을 채우다
- fill in the form
  양식서에 기입하다

A: I have a lot to tell you about the meeting. 회의에 대해 말할게 많아.

B: You'll have to **fill me in** later because I'm busy now.
   나 지금 바쁘니까 나중에 어떻게 된 건지 설명해.

└ Well, I'll be happy to fill in the blanks. 기꺼이 공란을 채워 드리죠.
└ Please fill in all the information on the form. 양식서의 모든 정보를 채워주세요.

give (sb) a message

- get the message
  메시지를 받다
- have a message
  메시지가 있다

(…에게) 메시지를 전해주다 *사람에게 남긴 메시지나 전화기에 남긴 메시지 등을 확인할 때.

A: My phone may **have a message from** them.
　　개네들 메시지가 전화기에 있을지 몰라.

B: Hurry and tell me what it says. 서둘러 뭐라고 했는지 말해봐.

ㄴ I'll give her the message as soon as she gets in. 걔가 들어오자마자 메시지 전할거야.

ㄴ Would you please give him a message for me? 걔에게 제 메시지를 전해줄래요?

have news for

- have good news for~
  …에게 좋은 소식이 있다
- have some bad news
  나쁜 소식이 있다
- hear the bad news
  나쁜 소식을 듣다

…에게 소식이 있다 *for 다음에 사람을 넣어 '…에게 소식이 있다'거나 '…에게 할 말이 있다'는 의미.

A: I **have some bad news for** you. 네게 좀 안 좋은 소식이 있는데.

B: Oh? Give it to me straight. 솔직히 말해봐

ㄴ Here's good news for you. 너한테 좋은 소식 있어.

ㄴ I've got news for you. You're going to be promoted! 소식이 있어. 너 승진할거래!

read sth in the newspaper

- read[see] in the (news) paper that S+V
  신문에서 …라는 것을 읽다[보다]
- read a newspaper article which said that~
  …라는 내용의 신문기사를 읽다
- read about A in the newspaper
  신문에서 A에 관한 기사를 읽다

신문에서 …을 읽다 *신문에 난 기사이야기를 나눌 때 꺼내는 말. '신문에서 봤는데 말야' 정도의 뜻.

A: I **read in the newspaper that** the economy is bad.
　　경제가 안 좋다는 기사를 읽었어.

B: That's right. Business is bad for everyone.
　　맞아. 다들 경기가 안좋아.

ㄴ I just read it this morning in the newspaper. 오늘 아침 신문에서 막 읽었는걸요.

ㄴ I read in the newspaper that Brad Pitt got married.
　　브래드 피트가 결혼했다는 기사를 읽었어.

see on the news that~

뉴스에서 …을 봤어 *TV 뉴스 등에서 들은 소식을 전할 때

A: Why are you joining a gym? 왜 체육관에 가입하려고 해?

B: I **saw on the news that** exercise builds muscles.
　　운동하면 근육이 생기다는 뉴스를 봤어.

ㄴ I saw on the news that tracking is becoming popular.
　　트래킹이 유행이라는 뉴스를 봤어.

ㄴ I saw on the news that arctic ice is melting. 북극의 빙하가 녹고 있다는 뉴스를 봤어.

find A on the internet

A를 인터넷에서 찾다 *인터넷에서 검색기능을 이용해 뭔가 찾을 때

A: I **found something on the Internet** for our report.
　　우리 보고서에 쓸 뭔가를 인터넷에서 찾았어.

B: What information did you get? 어떤 정보를 찾았는데?

ㄴ I found a cheap price on the Internet. 인터넷에서 값싼 가격을 찾았어.

ㄴ I found his website on the Internet. 인터넷에서 걔의 웹사이트를 찾았어.

get sb wrong

get sb wrong

…을 오해하다 *get 대신 take을 써서 take sb wrong이라고 해도 된다.

- Don't get me wrong
  오해하지마

A: **Do you really hate my shoes?** 내 신발이 그렇게 마음에 안들어?

B: **Don't get me wrong. I think they are OK.**
  오해하지마. 괜찮은 것 같아.

↳ Don't **get me wrong**, I'd love to work with you. 오해마. 나랑 같이 일하고 싶어.

↳ Don't **get me wrong**. I'm trying to help you. 오해마. 그냥 도와주려는 것 뿐이야.

take sth the wrong way

오해하다, 잘못 받아들이다 *the wrong way는 잘못된 길, 방법이란 뜻

- Don't take this the wrong way (but~)
  오해하지 말고 (하지만 ~)

A: **Why is Tanya so angry at you?** 타냐가 왜 그렇게 네게 화나 있는거야?

B: **She took something I said the wrong way.**
  내가 말한 걸 잘못 받아들였어.

↳ Don't **take what I say the wrong way**. 내 말을 오해하지마.

↳ Don't **take this the wrong way**, but how old are you? 오해말고 몇 살이야?

take it personally

개인적으로 사적인 감정을 갖고 받아들이다 *주로 "Don't take it personally"의 형태로 쓰임.

- Don't take it personally.
  개인적으로 받아들이지마.

A: **What did she say about me?** 걔가 나에 관해 뭐래?

B: **Don't take it personally, but she said you were a jerk.**
  기분나빠 하지마, 네가 멍청이래.

↳ Don't **take it personally**, but I really don't like your new haircut.
  기분나쁘게 생각하지마, 네 새로운 머리스타일 정말 맘에 안들어.

↳ I can't help but **take it personally**. 기분나쁘게 받아들이지 않을 수 없어.

mean no offense

악의는 없다 *offense 대신 harm을 써도 된다.

- I really didn't mean any offense
  정말이지 악의는 없었어
- I didn't mean any harm
  전혀 해를 끼치려는 게 아니었어
- No offense 악의는 아니었어
- None taken
  괜찮아(기분나쁘게 받아들이지 않았다)

A: **I don't want to be your friend. No offense.**
  너랑 친구하기 싫어. 기분 나빠하지마.

B: **Gee, that's too bad.** 아이고, 안타까워라.

↳ **No offense**, but I've got to go back home. 기분 나빠하지마, 하지만 나 집에 가야 돼

↳ I think that coat isn't a good match for you. **No offense**.
  코트가 너와 안 어울리는 것 같아. 기분 나빠하지마.

have no hard feelings

악의는 없다, 나쁜 감정은 없다 *상대방이 오해하지 않도록 말하는 전형적인 표현

- No hard feelings on my part
  난 악의가 아니었어
- There were no hard feelings
  악의는 없었어

A: **I'm sorry that we argued.** 다투어서 미안해.

B: **There are no hard feelings on my part.** 기분 나쁘게 생각하지마.

↳ It was a mistake, and he **has no hard feelings**. 실수였고 그리고 걘 악의는 없었어.

↳ **No hard feelings about** you leaving me behind. 날 두고 간 거 기분 나쁘게 생각안해.

didn't mean to

…하려는 게 아니었다 *자신이 한 언행에 대한 오해를 풀기 위해 쓰는 표현.

- I didn't mean to offend you
  감정을 상하게 하려는 건 아니었어
- I didn't mean to insult you
  당신을 모욕하려는 건 아니었어요
- I didn't mean it
  그럴 뜻은 아니었어

A: How could you do this to me? 어떻게 내게 그럴 수 있어?

B: I really **didn't mean to** make you miserable.
널 비참하게 할려고 한 건 아냐.

└ I'm sorry! I **didn't mean to** do that! 미안! 그럴려고 그런게 아니었어!

└ I **didn't mean to** hurt you. 너에게 상처 줄 의도가 아니었어.

mistake A for B

A를 B로 잘못 오해하다 *뭔가 착각하여 A를 B로 생각한다는 의미로 사람, 사물 다 적용된다.

A: Why are you eating the tomato sauce? 왜 토마토 소스를 먹는거야?

B: Oh my, I **mistook** the tomato sauce **for** soup.
이런, 토마토 소스를 수프로 봤네.

└ Jerry **mistook** a stranger **for** one of his friends.
제리는 낯선이를 친구중 하나로 착각했어.

└ He was so drunk that he **mistook** the student **for** his wife.
걘 너무 취해 그 학생을 자기 아내로 착각했어.

be a misunderstanding

오해가 있다 *주로 there is의 형태로 쓰이면 be 대신 seem to be, must have been의 형태로 자주 쓰임.

- There's a little misunderstanding
  좀 오해가 있다

A: What do you think about Pam? 팸에 대해 어떻게 생각하니?

B: I think she's completely innocent and it**'s all a big misunderstanding.** 걔는 확실히 결백해. 엄청난 오해야.

└ There seems to be some kind of misunderstanding. 약간 오해가 있는 듯하다.

└ This can't be happening. This is a misunderstanding. 이럴 리가 없어. 오해야.

cause a misunderstanding

오해를 사다 *cause는 주로 뭔가 안 좋은 일을 가져올 때 쓴다.

- avoid any possible misunderstanding
  오해소지를 피하다
- produce a misunderstanding
  오해를 낳다

A: Can I drink some beer in the park? 공원에서 맥주를 마셔도 돼?

B: No, it might **cause a misunderstanding.** 안돼. 오해를 살 수도 있어.

└ Jason's rude manners **caused a misunderstanding.**
제이슨의 무례한 매너는 오해를 샀어.

└ Different customs can **cause misunderstandings.**
서로 다른 관습은 오해를 불러 일으킬 수 있어.

be a little mix-up

좀 혼선이 있다 *역시 there is의 형태로 쓰이며 mix-up 대신 confusion을 쓰기도 한다.

- be confused
  혼란스럽다

A: This isn't the food I ordered. 이건 내가 주문한 음식이 아닌데요.

B: I'm sorry sir. There **was a little mix-up.**
죄송합니다 손님. 혼선이 있었습니다.

└ There **was a little mix-up** during the concert. 콘서트 중에 약간 혼선이 있었어.

└ There **was a little mix-up** when I traveled overseas.
해외여행 중에 약간 혼선이 있었어.

10 의심하다
have doubts about

doubt sth

- not doubt that S+V
  …라고 의심을 품지 않다
- doubt if S+V
  …인지 의문이다

과연 …일까 의심스럽다 *뭔가 사실이 아닐거라는 가정하에 의심하는 것을 말한다.

A: I **doubt** you will be able to get baseball tickets.
너 야구 경기 표 구할 수 없을 것 같아.

B: Well, I'm going to try anyway. It won't hurt.
글쎄, 어쨌든 구해볼래. 손해볼 건 없잖아.

↳ I **doubt that** it's possible. 그게 가능할거라고 생각안해.

↳ I **doubt if** you noticed, but I was late again today.
알아챘는지 모르겠지만, 나 또 늦었어.

have doubts about

- have doubts that S+V
  …라고 의심을 품다
- be doubtful
  의심스럽다

…에 관해 의심을 품다 *about sth, that S+V를 붙여 의심하는 내용을 말한다.

A: Are Aarron and Emily going to get married?
애론과 에밀리가 결혼할거래?

B: I think they **have doubts about** their relationship.
걔네들 자신들 관계에 대해 자신이 없는 것 같아.

↳ I **have doubts about** my new boss. 새로운 사장에 대해 불신이 있어.

↳ He **has doubts about** Claire's cooking skills. 걘 클레어의 요리실력을 의심하고 있어.

have no doubt about[of]

- have no doubt (that) S+V
  …라는 것을 확신하다

확신하다 *doubt가 없다는 건 확실하게 믿을 수 있다는 반증

A: Are you sure our basketball team will win?
우리 야구팀이 이기리라고 확신해?

B: I **have no doubt about** the outcome. 결과에 난 확신해.

↳ Tim **had no doubt about** his future plans. 팀은 자신의 미래계획에 대해 확신하고 있어.

↳ I **have no doubt** you'll get better. 분명 네가 나아질거야.

there is no doubt of

- There's no doubt of[about]
  …을 의심할 여지가 없다
- without a doubt
  의심의 여지없이
- No doubt
  전혀 의심할 여지가 없다

…을 의심할 여지가 없다 *There~로 시작하여 의심할 여지가 없다라고 말할 때.

A: She's an excellent musician. 걔는 뛰어난 음악가야.

B: **No doubt.** She's talented and she practices a lot.
물론야. 소질도 있고 항상 최선을 다하거든.

↳ There is no doubt we'll get there on time. 거기에 제시간에 도착할 것은 틀림없어.

↳ There is no doubt about it, he's going to file for bankruptcy.
의심할 여지가 없이 걘 파산신청을 할 거야.

suspect that~

- suspect sth
  뭔가 나쁜 일이 있을거라 생각하다

아무래도 … 인 것 같다 *뭔가 안 좋은 일이 있을 거라, 또는 사실일거라 생각하다.

A: Did the police catch the bank robber? 경찰이 은행강도를 잡았어?

B: No. I **suspect that** he'll rob another bank.
아니. 강도가 다른 은행을 털 것 같아.

↳ Jane **suspects that** Tommy likes her. 제인은 토미가 자기를 좋아하는 것 같다고 생각해.

↳ I **suspect that** my daughter has been drinking. 내 딸이 술을 마시는 것 같아.

tell the truth

tell (sb) the truth

(…에게) 진실을 말하다 *진실을 듣는 상대방은 tell 다음에 써주면 된다.

- to tell you the truth
  사실은
- frankly speaking
  솔직히 말해서
- to be frank with you
  네게 솔직히 말해서

A: Should I **tell him the truth?** 그 사람에게 사실대로 말해야 할까?

B: Just do the right thing. 옳다고 생각되는 대로 하라구.

↳ You better tell him the truth. 사실대로 말하는 게 좋을 거야.

↳ Why didn't you just tell her the truth? 왜 개한테 진실을 말하지 않았어?

be honest with

…에게 솔직하게 말하다 *솔직해질 사람은 with sb, 솔직하게 말하는 대상은 about sth이라고 한다.

- be honest about sth
  …에 솔직해지다
- to be honest (with you)
  솔직히 말하면
- be honest with sb and say that~
  …에게 솔직하게 …라고 말하다

A: How can I say I don't love Jane? 제인을 사랑하지 않는다고 어떻게 말하지?

B: Just **be honest with** her. 그냥 솔직히 말해봐.

↳ Stop saying that. You have to be honest with me. 그런 말 마. 너 내게 솔직히 말해.

↳ I'm going to be honest with you. 네게 솔직히 털어놓을게.

give it to sb straight

솔직히 말하다 *특히 명령문 형태로 Give it to me straight라고 많이 쓰인다.

- tell it like it is
  있는 그대로 말하다
- Give it to me straight.
  솔직하게 말해줘.

A: How will you tell Jim that his mom died? 짐에게 어머니가 돌아가셨다고 어떻게 말할거야?

B: I'll have to **give it to him straight.** 솔직히 털어놔야지.

↳ Give it to me straight. I can't wait to hear about that. 다 털어놔. 알고 싶어 죽겠어.

↳ How about you give it to me straight? 솔직하게 말해주지?

level with sb (on sth)

(…에 관해) …에게 솔직히 말하다 *특히 안 좋은 것들을 숨긴 후 솔직히 털어놓을 때 쓰인다.

- get something off one's chest
  오랫동안 가슴속에 담아두었던 것을 말하다

A: Please just **level with** me. I want to know the truth. 솔직히 말해. 진실을 알고 싶어.

B: I'd like to, but I can't. This is a secret. 그러고 싶지만 그럴 수 없어. 비밀야.

↳ I think it's time to level with you. 네게 솔직히 말할 때인 것 같아.

↳ I really need to level with you. I am very unhappy.
솔직히 털어놔야겠어. 아주 우울해.

come clean with sb

…에게 털어놓다 *비밀로 숨기고 있던 것을 '다 털어놓다'라는 의미.

- spit it out
  솔직히 말하다, 털어놓다

A: You have to **come clean with** Judith. 주디스에게 다 털어놔야 돼.

B: I just can't tell her how I feel. 난 개에게 내 감정을 말할 수 없어.

↳ You've got to come clean with me. 나한테 다 털어놓지.

↳ You have got to come clean with her! This is not right!
개한테 털어놔. 이건 옳지 않아!

keep a secret

keep a secret

- keep sth a secret
  ···을 비밀로 지키다
- keep a secret from
  ···에게 비밀로 하다
- keep a secret about
  ···에 관한 비밀을 지키다

비밀로 하다 *비밀로 해야 되는 것은 keep 다음에 넣어주면 된다.

A: Can I trust you to **keep a secret?** 비밀 지킬거라고 믿어도 돼나요?

B: Sure, you can count on me. 물론, 날 믿어.

└ Could you **keep a secret?** 비밀 지킬 수 있어?

└ Don't worry. I can **keep a secret.** 걱정마. 비밀 지킬 수 있어.

keep quiet

- keep quiet about
  ···에 관해 비밀로 하다
- keep sth quiet
  ···을 비밀로 하다

함구하다, 비밀을 지키다 *조용히 입다무는 내용은 about 다음에 이어주면 된다.

A: Tell me what Joseph did last night. 조셉이 간밤에 뭘했는지 말해줘.

B: OK, but you need to **keep quiet about** it.
좋아, 하지만 그거 비밀 지켜야 돼.

└ **Keep quiet about** the money I gave you. 내가 준 돈에 대해 함구해.

└ Why do you **keep quiet about** it? 왜 그거에 대해 입다물고 있는 거야?

keep one's mouth shut

- Keep this to yourself
  비밀이야, 아무한테도 말하지마

비밀로 하다 *입을 다문다는 말로 역시 다무는 내용은 about sth이라 붙여주면 된다.

A: Is this a secret? 이거 비밀야?

B: Yes it is. **Keep your mouth shut.** 어 그래. 입다물고 있어.

└ Paul should really **keep his mouth shut.** 폴은 정말 입을 다물어야 될거야.

└ You **keep your mouth shut about** the document.
그 서류에 대해 누구에게도 말하면 안돼.

won't say a word

- won't say a word about[to]
  ···에 관해[···에게] 아무 말도 않다
- won't breathe a word
  한마디도 내뱉지 않다
- won't tell anyone at all
  아무에게도 전혀 말하지 않다
- can't tell anyone about
  ···에 관해 누구에게도 말할 수 없다

(···에 관해) 아무 말도 않다 *대상 인물을 넣으려면 won't say a word to+사람이라고 하면 된다.

A: Don't ruin the surprise party. 깜짝파티를 망치지마.

B: I **won't say a word.** 한 마디도 안할게.

└ I promise I **won't say a word.** 정말이지 한 마디도 하지 않을게.

└ You can trust me. I **won't say a word.** 날 믿어. 아무 말도 안할게.

watch one's tongue

- hold one's tongue
  말 조심하다

말을 그치다, 함구하다 *그냥 '말을 그만하라'고 할 때 혹은 '···에 대해 말을 하지말라'고 할 때 쓰임.

A: I think my teacher is kind of nasty. 선생님이 좀 치사한 것 같아.

B: **Watch your tongue.** You're going to be punished.
말 조심해. 혼나겠다.

└ **Watch your tongue,** or I'll beat you up. 말 조심해 아님 패버릴거야.

└ **Hold your tongue!** The walls have ears!
말 조심해! 낮말은 새가 듣고 밤말은 쥐가 듣잖아!

between you and me

- This is just between you and me
  이건 우리끼리 이야기야

우리끼리 이야기이지만 *뭔가 특별히 비밀을 말한다는 것으로 between ourselves라고 해도 된다.

A: Honey, this **is just between you and me.**
자기야, 이건 우리끼리 이야기야.

B: Sure, I won't say a word. 물론, 일언반구도 안 할게.

↳ This secret meeting **is between you and me.** 이 비밀회의는 너와 나만 알아야 돼.

↳ Let's **keep this between you and me** and Jason.
너와 나, 그리고 제이슨만 아는 걸로 해두자.

cover up

- cover up for
  …을 위해 숨기며 보호하다
- My lips are sealed.
  내 비밀은 지킬게.
- Your secret is safe with me
  네 비밀 꼭 지킬게
- take it to one's grave
  죽을 때까지 비밀로 하다

숨기다, 비밀로 하다 *보이지 않게 숨기는 것을 뜻하는 것으로 conceal, hide라는 의미.

A: Did your boss get punished for his mistake?
네 직장상사가 실수로 혼났어?

B: No, he **covered up** everything that happened.
아니, 그 사람은 일어난 모든 걸 비밀로 했어.

↳ Don't worry. **Your secret's safe with me.** 걱정마, 절대 비밀 지킬게.

↳ You're making up new lies to **cover up** the old ones.
넌 지난 거짓말을 숨기기 위해 새로운 거짓말을 꾸며내고 있어.

have a big mouth

입이 싸다 *입이 크니 맘속에 있는 말을 담아두지 못하고 방정맞게 이것저것 나불부는 사람을 말한다.

A: I want to tell you some gossip. 소문 좀 얘기해줄게.

B: You**'ve got a big mouth.** 너 입이 참 싸구나.

↳ You **have a really big mouth.** I told you not to say anything!
너 정말 입이 싸구나. 내가 아무 소리 하지 말랬지!

↳ Pat **has a big mouth.** Be careful of what you're saying. 팻은 입이 싸. 말 조심해.

let on

- let on to sb
  …에게 비밀을 털어놓다
- let on that S+V
  …을 얘기하다
- let the secret slip
  비밀을 입밖에 내다
- let the cat out of the bag
  비밀을 누설하다

비밀을 누설하다 * 비밀을 발설하는 것으로 reveal 혹은 tell what you know 혹은 hint와 같은 의미.

A: Marsha has been pregnant for three months.
마사는 임신 3개월이야.

B: She never **let on** to me about that. 걘 내게 그거에 대해 말하지 않았어.

↳ Don't **let on** that you know her age. 너 걔 나이 알고 있다고 말하지마.

↳ He didn't **let on** that he was a gangster. 걘 자기가 갱이었다는 걸 누설하지 않았어.

hide the truth

- have nothing to hide
  숨길게 없다

사실을 숨기다 *진실을 은폐하기 위해 말하지 않거나 혹은 자신의 솔직한 감정을 숨길 때 쓰는 동사

A: Herman has been to jail in the past. 허먼은 과거에 감옥에 있었어.

B: Really? He **hid the truth** from all of us.
정말? 우리 모두에게 사실을 숨겼구만.

↳ You need to **hide the truth** from your family. 넌 가족에게 진실을 숨겨야 돼.

↳ Mike **hid the truth** about his divorce. 마이크는 이혼사실을 숨겼어.

tell a lie

tell a lie

- **tell a lie to do**
  …하기 위해 거짓말을 하다
- **tell a white lie**
  선의의 거짓말을 하다

거짓말하다 *lie가 명사형으로 쓰인 경우로 '눕다'라는 의미의 동음동철 이의어인 lie와 구분해야 한다.

A: Is Melissa really from a rich family?
멜리사가 정말 부잣집에서 태어난거야?

B: No she isn't. She **told a lie to** us.
아니 그렇지 않아. 걔가 우리에게 거짓말했어.

↳ If you **tell a lie to** your dad, he'll get angry. 아빠에게 거짓말하면 화내실거야.

↳ You shouldn't **tell a lie to** a client. 고객에게 거짓말해선 안돼.

lie to sb

- **lie about**
  …에 관해 거짓말을 하다

…에게 거짓말하다 *lie가 동사로 쓰인 경우로 to 다음에 거짓말을 듣는 사람이 오면 된다.

A: Don't **lie to** me. I'm not that stupid.
거짓말하지마. 내가 그렇게 바보는 아니라고.

B: I'm not kidding. I'm dead serious. 농담아냐. 진심야.

↳ If you **lie to** me, I will lie to you. 네가 거짓말하면 나도 할거야.

↳ Don't **lie to** me. I've seen you kissing him. 거짓말 마. 네가 그 남자랑 키스하는 걸 봤어.

↳ I'm sorry that I **lied to** you before. 전에 거짓말해서 미안해.

be a liar

- **call sb a liar**
  …을 거짓말쟁이로 말하다

거짓말쟁이이다 *lie동사의 명사형으로 거짓을 가장 나쁘게 보는 미국사회에서 함부로 써서는 안되는 단어.

A: He promised to make me rich. 걔가 나를 부자로 만들어준다고 했어.

B: He's **a liar**. Don't fall for it. 걔 거짓말쟁이야. 속지마.

↳ We should watch out for Jack. He's **a liar**. 잭 조심해. 거짓말쟁이야.

↳ Peter has been saying that you're **a liar**. 피터가 네가 거짓말쟁이라고 하고 다녀.

pretend to do

- **pretend not to do**
  …하지 않은 척하다
- **pretend that S+V**
  …인 척하다

…인 척하다 *남을 속이기 위해 혹은 장난으로 사실이 아닌 걸 알면서도 사실인 척하는 것을 뜻한다.

A: How can we get a day off? 어떻게 하루를 쉴 수 있을까?

B: Here's my plan. We'll **pretend** we're sick.
내 생각은 이래. 우리 아픈 척 하는 거야.

↳ Don't try to **pretend** you're best friends with the boss.
사장과 친한 친구인 척 하지마.

↳ We'll just **pretend** like it never happened. 우린 시치미 딱 뗄거야.

give an excuse

give an excuse

- give sb an excuse for~
  …에 대한 변명을 …에게 하다
- give sb lousy excuses
  형편없는 변명을 대다
- give sb the same old excuses
  케케묵은 변명을 대다
- give one excuse after another
  이 핑계 저 핑계를 대다

변명을 하다 *변명을 대는 사람은 give 다음에, 변명하게 된 이유는 for~로 써준다.

A: **What do you think of John's excuse?** 존의 변명에 대해 어떻게 생각해?

B: **To be frank, I don't buy it at all.** 솔직히 말해서 전혀 믿기지 않아.

↳ She **gave another excuse for** not paying me.
  걘 내게 돈을 주지 않는 다른 변명을 댔어.

↳ The student **gave her teacher an excuse for** being late.
  학생은 선생님께 지각사유를 댔어.

have no excuse

- There's no excuse for
  …에 대해 변명의 여지가 없다
- have good excuses
  그럴 만한 사정이 있다

변명의 여지가 없다 *변명을 대는 사유는 for sth[~ing] 형태로 이어준다.

A: **Why did you fail your exam?** 시험에 왜 떨어졌어?

B: I should have studied harder. I **have no excuses.**
  더 열심히 했어야 했는데. 변명의 여지가 없어.

↳ I **had an excuse for** being late. 난 지각할 만한 이유가 있었다구.

↳ **There's no excuse for** it. 그건 변명의 여지가 없어.

make an excuse

- No more excuses.
  변명은 그만.
- find an excuse for
  …에 대한 변명을 대다

변명을 대다 *역시 변명을 대는 잘못된 짓은 for~로 이어주면 된다.

A: **Did Larry get drunk and get into a fight?** 래리가 취해서 싸웠어?

B: Yes, but he'll **make an excuse for** his behavior.
  하지만 걘 자기 행동에 대한 변명을 할거야.

↳ He always **finds an excuse for** anything that he does.
  걘 항상 자기행동에 변명해대.

↳ Jamie **made an excuse for** being late. 제이미는 늦은 거에 대해 변명거리를 댔어.

don't give me that

그런 말 마, 그런 변명하지마 *상대방이 말도 안되는 이유나 핑계를 댈 때 못믿겠다며~

A: **I can't work with that guy.** 그 사람이랑 같이 일 못하겠어.

B: **Don't give me that.** 그 따위 소리 하지 말라구.

↳ **Don't give me that.** I know all the details. 그런 말마. 속속들이 다 알고 있다고.

↳ **Don't give me that.** I'm mad at you. 그런 말 마. 너한테 열받았어.

explain oneself

자신의 행동에 대해 변명하다 *이유를 댄다는 의미 외에도 자신의 입장을 명확히 전달한다는 의미도.

A: **I don't want to talk to you at all.** 난 너와 전혀 얘기하고 싶지 않아.

B: Come on, let me **explain myself.** 왜 이래, 내 입장을 들어봐.

↳ She took an hour to **explain herself.** 걘 변명을 하는데 1시간 걸렸어.

↳ He couldn't **explain himself** to his parents. 걘 부모한테 심중을 털어놓을 수가 없었어.

have a reason

have a reason for

- have no reason to
  ···할 이유가 없다
- have (got) reasons for[to]~
  ···에 대한 이유가 있다

···에 대한 이유가 있다 *for 다음에는 명사를 쓰지만 have a reason to 다음에는 동사를 쓴다.

A: Do you **have a reason for** acting so badly?
그렇게 못되게 행동한 이유가 있어?

B: I'm sorry, but I am in an angry mood. 미안, 하지만 화가 난 상태였어.

└ Andy didn't **have a reason for** breaking the mirror.
앤디는 거울을 깰 이유가 없었어.

└ She **has no reason to** hurt me. 걜 날 해칠 이유가 없어.

have a good reason for

- have every reason to
  ···할 이유가 있다, 당연하다

···할 납득할 만한 이유가 있다 *have 대신에 have got을 써도 된다.

A: Please excuse me for being late. 늦어서 미안해요.

B: You'd better **have a good reason for** this.
좀 더 납득할 이유를 대야 할 걸.

└ Tom **had a good reason for** leaving the party. 탐은 파티를 떠날 타당한 이유가 있었어.

└ They **have a good reason for** entering university.
걔네들은 대학에 들어갈 납득할 이유가 있어.

give a reason for

- give sb a reason
  ···에게 이유를 대다
- give sb a good reason why
  S+V
  ···에게 왜 ···했는지 납득할 만한 이유를 대다

···의 이유를 말하다 *이유를 말하게 되는 원인을 동사로 말할 때는 to do를 붙이면 된다.

A: You must **give a reason for** your dirty clothes.
옷이 더러워진 것에 대해 이유를 말해야 돼.

B: I was out wrestling with my friends. 밖에서 친구들과 레슬링 했어요.

└ He **gave a reason for** sending the flowers. 걔가 꽃을 보낸 이유를 말했어.

└ Did you **give a reason for** insulting the manager? 매니저를 모욕한 이유를 말했어?

What's the reason for~

- What's the reason (that)
  S+V?
  ···한 이유가 뭐야?
- What's the reason (why)
  S+V?
  ···한 이유가 뭐야?

···의 이유가 무엇인가? *for 혹은 that[why] S+V로 이유를 듣고 싶어하는 내용을 말한다.

A: **What's the reason for** the big mess? 이 큰 소란은 왜 그런거야?

B: The children have been playing in the kitchen.
아이들이 부엌에서 놀았어.

└ **What's the reason for** the cold weather this week?
이번주 날씨추운 건 왜 그런거야?

└ **What's the reason why** she quit suddenly? 걔가 갑자기 그만두는 이유가 뭐야?

there are reasons for~

- There are some reasons
  why S+V
  왜 ···한지 좀 이유가 있다
- There're a lot of reasons
  for~ ···에 대한 많은 이유가 있다

···에 대한 이유가 있다 *reason 앞에 several, many 등을 붙여 말하기도 한다.

A: Why did you change your major at university?
대학에서 전공을 왜 바꿨어?

B: **There are many reasons for** that. 여러 가지 이유가 있어.

┗ There are a lot of reasons for that. 거기에 대한 이유라면 많아.

┗ Is there any reason that Koreans eat this soup? 한국사람들이 국물을 먹는 이유는?

there's no reason for

- There's no reason to do
  …할 까닭이 없다
- There's no reason why[that]
  S+V
  왜 …인지 까닭이 없다

…할 까닭이 없다 *reason 다음에 to do, for sth, that[why] S+V 등 다양하게 온다.

A: Is there any reason why we shouldn't hire him?
그 사람을 고용하면 안되는 어떤 이유라도 있는 겁니까?

B: **There's no reason that** I know of. 내가 알기론 안될 이유가 없어.

┗ There's no reason that anyone should work during the holiday.
휴일에는 그 어느 누구도 일을 해야 할 이유가 없지.

┗ There's no reason to complain. 불평할 이유가 없지.

one of the reason for~

- for some reason
  무슨 이유인지
- for some reason or other
  이런 저런 이유로
- for personal reasons
  개인적인 이유로
- for no reason
  아무런 이유없이

…에 대한 이유 중 하나는 *여러 이유 중 하나를 대는 것으로 Part 혹은 One으로 시작하면 된다.

A: We have to pay a lot more rent money.
우리는 더 많은 임대료를 내야 돼.

B: **Part of the reason for** the increase is that utility fees are rising. 인상요인 중 하나는 공공요금 인상 때문이야.

┗ For some reason I feel very sleepy today. 왠지 모르겠지만 오늘 정말 졸려.

┗ Part of the reason for this is that we spent too much money.
이에 대한 이유 중 하나는 우리가 돈을 너무나 많이 썼다는 거야.

How come S+V

- How come?
  어째서?

어째서 …하는거야? *Why와는 달리 시제가 현재[과거]이건 뒤에 바로 S+V를 도치없이 붙인다.

A: **How come** he didn't show up last night? 걔는 왜 어젯밤 안 왔대?

B: I'm not sure. Maybe he was ill. 몰라, 아팠겠지.

┗ How come you don't live with your mom? 어째서 넌 엄마랑 살지 않아?

┗ How come you never said anything to me? 왜 내게 한마디도 안 했던거야?

That's because~

- That's because he drove
  drunk.
  걔가 음주운전을 했기 때문이다.
- It's because S+V
  …하기 때문이다

…하기 때문이야 *어떤 행동의 원인을 말할 때 쓰는 표현.

A: Why is the refrigerator not working? 왜 냉장고가 작동되지 않는거지?

B: **That's because** my sister pulled out the plug.
내 여동생이 플러그를 뽑아버렸기 때문이야.

┗ That's because I didn't want you to get upset about it.
네가 그것으로 화가 나지 않기 바랬기 때문이야.

┗ That's because you don't understand that. 네가 그걸 이해못하기 때문이야.

That's why~

바로 그래서 …하다 *어떤 행동의 결과를 말할 때 쓰는 표현.

- That's why he lost his driver's license
  그래서 갠 면허취소됐어

A: **That business is really cut-throat.** 그 사업은 정말 치열해.

B: **That's why** I decided to quit. 그래서 내가 그만 두려고 하는 거야.

↳ I hate you and **that's why** I'm leaving. 널 싫어서 내가 떠나는 거야.

↳ **That's why** I wanted to talk to you. 바로 그래서 너하고 얘기하고 싶었어.

(It's) not that S+V, but that S+V

…때문이 아니라 …때문이야 *뭔가 이유를 바로 집을 때 사용하는 표현

A: **Andrea is the most unhappy person I know.**
안드레아는 내가 아는 가장 불행한 사람야.

B: **It's not that** she's angry, **but that** she has a lot of stress.
화나서가 아니라 스트레스 때문이야.

↳ **It's not that** I like work, **but that** I need money.
내가 일을 좋아하는게 아니라 돈이 필요해서야.

↳ **It's not that** he fell down, **but that** he slipped on the ice.
갠 넘어진게 아니고 얼음위에서 미끄러진거야.

because S+V

…하기 때문이다 *가장 많이 쓰이는 이유 접속사절로 이유를 명사형태로 사용하려면 because of~.

- only because S+V
  단지 …하기 때문이다
- because of
  …때문에

A: **Look, don't get so upset at me.** 이봐, 나한테 너무 화내지 마.

B: **I'm angry because you're just not listening.**
네가 내 말을 듣지 않으니까 화난거지.

↳ I brought my friend **because** I didn't want to come.
혼자 오기 싫어서 친구도 데려왔어.

↳ I'm happy **because** tomorrow is a holiday. 내일이 휴일이라 기뻐.

since S+V

…하기 때문에 *as도 이유의 접속사로 쓰이기는 하지만 since가 훨씬 많이 쓰인다.

- since S+V
  …때문에

A: **We must buy some food since we ate everything.**
우리는 다 먹었기 때문에 음식을 사야 돼.

B: **Alright, let's head to the grocery store.** 맞아, 식료품점으로 가자.

↳ We'll be late **since** you got us lost. 너 때문에 길을 잃어 우린 늦을 거야.

↳ I'm so tired **since** we stayed awake all night. 우린 밤을 꼬박 새서 난 무척 피곤해.

due to

…때문에 *구어적인 표현인 because of와 달리 owing to와 더불어 공식적인 게시 등 좀 formal한 경우에

- owing to
  …때문에
- thanks to
  …의 덕택으로, 덕분에(thanks to 다음에는 좋은 일을 적어야 한다.)
- on account of
  …의 이유로, …때문에

A: **Why did the health club close?** 왜 헬스클럽이 문을 닫았어.

B: **It closed due to having very few members.**
회원이 별로 없어서 닫았어.

↳ We're going inside **due to** the rainy weather. 날씨가 비가 와서 안으로 들어갈거야.

↳ **Thanks to** you I'm not single anymore. 네 덕에 난 더 이상 혼자가 아니야.

make clear

explain sth to sb

- explain that S+V
  …라고 설명하다
- explain sth (more in detail)
  …을 (좀 더 상세히) 설명하다
- explain oneself to sb
  …에게 해명하다

…에게 …를 설명하다 *explain은 explain oneself외에는 절대로 사람을 직접목적어로 받을 수 없다.

A: I've got to tell you something. 얘기할 게 있어.

B: No, no. You don't have to **explain yourself to** me.
아냐. 내게 심중을 털어놓을 필요는 없어.

⌐ Would you mind **explaining it to** me? 이것 좀 설명해줄래?

⌐ Let me **explain why** I did it. 내가 왜 그랬는지 설명할게

give an explanation of

- owe sb an explanation
  에게 설명을 할게 있다

…에 대해 설명하다 *설명할 사람은 give 다음에 넣어준다.

A: Steve told me he wants to break up.
스티브는 나한테 헤어지기 원한다고 말했어.

B: I hope he'll **give you an explanation of** that.
걔가 너한테 이유를 설명해주길 바래.

⌐ He's going to **give an explanation of** the problem. 걔가 그 문제에 대해 설명할거야.

⌐ I am confused **by the teacher's explanation**. 난 선생님의 설명에 혼란스러웠어.

go into details

- go into[tell] details about[on]
  …에 대해 자세히 말하다
- give specifics
  자세히 말하다
- give the details of~
  …에 대해 상세히 말하다
- give sb all the details
  …에게 상세히 설명하다

자세히 말하다 *자세히 말하는 대상은 about 혹은 on을 붙인 다음 말하면 된다.

A: I have some real estate you should look at.
살펴보셔야 할 부동산을 좀 갖고 있는데요.

B: Can you **tell me some details about** it? 자세하게 얘기해 보실래요?

⌐ Jerry **gave specifics about** his plans. 제리는 자신의 계획에 대해 상세하게 말했어.

⌐ **Tell us the details of** your wedding. 네 결혼식의 상세내용을 우리한테 말해줘.

make clear

- make it clear that S+V
  …에 대해 분명하게 하다
- Do I make myself clear?
  내 말을 알아듣겠어?

…을 분명히 (설명)하다 *clarify와 같은 뜻으로서 '…에 대해 분명히 말하다'는 make oneself clear.

A: My parents want to know which university I'll attend.
부모님은 내가 어떤 대학을 다닐 건지 알고 싶어하셔.

B: You should **make clear** the one you prefer.
네가 좋아하는 대학을 분명히 해야 돼.

⌐ He tried to **make his opinion clear**. 걔는 자기 의견을 분명히 하려고 했어.

⌐ Let me **make myself clear**. This is a mistake. 분명히 말하는데 이것은 실수야.

account for

- account for one's actions
  자신의 행동을 설명하다
- give a brief(full) account
  짧게 (충분히) 설명하다

…을 설명하다, 책임지다 *단 account for 다음에 수가 오면 그 수만큼 '차지하다'라는 의미

A: You need to **account for** the money you spent.
넌 네가 쓴 돈에 대해 책임을 져야 해.

B: I can show you every bill I paid.
내가 지불한 모든 청구서를 네게 보여줄 수 있어.

⌐ Pat couldn't **account for** his late arrival. 팻은 늦게 온 것에 대한 설명을 할 수 없었어.

⌐ I'll give a brief **account for** the meeting. 내가 그 회의의 간략한 내용을 설명해 줄게.

17 이해하다
get it

---

understand sth[sb]

···를 이해하다 *가장 빈출 표현으로 understand that S+V 형태로도 사용됨

- understand why S+V
  ···의 이유를 이해하다
- now I understand why+과거
  이제야 ···를 이해하다

A: **Do you know what I'm saying?** 무슨 말인지 알겠어?

B: **Sorry, I don't understand.** 미안, 모르겠어.

↳ I don't understand what you mean. 네가 무슨 말을 하는 지 이해를 못하겠어.

↳ I'm sorry, I can't understand what you said. 미안하지만 무슨 말인지 모르겠어.

---

make oneself understood

···의 생각을 이해시키다 *make oneself understood in English는 영어로 의사표현을 할 수 있다.

A: **Can you make yourself understood** in Japanese?
일본어는 좀 할 수 있나요?

B: **No, not yet.** 아뇨, 아직요.

↳ Sarah made herself understood when I met her.
새라는 만났을 때 자기 생각을 분명히 이해시켰어.

↳ Can you make yourself understood? 나에게 네 뜻을 이해시킬 수 있니?

---

get it

이해하다 *아주 구어적인 표현으로 "I get it"과 "I don't get it"은 꼭 외워두자.

- Did you get it?
  이해됐어?
- I made nothing of it
  이해가 안돼

A: **What's wrong with you today?** 오늘 안 좋은 일 있니?

B: **I don't get it. This stuff is too hard.** 이해가 잘 안돼. 이 일은 너무 어려워.

↳ I don't understand why they don't get it. 난 걔들이 왜 그걸 모르는 지 이해가 안돼.

↳ All right. I get it. I see what's going on here. 좋아요. 알았어. 여기 상황을 알겠네요.

---

get across (to sb)

···에게 이해되다 *come across도 같은 의미의 표현

- get across one's points
  ···의 논점을 이해시키다
- see sth through
  끝까지 지켜보다, 꿰뚫어 보다

A: **Did you explain everything to Lucy?** 넌 모든 것을 루시에게 설명했니?

B: **Yeah, I think I got it across to her.** 응. 내가 걔한테 이해시켰다고 생각해.

↳ I'm just trying to get across my points. 난 단지 내 논점을 이해시키려고 노력하고 있어.

↳ He saw the project through until it was finished.
걘 프로젝트가 끝날 때까지 지켜봤어.

---

follow sb

···의 뜻을 이해하다 *주로 부정문에서 상대방의 말을 이해하지 못한다는 의미로 쓰인다.

- impossible to follow you
  너의 말을 이해하기 불가능하다
- I don't follow you.
  네 말이 이해되지 않아.

A: **I didn't understand what Henry was saying.**
난 헨리가 말하고자 하는 것을 이해하지 못했어.

B: **It was difficult to follow him.** 걔 말은 이해하기가 어려워.

↳ I didn't follow the teacher's lesson. 난 선생님 수업을 이해못했어.

↳ I can't follow you. Please speak more slowly. 이해안되는데. 조금 천천히 말해줘요.

296 | EASY ENGLISH EXPREESIONS

stand for

Frequently
Asked
Question

it means that S+V

- be meant to do~
  …할 의무가 있다
- be meant for sth
  …에 적합하다

…을 의미하다 * be meant to do sth은 '…할 의무가 있다,' be meant for sth은 '…에 적합하다'는 의미.

A: Jane cleaned out her desk today. 제인은 오늘 자기 책상을 청소했어.

B: **It means that** she's not coming back.
   그건 걔가 돌아오지 않을 것을 의미해.

   ↳ This machine **was meant to** do copying. 이 기계는 복사를 위한 것이었어.

   ↳ **That means that** I can start drinking right now. 그럼 지금부터 술 마실 수 있겠네.

What do you mean by~?

- What do you mean by that?
  그게 무슨 말이야?
- What do you mean S+V?
  …가 무슨 말이야?

…가 무슨 의미인가? *by 다음에는 주로 ~ing를 붙이면 된다.

A: You gained some weight. 너 살쪘어?

B: **What do you mean by** that? Am I fat?
   그게 무슨 말이야? 내가 뚱뚱하다고?

   ↳ **What do you mean** you have no more money? 돈이 더 없다니 무슨 말이야?

   ↳ **What do you mean** you're going to London? 런던으로 간다니 그게 무슨 말이야?

You mean~ ?

- Are you telling me[saying]
  that S+V
  …라고 말하는 거냐?
- You mean the day after
  tomorrow?
  모레란 말이지?

…라고 말하는 거야? *I mean은 방금 전에 한 말을 부연 설명할 때 사용

A: I think you won first prize. 네가 1등 상을 받았다고 생각해.

B: **You mean** that I beat everyone else? 내가 모두를 이겼다는 거야?

   ↳ **You mean** you don't want to work for me anymore?
   더 이상 나하고 일하고 싶지 않다는 거니?

   ↳ **Are you saying** you want to stay together? 함께 남고 싶다는 거야?

stand for sth

- be symbolic of
  …를 상징한다(symbolize)
- imply sth[that~]
  …을 의미하다

…을 의미하다 *약자나 상징을 풀어서 설명하는 데 주로 사용

A: Tell me what this means. 이게 뭘 의미하는 지 말해줘.

B: It is a symbol that **stands for** quiet.
   이건 조용히 하라는 것을 의미하는 상징이야.

   ↳ This is **symbolic of** impressionist art. 이건 인상주의 미술의 상징이야.

   ↳ He **implied** that we were lazy. 걘 우리가 게으르다는 점을 넌지시 비췄어.

put it

- put it simply
  간단히 표현하자면

표현하다 *express와 같은 의미로서 구어체 표현

A: How would you **put it**? 어떻게 표현하겠니?

B: Just tell them you need a bigger salary.
   단지 봉급이 더 필요하다고 걔들한테 말해.

   ↳ To **put it** simply, I'm moving away. 간단히 말하자면 난 이사가 버릴 거야.

   ↳ I decided to **put it** very honestly. 난 매우 정직하게 말하기로 결정했어.

put A before B

Top Priority

be important

- It's important that~[to do~]
  …하는 것이 중요하다
- be essential to do[for]
  …하는 게 가장 중요하다

…이 중요하다 *It's important that~[to do]형태가 주로 많이 쓰인다.

A: Jamie, how come you never told me that?
제이미, 어째서 내게 말하지 않은 거야?

B: I thought that it **wasn't important to** you.
네게 중요하지 않다고 생각했어.

↳ It's important to live together as a family. 가족으로 함께 사는 것이 중요한 거야.

↳ Why is it so important to you? 그게 왜 네게 그렇게 중요해?

make much of

- make much of the fact that~
  …라는 사실을 중요시하다

…을 중요시하다 *make little of는 '…을 얕보다.' '등한시하다'라는 뜻

A: Larry looks so handsome today. 래리가 오늘 아주 잘 생겨 보이네.

B: People **are making much of** his new haircut.
사람들은 걔가 새로 머리 자른 것을 중시하고 있어.

↳ My boss **made much of the fact that** I left early. 보스는 내가 일찍 나간걸 중시했어.

↳ The teacher **made much of the fact that** he cheated.
선생님은 걔 부정행위를 중시했어.

come first

- Work comes first
  일이 가장 중요하다
- My children always come first
  우리 아이들이 항상 중요하다.
- first-come-first-serve basis
  선착순

…가 가장 중요하다 *come 앞에는 사람이든 사물이든 자신이 가장 중요하다고 생각되는 것을 말한다.

A: When you work at this company, punctuality **comes first.** 이 회사에서 일할 땐 시간을 잘 지켜야 돼.

B: That's pretty much the same for all companies.
그건 다른 모든 회사들도 거의 같을 거야.

↳ Work **comes first** for the older generation. 옛 세대들에게는 일이 가장 중요한 가치야.

↳ I stayed home because my children always **come first.**
내 애들이 항상 나한테는 가장 중요하기 때문에 집에 남았어.

put A before B

B보다 A를 중요시하다, 우선시하다 *B보다 A에 priority를 부여한다는 의미

A: What is the philosophy of your company? 네 회사의 철학이 뭐니?

B: I always tell my employees to **put honesty before benefit.** 난 항상 직원들에게 이윤보다는 정직을 우선시하라고 말해.

↳ Lisa **puts** others **before** herself most of the time.
리사는 대부분 자신보다 남을 우선시해.

↳ I had to **put** studying **before** relaxing. 난 쉬는 것보다 공부하는 것을 중요시해야만 해.

give sth top priority

최우선시하다 *많은 일들 중에서 가장 최우선시해야 한다고 할 때

A: We have to get this homework done. 우린 이 숙제를 끝마쳐야 해.

B: You're right. We should **give it top priority.**
맞아. 우린 이 일을 최우선시해야 돼.

↳ I'd like you to **give** this **top priority.** 이 일에 최우선을 두게.

↳ I'd like to **make** it my **top priority.** 난 이 일에 최우선권을 주고 싶어.

sth matters

…가 중요하다 *to+sb가 붙으면 '…에게 중요하다'는 뜻

- it doesn't matter (to me)
  괜찮아, 별거 아냐.

A: **Your kitchen is very clean.** 네 부엌은 무지 깨끗하구나.

B: **Keeping the area where you eat clean matters.**
먹는 곳을 청결하게 하는 것은 중요해.

↳ It **matters to** me. We should try to conserve things.
내겐 중요해. 물건을 아끼도록 노력해야 돼.

↳ How can you say that it doesn't **matter to** me?
어떻게 그게 나한테 상관없다고 말할 수 있어?

make a difference

…가 중요하다, 영향을 미치다 *반대 표현은 make no difference

- make a difference to
  …에게 중요하다
- make a huge difference to
  the game
  경기에 큰 영향이 있다

A: **You are always kind to poor people.**
넌 항상 가난한 사람들에게 친절해.

B: **I want to make a difference in their lives.**
난 그들의 생활에 영향을 미치고 싶어.

↳ You can **make a big difference.** 네가 큰 차이를 만들 수 있어.

↳ She tried to **make a difference** by doing something for you.
걘 너를 위해 뭔가를 함으로써 영향을 미치려고 했어.

first of all

우선, 무엇보다도 먼저 *above all과 같은 맥락의 표현.

- first thing's first
  중요한 일 먼저

A: **I wonder if we could get together on the 5th.**
5일에 만날 수 있을까.

B: **First of all, let me check my schedule.** 먼저, 일정 좀 보고.

↳ **First of all,** we haven't been introduced. I'm Jim Morris.
우선, 우리 인사부터 하죠. 난 짐 모리스에요.

↳ **First of all,** Tony and I are not back together. 우선, 토니와 난 다시 같이 하지 않아.

last but not least

마지막이지만 여전히 중요한 *마지막으로 얘기하면서 사람들의 주목을 다시 끌어야 될 때.

A: **Last but not least, let's discuss our vacation.**
마지막으로 여전히 중요한 문제로서 우리 휴가문제를 논의하자.

B: **I was thinking I'd like to go to Miami.**
난 마이애미로 가고 싶다는 생각이 들었어.

↳ **Last but not least,** we need to talk about the rent.
마지막이지만 중요한 문제로서 우린 집세문제를 얘기할 필요가 있어.

↳ **Last but not least,** my family is coming to visit us.
마지막으로 중요한 문제인데 내 가족이 우릴 방문하러 올 거야.

leave sth in~

leave sth in[at]~

…에 …을 놓고 오다 *in, at, on 다음에 sth을 놓고 온 명사를 쓰면 된다.

- leave one's passport in the taxi
  여권을 택시에 놓고 내리다

A: I **left my cell phone in** the car. 난 차에 휴대폰을 놓고 내렸어.

B: We'd better go back to the parking lot.
   주차장으로 돌아가는 게 낫겠어.

└ Herman left his passport in the taxi. 허만은 택시 안에 여권을 놓고 내렸어.

└ Dad left his glasses at the restaurant. 아빠는 안경을 식당에 놓고 왔어.

leave sb ~ing

…을 …한 상태로 놔두다 *sb를 …하고 있는 상태로 그냥 두고 떠나왔다는 말

A: Willis **left his girlfriend** crying at home.
   윌리스는 여친이 집에서 울게 놔뒀어.

B: What a terrible way to break up. 끔찍하게 헤어지는 방법이군.

└ Linda left the children playing in the room. 린다는 애들이 방안에서 놀게 놔뒀어.

└ I left them studying at the library. 난 걔들이 도서관에서 공부하게 놔뒀어.

lose sth

…을 잃어버리다 *sth에는 다양한 명사가 와서 다양한 표현을 만들어 낸다.

- lose weight
  감량하다
- lose one's wallet
  …의 지갑을 잃어버리다
- lost and found
  분실물 센터

A: What are you looking for? 뭘 찾아요?

B: I **lost some money** around here. 이 근처에서 돈을 좀 잃어버렸어.

└ Michelle lost weight this summer. 미셸은 이번 여름에 감량을 했어.

└ Did you lose your wallet at the beach? 해변가에서 네 지갑을 잃었니?

miss sth[sb]

…을 그리워하다 *miss ~ing는 …하는 것을 그리워한다는 의미

- be going to miss you
  너를 그리워할 거야

A: I **miss living in** New York. 난 뉴욕 생활이 그리워.

B: Yes, it's quite an exciting place. 그래. 정말 살기 재미있는 곳이지.

└ Sharon misses seeing her best friend. 샤론은 절친 만나는 걸 그리워해.

└ They miss going camping every year. 걔들은 매년 캠핑 가는 것을 그리워해.

put sth in[at]~

…을 …에 놓다 *물리적으로 sth를 …에, …안에 놓는다는 표현

- put sth over there
  …을 저기에 놓다

A: Is this your pencil? 이것이 네 연필이니?

B: Yeah, just **put it in** my bag. 응. 그냥 내 가방에 넣어라.

└ Put the books over there. 책들을 저기에 놓아라.

└ Put the candy in a bowl. 사탕을 통에 넣어라.

insist on

insist on sth[~ing]

- insist on one's own way
  자신의 방식을 고집하다
- if you insist (on it)
  그렇다면

…을 주장하다, 고집하다 *insist on one's own way면 '자신의 방식을 고집하다'라는 의미.

A: I thought Dave was off work today.
데이브가 오늘 비번일 것으로 생각했어.

B: He is, but he **insists on** going in to his office.
그럴 거야. 걘 사무실로 가길 고집해.

ㄴ Harry **insisted on** a big dinner tonight. 해리는 오늘밤에 대규모 만찬을 고집했어.

ㄴ Olivia **insists on** paying for the tickets. 올리비아는 표값을 내겠다고 고집했어.

argue that S+V

- argue with sb
  …와 언쟁하다
- argue about sth
  …에 대해 논쟁하다
- argue against
  …에 반대 주장을 하다

…을 주장하다 *'…에 대해 반대를 주장한다'면 argue against를 사용하면 된다.

A: I'm sorry that **we argued.** 다투어서 미안해.

B: There are no hard feelings on my part. 기분 나쁘게 생각하지마.

ㄴ Let's not **argue about** it. 그것에 대해 주장하지 말자.

ㄴ You **should have argued with** them about it.
걔네들에게 그것에 대해 따져봤어야 했는데.

claim that S+V

- claim sth[to do~]
  …을 주장하다
- lay[make] claim to~
  …을 주장하다
- claim all the credit for
  success
  성공에 대해 모든 공을 주장하다

…을 주장하다 *claim은 절 뿐만 아니라 명사나 to do를 목적어로 받을 수 있다.

A: Melissa **claims that** Brian started a fight.
멜리사는 브라이언이 싸움을 시작했다고 주장해.

B: That's not true. Brian is a nice guy.
사실이 아니야. 브라이언은 좋은 친구야.

ㄴ Jack **claimed that** she started the fight. 잭은 걔가 싸움을 시작했다고 주장했어.

ㄴ Ray **claimed** he acted in a Hollywood movie.
레이는 할리웃영화에 출연했다고 주장했어.

make one's point

- make one's point that S+V
  …라는 주장을 펼치다
- make one's case (that~)
  자기 주장을 하다
- You made your point!
  네 얘기는 알아들었어.

…의 주장을 밝히다, …주장이 정당함을 보여주다 *make one's point that S+V형태로도.

A: Do you need me to explain more? 내가 좀 더 설명해야 되니?

B: No, I think you **made your point.**
아니야, 네가 충분히 논점을 설명했다고 생각해.

ㄴ It took a long time for Tina to **make her point.**
티나가 자기 주장을 밝히는데 오랜 시간이 걸렸어.

ㄴ Nick **made the case that** he should skip school.
닉은 자신이 결석해야 한다고 주장했어.

urge that~

- urge sb to do
  …에게 …하도록 촉구하다

…을 주장하다, 촉구하다 *urge sb to do면 '…에게 …하도록 촉구하다'라는 의미

A: The snow is falling very quickly. 눈이 아주 빨리 내리네.

B: The people on the news **are urging that** people don't drive. 뉴스에 나온 사람들이 운전하지 말라고 촉구하고 있어.

ㄴ I **urged her to** break up with her boyfriend. 난 걔한테 남친과 헤어지라고 촉구했어.

ㄴ I **urge that** you go get some rest. 넌 가서 좀 쉬어야 돼.

Why don't you ~ ?

suggest ~ing

- suggest sb to do
  …에게 …하도록 제안하다
- suggest sth to sb
  …을 …에게 제안하다
- suggest that S+V
  …을 제안하다

…을 제안하다 *suggest 다음에는 명사, ~ing, 그리고 S+V의 절이 온다.

A: **What will you do on your blind date?** 넌 소개팅에서 뭘 하려고 하니?

B: I'll **suggest** going to an Italian restaurant.
  난 이태리 식당에 가자고 제안할 거야.

⌐ Can you **suggest** a good restaurant in the area?
  이 지역에 있는 좋은 식당을 추천해줄 수 있니?

⌐ She **suggested** that we rent a car for the weekend.
  걘 우리가 주말에 차를 렌트하자고 제안했어.

make a suggestion

- have a better suggestion
  더 나은 제안이 있다
- put a suggestion in the box
  제안함에 제안서를 넣다
- listen to a suggestion
  제안에 귀기울이다

제안하다 *제안을 받는 사람은 to sb, 제안내용은 about sth이라고 붙여쓰면 된다.

A: I want to **make a suggestion** about your clothes.
  네 의상에 대해 제안을 하고 싶어.

B: **Do you think I should change them?**
  내가 옷을 바꿔 입어야 한다고 생각하니?

⌐ Why don't you **make a suggestion** to your boss? 네 보스에게 제안을 하지 그래?

⌐ No one takes my brilliant **suggestions** seriously.
  아무도 내 멋진 제안을 진지하게 안받아.

propose that S+V

- propose a toast
  건배를 제의하다
- propose marriage
  청혼하다
- make proposal of[for]
  …을 제안하다

…을 제안하다, 권유하다 *suggest에 비해서 훨씬 적극적인 제안임.

A: I **propose** we combine these two projects into one.
  난 우리가 그 2개의 프로젝트를 하나로 합치자고 제안하고 싶어.

B: **What do you mean, exactly?** 정확하게 뭘 의미하는데?

⌐ I'd like to **propose** a toast to your new job. 네 새 직장을 위해 건배하자.

⌐ What do you think about my **proposal**? 내 제안에 대해 어떻게 생각해?

offer A B

- make (sb) an offer
  (…에게) 제안하다
- have an offer from
  …에서 제안받다

A에게 B를 제안하다 *offer to do는 「…하기를 제안하다」라는 표현

A: **Why did you choose to take the job?** 왜 일을 맡으려고 선택했니?

B: They **offered a high salary to me.** 걔들은 나한테 높은 봉급을 제의했어.

⌐ Are you going to **offer** me a chance to work here? 여기서 일할 기회를 줄건가요?

⌐ I think we need to make an **offer** on the house.
  우리가 그집 구매제안을 해야 될것같아.

put forward sth

- proposals put forward by sb
  …가 내어놓은 제안들

…을 제안하다, 제출하다 *sth의 자리에는 idea나 proposal을 말하면 된다.

A: Renee **put forward** her ideas. 르네는 자신의 아이디어들을 제안했어.

B: **Did you think they were worthwhile?**
  그 아이디어들이 가치가 있다고 생각되었니?

⌐ The proposals were **put forward** by our staff. 그 제안들은 우리 직원들이 내놓았어.

⌐ He **put forward** a plan for the future. 걘 미래 계획을 제안했어.

go ahead and~

어서 …하다 *상대방에게 「어서 가서 …하라」고 권유. 주어가 'I'일 때는 「서둘러 …해야겠다」라는 뜻.

A: Can I try to fix this computer? 이 컴퓨터를 고칠 수 있을까?

B: **Go ahead and see** if you can make it work.
어서 고칠 수 있는 지 알아봐.

⌐ Go ahead and turn up the TV. 가서 TV 좀 틀어라.

⌐ Why don't you **go ahead and** start the meeting? 가서 회의를 시작해 보세요.

feel free to

…을 거리낌 없이 이야기하다 *'don't hesitate to do'와 같은 뜻으로 상대방을 편하게 해주는 표현

- feel free to contact me
  거리낌 없이 내가 연락하라
- don't hesitate to do
  …하기를 꺼리지 마라

A: Thank you for your help with this report.
내 보고서 도와줘서 고마워.

B: If there's anything else you need, **feel free to** ask.
필요한 거 있으면 바로 말해.

⌐ Feel free to stay here as long as you like. 원하는 만큼 자유롭게 여기에 머무세요.

⌐ Feel free to pick out whatever you need. 필요한 거 아무 것이나 골라.

How about+ N [~ing]?

…하는 것이 어때? *How about~ 다음에 명사만 오는 것이 아니라 S+V의 절이 올 수도 있다.

- How about S+V?
  …가 어때?
- How about you?
  넌 어때?
- What about N[~ing]
  …가 어때?

A: **How about** three o'clock? 3시는 어때요?

B: Perfect. I'll meet you there. 좋지. 거기서 보자.

⌐ How about coming over to my place tonight? 오늘밤 우리집에 놀러올래?

⌐ How about we talk about this over dinner? 저녁하면서 이 문제 얘기해보면 어때?

Why don't you~?

…하는 건 어때 *의문문의 옷을 입었지만 실제로는 상대방에게 뭔가 제안하는 표현

- Why don't we+V?
  …하자(= Let's~)
- Why don't I+V?
  내가 …할게(Let me do~)

A: **Why don't we** buy a new big screen TV?
새로 스크린이 큰 TV를 사지 않을래?

B: Will you stop? We can't afford that! 그만해. 우린 그럴 여유가 없잖아.

⌐ Why don't you go find your mother and talk to her. 가서 엄마 찾아 얘기해.

⌐ Why don't you let me walk with you? 나랑 같이 좀 걷자.

---

why not?

Why not?에는 두 가지 의미가 있다. 하나는 문자 그대로 상대방의 부정적인 답변에 대해 「왜 안 된다는 거야?」(Please, explain your negative answer)라며 이유를 물어보는 것이고, 다른 하나는 어떤 제의에 대해 「그러지 못할 이유가 어디 있느냐」(I can't think of any reason not to do), 즉 강한 yes를 의미한다.

A: Do you want to come with us for drinks? 우리랑 같이 한잔 하러 갈래?
B: Why not? 그러지 뭐.
A: I'll come by your office when I'm through. 내가 일 끝나면 너희 사무실에 들를게.

23 기억하다
remind A of B

remember sb ~ing

- remember to do
  앞으로 …할 것을 기억하다
- remember ~ing
  …한 것을 기억하다
- as long as I remember
  내가 기억하는 한

…가 …한 것을 기억하다 *과거에 한 일을 기억한다고 말할 때

A: Jack can't find his keys. 잭은 열쇠를 찾을 수가 없어.

B: I **remember him setting** them down.
   걔가 열쇠들을 내려놓은 걸 기억해.

└ **Remember to** shut off the light when you leave. 떠날 때 소등하는 걸 기억해.

└ How can you not **remember us kissing** in the street?
   어떻게 우리가 거리에서 키스한 걸 기억 못해?

remember that S+V

- remember when S+V
  …한 때를 기억하다

…을 기억하다 *기억하는 내용이 좀 길 때는 S+V의 절을 이용하여 말할 수 있다.

A: Bill always seems to be sleepy. 빌은 항상 졸리는 것 같아.

B: **Remember that** he works all night long.
   걔가 밤 새 일한 것을 기억해라.

└ **Remember when** we visited Hollywood? 우리가 할리우드를 방문했을 때 기억하니?

└ I **remember how** nervous I was for my first interview!
   첫 면접때 얼마나 떨었는지 생각나!

keep sth in mind

- keep[bear] sth in mind
  …을 명심하다
- keep in mind that S+V
  …을 기억하다
- keep your family in mind
  가족을 마음속에 기억하다

…을 명심하다 *keep 대신에 bear를 써도 되며 sth이 길면 뒤로 빼서 that S+V의 형태로 써주면 된다.

A: Let's buy a lot of Christmas presents. 크리스마스 선물을 많이 사자.

B: **Keep it in mind that** we have to save money.
   우리가 절약해야 한다는 사실을 명심해.

└ **Keep in mind that** Mindy is always late. 민디는 항상 늦는다는 것을 기억해.

└ Please **keep in mind that** this is your last chance.
   이게 네 마지막 기회라는 걸 명심해.

look back on sth

- look back on the past
  과거를 회상하다

…을 회상하다 *과거의 일이나 사건들을 think about한다는 이야기

A: I like to **look back on** my school days. 난 학교시절을 회상하고 싶어.

B: Yeah, we had a lot of good friends then.
   응. 그때엔 좋은 친구들이 많았어.

└ Vera **looked back on** her childhood with happiness.
   베라는 행복하게 자신의 어린 시절을 회상했어.

└ Try not to **look back on** the past. 과거를 회상하지 않도록 노력해라.

remind A of B

- that reminds me of ~
  그 말을 들으니 …가 생각나
- recall sth (to one's mind)
  …을 생각해내다, 기억해내다

A에게 B를 생각나게 하다 *A는 사람, B는 주어 때문에 생각나는 것을 말하면 된다.

A: The building looks very strange. 그 빌딩이 아주 이상하게 보여.

B: Yes, its shape **reminds everyone of** a cell phone.
   그래, 모양이 휴대폰을 상상케 해.

└ You **remind me of** my daughter. 넌 내 딸을 생각나게 하는구나.

└ You **remind me of** myself when I was an intern. 널보면 내 인턴때 날 보는 것 같아.

refresh one's memory

- refresh one's memory of
  …의 기억을 되살리다
- search one's memory
  기억을 더듬다

…의 기억을 되살리다 *refresh는 「뭔가 새롭게 한다」는 의미로 기억을 되살리다라는 의미

A: I can't remember our trip to Canada?
난 우리가 캐나다 여행을 한 것을 기억을 못하겠어.

B: Really, you'd better **refresh your memory.**
정말로, 네 기억을 새롭게 해봐.

⌐ You need to **refresh your memory** of happier times.
년 더 행복했던 시간에 대한 기억을 새롭게 할 필요가 있어.

⌐ Why don't you **refresh your memory** of your early childhood?
너 어린 유아시절 기억을 새롭게 해봐?

ring a bell

- Ring a bell?
  기억나?

…기억이 나다 *들어보거나 본 적이 있다는 의미의 구어체 표현

A: Does that name **ring a bell?** 그 이름 기억나니?

B: I'm sure I went to school with her brother years ago.
몇 년 전 걔 남동생과 함께 학교를 다닌 것이 확실해.

⌐ Jeffery Tabor's name **rings a bell.** 제프리 테이버의 이름이 기억나.

⌐ I grew up in Friendsville. Does that place ring a bell?
난 프렌즈빌에서 자랐어. 그곳 기억이 나니?

have a good memory

- have a bad memory
  잘 기억하지 못하다
- know[learn]~by heart
  …을 암기하고 있다

잘 기억하다 *기억하는 내용은 memory of~로 말하면 된다.

A: How did you remember that? 어떻게 그걸 기억했어?

B: Oh, I **have a very good memory.** 오, 난 기억력이 매우 좋아.

⌐ My grandfather has a bad memory now that he's old.
할아버지는 이제 연세가 드셔서 기억력이 좋지 않아.

⌐ He knows all of the poems by heart. 걘 그 모든 시들을 암기하고 있어.

if my memory serves

내 기억이 맞는다면 *굳어진 표현으로 뭔가 확실하지 않을 때 조심스럽게 말하는 방법

A: Where do you keep the bottle opener? 병 따개를 어느 곳에 두었니?

B: **If my memory serves,** it's in that drawer.
내 기억이 맞는다면 저 서랍 안에 있어.

⌐ If my memory serves, we've met before. 내 기억이 맞는다면 우린 전에 만났었어.

⌐ If my memory serves, it's almost your birthday.
내 기억이 맞는다면 거의 네 생일이 되어가.

forget to

forget about

…을 잊다 *이미 과거에 한 일을 잊었다라는 뜻으로 about 담에 명사[~ing]를 붙인다.

- Forget about it.
  잊어버려.
- be forgetful
  깜박깜박하다

A: **Will we be getting some ice cream?** 우리 아이스크림 좀 먹어볼까?

B: **Forget about** it. We're going straight home.
  잊어버려. 집으로 바로 갈 거야.

↳ I forgot about our date. I'm so sorry. 데이트하는 걸 잊었어. 미안해.

↳ Don't let me forget her birthday. 걔 생일을 내가 잊지 않게 해줘.

forget to

…할 것을 잊다 *깜박 잊고 하지 못한 일을 말할 때

- forget to mention that S+V
  …을 말하는 것을 잊다
- don't forget to do
  …하는 것을 잊지 않다

A: **Don't forget to** fill out those forms today.
  가기 전에 이 양식을 다 채우는 것 잊지마.

B: I'll leave them on your desk before I go.
  제가 가기 전에 책상 위에 둘게요.

↳ Please **don't forget to** make a backup of those files.
  그 파일들 복사본 꼭 만들어놔.

↳ I forgot to tell you that the boss called. 사장이 전화했다는 걸 말하는 걸 잊었어.

forget that S+V

…하는 것을 잊다 *forget 다음에 바로 명사나 절이 오는 경우

- forget that time when S+V
  …할 때를 잊다

A: **Brenda and Fred are getting married.** 브랜다와 프레드는 결혼할거야.

B: I **forgot that** they were dating. 걔들이 데이트하고 있다는 걸 잊었어.

↳ Did you forget that you had that suitcase? 그 가방을 갖고 있는 걸 잊었어?

↳ How come you forgot that I told you this? 내가 너한테 이 말한 것을 어떻게 잊었니?

almost forget

거의 잊을 뻔 했다 *거의 잊을 뻔 했지만 잊지는 않은 경우

- almost forget to do
  …할 것을 거의 잊다
- almost forget that~
  …를 거의 잊다
- totally forget
  완전히 잊다

A: **Christmas day will be here soon.** 조만간 크리스마스가 될 거야.

B: I **almost forgot** to buy Christmas presents.
  크리스마스 선물 사는 걸 거의 잊을 뻔 했어.

↳ Helen almost forgot to come. 헬렌은 오는 것을 거의 잊을 뻔 했어.

↳ Kevin totally forgot about the meeting. 케빈은 그 회의에 대해 완전히 잊어버렸어.

before I forget

내가 잊기 전에 *내가 잊을 것을 걱정해서 미리 챙길 때

A: **You still owe me twenty dollars.** 넌 아직도 나한테 20불을 갚아야 해.

B: Let me give it to you now, **before I forget.**
  내가 잊기 전에 지금 갚을게.

↳ Before I forget, Angie wants to see you. 미리 말해두는데 앤지가 널 보고 싶어해.

↳ Before I forget, we need to order some supplies.
  내가 잊기 전에 비품을 좀 주문해야 돼.

slip one's mind

깜박하다 *mind 대신에 memory를 써서 사용하기도 한다.

- sth completely slipped one's mind
  …을 깜빡 잊다
- slip one's memory
  깜박 잊다

A: Did you clean up the break room? 휴게실을 청소했니?

B: Oh my gosh, that **slipped my mind.** 어머나, 깜박했어요.

↳ Her birthday party completely **slipped my mind.** 걔 생일파티를 완전히 깜박했어요.

↳ The dentist appointment **slipped Joan's memory.** 조안은 치과 예약을 깜박 잊었어.

put sth behind sb

…을 잊어버리다 *통상 나쁜 기억들을 뒤로 한다는 의미

- manage to put sth behind sb
  그것을 그럭저럭 잊게 되다
- put today behind you
  오늘을 잊어버려라

A: You had some money problems, right?
너 돈 문제가 좀 있지, 그렇지?

B: I did, but I **put them behind** me. 그래, 그렇지만 잊어버렸어

↳ We managed to put that trouble behind us. 우린 그럭저럭 그 문제를 잊게 되었어.

↳ Let's just put today behind us. 우리 그냥 오늘 일을 잊어버리자.

be on the tip of my tongue

기억이 날듯 말듯하다 *혀끝까지 와서 맴돌지만 기억이 나지 않을 때

A: What word do you use for this? 이 상황에 대해 뭐라고 할 말 있니?

B: I'm sorry, but the words **are on the tip of my tongue.**
미안, 말이 나올까 말까 해.

↳ The old phrase was on the tip of my tongue. 그 옛 표현이 기억이 날듯 말듯해.

↳ Rob tried to remember, but it was on the tip of his tongue.
롭은 기억하려고 했으나 말이 혀끝에 맴돌았어.

let it go

잊다, 잊어버리다 *가도록 하게 한다는 말은 그냥 잊어버린다라는 의미

A: Nicole had a terrible divorce last year.
니콜은 작년에 끔찍한 이혼을 했어.

B: Well, I hope she's been able to **let it go.**
글쎄, 걔가 잊어버릴 수 있기를 바래.

↳ Let it go. It's all in the past. 잊어라. 모두 과거지사야.

↳ At some point, you just got to let it go, right?
언젠가는 그냥 잊어야 하는 거야, 알겠니?

---

forget to vs. forget about~

forget sth하면 뭔가를 잊고 두고 오거나 생각이 안날 경우, forget that[how] S+V는 「…을 잊다」, 그리고 앞으로 해야 할 것을 잊어버렸을 때는 forget to+동사로 쓰면 된다. 반대로 과거에 한 것을 잊었다고 할 때는 I forgot about that(내가 그걸 잊었어)처럼 forget (about)+명사 혹은 forget about ~ing를 쓰면 된다. 이처럼 목적어의 형태에 따라 의미가 달라지는 대표적인 경우로 교실영어에서 열씨미 remember와 함께 배웠던 동사이지만 아쉽게도 forget ~ing는 실제영어에서는 쓰이지 않는다는 것을 알아두어야 한다.

Thoughts & Attitude

자신의 생각과 태도를 나타낼 때 쓰는 표현

SMART DICTIONARY OF
EASY ENGLISH EXPREESIONS

think of

think of[about]

···을 생각하다 *think 다음에는 of나 about이 오게 되며 뒤에는 sth, sb 다 올 수 있다.

- think of sb[sth]
  ···을 생각하다
- think about sb[sth]
  ···을 생각하다

A: What do you **think of** cloning humans?
인간복제에 대해서 어떻게 생각해?

B: It is totally crazy. It seems immoral to me.
완전히 미친 짓이야. 도덕적으로 옳지 않은 것 같아.

↳ What do you **think of** the new guy? 새로 들어온 그 사람을 어떻게 생각해?

↳ Give me a few days to **think about** it. 며칠 더 두고 볼게.

think of[about] ~ing

···할 생각을 하다 *주로 be thinking of[about]~ing의 형태로 앞으로의 예정을 말할 때가 많음.

A: What are you doing tonight? 오늘밤 뭐해?

B: I **was thinking of** going to the new jazz bar near my house. 집 근처에 새로 생긴 재즈 바에 갈까 하는데.

↳ Are you thinking of applying for a loan? 대출을 신청하려고 생각 중이니?

↳ I am thinking about becoming an airline pilot. 민간항공기 조종사가 될까 생각중야.

think (that) S+V

···라고 생각하다 *생각하는 내용이 길어서 S+V 형태로 말할 경우

- think so
  그렇게 생각한다
- think positively about
  ···에 대해 긍정적으로 생각하다

A: I **don't think that** I have the time to finish it.
그 일을 끝낼 시간이 없는 것 같아.

B: Come on, you have the time. Go for it!
왜 그래, 시간은 얼마든지 있다고. 자, 파이팅!

↳ Do you think that she will be able to fix the problem?
걔가 그 문제를 해결할 수 있다고 생각하니?

↳ I think that Angie is the most generous person. 앤지가 가장 인정이 많다고 생각해.

give sth some thought

···을 생각해보다 *give it some thought의 형태로 많이 쓰인다.

- give no thought (to~)
  (···을) 염두에 두지 않다, 신경쓰지 않다

A: I don't know if I can do that. 내가 그걸 할 수 있을 지 모르겠어.

B: Well, just **give it some thought.** 글쎄, 그냥 생각 좀 해봐.

↳ He gave no thought to the topic of his report. 걘 보고서 주제에 대해 신경을 안 써.

↳ You should give it some thought. 넌 그걸 좀 생각해봐야 해.

find sth+형용사

···라고 보인다, ···라고 생각된다 *sth 다음에 형용사 및 ~ing형태를 쓰면 된다.

- find sb[sth] interesting
  ···을 흥미롭게 생각한다
- find sth difficult
  ···이 어렵게 보인다
- find it hard[easy] to do
  ···하는 것을 어렵게(쉽게) 생각한다

A: What's taking so long? 뭐가 그렇게 시간이 걸리니?

B: I'm finding our homework difficult. 숙제가 어려워서.

↳ Jenna found James very interesting. 제나는 제임스가 꽤 재미있다고 생각해.

↳ Jim found hiking up the mountain difficult.
짐은 산에서 하이킹하는게 어렵다고 생각해.

have sth in mind

- have sth serious in mind
  원가 심각한 것을 고려하다
- *cf.* have sth on one's mind
  걱정하다, 지나치게 생각하다

…을 마음속에 생각하고 있다 *이미 원가 결정하였거나 의견을 정한 상태라는 의미

A: Where will the wedding take place? 결혼식 어디에서 할거야?

B: I **have a nice restaurant in mind.** 좋은 식당을 생각하고 있어.

  ↳ Sit down, I have something serious in mind to discuss.
    앉아. 의논할 심각한 일이 있어.

  ↳ Fiona had the trip in mind. 피오나는 그 여행을 떠나려고 생각하고 있었어.

at the thought of

- tremble at the thought of
  …을 생각만 해도 떨린다
- be in one's thought
  …을 …가 생각하고 있다

…라는 생각에, …을 생각하면 *of 다음에는 명사 뿐만 아니라 ~ing가 올 수도 있다.

A: That food was absolutely terrible. 그 음식은 정말로 형편없어.

B: Yeah, I feel sick **at the thought of** it. 그래. 생각만 해도 토할 것 같아.

  ↳ Dorothy trembled at the thought of the argument.
    도로시는 그 논쟁을 생각만해도 가슴이 떨렸어.

  ↳ Your mother is in all of our thoughts. 우리 모두가 네 엄마를 생각하고 있어.

be a good idea to~

- It's a good idea to~
  …하는 것은 좋은 생각이다
- My idea is to~
  내 생각은 …하다

…하는 것은 좋은 생각이다 *to 이하를 하는 게 바람직하다고 말할 경우

A: It would **be a good idea to** leave now.
    지금 떠나는 것은 좋은 생각이야.

B: Let's get out of here together. 같이 여기에서 나가자.

  ↳ I really don't think that's a good idea. 그건 좋은 생각이라고 정말 생각되지 않아.

  ↳ Don't you think it is a good idea to monitor your employees?
    직원들을 모니터 하는 것이 좋다고 생각하지 않니?

have a different opinion

- have a good opinion of
  …을 좋게 생각하다
- have no opinion of
  …에 대한 의견이 없다

생각이 다르다 *서로 생각이나 의견이 다르다고 말할 때

A: Did you tell Stan about your idea? 스탠에게 네 생각을 얘기했니?

B: Yes, but he **had a different opinion** of things.
    그럼. 그런데 걘 생각이 달랐어.

  ↳ Everybody had a different opinion. 모두가 다른 의견을 가지고 있었어.

  ↳ I have no opinion on civil rights. 난 민권에 대해 의견이 없어.

give one's opinion on

- in one's opinion
  …의 생각으로는

…에 대해 의견을 주다 *자기 의견을 말한다라는 뜻으로 on 다음에 의견을 밝혀야 되는 대상을 쓴다.

A: What do you think of going to church?
    예배를 보는 것에 대해 어떻게 생각하니?

B: I don't want to **give my opinion on** that.
    그 점에 대해 의견을 주고 싶지 않아.

  ↳ In my opinion, we need a better boss. 내 의견으로는 우린 좀 더 나은 보스가 필요해.

  ↳ Jesse gave her opinion on the new coat.
    제시는 그 새 코트에 대해 자신의 견해를 밝혔어.

if you ask me

내 생각으로는 *자기 의견을 조심스럽게 말하기 앞서 꺼내는 표현

A: Brett says he can't work any more.
브레트는 더 이상 일할 수 없다고 말해.

B: **If you ask me**, he's just being lazy.
내 개인 의견을 말하자면 걘 너무 게을러.

↳ If you ask me, I'd move in with him. 내 의견을 말하자면 걔 집에 이사하고 싶어.

↳ If you ask me, she is dying to get people's attention.
내 의견을 말하자면 걘 사람들의 관심을 끌려고 안달이야.

the way I see it

내가 보기엔 *어떤 판단을 함에 있어 자기 생각임을 한정지어 말할 때

- the way I look at this is
  내가 보기에는 …이다
- from what I've seen
  내가 본 바로는

A: George just got a visa for England.
조지는 방금 영국 입국 비자를 받았어.

B: **The way I see it**, he plans to move there.
내가 보기엔 걘 영국으로 이주할 계획이야.

↳ From what I've seen, there are many problems. 내가 본 바로는 너무 문제가 많아.

↳ The way I see it, you've got no choice on that.
내가 보기엔 넌 그 문제에 대해 선택의 여지가 없어.

feel that way

그렇게 생각하다 *way는 '방식'이라는 단어로 that way는 '그런식,' '그렇게'라는 말

- feel that way about~
  …에 대해 그렇게 느끼다
- look at differently
  다르게 생각하다

A: I think you're the most beautiful woman in the world.
난 네가 이 세상에서 가장 아름다운 여자라고 생각해.

B: Really? I'm surprised you **feel that way**.
정말? 그렇게 생각하다니 놀랍군.

↳ I'm not at all surprised they feel that way.
걔들이 그렇게 생각한다고 전혀 놀랍지는 않아.

↳ Not all married women feel that way. 결혼한 여성들이 모두다 그렇게 생각하지는 않아.

what's sb like?

…가 어때? *…의 성격이나 성질이 어떠냐고 물어보는 표현

- What's sb look like?
  A의 외양(겉모습)이 어때?

A: **What's your new professor like?** 새로운 교수는 어떠니?

B: He's smart and he makes us work hard.
똑똑한데 우리한테 공부를 많이 시켜.

↳ What's your brother look like? 네 남동생은 어떻게 생겼니?

↳ What does Frank look like? Is he cute? 프랭크는 어떻게 생겼니? 귀엽니?

---

what~ like? vs. what ~ look like?

What is+명사+like?는 한마디로 How is+명사?에 해당하는 의미로 '명사'가 어떠냐고 물어보는 표현이다. What does+명사+look like?라는 표현과 종종 비교되는 것으로 잘 알려져 있다. "What is+명사+like?"는 사람이나 사물의 성격이나 성질이 어떤지 물어보는 것이고 "What does+명사+look like?"는 단순히 「외관」(appearance)이 어떤 모습을 물어보는 것으로 의미가 다르다. 예로 What is your new house look like?하면 집의 외양이 어떤지 물어보는 것이고 "What is your new house like?"하면 집이 살기에 괜찮은 지 등을 물어보는 표현이다.

consider ~ing

consider

- consider ~ing
  …을 고려하다
- all things considered
  모든 상황을 고려하면

고려하다 *think carefully과 같은 뜻이며 consider 다음에는 명사 아니면 ~ing가 온다.

A: What should I do with these extra clothes?
이 여분 옷들을 어떻게 할까?

B: **Consider** giving them away. 버리는 걸 고려해봐.

↳ All things considered, you had fun tonight. 모든 걸 고려할 때 넌 오늘 밤 즐긴 거야.

↳ I'm considering leaving your father. 난 네 아버지로부터 떠날 걸 고려 중이야.

take sth into consideration

- give sth a lot of consideration
  …에 대해 많은 고려를 하다

…을 고려하다, 참작하다 *sth를 consideration 안으로 집어넣는다는 말

A: You should try to become a lawyer. 넌 변호사가 되려고 노력해야 해.

B: I'll **take your advice into consideration**. 네 충고를 고려해 볼 게.

↳ She gave the job offer a lot of consideration. 걘 그 직장 제안에 대해 많이 고려했어.

↳ I'll take your arguments into consideration. 네 주장을 고려해 볼 게.

take sth into account

- take account of sth
  …을 고려하다

고려하다 *뭔가 판단이나 결정할 때 어떤 요소들을 고려한다는 의미

A: Did Bill follow your suggestions? 빌이 네 제안들을 따라주었니?

B: No, but he **took them into account**. 아니. 그렇지만 고려는 했어.

↳ Olga should take the future into account. 올가는 미래를 고려사항에 넣어야 해.

↳ That's the first thing you have to take into account.
그게 바로 네가 고려해야 할 첫 번째 일이야.

after careful consideration

심사숙고결과 *말 그대로 뭔가 결정을 하기 앞서 생각을 많이 했을 때

A: What did you decide to do? 넌 뭘 하기로 결정했니?

B: **After careful consideration**, we decided to buy it.
신중한 고려 끝에 그걸 매수키로 했어.

↳ After careful consideration, here's what I've decided.
심사숙고끝에 결정을 내렸다.

↳ After careful consideration, I've decided that I'm getting married.
신중한 고려 끝에 결혼하기로 결정했어.

be under consideration

- in consideration of
  …을 고려하여

고려 중이다, 검토 중이다 *be under 하에 있다는 건 아직 결정을 하지 못했다는 얘기

A: Have they accepted my new idea?
걔들이 새로운 내 아이디어를 받아들였어?

B: No, it's **under consideration** right now. 아니. 지금 고려 중이래.

↳ We can't help you, in consideration of everything. 모든 걸 고려해보니 널 도와줄 수 없어.

↳ A new highway is now under consideration. 새로운 고속도로건설을 현재 검토중야.

think over

think over

- think over sth
  …을 신중히 생각하다
- think it[things] over
  신중히 생각하다
- think twice
  두 번 생각하다

신중히 생각하다 *결정에 앞서 신중히 생각한다는 의미로 think twice라 해도 된다.

A: I need to **think over** my choices. 난 내 선택에 대해 생각해볼 필요가 있어.

B: You'll have to decide soon. 넌 조만간 결정해야만 할 거야.

↳ You think it over. Call me back. 신중히 생각해봐. 전화해.

↳ You need to **think carefully** before starting your own business.
자영업을 시작하기 전에 신중하게 생각해야 해.

have second thoughts

- have second thoughts
  about+N[~ing]
  …에 대해 재고하다
- Don't give it a second
  thought
  걱정하지마

다시 생각하다 *이미 내린 결정에 회의를 갖고 다시 생각한다는 말로 변심을 예고하는 것

A: **Don't give it a second thought.** I'm always glad to help.
걱정하지 말아요. 언제나 기꺼이 도와드리죠.

B: Thanks so much. 정말 고맙습니다.

↳ We had second thoughts about renting the apartment.
아파트임대문제를 재고했어.

↳ Jim is having second thoughts about going to China.
짐은 중국 방문문제에 대해 다시 생각하고 있어.

on second thought

다시 생각해보니 *역시 변심했을 때 꺼내는 말

A: Let's go out to eat at a restaurant tonight. 오늘 밤 외식하자.

B: **On second thought,** we should stay home and save money. 다시 생각해보니 집에 남아 돈을 절약해야 해.

↳ On second thought, she decided to move. 다시 생각한 끝에 걘 이사하기로 결정했어.

↳ On second thought, we should call Brad. 다시 생각해보니 우린 브래드를 불러야만 해.

reconsider

- reconsider one's decision
  …의 결정을 재고하다
- reconsider one's plans
  …의 계획을 재고하다

재고하다 *결정한 내용에 재고한다는 말로 주로 plan, decision 등의 명사가 목적어로 온다.

A: The accident made me **reconsider** my plans.
그 사고로 내 계획을 재고하게 되었어.

B: Did you decide to do something else? 다른 것을 하기로 결정했니?

↳ Take some time to reconsider your decision. 네 결정을 재고할 시간을 좀 둬라.

↳ I'll need to reconsider the offer you made. 네가 한 제의를 재고할 필요가 있을 거야.

sleep on it

- let me sleep on it
  그것에 대해 좀 더 깊이 생각해볼게
- need more time to think
  생각할 시간이 좀 더 필요하다

…깊이 생각하다 *'it' 위에 누워서 잔다는 말로 하루 밤 더 생각해본다는 의미

A: So, did you decide to rent the apartment?
그래서 그 아파트를 임대하기로 결정했니?

B: I need to **sleep on it** before making a decision.
결정하기 전에 깊이 생각해볼 필요가 있지.

↳ Let me sleep on it and give you an answer tomorrow.
깊이 생각해보고 낼 답줄게.

↳ Jill needs more time to think your proposal. 질은 네 제안을 생각할 시간이 더 필요해.

take A for B

consider A (as) B

A를 B로 간주하다, 생각하다 *consider의 경우 'as'는 생략가능하다.

- consider yourself lucky
  너희들 운 좋은 줄로 알아라
- consider oneself (to be) sth
  …로[한 걸로] 생각하다
- consider oneself lucky
  [fortunate] 운좋다고 생각하다

A: Have you known Tim a long time? 넌 팀을 오랫동안 알고 지냈니?

B: I **consider** him my best friend. 난 걔를 가장 친한 친구로 간주하고 있어.

↳ Consider yourself lucky for avoiding the work. 그 일 피한거 운 좋은 줄로 알아.

↳ She **considers** chocolate the best flavor. 걘 초코렛을 가장 좋은 맛으로 간주해.

regard A as B

A를 B로 간주하다, 여기다 *'A'의 자리에는 사람이나 사물 다 올 수 있다.

- regard sb[sth] as sth
  …을 …로 간주하다
- be widely regarded as
  …로 널리 간주되다
- be (highly) regarded
  (높이) 간주되다

A: I **regard** Alfred **as** a genius. 난 알프레드를 천재로 여겨.

B: Yes, he's the smartest guy in class. 그럼, 학급에서 가장 똑똑해.

↳ Most people regard artwork as worthwhile. 대부분 미술품은 살 가치가 있다고 여겨.

↳ He regarded the meeting as a waste of time. 걘 회의를 시간 낭비로 간주했어.

think of A as B

A를 B로 간주하다, 생각하다 *역시 'A'의 자리에는 사람이나 사물이 올 수 있다

- think of oneself as sth
  자신을 …로 여기다
- think sb (to be) sth[adj]
  …을 …하다고 생각하다
- look upon A as B
  A를 B로 여기다

A: It sure feels cold outside today. 오늘 밖에 날씨가 확실히 춥네.

B: I **think of** winter **as** unpleasant. 난 겨울이 불편하게 생각돼.

↳ They looked upon homework as boring. 걔들은 숙제를 지루한 것으로 여겼어.

↳ We think of ghosts as scary. 우린 유령을 무서운 것으로 생각해.

take A for B

A를 B로 잘못 알다 *이번에는 A를 B로 잘못 생각하고 있을 때 쓰는 표현

- take him for a fool
  그를 바보로 잘못 알다
- What do you take me for?
  날 뭘로 보는 거야?

A: Mr. Johnson has a lot of money. 존슨 씨는 돈이 아주 많아.

B: Really? We **took** him **for** a poor person.
정말? 우린 걔를 가난한 사람으로 잘못 알았어.

↳ They took Cami for a fool. 걔들은 카미를 바보로 잘못 여겼어.

↳ I took his story for a lie. 난 걔 이야기를 거짓말로 잘못 생각했어.

come across as

…로 간주되다 *come across는 '우연히 만나다'이지만 as+형용사[~ing]가 붙으면 '…로 생각되다'가 된다.

- come across as+형용사[~ing]
  …로 생각되다
- deem as
  …로 여기다, 간주되다

A: Why did you get angry at Rachel? 왜 레이첼에게 화가 났니?

B: She **came across as** very unkind. 걔가 아주 불친절하게 여겨졌어.

↳ Taylor came across as being very self-confident.
테일러는 아주 자신만만한 것으로 보였지.

↳ Aaron was deemed as being the best student. 아론은 최고 학생으로 간주되었어.

05 갑자기 생각나다
hit on

occur to sb that

…에게 …라는 생각이 떠오르다 *It occurred to me that~의 형태로 쓰인다.

- It occurred to me that
  나에게 …라는 생각이 갑자기 떠올랐다
- It never occurred to me that
  내게 …라는 생각이 결코 떠오르지 않았다

A: **It occurred to me that** Bill doesn't have his cell phone.
빌이 핸드폰을 놓고간 게 갑자기 생각났어.

B: You're right, hopefully we don't have to get in touch with him. 맞아, 빌에게 연락할 일이 없어야 할텐데.

↳ It occurred to me I've made sacrifices over the past six years.
지난 6년간 내가 희생을 해왔다는 생각이 떠올랐어.

↳ It suddenly occurred to me Tom was using me all that time.
탐이 나를 항상 이용하고 있었다는 생각이 불현듯 떠올랐어.

dawn on sb that~

갑자기 …라는 생각이 나다 *역시 주로 It dawned on me that~ 의 형태로 쓰인다.

- it dawned on me that S+V
  내게 …라는 생각이 났다
- it dawned on her that S+V
  걔한테 …라는 생각이 들었다

A: Why did Karen quit her job? 왜 카렌이 직장을 그만 두었니?

B: **It dawned on her that** she was wasting her time.
걘 자신이 시간을 낭비하고 있다는 생각이 들었나봐.

↳ It dawned on me that I forgot my wallet. 내가 지갑을 잃어버렸다는 사실을 깨달았어.

↳ It dawned on her that she missed her appointment.
걘 예약을 놓쳤다는 생각이 들었어.

hit on

…한 생각이 떠오르다, 생각해내다 *불현듯 생각난다는 의미로 사람이 주어로 온다.

- hit on a new idea
  새로운 아이디어가 불현듯 떠오르다

A: How did you figure out the math problem?
그 수학문제를 어떻게 알아냈니?

B: We **hit on** the answer after a few hours.
우린 몇 시간 이후에 답을 생각해냈어.

↳ He hit on a new idea at the meeting. 걘 회의에서 새로운 아이디어를 생각해냈어.

↳ I hit on the plan of creating a website. 웹사이트를 만드는 계획이 떠올랐어.

come to mind

…라는 생각이 들다 *갑자기 뇌리에 떠오르다라는 뜻을 갖는 표현

- come to think of
  그러고 보니, 이제 생각해보니
- bring[call]~ to mind
  …를 떠올리다

A: That law firm is full of nothing but ambulance chasers.
그 법률 사무소에는 질 낮은 변호사밖에 없어.

B: **Come to think of it,** they do have a bad reputation.
보니 걔네들 평판이 나빠.

↳ You can say the first thing that comes to mind. 제일 먼저 떠오르는 생각 말해봐.

↳ Come to think of it, you should take a day off. 생각해보니 너 하루를 쉬어야 해.

make sb think of

…에게 무슨 생각이 들게 하다 *갑자기는 아니고 어떤 사물[사람]을 보고 생각난다는 의미

- It got me thinking of[that]~
  내게 …라는 생각이 들게 했다

A: It is so beautiful outside today. 오늘 밖이 무지 아름다워.

B: **It makes me think of** last summer. 지난 여름을 생각나게 하네.

↳ It got me thinking that he could become a doctor.
걘 의사가 될거라는 생각이 들었어.

↳ You made me think that you still loved me. 네가 여전히 날 사랑한다는 생각이 들게 했어.

316 | EASY ENGLISH EXPREESIONS

take a guess

guess that S+V

- guess right[wrong] about
  맞게[틀리게] 추측하다
- guessing game
  추측 게임

…라고 추측하다 *자기 생각을 조심스럽게 말하는 것으로 I think~와 같음

A: **What's gotten into you?** 너 왜 그래?

B: **I guess** I'm just tired of this dumb job.
이 바보 같은 일에 지쳐서 그런가 봐.

↳ She **guessed right about** my age. 걘 내 나이를 제대로 추측했어.

↳ I **guess** you're a little stressed out right now. 지금 너 스트레스 좀 받은 것 같아.

take a guess

- take a guess at~
  …을 추측해보다
- take a guess that S+V
  …라고 추측한다
- Take a guess!
  알아맞춰봐!

추측하다 *guess를 명사로 썼을 때 가장 많이 어울리는 동사는 take이다.

A: **What year of school are you in?** 너 몇 학년에 재학 중이니?

B: **Take a guess. Let's** see if you know. 알아 맞춰 봐, 맞추나 보자.

↳ She **took a guess about** the store's closing time. 걘 가게 문닫는 시간을 추측했어.

↳ You can **take a guess how** old I am. 넌 내가 몇 살인지 추측해 볼 수 있지.

suppose that S+V

- Let's suppose that
  …라고 가정해보자
- I suppose
  …이겠지
- Suppose[Supposing] that
  S+V …라고 가정하다

…라고 추정하다 *그렇지 않길 바라지만 뭔가 사실이라고 추측될 때

A: **Suppose that** we go out together. 같이 외출하면 어떨까?

B: Oh, I don't think that's a good idea. 오, 그건 좋은 생각 같지 않아.

↳ Let's **suppose that** he is coming tonight. 걔가 오늘 밤 온다고 가정해보자.

↳ Do you **suppose that's** real? 그것이 진짜라고 추정하니?

must have+pp

- must be
  …임에 틀림이 없다

…했음에 틀림없다 *과거에 그랬을거라고 확신에 찬 추측을 말할 때

A: I'm about to buy a brand new house. 난 완전 새 집을 구매하려고 해.

B: Really? You **must be very excited.** 정말? 흥분되겠네.

↳ You **must have been** busy preparing all of this food.
이 모든 음식을 준비하느라 바빴음에 틀림 없어.

↳ He **must have lost** his keys sometime this afternoon.
그는 오늘 오후쯤 열쇠를 잃어버렸음에 틀림 없어.

should be[do]

…하게 될거야 *예상을 하거나 가능성을 말할 때

A: I can't wait to see the results of the test.
시험 성적을 알고 싶어 죽겠어.

B: They **should be** here by Monday. 월요일까지는 알게 될 거야.

↳ We **should be** in the city by nine. 우린 9시까지 시내에 도착해 있을 거야.

↳ The waiter **should be** bringing us our meal soon.
웨이터가 우리 음식 곧 가져올텐데.

~ than I thought

be expected to

…할 것으로 예상된다 *expect가 수동태로 쓰인 경우로 to 다음에는 동사원형이 온다.

- expect that S+V
  …라고 예상하다
- expect (A) to do
  (A가) …할 것으로 기대[예상]되다

A: It's **expected to** be sunny today. 오늘 해가 날 것으로 예상돼.

B: Great. Let's do something outside. 좋아. 밖에 나가서 뭐라도 하자.

↳ The nurses say you're **expected to** make a full recovery.
간호사들은 네가 완전히 회복될거라고 말해.

↳ Don't **expect that** to happen anytime soon! 그 일이 조만간 일어날 것으로 예상하지마!

↳ I **expect** Pam **to** arrive any moment in his new BMW.
팸이 곧 새로 산 BMW를 타고 도착할거야.

come to expect

기대하게 되다 *기대에 반대로 못 미친다면 fall short of를 사용한다.

- exceed one's expectations
  …의 기대를 초과하다
- beyond one's expectations
  …의 기대를 넘어서
- meet the expectations
  기대에 충족하다

A: Kelly is never on time for appointments.
켈리는 결코 약속시간을 지키지 않아.

B: We've **come to expect that** she'll be late.
우린 걔가 늦을 거라고 예상하게 되었어.

↳ It's **exceeded** all my **expectations**. 이건 내 기대를 넘어섰어.

↳ Women have **expectations**. And you didn't **meet** them.
여성들은 기대감을 갖고 있어. 넌 그 기대감을 충족시키지 못했어.

have expectations

기대감을 갖다 *expect의 명사형을 사용한 표현으로 expectations의 구체적 내용은 that S+V로 말한다.

- have the expectation of [that S+V]
  …라는 기대를 갖다
- be filled with expectations
  기대감으로 가득 차다

A: Your son seems to be really smart.
네 아들은 정말로 똑똑한 것처럼 보여.

B: We **have expectations** he'll become a scientist.
우린 걔가 과학자가 될 것이라고 기대하고 있어.

↳ Sam **has expectations** she'll become rich. 샘은 부자가 될 거라는 기대감을 갖고 있어.

↳ I happen to know that Will **has** really high **expectations** for this
birthday. 윌이 이번 생일에 정말 큰 기대를 하고 있다는 걸 우연히 알게 됐어.

~ than I thought

생각했던 것 보다 *주로 앞에는 비교급 형용사나 부사가 오고, thought 대신 imagined를 써도 된다.

- harder than I thought
  내 생각보다 더 어려운
- better than I thought
  내 생각보다 더 나은

A: Your apartment is bigger **than I thought.**
네 아파트는 내가 생각한 것보다 더 크구나.

B: Yeah, there's a lot of room in here. 그래, 여기 공간이 많이 있네.

↳ You're not stupid. You're meaner **than I thought.**
넌 멍청하지 않아. 내 생각보다 넌 더 야비해.

↳ My teacher is a lot smarter **than I imagined.** 선생님이 내 생각보다 훨씬 더 똑똑하셔.

~ than I expected

내가 예상했던 거 이상으로 *expected 대신 had expected라 해도 된다.

• ~ as you expected
  네가 예상한 것 처럼

A: How was your date last night? 어제 밤 네 데이트가 어떻게 됐니?

B: She was more cute **than I expected.**
   걘 내가 예상했던 것 보다 더 예뻤어.

↳ That's actually **less than I expected** it would be. 내가 예상했던 것보다 적은데.

↳ Isn't it **as good as you expected**? 생각했던 것만큼 좋지가 않니?

~than sb bargained for

…가 예상한 것 이상으로 *bargain for sth하면 '예상하다'라는 의미

A: Did you buy a new notebook computer?
   새로운 노트북 컴퓨터를 구입했니?

B: Yes, it was more expensive **than I bargained for.**
   그래. 내가 예상한 것보다 더 비쌌어.

↳ The trip was longer **than we bargained for.** 여행은 우리가 예상한 것 이상으로 길었어.

↳ The movie was funnier **than she bargained for.**
   영화는 걔가 예상한 것보다 더 재미있었어.

not hold one's breath

기대하지 않다 *숨죽이고 기대하는데 그렇지 않다는 이야기는 기대하지 않는다라는 말

A: I'm going to be very rich someday. 난 언젠가 아주 부자가 될 거야.

B: Yeah, **don't hold your breath** for that to happen.
   그래. 다만 꼭 그렇게 기대하지는 마.

↳ **Don't hold your breath** for the economy to improve.
   경제가 증진될 걸로 기대하지 마라.

↳ If you are waiting for him to apologize, **don't hold your breath.**
   그가 사과하기를 기다린다면, 기대하지 마라.

expect가 임신?

「기대하다」라는 기본동사로 주로 쓰이는 구문형태는 expect sb[sth] to do와 수동형인 「…하기로 되어 있다」라는 의미인 be expected to do 형태이다. 또한 expect에는 우리의 뒤통수를 치는 의외의 의미가 있는데 출산에 관련되는 것으로 She's expecting a baby는 「임신했다」라는 뜻이고 「임산부」는 expectant mother라고 한다.

believe in

believe that S+V

…라고 믿다 *가장 빈출 표현으로서 수동태로는 be believed to로 표현

- believe it or not
  믿거나 말거나
- It's believed that[to be~]
  …라고 믿어지다

A: **Do you know where mom is?** 엄마가 어디에 계신지 아니?

B: **I believe that** she is cooking something.
  뭔가를 요리하고 계신 줄로 믿어요.

↳ He believed that the car would be fast. 걘 그 차가 빠르다고 믿었어.

↳ I believe that we should all support our boss. 모두 보스를 지지해야 한다고 믿었어.

believe in

…을 믿다 *have faith in과 같이 '…에 믿음을 가지고 있다'는 의미

- believe in God
  신의 존재를 믿다

A: **I don't believe in our boss.** 난 보스에 대해 믿음이 없어.

B: **I know. I don't trust him either.** 알아. 나도 보스를 신뢰하지 못해.

↳ Do you believe in ghosts? 유령이 있다고 생각해?

↳ Is it still possible to believe in love at first sight?
  아직도 첫 눈에 반한다는 걸 믿을 수 있나?

trust sb

…를 신뢰하다 *trust sb to do이면 '…가 to 이하를 한다고 믿는다'라는 의미

- trust sb to do
  누가 …하는 것을 신뢰하다
- trust sb at one's word
  …의 말을 믿다
- trust that S+V
  …를 믿는다

A: **Is Will taking care of that work?** 윌이 그 일을 맡을 수 있을까?

B: **Yeah, I trust him to do a good job.** 그럼. 걔가 잘 할 것으로 신뢰해.

↳ I'm sorry, but I don't trust you guys. 미안하지만 너희들 믿지 않아.

↳ I'm going to trust you to break up with Jessica.
  네가 제시카와 헤어질 것으로 믿을게.

depend on

…에(을) 의지하다, 의존하다 *on 다음에 의지하는 사람이나 사물을 쓰면 된다.

- depend sb on sth
  …에 대해 …을 의지하다
- depending on
  …에 따라
- It depends.
  상황에 달려있지.

A: **Could you tell me where the closest subway station is?**
  제일 가까운 지하철역이 어딘가요?

B: **It depends.** Where do you want to go?
  경우에 따라 다르죠. 어디에 가실 건데요?

↳ I have a responsibility to those who depend on us.
  난 우리를 의존하고 있는 사람들에게 책임감을 갖고 있어.

↳ I usually read a book each month, depending on how busy I am.
  얼마나 바쁘냐에 따라 다르지만, 나는 대체로 매달 한 권 정도의 책을 읽어요.

count on

…을 믿다 *역시 on 다음에는 사물이나 사람이 올 수 있다.

- count on (A) ~ing
  (A가) …하기를 기대하다, 예상하다
- count on A to do
  A가 …하기를 기대하다
- rely on
  의지하다

A: **Please get it done right away.** 지금 당장 이것 좀 해줘.

B: **Don't worry, you can count on me.** 걱정 마. 나만 믿어.

↳ You can count on me for a good recommendation.
  내가 너한테 좋은 추천서를 써줄게.

↳ I feel like I can count on him. 난 걔한테 의지할 수 있다고 느껴.

fall back on

…을 의지하다 *어려운 상황에서 기댈 사람이나 사물을 말한다.

A: How is your family doing? 네 가족이 어떻게 지내니?

B: It's lucky we have extra money to **fall back on.**
의지할 자금이 추가로 있어 운이 좋아.

↳ You have good friends to fall back on. 넌 의지할 좋은 친구들이 있어.

↳ She fell back on her good reputation. 걘 자신의 좋은 명성에 의존했어.

have faith in

…을 믿다 *faith는 강한 신뢰감을 말하는 것으로 in 다음에 사람이나 사물이 온다.

- have no faith in
  …을 믿지 못하다
- put a lot of faith in
  …에 큰 신뢰를 보내다

A: Is Erin a good carpenter? 에린은 유능한 목수니?

B: I **have faith in** her ability to build things.
난 걔가 물건을 만드는 능력에 대해 믿음이 있어.

↳ I know you put a lot of faith in me, Jim.
짐, 네가 나한테 큰 신뢰를 갖고 있다는 점을 알고 있어.

↳ My father doesn't have any faith in me.
우리 아빠는 나한테 아무런 신뢰를 갖고 있지 않으셔.

lose faith in

…을 믿지 않다 *이번에는 반대로 …에 대해 신뢰를 잃었다고 할 땐 lose동사를 쓴다.

A: Are you still friends with Aurora? 오로라와 여전히 사귀고 있니?

B: No, I **lost faith in** her when she lied to me.
아니, 걔가 나한테 거짓말을 했을 때 신뢰를 잃었어.

↳ Don't lose faith in your parents. 네 부모님에 대한 신뢰를 잃지 마라.

↳ Jenny lost faith in the church she attended.
제니는 다니던 교회에 대해 신뢰를 잃어버렸어.

buy (one's story)

(…의 이야기를) 받아들이다 *주로 'can't hardly buy your story'라는 표현으로 사용

- I don't buy it.
  못 받아들이겠어.

A: Like I said, the train was delayed. 내가 말한대로 기차가 지연되었어.

B: Well, I **don't buy it.** 글쎄, 못 믿겠어.

↳ I don't buy her story about being kidnapped.
걔가 납치되었다는 스토리를 믿기 어려워.

↳ When he says he's a genius, I don't buy it. 걔가 자기가 천재라고 말할 때 난 안 믿어.

hope to

hope to

- hope for
  …을 바라다
- hope so[not]
  그러기를[아니기를] 바란다

…을 바라다 *I hope S+V는 I wish S+V와 달리 충분히 일어날 가능성이 있는 일을 바랄 때 사용한다.

A: Thank you for the gift you sent on my birthday.
내 생일에 보내준 선물 고마워.

B: Oh, it was my pleasure. **I hope** you like it.
뭘 그런 걸 갖고. 네 맘에 들었으면 좋겠다.

↳ **We hope** they will attend our party. 걔들이 우리 파티에 참석할 것을 바래.

↳ The win-win situation is what we all **hope for**.
윈윈 상황은 바로 우리 모두가 바라던 거야.

have hope for

- have high hopes for
  …에 큰 희망을 갖다
- have any hope of ~ing
  …할 조그만 희망을 갖다

…에 희망을 갖다 *hope 앞에 high나 big을 써서 high hopes나 big hopes라 해도 된다.

A: You lost a lot of money this year. 넌 금년에 많은 돈을 잃었어.

B: I **have hope for** a better time next year.
내년에 상황이 나아지길 희망해.

↳ I **have big hopes for** her. She's going to be a doctor.
난 걔한테 큰 희망을 가지고 있어. 걘 의사가 될 거야.

↳ I **had high hopes for** a relationship with you. 난 너와의 관계에 큰 기대를 했어.

↳ Mom **hasn't any hope of** starting a relationship with him.
엄마는 그와 관계를 시작하려는 어떤 희망도 갖고 있지 않아.

there is hope of

- there is hope of ~ing
  …할 희망이 있다
- there is no hope of ~ing
  …할 희망이 없다

…할 희망이 있다 *of 다음에 명사나 ~ing가 온다.

A: An airplane crashed near the mountain.
비행기 한 대가 산 근처에 충돌했어.

B: **There is hope of** rescuing some people.
일부 사람을 구조할 희망이 있어.

↳ **There is no hope of** getting an A in the class. 학급에서 A 학점을 받을 희망이 없어.

↳ **There is hope of** finding the wallet you lost. 네가 잃어버린 지갑을 찾을 희망이 있어.

in hopes of~

- in hopes that S+V
  …라는 희망에서
- hopefully, A will~
  희망컨대 A가 …길 바란다

…의 희망에서, …의 희망을 가지고 *of 대신 that S+V을 쓰기도 한다.

A: Stanley and Jennifer are dating now.
스탠리와 제니퍼가 지금 데이트 중이야.

B: She is dating him **in hopes of** getting married.
걘 결혼할 희망에서 데이트하고 있는 거야.

↳ We came **in the hopes that** we'd meet your parents.
우린 네 부모님을 만나려는 희망에서 왔어.

↳ **Hopefully**, Lindy will be home soon. 희망컨대 린디가 조만간 집에 오길 바래.

wish to

…을 소원하다 *hope to와 달리 좀 형식적이고 공식적 상황에서 자주 쓰인다.

- wish sb sth
  …에게 …을 빌다
- I wish you the best
  네가 잘되기를 소원한다
- make a wish (for)
  소원을 빌다

A: I'll be starting my new job next week. 다음 주부터 새 직장에 출근해.

B: **I wish** you all the best at your new job.
새 직장에선 모든 게 잘 되길 빌어.

└ We **wish to** apologize for the late arrival of this train. 기차 연착을 사죄 드립니다.

└ I **wish** you good luck. 행운을 빌어.

look forward to

…를 기대하다 *학수고대한다는 의미로 to 다음에는 명사나 동사의 ~ing가 온다.

- look forward to meeting with you
  당신과 만나기를 고대한다

A: I'll give you a call when things cool down.
일이 좀 정리되면 제가 전화하겠습니다.

B: **I look forward to** hearing from you. 그럼 연락 기다릴게요.

└ I **look forward to** talking with you this afternoon.
오늘 오후에 당신네들과 얘기하기를 기대합니다.

└ I'm **looking forward to** English class. 난 영어수업이 기다려져.

dream of

…을 꿈꾸다, 희망하다 *꿈꾸는 내용은 of sth이나 of ~ing로 말하면 된다.

A: I **dream of** working in the movie business.
난 영화계에서 일하기를 꿈꾸고 있어.

B: You should take film classes at university.
넌 영화수업을 대학에서 수강해야 해.

└ Sal **dreams of** owning his own shop. 샐은 자신의 가게를 소유하겠다는 꿈을 꿔.

└ In fact, little girls **dream of** big, white weddings.
사실상, 어린 소녀들은 크고 순백의 결혼식을 꿈꾸지.

hope를 쓸까, 아니면 wish를 쓸까?

hope와 wish는 모두 to 부정사를 목적어로 취할 수 있는데, wish to의 경우는 다분히 형식적이고 공식적인 상황에서만 쓰인다. 다만 12월이면 흔히 듣게 되는 "I wish you a merry Christmas"는 I wish you + 명사 구문으로 이때의 I wish는 I hope와 동일한 뜻을 지닌다.

하지만 I wish that~과 I hope that~ 의 경우는 좀 다르다. 모두 「소망」이나 「희망」을 말하는 표현이지만 I wish ~는 화자의 현재나 과거 사실과 반대되는 상황, 즉 당시로서는 거의 일어날 가능성이 없는 일을 바랄 때 I wish (that) + S + V ~ 의 형태로 쓰이는데, 이때 that 이하의 동사는 반드시 과거 내지 과거완료 시제가 되어야 한다. If 주어~로 시작되는 가정법 구문이 입에 배지 않은 사람은 차라리 이 간단한 I wish ~를 활용해도 좋다. 예를 들어 가정법 과거문장인 "If I knew his number, I would phone him"을 I wish를 써서 "I wish I knew his number"라고만 해도 「지금 그의 전화번호를 전화를 몰라서 할 수가 없는」 상황의 안타까운 마음이 충분히 전달된다. 반면, I hope (that) S + V ~는 충분히 있을 수 있는 일, 즉 일어날 가능성이 있는 일을 바라는 것으로, I wish ~와는 달리 동사의 시제가 현재 내지 현재완료 시제가 되어야 한다. "We hope you all have a very merry Christmas"와 같이 말이다.

take charge of

be responsible for

…에 책임이 있다   *for 다음에는 책임질 일이, to 다음에는 책임질 사람을 쓰면 된다.

- be responsible to sb
  …에 책임이 있다
- hold[find] sb responsible for sth
  …의 책임이 …에게 있다

A: My mother-in-law **was responsible for** breaking up our marriage. 시어머니가 우리 결혼을 깨트린 책임이 있었죠.

B: How did she do that? 시어머니가 뭘 했는데?

↳ I don't **hold her responsible for** the accident.
  걔에게 그 사건의 책임이 있다고 생각하지 않아.

↳ We all should **be responsible for** our own children.
  우리 모두는 우리 자녀들에 대해 책임을 져야만 해.

take responsibility for~

…의 책임을 지다   *take full[complete] responsibility for~는 주어가 전적인 책임을 지겠다는 의미

- share the responsibility of ~ing
  …하는 책임을 공유하다
- accept responsibility for~
  …에 대한 책임을 지다

A: You need to **take responsibility for** your mistakes.
  네 실수에 대해 책임을 질 필요가 있어.

B: But I didn't do anything wrong. 그런데 난 아무런 잘못을 하지 않았어.

↳ You have to **take full responsibility for** your behavior.
  넌 네 행동에 대해 전적인 책임을 져야 해.

↳ We **take some responsibility for** whatever our child does.
  우린 자녀가 무엇을 하든지 간에 일부 책임을 지죠.

take charge of

…의 책임을 지다, 통제권을 가지다   *charge 대신에 control을 사용해 take control of라 해도 된다.

- take control of
  …을 책임지다

A: Our boss is out sick this morning. 보스가 오늘 아침 아파서 결근했어.

B: OK, I'll **take charge of** the office. 오케이, 내가 사무실을 책임질게.

↳ I **took control of** the business when my father died.
  아빠가 돌아가셨을 때 난 사업을 책임졌어.

↳ Sally will **take charge of** planning the party. 샐리는 파티를 기획하는 책임을 질 거야.

be in charge of

…을 담당하다, 책임지다   *회사의 한 부서나 진행하고 있는 프로젝트 등 뭔가 책임지고 있을 때

- be in full charge of
  …의 완전한 책임을 가지고 있다

A: Who's **in charge of** buying the supplies?
  소모품 구입 담당자가 누구죠?

B: The secretary is getting all of that stuff.
  그런 물건들은 다 비서가 구입하고 있어요.

↳ Who is **in charge of** customer service? 고객 서비스를 담당하는 분은 누구죠?

↳ I'd like to talk to the person **in charge of** parking permits.
  주차권 담당자와 얘기하고 싶은데요.

take on

(일, 책임 따위를) 맡다 *따라서 역시 목적어로는 work나 responsibility가 주로 온다.

A: **Can you help me with decorating?** 내가 장식하는데 도와줄 수 있니?

B: **Sorry, I can't take on any extra work.**
미안, 난 어떤 추가적인 일도 맡을 수가 없어.

└ We **took on** a few new students in class. 우린 수업에 새로운 학생 몇 명을 받았어.

└ She's all set to **take on** more responsibility in the office.
걘 사무실에서 더 많은 책임을 맡을 준비가 되어 있어.

take over

떠맡다, 양도받다 *뭔가를 책임진다는 의미로 take control of와 같은 뜻이다.

- take over sth
  …을 떠맡다
- take sth over
  …을 떠맡다

A: **I'm going to take over as class president.**
난 학급 반장 직을 떠맡을 거야.

B: **Did you win a student election?** 학생 선거에서 승리했니?

└ Who is going to **take over** the company? 누가 회사를 인수할 거니?

└ You can **take over** the meeting. 네가 회의를 맡을 수 있어.

take the blame

책임을 지다 *특히 비판이나 비난에 대한 책임을 받아들이고 진다는 의미.

- take the blame for sth
  …에 대한 책임을 지다

A: **Who caused the car wreck?** 누가 차 충돌사고를 일으켰니?

B: **Brody took the blame for the accident.**
브로디가 그 사고에 책임이 있어요.

└ You should **take the blame** for that problem. 네가 그 문제에 대해 책임을 져야 해.

└ I **took the blame** when I spilled the wine.
내가 포도주를 흘렸을 때 내가 잘못했다고 했어.

짜증나는 charge, 그냥 차징해버릴까...

영어가 어려운 이유중의 하나는 단어때문일 것이다. 특히 우리 눈에 지조없이 이뜻 저뜻을 갖는 일부 몰지각한 단어가 그 주범이다. 물론 그 심층(deep)의 출발점은 하나이겠지만 영어를 외국어로 배우는, 그래서 결과적인 표면(surface)만을 보게 되는 우리들로서는 여간 혼란스러운 것이 아니다.

여기서 설명하는 charge라는 단어도 머리를 복잡하게 하는 단어일 것이다. 동사인 「요금을 청구하다(ask in payment)로부터 시작해서 「신용카드로 물품을 구입하다」(buy something with credit)라는 것 뿐만 아니라 「기소하다, 비난하다」(accuse), 「공격하다」(attack)를 거쳐 「명령하다, 책임을 주다」(give as a duty or responsibility), 마지막으로 「충전하다」(take in and store electricity)에 이르기까지 많기도 많다.

여기 나오는 'in charge of'에서 charge는 「책임을 주다」에서 파생된 것으로 'care, control, responsibility' 등의 의미이며, 뜻은 「~의 책임자이다」(have the responsibility for)이다. of 다음의 목적어로는 사물 뿐만 아니라 사람도 올 수 있다.

sales department 매니저가 출장을 가서 부장이 영업팀을 책임지게 되었을 경우, "The sales department is in(under) my charge while the manager is away." 또는 주어를 사람으로 해서 "The director is in charge of the sales department while~ "으로 말할 수도 있다. 신입사원들만 사무실을 지키고 있고 책임자의 자리가 비워져 있자 지나가다 이 모습을 본 사장이 소리를 고래고래 지른다. 「누가 여기 책임자인가?」(Who is in charge of the office?)

응용표현으로는 「책임자와 이야기를 하고 싶다」고 할 때 "I'd like to speak to the person in charge," 「책임을 떠맡다」라고 할 때는 'take charge of'를 쓴다. 남편이 죽자 가업을 떠맡은 부인을 보고 "She took charge of the family business after her husband died"라 말할 수 있다.

have a duty to

have a duty to

- have a duty to sb
  …에 책임이 있다
- have a duty to do
  …할 의무가 있다
- fulfill one's duty to
  …할 의무를 다하다

할 의무가 있다 *duty는 법적 혹은 도덕적으로 해야 하는 일을 말한다.

A: A guy in my office is stealing supplies.
  내 사무실에 있는 친구 하나가 학용품을 훔쳐.

B: You **have a duty to** tell someone about it.
  넌 누군가에게 그걸 말할 의무가 있어.

↳ Policemen have to **fulfill their duty to** protect people.
  경찰은 사람들을 보호할 의무를 다해야만 해.

↳ She **has a duty to** protect her children. 걘 자녀들을 보호할 의무를 갖고 있어.

be obliged to

- under the obligation to
  …할 의무가 있다

…할 의무가 있다 *formal한 표현으로 be 대신에 feel을 써도 된다.

A: You met up with Ann last night? 너 어제 밤 앤하고 만났지?

B: Yeah, I **was obliged to** buy her dinner.
  응, 난 걔한테 저녁을 살 건이 있었어.

↳ I think we're **obliged to** have a drink. 우린 한잔 할 건이 있다고 생각해.

↳ She **was obliged to** attend her firm's annual softball game.
  걘 자기 회사주최 연례 소프트볼 게임에 참석할 의무가 있었어.

be liable for

- be liable for taxes
  세금을 낼 의무가 있다

…에 대해 빚이 있다, 의무가 있다 *세금, 비용 등 경제적 차원에서의 의무를 주로 의미

A: I'd like to rent this apartment. 난 이 아파트를 임대하고 싶어.

B: You'll **be liable for** any damage you cause.
  집에 손상을 입히면 네가 책임을 져야 해.

↳ Every adult is **liable for** paying taxes. 모든 성년은 세금을 낼 의무가 있지.

↳ You **are liable for** repaying the loan. 넌 대출을 상환할 의무가 있어.

owe it to oneself to

- owe it to sb to take care of sb
  …에겐 …을 돌볼 의무가 있다

스스로 …할 의무가 있다 *스스로에게 해야 할 의무가 있다고 말할 때

A: I've been in love with Howard for years.
  난 몇 년간 하워드와 사랑에 빠져 있었어.

B: You **owe it to yourself to** do something about it.
  넌 그 건에 대해 조치할 의무가 스스로 있어.

↳ Beth **owes it to** her sisters to take care of their mom.
  베스는 엄마를 돌보는 문제에 대해 여자형제들에게 빚지고 있어.

↳ I **owe it to myself to** do some work on my house. 난 집을 약간 수리해야 돼.

play one's part

…의 역할을 하다, 수행하다 *잘 알려진 숙어 play a part[role] in~을 생각하면 된다.

A: We all have to **play our part in** the wedding.
  우리 모두는 결혼식에서 각자의 역할을 해야 해.

B: Are you going to help the bride? 넌 신부를 도울래?

↳ You need to **play your part** on the ball team. 넌 팀에서 네 역할을 수행해야 돼.

↳ He **played his part** in the band. 걘 밴드에서 자신의 역할을 했어.

be in need of

need to

- **need sth**
  …가 필요하다
- **need healthy habits**
  건강한 습관이 필요하다
- **need sb to do**
  …가 …하는 것이 필요하다

…하는 것이 필요하다 *'다른 사람이 무엇을 할 필요가 있다'라고 할 땐 need sb to do로 쓴다.

A: I **need you to** copy the minutes and distribute them.
  이 의사록을 복사해서 나눠주도록 하게.

B: To everybody or just the board members?
  모두에게요, 아니면 이사회 임원들에게 만요?

└ I think you **need to** talk with the boss about it. 이 문제로 사장과 얘기해야 될 것 같아.

└ I **need you to** sign the document. 서류에 서명을 해줘.

don't need to

- **don't have to do**
  …할 필요가 없다
- **there's no need to**
  …할 필요가 없다

…할 필요가 없다 *need 대신에 have를 써서 don't have to라고 해도 된다.

A: Have you asked to borrow her phone?
  걔 전화를 빌려달라고 요청했니?

B: I **don't need to** borrow a phone now. 이제는 전화를 빌릴 필요가 없어.

└ I **don't need to** pay for it. 내가 그 비용을 지불할 것까진 없잖아.

└ You're right, I **don't have to** apologize. 네 말이 맞아. 난 사과할 필요가 없어.

be in need of

- **be in need of help**
  도움을 필요로 한다
- **be needed**
  …가 필요로 하다

…를 필요로 한다 *N+in need 하면 어려움에 처한 N이라는 의미

A: Can I get something for you? 뭐라도 갖다 드릴까요?

B: I **am in need of** something to eat. 난 뭔가 먹을 것이 필요해.

└ They **are in need of** help studying. 걔들은 공부에 도움을 필요로 해.

└ I have patients **in need of** medical attention right now.
  나에겐 지금 치료가 필요한 환자들이 있어.

be necessary for

- **it is necessary for sb to do**
  …가 …할 필요가 있다
- **it is necessary that S+V**
  …가 …할 필요가 있다
- **that won't be necessary**
  그건 필요 없다

…에 필요하다 *동사를 바로 연결할 때는 be necessary to do라고 한다.

A: There is a fire in the building. 빌딩 안에서 불이 났어.

B: It **is necessary for** everyone to leave. 모두가 빌딩을 떠날 필요가 있어.

└ Was it **necessary to** show up at my office? 내 사무실에 나타날 필요가 있었니?

└ This is **necessary for** this contract to be valid.
  이 계약건이 유효하려면 이게 필수야.

all I need[want] is~

- **All I need is love.**
  내가 필요한 것은 사랑이 전부다
- **could use+N**
  …가 있으면 좋겠다

…가 오로지 필요로 하는 것은 …이다 *is 뒤에는 sb가 정말 필요로 하는 명사를 넣는다.

A: Your room has a desk and a small bed.
  네 방은 책상 한 개와 작은 침대 하나가 있어.

B: Great. **That's all I need to** study.
  좋아. 그게 내가 공부하는 데 필요한 전부야.

└ Now **all you need is** your speech. 이제 네가 할 일은 바로 연설이야.

└ **All you need is** a woman who likes men. 네가 필요한 건 바로 남자를 좋아하는 여성야.

be sure of

be sure of~

- be sure of the answers
  답변에 대해 확신하다
- feel quite sure that S+V
  …에 대해 확실하다고 느끼다

…을 확신하다 *of 대신에 about를, be 대신 feel를 써도 된다.

A: **I'm sure he wants to live with you.** 걔가 너랑 살고 싶어하는 게 확실해.

B: **You're sure? You're absolutely sure?** 정말이야? 정말 확실한 거야?

↳ You seem sure about the decision. 그 결정에 확신이 있는 것 같은데요.

↳ I'm sure she's going to be all right. 쟤는 괜찮아 질거라고 확신해.

be sure to

반드시 …하다 *특히 명령문의 형태로 상대방에게 충고나 경고할 때 쓰인다.

A: **Be sure to call me right after you get there.**
그곳에 도착한 직후 반드시 나한테 전화해라.

B: **Don't worry. I will.** 걱정 마. 할게요.

↳ Be sure to finish this work before the weekend.
주말 전까지 이 일을 반드시 마치도록 해라.

↳ I'll be sure to tell him what we need.
내가 반드시 걔한테 우리가 필요한 것을 말할게.

be certain that S+V

- be certain of~
  …를 확신하다
- feel certain about sth
  …에 대해 확실하다고 느끼다

…이 확실하다, 확신하다 *물론 be sure of처럼 be certain of sth으로도 사용된다.

A: **I'm going to Susan's party tonight.** 난 오늘 밤 수잔의 파티에 갈 거야.

B: **Be certain that you bring some wine.**
반드시 포도주 좀 가져오도록 해.

↳ I'm certain that he didn't break the window. 걔가 창문을 깨지 않았다고 확신해.

↳ I feel certain this has been a very difficult period for you.
지금이 네가 아주 어려운 시기라고 확신해.

be bound to

- be bound to do
  …일 것 같다, …해야 한다
- bound for+장소명사
  …로 행의

반드시 …하다 *역시 to 이하를 하는 것이 duty로 느껴질 때

A: **It's bound to be hot tomorrow.** 내일 반드시 뜨거울 거야.

B: **Let's wear shorts and t-shirts.** 짧은 바지와 티셔츠를 입자.

↳ Joey is bound to be here soon. 조이는 조만간 반드시 이곳에 도착할 거야.

↳ This bus is bound for Chicago. 이 버스는 시카고행이다.

be confident that~

- be confident about
  …에 대해 확신하다
- be[feel] convinced of
  …을 확신하다

…을 확신하다 *be 대신에 feel를 쓰기도 하며 that 이하에 자신이 확신하는 바를 쓴다.

A: **I am confident that I'll get into Princeton.**
내가 프린스턴 대학에 입학할 것을 확신해.

B: **How can you be sure about that?** 어떻게 그걸 장담할 수 있는 거야?

↳ I feel totally confident that you're going to pass the exam.
네가 시험에 합격할 것을 완전 확신하고 있어.

↳ We are confident we'll be able to handle this. 우린 이걸 처리할 수 있다는 걸 확신해.

assure sb that S+V

···을 ···에게 확인하다, 확신시키다 *Be assured that S+V의 명령문형태로 곧잘 쓰인다.

- assure A of B
  A에게 B를 확신시키다
- be assured of[that~]
  ···에 대해 안심하다

A: Tammy wants us to visit her. 태미는 우리가 걔를 방문하기를 원해.

B: **Assure her that** we will come by. 우리가 들릴 거라고 걔한테 확언해줘라.

↳ Be assured that the restaurant is good. 그 식당이 좋다고 장담해도 돼.

↳ He tried to assure me of his honesty.
   걔 자신의 정직성을 나한테 확인시켜주려고 노력했어.

guarantee that S+V

···을 보장하다, ···임을 확실히 약속하다 *that 이하를 하겠다고 약속하는 경우

- guarantee sb sth
  ···에게 ···를 약속하다
- guarantee to do
  ···하겠다고 약속하다

A: Have you finished the work yet? 너 일을 끝냈니?

B: No, but I **guarantee that** it will be finished tonight.
   아니, 오늘 밤까지 끝낼 것을 보장해.

↳ Stan guaranteed that he would win the race.
   스탠은 자신이 경주에서 승리할 것을 장담했어.

↳ We guarantee that you will like the result.
   네가 그 결과를 좋아할 것임을 확실히 약속해.

be destined to

···할 운명이다, 결국 ···하게 될 것이다 *앞으로 일어날 거라 확신한다는 의미로.

- be destined for
  ···로 향하다

A: William seems to be very smart. 윌리엄은 아주 똑똑한 것 같아.

B: He **is destined to** do something important.
   걔 뭔가 중요한 일을 할 운명이야.

↳ They are destined to get married. 걔들은 운명적으로 결혼하게 되어 있어.

↳ I was destined to spend my life here. 난 여기서 내 삶을 살 운명이었어.

bet (that) S+V

반드시 ···하다 *내기를 할 정도의 자신감을 표현하는 것으로 I will bet~으로 많이 사용.

- bet sb+돈 (that) S+V
  ···하는데 ···에게 돈을 걸다
- bet on the result of the match
  그 경기 결과에 대해 내기하다

A: **I'll bet** you $100 you won't get an A.
   난 네가 A를 못 받는 데 100달러 걸겠어.

B: You're on. I studied hard for this test.
   좋아. 난 이번 시험엔 공부 많이 했어.

↳ I'll bet it will be expensive to fix. 분명 고치는 데 돈이 많이 들 거야.

↳ I bet he has a huge hangover today. 오늘 분명히 엄청난 숙취를 느낄 거야.

14 용기가 있다, 용기를 잃다
have the courage

have the courage to
…할 용기가 있다 *가장 빈출 표현으로서 have 대신에 get을 사용해도 된다.

- work up the courage to do
  …할 용기가 있다
- lose the courage to do
  …할 용기를 잃다
- get enough courage to do
  …할 충분한 용기가 있다

A: Who will lead our group? 누가 우리 그룹을 이끌 거야?

B: Cathy **has the courage to** lead us. 케시가 우리 이끌 용기를 가지고 있어.

↳ It took a lot of courage to fight him. 걔하고 싸우려면 많은 용기가 필요했어.

↳ I need to **work up the courage to** ask her for a date.
개한테 데이트를 신청하려면 용기를 낼 필요가 있어.

take a lot of courage
큰 용기가 필요하다 *주로 사물이 주어로 오며 의미상의 주어는 takes sb 혹은 for sb to do의 형태.

- It takes (sb) a lot of courage to do
  …하는데 큰 용기가 필요하다

A: My cousin works with lions and tigers.
내 사촌은 사자와 호랑이 사육사야.

B: It **takes a lot of courage to** do that job.
그러려면 많은 용기가 필요하겠어.

↳ It will take a lot of courage to do that. 그거 하려면 많은 용기가 필요할거야.

↳ It took a lot of courage for her to try again. 걔가 재시도하는데 많은 용기가 필요했어.

get up the nerve (to~)
…할 용기를 내다 *배짱이 있다는 의미로서 have the nerve도 같은 의미로 사용

- have the nerve to do
  …할 배짱을 가지고 있다

A: Why haven't they gotten married yet?
왜 개들은 아직 결혼을 하지 않은 거야?

B: They **haven't gotten up the nerve to** talk to their parents.
개들은 부모님에게 말할 용기를 내지 못한 거야.

↳ Tim had the nerve to talk back to his teacher. 팀은 용기내 선생님한테 말대꾸했어.

↳ You need to get up the nerve to quit your job. 넌 직장을 그만둘 용기를 낼 필요가 있어.

takes balls to do
…하는데 배짱이 있다 *용기가 필요하다는 의미로서 balls 대신에 guts를 사용하기도 한다.

- takes balls to quit a job
  직장을 때려 칠 배짱이 있다
- takes guts (to do)
  …할 배짱이 있다

A: He caught the thief as he was running away.
갠 도망가는데 도둑을 잡았어.

B: It **takes balls to** run after a thief. 도둑을 따라 가려면 배짱이 있어야 해.

↳ It takes balls to quit a good job. 좋은 직장을 그만두려면 배짱이 필요해.

↳ It takes guts to work in a prison. 감옥에서 일하려면 배짱이 필요해.

get[have] cold feet
…겁을 먹다 *주눅이 든다는 말로 lose courage라고 해도 된다.

- cold feet before interview
  면접에 앞서 겁을 먹다

A: So they didn't get married? 그래서 개들이 결혼을 안 했니?

B: No, the bride **got cold feet.** 아니, 신부가 겁을 먹었어.

↳ Donna got cold feet before her job interview. 도나는 입사면접에 앞서 겁먹었어.

↳ Many people get cold feet before a big decision.
많은 사람들이 큰 결정에 앞서 겁먹어.

be famous for

be famous for

- be famous for+N[~ing]
  …로 유명하다
- be famous as a teacher
  선생님으로서 유명하다
- be notorious for
  …로 악명이 높다

…로 유명하다 *가장 빈출 표현으로 be notorious for는 '…로 악명이 높다'는 의미

A: **Who is that tall man?** 저기 키 큰 친구 누구야?

B: **He is famous for** being a basketball player.
   걘 농구 선수로서 유명해.

↳ The criminal **is notorious for** killing people. 저 범죄인은 살인범으로 악명 높아.

↳ You know what the British people **are famous for?** 영국인들이 뭐로 유명한지 아니?

be known for

- be known to do
  …하는 것으로 알려져.
- be known for its excellent cuisine
  훌륭한 요리법으로 유명하다

…로 알려져 있다 *for 다음에는 명사나 ~ing를 쓰면 된다.

A: **He's known for** his smooth talk.
   걘 부드러운 말로 사람을 홀리는 것으로 유명해.

B: **I'll keep that in mind when I run into him.**
   다음에 만나게 되면 그 말 명심할게.

↳ This restaurant **is known for** its spaghetti. 이 식당은 스파게티로 알려져 있어.

↳ The electoral system **is known for** being corrupt.
   선거체계가 부패한 것으로 알려져 있어.

be a well-known~

- be a well-known entertainer
  잘 알려진 연예인이다
- be a well-known liar
  잘 알려진 거짓말쟁이다

잘 알려진 …이다 *좋은 사람, 나쁜 사람 구분 없이 잘 알려진 경우에 쓴다.

A: **John is a well-known** gambler. 존은 잘 알려진 도박꾼이야.

B: **Does he win a lot of money?** 돈을 많이 따고 있니?

↳ Britney Spears **is a well-known** entertainer. 브리트니 스피어스는 유명 연예인이야.

↳ You're **a well-known** liar. I don't trust you anymore.
   넌 유명한 거짓말쟁이야. 난 더 이상 널 믿지 못해.

be renowned for

- be renowned for wines
  와인으로 유명하다
- win renown as a fair judge
  공평한 판사로 명성을 얻다

…으로 명성이 있다 *특별한 기술이나 업적 등으로 많은 사람들에게 알려졌을 때

A: **Have you been to this restaurant before?**
   이 식당에 전에 와본 적이 있니?

B: **Yes, it's renowned for** the food it serves. 응. 이곳 음식이 유명해.

↳ California **is renowned for** producing white wines.
   캘리포니아는 백포도주 생산으로 유명해.

↳ Nick **won renown as** a fair judge in court.
   닉은 법원에서 공정한 판사로 이름을 얻었어.

have a reputation for

- have a good reputation for~
  …으로 명성이 좋다
- establish one's reputation
  명성을 쌓다, 구축하다

…로 명망이 있다 *좋은 명망이면 good, 나쁘면 bad를 reputation 앞에 쓰면 된다.

A: **Why did you buy a Hyundai car?** 왜 현대 차를 샀니?

B: **They have a good reputation for** running well.
   차가 잘 달리는 것으로 명성이 높아.

↳ Tom **established a reputation as** an honest man.
   탐은 정직한 사람으로 명성을 쌓았어.

↳ I **have a good reputation for** finishing on time. 난 일을 제 때에 마치는 걸로 유명해.

be popular with

be popular with

- be popular with tourists
  관광객들에게 인기가 있다
- be the most popular
  가장 유행이다
- become popular
  유행하다

…에게 인기가 있다 *become popular는 '인기가 있게 되다,' 즉 '유명해지다'라는 의미

A: Rolex makes very nice watches. 로렉스는 아주 좋은 시계를 만들어.

B: They **are popular with** people who are rich.
   그 시계는 부자들한테 인기가 있지.

ㄴ The Eiffel Tower is popular with tourists. 에펠 타워는 관광객들에게 인기가 있어.

ㄴ Jan is the most popular girl in our school. 얀은 학교에서 가장 인기가 높은 여자애야.

be in

- be out 유행이 지나다
- be in fashion 유행하다
- be out of fashion
  유행이 지나다
- come back into the fashion
  다시 유행하다

유행하다 *가장 단순한 단어들로 구성되어 있어 이해하기 어렵지만 네이티브들은 이런 표현을 즐겨 쓴다.

A: Louis Vuitton bags **are in** this year. 루이비통 가방이 금년에 유행이야.

B: I hope my boyfriend buys me one. 난 내 남친이 하나 사주기를 바래.

ㄴ Long skirts are out this spring. 긴 스커트는 금년 봄에 유행이 지났어.

ㄴ Blue jeans are always in. 청바지는 항상 유행이지.

up to date

- out of date
  유행이 지난(= not modern, not current,
  not timely)

유행의, 모던의 *한 단어로 옮기자면 current, timely, modern과 같은 의미이다.

A: Sally wants to find a new boyfriend. 샐리는 새 남친을 원해.

B: It's time for her to buy some **up to date** clothes.
   걘 새로 유행하는 옷 몇 벌을 살 때가 되었어.

ㄴ The milk in the fridge is out of date. 냉장고에 있는 우유가 유효기간이 지났어.

ㄴ This is the most up to date computer software. 이건 가장 최신 컴퓨터소프트웨어야.

catch on

유행하다, 널리 퍼지다 *catch on to하면 알아채다, 이해하다라는 의미

A: I see many people wearing NBA hats.
   많은 사람들이 NBA 모자를 쓰고 있는 것을 볼 수 있어.

B: That style **has really caught on.** 그 스타일은 진짜 유행이야.

ㄴ New fashions catch on every year. 새로운 패션이 매년 유행하고 있어.

ㄴ Short hairstyles for women are catching on. 여성들에게 짧은 머리가 유행하고 있어.

set trend

- trend setter
  유행을 선도하는 사람

유행을 선도하다 *trendsetting하면 '유행을 결정하는'이라는 뜻

A: Many people like that pop singer. 많은 사람들이 저 팝가수를 좋아해.

B: She **sets fashion trends for** young women.
   걘 젊은 여자애들의 유행을 선도해.

ㄴ I think this jewelry will set a new trend. 이 보석이 새로운 유행을 선도하는 것 같아.

ㄴ Madonna has been a trend setter for many years.
   마돈나는 오랫동안 유행을 선도했어.

use one's head

have got brains

- have got no brains
  지능이 없다
- brain power
  지적 능력

영리하다 *brains 대신에 intelligence를 사용해도 같은 의미의 표현이 된다.

A: Harvey spends all day studying. 하비는 하루종일 공부하고 있어.

B: He's **got brains** and wants good grades.
   걘 영리해 그리고 좋은 학점을 원하고 있지.

↳ John has got no brains and will never succeed. 존은 멍청해 결코 성공못할 거야.

↳ Brain power has made Korea a wealthy country.
   지적능력이 한국을 부국으로 만들었어.

use one's head

머리를 쓰다 *head 대신에 brain을 써도 된다. 머리는 장식품이 아니라는 말씀

A: I forgot to take a coat with me. 내 코트를 가져가는 것을 잊었어.

B: **Use your head!** It's winter outside! 머리 좀 써라! 밖은 한 겨울이잖아!

↳ Carrie knows what she's doing. 캐리는 자신이 뭘 하고 있는지 알고 있어.

↳ Two heads are better than one. 두 사람의 지혜가 한 사람의 머리보다 나아.

look smart

- look smart for one's age
  …는 나이에 비해 똑똑하게 보인다
- intelligent-looking
  똑똑해 보이는

똑똑하게 보인다 *smart는 여기서 intelligent, sensible 혹은 clever의 의미이다.

A: The student in the first seat **looks smart**.
   첫 번째 줄에 있는 학생이 똑똑해 보여.

B: Oh yes, she's a very intelligent girl. 그래. 걘 아주 똑똑한 여자애야.

↳ The president is very intelligent looking. 사장이 무척 똑똑해 보이네.

↳ I couldn't find anyone who looks smart. 스마트하게 보이는 사람을 찾을 수가 없었어.

know better than to

- should know better than to try to fool me
  나를 놀리지 말아야지

…하기에는 철이 들었다 *to do를 할 만큼 어리석지 않다라는 뜻이다.

A: I was asked to leave my apartment.
   난 아파트를 떠나라는 요청을 받았어.

B: You **know better than to** pay your rent late.
   월세를 늦게 낼 정도로 어리석지는 않지?

↳ The businessman should know better than to try to fool me.
   그 사업가는 나를 놀리지 말아야지.

↳ The girls should know better than to walk alone late at night.
   여자애들은 늦은 밤중에 혼자 걸어 다니지 말아야지.

too clever to do sth

- too clever to do such a thing
  영리해서 그런 일을 하지 않는다

영리해서 …하지 않다 *know better than과 유사한 표현 패턴

A: Did Sal lose money on the stock market?
   살이 주식 시장에서 돈을 잃었니?

B: No, he's **too clever to** lose money. 아니. 걘 영리해서 돈을 잃지 않았어.

↳ The children were too clever to do such a thing. 애들은 넘 영리해 그런 일을 안했어.

↳ Joan was too clever to get caught skipping school.
   조안은 너무 영악해서 걸리지 않고 학교를 빼먹었어.

complain about

18 불평하다, 불만이다

complain about

- complain to sb about~
  …에 대해 …에게 불평하다
- complain that S+V
  …을 불평하다
- have nothing to complain about
  불평할 것이 없다

…에 대해 불평하다 *complain 담에 about, of, to 등 다양한 전치사가 온다.

A: **My neighbor's TV is too loud.** 내 이웃의 TV가 너무 시끄러워.

B: **Have you complained about** the noise?
소음에 대해 불만을 표현했었니?

└ She **complained to me about** her parents. 걘 자기 부모에 대해 내게 불평했어.

└ My wife **complains all the time.** 내 아내는 항상 불평해.

make a complaint about

- without complaint
  불평 없이

…에 대해 불평하다 *공식적으로 항의를 한다는 의미

A: **I heard you had a problem at your hotel.**
네가 호텔에서 문제가 있다고 들었어.

B: **Yes, we made a complaint about** the service.
그래, 우린 서비스에 대해 불평을 했어.

└ My grandmother does all the cooking **without complaint.**
할머니는 불평 없이 모든 요리를 하셨어.

└ I want to **make a complaint about** this product. 이 제품에 대해 항의하고 싶어요.

be dissatisfied with

- be dissatisfied with one's service
  …의 서비스에 불만이 있다
- dissatisfied look
  불만스러운 표정

…이 불만이다, 불만스럽게 여기다 *dissatisfied customers는 불만스러운 고객들

A: **Why did Carol get a new phone?** 캐롤이 왜 새 전화를 구했니?

B: **She was dissatisfied with** the one she had.
걘 옛날 가진 전화가 불만이었어.

└ I'm **dissatisfied with** the service in this restaurant. 난 이 식당서비스에 불만야.

└ My husband **gave me a dissatisfied look.** 내 남편은 불만스러운 표정을 내게 지었어.

express one's discontent

- growing discontent
  점증하는 불만
- speak out against
  …에게 공개적으로 비난하다

…의 불만을 표시하다 *discontent에는 with, at, over 등의 전치사가 붙는다.

A: **This food is really terrible.** 이 음식은 정말로 끔찍해.

B: **I'm going to express my discontent** to the waiter.
웨이터에게 불만을 표할 거야.

└ There's **growing discontent with** the government.
정부에 대한 불만이 고조되고 있어.

└ Kyle **spoke out against** the fight. 카일은 그 싸움에 대해 공개적으로 비판했어.

grumble about sth

- grumble about school food
  학교 음식에 대해 불평하다
- grumble at employees
  직원들에 대해 불만이 있다

…에 대해 불평하다 *늘상 투덜거린다는 뉘앙스로 that S+V이 올 수도 있다.

A: **Jack is always grumbling about** something.
잭은 항상 뭔가에 대해 불평을 해.

B: **He's a very unhappy man.** 걘 아주 불행한 거야.

└ We **grumbled about** the taste of the school food. 우린 학교음식에 대해 불평했어.

└ Our boss **grumbled at** the employees in the meeting.
보스는 회의에서 직원들에 대해 불평을 했지.

think less of

neglect sb[sth]

- **neglect to do**
  …하는 것을 소홀히 하다
- **neglect one's baby**
  …의 아이를 방치하다, 돌보지 않다
- **neglect one's duty**
  직무태만

…을 무시하다 *sb이면 무시하는 것이고 sth이면 소홀히 하는 것.

A: The owner **has neglected** the house for years.
주인은 몇 년간 그 집을 방치했어.

B: He will have to repair it soon. 걘 조만간 그 집을 수리해야 할 거야.

└ We **neglected to** turn off the lights when we left. 나갈 때 전등끄는 걸 소홀히 했어.

└ Tina had problems when she **neglected** her baby.
티나는 자기 애를 돌보지 않았을 때 문제가 생겼어.

think less of

- **think nothing of**
  …을 경시하다, 신경쓰지 않다
- **Think nothing of it.**
  별거 아냐.

…을 하찮게 보다, 생각하다 *think nothing of도 같은 의미의 표현.

A: I **think less of** Tim since he got his third divorce.
팀이 세번째 이혼을 한 이래로 걜 경시하게 돼.

B: Yeah, I wonder why his marriages failed.
그래, 왜 걔가 결혼에 실패했는지 궁금해.

└ Antonio **thinks nothing of** lending his friends money.
안토니오는 자신의 친구들에게 돈 빌려주는 것을 쉽게 생각해.

└ I'm glad to do it. **Think nothing of it.** 그렇게 할 수 있어 기뻐. 신경쓰지마.

look down on sb

- **look down on people**
  사람들을 얕보다
- **feel superior to**
  …에 대해 우월감을 느끼다

…을 얕보다, 낮춰보다 *반대로 존경한다는 look up to이다.

A: One of our classmates isn't responsible.
우리 학급 중 한 명은 무책임해.

B: People **look down on** her because of that.
그래서 사람들이 걔를 얕보잖아.

└ Those who are wealthy sometimes **look down on** people.
부자는 종종 사람들을 깔봐.

└ I **looked down on** Ray for stealing things. 난 레이가 물건을 훔치기 때문에 경멸했어.

make light of sth

- **make light of one's problem**
  …의 문제를 가볍게 보다
- **make little of~**
  경시하다, 깔보다

…을 가볍게 여기다 *of 이하를 진지하게 생각하지 않는다는 의미

A: Greg has been sick for a month. 그렉은 한달 동안 아팠어.

B: I know, but he **makes light of** his illness.
알아, 그런데 걘 자신의 병을 가볍게 여기고 있어.

└ It's important to **make light of** your problems. 네 문제를 가볍게 생각하는 게 중요해.

└ I **made little of** the information I was given. 난 내가 받은 정보를 경시했어.

leave sb out in the cold

- **be left out in the cold**
  무시를 당하다
- **give sb the cold shoulder**
  냉대하다

무시하다, 냉대하다 *cold 속에 sb를 내버려둔다는 것이 의미하는 건…

A: Has anyone from NY called you yet?
뉴욕에서 누구도 너한테 연락을 하지 않았니?

B: No, they have **left me out in the cold.** 아니, 걔들은 날 무시했어.

└ He **was left out in the cold** when the plan changed. 계획이 바뀔 때 걘 고립되었어.

└ They decided to **leave Cathy out in the cold.** 걔들은 케시를 무시하기로 했어.

play dirty

be mean to sb

- mean trick
  비열한 장난
- gross
  비열한

…에게 비열하다 *mean은 동사로 익숙하지만 여기서는 형용사로 쓰인 경우이다.

A: **The kids were mean to Teddy.** 애들은 테디에게 짓궂게 대했어.

B: **Yeah, but I don't feel sorry for him.** 그래, 하지만 테디가 불쌍하지 않아.

↳ It was a mean trick to steal her money. 걔 돈을 훔치다니 정말 비열한 짓이었어.

↳ The smell near the toilet was gross. 화장실 주변 냄새가 지독했어.

be nasty

- nasty fellow
  비열한 인간
- be nasty to sb
  …에게 못되게 굴다

비열하다, 치사하다 *장소면 지저분한거고 사람에게는 치졸하게 구는 것을 뜻한다.

A: **Allie's room is really nasty.** 앨리의 방은 정말로 지저분해.

B: **Tell her she must clean it up.** 청소 좀 하라고 말해라.

↳ Ralph is a nasty fellow when he drinks too much. 랠프는 과음하면 비열해져.

↳ The old shower in the house is nasty. 그 집에 있는 오래된 샤워기는 끔찍해.

be so cheap

…정말로 치사하다, 인색하다 *be so cheap and nasty는 더럽고 치사하다는 의미

A: **Are you going to pay for my dinner?** 저녁 식사비를 낼래?

B: **Don't be so cheap. Pay for yourself.**
치사하게 그러지 마. 네 것은 네가 내.

↳ Carl is so cheap that he doesn't buy presents. 칼은 인색해서 선물을 사지 않았어.

↳ My uncle was so cheap he never went on vacation.
삼촌은 너무 지독해서 결코 휴가를 가지 않았어.

play dirty

- treat sb poorly
  …를 형편없이 대하다
- behave shamelessly
  치졸하게 행동하다

비열한 짓을 하다 *특히 경기나 시합에서 정직하지 않게 행동하는 것을 뜻한다.

A: **No one likes the members of that team.**
어느 누구도 그 팀의 회원들을 좋아하지 않아.

B: **I've heard they play dirty.** 걔들이 비열한 짓을 했다고 들었어.

↳ Sharon was treated poorly at her new school.
샤론은 새로 간 학교에서 형편 없는 대우를 받았대.

↳ Don't play dirty when you're on the soccer field. 축구할 때 더티 플레이는 하지마.

what a shame to

…하다니 안타깝다, 유감이다, 너무하다 *be shameless to do와 같은 의미

A: **Our refrigerator stopped working yesterday.**
우리 냉장고가 어제 작동을 멈췄어.

B: **What a shame to ruin all of that food!** 음식 전부를 망치다니 너무해.

↳ What a shame to sit and do nothing all day! 종일 앉아서 아무 것도 않다니 안타까워.

↳ What a shame to deceive a girl! 여자애를 속이다니 참 치사하네.

do a stupid thing

do a stupid thing

- do something foolish
  바보 같은 짓을 하다
- it is stupid of sb to do
  …가 …하다니 참 어리석다

어리석은 짓을 하다 *stupid는 상대방에게 함부로 써서는 안되는 아주 심한 말에 속한다.

A: **I did a stupid thing.** I lost my wallet.
난 멍청한 일을 했어. 지갑을 잃었지.

B: Really? How much money was in it? 정말? 안에 얼마나 들어 있었니?

↳ Don't drink too much and **do something foolish.** 과음해서 어리석은 짓 하지마.

↳ She **did a stupid thing** when everyone was watching.
걔 다 보는데 멍청한 짓을 했어.

make a fool of oneself

- make a fool of sb
  …을 놀리다
- play the fool with sb
  …을 놀리다

바보짓을 하다 *스스로를 놀리는 바보 같은 짓을 했다는 의미

A: Did you enjoy going to the party with Brad?
브래드와 파티에 같이 가서 재미있었니?

B: No, he **made a fool of himself** there. 아니, 걔 거기서 바보 짓을 했어.

↳ I **made a fool of myself** when I forgot what to say.
할 말을 잊었을 때 바보가 되어 버렸어.

↳ Danny **made a fool of himself** last night. 대니는 어제 밤 바보 짓을 했어.

play dumb

- play dead
  죽은 척하다

모르는 척하다, 바보인 척하다 *play는 pretend, 즉 「…인 척하다」라는 의미로 쓰인다.

A: I don't know how the vase was broken.
그 꽃병이 어떻게 깨졌는지 모르겠네.

B: Don't **play dumb** with me. You know! 모르는 척 하지마, 알겠어!

↳ We **played dumb** when the teacher asked us questions.
선생님이 우리한테 질문했을 때 우린 모르는 척 했어.

↳ Many criminals **play dumb** with the police. 많은 범인들이 경찰한테 모르는 척 해.

be ridiculous

- Don't be ridiculous!
  말도 안되는 소리 하지마!
- be silly
  어리석다, 이치구니없다

어처구니 없다, 한심하다 *말도 안되고 어처구니 없을 때

A: Do you like the decorations in my house?
내 집에 장식을 좋아하니?

B: No, I think they **are ridiculous.** 아니, 한심하다고 생각해.

↳ The tie David wore was ridiculous. 데이빗이 맨 타이가 한심했어.

↳ The band's new song is silly. 그 밴드의 신곡은 어처구니가 없어.

talk nonsense

허튼 소리를 하다, 쓸데없는 소리를 하다 *'sense'가 'non'한 말을 한다는 뜻

A: Maybe I should quit going to university.
아마도 난 대학가는 것을 그만둬야 할 것 같아.

B: Don't **talk nonsense.** You have to continue.
허튼 소리하지 마, 계속해야 돼.

↳ Cecil talks nonsense when he drinks too much. 세실은 과음하면 쓸없는 소리를 해.

↳ Will you please stop talking nonsense to everyone? 제발 남에게 헛소리 하지마.

put up with

lose patience

더 이상 참지 못한다, 인내력을 잃다 *lose one's temper는 화를 낸다는 의미

- lose control of one's temper
  참을 수 없게 되다
- have no patience
  참지 못한다

A: Why did you get so angry with Aurora?
왜 오로라에게 그렇게 화를 냈니?

B: I **lost patience in** dealing with her.
난 걔하고 상대하는데 더 이상 참을 수가 없었어.

↳ Adam seems to **lose patience** very easily.
애담은 아주 쉽게 인내력을 잃어버리는 것 같아.

↳ The teacher **lost patience when** the students kept talking.
선생님은 학생들이 계속 떠들자 더 이상 참지를 못했어.

be impatient with

…에 참을성이 없다 *be impatient to do는 '어서 …하고 싶어한다'는 의미

- be impatient with her
  그녀에 대해 참지 못한다
- run out of patience
  참을성이 없어지다

A: He **is often impatient with** his little sister.
걘 종종 여동생에게 참을성이 없어져.

B: He **is impatient with** his friends too.
걘 자기 친구들한테도 참을성이 없어.

↳ Calm down and don't **be impatient with** her. 침착해라 그리고 걔한테 좀 참아봐.

↳ I've **run out of patience with** you! 난 너한테 더 이상 참을 수가 없어.

not stand sb[sth]

…을 참지 못한다 *not tolerate와 같은 의미이며 stand 다음에는 ~ing가 오기도 한다.

- not stand ~ing
  …하는 것을 참지 못하다
- not stand sb ~ing
  …가 …하는 것을 참지 못하다
- I can't stand any more.
  나는 더 이상 참을 수 없다

A: I **cannot stand** the smell of garlic. 난 마늘 냄새를 참을 수가 없어.

B: Really? I love the way it smells. 정말? 난 그 냄새 나는 게 좋은데.

↳ Sheila **can't stand** dating short guys. 세일라는 키작은 남자들과 데이트하는 걸 못참아.

↳ I **can't stand** his singing. 난 걔가 노래하는 것을 듣고 있을 수가 없어.

not take it anymore

더 이상 참지 못하다 *더 이상 봐줄 수 없을 때, 더 이상 참을 수 없을 때 쓰는 표현이다.

A: So you decided to stop going to church?
그래 넌 예배 보는 것을 중단하기로 결정했니?

B: Right. I **could not take it anymore.** 예, 더 이상 할 수가 없어요.

↳ Stop talking. I **cannot take it anymore.** 그만 말해라. 더 이상 못 듣겠어.

↳ He quit because he **could not take it anymore.** 걘 더 이상 참지 못해서 그만뒀어.

put up with

…을 참다 *한 단어로 하면 tolerate[bear]이며, with 담에는 sb[sth]가 온다.

- can no longer put up with~
  …을 더 이상 참지 못하다
- can't tolerate sth
  …을 참지 못하다

A: Is your shower still broken? 네 샤워기 아직도 고장 나있니?

B: Yes, we can't **put up with** it anymore. 어. 더이상 못참겠어.

↳ They can no longer **put up with** the cold temperatures.
걔들은 추위를 더 이상 참을 수가 없어.

↳ Tom can't **tolerate** the slow Internet service.
탐은 느린 인터넷서비스를 참을 수가 없어.

take sth lying down
감수하다, 참다 *불평없이 불합리한 처사를 참아낸다는 뜻으로 주로 부정문 형태로 쓰인다.

A: Was Eric fired from his job? 에릭은 해고되었니?

B: Yes, but he won't **take the firing lying down.**
응, 걘 잘린 것에 대해 참지 못했어.

    ∟ I don't plan to take the insult lying down. 난 모욕 받은 것에 대해 참지 않을거야.

    ∟ Ginger can't take the bad news lying down. 진저는 그 나쁜 소식을 참을 수가 없었어.

control oneself
자제하다 *주로 화가 나거나 분노했을 때 표출하지 않고 스스로를 억제한다는 의미

• hang in there
  참다, 견디다

A: I'm really feeling very angry today. 난 오늘 무지 화가 나있어.

B: **Control yourself.** Don't get too upset. 자제해라. 너무 흥분하지마.

    ∟ Hang in there. It will be better tomorrow. 좀 견뎌라. 내일이면 나아질 거야.

    ∟ He controlled himself during the argument. 걘 토론 중에 스스로를 자제했어.

hang in there
어려움이나 곤란한 지경에 처한 사람에게 던지는 격려의 말. hang은 「매달리다」이고 in there은 「그곳」이니, 「그곳에 매달려 있으라」는 의미로, 아무리 사장이 악덕업자라 해도 좀 참으라고 할 때 혹은 테러범을 소재로 하는 할리웃 영화나 지진, 홍수같은 천재지변을 보도하는 뉴스 등에서 들을 수 있는 말로, 아무리 힘들더라도 "포기하지 말고"「끝까지 버텨!」(remain brave)라고 기운을 북돋아주는 표현. 비슷한 표현으로는 Stick with it!이 있다.

A: I don't think I can run around the track another time. 한 바퀴도 더는 못 뛰겠어.

B: Hang in there! Just one more lap. 끝까지 해봐! 딱 한 바퀴만 더 뛰면 돼.

A: Okay, but then I'm taking a nice long break. 좋았어. 하지만 그리고 나선 아주 오래 쉴거야.

go against

go[be] against~

- be[go] against sb[sth]
  ···에 반대하다
- be against the law
  법을 어기다, 위법하다
- be contrary to
  ···와 반대되다

···에 반대하다, 배치되다 *be contrary to와 같은 의미의 표현

A: Everyone in class wants to take the exam today.
  학급 모두가 오늘 시험을 치르기를 원해.

B: You can't **go against** your classmates.
  넌 학급 아이들의 의견에 반대할 수 없어.

↳ Stealing things **is against** the law. 물건을 훔치는 일은 위법이지.

↳ I am **against** the new proposal. 난 새로운 제안에 대해 반대야.

oppose sb[sth]

- be opposed to
  ···에 반대하다

···에 반대하다 *수동태인 be opposed to의 형태로 주로 많이 사용된다.

A: I'm going to **oppose** George in the election.
  난 이번 선거에서 조지에게 반대표를 던질 거야.

B: Well, I hope you are able to win. 글쎄, 네가 승리하기를 바래.

↳ We **are opposed to** cloning humans. 우리는 인간복제에 대해 반대하고 있어.

↳ The driver **was opposed to** the special traffic law.
  운전자는 특별교통법에 반대했어.

object to sb[sth]

- object that S+V
  ···에 반대하다
- make[find, raise] an objection to[against]
  ···에 반대하다
- have an objection to
  ···에 반대하다

···에 반대하다 *to 다음에 sth이 바로 오거나 혹은 ~ing가 올 수도 있다.

A: I **object to** the way you've treated students.
  네가 학생들을 대하는 방식에 대해 반대해.

B: Do you think I treated them badly?
  내가 걔네들을 나쁘게 대한다고 생각하니?

↳ He **raised an objection to** the new taxes. 걘 새로운 세금에 대해 반대를 제기했어.

↳ The judge had an **objection to** the lawyer's speech.
  판사는 변호사변론에 이의제기했어.

disagree with

- disagree with sb[sth]
  ···의 의견에 반대하다
- disagree with sb on sth
  ···에 대해 ···와 이견이다
- agree to disagree
  의견의 차이를 인정하다

···의 의견에 반대하다 *명사형인 disagreement를 써서 have a disagreement로도 사용된다.

A: We **disagreed with** Brooke about the report.
  우린 그 보고서에 대해 부룩과 의견이 일치하지 않았어.

B: Yes, I think Brooke was mistaken too. 그래, 부룩도 잘못 알고 있었지.

↳ Let's just agree to **disagree** about this. 이 점에 대해 이견이 있다는데 동의하자.

↳ I **disagree with** the schedule you gave me. 네가 준 스케줄에 대해 동의하지 않아.

say no to~

- say no
  아니라고 말하다
- Say no to drugs
  마약을 거절하라

···을 거절하다, 거부하다 *drug나 racism에 반대한다는 표어로 자주 사용되는 문구

A: I don't want to help my friend skip class.
  난 내 친구가 수업빠지는 걸 도와주고 싶지 않아.

B: You can **say no to** her if she asks you to help her.
  걔가 너한테 도움을 청하면 거절해.

↳ She **said no** when I asked her to marry me. 내가 걔한데 청혼할 때 걔가 거절했어.

↳ **Say no to** drugs or you will ruin your life. 마약을 거절하라 그렇지 않으면 네 삶이 망해.

the other way around

- on the contrary
  반대로, 한편

반대로, 다른 방향으로 *앞서서 나온 이야기나 자기가 한 이야기를 180도 뒤집을 때 쓰는 표현

A: I heard that you lied to Peter. 네가 피터에게 거짓말을 했다고 들었어.

B: It's **the other way around**. Peter lied to me.
반대야. 피터가 나한테 거짓말을 했지.

ㄴ On the contrary, you are wrong. 반대로 네가 틀렸어.

ㄴ I didn't fail. It's the other way around. 내가 실패하지 않았어. 그 반대였어.

refuse to do

…을 거절하다 *다른 사람의 요청이나 부탁, 제안을 거절할 때

A: Are you still angry at Mark? 넌 여전히 마크에게 화나있니?

B: Yeah, I **refuse to** answer his calls. 응, 난 걔 전화를 받지 않아.

ㄴ She refused to go swimming with me. 걘 나랑 수영하러 가는 것을 거절했어.

ㄴ I refused to complete the assignment. 난 그 과제를 완수하기를 거절했어.

there's no way to

- There's no way that S+V
  …할 방법이 없다
- There is no telling S+V
  …를 모른다, 알 수 없다

…할 방법이 없다, 길이 없다 *직역하면 …할 방법이 없다는 의미로 to do 대신 S+V의 절을 써도 된다.

A: **There's no way to** get home tonight. 오늘 밤 집에 갈 방법이 없어.

B: Let's try to find a hotel. 호텔을 찾아 보자.

ㄴ There's no way to find it. 그걸 찾을 길이 없어.

ㄴ There's no telling what their date will be like.
걔들 데이트가 어떻게 될 지 알 수가 없어.

draw the line at

…에 선을 긋다, 한계를 짓다 *우리말에서도 '선을 긋다'가 비유적으로 '제한하다'라는 의미.

A: Can I call you at any time tonight?
오늘 밤 아무 때나 너한테 전화해도 되니?

B: I **draw the line at** calls after 9pm.
저녁 9시 이후에 오는 전화는 거절이야.

ㄴ It's true that she dated him, but they broke up.
걔가 그와 데이트를 한 것은 사실이나 걔들은 헤어졌어.

ㄴ I draw the line at working without a salary. 난 봉급 없이 일하는 것에는 선을 그어.

agree with

agree with

- make a agreement with
  …에 합의하다
- be in agreement with
  …와 동의하다
- couldn't agree with sb more
  …와 완전히 동의하다

…에 동의하다 *사람이 아니라 사물에 동의한다고 할 때는 agree to라 쓴다.

A: We should try to improve our school.
우린 우리 학교를 개선하려고 노력해야 돼.

B: I **agree with** you. What should we do first?
동의해. 우리가 뭐부터 먼저 해야 돼?

↳ The company **made an agreement with** another firm.
그 회사는 다른 회사와 합의를 했어.

↳ What I'd like to say is we **agreed on** a plan.
내 말은 우리가 어떤 계획에 동의했다는 거야.

be for sb[sth]

- be in favor of ~ing
  …하는 걸 지지하다, 동의하다
- be of the same opinion
  같은 의견이다

…에 찬성하다 *동의하지 않거나 반대할 경우 be against를 사용

A: Do you favor the new law about pollution?
넌 공해관련 새로운 법에 찬성하니?

B: Yes, I'm **all for** that law. 응. 난 그 법에 찬성이야.

↳ I'm **in favor of** walking to the park. 난 공원까지 걸어가는데 찬성해.

↳ We're **of the same opinion on** the movie we'll watch.
우리가 볼 영화에 의견이 같아.

be with

- be with sb on
  …점에 대해 …와 동의하다
- Are you with me?
  나랑 같은 생각이니?(내 말 이해하겠니?)

…와 동의하다, …의 편이다 *단순히 '…와 같이 있다' 또는 '…를 이해하다'라는 의미로도 사용

A: Do you think Karen and Anna will help us?
카렌과 애나가 우릴 도와줄 것으로 생각하니?

B: Yes, they **are both with us.** 그럼. 걔들은 우리 편이야.

↳ We're **with Tom** on his project. 우린 톰의 프로젝트에 대해 그와 같은 생각이야.

↳ I'll go talk to the teacher. **Are you with me?**
내가 선생님께 말할 거야. 너도 같은 생각이지?

approve of

- approve of my choice
  내 선택에 대해 찬성하다
- be approved for use in sth
  …에 사용이 승인되다
- get approval from
  …로부터 승낙을 받다

…을 찬성하다 *'…가 …하는 것을 찬성하다'할 땐 approve of sb doing sth으로 표현

A: Did you introduce your boyfriend to your parents?
네 부모님께 네 남친을 소개했니?

B: Yes. They told me that they **approve of** him.
네. 부모님들이 걔를 허락한다고 제게 말했어요.

↳ Everyone **approves of** my choice of a sports car.
다들 내가 선택한 스포츠카를 좋아해.

↳ This heater **is approved for** use in bedrooms. 이 히터는 침실용으로 승인된 거야.

take one's side

- be on one's side
  …의 편을 들다
- Time is on no one's side.
  시간은 어느 누구의 편도 아니다.

…의 편을 들다, 동의하다 *take sides는 '편을 들다'라는 뜻

A: Do you agree with what Helen said? 헬렌이 말한 것에 대해 동의하니?

B: Yes, I'll **take her side** in the argument. 어. 토론할 때 걔 편을 들 거야.

↳ My husband told me he **is on my side.** 내 남편은 내 편이라고 했어.

↳ We all get old. Time **is on no one's side.** 우린 모두가 늙어. 시간은 누구 편도 아니야.

go along with

…와 동의하다 *go along with sth이면 '…과 일치된다,' '같은 맥락이다'라는 의미

- go along with one's views
  …의 견해에 동의한다

A: Terry wants us to go out tonight.
테리는 오늘 밤 우리가 외출하기를 원해.

B: That's great. I'll **go along with** her on that.
훌륭해. 테리 말에 동의해.

∟ It's difficult to **go along with** the president's ideas.
사장님의 생각에 동의하기가 어려워.

∟ He didn't **go along with** me on this. 걘 이 문제에 대해 나하고 견해가 틀려.

have a point

일리가 있다 *상대방의 말이 good idea이거나 good suggestion일 때

- You've got a point (here).
  네 말에 일리가 있다.

A: My father told me to quit smoking.
아버지는 내게 담배를 끊으라고 말씀했어.

B: He **has a point.** You'll be healthier.
일리가 있는 말씀이지. 그러면 더 건강해질 거야.

∟ That's right. You've got a point. 맞아. 일리가 있어.

∟ I **have a point** to make about our workplace.
난 우리 작업장에 대해 할 말이 있어.

meet (sb) halfway

…와 합의하다, 타협하다 *중간에서 만난다는 것으로 비유적으로 합의한다라는 뜻으로 사용된다.

- compromise with sb
  …와 타협하다

A: Jim and Harry could not agree. 짐과 해리는 동의할 수가 없었어.

B: I hope Jim **met Harry halfway.** 난 짐이 해리와 합의하기를 바래.

∟ I decided to **meet her half way.** 난 걔하고 타협하기로 결정했어.

∟ She **compromised with** her husband on the decision.
걘 그 결정과 관련해서 남편과 타협했어.

talk the same language

같은 말을 하다, 동의하다 *speak the same language이면 '말이 통한다'라는 의미

- You can say that again.
  정말 그래(I agree completely와 같은 뜻)

A: Let's go grab a few beers. 맥주 몇 잔 마시러 가자.

B: Yeah, now we'**re talking the same language.**
그래. 이제 뜻이 맞네.

∟ You can say that again. I totally agree. 정말 그래. 난 완전히 동의해.

∟ Steve and I don't even **talk the same language.** 스티브와 난 동의하지 못해.

see eye to eye

동의하다, 같은 의견을 갖다 *서로 눈을 마주본다는 것으로 상대방과 동의한다는 뜻

- see eye to eye with sb on sth
  …에 대해 …와 동의하다
- say yes to
  …에 동의하다
- Same here.
  나도 그래.
- I'll drink to that.
  그 점에 동의하다(강력한 동의)

A: You really seem to like your boss. 넌 네 보스를 정말 좋아하는 것 같아.

B: It's true. We usually **see eye to eye** on things.
사실이야. 우린 늘 같은 생각을 갖게 돼.

∟ I'd **say yes to** a raise in my salary. 난 봉급 인상에 대해 동의할거야.

∟ Let's have a good new year. I'll **drink to that.** 좋은 신년을 맞자. 정말 동의해.

be careful of

be careful of

- be careful to do
  …하도록 조심하다
- be careful about ~ing
  …하는데 조심하다
- Be careful.
  조심해.

…을 조심하다 *be careful to do하면 '…하도록 조심하다'라는 의미

A: **Be careful of** people selling things on the subway.
지하철에서 물건을 파는 사람들을 조심해.

B: I know. Some of the items are really junk.
알아요, 일부 물건들은 정말로 쓰레기죠.

↳ Be careful about driving too fast. 과속하지 않도록 조심해.

↳ Be careful when you are out after dark. 어두워진 후에 외출할 때 조심해.

with care

- handle with care
  취급주의

주의 깊게, 신중히, 조심스럽게 *강조하면 care 앞에 great 등의 형용사를 붙이면 된다.

A: That package has a glass vase in it.
그 꾸러미 안에 유리로 된 꽃병이 들어있어.

B: I'll handle it **with care.** 내가 조심해서 다룰게.

↳ Mom makes each meal with care. 엄마는 매 식사를 조심스럽게 준비해.

↳ We drove with care during the storm. 우린 폭풍 중에 주의 깊게 운전했어.

pay attention to

- not to pay attention to
  rumors
  소문에 대해 신경을 쓰지 마라

…에 대해 주의를 기울이다 *give attention to도 같은 의미로서 주목한다는 의미

A: **Pay attention to** this part of the textbook.
교재 중 이 부분에 주의를 기울여.

B: Are we going to be tested on it? 이 부분에 대해 시험을 볼 건가요?

↳ I told you not to pay attention to rumors. 루머 신경쓰지 말라고 말했잖아?

↳ Pay attention to the things I tell you. 내가 너한테 말한 것에 주의를 기울여라.

keep one's eye on

- keep your eye on your
  surroundings
  주변을 조심스럽게 경계하다

…에 대해 조심스럽게 경계하다 *눈을 떼지 않고 지켜본다는 keep watching과 같은 의미

A: How can I become a better baseball player?
내가 어떻게 더 나은 야구선수가 될 수 있을까?

B: **Keep your eye on** where the ball goes.
볼이 가는 곳에서 눈을 떼지 마라.

↳ Keep your eye on your surroundings in the forest. 숲에서 주변을 경계해야 돼.

↳ I'll keep my eye on the younger students. 더 어린 학생들에 대해 잘 관찰할게.

look out (for)

- Look out!
  조심해!
- look out for cars
  차들을 조심하다
- look out for
  조심하다, 돌보다, 찾다

주의를 경계하다 *주의를 주거나 조심하라고 하는 표현으로 '찾다', '돌보다' 등의 의미로도 쓰인다.

A: I'm going to visit several different countries.
난 여러 다른 나라들을 방문할 거야.

B: **Look out for** thieves near your hotel.
네 호텔 주변에 있는 도둑들을 조심해.

↳ Look out for cars when you cross the street. 길을 건널 때 차들을 조심해.

↳ Look out for the construction site. 건축 현장 주변에서는 조심해라.

watch out

조심하다, 경계하다 *주변을 경계하라고 상대방에게 충고할 때

- watch (out) for sth
  (좋지 않은 일을 피하기 위해) …을 주시하다

A: **We're going out to a nightclub tonight.**
   우린 오늘 밤 나이트클럽에 갈 거야.

B: **Watch out if Dave starts drinking whiskey.**
   데이브가 위스키를 마시기 시작하는지 지켜봐.

┗ Watch for the water that spilled on the floor. 바닥에 흘린 물을 조심해.

┗ Watch out when you cross the bridge. 다리를 건널 때 조심해.

be cautious about

…에 대해 조심하다, 신중하다 *예상되는 위험이나 위기를 피하기 위해 조심하다라는 말

- be cautious about sth[~ing]
  …에[하는데] 조심하다

A: **I'm planning to invest my money in stocks.**
   난 주식에 돈을 투자할 계획을 하고 있어.

B: **Be cautious about where you put the money.**
   돈을 투자하는 곳에 대해 신중해라.

┗ Be cautious about riding a motorcycle. 오토바이를 타는데 조심해라.

┗ Be cautious about meeting people on-line.
   온라인을 통해 사람을 만나는 데 신중해야 돼.

keep one's eye on

eye란 단어는 동사 keep, have 등과 어울리면 비슷비슷하면서도 조금씩 다른 표현들을 만들어낸다. keep[have] one's eye on~하면 「…을 믿지 못하거나 걱정해서 주의깊게 지켜보는」 것을 말한다. 반면 have one's eye on sth 하면 갖고 싶어 「눈독을 들이는」 것을 have a eye for sth하게 되면 귀중하거나 좋은 것을 「알아보는 눈이 있다」라는 뜻이 된다. 끝으로 I only have eyes for~ 는 연인사이에서 쓰는 말로 "난 너밖에 없어(I'm loyal to only you)"라는 뜻으로 일편단심을 전하고자 할 때 사용할 수 있다. eyes가 복수인 점으로 봐서 한눈팔지 않겠다고 봐야 되지 않을까….

ex. Your secretary seems like a spy. Keep your eye on her. 네 비서가 스파이같으니 잘 지켜봐.

My wife has an eye for the paintings. 아내는 그림보는 눈이 있어.

be likely to

be likely to

- **be more likely to do**
  더 …하기 쉽다

…하기 쉽다 *likely 앞에 more, less를 붙여 가능성의 정도를 표시할 수 있다.

A: Jonas has a very good singing voice.
요나스는 노래하는 목소리가 무척 좋아.

B: He **is likely to** become a successful singer.
성공적인 가수가 될 가능성이 커.

↳ They **are likely to** attend the meeting together. 걔들이 함께 회의에 참석하기 쉬워.

↳ I am likely to travel to Washington, D.C. next month.
난 다음 달 워싱턴 DC로 여행할 것 같아.

be unlikely to

- **be less likely to do**
  덜 …하기 쉽다

…할 것 같지 않다 *반대로 하려면 likely 대신 less likely 또는 unlikely를 쓰면 된다.

A: I studied for hours to take this test. 이 시험볼려고 여러시간 공부했어.

B: You **are unlikely to** do poorly on it. 못보지 않겠구나.

↳ My uncle is **unlikely to** visit our house. 삼촌은 우리집에 안오실 것 같아.

↳ They **are unlikely to** play computer games. 걔들은 컴퓨터게임을 하지 않을 것 같아.

tend to

- **have a tendency to do**
  …의 경향이 있다

…하는 경향이 있다, …하기 쉽다 *…하지 않는 경향이 있다고 할 땐 tend not to do

A: I don't trust anything that Rachel says.
난 레이첼이 말하는 것은 아무 것도 믿지 않아.

B: She also **tends to** lie to me. 걔는 나한테도 거짓말을 하는 경향이 있어.

↳ That dog **tends to** bark all night long. 저 강아지는 밤새 짖는 경향이 있어.

↳ Dave **tends to** drive fast in his car. 데이브는 차를 너무 빨리 운전하는 경향이 있어.

be apt to

…하기 쉽다 *…할 경향이나 조짐이 있을 때 쓰는 표현

A: Simon has been very nice to me. 사이먼은 나한테 무지 잘해주고 있어요.

B: I think he**'s apt to** ask you out on a date.
걔가 너한테 데이트를 신청할거야.

↳ It's **apt to** start snowing this afternoon. 오늘 오후부터 눈이 내리기 시작하기 쉬워.

↳ She's **apt to** go home and take a nap. 걘 귀가해서 낮잠 자기 쉬워.

be subject to

- **be subject to sth**
  …당하기 쉽다
- **be disposed to+N**
  …에 익숙하다, …의 경향이 있다
  (다소 공식적이나 간혹 사용됨)

…하기 쉽다 *주로 나쁜 영향을 받는 경우로 to 다음에는 명사형이 온다.

A: I think there are too many cars parked on this street.
이 길에 너무 많은 차들이 주차되어 있어.

B: They **are subject to** tickets if the police see them.
만약 경찰이 본다면 티켓을 받기 쉬울 거야.

↳ You **are subject to** the rules of your parents. 넌 부모님의 규칙에 따라야 해.

↳ Everything at the meeting **was subject to** discussion.
그 회의에서는 모든 것이 토론 대상이었어.

be worth ~ing

be worth+N[~ing]

…의 가치가 있다 *be worth little이면 거의 가치가 없다라는 의미

- be not worth the trouble
  고생할 가치가 없다
- be worth a try
  시도해볼 가치가 있다
- It's not worth it.
  그럴만한 가치가 없어

A: **Is this old coin valuable?** 이 오래된 동전은 가치가 있니?

B: **No, it is worth very little.** 아니, 가치가 거의 없어.

↳ It may **be worth a try.** 그래도 해봄직 할꺼야.

↳ **It's not worth the trouble** to complete the report.
  고생해서 보고서를 끝낼 가치가 없어.

be worth+돈

…만큼의 가치가 있다 *worth 다음에 구체적인 금액을 적어 얼마만큼의 가치가 있는지 말하는 표현법

- 돈+worth of sth
  …어치의 …

A: **I heard Sam's father gave him some gold coins.**
  샘 아버지가 걔한테 금화를 주었대.

B: **Yes, they are probably worth thousands of dollars.**
  어, 아마 수천달러 값어치가 나갈거야.

↳ That car will **be worth** at least $11,000. 자동차는 적어도 만천 달러정도 할꺼야.

↳ Can you **give me $10 worth of gas?** 10달러어치 기름 넣어줄래요?

be worthy of+N

…할 만 가치가 있다 *be worthy to be pp이면 '…할 가치가 있는'이라는 의미

- be worthy of praise
  칭찬할 만하다
- be worthy of confidence
  믿을 만하다

A: **Is this medicine useful for an upset stomach?**
  이 약이 배탈난 데 도움이 되니?

B: **Sure, it's worthy of use.** 그럼, 사용할 가치가 있어.

↳ His good deeds **are very worthy of** praise. 걔의 좋은 행실은 칭찬할 만해.

↳ Her boss decided Jenna **was worthy of** confidence.
  사장은 제나를 믿을만하다고 했어.

be of no use

…사용 가치가 없다 *of use는 useful인데 'no'가 붙었으므로 of no use는 useless란 뜻

A: **Would you like to borrow my dictionary?**
  너 내 사전을 빌리고 싶으니?

B: **No, it is of no use to me.** 아니, 그건 나한테 소용이 없어.

↳ The small shoes **were of no use** to the giant.
  그 작은 신발은 그 거인에겐 필요가 없었어.

↳ The DVD **was of no use** to anyone. 그 DVD는 누구에게도 필요가 없었어.

good for nothing

아무 짝에도 쓸모 없는 *totally useless라는 의미로 전체가 명사 혹은 형용사처럼 쓰인다.

- good-for-nothing husband
  전혀 쓸모 없는 타입의 남편

A: **Ben is really a good for nothing.** 벤은 정말로 아무 짝에도 쓸모가 없어.

B: **He makes me pay for his meals.** 걔는 자기 식사비를 내가 내게 해.

↳ Mary is still yelling at her **good for nothing** husband.
  메리는 아무 짝에도 쓸모 없는 남편에게 여전히 소리치고 있어.

↳ That **good for nothing** is always late. 저 쓸모 없는 인간은 항상 늦어.

get interested in

be interested in

- get interested in
  …에 관심을 갖다

…에 관심이 있다 *반대로 무관심하다고 할 땐 be indifferent to[about]라고 한다.

A: **I'm interested in** the new golf class.
난 새로 생긴 골프 교실에 관심이 있어.

B: Me too! Why don't we join together this Saturday?
나도! 이번 토요일에 같이 가보는 게 어때?

∟ Are you **interested in** working some overtime? 초과근무 좀 할 생각 있어?

∟ She's not **interested in** working for us. 걘 우리와 일하는 것에 관심이 없어.

have an interest in

- lose interest in
  흥미를 잃다
- have no interest in
  …에 관심이 없다

…에 관심이 있다 *interest를 명사로 쓴 경우

A: Would you like to go to an art gallery? 미술관에 가고 싶니?

B: No, I don't **have an interest in** art. 아니. 난 예술엔 관심이 없어.

∟ Bill **has an interest in** taking photos. 빌은 사진을 찍는 일에 관심이 있어.

∟ I **have an interest in** the stock market. 난 주식시장에 관심을 가지고 있어.

take an interest in

- take such an interest in
  …에 많은 흥미를 갖다
- show an interest in
  …에 관심을 표시하다
- express an interest in
  …에 관심을 표명하다

흥미를 갖다 *강조하려면 take such an interest in~을 자주 사용한다.

A: Albert is a very smart man. 앨버트는 매우 스마트한 사람이야.

B: He **took an interest in** books at an early age.
걘 어린 나이에 책에 관심을 가졌어.

∟ You must **take an interest in** your children. 넌 자녀들에게 관심을 가져야만해.

∟ I **took an interest in** the football game. 난 미식축구에 관심을 가졌어.

share the same interests

- draw[attract] interest
  흥미를 끌다

같은 관심사를 공유하다 *mutual interest는 '공통 관심사'를 의미한다.

A: Judy and Harry seem very happy together.
주디와 해리는 같이 무지 행복해보여.

B: They **share many of the same interests.**
걔들은 공통 관심사가 여러가지야.

∟ My best friend and I **share the same interests.**
내 절친과 난 같은 관심사를 공유하고 있지.

∟ The classmates **share the same interests.** 학급 동료들은 같은 관심을 공유하고 있어.

be into

- be into sth[~ing]
  …에[하는데] 빠졌어
- I'm so into you.
  난 너한테 빠졌어.

관심이 있다, 흥미가 있다, …에 열중하다 *직역하면 …에 빠져있다는 말.

A: Do you want to go to that hip new bar after work?
퇴근 후에 새로 문 연 끝내주는 술집에 갈래?

B: **I'm into it.** 거, 끌리는데.

∟ Frank is **into** collecting postcards. 프랭크는 우편엽서를 모으는데 열심이야.

∟ I am **into** riding motorcycles. 난 오토바이를 타는데 흥미를 가지고 있지.

go in for

…에 흥미를 갖기 시작하다, 몰두하다 *어떤 행동을 즐겨한다, 혹은 참가하다라는 의미.

A: Would you like to come to the club? 클럽에 오고 싶니?

B: No, I don't **go in for** drinking alcohol. 아니, 술 마시는데 흥미가 없어.

↳ My girlfriend **goes in for** shopping. 내 여친은 쇼핑에 몰두해 있어.

↳ Carl **goes in for** watching sports on TV. 칼은 TV로 스포츠를 시청하는데 빠져있어.

be intrigued by

…에 흥미를 느끼다 *intrigue는 타동사로 …의 흥미를 돋구다라는 뜻이다.

A: Why do you read mystery novels? 왜 미스터리 소설을 읽고 있니?

B: I am **intrigued by** their stories. 난 미스터리 스토리에 흥미를 느끼고 있어.

↳ I was **intrigued by** the girl's beauty. 난 그 여자애의 미모에 흥미를 느꼈어.

↳ Tammy was **intrigued by** the sports car. 태미는 스포츠 카에 흥미를 가졌어.

have a lot in common with

…와 공통점이 많다 *여기서 lot은 '많음,' '다량'이라는 명사로 쓰였다.

• have something in common
  공통점이 있다
• have a little in common
  공통점이 좀 있다
• have nothing in common
  공통점이 없다

A: Are Canada and the US similar countries?
   캐나다와 미국은 비슷한 나라니?

B: They **have a lot in common with** each other.
   양국은 서로 공통점이 많아.

↳ Samantha **has a lot in common with** her friends.
   사만다는 친구들과 공통점이 아주 많아.

↳ I don't think we **have anything in common**. 우린 공통점이 없는 것 같아.

be into
어떤 장소나 공간 「안으로」 들어간다는 뉘앙스를 풍기는 전치사 into가 be 동사와 결합하여, 뒤에 오는 대상에 대해 「관심이 많다」, 「열중하다」, 「푹 빠져 있다」는 의미를 나타낸다. 평소에 전치사의 기본개념을 확장하여 생각하는 연습을 해두면, 간혹 모르는 표현이 나온다 해도 대강의 문맥은 파악된다. 그것이 어마어마한 스트레스가 된다면, 새로운 용례가 나올 때마다 그냥 외워야지 뭐! 순결해 보이던 여친이 포르노광인 걸 알게 되었다면, "I can't believe you're so into porn movies"라고 하며 멋진 상대에게 빠졌다고 말할 때는 "I'm so into you"라고 하면 된다.

would like to

would like to

지금 …을 하고 싶다 *would like sb to do하면 sb가 '…하기를 원한다'는 의미.

A: I've heard about the Great Wall of China.
    난 만리장성에 대해 들었어.

B: **Would you like to** go and visit it? 가고 싶지 않니?

⌐ I'd like you to think about that. 그거에 대해 생각해 보라고.

⌐ I'd like a nice notebook computer. 난 좋은 노트북 컴퓨터를 원해.

want to

- want+N
  …를 원하다
- want sb to do
  …가 …하기를 원하다

…하기를 원하다 *would like to~보다 좀 더 친한 사이에 쓸 수 있는 직설적 표현법

A: Everyone **wants you to** sing a song. 모두가 네가 노래하는 것을 원해.

B: I'm not going to sing tonight. 난 오늘 밤 노래하지 않을 거야.

⌐ What do you **want to** have for lunch? 점심으로 뭘 먹고 싶니?

⌐ You **want me to** lie to my boss? 나더러 사장한테 거짓말을 하라는 거니?

feel like ~ing

- I don't feel like ~ing
  …하고 싶지 않다.
- I don't feel like that.
  그러고 싶지 않아.

…하고 싶다 *~ing[명사]가 온다. feel like+명사[S+V]가 와서 …같은 느낌이다라는 표현과 구분해야 한다.

A: Do you **feel like** shopping with me? 나랑 쇼핑하고 싶니?

B: Sure! I need to buy some new clothes. 그럼. 새 옷을 몇 벌 사야 돼.

⌐ I **feel like** having a nice cold beer right now. 지금 시원한 맥주가 당기는데.

⌐ So what do you **feel like** having for lunch? 그래 점심으로 뭘 하고 싶니?

be willing to

기꺼이 …하다, 흔쾌히 …하다 *기쁜 마음으로 하고 싶은 의지를 표현

A: Now let's talk turkey. 이제 솔직히 이야기해 봅시다.

B: We're **willing to** pay you half the asking price.
    제시한 금액의 반이라면 두말 않고 내겠어요.

⌐ I'm **willing to** do anything to help her career. 걔 경력에 도움된다면 뭐라도 하겠어.

⌐ I'm **willing to** work on Saturdays until my vacation.
    휴가까지 토요일마다 일할 용의 있어.

can't wait to

- can't wait until~
  …을 몹시 하고 싶다

몹시 …하고 싶다 *기다릴 수 없다는 말로 역설적으로 말하면 '무척이나 …하고 싶다'는 말

A: I'll bring my girlfriend to dinner tonight.
    오늘 밤 저녁에 내 여친을 데려올게.

B: We **can't wait to** meet her. 몹시 보고 싶네.

⌐ I **can't wait** for vacation. 난 휴가가 몹시 기다려져.

⌐ I **can't wait** for the new computer game. 난 새로운 컴퓨터 게임이 몹시 기다려져.

be anxious to

- *cf.* be anxious about[for]
  …을 걱정하다

…을 무척 하고 싶어하다 *o do 대신에 about[for]가 오면 걱정하다란 의미가 된다.

A: Have the exam results been announced?
그 시험결과가 발표가 되었니?

B: No, I'm **anxious to** see my score. 아니, 내 점수를 무척 알고 싶어.

↳ Mom is anxious to finish paying the taxes. 엄마는 세금을 완납하고 싶어 안달이셔.

↳ I'm so anxious to hear your decision. 네 결정을 무척이나 듣고 싶구나.

would rather do~

- would rather not do
  차라리 …하지 않는게 낫겠어
- would rather S+V
  차라리 …하겠다
- would rather+V1 than V2
  …하기보다는 …하겠다

차라리 …하겠다 *굳이 한다면 「…대신에 …를 하고 싶다」라는 말.

A: Let's go to a movie tonight. 오늘 밤 영화를 보러 가자.

B: I **would rather** stay home and watch TV.
차라리 집에 남아서 TV를 보고 싶어.

↳ I'd rather not meet you for dinner. 차라리 너랑 저녁식사를 하지 않는게 좋겠어.

↳ I'd rather take the subway. 난 차라리 지하철을 타겠어.

be in the mood to

- have a good mind to do
  …할 마음이 있다

…할 기분이다, …하고 싶다 *be in the mood for+N 형태로도 사용된다.

A: Why do you want to go to a club? 왜 클럽에 가길 원하니?

B: I **am in the mood to** dance tonight. 난 오늘 밤 춤추고 싶은 기분이야.

↳ We are in the mood for some good Korean food.
우린 좋은 한식을 먹고 싶은 기분이야.

↳ I have a good mind to quit working here.
난 여기서 일하는 것을 끝내고 싶은 마음이 들어.

would like to와 like to
I'd like에서 'd'는 would가 줄어든 형태로 풀어 쓰면 I would like가 된다. 바로 앞에서 배운 I like~와 would가 있느냐 없느냐의 차이인데, I like는 나의 성향이나 취미를 말할 때 쓰는 표현으로 일반적으로 「…을(하기를) 좋아한다」는 의미이고 반면 I'd like는 내가 「지금 …을 원하거나, …을 하고 싶다」고 현재의 마음을 표현하는 것이다. 당연히 쓰임새는 I'd like가 훨씬 많다. 또한 I like의 경우에는 목적어로 명사, to do, ~ing가 다 가능하지만 I'd like의 경우에는 명사 아니면 to do만 올 수 있다는 게 다른 점이다. 특히 I'd like 다음에 명사가 오는 경우에는 음식점 등에서 「난 …로 주세요」라고 주문할 때 많이 쓴다.

be one's favorite

be one's favorite

- do one's own thing
  가장 잘하는 일을 하다

···가 제일 좋아하는 것이다 *favorite는 명사로 혹은 형용사로도 쓰인다는 점에 주목한다.

A: I really love the Argentina soccer team.
  난 아르헨티나 축구팀을 정말로 좋아해.

B: That's great! Who **is your favorite player?**
  훌륭해! 어느 선수를 제일 좋아하니?

↳ LA Dodgers is my favorite team. LA 다저스가 내가 가장 좋아하는 팀이야.

↳ Documentaries **are also one of my favorite things** to watch.
  다큐멘타리도 역시 내가 선호하는 프로 중 하나야.

have similar tastes in

- have different tastes in
  ···에 취향이 다르다

···에 취향이 비슷하다 *taste 대신 preference 명사를 사용해도 '취향'의 의미로 쓰인다.

A: Are your son and daughter alike? 네 아들과 딸이 닮았니?

B: They **have similar tastes in** the food they like.
  애들은 좋아하는 음식 취향이 비슷해.

↳ We have similar tastes in our hobbies. 우린 취미와 관련 취향이 비슷해.

↳ They have similar tastes in clothing styles. 걔들은 옷을 입는 취향이 비슷해.

be one's style

- That's not my style
  이건 내 스타일이 아냐

···의 스타일이다 *우리말된 style을 활용한 표현. 우리말도 그대로 '···의 스타일이다.'

A: Cheryl always wears black clothes. 셰릴은 항상 검은 옷을 입어.

B: She told me that's **her style.** 걘 그게 자기 스타일이래.

↳ It's my style to come late to parties. 파티에 늦게 오는게 내 스타일이야.

↳ This shirt is your style. 이 셔츠는 네 스타일이다.

be one's thing

···의 취향이다 *좀 낯설지만 style 대신에 thing을 써도 같은 의미의 표현이 된다.

A: Why do you wear so much jewelry? 왜 그렇게 많은 보석을 달고 있니?

B: That's **my thing.** I think it looks good. 내 취향이야. 좋아 보이지 않니?

↳ Meeting new people is Linda's thing. 새로운 사람들을 만나는 것은 린다의 취향이야.

↳ Playing basketball is Steven's thing. 농구 플레이를 하는 것은 스티븐의 취향이야.

be not one's cup of tea

···의 타입이 아냐 *보통 부정형태로 쓰이면 '···가 즐겨하는 것은 아니다'라는 뜻.

A: Did you enjoy salsa dancing? 넌 살사 춤을 즐겼니?

B: I hated it. It's **not my cup of tea.** 난 아주 싫어해. 내 타입이 아냐.

↳ Blind dates are not my cup of tea. 블라인드 데이트는 내 스타일이 아냐.

↳ This Russian food is not my cup of tea. 이 러시아 음식은 내 타입이 아냐.

have a habit of

have a habit of~

- have a habit of ~ing
  …하는 습관이 있다
- make a habit of sth[~ing]
  …하는 습관을 들이다

…하는 습관이 있다 *of 다음에는 ~ing형태로 습관의 내용을 써주면 된다.

A: What kind of habit do you have? 넌 무슨 습관이 있니?

B: I **have a habit of** staying up late. 난 늦게까지 깨어있는 습관이 있어.

∟ You **have a bad sleeping habit**. 넌 나쁜 잠 버릇이 있어.

∟ You should not **make a habit of** it. 넌 그런 습관을 들이지 마라.

get into the habit of

- turn into a habitual activity
  습관이 되다

…의 습관이 붙다, …버릇이 생기다 *fall into the habit도 같은 의미

A: I am afraid that I am too tired these days. 요즘 무척 피곤을 느껴.

B: **Get into the habit of** working out on regular basis.
주기적으로 운동을 하는 습관을 들여 봐.

∟ I **fell into the habit of** having a nap after lunch.
난 점심 후에 낮잠을 자는 버릇이 생겼어.

∟ Don't **fall into the habit of** drinking too much. 과음하는 버릇에 빠지지 마라.

in one's spare time

- as a hobby
  취미로서

여유시간에 *spare time 대신에 leisure time을 써도 같은 의미

A: These paintings are beautiful. 이 그림들은 아름다워.

B: I did them **in my spare time**. 내 여유 시간에 그린 거야.

∟ She'll visit her mom **in her spare time**. 걘 여유시간에 엄마를 방문할 거야.

∟ Marco collects toys **as a hobby**. 마르코는 취미로 장난감을 수집해.

be not one's habit to

- be not in the habit of ~ing
  …하는 것은 내 습성이 아니다
- be a good habit to do
  …하는 것은 좋은 습관이다.

…하는 것은 …의 습성이 아니다 *비유적 표현으로 '…하는 사람이 아니다'라는 의미

A: Can you give some money to this charity?
이 자선단체에 돈을 좀 기부할 수 있니?

B: It's **not my habit to** donate money. 돈을 기부하는 것은 내 습성이 아냐.

∟ Saving money is **a good habit to** practice.
돈을 절약하는 것은 실천하기에 좋은 습관이야.

∟ Studying is **a good habit to** develop. 공부는 지속 발전시키기에 좋은 습관이지.

kick the habit

- kick the habit of ~ing
  …하는 습관을 버리다

습관을 버리다 *주로 나쁜 습관을 의미하며 kick 대신에 break를 써도 같은 의미

A: Smoking makes me cough a lot. 흡연 때문에 내가 기침을 많이 해.

B: You should **kick the habit**. 넌 그 습관을 버려야 할 거야.

∟ It took months for Dad to **kick the habit**. 아빠가 그 습관을 버리는 데 몇 달이 걸렸어.

∟ I was able to **kick the habit of** getting up late. 난 늦잠자는 습관을 버릴 수 있었어.

seem to

seem to

- seem that S+V
  …인 것 같다

…하는 것 같다　*seem 다음에 형용사가 오면 '…처럼 보인다'라는 의미

A: What is Brian's favorite food?　브라이언이 좋아하는 음식은 뭐니?

B: He **seems to** like ice cream the best.
　아이스크림을 가장 잘 좋아하는 것 같아.

↳ It seems that George doesn't want to study.　조지는 공부를 원치 않는 것 같아.

↳ She seems to be ready to start.　걘 시작할 준비가 되어 있는 것 같아.

seem like

- seem like+N
  …인 것 같다
- seem like S+V
  …인 것 같다

…인 것 같다　*like 뒤에 명사나 S+V로 절이 나올 수 있다.

A: Are you ready to start our trip?　넌 우리 여행을 떠날 준비가 되었니?

B: Yes, **it seems like** we can leave.　응, 우리가 떠날 수 있을 것 같아.

↳ It seems like his mood is good.　걔 기분이 좋은 것 같아.

↳ She seems like she will quit school.　걘 학교를 그만둘 것 같아 보여.

look like S+V

- seem like+N
  …인 것 같다
- seem like S+V
  …인 것 같다

…와 같이 보인다　*"Looks like it"은 '그럴 것 같아'라는 표현

A: **It looks like** Marshall ate too much.　마샬이 너무 과식한 것처럼 보여.

B: He always does that.　걘 항상 그래.

↳ You look like you are hungry.　너 배고픈 것처럼 보여.

↳ It looks like snow will fall tonight.　오늘 밤 눈이 올 것처럼 보여.

be like

마치 …와 같다, …처럼 느껴진다　*be like 뒤에 명사나 S+V 절이 온다.

A: Have you eaten at the new restaurant?　그 새 식당에서 먹어봤니?

B: Sure. It's **like** my mom's cooking there.
　그럼. 마치 엄마가 요리한 것 같아.

↳ It's like prices go higher every year.　매년 가격이 오르는 것 같아.

↳ It's like work is becoming more difficult.　일이 계속 어려워지는 것 같아.

feel like S+V

- feel like S+V
  …인 것 같다
- feel like+N
  …처럼 느껴진다
- feel like ~ing[N]
  … 하고 싶다

…인 것 같다　*feel like+N은 '…처럼 느껴진다'라는 의미. 다소 주관적으로 느낌상 '…인 것 같다'라는 뜻.

A: I **feel like** such a loser. I have no friends.
　난 실패자로 느껴져. 친구가 없어.

B: That's not true. I'm your friend.　사실이 아냐. 내가 친구잖아.

↳ I feel like he doesn't like me.　걔가 날 싫어하는 것 같아.

↳ I feel like fast food is making me fat.　패스트 푸드가 날 살찌게 만든 것 같아.

sound like S+V

··· 인 것처럼 들린다 *sound 다음에 형용사가 오면 '···한 것처럼 보인다'라는 의미

- (It, That) Sounds like+N [S+V]
  ···인 것 같아
- Sounds like a plan.
  좋은 계획같아, 좋아.
- sb sound+형용사
  ···가 ···같아

A: **It sounds like** a storm is coming. 폭풍이 오고 있는 것 같아.

B: I hear thunder in the distance too. 나도 멀리서 천둥소리가 들려.

ㄴ You **sound** angry with your boyfriend. 넌 남친한테 화난 것처럼 보이네.

ㄴ You **sound** sick today. Are you OK? 넌 오늘 아픈 것처럼 보이는데 괜찮니?

have the feeling that~

···인 것 같다, ···라는 기분이 들다 *have 대신에 get을 사용해도 된다.

- have a hunch that S+V
  ···라는 예감이 들다

A: Barney came over to talk to me. 바니가 나한테 말하려고 왔어.

B: I **have the feeling** he'll ask you out on a date.
  걔가 너한테 데이트를 신청할 것 같은 느낌이 드네.

ㄴ Jimmy **had a hunch** that we were here. 지미는 우리가 여기 있을 것 같은 예감이 들었대.

ㄴ We **had a feeling** that the movie was exciting.
  그 영화가 재미있을 것 같은 느낌을 가졌어.

give sb the impression that~

···라는 인상을 주다 *have the impression that은 '···라는 인상을 받다'라는 의미

- give sb a bad impression
  ···에게 나쁜 인상을 주다
- get the impression that~
  ···라는 인상을 받다

A: You shouldn't be so quick to judge! 그렇게 섣불리 판단해선 안돼!

B: I know, but she **gave me a bad impression.**
  알아. 하지만 걔가 내게 나쁜 인상을 줬어.

ㄴ Our teacher **gave the impression** he was bored.
  우리 선생님이 지루하다는 인상을 주었어.

ㄴ Did you **get the impression that** he was lying?
  걔가 거짓말을 하고 있다는 인상을 받았니?

It figures that S+V

···인 것 같다 *that 이하의 내용이 다분히 예측했던 일인 경우에 사용하는 표현

- It figures that he is German
  그가 독일인인 것 같다
- That figures.
  그것은 당연하다. 생각한 대로이다.

A: Julia stole all of the money we had.
  줄리아는 우리가 가진 모든 돈을 훔쳤어.

B: **It figures that** she took everything. 걔가 모든 것을 가져간 것 같아.

ㄴ **It figures that** Karl is German. 칼이 독일인인 것 같아.

ㄴ He never called you? **That figures.** 걔가 너한테 결코 전화하지 않았지? 그럴 줄 알았어.

The point is that~

the point is that
S+V

논점은 …**이야** *be my point이면 '…가 내 논점이야'라는 의미

- That is my point.
  그게 내 논점이야.

A: **The point is that** we need to fix this garage.
중요한 건 이 창고를 수리해야 한다는 거야.

B: I know, but we don't have enough money.
알아, 하지만 돈이 충분하지 않아.

↳ **The point is** I don't need this right now. 요점은 지금 당장은 그게 필요하지 않다는 거야.

↳ **The point is** Andy wants to be with her. 요지는 앤디가 걔하고 함께 있길 바래.

what I'm trying
to say is that~

내가 말하려는 것은 …**이야** *I'd like to say와 같은 의미

- What I'm saying is that S+V
  …내가 말하는 것은 …이야

A: You think you are going to move to England? 영국으로 이사가?

B: **What I'm trying to say is that** I can get a job there.
내 말은 내가 거기서 직장을 잡을 수 있다는 거야.

↳ **What I'm trying to say is** that he's rich. 내 말은 걔가 부자라는 거야.

↳ **That is what I'm trying to say.** 그게 바로 내가 말하고 싶은 거야.

what I'd like to
say is that~

내가 말하고자 하는 것은 …**이야** *자신의 이야기를 확인정리할 때

- What I'm saying is that S+V
  …내가 말하는 것은 …이야

A: **What I'd like to say is** he hurt me.
내가 말하고자 하는 것은 걔가 날 아프게 했다는 거야.

B: Tell us why he did that to you. 걔가 왜 너한테 그랬는지 말해봐.

↳ **What I'd like to say is** the job finished today. 내 말은 오늘 일이 끝났다는 거야.

↳ **What I'd like to say is** that you're a really great guy.
내가 하려는 말은 넌 정말 대단한 친구라는 거야.

I mean that S+V

내 뜻은 …**이야** *말중간에 I mean 이라고 하면 자기 말을 다시 강조하거나 명확히 말할 때

- See what I mean?
  내가 뭘 의미하는지 알겠니?

A: Don't try to take care of me. **I mean**, I'm okay.
날 돌봐주려 애쓰지 마. 난 괜찮다니까.

B: Are you sure you're okay? 정말 괜찮아?

↳ **I mean** she's a workaholic. 내 얘긴 걔가 일벌레라는 거야.

↳ **I mean** which country you come from. 내 말은 네가 어느 나라 출신이라는 거야.

you know,

있잖아, 그러니까 *you see와 더불어 다음 말을 생각하면서 시간을 벌 때

- you know what
  (말의 첫 부분에서) 그거 있잖아

A: I'd like to go out tonight. 난 오늘 밤 외출하고 싶어.

B: **You know,** we could go to a nightclub.
있잖아, 우린 나이트클럽에 갈 수 있어.

↳ **You know what?** The store is probably closed. 있잖아. 그 가게가 아마도 닫았을거야.

↳ **You know,** we might as well go home. 있잖아, 우린 집에 가는 게 낫겠어.

come up with

come up with

- *cf.* come down with
  가벼운 병에 걸리다

…을 내어놓다, 제안하다 *특정한 제안이나 아이디어를 내어놓을 때 사용

A: Let me see what you've **come up with.**
네가 어떤 안을 내놓았는지 한번 보자.

B: It's not much, but it's a start. 대단하진 않아. 하지만 이건 시작이니까.

↳ You'd better come up with something better than that.
그것보다 나은 뭔가를 제안하는 게 좋겠어.

↳ We'd better come up with a good plan soon! 빨리 좋은 계획을 생각해내야겠어!

make up

- make up a story
  이야기를 꾸미다

(이야기 등을) 꾸며내다 *makeup하면 쌩얼과 몰라보게 달라지듯 뭔가 사실과 다른 이야기를 꾸며낼 때

A: I think Kelly has been lying to us.
켈리가 우리한테 거짓말하는 것으로 생각돼.

B: But why would she **make up** a story? 왜 걔가 이야기를 꾸며낼까?

↳ I need to make up an excuse for dad. 난 아빠한테 변명을 꾸며내야 해.

↳ Don't make up a lie. Tell me the truth. 거짓말을 꾸며내지마. 사실을 말해라.

cook up

- cook up some story
  어떤 이야기를 지어내다

(이야기 등을) 지어내다 *요리하면 재료와 결과가 달라지듯 이야기, 변명 등을 지어낼 때

A: What have Kyle and Stan been doing?
카일과 스탠은 어떻게 지내고 있니?

B: They **are cooking up** plans for this week.
걔들은 금주 계획을 짜고 있어.

↳ We need to cook up something to increase business.
사업확장위해 뭔가 만들어내야돼.

↳ I don't know, but I can cook up something. 모르겠는데 뭔가를 만들어낼 수는 있어.

think up

생각해내다, 고안하다 *특정한 생각이나 아이디어 혹은 변명 등을 만들어낼 때

A: The story you wrote is very interesting.
네가 쓴 스토리는 정말 재미있어.

B: It took a long time to **think it up.** 생각해내는데 오랜 시간이 걸렸어.

↳ Let's try to think up something new. 새로운 뭔가를 생각해내 보자.

↳ Tina couldn't think up an idea for the class project.
티나는 학급 프로젝트를 위해 아이디어를 생각해낼 수가 없었어.

invent an excuse

변명을 지어내다 *invent는 나쁜 의미로 변명을 고의적으로 만들어 내다는 의미

A: I don't have a good reason for being late.
난 지각한 데 대해 마땅한 이유가 없어.

B: You will just have to **invent an excuse.** 그냥 변명을 지어내야 할거야.

↳ She always invents excuses for not paying me. 걔 항상 돈을 안주는 변명을 지어내.

↳ Be honest and don't invent some excuse. 정직해라. 어떤 변명도 만들어 내지마.

no longer

sure thing

확실하지, 그럼 *좀 특이하지만 '형용사+명사' 형태의 표현이 부사처럼 쓰이는 경우

A: Yeah, we have to make an effort to stay in touch.
그래 서로 만나도록 노력하자.

B: **Sure thing.** Bye! 물론. 잘 가!

↳ Sure thing, she is coming over now. 확실해, 걔가 이제 올 거야.

↳ Can you give me a hand moving it? **Sure thing.** 그것 옮기는데 도와줄 수 있니? 그럼.

of course

물론 *of course not은 반대표현으로 부정을 강조할 때 사용한다.

A: Please excuse us for a moment. 잠깐 자리 좀 비켜주세요.

B: **Of course.** You can call me when you're ready.
그러죠. 준비가 되면 부르세요.

↳ **Of course.** Make yourself at home. 그럼. 너희 집처럼 편안히 생각하라고.

↳ **Of course.** I won't tell anybody. 물론 아무한테도 말하지 않을게.

definitely

그럼, 물론이지 *certainly도 같은 의미이며 반대 표현은 absolutely not, certainly not

A: Have you ever been in big trouble? 큰 어려움을 겪어본 적이 있나요?

B: **Definitely.** Many times. 물론이죠. 여러 번.

↳ Am I pessimistic? **Absolutely not.** 제가 비관적인가요? 절대로 아닙니다.

↳ **Certainly.** I'll give him the message when he gets in. 네. 오시면 전해드리죠.

not ~ at all

전혀 …하지 않다 *부정부사 not에 at all을 더해 부정을 더욱 강조하는 표현이다.

A: It looks like you **don't like your meal at all.**
음식이 너한테 전혀 맞지 않나 보구나.

B: No, it's just that I'm not hungry right now.
아니에요. 그냥 지금은 별로 배가 안 고파서요.

↳ A designated driver is someone who **doesn't drink at all.**
지명운전자는 전혀 술을 마시지 않는 사람이야.

↳ It's **not at all** what I expected. 이건 전혀 내가 예상한 것이 아니야.

no longer

더 이상 …가 아니다 *풀어쓰면 not any more이라는 표현

A: As of today, we **no longer** have a travel allowance.
오늘부터 출장비가 지급 안된데.

B: Who told you that? 누가 그래?

↳ Ralph is **not here any more.** 랄프는 더 이상 여기에 있지 않아.

↳ She's **no longer** working on the project. 걘 더 이상 프로젝트에서 일하고 있지 않아.

not necessarily

반드시 … 한 것은 아니다 *부분부정으로 꼭 그런 것만은 아니라고 부정을 조금만 할 경우에 사용.

- not entirely
  전체가 다 그런 것은 아니다

A: You're **not necessarily** going to pass this class.
넌 꼭 이 강의를 이수하지 않아도 돼.

B: Well, I still don't feel like studying.
글쎄, 난 여전히 공부할 생각이 없는 걸.

└ This is **not necessarily** the best hotel room. 이 방이 반드시 최고의 호텔 방은 아니야.

└ Kari is **not necessarily** going to show up tonight.
카리가 반드시 오늘 밤 나타나는 것은 아니야.

out of the question

불가능한 *뭔가 말도 안되는 경우를 말할 때

A: Come on, you can lend me some money. 나한테 돈 좀 꿔줘라.

B: No way. It is **out of the question.** 안돼. 그건 불가능한 일이야.

└ Traveling to North Korea is **out of the question.** 북한으로 여행하는 것은 불가능해.

└ Taking a holiday then is **out of the question.** 휴일을 갖는다는 것은 불가능해.

sure의 정체를 밝혀라!

sure를 아직도 「확실한」이란 의미로만 알고 있으면 안된다. 물론 sure가 형용사로써 be sure to, make sure 등 알짜 표현을 양산하는 건 사실이지만 부사로 쓰이는 sure를 회화에서 빼놓을 수는 없기 때문이다. 구어체에서 일반적으로 yes을 대신해서 가볍게 '그래'라는 의미로 쓰이고 또한 상대방이 감사인사를 할 때 가볍게 "Sure"하면 「괜찮아」, 「뭘요」 정도의 의미의 인사가 된다. 초지일관 로봇처럼 yes만 내뱉지 말고 편하고 가볍게 "Sure"라고 해보도록 한다. 예를 들어 "Sure, what's up?"는 「그래. 뭔대?」, "Sure, no problem"은 「그래 괜찮어」가 된다.

또 한가지 특이한 점은 간혹 sure가 주어와 동사 사이에 쓰여서 오자가 아닌가 하는 생각을 불러 일으킬 때가 있는데 이때의 sure는 surely로 보면 된다. 그래서 "It sure is hot out there"는 「정말이지 밖이 쪄」, 그리고 "Man, I sure miss Julie"는 「야 정말 줄리가 보고 싶네」라는 뜻이 된다.

Emotions & Situations

기쁘고 화날 때 혹은 곤란한 상황에 빠졌을 때의 표현

SMART DICTIONARY OF
EASY ENGLISH EXPREESIONS

be happy with

be happy with

- be happy to do
  …하게 되어 기쁘다
- be happy for sb
  …가 잘돼 기쁘다
- make sb happy
  …를 기쁘게 해주다

…에 만족하다 *be happy 다음에 with, about, for 및 to+부정사가 올 수 있다.

A: I wanted to let you know I'm getting divorced.
이혼한다고 알려주고 싶었어.

B: But why? You **seemed so happy with** your husband.
왜? 남편과 행복해 보였는데.

┗ Are you happy with that? 거기에 대해 만족해?

┗ You sound happy about your meeting. 회의에 만족스러운 것 같아.

be glad to~

- be glad that S+V
  …해서 기쁘다
- be pleased to do[with+N]
  …해서 기쁘다

…해서 기쁘다 *be glad~ 보다 좀 더 점잖게 말하려면 be pleased with[to~]를 쓴다.

A: She told me that she feels much better.
걔가 그러는데 훨씬 나은 것 같대.

B: **I'm glad to** hear that. 그 얘길 들으니 기쁘군.

┗ I'd be glad to do your homework. 네 숙제를 기꺼이 해줄게.

┗ I'm glad you like it. 맘에 든다니 기뻐.

be pleased to~

- be pleased with+N
  …에 기쁘다
- be pleased that S+V
  …에 기뻐하다
- be satisfied with
  …에 만족하다

…해서 기쁘다 *영어편지나 연설 등에서 좀 더 formal하게 사용되는 표현이다.

A: Are you sure I can stay in your house? 네 집에 머물러도 괜찮겠어?

B: We'd **be pleased to** have you stay with us.
우리랑 함께 있으면 기쁘겠어.

┗ They were pleased to be invited to the wedding.
결혼식에 초대되어 걔네들은 기뻤어.

┗ He was pleased to take Betty to the dance. 베티를 댄스파티에 데리고 가서 기뻤어.

be nice to

- be good[great] ~ing[to do]
  …하게 돼 좋다
- *cf.* be good[nice] talking to you
  너와 얘기하게 돼 기뻐

…해서 좋다 *be nice to~는 만났을 때 be nice ~ing는 헤어지면서 쓰지만 절대적이지 않다.

A: Mary, it's so **nice to** see you again. 메리, 다시 봐서 반갑다.

B: What are you doing here? 여긴 웬일이니?

┗ It would be nice to do something this afternoon. 오늘 오후에 뭔가 했으면 좋겠어.

┗ Good night, it was very nice to meet you. 잘 가, 만나서 정말 반가웠어.

be excited about~

- be[get] excited to do
  …하는 것을 무척 좋아하다
- be[get] thrilled to do
  …하는 것을 무척 들떠하다

…에 무척 좋아하다, 들뜨다 *excited의 앞에 very, really, so, a little를 붙여 들뜬 정도를 말할 수 있다.

A: They **are excited about** going overseas.
걔네들은 해외 가는데 들떠있어.

B: I think it will be a fun trip. 재미 있는 여행이 될 거야.

┗ Are you excited about celebrating Christmas? 성탄절 축하파티를 하는 게 좋아?

┗ I'm so excited to see you again. 너 다시 보게 되어 넘 좋아.

feel good about

- feel good about oneself
  기분이 좋다

…에 대해 기분이 좋다 *about 다음에는 명사나 ~ing형으로 기분이 좋은 이유를 말하면 된다.

A: **Why did you give the homeless man money?**
왜 노숙자에게 돈을 줬어?

B: I **feel good about** helping poor people.
가난한 사람을 돕는게 기분이 좋아.

└ Kendra **felt good about** completing the marathon.
켄드라는 마라톤을 완주해서 기뻤어.

└ Did Sam **feel good about** finishing his work? 샘이 자기 일을 끝내서 기뻐해?

feel much better

- feel better about (A ~ing)
  (A가 …하는 것에) 기분이 더 좋다
- feel much better now
  이제 기분이 더 좋아지다
- make A feel better about~
  A가 …에 대해 기분좋아지게 하다

기분이 더 좋아지다 *아팠거나 기분나빴거나 등에서 몸이 나아지거나 기분이 풀려 좋아지는 것.

A: I certainly hope you **are feeling better.**
난 진짜 네 기분이 나아졌으면 좋겠어.

B: I am. Thank you so much. 그래. 정말 고마워.

└ She was just trying to make you **feel better.** 걘 널 기분좋게 해주려는 거였어

└ I'll **feel much better** in the morning. 아침에 기분이 더 좋아질 거야.

feel comfortable with

- feel comfortable with sb ~ing
  …가 …하는 것을 편하게 생각하다
- feel[be] uncomfortable with
  …에 기분이 나쁘다, 마음이 불편하다

…에 기분이 좋다 *with 다음에는 사람이나 사물이 올 수 있다.

A: I'd like you to sing a song for us. 우릴 위해 노래를 불러줘.

B: I **feel uncomfortable with** so many people here.
난 여기 많은 사람들 앞이라 불편해.

└ Do you **feel uncomfortable with** those shoes? 저 신발 불편해?

└ He **feels comfortable with** his kind boss. 걘 상냥한 사장에 기분이 편해.

be in a good mood

- be in a bad mood
  기분이 나쁘다
- be in a mood to do~
  …할 기분이다

기분이 좋다 *mood는 그때그때의 기분을 말하는 것으로 moody person은 감정의 기복이 심한 사람.

A: I wonder if the boss is still angry with me.
사장이 나한테 아직도 화가 나 있는지 모르겠어요.

B: He seems to **be in a good mood** today.
오늘 보니까 기분이 좋은 것 같던데요.

└ Gina was **in a good mood** after eating lunch. 지나는 점심 먹은 후에 기분이 좋았어.

└ They are **in a good mood** because they are together.
걔네들은 서로 만나서 기분이 좋아.

have a good feeling

- have a bad feeling about
  …에 대해 기분이 좋지 않다

기분이 좋다 *어떤 대상에 대하여 호감이 있는 것을 의미하며 about 대신 toward도 가능하다.

A: Do you like the girl who joined our class?
우리 반에 들어온 여자애 좋아해?

B: Yes. I **have a good feeling about** her character.
어. 성격이 맘에 들어.

└ I **have a good feeling about** the exam I took. 내가 치른 시험 느낌이 좋아.

└ He **had a good feeling about** his blind date. 걘 소개팅에 기분이 좋았어.

feel sad about

feel[be] sad about

- feel so bad about
  …에 기분이 안 좋다
- feel blue
  우울하다
- It's sad that~
  …하는 것은 슬프다

…에 슬퍼하다 *about 다음에 명사[~ing]를 쓰거나 혹은 It's sad that ~로 사용된다.

A: I feel sad about my uncle dying. 내 삼촌이 돌아가셔서 슬퍼.

B: Yes, he was a good man and we'll miss him.
   그래. 좋은 분이셨는데 그리울 거야.

↳ Jane felt sad about the movie's ending. 제인은 영화의 마지막에 슬퍼했어.

↳ I feel sad when the Christmas holiday ends. 성탄절 휴가가 끝났을 때 슬펐어.

feel terrible about

- be terrible at~
  …을 잘 하지 못하다

…에 대해 기분이 끔찍하다 *feel terrible 뒤에 that S+V를 붙여 쓰기도 한다.

A: You look kind of sick today. 너 오늘 좀 아파보이는구나.

B: I feel terrible. I have a sore throat. 아주 안좋아. 목이 따끔거려.

↳ She felt terrible about lying to Steve. 걘 스티브에게 거짓말해서 기분이 안 좋았어.

↳ I feel terrible about embarrassing the teacher.
   선생님을 당황하게 해서 기분이 안 좋았어.

be unhappy with

- be unhappy with one's boss
  사장에 만족 못하다
- be unhappy working here
  여기서 일하는데 불만이다

기분이 안 좋다, 만족하지 못하다 *with 대신 about 이나 at, 혹은 바로 ~ing를 써도 된다.

A: Why do you want to break up with me? 왜 나랑 헤어지려는 거야?

B: I'm feeling unhappy with you. 너랑 행복감을 느끼지 못해.

↳ I'm unhappy with James and my marriage. 제임스와 내 결혼에 만족하지 못해.

↳ I'm not happy with my job. 내 일에 만족하지 못하겠어.

feel[get] depressed

- look so depressed
  매우 우울해보이다

우울하다, 의기소침해있다 *depressed 앞에 so나 a bit를, 뒤에는 about~을 붙여 말할 수 있다.

A: What is wrong with you these days? Are you ill?
   요즘 왜 그래? 어디 아파?

B: No, I'm just a bit depressed about my life.
   아니. 사는 게 좀 막막해서 그래.

↳ Do you feel depressed about working here? 여기 일하는데 의욕이 안나?

↳ He feels depressed about being dumped by Sheila. 걘 쉴라에게 차여서 우울해.

get frustrated with[at]

- look frustrated
  좌절한 것으로 보인다
- feel frustrated
  좌절감을 맛보다

…에 좌절하다, 지치다 *뜻대로 되지 않는 상황에 크게 좌절하거나 초조해졌을 때

A: Why did you leave the meeting so suddenly?
   왜 그렇게 급히 회의에서 나간 거야?

B: I was frustrated with you! You talk too much!
   너 땜에 지쳐버렸어! 넌 말이 너무 많아!

↳ I'm frustrated with my lack of options. 선택할 수 있는 것이 너무 없어서 힘이 빠져.

↳ She's frustrated with her computer's problems.
   걘 컴퓨터가 문제를 일으켜 지쳤어.

feel bad about

…에 기분이 상하다, 속상해하다 *감정상태 뿐만 아니라 몸 상태가 안 좋을 때도.

- feel bad about ~ing
  …에 기분상하다
- make A feel bad
  A를 속상하게 만들다
- not feel well[good]
  기분이 안 좋다

A: Does she still **feel bad**? 걔 아직도 기분이 그래?

B: Well, apparently she does. 그래, 그런 것 같아.

↳ Don't **feel bad about** that. You earned that. 기분 나빠하지마. 자업자득이야.

↳ It looks like she **doesn't feel well.** 걔 기분 안 좋아 보여.

be[feel] left out (of)

(…로부터) 소외감을 느끼다 *leave out은 원래 '제외시키다'를 의미하는 표현이다.

- feel rejected[excluded, isolated]
  소외감을 느끼다
- be[feel] miserable
  비참해지다, 한심하게 느끼다
- be pathetic
  애처로운, 한심한

A: Karen's brother seems upset about something.
  카렌의 오빠는 뭔가 화난 것 같아.

B: He **was left out of** Karen's wedding. 카렌의 결혼식에 소외감을 느꼈어.

↳ I **was left out of** the card game. 난 카드게임에서 왕따 당했어.

↳ Nobody calls me these days. I **feel so left out.**
  요즘 아무도 날 부르지 않아. 소외감 느껴.

hurt sb's feelings

기분 나쁘게 하다 *hurt는 상처주다, 아프게하다라는 동사로 여기서는 …의 감정을 상하게 할 경우.

A: Is Harry sad because I broke up with him?
  내가 해리랑 헤어져 걔가 슬퍼해?

B: I'm sure that you **hurt his feelings.** 네가 걔 감정을 아프게 한 게 맞아.

↳ It **hurt my feelings** that I wasn't invited. 내가 초대받지 못해 감정이 상했어.

↳ It **hurt Mom's feelings** when we forgot her birthday.
  우리가 엄마생일을 깜박했을 때 엄마감정이 상했어.

under the weather

기분이 좀 안 좋은 *기분이 안 좋거나 혹은 몸이 아플 때 'be sick'의 의미로도 쓰인다.

- be[feel] under the weather
  몸이 안좋다

A: Why is our boss so late today? 왜 우리 사장이 오늘 늦는 거야?

B: He's at home because he's **under the weather.**
  기분이 안 좋아서 집에 계셔.

↳ I couldn't go to Taegu because I was **under the weather.**
  몸이 안 좋아서 대구에 갈 수 없었어.

↳ Terry is **under the weather** and is lying in bed.
  테리는 몸이 안 좋아 침대에 누워있어.

miss sb[~ing]

보지[하지] 못해 아쉬워하다 *누구를 보지 못해 혹은 …을 하지 못해 아쉬워 할 때

- miss sb ~ing
  …가 …해서 아쉽다

A: Well, I guess this is goodbye. 자, 이제 헤어져야겠군요.

B: I'm going to **miss** you so much. 정말 보고 싶을 거예요.

↳ I will **miss** you coming to visit me. 네가 날 보러 오지 못해 아쉬울 거야.

↳ You have no idea how much I **miss** her. 내가 얼마나 걔를 그리워하는지 넌 모를거야.

get upset

get upset about

- I'm so upset that S+V
  화가 너무나 …하다
- upset sb
  …을 화나게 하다

…으로 화가 나다 *화남의 정도는 upset 〈 angry 〈 furious 순서로 강해진다.

A: **Are you upset about** something? 뭐 화나는 일 있니?

B: I feel awful. I got fired today. 기분 더러워. 오늘 해고당했다구.

↳ I'm really **upset that** he did that. 그런 짓을 했다니 정말 화가 나는 걸.

↳ I'm so **upset that** you forgot our anniversary.
당신이 우리 결혼 기념일을 잊어버려서 너무 속상해.

get[be] angry with

- be angry at[with] sb
  …에게 화나다
- be angry about sth
  …에 화나다
- be angry about sb ~ing
  …가 …하는 것에 화나다
- be angry because[that] S+V
  …[때문에] 화나다

화나다 *화난 이유를 말할 땐 at[over, about], 사람이 올 때는 at이나 with를 쓴다.

A: Why **are** you so **angry with** me? 왜 나한테 그렇게 화가 난 거야?

B: Because you always take his side. 네가 항상 그 친구 편만 들잖아.

↳ I don't have any reason to **be angry at** you. 난 네게 화날 아무런 이유가 없어.

↳ The problem is that the boss is still **angry with** you.
문제는 사장이 아직도 너한테 화가 나있다는 거야.

get[be] mad at

- get[be] mad at sb
  …에게 화나다
- get[be] mad about sth[~ing]
  …에 화나다
- get[be] mad about sb
  …을 무척 좋아하다(be crazy about)

화나다 *단, ~mad about의 경우 뒤에 사람이 오는 경우는 무척 좋아한다는 의미

A: I'm **mad at** my boss. 나 사장한테 화났어.

B: Oh? Why is that? 이런, 뭣 때문에?

↳ I got **mad at** him because he took my money. 걔가 내 돈을 가져가 화났어.

↳ Don't worry, I'm not going to **get mad**. 걱정마, 화 안낼게.

make sb angry

- make A feel bad
  A를 기분 나쁘게 하다

…를 화나게 하다 *주어가 다른 사람을 화나게 했을 때.

A: How was your trip to Ottawa last December?
지난 12월에 오타와 여행 어땠어?

B: Terrible. Some unkind people **made me angry.**
끔찍했어. 불친절한 사람들 땜에 화가 났었어.

↳ This messy room will **make** your father **angry.**
이 방 어지럽혀서 아버지가 화내실거야.

↳ The careless driver **made everyone angry.** 부주의한 운전사가 모두를 화나게 해.

be pissed off

- be[get] pissed off
  with[at/~ing]
  …에 화나다

화나다 *주어가 화나거나 실망했을 때 ~off 다음에 with[at]+사람[사물]을 넣으면 된다.

A: I heard that Bob was fired today. 밥이 오늘 해고되었다며.

B: It's true. He **is** really **pissed off.** 맞아. 정말 열받았어.

↳ I heard that Sam is really **pissed off at** you. 샘이 정말 너한테 화났다며.

↳ I just got fired today and I'm really **pissed off.** 오늘 짤렸어. 왕짜증난다.

lose one's temper

화를 벌컥 내다 *temper는 성깔이란 의미로 이것을 lose하면 어떻게 될지는…

- lose one's temper with~
  …에게 화를 내다
- lose one's cool (with~)
  흥분하다, 화를 내다(↔ keep one's cool)

A: The boss is going to **lose his temper** when he sees this report. 사장이 이 보고서보고 엄청 화낼 거야.

B: I know. It has too many mistakes in it.
  알아. 보고서에 실수가 너무 많아.

↳ She lost her temper when her boyfriend lied. 걔 남친이 거짓말할 때 화를 벌컥 냈어.

↳ I lost my temper because she was so late. 걔가 너무 늦어 내가 화를 냈어.

drive sb crazy

무척 화나게 하다 *drive는 어떤 상태로 몰고 간다는 의미.

- drive somebody up the wall
  …을 임청 화나게 하다
  (= drive ~ out of one's mind)
- go crazy
  무척 화나다(단순히 미치다 혹은 어떤 일에
  전념하다라는 뜻도 있다.)

A: Can you shut off that radio? It's **driving me crazy.**
  라디오 좀 끌래? 미치겠다.

B: Why are you so sensitive to noise? 왜 그리 소음에 민감한 거야?

↳ The traffic jam was driving everyone crazy. 교통체증이 모두를 미치게 해.

↳ The media really went crazy covering that case.
  언론은 그 사건을 취재할 때 난리였어.

get on one's nerves

…의 신경을 거슬리게 하다 *뭔가 지속적인 행위로 …를 화나게 할 경우.

A: What is the most difficult thing about being married?
  결혼생활에 가장 어려운 점이 뭐야?

B: Husbands and wives can **get on each other's nerves.**
  부부가 서로 신경을 거슬리게 할 때.

↳ The slow Internet connection got on my nerves. 인터넷 접속속도가 넘 늦어 짜증나.

↳ Does Sharon ever get on your nerves? 샤론이 네 신경을 거슬리게 한 적 있어?

get worked up

열받게 하다 *…를 화나게 하다라는 work somebody up의 수동태형

- get worked up about[over]
  …에 대해 열 받는다, 흥분하다
- burn somebody up
  열받게 하다(= hit the ceiling = hit the roof)

A: My son went to a pop music concert last night.
  아들이 지난 밤에 팝 뮤직 콘서트에 갔어.

B: Many kids **were worked up** about the singers.
  많은 애들이 가수들에 열광적이었어.

↳ Don't get worked up over your argument with him. 걔와의 논쟁에 넘 열 받지마.

↳ My parents got worked up over my poor grades.
  내 부모님은 내 형편없는 학점에 열 받으셨어.

worry about

worry about

- worry that S+V
  …을 걱정하다
- Don't worry about~
  …을 걱정하지 마라
- have nothing to worry about~
  걱정할 게 없다

걱정하다 *about 이하를 근심 걱정한다는 것으로 사람이나 사물이 올 수 있다.

A: This is dangerous. You've got to be careful.
　이 일은 위험해. 조심해야 한다구.

B: **Don't worry about** me. 내 걱정하지 마.

└ You don't need to **worry about** that. 그거 걱정할 필요없어.

└ I'm not going to die that easy. **Don't worry about** that.
　난 그렇게 쉽게 죽지 않을 거야. 걱정마.

be worried about

- be worried that[because]~
  …(때문에) 걱정하다
- be worried about ~ing
  …하는 걸 걱정하다
- be angry about sb ~ing
  …가 …하는 것에 화나다
- *cf.* I worried that = I'm worried that~
  …을 걱정하다

걱정하다 *about 없이 be[get] worried 혹은 be getting worried로도 많이 쓰인다.

A: **I'm worried** Pam won't come to the party.
　팸이 파티에 못 올까 봐 걱정돼.

B: Why? Is she still angry with you? 왜? 아직도 너한테 화나 있어?

└ I'm a little worried about my singing ability. 내 노래 실력이 좀 걱정돼.

└ I'm worried you might be little cold. 네가 좀 춥지 않을까 걱정돼.

be concerned about

- be concerned that S+V
  …에 걱정하다
- be concerned with
  관련되다, …와 관계가 있다

걱정하다 *about 대신 for를 쓰기도 하며 with가 오면 관계된다라는 다른 의미가 된다.

A: **I'm concerned about** my grades in school. 내 학교성적이 걱정돼.

B: You should be. They seem very low. 그러겠지. 매우 나빠 보이던데.

└ I'm concerned about my math grade. 내 수학 성적이 걱정돼.

└ I'm concerned the earth will become more polluted.
　지구가 더 오염될까 봐 걱정돼.

be anxious about

- be anxious about+N[~ing]
  …을 걱정하다
- be anxious for~[to do]~
  …을 몹시 갈망하다

걱정하다 *for 혹은 to do가 오면 문맥에 따라 걱정하다 혹은 몹시 갈망하다라는 뜻이 된다.

A: You seem to be upset today. 넌 오늘 화난 것 같이 보여.

B: **I'm anxious about** the exam results. 시험 결과가 걱정돼.

└ Paula is anxious about her new schedule at work.
　폴라는 자기 사무실의 새로운 일정에 걱정하고 있어.

└ I'm so anxious to hear the decision. 난 무척 그 결정을 듣고 싶어.

never mind

- Never mind A
  A를 신경쓰지 마라
- not let A bother you
  A 땜에 신경쓰지마

걱정하지 마라, 신경쓰지 마라 *Forget it 또한 걱정마, 괜찮아라는 의미이다.

A: My friend was saying that I'm ugly. 친구가 내가 못생겼다고 그래.

B: **Never mind.** He's just teasing. 너무 신경쓰지마. 그냥 놀리는 거야.

└ Never mind that. 그거 신경쓰지마.

└ Does it bother you to go to the store every day? 매일 가게 가는 거 귀찮지?

05 후회하다

regret ~ing

regret sth

- regret it later
  나중에 후회하다
- regret sth for the rest of
  one's life
  남은 평생 후회하다
- regret the day S+V
  …한 날을 후회하다

…을 후회하다 *하지 않았으면 좋았을 행동을 하고 나서 후회할 때 쓰는 대표적 표현.

A: Don't you **regret** anything about your past?
  넌 지난 과거가 후회되지 않니?

B: No. If I had the chance, I'd do it all over again.
  아니. 기회가 온다면 또 다시 그렇게 할거야.

⌐ I **regret** the day I met you. 널 만난 날이 후회된다.

⌐ I'm sure he doesn't **regret** it that much. 걔가 그렇게까지 후회하지는 않을거야.

regret ~ing

- regret to say[tell/inform]
  …을 말하게 되어 유감이다
- regret that S+V
  …을 후회하다, …하게 돼 유감이다

…한 것을 후회하다 *가장 많이 쓰이는 형태이며 반면 ~ing 대신 to 부정사가 오면 '유감이다'란 의미

A: Do you like the new clothes you bought?
  네가 새로 산 옷 맘에 들어?

B: I **regret** spending so much money on them.
  옷 사는데 돈을 넘 많이 써서 후회해.

⌐ I **regret** asking Suzie out the other day. 요전 날 수지에게 데이트 신청한 걸 후회해.

⌐ I **regret** spending last night playing computer games.
  컴퓨터 게임으로 어제 밤을 보낸 것을 후회해.

have no regrets about

- with (no) regrets
  후회하며(후회없이)
- be full of regrets
  후회막심이다
- feel remorse
  후회하다

후회가 없다 *regret는 동사 뿐만 아니라 명사로도 많은 표현을 만들어 낸다.

A: Are you sorry that you dropped out of college?
  대학 중퇴해서 후회돼?

B: I **have no regrets about** quitting school. 학교 그만둔 거 후회 없어.

⌐ They had no regrets about getting married. 걔네들은 결혼한 거 후회하지 않았어.

⌐ I had no regrets about spending all of my money. 돈 다 쓴 거에 대해 후회 없어.

should have+pp

- should not have+pp
  …하지 말았어야 했는데
- You shouldn't have.
  (선물 받으면서) 그러지 않아도 되는데.

…했어야 했는데 *과거의 행동에 대해 후회할 때 쓰는 대표적 구문

A: You **should have been** here hours ago.
  몇시간 전에 도착했어야 하잖아.

B: Sorry. I got held up at work. 미안. 일에 잡혀서 말야.

⌐ I should have gotten up early this morning. 오늘 아침 일찍 일어났어야 했는데.

⌐ I shouldn't have bought this new car. 이 새 차를 사지 말았어야 했는데.

You'll be sorry about~

- You'll be sorry about ~ing
  …한 거 후회할거야
- You'll be sorry if S+V
  …하게 되면 후회하게 될거야

후회하게 될거야 *상대방의 행동에 후회하게 될거라며 주의나 경고를 줄 때

A: You'll be sorry if you don't prepare for the test.
  시험준비를 하지 않으면 후회하게 될거야.

B: Are you saying that I should study? 내가 공부해야 된다고 말하는거야?

⌐ You'll be sorry about teasing me. 날 놀린 걸 후회하게 될 거야.

⌐ You'll be sorry if you don't obey your parents. 부모말씀 안들으면 후회하게 될거야.

say thank you

thank you for~

- thank you for+N[~ing]
  …한 것에 감사하다
- thank you for the compliment
  칭찬해줘 고맙다

…에 감사하다 *for 다음에는 명사나 동사의 ~ing를 붙여 다양하게 감사하는 맘을 전달하면 된다.

A: **Thank you for** booking my ticket.
내 표 예매해줘서 고마워.

B: If you need more tickets, call me anytime.
표가 더 필요하면 언제든지 전화해.

└ **Thank you for** visiting me in the hospital. 병문안 와줘서 고마워.

└ I want to **thank you for** helping me. 도와줘서 고마워요.

say thank you

- say hi
  인사하다
- say no
  거절하다

감사하다는 말을 하다 *감사하는 사람은 to sb로, 감사하는 내용은 for sth로 한다.

A: **Say thank you to** your grandfather. 할아버지께 감사하다고 해라.

B: Grandpa, thanks for buying me a birthday gift.
할아버지, 생일 선물 사주셔서 감사해요.

└ You must **say thank you for** his help. 걔 도움에 넌 감사해야 돼.

└ **Say thank you for** the new cell phone. 신형 핸드폰에 감사하라고.

be nice of you to~

- be nice[kind] of you to say~
  …가로 말한 것은 고맙다
- be such a+형용사+명사
  정말 …한 사람이다

당신이 …라고 (말)한 것은 고맙다 *of you 는 to 부정사의 의미상의 주어이다.

A: You look beautiful tonight. 오늘 밤 참 예쁘시네요.

B: Thanks. You're **such a kind person**. 고마워요. 정말 다정한 분이세요.

└ You're **such a good driver**. 너 운전을 정말 잘 하는구나.

└ I didn't know that our boss was **such a partygoer**.
사장이 그렇게 파티광인 줄 몰랐어.

appreciate one's support

- appreciate one's ~ing
  …가 …해준 것에 감사하다
- show one's appreciation
  …의 감사를 표시하다
- appreciate one's hospitality
  …의 환대에 감사하다

…의 도움에 감사하다 *appreciate 다음에는 상대방의 고마운 행동을 나타내는 명사가 오게 된다.

A: Don't worry. I'll get it done for you. 걱정 마. 널 위해 해줄 테니까.

B: I **appreciate your help**. 도와줘서 고마워.

└ The people here all **appreciate your support**. 여기 모두 너의 도움에 감사해.

└ I **appreciate your support**. You're a good friend. 도움에 감사해. 넌 좋은 친구야.

be grateful to ~

- be grateful to sb
  …에게 감사하다
- be grateful to do
  …하게 해 감사하다
- a token of thanks
  감사의 표시

…에 감사하다 *to sb는 물론 to do 및 that 절이 모두 올 수 있다.

A: Why did George give his mom a necklace?
왜 조지가 걔 엄마에게 목걸이를 선물했어?

B: He is **grateful to** her for raising him.
키워주신 거에 대해 감사해하고 있어.

└ I am **grateful to** everyone who gave money. 돈을 준 모든 사람에게 감사해.

└ She was **grateful to** her school's English teacher.
걘 학교 영어선생님에게 감사했어.

07 미안하다, 유감이다
be sorry for

be sorry for

- I'm sorry about+N
  …에 대해 미안해
- feel sorry for~
  …에게 안쓰럽다, 안타깝다

미안하다, 유감이다 *for 다음에는 명사나 동사의 ~ing가 오게 된다.

A: I **feel so sorry for** my mother. She's all alone.
　　머니가 참 안돼 보여. 항상 혼자시거든.

B: That must be difficult at her age. 그 연세엔 그게 견디기 힘들지.

↳ I'm **sorry for** being late to work. 출근이 늦어서 미안하다.

↳ He **is sorry for** making everyone angry. 걘 모두를 화나게 해서 미안하대.

be sorry to

- I'm sorry to say (that)~
  미안한 말이지만 …하다
- I'm sorry to trouble you, but~
  폐를 끼쳐서 미안합니다만…

…해서 미안해 *미안한 행동이 과거의 일일 때는 be sorry to have+pp를 사용한다.

A: I **am sorry to** arrive late. 미안, 늦었어.

B: Where were you? 어디 있었어?

↳ I'm **sorry to** say we must break up. 이런 말해서 미안하지만 우리 헤어져야겠어.

↳ I **am sorry to** have kept you waiting for so long. 오래 기다리게 해서 미안해요.

I'm sorry (that) S+V

- I'm sorry, but ~
  미안하지만 …

…해서 미안해 *단 I'm sorry, but~ 은 시작되면 뭔가 거절할 때 사용하는 표현.

A: **I'm sorry** I'm late again. I got stuck in traffic.
　　또 늦어서 미안. 차가 막혀서.

B: You could have taken the subway. 지하철을 탔어야지.

↳ I'm **sorry that** I took the man's cell phone. 그 친구 휴대폰을 가져가서 미안해.

↳ I'm **sorry, but** the answer is no. 미안하지만 대답은 노야.

apologize for~

- apologize to A for+N[~ing]
  A에게 …을 사과하다

…에 대해 사과하다 *sorry보다 정중한 사과표현 to 뒤에 사람 for 뒤에 잘못된 행동을 말하면 된다.

A: Ray is very angry at Jenny. 레이는 제니에게 무척 화가 나있어.

B: It seems to me that she should **apologize**.
　　걔가 사과해야 할 것으로 보여.

↳ I must **apologize for** my colleague's behavior. 제 동료가 한 행동을 사과드립니다.

↳ You've got to **apologize to** me 넌 내게 사과해야 돼.

I'm afraid S+V

- I'm afraid so.
  안됐지만 그런 것 같네요.
- I'm afraid not.
  안됐지만 아닌 것 같네요.

미안하지만 …이다 *미안하거나 안 좋은 이야기를 꺼낼 때 쓰는 표현.

A: You always drink my Kiwi juice. 넌 늘 내 키위 주스만 마시더라.

B: **I'm afraid** I didn't do it this time. 미안하지만 이번엔 안그랬어.

↳ I'm **afraid** you have the wrong number. 전화 잘못 거신 것 같네요.

↳ I'm **afraid** I've got some bad news. 좀 안 좋은 소식이 있어.

be embarrassed

be embarrassed

- be embarrassed at [about/over]
  …로 당황하다
- be embarrassed to do
  …하는 게 당황스럽다

창피하다, 쑥쓰럽다 *실수하거나 당황한 상황에 처해 있을 때, get, look을 써도 된다.

A: I heard you farted in front of your mother-in-law.
  장모님 앞에서 방귀뀄다며.

B: That's true. I **was so embarrassed.** 맞아. 정말 당황했어.

↳ This is really embarrassing. I'm really embarrassed about that.
  정말 당황하게 하네. 정말 당황했어.

↳ I was too embarrassed to tell you. 너무 당황스러워서 네게 말할 수 없었어.

be[get] confused

- be confused about
  …가 혼란스럽다
- get mixed up (over)
  (…로) 혼란스럽다
- cf. get mixed up with~
  나쁜 영향을 끼친 사람과 섞이다
- get mixed up in~
  불법적인 일에 연루되다

혼란스럽다 *상대방의 말이나 상황 등이 뒤죽박죽되어 이해가 되지 않을 때

A: The menu has so many choices that I'**m confused!**
  음식 종류가 너무 많아서 고민이야.

B: I know but nothing appeals to me today.
  그래, 하지만 오늘은 딱히 끌리는 게 없는 걸.

↳ I was confused by the signs on the road. 도로상에 있는 광고 사인들로 혼란스러워.

↳ She was confused when she visited Tokyo. 걘 도쿄를 방문했을 때 혼란스러웠대.

lose one's head

- be at a loss (for words)
  어쩔 줄 몰라 하다(말문이 막히다)
- get tongue-tied
  말문이 막히다

당황하다, 어쩔 줄 모르다 *어려운 상황에서 냉정을 잃고 어쩔 줄 모를 때

A: How did Jenny lose all of her money?
  제니가 어떻게 모든 돈을 잃어버렸대?

B: She **lost her head** while gambling in a casino.
  카지노에서 도박을 하면서 분별력을 잃었대.

↳ George lost his head when his wife left him. 조지는 부인이 떠날 때 무척 당황했지.

↳ I lost my head when I saw the new sports car. 신형 스포츠카를 볼 때 난 흥분했어.

feel[get] weird

- give A a weird look
  A를 이상하게 쳐다보다

기분이 이상하다 *매우 특이하거나 이해하기 어려운 상황에서

A: Ray, what's the matter with you? 레이, 무슨 일이야?

B: My stomach **feels weird.** I think I'm getting sick.
  배가 이상해. 아프려나 봐.

↳ It felt weird to leave school in the morning. 아침에 조퇴하니 좀 기분이 이상했어.

↳ Don't you think it's going to be weird? 좀 이상할거라고 생각하지 않아?

be funny

- the funny thing
  웃기는 일, 이상한 일

이상하다 *기본적으로 '재밌다'이지만 평소와 다르게 strange라는 의미로도 쓰인다.

A: The flavor of this food is **funny.** 이 음식 맛이 다소 이상해.

B: Maybe it needs to be thrown out. 아마 뱉어버리는 게 어떨까?

↳ Your new suit looks funny on you. 네 새 옷이 이상해 보인다.

↳ It smells funny in the kitchen today. 오늘 부엌에서 희한한 냄새가 나네.

be nervous

be nervous

- be nervous about+N[~ing]
  …을 초조하다
- get[seem/look] nervous
  초조하다, 초조해보이다

불안해하다, 초조해하다 *평상심을 잃고 걱정하거나 불안해 할 때

A: He **seems nervous.** What's wrong?
갸가 신경이 날카로운 것 같은데. 무슨 일 있어?

B: He's had a lot of stress lately. 요새 스트레스를 많이 받아서 그래.

⌐ I **got so nervous** that I was not able to talk then.
초조해 당시 말을 제대로 할 수 없었어.

⌐ I **remember how nervous I was** for my first interview.
처음 면접 때 얼마나 떨었었는지 생각나.

feel uneasy

마음이 불안하다 *마음이 편하지 않은 상태로 be anxious 혹은 nervous한 상태

A: Is Jim prepared to go to South America? 짐이 남아공에 갈 준비가 됐어?

B: No. he **feels uneasy about** leaving his family and friends.
아니. 가족과 친구들과 헤어지는 걸 불안해 하고 있어.

⌐ Everyone **was uneasy** when they heard the shouting.
모두가 외치는 소리를 듣고서 불안해했어.

⌐ The bad economy **made many people uneasy.**
경제악화로 많은 사람이 불안해졌지.

be[feel] on edge

안절부절 못하다 *가장자리 혹은 칼 위에 있다는 것으로 불안해하는 모습을 연상할 수 있다.

A: Gary **has been on edge** recently. 게리는 최근에 안절부절 못하고 있다.

B: I heard he's about to be fired. 걔는 조만간 해고될 것이라고 들었어.

⌐ My girlfriend's complaints **put me on edge.** 내 여친이 불평하자 난 안절부절 못했어.
⌐ We **have all felt on edge** tonight. 우리 모두 오늘밤 초조해졌어.

pace around

- pace up and down
  왔다 갔다 하면서 생각에 잠기다
- pace the floor
  생각에 잠겨 방안을 서성거리다

서성거리다 *뭔가 골똘히 생각하면서 뒷짐짓고 이리저리 돌아다닐 때 쓰는 표현

A: Why is your mom **pacing around?**
왜 네 엄마가 주변을 서성거리고 있니?

B: My sister is late coming home tonight.
여동생이 오늘 밤 늦게 집에 돌아오기 때문이야.

⌐ Jane started to **pace around** wondering what to do.
제인은 뭘 할지 고민하면서 주변을 서성이기 시작했어.

⌐ My father got nervous and got up to **pace around.**
아버지가 신경이 곤두서서 주변을 서성이고 계셔.

fret about

- begin to fret
  속타기 시작하다
- Don't fret about~
  …에 속태우지 마라

초조해하다 *쓸데 없이 계속 걱정하고 조마조마해 하는 경우

A: Do you think the students will like me? 학생들이 나를 좋아할까?

B: **Don't fret about it.** They'll love you.
너무 초조해하지마. 걔들이 널 좋아할 거야.

⌐ Older people **fret about** small things. 노인들은 작은 일들로 속 태우셔.

⌐ The students **fret about** paying for school. 학생들이 학비로 가슴 조아리고 있어.

like to

like to

- like+N
  …을 좋아하다
- dislike+N
  …을 싫어하다

…하는 것을 좋아하다 *지금 하고 싶은 것이 아니라 일반적으로 좋아하는 것을 뜻함.

A: What do you do on Saturdays? 토요일마다 뭘 하세요?

B: I stay at home. I **like to** watch soccer games.
집에 있어요. 축구경기 보는 걸 좋아하거든요.

↳ I like to jog in the morning 난 아침에 조깅하는 걸 좋아해.

↳ I like to get outdoors too. 난 외출하는 것도 좋아해.

be fond of

- be quite fond of+N[~ing]
  무척 좋아하다
- be one's favorite+N
  …가 좋아하는 …이다

…을 매우 좋아하다 *무척 좋아하거나 혹은 매우 오랫동안 좋아해왔던 것을 말할 때

A: I'm **fond of** having a big breakfast. 난 아침을 많이 먹기를 좋아해.

B: You should invite me over sometime. 넌 종종 날 초대해야 해.

↳ Picasso **was fond of** visiting Paris. 피카소는 파리를 방문하기를 좋아했어.

↳ This is my favorite place in the whole world.
이곳이 내가 세상에게 제일 좋아하는 곳이야.

be a big fan of

- be such a fan of
  …을 무척 좋아하다
- I'm not fan of
  난 …을 좋아하지 않는다
- I've been fan of~
  난 …을 무척 좋아해왔다

…을 무척 좋아하다 *유명인을 좋아하는 것뿐만 아니라 음식이나 사물 등이 올 수도 있다.

A: I'm **a big fan of** Justin Beiber. 난 저스틴 비버를 무척 좋아해.

B: Really? I've never heard of him. 정말로? 난 이름도 못 들어 봤는데.

↳ He's not a big fan of fried foods. 걔는 튀김류 음식을 크게 좋아하지는 않아.

↳ We are big fans of our local football team. 우린 동네 축구팀의 열렬 팬들이야.

hate to

- hate+N[~ing]
  …를 싫어하다
- hate it when S+V
  …을 질색한다
- hate A for+N[~ing]
  …로 A를 무척 싫어하다

…하기를 싫어하다 *사람이든 사물이든 혹은 어떤 행위이든 무척 싫어할 때

A: I **hate to** disturb you, but this is important.
방해하고 싶진 않지만 중요한 일이라서요.

B: What seems to be the problem? 왜 그러시는데요?

↳ I hate you and that's why I'm leaving. 널 싫어해서 내가 떠나는 거야.

↳ I hate spending my time in the house. 난 집안에서 시간 보내는 것은 질색이야.

prefer+N[~ing]

- prefer to do
  …하는 것을 더 좋아하다
- prefer A to B
  B보다 A를 선호하다
- prefer A rather than B
  B하는 것보다는 차라리 A하겠다

…을 더 좋아하다 *상대적으로 다른 것보다 더 좋아한다는 것으로 like better란 의미

A: Why are you always here in the library?
넌 왜 항상 이 도서실에 있니?

B: I **prefer** studying rather than going out.
난 외출하는 것 보다 공부하는 것을 더 좋아해.

↳ I prefer indoor sports to outdoor one. 실외 운동보다는 실내 운동을 좋아해

↳ I prefer to be alone. Please leave. 혼자 있고 싶어. 그만 가줘.

be surprised at

be surprised at[by]

…로 놀라다 *be 대신 look이나 seem 동사를 써도 된다.

- be surprised that S+V
  …에 놀라다
- be surprised to see [hear]~
  …을 알고 놀라다
- It's (not) surprising S+V
  …을 놀랄 일이다[아니다]

A: Many people came to our rally today.
많은 사람들이 오늘 집회에 참석했지.

B: Yeah, I'm surprised by how many are here.
그래, 얼마나 많이 참석했는지 놀랐어.

ㄴ He was surprised at Sarah's anger. 걘 사라의 분노에 대해 놀래버렸어.

ㄴ Don't be surprised by the strange costumes. 이상한 옷차림에 대해 놀라지마.

in[with] surprise

놀라서 *동사+in[with] surprise의 형태로 많이 쓰이는 표현

- (much) to one's surprise
  …기 (무척) 놀랍게도

A: What did you do when Brian showed up?
브라이언이 나타났을 때 넌 뭐했어.

B: I just looked at him in surprise. 난 놀라서 걔만 바라보고 있었지.

ㄴ Jerry yelled in surprise when he saw the bear. 제리는 곰을 보고 놀라서 소리쳤어.

ㄴ I dropped my package in surprise. 난 놀라서 내 꾸러미를 떨어트렸어.

take sb by surprise

깜짝 놀라게 하다 *누군가를 놀라게 한다는 의미와 상대를 기습하거나 불시에 체포한다는 의미도 있다.

- be taken by surprise
  기습당하다, 허를 찔리다
- have[get] a surprise (for you)
  (너를 위해) 깜짝 놀래줄 것이 있다

A: So, did you know about the party? 그래, 넌 그 파티에 대해 알고 있니?

B: No, it caught me by surprise. 아니, 갑자기 들었어.

ㄴ The war caught many citizens by surprise. 전쟁이 대다수 시민들의 허를 찔렀어.

ㄴ His marriage proposal caught Belinda by surprise.
그가 벨린다에게 결혼 프러포즈를 기습적으로 했지.

be shocked at[by]

…에 충격받다, 크게 놀라다 *surprised보다 놀라는 정도가 무척 강할 때

- be[look] amazed at[by]
  …에 깜짝 놀라다
- be astonished at[by]
  …에 크게 놀라다, 경악하다

A: I was shocked at how much you ate. 네가 먹은 양을 보고 충격 먹었어.

B: Well, I hadn't eaten all day. 난 하루 종일 굶었거든.

ㄴ In the 1960s, some people were shocked by mini skirts.
60년대 일부 사람들에겐 미니스커트가 충격적이었지.

ㄴ My parents were shocked by my cell phone bill.
부모님이 핸폰고지서에 크게 놀랐어.

I can't believe~

…라는 게 말이 돼 *믿을 수 없다라는 부정의 표현이 아니라 놀람과 충격의 표현

- It's hard to believe S+V
  …가 믿기지 않는다
- blow one's mind
  놀래키다, 흥분시키다

A: I can't believe they didn't give us a raise.
봉급을 안 올려주다니 기가 막혀.

B: I guess we'll all be on strike tomorrow.
내일 우리 모두 파업에 들어가야 할 것 같아.

ㄴ I can't believe Mom slapped me in the face. 엄마가 내 뺨을 때렸다는 게 말이 돼!

ㄴ I can't believe that she treated me that way.
걔가 날 그렇게 취급했다니 믿어지지 않아.

let ~ down

be disappointed in

…에게 실망하다 *기대에 어긋난 행동을 한 사람을 in 다음에 쓰면 된다.

- be disappointed about [at/with]
  …에 실망하다
- be disappointed to hear[see]
  …을 듣고[보고] 실망하다
- be disappointed that S+V
  …라는 것에 실망하다

A: How would you like it if I decided to quit?
내가 그만둔다면 어떻겠어요?

B: Well, I'd **be very disappointed.** 글쎄요, 아주 실망스러울 거예요.

└ I was disappointed in the movie's ending. 난 영화의 엔딩에 실망했어.

└ They were disappointed in their honeymoon. 걔들은 신혼여행이 실망스러웠어.

let sb down

…를 실망시키다 *주어가 실망했다고 하려면 be let down이라고 한다.

- get sb down
  …을 실망시키다

A: Why are you so angry? 왜 내게 화나 있는 거야?

B: You **let me down.** I thought I could trust you.
실망했어. 널 믿을 수 있다고 생각했는데.

└ She **let the group down** when she was absent. 개 불참으로 그 그룹이 실망했어.

└ You have to work hard. **Don't let me down.** 열심히 일 해야 돼. 날 실망시키지마.

be a little down

조금 낙담하다, 슬프다 *be 대신 feel이나 seem을 써도 된다.

- feel[seem] a little down
  조금 낙담해 있다

A: Why do you look so gloomy today?
넌 왜 오늘 그렇게 우울하게 보이니?

B: I've been a little down since summer ended.
여름이 끝나 좀 울적해졌어.

└ Shawn **was a little down** after losing the contest. 숀은 대회에서 지고 좀 낙담했어.

└ The basketball team **is a little down** because they didn't win.
그 농구팀은 이기지 못해서 약간 의기소침해 있어.

be a shame to

정말 실망이다, 안됐다 *참고로 Shame on you!는 상대방에게 '실망이다,' '안됐다'라는 의미로 쓰인다.

- It's a shame to do[that~]
  …에 실망이다
- What a shame S+V
  …에 실망이다, 안됐다
- What a shame!
  그거 안됐다!

A: Tony crashed her car and is in the hospital.
토니가 차사고 나서 병원에 입원했어.

B: **What a shame!** 그거 참 안됐네!

└ It's a shame to waste all of that food. 이 음식들을 다 버린다는 게 안타까운 일이에요.

└ What a shame you got here too late. 네가 여기 이렇게 늦게 오다니 너무하네.

lose heart

낙담하다, 실망하다 *자신감과 용기를 잃거나 체념상태가 되는 상태를 말한다.

- be discouraged = lose heart
  낙담하다

A: So Patty's marriage is going badly?
패티의 결혼생활이 어려워지고 있지?

B: Yeah, she's beginning to **lose heart** in it.
그래, 걔가 그래서 실망하기 시작하나 봐.

└ They lost heart in the project. 그들은 그 프로젝트에 대해 자신감을 잃었어.

└ I lost heart after hearing the bad news. 난 나쁜 소식을 들은 직후 낙담했어.

take pity on

it's too bad that~

안됐다, 안타깝다 *that 이하에 S+V의 형태로 안타까운 일을 적으면 된다.

- That's too bad.
  안됐다.

A: **We lost a lot of money last year.** 우린 작년에 많은 돈을 잃었어.

B: **That's too bad.** Did you buy stocks? 참 안됐군. 주식을 샀었니?

> ↳ It's too bad you lost the contest. 네가 지다니 안됐네.

> ↳ It's too bad you didn't join us for dinner on Friday.
> 금요일에 있었던 저녁에 네가 오지 않아서 정말 아쉬웠어.

take pity on

불쌍히 여기다 *on 다음에 불쌍한 사람을 넣으면 된다. feel pity for~라고도 한다.

- It's a pity to do[that~]
  …은 유감스러운 일이다
- What[That's] a pity!
  안됐네!
- pity sb
  …을 동정하다, 불쌍히 여기다

A: **How did you get home from the party?**
넌 파티 끝나고 집에 어떻게 왔니?

B: **Someone took pity on me and gave me a ride.**
누군가 날 불쌍히 여겨 태워줬어.

> ↳ I take pity on poor people in my neighborhood. 난 이웃의 가난한 사람들을 동정해.

> ↳ Take pity on the students who are failing. 난 낙제하는 학생들이 안쓰러워.

have compassion for

안쓰럽게 생각하다 *compassion은 안쓰럽게 생각하는 것이고 pathetic은 부정적으로 불쌍한이란 뜻.

- take[feel] compassion for
  …을 동정하다
- show compassion
  동정을 표하다
- be[feel] compassionate for
  …을 동정하다

A: **You have compassion for animals.**
넌 동물에 대해 동정심을 가지고 있지.

B: **Yes, I try to help them when they are hurt.**
그래, 동물들이 다치면 도와주려고 하지.

> ↳ Mother Teresa had compassion for all people.
> 테레사 수녀님은 모든 이에 대해 동정심을 지녔지.

> ↳ Do you have compassion for the people you fight?
> 너와 싸우는 사람들에 동정심이 있니?

have sympathy for

동정하다 *어려움에 처한 상대방과 같은 기분이라는 뜻으로 동정, 위로하다.

- feel (a lot of) sympathy for
  …을 무척 동정하다
- have no sympathy for
  …에 대해 동정신을 갖지 않다
- convey[express] one's
  sympathy for
  …을 위문하다, 조의를 표하다

A: **I don't have sympathy for fat people.**
난 뚱뚱한 사람들에겐 동정을 할 수 없어.

B: **I know. They should go on a diet.** 알고 있지. 걔들은 다이어트를 해야 돼.

> ↳ She felt sympathy for her younger sister. 걘 자신의 여동생에 대해 동정심을 느꼈지.

> ↳ I feel sympathy for the newest students. 난 가장 신참 학생들에 대해 동정심을 느껴.

one's heart goes out to

…에게 위로의 맘을 전하다, …을 가엾게 여기다 *to 다음에 위로해주는 사람을 쓴다.

- let one's heart go out to
  …에게 마음을 보내다, 위로를 전하다

A: **There were many people killed in the flood.**
홍수로 사망한 많은 사람들이 있다.

B: **My heart goes out to the people that survived.**
생존한 사람들에게 위로의 마음을 전한다.

> ↳ Our heart goes out to you in this difficult time. 이 어려운 때 네게 위로의 맘을 전한다.

> ↳ My heart went out to my aunt after her accident. 사고후 이모를 위로했어.

be afraid of

be afraid of

- be afraid of+N[~ing]
  …가 겁나다, 걱정하다
- be afraid to do
  …하는 것이 겁나다, 걱정하다
- be afraid that~
  걱정하다(단, I'm afraid~의 경우는 안 좋은 이야기를 할 때)

두렵다, 겁나다, 걱정하다 *다칠까봐 혹은 안 좋은 일이 일어날까 두려워하다.

A: I'm afraid of the dog in my neighbor's yard.
내 이웃집 뜰에 있는 강아지가 두려워.

B: It looks very big, and I think it's angry too.
아주 크게 생겼고 화가 난 것 같은데.

⌐ I'm afraid to be alone at night. 밤에 혼자 있는게 무서워.

⌐ Jim is afraid to ask her on a date. 짐은 걔에게 데이트 신청하기를 겁내고 있어.

have a fear of

- be full of fear
  두려움으로 가득찬
- be one's fear of
  …가 …을 두려워하다
- fear that S+V
  …을 걱정하다, 우려하다

…을 두려워하다 *fear의 형용사를 활용한 be fearful (of)도 많이 쓰인다.

A: What is your greatest phobia? 가장 무서운 공포증이 뭐예요?

B: I guess it would be my fear of heights. 고소 공포증인 것 같아요.

⌐ Chris has a fear of large spiders. 크리스는 큰 거미들에 대해 공포심을 가지고 있어.

⌐ I had a fear of speaking to large groups of people.
많은 사람들 앞에서 말하는게 두려워.

for fear of+ N [~ing]

- for fear that S+V
  …가 두려워서
- in fear (of)
  (…을) 무서워하며
- without fear (of)
  (…을) 두려워하지 않고

…가 두려워 *자기가 어떤 일을 당할까봐 두렵다는 것으로 for fear that S+V라고도 한다.

A: Why didn't you come out in the boat? 보트를 타고 나오지 그랬어?

B: I couldn't, for fear of the boat sinking. 보트가 가라앉을까봐 못했지.

⌐ He wouldn't come outside for fear of insects biting him.
걘 벌레들에 물릴까봐 밖으로 나오지 않으려 했어.

⌐ She didn't bring money for fear of thieves stealing it.
도둑이 훔칠까봐 돈을 안갖고 왔어.

dread ~ing

- be dread A ~ing
  A가 …할까 두려워하다
- dread that S+V
  …을 무서워하다
- be dreadful
  무서워하다

…을 두려워하다, 무서워하다 *뭔가 일어날지 몰라 초조해하는 것으로 명사보다 ~ing가 많이 쓰인다.

A: Are you coming on the skiing trip? 스키 타러 가는데 같이 갈래?

B: No, I dread snow falling on me. 아니, 눈이 나한테 몰려오는 것이 두려워.

⌐ I'm beginning to dread teachers giving tests. 선생님들이 시험내는 게 두렵기 시작해.

⌐ She dreads her friends seeing her ugly clothes.
걘 친구들이 자기의 보기 싫은 옷을 볼까 두려워하고 있어.

be frightened of [by]

- be frightened to do
  …하는 것을 무서워하다
- be frightened that S+V
  …을 무서워하다

무서워하다 *be frightened at~하면 …에 놀라다라는 의미가 된다.

A: I am frightened of meeting new people.
난, 새로운 사람들을 만나는 것이 겁나.

B: That makes it hard for you to travel. 그래서 넌 여행하기가 어려운 거야.

⌐ He was frightened by strange noises in the room.
걘 방에서의 이상한 소리에 무서웠어.

⌐ Children are frightened of ghost stories. 애들은 유령 이야기를 무서워하지.

be[get] scared of

- be scared to do[that S+V]
  …하는 것을 무서워하다
- be scared to death
  무척 무서워하다

무서워하다 *of 다음에는 명사나 ~ing, 혹은 that S+V가 오기도 한다.

A: **I am scared of** gangsters. 난 갱들이 무서워.

B: **They can be very violent.** 갱들은 매우 폭력적일 수 있지.

└ The baby is scared to sleep in the dark. 그 애기는 어두운 데서 자는 것을 무서워해.

└ I am scared of flying on airplanes. 난 비행기를 타는 것이 무서워.

scare the hell out of

- scare A into B
  A를 겁줘서 B하게 하다
- scare A off[away]
  A를 겁줘 쫓아내다

무척 놀라게 하다 *the hell을 넣어서 놀람을 강조한 구어적 표현

A: **Did you hear the explosion yesterday?**
넌 어제 그 폭발소리를 들었니?

B: **Yes! It scared the hell out of me.** 그럼. 크게 놀랐지.

└ Those soldiers scare the hell out of everyone.
그 군인들이 모두를 크게 놀라게 하고 있어.

└ The car accident scared the hell out of Sandra. 샌드라가 차 사고로 무척 놀랐어.

be terrified of

- be terrified to do[that~]
  무척 무서워하다
- be chicken = be afraid
  두려워하다
- be a chicken= be a person
  who is afraid
  겁쟁이다
- in a panic
  공포에 질려(너무 두렵고 경황이 없는 상태)

매우 무서워하다 *of 다음에는 명사나 ~ing을 쓰면 된다.

A: **Why did your daughter start crying?** 왜 네 딸이 울기 시작하니?

B: **She was terrified of large dogs.** 큰 개들을 보고 크게 놀랐어.

└ My girlfriend is terrified of scary movies. 내 여친은 공포 영화를 무지 무서워해.

└ People are terrified of losing their jobs.
사람들은 직업을 잃을까 봐 크게 두려워하고 있지.

be[feel] spooky

- It is spooky how S+V
  …한 것이 으스스하다
- a creepy ghost story
  등이 오싹한 유령 얘기

으스스하다, 귀신이 나올 것 같다 *자연적으로 과학적으로 이해할 수 없는 일로 무섭고 초조할 때

A: **Have you seen the old house in the neighborhood?**
이웃에 있는 고가를 본 적이 있니?

B: **It's on my street. Everyone thinks it's spooky.**
우리 길 쪽에 있지. 모두가 으스스한 집이라고 생각하지.

└ The ghost story was very spooky. 유령 얘기는 무지 오싹하지.

└ The photos from a hundred years ago are spooky.
100년전에 찍은 이 사진들은 유령이 나올 것 같아.

be sick of

be sick of

- be tired[sick] of+N[~ing]
  …에 진절머리가 나다

질리다, 넌더리가 나다 *여기서 sick은 아픈 것이 아니라 오랫동안 계속되는 것에 짜증나는 것을 의미

A: I'm really getting sick of winter. 난 정말 겨울이 지겨워.

B: I don't like winter all that much myself.
  나도 겨울이 그렇게 좋지는 않아.

↳ You said you were sick of this. 이건 지겹다고 했잖아.

↳ I'm sick of her lies. 걔 거짓말에는 넌더리가 나.

be fed up with

- be[get] fed up with+N[~ing]
  …에 싫증나다, 물리다
- be sick and tired of
  …에 진절머리가 나다

…에 질리다 *뭔가 질려서 새로운 변화를 원한다는 것으로 그냥 be fed up만 써도 된다.

A: I'm fed up with the food in this cafeteria.
  이 카페 음식에 완전히 질렸어.

B: It really needs to be improved. 정말로 질적으로 나아져야 해.

↳ Everyone is fed up with the freezing temperatures. 모두가 영하의 기온에 질렸어.

↳ Lisa is fed up with her noisy neighbors. 리사는 시끄러운 이웃들에 진절머리가 났어.

be[get] bored

- be[get] bored with
  …가 지겹다
- be bored to death[tears]
  지겨워 죽을 지경이다
- be[seem/get] boring to sb
  …을 재미없게 하다

따분하다, 지겹다 *자기와 상관없거나 혹은 재미가 없는 일에 쓴다.

A: Why did Jason quit the chess club?
  제이슨이 왜 체스 클럽을 그만두었대?

B: He was bored with going to their meetings.
  걘 회의 참석하는 게 지겨웠대.

↳ I am bored of waiting for you to finish. 난 네가 끝나기를 기다리는 게 지겨워.

↳ Kim got bored during the long bus ride. 김은 버스 타는 시간이 길어 지겨워졌대.

have had enough

- have had enough of
  …을 더 이상 못참다

더 이상 못참다, 질색이다 *지겹고 화가 나서 그 상황이 끝나길 바라면서

A: I have had enough of that dog barking. 그 강아지 짖는 것에 질렸어.

B: Can someone make it be quiet? 누군가 개를 조용히 해줄 수는 없니?

↳ They have had enough of the high rent here. 걔들은 이 동네 높은 월세에 지쳤어.

↳ We have had enough of this old computer. 더 이상 이 낡은 컴퓨터를 못 쓰겠어.

have had it with

- have had it up to here with
  정말이지 지긋지긋하다
- have had it
  참을 만큼 참았다, 지겹다
- be in a rut
  다람쥐 쳇바퀴 돌 듯 지루하다

지긋지긋하다, 진절머리나다 *with 다음에는 진절머리나는 사람이나 사물이 온다.

A: Hey, John. I have had it with this job. 존, 난 이 직업이 지긋지긋해.

B: Well, now is the time for you to change your career. 지금이
바로 너의 경력에 변화를 줄 때야.

↳ Everyone seems to have had it with you. 모두들 네가 질리나 봐.

↳ I have had it with this monotonous work. 난 이 단조로운 작업에 싫증이 나.

be ashamed of

be shy to

- be shy of[about]~ing
  …까지는 하지 않다
- be shy of+N
  수량[거리]이 모자라다

수줍어 …하지 못하다 *사람들 앞에서 몹시 수줍어 하는 것으로 be shy with로도 쓰인다.

A: Is Melissa going to sing for the crowd?
멜리사가 사람들을 위해 노래를 부를 거니?

B: No, she **is too shy to** do that. 아니, 걘 그러기에는 너무 수줍음을 타.

↳ I was too shy to accept a date with him. 너무 수줍어 걔의 데이트신청을 거절했어.

↳ The children are too shy to talk to me. 얘들은 너무 부끄러워 내게 말을 못 걸어.

be ashamed of

- be ashamed to do[that~]
  수줍어 …하지 못하다
- be ashamed ot oneself for
  …로 부끄러워하다
- have nothing to be ashamed of
  부끄러울 게 아무 것도 없다

부끄러워하다 *자기가 한 일에 대해 부끄럽고 창피하게 생각될 때

A: You should **be ashamed of** cheating on your exam.
컨닝한 걸 수치스러워 해야지.

B: What's the big deal? A lot of students do it.
뭘 그런걸 갖고? 학생들 많이 그래.

↳ You stole the money. I'm ashamed of you. 넌 돈을 훔쳤어. 부끄러운 일이야.

↳ I am ashamed of the problems I created. 난 내가 자초한 문제들로 부끄럽게 생각해.

be[feel] humiliated

- humiliate A in front of
  …의 면전에서 창피를 주다

굴욕당하다, 창피를 당하다 *다른 사람들 앞에서 수모와 창피를 당했을 때

A: So, your boyfriend was seeing other women?
그래, 네 남친이 딴 여자를 만나고 있다며?

B: It's true. I **feel humiliated** now. 사실이야. 난 지금 굴욕적인 느낌이야.

↳ The team felt humiliated after losing the game.
그 팀은 경기에서 진 후 망신을 당했어.

↳ I felt humiliated when I failed the exam. 난 시험에 떨어져서 창피를 당했어.

lose face

- save face
  체면을 살리다

체면을 잃다, 망신당하다 *keep one's face도 체면을 세우다의 의미이다.

A: I don't want to fight Frank. 난 프랭크와 싸우고 싶지 않아.

B: You have to, or else you'll **lose face.**
넌 해야 돼, 안 그러면 체면을 잃게 될 거야.

↳ It's bad to lose face in front of friends. 친구들 면전에서 체면잃는건 안 좋은 일이지.

↳ She lost face when she couldn't pay the money she owed.
걘 빚진 돈을 갚지 못해 체면을 꾸겼어.

shame on

- For shame!
  부끄럽지 않아!

부끄러운 줄 알아라, 안됐다 *…가 행동한 것으로 창피함을 느껴야 한다고 말할 때

A: I stole this paper from the school. 나 학교에서 이 시험지를 훔쳤어.

B: **Shame on you!** You know it's wrong to steal.
부끄러운 줄 알아! 너도 훔치는게 나쁜거라는 건 알잖아.

↳ Shame on everyone for not helping the blind girl!
그 맹인 소녀를 돕지 않다니 모두들 창피한 줄 알아라.

↳ Shame on you! You shouldn't be taking things from children.
창피해라! 애들한테 물건을 빼앗아선 안되지.

think highly of

respect sb for

- be (well) respected (+N)
  존경받다, 존경받는 ⋯이다
- show sb some respect
  ⋯에게 존경심을 나타내다
- have respect for
  존경하다

⋯로 ⋯를 존경하다 *for 다음에는 명사나 ~ing 형태를 쓰면 된다.

A: What do the employees think of the new boss?
직원들은 신입사장을 어떻게 생각하는데?

B: They **respect** him and are always working hard.
존경하지. 그리고 항상 열심히 일해.

↳ People **respect** Marines **for** being so tough. 사람들은 해병대가 아주 강인해서 존경해.

↳ I **respect** him **for** being so smart. 난 걔가 아주 똑똑해서 존경하고 있어.

admire sb for

- be admired for+N[~ing]
  ⋯으로 존경받다
- be an admirer of~
  ⋯을 존경하다
- be revered
  숭배되다, 추앙되다

존경하다 *상대방의 뛰어난 행동에 존경심을 나타내는 표현

A: They plan to go bungee jumping. 걔들은 번지 점프를 할 계획이야.

B: I **admire them for** their courage. 난 걔들의 용기에 경의를 표해.

↳ People **admire** Bill Gates **for** donating so much money.
사람들은 빌 게이츠가 막대한 돈을 기부하는 것을 존경해.

↳ I **admire** my dad **for** working so hard.
난 아버지가 그렇게 열심히 일하고 있는 걸 존경해.

look up to

- look up to sb for
  ⋯를 ⋯해서 존경하다
- look down on
  자기보다 못하다고 경멸하다

존경하다 *to 다음에는 존경하는 사람을 넣어주면 된다.

A: Did you talk with your grandfather? 할아버지께 말해보았니?

B: I did. I **look up to** him for advice. 그럼. 존경하는 할아버지 충고를 원해.

↳ She **looks up to** her older sister. 걘 자기 언니를 존경해.

↳ Tim **looks up to** his teachers at school. 팀은 자기 학교 선생님들을 존경해.

think highly of

- think a lot of A
  존경하다

존경하다, 존중하다 *highly 앞에 so, very 등의 부사를 넣어 강조할 수 있다.

A: Richard seems to be very popular here.
리차드는 여기서 인기가 매우 높아.

B: Everyone **thinks highly of** him. 모두가 그를 높게 평가하고 있어.

↳ The chef **thinks highly of** chocolate cake. 주방장이 초코렛 케익을 중요시해.

↳ I **think highly of** BMW motorcycles. 난 BMW 오토바이를 높게 평가해.

hold A in high esteem

- be held in high esteem
  무척 존경받다
- have low self-esteem
  자존심이 낮다

A를 대단히 존경하다, 존중하다 *약간 formal한 표현으로 high 앞에 very를 넣어 강조할 수도 있다.

A: Why was Barrack Obama elected the President?
왜 버락 오바마가 대통령에 당선되었니?

B: Many people **hold him in very high esteem.**
많은 사람들이 그를 크게 존경하고 있어

↳ The citizens **held** the war hero **in very high esteem.**
시민들은 그 전쟁영웅을 크게 존경했어.

↳ My friends **hold** me **in very high esteem.** 내 친구들은 날 아주 존중해주고 있어.

18 자랑스러워하다
be proud of

be proud of

- be proud to do[that~]
  …을 자랑스러워 하다

자랑스러워 하다 *of 이하에는 자랑스러워하는 사람이나 사물을 넣으면 된다.

A: **I got the highest score in the class!**
내가 우리 반에서 제일 좋은 점수를 받았어!

B: **Way to go! I'm so proud of you.** 잘했구나! 네가 정말 자랑스러워.

↳ **I'm so proud of** your recent promotion. Here's to you!
얼마 전 승진한 거 정말 축하해요. 위하여!

↳ **I'm proud of** you all. You make me proud.
여러분 모두가 자랑스러워. 너희들 때문에 내가 뿌듯해.

take pride in

- pride oneself on+N[~ing]
  …에 대해 자랑스러워 하다
- be the pride of
  …의 자랑거리, 보배

자랑스러워 하다 *in 이하에는 자기가 이룬 일을 적으면 된다 = feel proud of

A: **Wow, your house is really beautiful.** 와, 너의 집 정말로 아름답구나.

B: **I take pride in decorating it nicely.**
난 집을 멋지게 장식하는데 자부심을 가지고 있어.

↳ Cecil **took pride in** painting the picture. 세실은 그림을 그리는데 자부심을 갖고 있어.

↳ We **pride ourselves on** customer satisfaction here at Bloomingdale's.
우리 브루밍데일 백화점은 고객만족에 최선을 다한다고 자부하고 있어.

have some pride

- have a lot of pride
  자부심이 세다
- have a sense of pride in
  …에 자부심을 느끼다

자존심이 좀 있다 *이번에는 자부심 내지는 자존심이 조금(some) 있다는 의미.

A: **Why don't you just call her?** 걔한테 전화해보는 게 어때?

B: **I can't call her, I left a message! I have some pride.**
전화는 못하고 메시지 남겨놨어! 나도 자존심이 있다고.

↳ She can't ask him out. She **has some pride.**
걘 그 남자에게 데이트하자고 말을 못해. 자존심 때문이지.

↳ I won't apologize again. I **have some pride.** 난 다시는 사과 못해. 나도 자존심이 있거든.

show A off

- make a boast of
  자랑하다, 떠벌리다
- boast about[of/that~]
  …을 자랑하다
- brag about[that~]
  허풍떨다
- talk big
  허풍치다, 호언장담하다

A를 자랑해보이다, 드러내다, 과시하다 *구어체인 boast[brag] about~도 함께 알아둔다.

A: **Where is Anna tonight?** 오늘 밤 안나는 어디에 있어?

B: **She went out to show her new car off.**
걘 자신의 새 차를 자랑하려고 나갔어.

↳ I wanted to **show** my high grades **off.** 내가 받은 높은 학점을 자랑하고 싶었어.

↳ Did you **show** your diamond ring **off?** 네 다이아몬드 반지를 자랑했니?

19 감동받다
be impressed by

be impressed by

- be impressed by[with]
  …에 감동받다
- make a deep impression on
  …을 진하게 감동시키다
- impressive+N
  인상적인~, 감동적인~

…에 감동받다   *impress는 감동시키다라는 동사로 impress A with B로 쓰인다.

A: **I'm impressed with** your hard work.
열심히 일하는 모습이 인상적이네요.

B: Really? Do you think I'm ready for a promotion?
정말인가요? 제가 곧 승진할 것 같아요?

↳ **I'm impressed with** the amount of money you made.너 정말 돈 많이 벌었다.

↳ You did a good job! **I was very impressed.** 정말 잘 했어! 매우 인상적이었어.

make an impression upon

- leave an impression upon
  …에게 인상을 남기다
- give an impression of
  …의 인상을 주다
- be under the impression (that)
  …라는 인상을 받다

…에게 인상을 남기다   *deep, good, bad 등을 impression 앞에 붙이기도 한다.

A: Who is your role model as a Christian?
누가 기독교인으로서 너의 롤모델야?

B: Mother Teresa **left a lasting impression on** all the Christians. 테레사수녀는 모든 기독교인들에게 오랜 인상을 남겼어.

↳ It was a performance that is sure to **make an impression on** the judges. 심사위원들에게 확실하게 인상을 주는 연기였어.

↳ **I was under the impression** you had been here before.
네가 전에 이곳에 와봤다는 인상이 들었어.

be moved at[by]

- move A to tears
  A를 감동시켜 눈물을 흘리게 하다

…에 감동받다   *강조할 때는 궁합이 잘 맞는 부사 deeply를 써서 be deeply moved~라 하면 된다.

A: Did you listen to the president speaking? 사장이 연설하는 것 들었니?

B: We **were all moved by** what he said.
우린 모두 사장님 말씀에 감동되었어.

↳ Tim **was moved by** the sad little girl. 팀은 그 어린 불쌍한 소녀에 대해 감동받았어.

↳ **I was moved by** the ending of the movie. 난 그 영화 엔딩에 감동했지.

be touched by

- be touched that S+V
  …에 감동받다
- touching+N
  감동적인…

감동받다   *감사하는 마음으로 기뻐하며 감동을 받을 때

A: Everyone **was touched by** the poem. 모두가 그 시에 감동되었죠.

B: It was so beautifully written. 아주 아름답게 쓰여진 것 같아요.

↳ She **was touched by** the starving people in Africa. 그녀는 아프리카의 사람들에 의해 감정이 복받쳤어.

↳ Young people are often **touched by** Michael Jackson's songs.
젊은이들은 종종 마이클 잭슨의 노래에 감동을 하지.

be affected by

- be affected by the heat
  더위를 먹다

감동받다, 영향을 받다   *감동을 받는 경우로 affected 앞에 deeply를 써서 강조할 수 있다.

A: I heard your kids are all at home today.
네 애들이 오늘 모두 집에 있다고 들었어.

B: They **were affected by** the flu this week. 걔들은 이번주 감기걸렸어.

↳ My job **was affected by** the economy. 내 직업이 경기에 영향을 받았어.

↳ **I was affected by** my boss's angry mood. 내 보스가 화를 내서 나도 영향을 받았어.

be out of one's mind

be out of one's mind

- go out of one's mind
  미치게 되다(be out of one's mind는 이미 제정신이 아니라는 의미)
- lose one's mind
  미치다, 실성하다
- cf. lose one's head
  분별력을 잃다, 허둥대다

정신나가다, 제정신이 아니다 *특히 Are you out of your mind?는 완곡한 표현.

A: John is wearing a t-shirt in the snowstorm.
  존은 눈 폭풍 속에서 티셔츠를 입고 있어.

B: I can't believe it. He must **be out of his mind.**
  믿을 수가 없네. 미쳤나 봐.

↳ You are out of your mind to date her. 걔와 데이트를 하다니 너 정신이 나갔구나.

↳ The customer was out of her mind to pay such a high price.
  그렇게 고가를 지불하다니 그 고객은 제 정신이 아니었나 봐.

be crazy[mad]

- be crazy to do
  미쳐서 …하다
- drive sb crazy
  …을 미치게 하다
- be crazy about
  하면 무척 좋아하다라는 뜻이 된다.

미치다 *go crazy[mad]라 해도 되지만 go crazy는 화나다, 저녁하다, go mad는 화나다라는 뜻으로 쓰임.

A: The World Cup fans spent thousands of dollars to attend.
  월드컵 팬들은 경기를 참관하려고 수천 불을 지불했어.

B: They **are crazy** to spend that much money.
  그렇게 많은 돈을 쓰다니 미쳤구만.

↳ The old woman down the street was crazy. 저 길 끝에 있는 여자는 제 정신아냐.

↳ You're crazy if you don't plan your future. 미래를 계획하지 않으면 넌 정신이 나간 거야.

be nuts

- drive sb nuts
  …을 미치게 하다
- be nuts about[over]
  무척 좋아하다
- nuthouse
  정신병원

미치다 *go nuts라 해도 되지만 go nuts하면 go crazy처럼 화나다라는 뜻으로도 쓰인다.

A: Doesn't Rick **drive you nuts?** 릭이 널 화나게 하지 않니?

B: Sometimes he can be a little annoying.
  가끔씩 약간 짜증나게 하긴 해.

↳ Carla is nuts for turning down the job. 칼라 그 직업을 거절하다니 미쳤구만.

↳ The politicians in this country are nuts. 이 나라 정치인들은 다 미친 놈들이야.

be not oneself

- be not all there
  정신나가다
- I'm not myself today.
  오늘 내가 엉망야.

제정신이 아니다 *평소 모습과 다른 모습을 보이는 경우로 컨디션이 안좋을 때도 쓴다.

A: You have been very quiet this morning. 오늘 아침 좀 조용하네.

B: I don't feel good. **I'm not myself.** 기분이 좋지 않아. 제 정신이 아냐.

↳ Jim is not himself since coming back from the hospital.
  짐은 퇴원후 제 정신아냐.

↳ I was drinking all night, and I'm not myself today. 밤새 마셔 오늘 난 제 정신아냐.

be[go] insane

정신나가다 *crazy보다 강도가 센 표현으로 특히 위험을 초래할 정도로 정신 나간 경우

A: After September 11, 2001, the world **went insane.**
  9.11이후 전 세계가 미쳐 돌아갔어.

B: Yeah, there was too much fighting. 그래. 너무 싸움이 많았어.

↳ All of this work will make me go insane. 이 모든 일들로 내가 미쳐버릴 것 같아.

↳ She will be insane if she doesn't take some time off. 걘 좀 안쉬면 미쳐버릴거야.

have a lot of stress

have a lot of stress

스트레스를 많이 받다 *a lot of 대신 much를 써도 된다.

- have too much stress about
  …에 많은 스트레스를 받다
- get too much stress
  많은 스트레스를 받다

A: It's not fun to hang around with Barry.
배리와 같이 다니는 것은 재미 없어.

B: He **has a lot of stress** these days. 걘 요즘 무척 스트레스가 많아.

↳ She has a lot of stress in her classes. 걘 수업시간에 많은 스트레스를 받고 있어.

↳ The soldiers at the border have a lot of stress.
국경근무병사들은 많은 스트레스를 받아.

be under a lot of stress

스트레스를 많이 받다 *계속 받아왔다고 하려면 have been under a lot stress가 된다.

- give sb stress
  …에게 스트레스를 주다
- die from too much stress
  많은 스트레스로 죽다

A: Craig died when he was 49 years old. 크레이그는 49세에 죽었지.

B: He **was always under a lot of stress.** 걘 항상 스트레스를 많이 받았어.

↳ I think you were just under a lot of stress this past month.
넌 지난 달에 스트레스를 많이 받은 것 같아.

↳ She's been under a great deal of stress. 걘 스트레스를 많이 받고 있어.

cause too much stress

많은 스트레스를 야기하다 *스트레스를 받는 대상은 on~ 이하에 적으면 된다.

- caused by stress
  스트레스로 야기된

A: I heard it's bad to live near an airport.
공항근처에 거주하는 것은 좋지 않다고 들었어.

B: The sound of jets **causes too much stress.**
제트 엔진 소리가 스트레스를 많이 주나 봐.

↳ Working late every night causes too much stress.
매일밤 야근하면 스트레스를 많이 받아.

↳ The couple's fighting caused too much stress.
부부싸움은 많은 스트레스를 초래했어.

be[feel] stressed about~

…로 스트레스를 받다 *about 뒤에는 스트레스를 받는 원인이 온다고 보면 된다.

- get stressed
  스트레스를 받다
- look stressed
  스트레스를 받은 것처럼 보인다

A: Why does Tom **look so stressed?** 왜 탐이 스트레스를 받은 것으로 보여?

B: He is afraid of ghosts and he thinks a ghost is here.
걘 유령을 두려워하는데 이곳에 유령이 있다고 생각해.

↳ She is stressed about the blind date. 걘 소개팅에 대해 스트레스를 받고 있어.

↳ I am feeling so stressed these days. 난 요즘 스트레스를 많이 받고 있어.

be stressed out

- burnout
  (신체적 또는 정신적인) 극도의 피로

스트레스를 받아 지쳐뻗다 *구어적 표현으로 burned[wiped, washed] out 등이 있다.

A: You **look stressed out.** What's wrong?

스트레스에 지쳐 빠진 것 같네. 무슨 일이야?

B: I've got so much to do and I have to go now.

해야 할 일이 너무 많아서 지금 가야돼.

↳ Jill is stressed out from the conference. 질은 그 회의로 완전 스트레스 받았어.

↳ I guess you're a little stressed out right now. 지금 너 스트레스 좀 받은 것 같아.

have a stressful day

- get[be] too stressful
  스트레스를 많이 받다
- have been stressful
  힘들었다

스트레스 많은 하루를 보내다 *힘든 하루를 보냈을 때 "It's been a long day"라고도 한다.

A: You look gloomy. Cheer up! 우울해 보이는구나. 기운내!

B: I had a really stressful day at work.

직장에서 정말 스트레스 받는 하루였어.

↳ It's been a really stressful day. I need to relax. 정말 힘든 하루였어. 나 좀 쉬어야 돼.

↳ Things have been getting too stressful. 상황이 정말로 힘들어지고 있네.

reduce stress

- stress-related (+N)
  스트레스에 관련된~

스트레스를 줄이다 *reduce 대신 relieve를 써도 된다.

A: What do you do to **reduce stress?** 스트레스를 줄이려고 넌 무엇을 하니?

B: I like to exercise or practice yoga. 난 운동을 하거나 요가를 하길 좋아해.

↳ It's important to find a way to reduce stress.
  스트레스를 줄이는 방법을 찾는 것은 중요해.

↳ My lifestyle is unhealthy and I need to reduce my stress.
  내 라이프 스타일은 건강하지 못해. 스트레스를 줄일 필요가 있어.

put pressure on

- be under (a lot of) pressure
  (많은) 압박[압력]을 받고 있다
- have a lot of pressure at work
  직장에서 많은 압박을 받다

스트레스를 주다, 압박을 주다 *강조하려면 a lot of pressure라고 하면 된다.

A: Tina has a lot of pressure at work.

티나는 직장에서 압력을 많이 받고 있어.

B: She seems so unhappy because of it. 걘 그래서 더 불행해 보여.

↳ Are your parents putting pressure on you to find a good job?
  부모들이 좋은 직장을 잡으라고 압력을 주고 있니?

↳ She works hard when she's under pressure.
  그 여자는 부담을 받아야 열심히 일을 하더라구.

place a strain on

- stresses and strains
  걱정과 근심, 긴장상태
- strain
  오랜 기간 과로나 문제처리로 생기는 걱정

짓누르다, 발목잡다 *strain은 부담, 중압감이라는 단어이며 place 대신에 put을 써도 된다.

A: The kids **are putting a strain on** my money.

자녀들이 내 자금에 부담이 되고 있어.

B: Schools cost a lot of money to attend.

학교 등록금이 매우 높은 수준이야.

↳ The storm will put a strain on travelers. 폭풍이 여행자들 발목을 잡을 거야.

↳ The new rules put a strain on the workers. 새로운 규칙이 노동자들을 짓누르고 있어.

take it easy

keep cool

- stay[keep] cool[calm]
  침착하다
- keep a cool head
  침착하다

침착하다 *흥분, 초조 등 감정의 영향없이 안정된 상태로 keep대신 stay, be를 써도 된다.

A: Randy is always making me angry. 랜디는 항상 나를 화나게 해.

B: **Keep cool.** Don't let him bother you.
  침착해라. 걔에 대해 신경 쓰지 마.

⌐ It's best to keep cool when you're in trouble. 어려움에 처했을 때 침착한 게 최고야.

⌐ I kept cool when my boss visited my office.
  보스가 내 사무실을 방문했을 때 난 침착을 유지했지.

calm down

- calm oneself down
  마음을 진정시키다

진정하다, 진정시키다 *화를 내고 후에 진정하다 혹은 다른 사람의 감정을 진정시킨다는 의미

A: Some of my friends got really angry today.
  일부 내 친구들은 오늘 정말로 화를 냈어.

B: How long did it take them to **calm down**?
  걔들이 진정하는데 얼마나 걸리디?

⌐ It was raining hard, but now it has calmed down. 비가 많이 오다 이제 좀 그쳤어.

⌐ Look guys, try to calm down. OK? 얘들아, 진정해. 알았어?

take it easy

- take it easy = take things easy
- Easy does it
  서둘지마! 조심해!

서두르지 않다, 화내지마 *또한 헤어질 때 say goodbye라는 의미로도 쓰인다.

A: I'm looking forward to getting to know you.
  널 빨리 알게 되고 싶어.

B: **Take it easy.** We have a lot of time. 진정하라고. 우리 시간이 많잖아.

⌐ Take it easy when you're driving on the highway. 고속도로 운전할 때 편안하게 해.

⌐ Just take it easy and try to relax. 걱정하지 말고 긴장을 풀어봐.

relax

- relax on the sofa
  소파에서 쉬다
- sit down and relax
  앉아서 쉬다
- lay on the bed and relax
  침대에 누워 쉬다

쉬다, 진정하다 *또한 타동사로 다른 사람을 …를 진정시키다 라는 의미로도 사용된다.

A: What do you plan to do this weekend? 이번 주말에 뭐 할거야?

B: I'm just planning to **relax.** 그냥 느긋하게 쉴 생각야.

⌐ Relax while I put on some music. 음악 좀 틀어줄 테니 쉬어라.

⌐ Please, come into the living room and relax. 거실에 들어와서 좀 쉬세요.

be[feel] relieved

- be relieved to see[know]
  …하게 돼 안심하다
- be relieved that S+V
  …에 안심하다
- relieve one's pain
  고통을 줄여주다

안심이 되다 *걱정없이 행복한 상태

A: The test was postponed until next week.
  시험이 다음주까지 연기되었어.

B: The students **were relieved** they don't have to study.
  학생들은 공부할 필요가 없어 안도했지.

⌐ She was relieved that she didn't have cancer. 걘 암이 아니라고 해서 안심했어.

⌐ I'm relieved that I don't have to fly to LA. LA까지 갈 필요가 없어져 난 안도했어.

feel the same way

feel the same way

- feel the same way about sb[sth]~
  …에 대해 같은 생각이다

같은 생각이다 *상대방과 기분과 감정이 같은 느낌이라고 말할 때

A: You're my best friend and I love you. 넌 내 최고의 친구야 사랑해.

B: I **feel the same way** about you, too. 나도 널 그렇게 생각해.

⌐ I hope that you feel the same way about me. 네가 나에 대해 같은 생각이길 바래.

⌐ I'm sorry I don't feel the same way about that. 미안하지만 그것에 대해 생각이 달라.

likewise

마찬가지야 *상대방의 인사나 말에 마찬가지라는 구어체 표현

A: I really enjoy walking in the park. 공원걷는거 정말이지 너무 좋다.

B: **Likewise.** It's very relaxing here. 마찬가지야. 여긴 정말 편안해.

⌐ Shelly told me that she didn't feel likewise.
셸리는 우리랑 기분이 다르다고 내게 말했어.

⌐ Likewise, we also enjoy eating pizza. 우리도 마찬가지로 피자를 즐겨 먹어.

be sympathetic to

- look sympathetic
  동정적으로 보이다

…에 동조하다, 같은 생각이다 *곤경에 처한 상대방을 이해한다는 뉘앙스를 갖는다.

A: Tim is back in the hospital. 팀은 병원에 다시 입원했어.

B: I am sympathetic to his situation. 걔 처지가 안됐어.

⌐ My brother looked sympathetic when I fell down.
형은 내가 넘어졌을 때 측은히 쳐다봤어.

⌐ We were sympathetic to Glen's condition. 우리는 글렌의 상황에 동정했어.

feel for

- I feel for you
  너를 동정하다
- feel one's pain
  …의 아픔을 공감하다

가여워하다 *for 이하의 사람이나 아픔에 공감을 한다는 의미

A: I feel for Stephanie. 스테파니가 가여워.

B: She can't find a good boyfriend. 걘 좋은 남친을 찾을 수가 없어.

⌐ That is too bad. I feel for you. 정말 안됐네. 네가 가여워.

⌐ The president said he feels our pain. 사장은 우리의 아픔을 공감한다고 말했어.

That makes two of us

- So do I.
  나도 그래.
- Me too.
  나도 그래.
- Neither can I.
  나도 그럴 수 없어.

나도 마찬가지야, 나도 같은 생각이야 *상대방의 말에 공감하면서

A: I'm tired and I want to go home. 피곤해서 집에 가고 싶어.

B: Yeah, **that makes two of us.** 그래. 나도 마찬가지야.

⌐ You like this music? So do I. 이 음악 좋아해? 나도 그래.

⌐ I heard he collects stamps. Me too. 걔가 우표수집한다며. 나도 그래.

be all right

be all right

- be all right with[by/for/to]
  …에 적절하다, 괜찮다
- It's all right.
  걱정마, 괜찮어.
- That's[It's] all right.
  괜찮아.(감사나 미안하다고 하는 상대방에게)

괜찮다, 좋아 *맞다, 옳다라는 뜻의 be right와 헷갈리면 안된다.

A: Honey, everything's going to **be all right.** 자기야. 다 잘 될거야.

B: **What do you know?** 네가 그걸 어떻게 알어?

ㄴ It's all right with me. 난 괜찮아.

ㄴ It's going to be all right. 괜찮을 거야.

go all right

- feel all right
  괜찮다고 느끼다
- sound all right
  괜찮다고 들리다
- turn all right
  잘 되다

문제없이 잘되다 *all right에는 be동사 외에도 feel, sound, turn 등 다양한 동사가 온다.

A: **Is everything set up for the meeting?**
회의를 위해 모든 것이 준비되었니?

B: **Yes. I'm sure it's going to go all right.** 예. 확실히 모든 것이 잘 될 거야.

ㄴ My first day on the job went all right. 첫 출근하는 날이 잘 풀렸어.

ㄴ I hope our trip to Vietnam will go all right. 우리 베트남 여행이 잘 되기를 원해.

be fine

- look[seem/sound] fine
  괜찮은 것처럼 보인다
- feel fine
  건강하다
- That's fine by[with] me.
  난 괜찮아.

괜찮다 *만족할 만한 혹은 건강상태가 좋은 등의 의미

A: **Does this suit look OK on me?** 이 옷이 내게 맞는 것 같아?

B: **It's fine. Let's buy it so we can leave.** 괜찮아. 사고 떠나자.

ㄴ This soup will be fine for dinner. 이 수프는 저녁용으로 괜찮을 거야.

ㄴ The computer is fine for typing the report. 이 컴퓨터로 보고서를 쳐도 괜찮아.

be[feel] okay

- look OK
  괜찮아 보이다
- be okay with[by] sb
  …에게 괜찮다
- It's okay for A to do~
  A가 …하는 것은 괜찮다

좋다, 괜찮다 *줄여서 쓸 때는 반드시 대문자로 OK라고 해야 한다.

A: **Look, Charlie, it's going to be okay.** 자. 찰리야 잘 될거야.

B: **That's easy for you to say.** 넌 그렇게 말하기 쉽겠지.

ㄴ All of the people in the accident are okay. 사고를 당한 사람들 모두 괜찮아.

ㄴ It is okay for you to go out with my sister. 내 여동생과 데이트해도 괜찮아.

if it's okay with you

- if you don't mind
  괜찮다면

괜찮다면 *상대방에게 부탁이나 제안을 하면서 양해를 구할 때

A: **If it's okay with you I'll take tomorrow off.**
괜찮으면 내일 쉬고 싶은데요.

B: **Let me check the schedule.** 일정 좀 보고.

ㄴ I'll come at eleven thirty if that's okay with you. 괜찮다면 11시 반에 오겠습니다.

ㄴ If it's okay with you, I'll take tomorrow off instead of Monday.
괜찮다면 월요일 대신 내일 쉬었으면 해.

be not that bad

- be not too[so] bad
  나쁘긴 하지만 예상보다는 덜 나쁘다

좋아 *예상보다 좋을 경우에 말하는 것으로 비록 bad가 들어갔지만 꽤 괜찮다'의미가 들어있다.

A: Many people said they don't like McDonald's food.
많은 사람들이 맥도날드 음식을 싫어한다고 말했어.

B: **It's not that bad.** You should try it. 그리 나쁘지 않아. 한번 먹어 봐.

└, Studying English is not that bad. 영어를 공부하는 것은 그리 어렵지 않아.

└, This old movie is not that bad. 그 흘러간 영화가 그렇게 나쁘지는 않아.

suit sb fine

좋다, 괜찮다 *주어는 사물이 와서 …에게 주어는 좋다, 괜찮다라는 말

A: Do you like working at the post office?
우체국에서 일하는 것 좋으니?

B: Sure. It **suits me just fine.** 그럼. 나한테 딱 맞아.

└, Eating out every night suits Tara fine. 타라는 매일 저녁 외식하는 것이 괜찮데.

└, The artwork suits the new owner fine. 그 작품은 새 소장가에게 잘 어울려.

have no problem with~

- No problem
  (감사에 대한 인사 외에도 상대방이 부탁하거나 사과할 때도 쓰이는 것으로 "No sweat"라고도 한다.)

별 문제없다 *with 이하의 일이나 사람과 아무런 문제가 없다라는 의미

A: Is it OK if I come to work ten minutes late?
10분 정도 늦게 출근해도 되나요?

B: Sure. I **have no problem with** that. 그럼요. 괜찮아요.

└, I have no problem with people who have different religions.
난 다른 종교를 가진 사람들과 아무런 문제가 없어요.

└, We have no problem with waiting for you. 우린 널 기다리는데 아무런 문제가 안돼.

will do

- will do for sb
  …에게 괜찮다
- It won't do to ~
  …하는 것은 안돼

괜찮다 *충분하고 만족하다는 의미로 여기서 do는 be enough[acceptable]의 의미이다.

A: Hi honey. Are you hungry tonight? 여보. 오늘 밤 배고파?

B: No. Just a small meal **will do** for me. 아뇨. 소식해도 좋아요.

└, This old car will do as a means of transportation.
낡은 차도 이동수단으로 충분해.

└, A small cake will do for the party. 케익 작은 거면 파티에 충분할 거야.

all right과 right
all right은 right 앞에 'all'하나 붙었을 뿐인데 의미는 조금 다르다. 먼저 right은 「올바른」, 「맞는」이라는 뜻으로 You're right하면 상대방 의견에 동의하는 것이고, That's right 역시 '맞다'라는 말로 상대방 의견에 동의하는 표현이다. 한편 all right의 경우, I'm all right 하면 "난 괜찮아" "난 별 문제 없어"라는 의미이고 That's all right하면 문맥에 따라 「괜찮다」, 「걱정마라」 혹은 상대방 의견에 동의할 때도 쓰인다. 그냥 All right하면 'Yes' 혹은 'OK'라는 의미로 어떤 제안에 동의할 때 쓰는 표현이다.

have to

have to

- have got to do
  …해야만 한다(= have to)
- don't have to do
  …할 필요가 없다

…해야 한다 *과거일 때는 had to, 미래일 때는 will have to라고 하며 구어체에서는 have got to do.

A: I **have to** leave right away for the meeting.
   회의가 있어서 지금 당장 가봐야겠는데.

B: I'll catch up with you later. 나중에 다시 전화하지 뭐.

↳ Do you have to work this weekend? 이번 주말에 일해야 돼?

↳ I don't have to pay him any money. 난 걔한테 어떤 돈도 갚을 필요가 없어.

must

해야 한다 *강제성이 강한 의무 조동사로 have to와 비슷하다.

A: I can't find a good job. 적당한 일자리를 찾을 수가 없네.

B: Never say die. You **must** keep trying.
   약한 소리 마. 계속 시도해봐야 한다구.

↳ You must do the laundry tonight. 너 오늘 밤 세탁해야 해.

↳ Each student must do extra homework. 학생들 모두 다 추가 숙제를 해야 돼.

should

- ought to do
  해야 한다(강제성이 약함)

…해야지 *강제성이 약한 조동사로 당연히 이루어져야 하는 의무사항이나 조언할 때

A: You **shouldn't** put off that work for much longer.
   그 일을 너무 오랫동안 미루어 두지 마라.

B: I'll try and finish it before I go. 열심히 해서 퇴근하기 전에는 끝내 놓을게.

↳ You should put on a sweater. It's cold outside. 스웨터입어. 밖에 날씨가 쌀쌀해.

↳ You should be more careful. 좀 더 신중해야 돼.

had better

- (You) Better do
  …해라, …하는게 좋아
- had better not do
  …하지마라

…해라 *친구나 아랫사람에게 하는 말로 '…해라'라는 뜻. 충고 내지 경고할 때

A: We **had better** do the dishes tonight.
   우린 오늘 밤 설거지하는 게 나아.

B: Yeah, otherwise the kitchen will be dirty.
   그래, 안 그러면 부엌이 더러워질 거야.

↳ You had better finish the report soon. 보고서를 빨리 완성하는 편이 나아.

↳ They had better pay me my money. 걔들은 내 돈을 갚는 편이 좋아.

have to

must, have to, should, ought to 등은 사전에 한결같이 「…해야 한다」라고만 되어 있지만 should와 ought to를 별 구분없이 사용하고 있으며 must와 have to의 경우에도 마찬가지이다. 먼저 강한 확신(great confidence)을 가지고 「반드시 그래야 한다」고 단정적으로 말할 때는 must와 have to를 쓰는데 have to가 더 일반적이다. 또한 일반적으로 어떤 일을 하는 게 「좋겠다」정도의 뉘앙스일 때는 should나 ought to를 쓴다. 예로 친구가 금연하라고 충고할 땐 You should quit smoking, 의사가 금연을 권고할 때는 You must quit smoking이라고 말하면 된다.

can't help ~ing

can't help ~ing

- can't help it
  어쩔 수 없다
- can't help feeling[thinking]~
  …라고 생각하지 않을 수 없다

…하지 않을 수 없다 *어쩔 수 없는 상황을 말하는 것으로 can't help 다음에는 명사나 ~ing가 온다.

A: Just forget about your ex-girlfriend. 옛 여친을 그냥 잊어버려라.

B: I try, but I **can't help thinking** about her.
해보는데, 그녀들 생각하지 않을 수가 없어.

↳ She can't help drinking so much alcohol. 걘 술을 많이 마시지 않을 수가 없어.

↳ I can't help being cautious. 조심할 수밖에 없어.

can't help but~

- can't help oneself
  싫지만 어쩔 수 없다
- It can't be helped.
  어찌힐 도리가 있다.

…하지 않을 수 없다 *but 다음에 바로 동사원형이 온다는 점에 주의한다.

A: I **can't help but** watch TV when I'm bored.
난 지루하면 TV를 보지 않을 수가 없어.

B: Maybe you need to find a hobby.
아마도 다른 취미를 찾을 필요가 있을 거 같아.

↳ I can't help but think that he's a loser. 걔가 머저리라고 생각하지 않을 수 없어.

↳ I can't help but think about Jessica. 제시카에 대해 생각하지 않을 수 없어.

have no choice but to~

- cannot but do
  …하지 않을 수 없다

…할 수 밖에 없다 *cannot choose but do도 같은 표현이다.

A: I **have no choice but to** buy her a fur coat.
걔한데 털코트를 사줄 수밖에 없어.

B: It's going to be really expensive. 돈이 정말 많이 들텐데.

↳ I had no choice but to get divorced. 난 이혼할 수밖에 없었어.

↳ I have no choice but to do that. 그러지 않을 수 없어.

be forced to

- force A to do
  …에게 ~하라고 강요하다

억지로 …하다 *의지와 상관없이 강제적으로 할 수밖에 없는 상황일 때

A: What happened when you didn't get a visa?
비자를 얻지 못해서 어떻게 됐니?

B: I **was forced to** leave the country right away.
즉시 그 나라를 떠나야 했어.

↳ He was forced to listen to the music. 걘 음악을 억지로 들었어.

↳ They were forced to help with the crime. 그들은 그 범죄를 방조해야만 했어.

can't stop ~ing

- stop oneself from ~ing
  …하는 것을 멈추다, 자제하다

…하지 않을 수 없다 *'be unable to stop a habit or an activity'라는 의미.

A: Could you just shut up for a little while?
잠시만이라도 입을 닥쳐줄래?

B: I **can't stop singing** to myself. 흥얼거리지 않을 수가 없어.

↳ John can't stop eating junk food. 존은 정크 푸드를 끊을 수가 없어.

↳ My son can't stop playing video games. 내 아들은 비디오 게임을 중단할 수가 없어.

get worse

go bad

- go badly for sb
  …에게 일이 잘못되다

썩다, 나빠지다 *음식이 상하거나 상황이 나빠지는 것. went[gone] bad 형태로 쓰인다.

A: So, how was the dance party? 댄스 파티가 어떻게 되었니?

B: Terrible. Everything **went bad** last night.
끔찍해. 어제 밤 모든 일이 그르쳤어.

∟ I will just leave if things go bad. 상황이 나빠지면 난 그냥 떠날 거야.

∟ Things went bad when I interviewed for the job.
내가 그 일을 위해 인터뷰했을 때 일이 틀어졌어.

get worse

- be getting worse
  더 나빠지고 있다
- get worse and worse
  점점 더 나빠지다

더 나빠지다 *상태가 악화되는 것으로 진행형태인 be getting worse로 많이 쓰인다.

A: The air in this city is so polluted. 이 도시의 공기가 무척 오염되어 있어.

B: It's going to **get worse** in the future. 앞으로 더 나빠질 거야.

∟ Did things get worse after you left? 네가 떠난 이후 상황이 악화되었니?

∟ The problem got worse when it wasn't fixed. 문제가 해결되지 않아 더 악화되었어.

get better

- be getting better
  나아가고 있다

좋아지다, 나아지다 *병이나 상황 혹은 어떤 실력이 향상되다, 좋아지다라는 뜻

A: Some days I just feel like giving up.
언젠가 그냥 내가 포기하고 싶어.

B: Be strong. Things will **get better** soon.
강해져야지. 곧 더 나아질 거야.

∟ There's a chance he can get better. 걔가 나아질 가능성이 있어.

∟ I'd like to get better at speaking English. 영어회화 실력이 나아지면 좋겠어.

go from bad to worse

점점 더 악화되다 *bad에서 더 bad한 상태인 worse로 가고 있다는 말로 점점 나빠지는 상태를 말한다.

A: How are things at your office? 네 사무실 상황은 어떠니?

B: They seem to **be going from bad to worse.** 점차 악화되는 것 같아.

∟ The government programs have gone from bad to worse.
정부 계획들이 악화되고 있어.

∟ My economic situation went from bad to worse. 내 경제사정이 악화되었어.

make sth worse

- make things[it] worse
  상황을 악화시키다
- to make matters worse
  설상가상으로

…를 더 악화시키다 *사역동사 make+목적어+목적보어(worse)의 구문

A: Did the gift make Sandra happy? 그 선물로 샌드라가 행복해했니?

B: No, it just **made her mood worse.** 아니, 걔 기분을 악화시켰지.

∟ The virus made the computer worse. 바이러스로 컴퓨터가 악화되었어.

∟ The stock market has made the economy worse.
주식시장이 경제를 더 악화시켜버렸어.

have improved

- improve something
  …을 향상시키다, 개선시키다
- need to be improved
  개선되어야 한다
- be an improvement
  향상되었다

나아지다, 향상되다 *과거부터 시작하여 지금 나아진 것으로 현재완료형을 쓴다.

A: I think the Korean team **has improved** significantly.
한국팀 실력이 눈에 띄게 좋아진 것 같아.

B: I know. I hope we can make it to the second round.
그래. 한국팀이 2차전에 진출했으면 좋겠어.

└ The store **has improved** its items. 그 가게는 품목을 질적으로 향상시켰다.

└ I need to **improve** my English to travel overseas.
난 해외여행을 위해 영어실력을 향상할 필요가 있어.

fall apart

- hit bottom
  최악의 사태에 빠지다

산산조각나다, 상황이 악화되다 *바닥으로 떨어져 여러 조각으로 부숴진다는 것.

A: I think I need to buy a new car. 난 새 차를 살 필요가 있다고 생각해.

B: Why? Is your old car going to **fall apart**? 왜? 네 옛날 차가 부서졌니?

└ Christian **fell apart** after losing his job. 크리스찬은 실직 후 완전 쓰러져버렸어.

└ Some people **fall apart** during difficult times.
일부 사람들은 어려운 시기에 무너져 버린다.

pick up

- be getting better
  나아가고 있다

좋아지다 *여기서는 상태나 상황이 나아지고 있다는 것으로 improve와 동의어

A: Has your daughter gotten better grades?
네 딸이 좀 더 나은 학점을 받았니?

B: Yes, they are starting to **pick up** this year.
예, 금년부터 좋아지고 있어요.

└ The sales of the company **picked up** this month. 회사 매출이 이번 달 올라갔다.

└ I hope the economy will **pick up** soon. 경기가 조만간 좋아지기를 원한다.

pick up의 다양한 의미

pick up하면 가장 일반적인 의미는 거의 우리말화된 표현으로 「차로 이동하여 다른 사람을 차로 데려간다」는 의미이다. 그외에 쓰이는 의미로는 가게에 가서 pick up하면 「물건을 사거나 혹은 뭔가 얻거나 타는」 것을 뜻한다. 그리고 여기에 쓰인 것처럼 좀 생소하게 보일 수도 있지만 economy나 things, life 등의 상황에 관련된 것이 주어로 올 경우에는 그 주어의 상황이 「좋아지다」, 즉 improve의 의미를 띄게 된다. I forgot to pick up my dry cleaning하면 세탁물 가져오는 것을 잊었다는 말이고 I pick this up at a flea market하면 벼룩시장에서 이걸 샀다는 의미이고 Let me pick you in the morning하면 아침에 픽업하겠다는 문장이 된다.

get caught in

be in good condition

상태가 좋다 *특히 물리적, 신체적 상태가 좋은지 나쁜지 말할 때 쓰는 표현

- be in excellent condition
  상태가 훌륭하다
- be in bad condition
  상태가 안 좋다

A: **Are you selling your apartment?** 네 아파트를 팔려고 하니?

B: **I am. It's in good condition.** 그래. 아파트는 상태가 좋아.

↳ The computer is still in good condition. 컴퓨터는 아직 좋은 상태야.

↳ The items in the shop are in good condition. 가게에 있는 품목들의 상태는 좋아.

under ~ condition

…한 상황 하에서 *condition은 전반적인 상황을 의미하지만 조건이라는 의미로도 쓰인다.

- under one condition
  한가지 조건하에
- (on) one condition
  조건이 하나 있어
- under similar condition
  같은 조건에서

A: **Can you help me with this homework?** 이 숙제 좀 도와줄래?

B: **I'll help you under one condition.** 한가지 조건하에서 도와줄게.

↳ You're going to have to work under different conditions.
다른 상황하에서 일해야만 할 거야.

↳ I can't stay here under these conditions. 이 상황하에서 난 여기에 머물 수가 없어.

be in the same situation

같은 상황[처지]이다 *same 대신 difficult, serious 등 다양하게 바꿔 써볼 수 있다.

- be in a more favorable situation
  더 우호적인 상황이다
- be in the same boat
  같은 처지이다

A: **It's been very difficult for me this year.**
나에겐 금년도가 무척 힘들었어.

B: **I know. I am in the same situation.** 알아. 나도 같은 처지야.

↳ She is in the same situation as her sister. 걔는 여동생하고 같은 처지에 있어.

↳ Everyone in the class is in the same situation.
학급 전 학생들이 같은 상황에 처해있어.

be a different story

다른 이야기이다 *different 앞에 whole, totally를 써서 강조할 수 있다.

- be a totally different situation
  전혀 다른 상황이다
- be another story
  다른 이야기이다

A: **I heard you got in trouble yesterday.**
어제 네가 어려움에 처했다고 들었어.

B: **It's true, but that's a different story.** 사실이야. 그런데 조금 다른 이야기야.

↳ Someone stole my bike, but that's a different story.
누군가 내 자전거를 훔쳤지만 조금 다른 상황이야.

↳ We were supposed to go on vacation, but that's a different story.
우린 휴가를 가게 되어있지만 그건 조금 다른 이야기야.

get[be] caught in

곤란한 상황 등에 처하다 *get into trouble도 비슷한 표현

- be stuck with
  꼼짝달싹 못하다

A: **My gosh! You are really soaked.** 세상에! 정말 흠뻑 젖었구나.

B: **Yes, I am. I was caught in a shower.** 응. 소나기를 만났어.

↳ I got caught in a shower on my way home. 집에 오다 소나기를 만났어.

↳ She got caught in bed with his neighbor's husband.
걔가 이웃집 남편과 침대에 있다 걸렸대.

that depends on~

- That[It] all depends on~
  …에 전적으로 달렸다
- depending on
  …에 따라서

…에 달렸다 *on 다음에 명사나 명사절이 올 수 있다.

A: **Are you coming on the class trip?** 너 학급 견학에 올 거니?

B: **That depends on whether my parents allow it.**
부모님이 허락하는지 여부에 달려있어.

↳ That depends on which person you talk to. 네가 누구와 이야기하느냐에 달려있어.

↳ That depends on the route you take on the subway.
네가 지하철에서 어떤 노선을 타느냐에 달려있지.

if I were you

- if I were in your shoes
  내가 너의 처지라면
- if I were in your place
  [situation]
  내가 너의 입장이라면
- be in another person's
  position 다른 사람의 입장이 되보다

내가 너라면 *상대방에게 조언이나 충고할 때 사용하는 표현

A: **If I were in your shoes, I wouldn't sell it yet.**
내가 너의 입장이라면 아직 팔지 않겠어.

B: **Do you think the stock will bounce back?** 주식이 반등할 것같니?

↳ If I were you, I would go to see a doctor. 내가 너라면 병원 가볼 거야.

↳ What would you do if you were in her situation? 네가 걔처지라면 어떻게 하겠어?

put oneself in one's place

- put oneself in one's shoes
  …의 입장이 되보다

…의 입장이 되보다 *put oneself in one's shoes는 역지사지하다 라는 의미

A: **Yousef was very rude to me today.**
유세프가 오늘 나에게 아주 무례했어.

B: **He's stressed. Put yourself in his place.**
걔가 스트레스를 받았나 봐. 한번 걔 입장이 되어 봐.

↳ Put yourself in a poor person's place. 가난한 사람 입장이 되어봐라.

↳ You should put yourself in Dave's place. 데이브의 입장이 되어봐야해.

get in trouble

get[be] in trouble

곤란[경]에 처하다 *문제나 사고를 친 후의 상태를 말하며 in 대신 into를 써도 된다.

- get[be] in trouble for (not)
  ~ing
  …(하지 않아서) 해서 곤란에 처하다
- get A in trouble
  A를 곤경에 처하게 하다
- get oneself into trouble
  스스로 곤경에 처하다

A: **You're in trouble.** The boss wants to see you. 너 큰일났어. 사장님이 널 보자셔.

B: Really? What did I do? 정말이야? 내가 무슨 짓을 했길래?

↳ You will **get in trouble** if you do that 그렇게 하면 곤란해 질거야

↳ I'm not here to **get you in trouble.** 널 곤란하게 하려고 여기 온 게 아냐

have trouble with

…에 애를 먹다, 어려움을 겪다 *trouble 대신 problem, difficulty를 사용하기도 한다.

- have problems[difficult]
  with[~ing]
  …하는데 문제가 있다.
- have no trouble ~ing
  …하는데 아무런 어려움이 없다

A: I **have trouble with** studying here. 난 여기서 공부하는데 어려움이 있어.

B: It's noisy. Let's go to the library. 시끄럽지. 도서관으로 가자.

↳ She had trouble with making a living. 생계를 꾸리는데 애먹고 있어.

↳ They have trouble with playing their instruments. 걔들은 악기연주에 애먹고 있어.

cause trouble

문제를 일으키다 *get in trouble하게끔 사고나 문제를 야기하는 것을 말한다.

- not cause any trouble
  아무런 문제를 일으키지 않다
- make trouble for A
  …을 애먹이다, 폐를 끼치다
- make things difficult
  상황을 어렵게 하다

A: Some of the students **cause trouble** in class.
  일부 학생들이 수업시간에 문제를 일으키고 있지.

B: They may be asked to leave the school.
  걔들은 퇴교 조치를 권고 받을 수 있어.

↳ The software caused trouble in my computer.
  소프트웨어가 내 컴퓨터에서 문제를 일으켰어.

↳ Jack causes trouble when he drinks alcohol. 잭은 술마실 때 문제를 일으켜.

it's difficult when~

…할 때 어렵다 *강조하려면 difficult 앞에 really, 그리고 when 뒤에 S+V를 넣으면 된다.

- It was difficult when S+V
  …할 때가 어려웠다

A: It was **difficult when** the storm cut our electricity.
  폭풍으로 우리 전기가 끊어졌을 때 어려웠어.

B: Thankfully, everything was fixed quickly.
  감사하게도 모든 것이 빨리 해결이 되었지.

↳ It was really difficult when my father lost his job.
  우리 아버지가 실직했을 때 무지 어려웠어.

↳ It's difficult when you are too sleepy to study. 넘 졸려 공부하기 힘들 때가 어려워.

have a hard time ~ing

…하느라 힘들다 *time 다음 in을 넣기도 하는데 구어체에서는 생략하는 경우가 많다.

- have an awful time in this
  place
  여기서 아주 힘든 시간을 보내다
- go through a hard time
  힘든 시기를 겪다

A: I'm still **having a hard time** accepting the decision.
  난 그 결정을 받아들이는데 아직도 어려움이 있어.

B: I'm sure you'll be fine in a few days. 며칠 지나면 괜찮아질거야.

↳ Holly has a hard time making new friends. 홀리는 새 친구 사귀는데 고생하고 있어.

↳ I have a hard time following the highway signs to the airport.
  고속도로의 공항 표지판을 따라가는 게 힘들어.

give ~ a hard time

…을 힘들게 하다 *직장상사들의 특기로 …을 괴롭히거나 못되게 구는 것을 말한다.

A: Why is Kevin so unhappy these days? 왜 케빈이 요즘 안 좋아?

B: His science teacher **gives him a hard time** in class.
과학선생님이 수업시간에 걔를 힘들게 하나 봐.

↳ I gave the girls a hard time when they wore too much make-up.
여자애들이 화장을 지나치게 많이 했을 때 내가 좀 괴롭혔어.

↳ The coach gave the player a hard time because he was lazy.
코치는 그 선수가 너무 게을러서 무섭게 몰아세웠지.

be harder than one thinks

…생각보다 더 어렵다 *be harder than it seems 하면 보기보다는 어렵다로 쓰인다.

- be harder than one thought
생각했던 거보다 더 어렵다
- be harder than it looks
[sounds]
보이는[들리는] 것보다 더 어렵다

A: I could probably write a romance novel.
난 아마도 연애소설을 쓸 수 있을 것 같아.

B: No way. It **is harder than you think.** 아닐 걸. 생각보다 어려울 거야.

↳ Joining the military was harder than Brian thought it would be.
입대하는 것은 브라이언이 생각했던 것 보다 더 힘들었어.

↳ Becoming a millionaire is harder than most people think.
백만장자가 되는 것은 보통 사람들이 생각하는 것 보다 더 힘들어.

suffer from

고생하다, 병을 앓다 *어떤 힘든 일이나 불행, 혹은 병을 앓고 있을 때

- be suffering from a lot of
stress
많은 스트레스로 고생하다

A: Do you **suffer from** back pain? 등 통증에 시달립니까?

B: Only if I lift heavy objects. 무거운 물건을 들어올릴 때만 그래요.

↳ Some men are also suffering from sexual harassment.
성희롱으로 고통받는 남성들도 있단 말이야.

↳ Do you suffer from insomnia? 불면증에 시달리나요?

if worst comes to worst

최악의 경우에 *상황이 최악으로 치달을 경우에

A: Our computer is broken and can't be fixed.
우리 컴퓨터는 고장이 나서 고칠 수가 없어.

B: **If worst comes to worst, we'll borrow another one.**
최악의 경우에는 우린 하나 더 빌려야 돼.

↳ If worst comes to worst, we won't have enough food.
최악의 경우에는 우린 음식이 충분치 않게 될 거야.

get in trouble
어려움을 겪는다고 말할 때는 쓰는 단어로는 problem, hard time, trouble 삼형제가 있는데 problem이나 hard time에는 관사가 붙
는데 반해 trouble에는 절대로 관사를 붙이거나 복수형태로 사용하면 안된다.
I'm having a trouble with checking my email. (X)
I'm having troubles with checking my email. (X)
I'm having trouble with checking my email. (O)

have a problem

have a problem with

- have a big[a lot of] problem
  문제가 크다[많다]
- have a problem ~ing
  …하는데 문제가 있다
- have heart problem
  심장에 문제가 있다

문제가 있다 *건강에 이상이 있을 때도 사용하며 with 다음에는 사람, 사물이 다 나온다.

A: How long **have you had a problem with** indigestion?
소화불량으로 얼마 동안이나 고생했나요?

B: Ever since I started my new job. 새 일을 시작한 후로 줄곧 그래왔어요.

ㄴ I have a problem with people who are rude. 난 무례한 사람들에 대해 거부감이 있어.

ㄴ Do you have a problem with that? 그거 뭐 문제라도 있어?

have a problem because~

- have a lot of problems
  because S+V
  …때문에 문제가 많다
- have a lot of problems at
  one's workplace
  직장에서 문제가 많다

…때문에 문제가 많다 *문제가 생긴 이유를 구체적으로 말하고 싶을 때

A: We **have a problem because** we finished too late.
우린 너무 늦게 끝나서 문제가 생겼어.

B: Do you think we are going to get in trouble?
우리가 어려움에 처할 것으로 생각하니?

ㄴ You have a problem because your visa expired. 네 비자가 만기되어 문제가 있어.

ㄴ Belinda has a problem because she upset all of her friends.
벨린다가 친구들 모두를 놀라게 해서 문제가 많아.

have the same problem

같은 문제가 있다 *문제의 종류가 상대방과 같을 때

A: My stomach has been hurting since we ate lunch.
점심을 먹은 후 계속 배가 아프네.

B: I **have the same problem.** Was the food bad?
나도 그런데 음식이 나빴나?

ㄴ The worst students have the same problem every year.
최악의 학생들은 매년 같은 문제를 안고 있어.

ㄴ My best friend had the same problem as I did. 내 절친은 나와 같은 문제가 있어.

have money problems

- have personal problems
  개인적인 문제가 있다
- have financial problems
  자금상 문제가 있다

돈 문제가 있다 *이번에는 문제가 돈 문제일 때

A: Why don't you just buy a house? 집을 그냥 사버리지 그래?

B: I can't. I **have money problems.** 그럴 수가 없어. 돈이 없거든.

ㄴ The couple divorced because they had money problems.
그 부부는 돈 문제로 인해 이혼했어.

ㄴ I quit school because I have money problems. 난 학자금 문제로 학교를 그만뒀어.

the problem is that~

- There's a problem with~
  …에 문제가 있다

문제가 …이다 *현 상황에서 가장 문제가 되는 결정적인 부분을 언급할 때

A: Should Jason practice on the piano every night?
제이슨은 매일 밤 피아노 연습을 해야 하니?

B: **The problem is that** he has no talent. 문제는 걔가 재능이 없다는 거야.

↳ The problem is that it can't be fixed. 문제는 그걸 고칠 수가 없다는 거야.

↳ The problem is that we can't find the keys. 문제는 우리가 열쇠들을 못찾는다는거야.

Have you had any problems~?

- have a big[a lot of] problem
  문제가 크다[많다]
- have a problem ~ing
  …하는데 문제가 있다
- have heart problem
  심장에 문제가 있다

…하는 데 어떤 문제라도 있었니? *상대방에게 …하는데 어떤 문제가 있는지 물어볼 때.

A: **Have you had any problems** using the Internet?
인터넷을 사용하는데 무슨 문제라도 있니?

B: Yes. My Internet service hasn't worked all day.
응. 하루 종일 인터넷이 되질 않아.

↳ Have you had any problems cooking the food? 음식을 조리하는데 무슨 문제가 있니?

↳ Have you had any problems finishing your homework?
숙제를 마무리하는데 무슨 문제가 있니?

have no problem ~ing

- have no problem with~
  …에 문제가 없다

…하는데 아무 문제없다 *아무런 문제가 없을 때 쓰는 표현으로 ~ing 대신 with+N을 쓸 수도 있다.

A: Can you take Logan on a tour of the building?
로간에게 이 건물 구경을 시켜줄 수 있겠니?

B: Sure. I **have no problem** showing him around.
그럼요. 걔에게 구경시켜주는데 아무런 문제가 없어요.

↳ She **has no problem** working late at night. 걔는 밤늦게 일하는데 전혀 문제가 없어.

↳ They **have no problem** donating money to the charity.
걔들은 자선단체에 기부하는데 전혀 문제가 없어.

be nothing wrong with

…에 전혀 문제가 없다 *뒤에 사물이 오는 경우 about, 사람이 오는 경우는 with를 쓴다.

A: You shouldn't complain so much. 넌 불만을 너무 많이 토로하면 안돼.

B: There **is nothing wrong with** talking about how I feel.
내가 느끼는 바를 말하는데 무슨 문제가 되나.

↳ There is nothing wrong with your clothing. 네 옷에는 전혀 문제가 없어.

↳ There is nothing wrong with the car you want to buy.
네가 사고 싶은 차에 문제가 되는 것은 전혀 없어.

cause problem
for sb

- cause problems at~
  …에서 문제를 일으키다
- cause trouble around here
  여기서 문제를 일으키다
- cause trouble for sb
  …에게 문제를 일으키다

…에게 문제를 일으키다 *problem 대신 같은 계열의 명사인 trouble을 써도 된다.

A: Carla and Bill broke up a week ago. 칼라와 빌은 일주일 전에 헤어졌어.

B: She thinks Bill will **cause problems for** her.
칼라는 빌이 문제가 될 것으로 생각하나 봐.

ㄴ Don't cause problems for the people here. 여기 있는 사람들에게 문제를 일으키지 마.

ㄴ The extra work caused problems for all of us.
추가 작업으로 우리 모두에게 문제를 초래했어.

pose a problem

- create trouble[difficulty]
  문제를 만들다

문제를 야기하다 *pose는 여기서 제기하다, 야기시키다의 의미로 주로 danger, risk 등의 명사를 받는다.

A: Was anyone hurt in the big traffic accident?
큰 교통사고로 다친 사람은 없니?

B: No, but it will **pose a problem** during rush hour.
다친 사람은 없는데 러시아워에 문제가 될 거야.

ㄴ The snowstorm posed a problem for travelers.
눈 폭풍으로 여행객들에게 문제를 야기했어.

ㄴ Ken's lost passport posed a problem for him. 켄이 여권을 분실해서 문제가 생겼어.

have luck

be lucky

- be lucky to do[if~]
  …하는 겐[하면] 다행이다
- be lucky with something
  …에 운이 좋다

운이 있다 *주로 다음에 if절, to do, 혹은 with+명사의 형태가 뒤따른다.

A: **Your new girlfriend is just gorgeous.** 네 새 여친은 정말로 대단해.

B: **I know. I'm lucky to have met her.** 알아. 걜 만나다니 운이 좋은 거지.

↳ I guess I'm **lucky to** have a friend like you. 너 같은 친구가 있다니 난 운좋아.

↳ I'm really **lucky to** be working for a big company.
대기업에서 일하다니 난 무척 운좋아.

be out of luck

- be in luck
  운이 좋아 …을 할 수 있다

운이 없다 *운(luck)에서 벗어나(out of) 있다는 말씀

A: **I want to buy a TV that is on sale.** 난 세일 중인 TV를 사길 원해.

B: **You're out of luck. We sold the last one.**
넌 운이 없나 봐. 우리가 마지막 남은 것을 팔았어.

↳ He was **out of luck** after missing the last bus. 막차를 놓치다니 걘 운이 없었어.

↳ The stores are closed, so we're **out of luck**.
가게들이 문을 닫아 버렸어. 우린 운이 없나 봐.

have luck

- have much luck with~
  …에 운이 많다
- have bad luck
  운이 안 좋다
- have luck ~ing
  …하는데 운이 있다

운 좋다 *운이 없다고 할 땐 have no luck, 운이 사납다고 할 땐 have bad[ill] luck

A: **Did you have any luck** finding your necklace?
목걸이를 찾는데 운이 좋았니?

B: **No. I'm not sure where I lost it.** 아니. 어디서 잃어버렸는지 모르겠어.

↳ You should **have some luck** finding a job. 직업을 찾는데 운이 따라야 하는데.

↳ He **had luck in** reaching his sister on the phone.
걘 운이 좋아서 전화로 여동생과 연락이 닿았지.

have the fortune to~

- be fortune
  운이 좋다
- Fortunately
  운좋게도
- Unfortunately
  불행하게도

운 좋게도 …하다 *운이 좋은 이유는 to do 이하에 적으면 된다.

A: **How did Donald get to be so rich?** 도널드가 어떻게 부자가 된 거야?

B: **He had the good fortune to have wealthy parents.**
운이 좋아서 부자 부모를 가진 거였어.

↳ We **had the good fortune to** meet President Obama.
우린 운 좋게 오바마 대통령을 만났어.

↳ I **had the good fortune to** be invited to her house. 걔 집에 초대받다니 정말 운 좋았어.

good luck to~

- Good luck on[in~]
  …하는 일이 잘 되기를 바란다

…에게 행운을 빈다 *to sb의 형태로 상대방에게 행운을 빈다고 할 때

A: **Good luck to** everyone in the marathon.
마라톤에 참석한 모두에게 행운을 빕니다.

B: **It's going to be a difficult race to compete in.**
무척 힘든 경주가 될 거야.

↳ **Good luck to** the students who are graduating. 졸업하는 학생들에게 행운을 빈다.

↳ **Good luck to** the people who entered the contest.
모든 대회참석자에게 행운을 빈다.

wish sb luck

- wish sb luck in~
  …가 …하는 일에 행운을 빌다

…에게 행운을 빌다 *sb가 하는 일이 잘 되리라 기원할 때

A: I'm going for an interview. **Wish me luck.**
인터뷰를 하러 가. 행운을 빌어줘.

B: I know you'll do very well in it. 아주 잘할 것으로 생각해.

└ **Wish Sam luck** before he leaves. 샘이 떠나기 전 행운을 빌어줘.

└ **Wish the mountain climbers luck** before they start.
등반가들이 떠나기 전 행운을 빌어줘.

try one's luck

- try one's luck ~ing
  …하는데 운을 걸어보다
- Any luck?
  잘 됐어?

운을 시험해보다 *가망성이 없어 보여도 운을 믿고 한번 해볼 때

A: We're going to **try our luck** at the casino.
우린 카지노에서 우리 운을 시험해볼 거야.

B: I think you'll lose all of your money.
아마 네가 모든 돈을 잃을 것으로 생각해.

└ **Have you tried your luck** at other jobs? 다른 직업들도 시도해 보았니?

└ I'll **try my luck** at finding a girlfriend. 여친을 찾는데 한번 운을 걸어볼게.

push one's luck

운을 믿고 밀어부치다 *부정적인 의미가 내포된 구어체 표현으로 go too far의 의미

A: Someday I'm going to go skydiving.
언젠가 난 스카이다이빙을 하려고 해.

B: That's very dangerous. Don't **push your luck.**
매우 위험해. 운을 테스트하지마.

└ She **pushed her luck** when she invested too much.
걘 운을 믿고 과잉투자를 밀어 부쳤어.

└ I'll stop because I don't want to **push my luck.**
난 운을 믿지 않기 때문에 여기서 그만둘게.

have it good

- cause problems at~
  …에서 문제를 일으키다
- cause trouble around here
  여기서 문제를 일으키다
- cause trouble for sb
  …에게 문제를 일으키다

운이 좋다, 재주 있다 *be in luck도 역시 운이 좋다라는 의미

A: So many people are starving in Africa.
아프리카에서는 많은 사람들이 굶고 있어.

B: I know. We really **have it good** here.
잘 알지. 우린 여기서 운이 좋은 거야.

└ Employees at Samsung **have it good.** 삼성 직원들은 운이 좋은 거야.

└ Pop musicians really seem to **have it good.** 팝 음악가들은 정말로 재주가 있는 것 같아.

have a bad day

be not one's day

운이 없는 날이다 *내게 안 좋은 일만 일어났을 때 be not my day라고 하면 된다.

A: **Albert said you were two hours late to work.**
알버트는 네가 2시간 늦게 출근한다고 말했어.

B: **I overslept. It's just not my day.** 내가 늦잠을 잤어. 운이 없는 날이야.

└ It wasn't Page's day, because she had many problems.
페이지가 운이 없는 날이었어, 문제가 많이 생겼거든.

└ The teacher just punished me. It isn't my day.
선생님이 날 처벌했지. 운이 없는 날이야.

have a bad day

재수 없는 날이다 *bad 대신 rough를 써도 된다.

• have a bad day at work
직장에서 안 좋았다

A: **What is the matter with Laura?** 로리에게 무슨 일이 생긴 기야?

B: **She's having a bad day. She feels upset.**
걔에겐 재수 없는 날인 가봐. 당황한 것 같아.

└ I had a bad day on Monday. 월요일이 재수가 없는 날이었어.

└ You look like you had a bad day. 재수가 없었던 것 같구먼.

have a rough day

힘든 날이다 *rough는 대강이라는 뜻이외에도 「힘든」, 「거친」이라는 뜻도 갖고 있다.

• have a really rough day
정말 오늘 일진이 사납다

A: **You look very tired tonight.** 오늘 너 무척 피곤해보여.

B: **I had a rough day on the job.** 일이 무척 힘든 날이었어.

└ This extra work means we'll have a rough week. 더 일한다니 이번주 힘들겠구먼.

└ Did you have a rough day at your school? 오늘 학교에서 힘들었니?

be a long day

힘든 하루이다 *힘들고 재미없으면 시간은 천천히 가는 법. 곧잘 현재완료형으로 쓰인다.

• It's been a long day
정말 힘든 하루였어

• I've had a long day at work
직장에서 힘들었어

• after a long day at work
직장에서 힘들게 보낸 후

A: **We need to have this report finished by tonight.**
우린 오늘 밤까지 이 보고서를 끝내야 해.

B: **Oh no! It's going to be a long day.** 그래, 힘든 하루가 되겠네.

└ Everyone is unhappy and it's going to be a long day.
모두가 불만이야 힘든 하루가 될 거야.

└ It has been a long day. 기나긴 하루였어.

be one's lucky day

운좋은 날이다 *이번엔 반대로 오늘 일진이 좋았을 때 할 수 있는 말

• not be a lucky day for A
A에게 운 좋은 날이 아니다

A: **It looks like you just won some money.** 네가 돈 좀 번 것 같은데.

B: **Great! It must be my lucky day.** 대단해. 운이 좋은 날임에 틀림없어.

└ When she met Charlie, it was her lucky day. 걔가 찰리를 만났을 때 운좋은 날이었어.

└ I think today will be my lucky day. 오늘이 내겐 운 좋은 날이라고 생각해.

get a chance

Everything is possible!

have[get] a chance

기회를 갖다 *chance는 크게 기회(opportunity)와 가능성(possibility)이라는 의미를 갖는다.

- have[get] a chance to do
  …할 기회를 갖다
- when you get a chance
  네가 기회가 되면

A: Come and see my new apartment when you h**ave a chance.** 기회가 있으면 내 새 아파트를 보러 와라.

B: Can I come over on Wednesday night?
수요일 밤에 한번 가도 되겠니?

└ Did you **have a chance** to check it? 확인할 기회가 있었어?

└ I am glad that we finally **had a chance to** talk. 마침내 얘기 나눌 기회가 생겨 기뻐.

chances are S+V

…일 것이다, 가능성이 많다 *chance가 가능성(possibility)으로 쓰인 경우

- have a good chance of
  …할 가능성이 많다
- have a better chance at
  …에 가능성이 더 있다
- have no chance of
  …할 가능성이 없다

A: Have you seen Raul around? 폴을 근처에서 보았니?

B: **Chances are** he is working in his office.
걔가 사무실에 있을 가능성이 클 거야.

└ **Chances are** she will visit us tomorrow. 걔가 내일 우릴 방문할 가능성이 커.

└ **Chances are** you will find a job. 네가 직업을 찾을 가능성이 커.

stand a chance

승산이 있다 *강조하려면 better chance, 더 강조하려면 much better chance라 한다.

- stand a chance of ~ing
  …에 성공할 것 같다
- stand good[excellent] chance
  성공할 가능성이 크다
- not stand much chance
  성공할 가능성이 적다

A: Do you think he is going to win the election?
걔가 선거에서 승리할 것으로 생각하니?

B: He **stands a chance of** being the winner.
걔가 승자가 될 가능성이 있지.

└ Jill doesn't **stand a chance of** finishing on time. 질이 제때 일을 마칠 가능성은 없어.

└ Dan **stands a good chance of** receiving a bonus. 댄이 보너스 받을 가능성은 커.

have the opportunity

기회가 있다 *기회가 거의 없다고 할 때는 have little opportunity for라 한다.

- have the opportunity to do
  …할 기회가 있다
- take the opportunity to do
  기회를 이용해 …하다

A: Do you think I'll be able to meet a movie star?
내가 영화스타를 만날 수 있다고 생각하니?

B: You may **have the opportunity** to do that.
그런 기회를 가질 수 있어.

└ We **had the opportunity to** visit Los Angeles. 우린 LA를 방문할 기회가 있어.

└ You'll **have the opportunity to** become famous. 넌 유명해질 가능성이 있을 거야.

There's a possibility that~

…할 가능성이 있다 *희박한 가능성은 slight possibility, 일말의 가능성은 the slightest possibility.

- There's no possibility of [that~]
  …의 가능성이 없다
- There is a[little] chance of [that~]
  …할 가능성이 있[없]다
- have the possibility of ~
  …할 가능성이 있다

A: Why do you like to gamble? 왜 도박을 좋아해?

B: **There's a chance** I will win a lot of money.
내가 많은 돈을 딸 가능성이 있어.

└ There is a possibility that the bus will be late. 버스가 늦게 올 가능성이 있어.

└ There's a good chance that it will rain today. 오늘 비가 올 가능성이 높아.

34 기회를 주다, 놓치다
take the chance

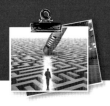

give sb a chance

- **give sb a chance to do**
  …에게 …할 기회를 주다
- **provide an opportunity for**
  …할 기회를 제공하다
- **offer sb a chance**
  …에게 기회를 제공하다

…에게 기회를 주다 *give a chance to sb라 말해도 된다.

A: I don't like the new student in our class.
    난 우리 학급의 신참 학생을 좋아하지 않아.

B: **Give her a chance to** become your friend.
    네 친구가 될 기회를 한번 줘봐라.

∟ Give them a chance to finish the project. 걔들에게 그 프로젝트를 끝낼 기회를 줘라.

∟ Give Susan a chance to do her job. 수잔에게 자신의 일을 할 기회를 줘라.

take the chance

- **grab the chance**
  기회를 잡다
- **jump at (the chance)**
  기회를 붙잡다(seize an opportunity)

기회를 이용하다 *take a[one's] chance라 하면 모험해보다라는 의미가 된다.

A: I'm not sure if I should attend Harvard University or not.
    하버드 대학에 재학해야 하는지 모르겠어.

B: You should **take the chance.** It's a great school.
    한번 시도해봐라. 좋은 학교야.

∟ **Take the chance** to get to know some new people.
    새로운 사람들을 만날 기회를 써봐.

∟ I'll **take the chance** of investing in the stock market.
    난 주식시장에 투자할 기회를 이용할 거야.

give a break

- **give somebody a break**
  …에게 기회를 주다
- **Give me a break!**
  그러지 말고 한번 봐줘.
  말도 안되는 소리마.

기회를 주다, 봐주다 *상황에 따라 기회를 달라고 부탁하거나 혹은 말도 안되는 소리하지 말라고 할 때.

A: I can't give you a discount on this. 이것은 네게 할인을 해줄 수가 없어.

B: Come on, **give me a break** on the price. 왜 그래. 한번 봐주라.

∟ Give him a break. It's his first day working here. 걔 한번 봐줘. 첫 출근일야.

∟ They don't speak English well, so give them a break.
    걔들은 영어 잘못해, 기회줘봐.

miss out on

- **lose a chance[opportunity]**
  기회를 잃다
- **pass up one's chance**
  기회를 이용하지 못하다

(좋은 기회를) 놓치다 *on 다음에 holiday나 experience, chance 등을 넣으면 된다.

A: Are you going shopping tomorrow? 내일 쇼핑하러 갈 거니?

B: Yes. I don't want to **miss out on** some bargains.
    응. 일부 할인 품목들을 놓치고 싶지 않아.

∟ Brian missed out on the class party. 브라이언은 학급 파티 기회를 놓쳤어.

∟ She won't miss out on the award ceremony. 갠 시상식 기회를 놓치지 않을 거야.

---

take the chance vs. take a chance
the와 a의 차이일뿐인데도 의미는 전혀 다르다. 정관사 the를 써서 take the chance하면 정해진 기회를 잡다, 즉 「기회를 이용하거나 활용하는」(use the opportunity) 것을 의미하며 부정관사 a를 써서 take a[one's] chance하면 「위험할 수도 있도 있는 일을 한다」는 의미가 된다.

be different from

be different from

- differ from
  …과 다르다
- There's no difference between ~
  …사이에 다른 점이 없다
- What's the difference between ~?
  …사이의 차이점은 뭐야?

…와 다르다 *…와 많이 다르다라고 할 때는 different 앞에 quite, very 등의 부사를 쓴다.

A: **Is that coat made by Burberry?** 그 코트는 버버리 회사에서 만든 거니?

B: **No, it is different from Burberry coats.** 아니, 버버리 코트와 다른 거야.

⤷ This food **is different from** the type I normally eat.
이 음식은 내가 통상적으로 먹는 타입과 다른 거야.

⤷ My computer **is different from** Tim's. 내 컴퓨터는 팀의 것과는 다른 거야.

make no difference

- It makes no difference to sb
  …에게 중요하지 않다
- make a[the] difference
  차이가 있다. 중요하다

차이가 없다, 중요하지 않다 *전치사 to 뒤에는 사람이나 사물이 온다.

A: **What kind of ice cream do you want?**
넌 어떤 종류의 아이스크림을 원하니?

B: **Oh, it makes no difference to me.** 오, 아무 거라도 좋아.

⤷ The type of music **makes no difference to** us. 음악의 종류는 우리에겐 중요치 않아.

⤷ My girlfriend's friends **make no difference to** me.
여친의 친구들은 내겐 중요치 않아.

tell A from B

- tell A apart
  A를 구분하여 혼동하지 않다
- tell the difference between
  …사이의 차이점을 구분하다

A와 B를 구분하다 *서로의 차이점을 인지하여 구분하다라는 뜻이며 know ~apart도 구별하다.

A: **Are these your eye glasses?** 이것이 네 안경이냐?

B: **I can't tell my glasses from someone else's.**
내 안경이 다른 사람 것하고 구별이 안돼.

⤷ She can't **tell** one pop star **from** another. 걔는 팝 스타들을 구별할 줄 몰라.

⤷ Tom can't **tell** his car **from** his brother's car. 탐은 자기 차와 동생 차를 구별 못해.

distinguish A from B

- distinguish between~
  …사이를 구분하다
- be a far cry from
  …와 매우 다르다
- vary with
  …에 따라 다르다

A와 B를 구분하다 *둘의 차이점을 인지한다는 것으로 A와 B는 사물 혹은 사람이 온다.

A: **Can you distinguish summer from winter?**
여름과 겨울을 구별할 수 있니?

B: **Of course. Summer is hot and winter is cold.**
물론이지. 여름은 뜨겁고 겨울은 춥죠.

⤷ I need to **distinguish** smog **from** pollution. 스모그와 공해를 구별할 필요가 있어.

⤷ It's hard to **distinguish** Germans **from** Austrians.
독일인과 오스트리아인을 구별하기 어려워요.

be not the same~

- be not the same with
  …와 같지 않다

…와 같지 않다 *서로 다름을 언급하는 것으로 the same 다음에 명사를 넣으면 된다.

A: **I read many newspapers and comic books.**
난 많은 신문과 만화책을 읽었어.

B: **Newspapers are not the same as comic books.**
신문은 만화책과 같지는 않지

⤷ Japanese people **are not the same as** Koreans. 일본인은 한국인과 다른 민족이지.

⤷ This restaurant **is not the same as** the one in my neighborhood.
이 식당은 내 동네에 있는 식당과는 사뭇 다르다.

be similar to

be similar to

- 명사+ similar to~
  ···와 유사한 ~

···와 유사하다 *100% 똑같지는 않지만 거의 비슷한 경우로 to 다음에 명사를 붙이면 된다.

A: Are you carrying a Louis Vuitton suitcase?
  넌 루이 비통 가방을 들고 있니?

B: No, but it **is similar to** a Louis Vuitton suitcase.
  아니지만 루이 비통 가방과 비슷한 거야.

└ Cheju Island is similar to the Hawaiian Islands. 제주도는 하와이와 비슷해.

└ In what ways is it similar? 어떤 구석에서 이것이 비슷해?

be alike

- be alike in many ways
  여러 면에서 매우 유사하다
- look alike
  매우 비슷하게 보이다
- think alike
  비슷하게 생각하다

매우 유사한 *강조하려면 be very much alike, 좀 비슷하다고 하려면 be a little bit alike

A: Brad and his brother **are very alike.**
  브래드와 그의 남동생은 아주 닮았어.

B: Yes. I think they look like twins. 그래. 마치 쌍둥이 같아.

└ These apartment buildings **are alike** in many ways.
  이 아파트 빌딩들은 여러 면에서 같아 보여.

└ The gifts we gave at the wedding **are alike.** 우리가 결혼식에서 준 선물들이 거의 같아.

look like

- What be ~ look like?
  ···가 어때?(외양이나 모습이)
- What be+N+like?
  ···가 어때?(성격이나 성질이)

···처럼 보이다 *겉모습을 말하는 것으로 look like 다음에 명사를 넣는다.

A: What does your uncle **look like?** 네 아저씨는 어떻게 생겼니?

B: I think he looks like Tom Cruise. 그는 탐 쿠르즈 같이 생겼어.

└ This food looks like it is spoiled. 이 음식은 부패한 것처럼 보여.

└ You look like you stayed up late. 넌 늦게까지 잠을 자지 않은 것처럼 보여.

take after

닮다 *나이든 친척과 생김새가 비슷할 때, after 다음에는 당연히 친척인 사람이 나온다.

A: Your daughter seems very smart. 네 딸은 무지 똑똑한 것 같아.

B: Well, she **takes after** her grandmother. 그래? 걘 할머니를 닮았어.

└ Mike takes after his father's side of the family. 마이크는 아버지 쪽을 닮았어.

└ She takes after her great aunt. 걘 고모 할머니를 닮았어.

be equal to

- be equivalent
  ···에 상당하다, 동등하다
- be no better than
  ···에 지나지 않다
- *cf.* be second to none
  일등이다

···와 같다, 필적하다 *to 다음에는 주어와 비교대상의 금액이나 양 등의 명사를 쓴다.

A: This money **is equal to** one month's salary.
  이 돈은 한달 치 봉급하고 맞먹어.

B: **You should be very careful with it.** 잘 간수해야 돼.

└ Each calendar is equal to one year's time. 모든 달력은 1년이란 시간과 일치해.

└ The money you have now is equal to my life savings.
  네가 지금 가지고 있는 자금은 내가 평생 저축한 것과 같아.

something like that

그와 같은 거 *비슷한 표현으로는 and the like가 있다.

A: How could you do **something like that?** 어떻게 그럴 수가 있죠?

B: I promise I won't let it happen again.
다신 그런 일 없을 거예요. 약속해요.

⌐ I didn't think **something like that** would happen. 그런 일이 생길 지 생각도 못했어.

⌐ Brenda always does **something like that.** 브렌다는 항상 그런 일을 해.

be the same as~

…와 같다 *as 이하의 것과 동일하다는 의미로 as 이하에는 명사나 S+V를 쓴다.

- be the same as S+V
  …하는 것과 같다
- be the same with
  …와 같다

A: Take a look at my diamond earrings. 내 다이아몬드 귀걸이 좀 봐라.

B: They **are the same as** the pair my aunt has.
우리 이모가 가진 것과 같은 거네.

⌐ The temperature **is the same as** it was yesterday. 오늘 기온이 어제와 같아.

⌐ This TV show **is the same as** most other game shows.
이 TV 쇼는 대부분의 여타 게임 쇼들과 같아.

have the same~

같은 …을 갖고 있다 *the same 다음에는 명사를 넣으면 된다.

- have the same+N as+비교대상
  …와 같은 …을 갖고 있다

A: Pat **has the same** last name as you. 패트는 너와 성이 같아.

B: That is because he is my cousin. 걔가 내 사촌이기 때문이지.

⌐ I **have the same** goals in life with you. 난 인생에서 너와 같은 목표를 가지고 있어.

⌐ She **has the same** dress as I do. 걘 나와 같은 드레스를 가지고 있지.

look as if S+V

마치 …처럼 보인다 *look 대신 seem 을 넣어 seem as if S + V 로도 쓸 수 있다.

- ~ as if S+V
  마치 …인 것처럼

A: It **looks as if** Henry is going home. 헨리가 귀가한 것처럼 보이네.

B: He told me he was feeling sick today. 걘 오늘 몸이 아프다고 말했어.

⌐ It **looks as if** I need a better job. 난 좀 더 나은 직업이 필요한 것 같아.

⌐ It **looks as if** we'll be leaving tomorrow. 우린 내일 떠날 것 같아.

run in the family

집안 내력이다 *병이나 특징 등이 집안 대대로 이어지는 경우

A: Fred's mom and two of her brothers had cancer.
프레드의 엄마와 남동생 2명이 암이래.

B: That's too bad. It must **run in the family.**
안됐군. 집안 내력임에 틀림없어.

⌐ Being short **runs in** Melissa's family. 키 작은 것은 멜리사 집안의 내력이죠.

⌐ Does intelligence **run in your family?** 네 집안은 대대로 머리가 좋으니?

get used to

get[be]used to

…에 익숙해지다 *to 다음에 명사 혹은 ~ing 형태가 오고 과거의 규칙적 습관을 뜻한다.

- get accustomed to+N[~ing]
  …에 익숙해지다

A: Did you **get used to** the weather in Canada?
캐나다의 날씨에 적응했나요?

B: Yes, but it is awfully cold in the winter.
네, 하지만 겨울은 지독하게 춥군요.

┕ You need to **get used to** eating different foods.
넌 다른 음식을 먹는데 익숙해질 필요가 있어.

┕ You'd better **get used to** it. 적응하도록 해라.
Did you **get used to** driving in the rain? 빗길 운전에 익숙해졌어?

be familiar with

…에 친숙하다 *with sth이면 「잘 이해하고 알고 있다」는 의미이고 to sb하면 「…와 친하다」라는 의미

- be familiar with sth
  …을 잘 알다
- be familiar to sb
  …에 친숙하다

A: This music was composed by Chopin. 이 음악은 쇼팽이 작곡했지.

B: I **am not familiar with** his music. 난 그의 음악이 익숙하지 않아.

┕ Sherry **was not familiar with** the school's classrooms.
쉐리는 학교의 교실에 익숙하지 않았어.

┕ Are you **familiar with** using computers? 넌 컴퓨터를 사용하는데 익숙하니?

┕ Does she **seem familiar to** you? 그 여자가 아는 사람처럼 보였나요?

be experienced in

…에 능하다, 경험이 있다 *experience가 동사로 쓰인 경우이다.

- be well qualified for
  …에 적임이다, 능하다
- seasoned
  경험이 풍부한

A: Tell me why you want to be a teacher.
왜 선생님이 되려고 하는 지 말해줘.

B: I **am experienced at** helping students with their work.
난 학생들이 공부하는데 도와준 경험이 있어.

┕ He **was experienced in** repairing TVs. 걘 TV를 고치는데 경험이 풍부했어.

┕ Steven **is experienced in** creating web pages.
스티븐은 웹 페이지를 만드는데 능숙해.

get the hang of

…의 요령을 알다 *the hang은 사용법. 요령의 의미이다.

- get the knack of
  …의 요령을 터득하다

A: Have you learned how to salsa dance yet?
살사 댄스를 아직 배우지 못했니?

B: Well, I'm starting to **get the hang of** it. 저, 요령을 익히기 시작했어.

┕ Sam couldn't **get the hang of** using chopsticks.
샘은 젓가락 사용법을 배울 수가 없었어.

┕ You'll **get the hang of** using your new cell phone.
새로운 휴대폰 사용법을 터득하게 될 거야.

38 쉽다, 어렵다
be hard to

be easy to

- It's easy to do
  …하는 것이 쉽다
- It's not easy to do
  …하는 것이 어렵다

…하기 쉽다　*보통 It's easy to do의 형태로 많이 쓰인다.

A: **It's easy to** talk to my girlfriend.　내 여친에게 말하는 것은 쉬워.

B: You have a good relationship with her.　여친과 관계가 좋구나.

┗ It **is easy to** fix this problem.　이 문제를 고치는 것은 쉽지.

┗ They **are easy to** work with.　그들과 같이 일하는 것은 쉬워.

be hard to

…하기 어렵다　*to do 앞에 for sb의 형태로 의미상의 주어를 넣어줘도 된다.

A: These apartment buildings are so ugly.　이 아파트 빌딩은 아주 흉해.

B: **It is hard to** design attractive apartment buildings.
　멋있는 아파트 빌딩을 디자인하기는 어려워.

┗ It **is hard to** teach the new students.　새로운 학생들을 가르치기가 어려워.

┗ It **is hard to** find a good bargain.　싸고 좋은 물건을 찾기는 어려워.

be difficult to

…하기 어렵다　*어렵다고 말할 때는 hard 대신 difficult 또한 자주 쓰인다.

A: I don't like the notebook computer I have.
　난 내가 가진 노트북 컴퓨터를 싫어해.

B: **It is not difficult to** buy a different model.
　다른 모델을 사는 것은 어렵지 않아.

┗ It **is not difficult to** see the ocean from here.　여기서 바다를 보는 건 어렵지 않아.

┗ It **is not difficult to** cook this food.　이 음식은 요리하기가 어렵지 않아.

make sth easy

- make things easier
  일을 쉽게 만들다
- make it easy (for sb) to do
  …하는 것을 쉽게 하다

…를 쉽게 하다　*사역동사 make를 쓴 경우로 A에는 명사 혹은 가목적어 it이 온다.

A: I just can't understand this homework.
　난 단지 이 숙제를 이해하지 못하겠어.

B: I'll help you **make finishing it easy.**　쉽게 끝내도록 내가 도와줄 게.

┗ Can you **make painting pictures easy**?　그림 그리는 것을 쉽게 해줄 수 있니?

┗ Let me **make it easy** for you to get it.　네가 이해하기 쉽게 이야기해줄게.

make sth hard

- make it hard[difficult] to do
  …하는 것을 어렵게 만들다

…하기 어렵게 하다　*역시 사역동사 make를 쓴 경우로 반대로 뭔가 어렵게 만드는 것을 말한다.

A: Why don't you like your teacher?　네 선생님을 싫어하는 거야?

B: She **made our class hard.**　우리 클래스를 어렵게 만들었어.

┗ The snow **made it hard** to travel.　눈 때문에 여행하기가 어려워졌어.

┗ The darkness **made seeing her hard.**　어둠때문에 걔를 보는게 어려웠어.

be doing okay

be doing okay

- be doing (just) fine
  잘 지내다, 잘하고 있다
- be okay
  잘 지내다, 괜찮다

잘 지내다 *okay 대신에 good이나 great를 쓰기도 한다.

A: I haven't seen your parents in a while.
난 한동안 네 부모님을 뵙지 못했어.

B: My dad and mom **are doing okay.** 제 부모님은 잘 지내고 계세요.

↳ I'm glad to see you**'re doing okay.** 네가 잘 지낸다니 좋아.

↳ You**'re doing great.** 너 잘하고 있어.

be cool

- be fine[okay]
  좋다, 잘 지내다

잘 지내다, 좋다, 냉정하다 *be 다음에 great, wonderful, fantastic 등 긍정의 뜻을 가진 단어들이 온다.

A: How are things going in your school? 학교에서 어떻게 지내니?

B: My classes **are cool.** I really like my teachers.
수업들이 마음에 들어. 선생님들을 진짜 좋아해.

↳ **Be cool** and try not to get so stressed. 냉정해, 그렇게 스트레스 받지 말고.

↳ The art class **is cool** and a lot of fun. 미술 시간은 신나고 재미가 많아.

be not bad

- be not that bad
  그렇게 까지 나쁘지 않다

괜찮은 편이다 *앞에 be 동사를 빼고 "Not bad"로 대답해도 된다.

A: What is it like living in Australia? 호주에서 사는 것은 어때?

B: It **is not bad.** Sydney is an interesting city.
나쁘지 않지. 시드니는 재미있는 도시야.

↳ This fish soup **is not bad.** 이 생선수프는 나쁘지 않네.

↳ Your athletic ability **is not bad.** 넌 운동능력이 나쁘지 않아.

couldn't be better

더할 나위 없이 좋다 *부정어+비교급은 최상급이 된다는 점을 기억하면 된다.

A: How are things going around here? 여기 일이 어떻게 돼가니?

B: They **couldn't be better.** 아주 좋아.

↳ The weather today just **couldn't be better.** 오늘 날씨는 더할 나위가 없이 좋아.

↳ The taste of chocolate **couldn't be better.** 초콜릿 맛이 더 이상 좋을 수가 없어.

could be better

- could be worse
  그나마 다행이다

별로다, 그냥그래 *더 좋을 수도 있었는데 그렇지 않다는 의미로 better에 속으면 안된다.

A: How have you been feeling lately? 요즘 느낌이 어때?

B: I **could be better.** I'm still sick. 별로야. 여전히 아파.

↳ Your test scores **could be better.** 네 성적이 별로야.

↳ This vacation tour **could be better.** 이 방학여행은 별로야.

can't complain

아주 좋다 *더 이상 불평을 할 수 없을 정도로 괜찮다는 의미의 표현

A: Are you enjoying being married to Ben?
벤과의 결혼을 즐기고 있니?

B: **I can't complain.** He's a good man. 아주 좋지. 벤은 좋은 사람이야.

⌐ Harriet can't complain about her new boots.
해리트는 새로 산 부츠에 대해 불만이 없을 정도로 좋아해.

⌐ I can't complain about the food here. 여기 음식은 불평할 수 없을 정도로 좋아요.

Nothing much

별일 없어 *"What's up?"이라는 안부인사에 가장 많이 쓰이는 대답인사

• Not very well.
별로 잘 지내지 못해.

A: What's up, Chris? 크리스, 별일없어?

B: **Nothing much...** How are you doing? 별로, 잘지냈어?

⌐ Nothing much is going on today. 오늘 별일은 없어.

⌐ Nothing much. What's going on with you? 별일 없지. 넌 어떻게 지내니?

get along

잘 지내다, …와 사이좋게 지내다 *주로 뒤에 with sb가 이어져 많이 쓰인다.

• get along with sb
…와 잘 지내다

A: Did he **get along well** with your parents?
그는 너희 부모님과 잘 지내니?

B: Yes, they loved him. 응. 부모님께서 그를 마음에 들어하셨어.

⌐ We got along with everyone in the club. 우린 클럽 내 모든 회원들과 잘 지냈어.

⌐ Do you get along with your mother? 너, 엄마하고는 잘 지내니?

go on with

…를 계속하다, …와 계속 같이 하다 *뭔가 하던 것을 계속한다는 의미

• go on with sb
…와 계속 가다
• go on with sth
…을 계속하다

A: Do you plan to **go on with** your current secretary?
현재 비서랑 계속 갈 계획이니?

B: No, I need to hire a better person. 아니. 좀 나은 사람을 고용해야겠어.

⌐ I can't go on with my story. 난 내 얘기를 계속할 수 없어.

⌐ I'm just going to go on with the tour group. 투어 그룹과 같이 할 수밖에 없어.

Various Actions

일상생활에서 하게 되는 다양한 행동에 관한 표현

SMART DICTIONARY OF
EASY ENGLISH EXPREESIONS

choose to

choose to

- choose sth[sb]
  …을 선택하다
- choose A to do
  A가 …하기를 선택하다
- get[be] chosen for
  …으로 뽑히다

…하기로 선택하다 *하기로 마음먹은 행동을 동사로 표현할 경우

A: What is Ken going to do tomorrow? 캔은 내일 뭘 할 거야?

B: I think he'll **choose to** go to the park. 갠 공원을 가기로 할 거야.

↳ We can **choose to** do what is right. 우린 옳은 것을 하기로 선택할 수 있지.

↳ Tell me why you **chose to** pursue a career in engineering.
네가 공학분야 경력을 갖기로 선택한 이유를 말해봐.

have a choice

- have a choice to do
  …할 선택을 하다
- make a choice (of)
  (…를) 선택하다
- make a bad choice
  나쁜 선택을 하다

선택하다 *선택의 내용은 of~이하로 적으며 선택권이 없을 때는 have no choice라 한다.

A: You should skip school tomorrow. 넌 내일 학교를 빠져야 해.

B: I don't **have a choice** about going to school.
난 학교 가는 문제에 대해 선택의 여지가 없어.

↳ You don't **have a choice** right now. 넌 지금 선택권이 없어.

↳ I just need to **make a choice** and get it over with. 지금 선택하고 바로 해치워야 해.

give sb a choice

- give sb a choice in this matter
  이 문제에 대해 선택권을 주다
- give sb no choice
  선택권을 주지 않다

…에게 선택권을 주다 *역시 선택권을 주지 않는다고 할 때는 no choice를 쓰면 된다.

A: I **gave Kelly a choice** of what to do.
난 켈리에게 무엇을 해야 하는지 선택권을 주었어.

B: Has she made a decision yet? 갠 아직도 결정을 하지 못했니?

↳ You need to **give the students a choice** in this matter.
넌 이 문제에 대해 학생들에게 선택권을 줄 필요가 있어.

↳ Dad **gave me a choice of** birthday presents. 아빠는 내게 생일선물을 고르라고 했어.

pick out

- pick sth
  …을 골라내다, 가려내다
- single out
  고르다, 선택하다

고르다, 선택하다 *여러 가운데서 특별한 목적에 맞는 것을 선택할 때

A: Can you help me **pick out** a wedding ring? 결혼반지 고르는 거 도와줄래?

B: I'd be happy to help you. 기꺼이 도와주지.

↳ I'm going to **pick out** some new clothes. 난 새 옷을 몇 벌 고를 거야.

↳ Feel free to **pick out** whatever you need. 원하는 거 아무 것이나 골라.

take one's pick

- take one's pick of~
  …를 고르다

(취향에 따라) 선택하다 *여러 다른 것들 가운데 자기가 원하는 걸 고른다는 의미.

A: Can I have a piece of your candy? 네 사탕 한 개 먹을 수 있니?

B: Sure, you can **take your pick.** 그럼, 아무 거나 택해.

↳ I **took my pick** of the books to read. 읽을 책을 내가 골라 집었어.

↳ They **took their pick** of the DVDs. 갠들은 취향에 따라 DVD를 골랐어.

take sth

- I'll take sth
  …로 할게요
- take it or leave it
  선택의 여지가 없다
- It's now or never.
  지금 밖에 없어.

…을 택하다 *가장 기본적인 표현으로서 자기 마음에 드는 것을 결정하여 취한다는 뉘앙스

A: I'll **take this one.** 이걸로 사겠어요.

B: Do you want me to wrap it up for you? 포장해 드릴까요?

↳ That's my offer, take it or leave it. 그게 내 제안이야. 받든가 말든가 해.

↳ You need to decide. It's now or never. 네가 결정해야 돼. 바로 지금 해야 돼.

go with

…로 가다, 선택하다 *뭔가 선택할 때 우리가 쓰는 '…로 하겠다'와 같은 맥락의 표현.

A: Which ring do you prefer? 어느 반지를 더 원하니?

B: I'm going to **go with** the silver one. 난 은 반지로 갈 거야.

↳ You should go with the newest computer. 넌 가장 최신의 컴퓨터를 선택해야 돼.

↳ I decided not to go with the LG phone. 난 LG 전화기를 택하지 않기로 했어.

opt for

- opt for the name brand
  유명 상표를 택하다
- opt to do
  …하기로 선택하다

…를 선택하다 *여러 options이나 alternatives 중에 하나를 정한다는 의미

A: What would you like for lunch? 점심으로 뭘 할 거니?

B: I'm going to **opt for** the pizza. 난 피자를 선택할 거야.

↳ She opted for a college in her hometown. 걘 자기 고향에 있는 대학을 택했어.

↳ They opted for an action movie. 걔들은 액션 영화를 택했어.

prefer to

…하기를 더 선호하다 *like better라는 의미로 다른 비교대상보다 더 좋아한다는 뜻

A: We should stop and take a break. 우린 중단하고 잠시 쉬어야 해.

B: I **prefer to** work until we finish.
난 우리가 끝낼 때까지 계속 일하기를 선호해.

↳ Most kids prefer to enjoy free time rather than study.
대부분 애들은 공부하는 것 보다 자유시간을 선호하지.

↳ She prefers to be alone all the time. 걘 항상 혼자 있는 것을 더 좋아해.

change one's mind

change one's mind

마음을 바꾸다, 변심하다 *이미 결정하거나 선택한 것에 변심하여 맘을 바꾼다는 말

- change one's mind about~
  …에 대해 맘을 바꾸다

A: I thought you were going to go on leave.
난 네가 쉴 거라고 생각했는데.

B: I was thinking about that, but I **changed my mind.**
그렇게 생각했었는데 마음이 변했어.

↳ I **changed my mind.** I'll have dinner with you. 마음을 바꿨어. 너랑 저녁식사 할게.

↳ I had to **change my plans** for the summer. 난 여름 계획을 바꿨어야 해.

make a change

바꾸다 *많이 바꿀 땐 make a lot of changes, 관사 'a'없이 make change하면 잔돈을 바꾸다라는 뜻이 된다.

- change sth
  …을 바꾸다(명사로 쓰면 make a change라는 표현을 사용)
- *cf.* get[be] changed
  옷을 갈아입다
- make change
  잔돈을 바꾸다[바꿔주다]

A: Why did you decide to move away? 왜 이사 가기로 했니?

B: I needed to **make a change** in my life.
난 내 삶의 변화를 만들 필요가 있었어.

↳ Doris decided to **change her hairstyle.** 도리스는 자기 헤어스타일을 바꾸기로 결정했어.

↳ Excuse me. I need a minute to **get changed.** 미안. 옷 갈아입을 시간이 필요해.

have changed

변하다, 바뀌다 *변화는 과거부터 지금까지 쭉 변화하는 것으로 종종 현재완료를 쓴다.

- have a change of heart
  마음을 바꾸다
- Things[Times] have changed.
  상황이 바뀌었다.

A: Sharon is acting strange these days.
샤론은 요즘 이상하게 행동하고 있어.

B: Yeah, she **has changed** a lot. 그래. 많이 변했어.

↳ I was going to leave, but I **had a change** of heart. 난 떠나려고 했는데 맘 바꿨어.

↳ Things **have changed** since we last met. 지난번 만난후 상황이 변했어.

remain unchanged

변함없다 *remain+형용사 구문으로 여기서는 change의 부정동사형의 pp가 온 경우이다.

- stay the same
  변함없다

A: Is your hometown any different these days?
네 고향이 요즘 달라지지 않았니?

B: No, it's pretty much **remained unchanged.**
아니, 거의 변화가 없이 그대로야.

↳ This restaurant always **stays the same.** 이 식당은 항상 변함이 없어.

↳ My best friend **remains unchanged** from high school.
내 절친은 고교시절부터 변함없어.

get one's ID renewed

신분증을 갱신하다 *get A pp의 구문이며 renew가 동사로 쓰였다는 점을 주목한다.

- renew sth
  …를 재개하다

A: Why are you going to the government office? 왜 관청에 가니?

B: I need to **get my ID renewed.** 난 내 신분증을 갱신해야 되거든.

↳ Did you **renew your driver's license?** 네 운전면허증 갱신했니?

↳ This office is for **the renewal of your passport.** 이 사무실은 네 여권을 갱신하는 곳야.

take it back

- waste one's time ~ing
  …하는데 시간을 낭비하다
- waste time on[~ing]
  …하는데 시간을 낭비하다
- waste of time
  시간 낭비

반품하다, 도로 가져가다 *준 것을 다시 가져가거나 돌려준다는 의미. 맥락에서 '취소하다'라는 의미.

A: I heard that Chip gave you his i-pod.
칩이 너한테 자기 아이팟을 주었다고 들었어.

B: No, he came and **took it back.** 아니, 걘 와서 그걸 도로 가져갔어.

┗ The TV doesn't work and I'll **take it back** to the store.
TV가 작동하지 않아 가게에 반환할 거야.

┗ If you don't like the ring, **take it back.** 이 반지를 좋아하지 않으면 돌려줘.

replace A with B

- need replacing
  바꿀 필요가 있다

A를 B로 교체하다 *수동태형인 be replaced by가 많이 사용된다.

A: **That is a very old notebook.** 그건 아주 오래된 노트북이야.

B: I know. I'll **replace it with** a newer one. 알아. 더 새 걸로 교체해줄게.

┗ The tires on my car **need replacing.** 내 차 타이어를 교체할 필요가 있어.

┗ Can you **replace** this stove **with** another one? 이 난로를 다른 걸로 교체해줄 수 있니?

substitute A for B

- be substituted with
  …로 교체되다
- a substitute
  교체선수

B를 대신하여 A로 교체하다 *기존의 것을 새로운 다른 것으로 바꾼다는 의미

A: **We ran out of the cake.** 우린 케익이 다 떨어졌어.

B: Well, you can **substitute pie for** cake.
글쎄, 케익 대신 파이로 교체해줄 수 있잖아.

┗ This is **a substitute for** what you ordered. 이건 네가 주문한 것에 대한 대용물이야.

┗ I'm going to **substitute water for** Coke. 난 콜라 대신 물로 대신 할 거야.

in place of

- in place of my boss
  내 상사를 대신하여

…대신으로 *of 다음에는 sb나 sth이 오며, instead of, on behalf of등이 같은 의미의 표현

A: **Why is Beth teaching your class?** 베스가 왜 네 학급을 가르치니?

B: She's here **in place of** our science teacher.
걘 과학선생 대신해서 여기에 온 거야.

┗ New manager was put **in place of** my boss. 새로운 매니저가 보스를 대신했어.

┗ We ate ice cream **in place of** yogurt. 우린 요구르트 대신 아이스크림을 먹었어.

---

change the baby

해외 근무하는 남편따라 미국에서 생활하는 한 부인이 어느 날 옆집 미국인 아주머니와 유모차를 끌고 나와 공원의 벤치에 앉아 화창한 가을의 공기를 음미하고 있다. 얼마나 시간이 지났을까 미국인 아줌마가 "It's time to change the baby"라고 말하자 갑자기 한국인 부인은 입을 쩍벌리고 "아니 이럴수가 있는가? 아내교환(wife swapping)한다는 얘기는 주위들은 적이 있지만 어떻게 아이를…" 하면서 아연실색하고 자리를 박차고 일어났다는 슬픈 이야기가 외교관들 사이에 전해져 내려오고 있다. 여기서 change the baby란 아기를 바꾸는 것이 아니라 아이가 차고 있는 「기저귀를 갈아주다」라는 의미이다.

make a decision

decide to

...를 결정하다 *모든 가능성 등 여러가지를 심사숙고한 끝에 뭔가 하기로 결정할 때

- decide that S+V
  …을 결정[결심]하다

A: I **decided to** leave early in the morning.
난 아침 일찍 떠나기로 결정했어.

B: You should get a good night's sleep. 넌 숙면을 해야겠구나.

⌐ I decided I wanted to come to your party. 네 파티에 가기로 결정했거든.

⌐ What made you decide to quit your job? 왜 회사를 그만둘 결심을 한 거예요?

make a decision

결정하다, 결심하다 *무엇에 대한 결정이나 결심을 언급할 때는 on[about]~을 붙인다.

- make a huge decision
  큰 결정을 하다
- make decisions about~
  …에 대한 결정을 하다
- make wise decisions
  현명한 결정을 하다

A: I don't know if I want to marry Jen.
내가 젠하고 결혼하기를 원하는지 모르겠어.

B: You need to **make a decision** about that.
네가 그에 대한 결정을 해야 되지.

⌐ When will you make a decision? 너 언제 결정할래?

⌐ We need to make a decision on who's going to be fired.
누가 해고될 지 우린 결정을 해야만 돼.

come to a decision

결정하다 *decide의 명사형으로 동사는 come to, reach 등을 쓴다.

- reach a decision
  결정에 이르다

A: I need to know what you are going to do.
네가 뭘 하려고 하는지 알 필요가 있어.

B: I haven't **come to a decision** yet. 난 아직 최종 결정을 하지 못했어.

⌐ The board will reach a decision this afternoon.
위원회는 오늘 오후 결정에 이르게 될 거야.

⌐ Have you come to a decision about it? 그것에 대해 최종 결정을 했니?

make up one's mind

결심하다 *역시 장시간 숙고 끝에 뭔가 하기로 결정했을 때

- make up one's mind to do
  …하기로 결심하다
- make up one's mind about~
  …에 대해 결심히다
- make up one's mind that~
  …하기로 결심하다

A: Hurry up and **make up your mind**. 서둘러서 결심해라.

B: It's not easy. Give me more time. 쉽지가 않아. 좀 더 시간을 줘.

⌐ Make up your mind. What time is okay for you? 결정해. 몇시가 좋아?

⌐ You have to make up your mind pretty quick. 넌 아주 빨리 결심해야만 해.

draw a conclusion

결론을 짓다 *jump to conclusions는 '성급하게 결론을 짓다'라는 의미

- draw a conclusion that S+V
  …을 결론짓다
- bring A to a conclusion
  A를 결론 짓다, 매듭 짓다
- conclude sth[that~]
  결론을 내리다

A: I like to sleep all day. 난 하루 종일 자고 싶어.

B: People will **draw a conclusion** you're lazy.
사람들은 네가 게으르다고 결론을 내릴 거야.

⌐ It's time to bring the meeting to a conclusion. 그 회의를 결론지을 시간이야.

⌐ We concluded the festival Sunday evening. 우린 일요일 저녁에 축제를 끝냈어.

call the shots

결정하다 *결정을 할 위치나 자리에서 결정을 내린다는 의미

A: **Are you in charge today?** 너 오늘 당번이지?

B: **That's right. I'll call the shots.** 맞아. 내가 모든 걸 결정하지.

↳ Ken calls the shots on the football team. 켄은 축구팀에서 최종 결정권을 가지고 있어.

↳ My boss calls the shots at work. 내 보스는 직장에서 결정권을 갖고 있지.

make a resolution

결심을 하다 *뭔가 하기로 스스로에게 다짐한다는 뉘앙스의 표현

- make a resolution to do
  …하기로 다짐하다
- The ball's in your court
  이제 공이 네 코트로 넘어갔어
  (네가 결정할 차례야)

A: **How are things with your boyfriend?** 네 남친은 어때?

B: **We made a resolution not to argue.** 우린 싸우지 않기로 결심을 했어.

↳ The ball's in your court if you want to do something.
  네가 뭘 하기를 원한다면 공이 네 코트에 있는 거지.

↳ Let's make a resolution to meet next year. 내년에 만나기로 약속을 하자.

have one's heart set on sth

…으로 마음을 먹다, 작심하다 *heart 대신에 mind를 사용해도 동일한 표현

A: **My son has his heart set on going to Africa.**
  내 아들은 아프리카에 가려고 작심을 했어.

B: **That will be an expensive trip to make.** 여행비가 비쌀 거야.

↳ I have my heart set on marrying her. 난 걔랑 결혼하기로 마음을 먹었어.

↳ They had their heart set on a big party. 걔들은 큰 파티를 하려고 마음을 먹었대.

shot의 다양한 쓰임새

당구의 포켓볼은 원래 자기가 넣을 곳을 미리 말하고 난 뒤 그곳으로 shot을 해야 한다. 어느 곳에 볼을 넣어야 하지는 본인이 정하게 되어 있는데 call the shots는 바로 여기서 유래된 말이다. 이런 연유로 「결정을 내리다」(make a decision), 혹은 「명령을 내릴 위치에 있다」(be in a position to give orders)는 뜻으로 사용된다. call the tune도 같은 표현이다. 또한 shot은 일반적으로 시도(attempt) 라는 뜻으로도 많이 쓰이는데 be a long shot하면 시도하더라도 가능성이 떨어진다는 의미로 쓰이며, a shot in the dark하면 「무모한 시도나 추측」이란 뜻이다. 한편 a big shot하면 비즈니스 업계에서 잘 나가는 「거물」을 지칭한다.

get one's own way

have things own way

…을 마음대로 하려고 하다 *have 대신에 get을 사용해도 같은 의미

- have everything one's own way
  모든 것을 …의 마음대로 하다

A: Why do you act so selfish all the time?
  넌 왜 항상 이기적으로 행동하니?

B: I need to **have things my way.** 난 내 식대로 해야 돼.

↳ Lucy demands to have everything her way. 루시는 모든 걸 자기 식대로 하자고 요구해.

↳ It's nice to have things my way here. 여기서는 내 맘대로 할 수 있어서 좋아.

get one's own way

자기 멋대로 하다 *다른 사람의 반대에도 아랑곳하지 않고 자기 원하는 것을 갖는다는 뜻

- have[get] one's own way
  앞의 have things one's own way는 돌아가는 상황을 자기 식대로 하고 싶은 것이고 have one's own way는 다른 사람의 반대에도 상관 없이 자기 맘대로 하는 것을 뜻한다.

A: My girlfriend decided not to come. 내 여친은 오지 않기로 결정했어.

B: She always has to **have her own way.** 걘 항상 지멋대로 해야 돼.

↳ I want to have my own way when I travel. 여행때는 내맘대로 하고 싶어.

↳ You always get your own way. 너는 항상 네 마음대로 한다.

suit oneself

…의 좋을 대로 하다 *그냥 멋대로 하라고 할 때 쓰이는 표현으로 주로 명령문형태로 많이 쓰인다.

A: I'm tired and going home. 난 피곤해서 집에 갈 거야.

B: **Suit yourself,** but you'll be sorry later.
  네 좋을 대로 해 그런데 나중에 후회할 걸.

↳ I decorated the apartment to suit myself. 난 아파트를 나 좋을 대로 장식했어.

↳ I don't agree, but you can suit yourself. 난 동의하지 않지만 네가 좋을 대로 해.

do as one pleases

…원하는대로 하다 *pleases 대신에 likes를 사용해도 같은 의미

- the right to do as one pleases
  원하는 대로 할 권리

A: Maria says she will take the job she was offered.
  마리아는 제의 받은 직업을 택할 거래.

B: Well, she can **do as she pleases.** 글쎄, 걘 자신이 원하는대로 할 수 있어.

↳ All people have the right to do as they please.
  모든 사람들은 자신들이 원하는대로 할 권리를 갖고 있어.

↳ Please do just as you please. 당신 원하는대로 하세요.

follow one's heart

…의 마음 내키는대로 하다 *follow one's voice는 마음 속에서 시키는 대로 하다라는 의미

A: What has Sam decided to do? 샘은 뭘 하기로 결정했어?

B: He's going to **follow his heart** and study music.
  걘 마음이 내키는대로 음악을 공부한대.

↳ Follow your heart rather than following money. 돈보다는 네 맘이 원하는대로 해라.

↳ If you want a happy life, follow your heart. 행복한 삶을 원한다면 네 맘가는 대로 해라.

hold on to

stick to sth

계속하다, 고수하다 *어려움이 있음에도 계속 뭔가 하거나 사용하는 것을 말한다.

A: Do you think I'll be successful? 내가 성공할 것 같아요?

B: **Stick to** your plans and you'll be OK. 네 계획대로 계속하면 괜찮을거야.

↳ We decided to stick to our schedule. 우리 일정을 고수하기로 결정했어.

↳ You have to stick to your diet. 넌 다이어트를 계속해야 돼.

hold on to

• hold on to the belief
그 믿음을 지키다, 고수하다

…을 지키다, 고수하다 *tightly 붙어있다는 뉘앙스로서 hold fast to도 같은 의미의 표현

A: Wow, it is so windy outside today. 와, 오늘 밖이 무지 바람이 부네.

B: Yeah, it's difficult to **hold on to** my umbrella.
그래, 우산을 잡고 있기가 어렵네.

↳ Jane held on to the belief that he was innocent.
제인은 걔가 무죄라는 믿음을 고수했어.

↳ You should hold on to that jewelry. 넌 그 보석을 지키고 있어야 해.

be hung up on sth

• be[get] hung up on the issue
그 문제에 집착하고 있다, 골몰하고 있다

…에 집착하다 *…에 생각이 걸려있어 떠나지 않는다는 의미

A: Jack **is** really **hung up on** that actress.
잭은 진짜 그 여배우에게 집착하고 있어.

B: Well, she is quite beautiful. 그래, 그녀는 정말 예뻐.

↳ The committee got hung up on an issue. 위원회가 한 문제에 몰두했어.

↳ Don't get hung up on that report. 그 보고서에 집착하지마.

be obsessed with

• obsessed fan
광적인 팬
• be obsessed with one's looks
…의 외모에 집착하다

…에 집착하다 *사로잡혀있다는 뉘앙스의 표현으로서 with 대신 by도 사용된다.

A: Some teens **are obsessed with** Justin Beiber.
일부 10대들은 저스틴 비버에게 집착해.

B: He's giving a concert tomorrow night.
내일 저녁 공연을 가질 예정이래.

↳ The obsessed fans waited outside the hotel. 광적인 팬들이 호텔 밖에서 기다렸어.

↳ Gina is just too obsessed with her looks. 지나는 자신의 외모에 너무 집착해.

follow suit

• follow one's example
…의 모범을 따르다

선례를 따르다 *카드 게임에서 방금 나온 패와 같은 패를 낸다는 의미에서 유래한 표현

A: I will **follow** my **father's example.** 난 아버지의 모범을 따라갈 거야.

B: He seems to know the secret of success.
네 아버님께서는 성공의 비결을 알고 계신 것 같아.

↳ I'm confused, so don't follow my example. 난 혼동되었어. 나의 선례를 따라 하지마.

↳ The students followed their teacher's example. 학생들이 선생님의 모범을 따랐어.

cause trouble

cause trouble

- cause A for B
  B에게 A를 야기시키다
- cause (sb) sth
  …를 야기시키다
- cause sb embarrassment
  …에게 당혹감을 야기시키다

문제를 야기시키다 *특히 뭔가 안좋은 일이 초래할 때 쓰는 표현

A: Will the storm **cause trouble for** us? 폭풍이 우리에게 문제가 될까?

B: No, I think everything will be OK. 아니, 모든 것이 잘 될 걸로 생각해.

↳ The broken train caused a delay. 기차가 고장 나서 지연되었어.

↳ Our dirty house caused us embarrassment. 우리 집이 더러워서 당황스러웠지.

lead to

- lead to failure
  실패로 이어지다

…로 이끌다 *주어가 to 이하로 lead한다는 말로 결국 'to 이하가 되다'라는 의미이다.

A: I decided to study harder in school.
난 학교에서 열심히 공부하기로 결정했어.

B: That will **lead to** better grades. 그러면 학점이 좋아질 거야.

↳ Poor planning leads to failure. 기획을 부실하게 하면 실패로 이어져.

↳ Ted and Betty's friendship led to romance. 테드와 베티간 우정은 사랑으로 이어졌어.

have an effect on

- have a positive effect on
  …에 긍정적 영향을 미치다
- have a negative effect on
  …에 부정적 영향을 미치다

…에게 영향을 끼치다 *on 다음에는 sb나 sth이 온다.

A: Everyone is in a good mood today. 오늘 모두가 기분이 좋아.

B: The nice weather **has an effect on** us all.
날씨가 좋아서 우리 모두에게 영향을 주나봐.

↳ The new computer has a positive effect on my work.
새 컴퓨터로 일하는데 긍정적인 효과가 있어.

↳ My lazy brother had a negative effect on me. 게으른 동생이 내게 부정적 영향을 끼쳐.

result in

- result from
  …로 부터 결과되다
- result in bloodshed
  유혈사태를 낳다
- as a result of war
  전쟁의 결과로

…의 결과를 낳다 *주어에는 원인, in 다음에는 결과가 나온다.

A: Tad graduated at the top of his class.
타드는 학급에서 1등으로 졸업했어.

B: That should **result in** a good job for him.
걘 결국 좋은 직장을 잡게 될거야.

↳ Many injuries resulted from the accident. 그 사고로 많은 부상자가 발생했어.

↳ The fight resulted in bloodshed. 그 싸움은 결국 유혈사태를 낳았어.

turn out

- turn out well[badly]
  좋게[안좋게] 판명나다
- turn out alright
  괜찮은 것으로 판명되다
- turn out to be~
  …로 판명나다
- turn out that S+V
  …로 결과가 나오다

…결과가 나오다 *예상과 좀 다른 결과로 나올 때 쓰는 표현으로 단독 또는 turn out+부사 형태로 사용.

A: How did your blind date **turn out**? 네 소개팅은 어떻게 되었니?

B: It was terrible. I never want to see her again.
끔찍해. 다시는 걜 만나고 싶지 않아.

↳ Everything turned out alright at the office. 사무실에서 모든 것이 잘 되었어.

↳ We'll wait to see how the meeting turns out. 회의가 어떻게 끝날지 우린 지켜볼거야.

grow out of

…로부터 벗어나다   *비유적으로 out of 이하의 결과로 주어가 생기게 되었다는 뜻.

A: My daughter **grew out of** her clothes.
내 딸은 옷이 맞지 않을 정도로 컸어.

B: You'd better buy her some new ones.
딸한테 새 옷을 사주는 게 나을 거야.

↳ Most kids grow out of playing with toys.   대부분의 애들은 크면 장난감을 갖고 놀지 않지.

↳ I hope she'll grow out of sucking her thumb.
난 걔가 엄지 손가락을 빠는 버릇이 없어지길 원해.

end up sth

결국 …으로 끝나다   *결과적으로 끝나는 것이 행동이면 sth 대신 ~ing를 사용

• end up spending the night in the airport
결국 공항에서 밤을 지새게 되었다

A: What happened to Bob at his workplace?
밥에게 직장에서 무슨 일이 생겼니?

B: He **ended up** getting fired by his boss.
걘 결국 보스한테 잘리고 말았어.

↳ We ended up spending the night in the Paris airport.
우린 결국 파리 공항에서 밤을 지새게 되었어.

↳ Michelle ended up missing the bus.   미셸은 결국 버스를 놓치게 되었어.

bring about sth

…의 결과를 초래하다   *주로 어떤 상황의 변화를 초래할 때 사용된다.

• bring about a change in the law
법에 변화를 초래하다

A: The economy has been terrible this year.   금년에 경제가 끔찍했어.

B: It should **bring about** some new government programs.
이에 따라 정부로부터 새로운 프로그램이 나오게 될 거야.

↳ The crime brought about a change in the law.   그 범죄로 인해 법이 개정되었지.

↳ The party brought about some new friendships.   그 파티로 새로운 친구들이 생겼어.

had it coming

초래하다   *주어가 it을 coming하게 하였다는 말로 결국 주어가 자초한 결과이다라는 뜻이다.

• You had it coming.
자업자득이야.

A: Brooke broke up with Jack today.   브룩은 오늘 잭하고 헤어졌어.

B: Jack **had it coming**. He's no good.   잭의 자업자득이지. 걘 별로야.

↳ You failed the test, but you had it coming.   넌 시험에 떨어졌지만 자업자득이야.

↳ You had it coming after you made her angry.
넌 걔를 화나게 했으니까 자업자득인 거야.

back sb up

SUPPORT

give support to

- provide support to
  …에게 지지(지원)를 보내다
- support sb[sth]
  …를 지지하다
- support the idea that S+V
  …라는 아이디어를 지지하다

…을 지지하다 *support를 명사로 사용한 경우로 to 다음에는 도움을 받는 사람이 오면 된다.

A: Are you giving that food to poor people?
그 음식을 가난한 사람에게 줄 거니?

B: Yes, we've got to **give support to** them. 예, 그들을 지원해야만 해요.

↳ I provided support to the workers. 난 노동자들에게 지지를 보냈어.

↳ She supported her husband when he went to school.
걘 남편이 학교를 다녔을 때 남편을 부양했어.

be supportive of

- be in support of
  …를 지지하다

…를 지지하다 *어려움에 처한 사람에게 도움을 준다는 뜻

A: They are having a very hard time. 걔들한테 매우 힘든 시기야.

B: Let's try to **be supportive of** them. 걔들을 도와주려고 노력하자.

↳ The demonstration was in support of factory workers.
그 시위는 공장 노동자들을 지원하기 위한 거였어.

↳ Thank you for being so supportive. 지지해줘서 고마워.

back sb up

- back up the story
  그 이야기의 정당성을 지지하다
- get[have] sb's back
  (어려울 때) …을 도와주다

…를 지지하다 *글자 그대로 뒤에서 받쳐준다는 의미

A: Did you help Ryan out? 넌 라이언을 끝까지 도왔니?

B: Yeah, we all **backed him up.** 응. 우린 모두 걜 지원했어.

↳ I had to back up the story with pictures. 난 그림들로 내 이야기의 정당성을 뒷받침했어.

↳ Don't worry. I've got your back. 걱정하지마. 내가 널 도와줄게.

stand up for

- stand up for what you
  believe in
  네가 믿는 것을 지킨다
- stand up for oneself
  스스로 자립하다
- stand by sb
  …의 곁을 지키다(변함없이 지지하다)

…을 옹호하다, 지지하다 *서서 위로 받치고 있는 모습을 연상하면 된다.

A: I **stood up for** my little brother. 난 남동생을 옹호했어.

B: Good. Some other kids were bothering him.
좋아. 다른 애들 몇 명이 걜 괴롭히고 있었어.

↳ You need to stand up for what you believe in. 넌 네가 믿는 것을 지킬 필요가 있어.

↳ She stood by her husband even when he was in prison.
걘 남편이 감옥에 있을 때에도 남편 옆을 지켜주었어.

protect sb from

- protect sb against
  누구를 …로부터 보호하다
- protect oneself against
  …로부터 스스로를 지키다

…를 …로부터 보호하다 *자주 쓰이는 표현으로서 한 단어로 하자면 defend

A: It's been raining hard all day. 하루 종일 심하게 비가 오고 있어.

B: Your umbrella will **protect you from** getting wet.
우산을 쓰면 젖지 않도록 막아줄 거야.

↳ The medicine protected me against getting sick. 그 약 때문에 아프지 않게 됐어.

↳ Protect yourself against being robbed. 강도 당하지 않도록 너 스스로를 지켜라.

allow sb to

allow sb to

- be allowed to do
  …하는 것이 허락되다
- be permitted to do
  …해도 된다

…에게 …하는 것을 허용하다 *수동형인 (not) be allowed to의 형태로 주로 쓰인다.

A: **Where did Cheryl stay last night?** 셰릴은 어제 밤 어디에서 잤니?

B: **We allowed her to sleep at our place.** 우리 거처에서 자도록 해줬어.

↳ You're not allowed to talk in class. 넌 수업 중 말하면 안돼.

↳ I'm not allowed to watch TV tonight. 난 오늘 밤 TV를 보도록 허락 받지 못했어.

give permission to

- without one's permission
  …의 허가 없이
- get special permission
  특별허가를 받다
- ask for one's permission
  …의 허가를 구하다

…하는 게 허용하다 *give sb permission to~면 '…에게 …하는 것을 허용하다'라는 의미

A: **Why didn't you come to class today?** 왜 오늘 수업에 오지 않았니?

B: **My teacher gave me permission to stay home.**
선생님이 집에 있으라고 허락했어.

↳ You can't stay here without my permission.
넌 내 허락 없이 여기에 남아있을 수는 없어.

↳ Paul got special permission to come with us.
폴은 나랑 함께 가도록 특별허가를 받았대.

be authorized to

- be authorized to carry a gun
  총을 휴대하도록 허가 받다
- be admitted to
  …하도록 허가 받다

…하도록 허용받다 *공식적인 허가를 받는다는 뜻을 내포하고 있다.

A: **Did the plumber repair your sink?** 배관공이 네 싱크대를 고쳤니?

B: **Yes, he was authorized to fix it.** 응. 걘 그런 걸 고치도록 인가를 받았어.

↳ The policeman was authorized to carry a gun. 경찰은 총을 휴대토록 허가 받았지.

↳ The old man was admitted to the hospital yesterday.
그 노인은 어제 병원에 입원허가를 받았어.

enable sb to

- enable users to video chat live
  사용자들에게 실시간 비디오 채팅을 하게 해
  준다

…가 …하도록 가능하게 하다 *주어 때문에 to do~ 이하가 가능하다는 말

A: **Do you like your notebook computer?**
네 노트북 컴퓨터를 좋아하니?

B: **Yes, it enables me to work anywhere.** 응. 어디서나 일을 할 수 있잖아.

↳ These cameras enable users to video chat live.
이 카메라 덕택에 사용자들이 비디오 채팅을 해.

↳ The winter coats enabled us to stay outside.
겨울코트 덕에 밖에 나돌아 다닐 수 있었어.

you may~

- Be my guest.
  (상대방 요청에) 그러세요.

…해도 된다 *상대방에게 …해도 된다고 허가할 때 쓰는 표현

A: **Mr. Smith, I finished all of my class work.**
스미스씨 내 수업을 모두 마쳤어요.

B: **Good job. You may go now.** 잘 하셨어요. 이제 가셔도 됩니다.

↳ You may talk to the other students. 넌 다른 학생들에게도 얘기할 수 있어.

↳ You may take your sister to the store. 넌 여동생을 그 가게로 데려가도 돼.

credit A with B

congratulate sb on

…에 대해 …를 축하하다 *주로 Congratulations on~의 형태로 쓰인다.

- congratulate one another
  서로 서로 축하하다
- congratulate sb on sth
  …에게 …을 축하하다
- Congratulations on sth
  …을 축하하다

A: **Congratulations on** your graduation! 졸업 축하해!

B: I'm so happy to be finished with school.
　학교 과정이 다 끝나서 너무 기뻐.

↳ I never had a chance to congratulate you on the baby.
　난 그 아기에 대해 축하해줄 기회가 없었어.

↳ Peter, I just came here to congratulate you. 피터, 축하해주려고 방금 온 거야.

be honored for

…에 대해 칭찬받다, 표창받다 *honor가 동사로 쓰인 경우로 for 이하에는 칭찬받는 이유를 적는다.

- be flattered
  칭찬받다
- be recognized for
  …로 인정받다

A: Is your father going to be retiring soon?
　네 아버지께서 조만간 은퇴하시니?

B: Yes, he'll **be honored for** the years he worked.
　응, 장기간 일한 걸로 표창을 받을 거야.

↳ I am flattered that you remember me. 날 기억해주다니 으쓱해지네.

↳ All mothers are recognized for their hard work.
　모든 어머니들은 고생한 걸로 인정 받아.

speak well of

…을 칭찬하다 *well 대신에 highly를 써도 되며 ill을 쓰면 반대의 뜻이 된다.

- say nice things about~
  좋은 얘기만 하다
- speak ill of
  …를 나쁘게 이야기하다

A: Is Lisa a popular student? 리사는 인기 있는 학생이니?

B: Sure. Everyone **speaks well of** her. 그럼, 모두가 걔를 칭찬해.

↳ Kevin says nice things about out president. 케빈은 우리 사장에 대해 좋게 말해.

↳ Don't speak ill of people who have died. 죽은 사람에 대해서 나쁜 말을 하지마.

credit A with B

B에 대한 공을 A에게 돌리다 *B를 한 것은 A가 세운 공이라고 칭찬할 때 사용한다.

- give sb credit
  …에게 공로를 인정하다, 칭찬하다
- take credit for
  …의 공을 인정받다

A: You look really healthy these days. 넌 요즘 정말 건강해 보여.

B: I **credit** my doctor **with** making me better.
　날 그렇게 만들어 준 공은 바로 내 의사에 있어.

↳ I give Bart credit for finishing dental school. 난 바트가 치대를 마친 걸 장하다고 했어.

↳ Tanya took credit for our group's success. 타냐는 우리 그룹성공의 공을 인정받았어.

applaud sb

…를 칭찬하다 *'박수치다'라는 뜻에서 비유적으로 '칭찬하다'라는 의미로 쓰인다.

- applaud sb for ~ing
  …한 거에 대해 …를 칭찬하다
- praise sb
  …을 칭찬하다
- give sb a big hand
  …에게 큰 박수를 보내다

A: I have been working on this for years.
　난 수년간 이것을 위해 일해왔어.

B: We **applaud you for** doing so much work.
　우린 네가 그렇게 많은 일을 한데 대해 칭송해.

↳ Frank's dad praised his good grades.
　프랭크 아빠는 걔가 좋은 학점을 받았다고 칭찬했어.

↳ The audience gave the singer a big hand. 청중은 그 가수에게 큰 박수를 보냈어.

talk sb into ~ing

talk sb into ~ing

- talk sb in(to) sth[~ing]
  …에게 …(을)라고 설득하다
- talk me into marrying her
  그녀와 결혼하도록 나를 설득하다
- persuade sb to do
  …에게 …(을)라고 설득하다

…가 …을 하도록 납득시키다 *'설득하다'라고 하면 일상생활에서는 talk를 주로 사용한다.

A: **I want to play a computer game.** 난 컴퓨터 게임을 하고 싶어.

B: **I'll try to talk Sarah into bringing some over.**
내가 새라한테 몇 개 가져오라고 설득해볼게.

↳ **There's no way you're going to talk me into this.** 널 설득해 그걸 하게 할 수는 없어.

↳ **My mom talked me in coming with her.** 엄마가 같이 가자고 날 설득했어.

talk sb out of ~ing

- talk sb in(to) sth[~ing]
  …에게 …(을)라고 설득하다
- talk me into marrying her
  그녀와 결혼하도록 나를 설득하다
- persuade sb to do
  …에게 …(을)라고 설득하다

…가 …을 하지 않도록 설득하다 *반대로 '…를 설득해 …하지 않도록 한다'는 표현

A: **Did Rick go to Thailand?** 릭이 태국에 갔어?

B: **No, we talked him out of leaving.** 아니, 우리가 가지 않도록 설득했어.

↳ **They talked me out of drinking whiskey.**
걔네들이 나를 설득해서 위스키를 마시지 않게 했어.

↳ **Please talk her out of dating Brandon.** 걜 설득해서 브랜든하고 데이트하지 않도록 해.

encourage sb to

- be encouraged to do
  …하도록 권고 받다
- encourage sb
  …를 격려하다

…가 …을 하도록 격려하다 *to do 이하를 할 수 있도록 격려를 할 때

A: **Your daughter is a talented piano player.**
네 딸은 재능 있는 피아노 연주자야.

B: **We've encouraged her to take more piano lessons.**
우린 좀 더 피아노 레슨을 받도록 걜 격려했어.

↳ **James was encouraged to cook her some dinner.**
제임스는 걔한테 저녁을 요리해달라는 권유를 받았어.

↳ **I encouraged him to go and take the exam.** 걔한테 가서 시험보라고 격려해줬어.

convince A of B

- convince A to do
  A에게 …하도록 납득시키다
- remain convinced of her innocence
  그녀의 결백을 지속 확신하다

A에게 B를 납득시키다 *수동태로는 be convinced that로서 '…을 확신하다'는 뜻

A: **Jeff convinced everyone of his honesty.**
제프는 모두에게 자신의 정직함을 납득시켰어.

B: **We all believe in him.** 우리 모두는 걜 신뢰해.

↳ **She convinced Jay to help with the homework.**
걘 제이에게 숙제도와달라고 설득했어.

↳ **The family remained convinced of her innocence.**
그 가족은 걔의 결백을 계속 확신했어.

cheer sb up

- give a pep talk
  격려하다

…을 기운나게 하다 *격려할 때 Cheer up! 혹은 술잔을 부딪히며 Cheers라고 한다.

A: **You'll have a good job interview. Cheer up.**
면접을 잘 볼 거야. 기운 내.

B: **Thanks. I'll do my best.** 고마워. 최선을 다할게.

↳ **Cheer up! You look so gloomy.** 힘 좀 내봐! 너 정말 우울해 보여.

↳ **Do you know what might really cheer me up?** 뭐가 정말로 날 기운나게 하는지 아니?

give some advice

advise sb to

- be advised to do
  …하라는 권고를 듣다
- Please be advised to do [that S + V]
  …를 알려드립니다

…가 …하도록 충고하다 　*수동태로는 be advised to 로서 '…하라는 권고를 받다'라는 뜻

A: I **advised Bill to** change jobs.　난 빌한테 직업을 바꾸라고 조언했어.

B: He's very unhappy at his work.　걘 자기 일에 대해 매우 불행하게 느껴.

└ She should **be advised to** stay home.　걘 집에 남아있으라고 권고를 받아야 해.

└ Please **be advised** that I'm leaving now.　제가 지금 떠나는 점을 숙지하세요.

give sb some advice

- give sb advice about how to do
  …하는 방법에 대한 충고를 주다
- ask sb for some advice
  …에게 충고를 구하다

…에게 충고를 하다 　*방법에 대해 충고를 한다면 ~about how to do를 붙이면 된다

A: **Give Bob some advice about** his future.
밥에게 그의 미래에 대해 충고 좀 해줘라.

B: Is he confused about what he will do?
걔가 무엇을 할지 혼란스러워하니?

└ Heather **gave me advice about** how to fix the computer.
헤더는 컴퓨터 고치는 방법을 알려주었어.

└ Do you need me to **give you some advice?**　내가 너한테 충고 좀 해주길 원하니?

take the[one's] advice

- want some advice
  약간의 충고를 원하다
- listen to sb's advice
  …의 충고를 듣다
- have advice for
  …에게 충고를 하다

충고를 받아들이다 　*상대방이 주는 충고를 받을 때는 take 혹은 follow를 쓴다.

A: My friend told me to buy a car.
내 친구는 나한테 차를 한 대 사라고 말했어.

B: You should **take the advice** he gave.
넌 그 친구의 충고를 받아들여야 해.

└ I **want some advice about** the future.　난 미래에 대한 충고가 좀 필요해.

└ My grandfather **has advice for** you.　내 할아버지가 너한테 해줄 충고가 있대.

recommend that S+V

- recommend ~ing
  …할 것을 충고하다
- strongly recommend that~
  …을 강력히 권고한다

…에게 …을 하도록 충고하다 　*뭔가 하도록 권고하거나 좋은 것을 추천할 때

A: This cold medicine is really strong.　이 감기 약은 정말로 독하네.

B: Doctors **recommend that** you don't drive when using it.
의사들은 약복용 중에 운전을 하지 말라고 권고하고 있어.

└ I **strongly recommend that** you start exercising.
네가 운동을 시작해 보라고 강력히 권고해.

└ The hotel **recommends** booking early.　그 호텔 측은 예약을 일찍 하라고 권해.

counsel sb to

- be counseled to do
  …하도록 조언을 받다
- counsel sb
  …대해 카운셀링하다

…에게 …을 하도록 조언하다 　*formal한 문맥에서 사용하면 된다.

A: What did your dad say to you?　네 아빠는 너한테 뭐라고 말했니?

B: He **counseled me to** marry my girlfriend.
내 여친과 결혼하라고 조언하셨어.

└ Jane **counsels** rape victims downtown.
제인은 강간 피해자들을 위해 시내에서 카운슬링을 하고 있어.

└ The two countries **were counseled to** end the war.　양국은 종전하도록 권고를 받았어.

warn sb about

warn sb about

- warn sb
  …에게 경고하다
- warn sb about[on, of]
  …에게 …를 경고하다
- warn sb not to do
  …에게 …하지 말라고 경고하다

…에게 …를 경고하다 *about 대신에 어나 on를 쓰기도 한다.

A: **Mickey broke my heart.** 미키는 내 마음을 아프게 했어.

B: **I warned you about** dating him.
난 네가 걔하고 데이트하는 것에 대해 경고했어.

└ I'm not going to **warn you about** that again. 네게 다시는 그걸 경고하지 않을 거야.

└ Didn't I **warn you about** calling me names? 날 욕하지 말라고 경고하지 않니?

warn that S + V

- warn sb that S+V
  …에게 …라고 경고하다

…을 경고하다 *이번엔 경고하는 내용이 길어서 S+V의 절을 쓰는 경우.

A: **Rhoda just threw a glass at me!** 로다는 나한테 유리조각을 그냥 던졌어!

B: **I warned you** she felt angry. 걔가 화나 있을 거라고 너한테 경고했잖아.

└ He **warned me that** the computer was broken.
걘 컴퓨터가 고장났다고 내게 경고했어.

└ You should **warn people** there's no elevator.
엘리베이터가 없다고 사람들에게 경고해야 돼.

give sb a warning to

- give sb a warning of~
  …에게 …경고를 하다

…에게 …을 하도록 경고를 주다 *뭔가 위험으로부터 조심하라고 할 때

A: **The ranger gave us a warning to** put out the campfire.
공원관리원이 모닥불을 끄도록 우리한테 경고를 했어.

B: **We'd better do what he says.** 경고대로 하는 게 좋지.

└ I suppose I could **give him a warning.** 걔한테 경고를 줄까?

└ I just can't believe that Mike didn't **give me any warning.**
마이크가 내게 아무런 경고도 하지 않다니 믿을 수 없어.

without warning

경고 없이, 사전 예고 없이 *사전에 예고가 전혀 없이 갑자기 뭐가 일어날 때

A: **Did you know Ellen was leaving?** 엘렌이 떠날 것을 알고 있었니?

B: **No, she just left without warning.** 아니, 걘 사전 예고 없이 그냥 떠났어.

└ The snow began to fall **without warning.** 눈이 예고 없이 갑자기 내리기 시작했어.

└ Peter often shows up **without warning.** 피터는 종종 예고 없이 나타나.

caution sb to

- caution sb against ~ing
  …에게 …하지 말라고 경고하다

…에게 …하라고 주의주다, 경고하다 *caution을 명사로 give caution to sb로도 사용

A: **Did you hear that Brady had an accident?**
브래디가 사고 난 것 들었니?

B: **I cautioned him against** driving home.
내가 걔한테 집에 갈 때 운전하지 말라고 주의를 줬는데.

└ The teacher **cautioned the students against** drug abuse.
선생님이 학생들에게 마약을 남용하지 말라고 주의를 줬어.

└ The policeman **cautioned her to** slow down. 경찰은 걔한테 속도줄이라고 주의줬어.

tell sb to

tell sb to

- be told to do
  ···하도록 지시 받다, 요구 받다
- do as one is told
  요구 받은 대로 하다

···에게 ···하도록 말하다 *지시적인 성격이 있어 상대를 봐가며 써야 하는 표현

A: **Tell Katie to** bring me a drink.
케이티에게 마실 것 좀 나한테 갖다 주라고 말해라.

B: I think she's busy right now. 걔가 지금은 바쁜 걸로 생각되는데.

└ Erica was told to go to bed early. 에리카는 일찍 잠자리에 들라고 말을 들었어.

└ He told me to cut down on my intake of fast food. 나보고 패스트푸드섭취를 줄이래.

call for

- call for prompt action
  즉각적인 조치가 요구되다

···을 요구하다 *참고로 'call for sb'는 ···를 데리러 오다, 'call for+날씨'는 날씨가 ···예보되다라는 뜻

A: I just got a big raise at work. 난 방금 봉급이 크게 인상되었어.

B: Great! That **calls for** a celebration. 축하거리네.

└ The software problem calls for prompt action.
소프트웨어문제는 즉각적인 조치가 요구돼.

└ The illness called for some medicine. 그 병은 약을 써야 해.

at the request of

- at one's request
  ···의 요청에 따라
- as requested
  요청 받은 대로

···의 요청에 따라 *좀 예의바르고 공식적인 요청을 할 때

A: I'm working this weekend **at the request of** my boss.
난 보스의 요청에 따라 이번 주말 일을 할 거야.

B: You're going to be really tired on Monday.
월요일에 무지 피곤하겠구나.

└ Hank brought the file as requested. 행크는 요청 받은 대로 그 파일을 가져왔어.

└ I bought some beer at the request of my friend.
친구요청에 맥주를 좀 사왔어.

be required to

- require sth
  ···을 요구하다
- require sb to do
  ···가 ···하도록 요청하다

···하는 것이 요구되다, 요청받다 *be required를 한마디로 하자면 need라 할 수 있다.

A: Did you go jogging this afternoon? 너 오늘 오후 조깅을 하러 갔었니?

B: No, I **was required to** stay at home. 아니, 집에 머물도록 요청 받았어.

└ The party requires a cake and drinks. 파티에는 케익과 음료수가 필수지.

└ They required us to arrive early. 걔들은 우리에게 일찍 도착하라고 요청했어.

demand to

- demand sth
  ···를 요구하다
- demand that S+V
  ···를 요구하다

···하도록 요구하다 *뭔가 좀 강제성을 갖고 요구한다는 의미

A: I **demand to** talk to your manager! 난 네 매니저와 말할 것을 요구해.

B: I'm sorry, but he's not here right now.
미안합니다만 매니저는 지금 자리에 없는데요.

└ The diner demanded a free meal. 식당 손님이 공짜 음식을 요구했어.

└ Tim demanded that the TV be turned off. 팀은 TV를 끄라고 요구했어.

ask sb to

ask sb to

- ask sb for help
  …에게 도움을 청하다
- ask a favor of sb
  …에게 호의를 부탁하다
- have a favor to ask
  부탁할 게 있다

…에게 …을 부탁하다 *tell sb to~와는 달리 부탁할 때

A: Dana **asked me to** find a nice hotel.
다나는 나한테 좋은 호텔을 찾아달라고 부탁했어.

B: Why don't you check the Internet? 인터넷으로 찾아보면 어때?

↳ Ambrosia asked another student for help. 암브로시아가 다른 학생에게 도움을 청했어.

↳ We have a favor to ask of you. 너한테 부탁이 있는데.

do sb a favor

- Could you do me a favor and do~
  부탁인데 …해줄래?

…에게 호의를 베풀다 *쉽게 풀어쓰자면 do something for somebody라는 의미

A: What is this thank you card for? 이 감사 카드는 뭐야?

B: I **did Pam a favor** last week. 내가 지난 주 팜한테 호의 베푼 것이 있거든.

↳ Could you do me a favor and get me a snack? 부탁인데 스낵 좀 갖다 줄래요?

↳ Do Ryan a favor and call his mom.
라이언에게 호의를 베푼다는 의미에서 걔 엄마에게 전화해주라.

be just wondering (if S+V)

- be just wondering if you could help me
  나를 도와주실 수 있으면 좋겠다

…해줄 수 있으면 좋겠다 *물어보는 형태이지만 실제는 부탁하는 표현

A: I **was wondering if** I could leave this with you?
이것을 당신에게 맡길 수 있을까요?

B: Sure, I'll put it behind the desk. 그럼요. 책상 뒤에 두겠습니다.

↳ I was just wondering if you want to come? 네가 오고 싶어하는지 궁금했어.

↳ I was wondering if I could speak to a manager?
내가 매니저랑 말할 수 있는지 궁금했어.

would appreciate it if you~

- would appreciate it if you could do~
  …해주면 고맙겠어
- would appreciate any information
  어떤 정보라도 감사하겠다

(당신이 …해주면) 감사하겠다 *역시 겉모양은 감사표현이지만 실제로는 부탁하는 것

A: I'd **appreciate it if you** could bring an appetizer.
전채요리를 가져다 주시면 감사하겠습니다.

B: Is there anything else you need? 다른 것 또 필요한 게 있으세요?

↳ I'd appreciate it if you kept it secret. 네가 그걸 비밀로 해주면 고맙겠어.

↳ I'd appreciate it if you would let me know. 알려주시면 고맙겠어요.

beg for

- beg to do
  …해달라고 간청하다
- beg sb to do
  …에게 …해달라고 간청하다
- appeal to do
  …하도록 호소하다

간청하다 *다급하여 상대방에게 간절히 뭔가 부탁할 때

A: Jerry **begged for** a higher salary.
제리는 봉급을 좀 더 올려달라고 간청했어.

B: Did the boss give it to him? 보스가 올려줬니?

↳ She pleaded with us to buy her a car. 걘 차를 사달라고 우리한테 간청했지.

↳ Paula begged me for a pearl necklace. 폴라는 진주목걸이를 사달라고 내게 간청했어.

help sb do

help sb do~

···가 ···하는 것을 돕다 *help의 기본형으로 help sb 다음에 to 없이 바로 동사원형이 온다.

- help to do
  ···하는데 도움이 되다

A: I have difficulty turning this knob.
난 손잡이를 돌리는데 어려움이 있었어.

B: Let me **help you do** that. 내가 도와줄게.

↳ You should **help move** that desk. 저 책상을 옮기는데 네가 도와줘야 해.

↳ Can you **help me finish** this work? 이 일을 끝내는데 네가 날 도와줄 수 있니?

help A with B

A가 B하는 것을 돕다 *도와주는 내용이 명사일 때는 help sb 다음에 with sth을 쓴다.

A: I can **help you with** cooking the food.
음식을 요리하는데 내가 도와줄 수 있어.

B: Thanks. It's difficult to do this alone. 고마워. 이건 혼자 하기 어렵거든.

↳ Joe **helped** the lady **with** her flat tire. 조는 개의 펑크 난 타이어를 교체하는데 도왔어.

↳ I need you to **help me with** my homework. 나 숙제 하는데 좀 도와줘야 돼.

help sb a lot

···를 크게 도와주다, 많이 도와주다 *이번에는 도움을 많이 준다고 할 때

A: The i-pad is a very useful device. 아이패드는 무지 유용한 장비야.

B: Yeah, it **has helped me out a lot.** 그래. 나한테 엄청 도움이 돼.

↳ Morty **helps** his friends **out a lot.** 모티는 친구들을 많이 도와주고 있어.

↳ The tutor **helped** the student **a lot.** 가정교사가 그 학생을 크게 도와줬어.

help sb out

···을 끝까지 도와주다 *out를 넣어 끝까지 도와준다는 뉘앙스를 갖는다.

- help sb out with
  ···에게 ···을 끝까지 도와주다
- help each other
  상부상조하다

A: Can you **help me out** with some money? 나한테 돈 좀 대줄래?

B: Sorry, but I've got no money for you. 미안해. 빌려줄 돈이 없거든.

↳ Are you sure you don't want to **help me out?** 날 끝까지 도와주고 싶지 않은 거니?

↳ Can you **help me out** here? 여기서 날 끝까지 도울 수 있니?

give sb a hand

···를 도와주다 *hand 앞에 helping를 넣어서 helping hand라는 표현도 사용

- give sb a hand with
  ···가 ···하는 것을 도와주다
- give sb a hand ~ing
  ···가 ···하는데 도와주다

A: Would you mind **giving me a hand?** 좀 도와주면 안될까?

B: Sorry, but I'm really busy at the moment.
미안하지만 지금은 정말 바빠.

↳ Why don't you **give me a hand?** 나를 좀 도와주라.

↳ Could you **give me a hand** watering the flower? 꽃에 물주는 거 도와줄래?

get help

도움을 받다 *help가 명사로 쓰인 경우로 need help의 의미

- get help ~ing
  …하는데 도움을 받다
- get some help
  도움을 좀 받다

A: I need to **get help** carrying these boxes.
이 박스들을 옮기는데 난 도움이 필요해.

B: Some of my friends will help you out.
내 친구들 몇 명이 널 끝까지 도와줄 거야.

└ Can you **get help** for the old woman? 저 나이든 여성분을 위해 도움을 받을 수 있니?

└ The workers **got help** in the doctor's office. 직원들은 의사 진료실에서 도움을 받았어.

be a great help to

…하는데 (크게) 도움되다(to do), …에 큰 도움되다(to sth) *to 다음에 동사 혹은 사물.

- be a little help to sb
  …에 별로 도움이 안되다
- be of help
  도움이 되다
- try to be of help to you
  네가 도움이 되려고 노력하다

A: Did you finish your report? 네 보고서를 끝냈니?

B: Yes. Wikipedia **was a great help to** write it.
응. 보고서 쓰는데 위키피디아가 크게 도움이 되었어.

└ The medicine **was a great help to** the patient. 그 약은 환자에게 크게 도움이 되었어.

└ I try to **be of help to** my grandparents. 난 조부모님에게 도움이 되려고 노력해.

be helpful

도움이 되다 *앞서 나온 be supportive와 같은 의미의 표현이다.

- be helpful in ~ing
  …하는데 도움이 되다

A: I'm not sure what I should study in school.
학교에서 뭘 공부해야 할지 잘 모르겠어.

B: I can **be helpful** in giving you advice.
내가 도움이 되는 충고를 해줄 수 있어.

└ The money you gave us **was helpful**. 네가 나한테 준 돈이 도움이 되었어.

└ They **were supportive** when Fred had problems.
프레드에게 문제가 생겼을 때 걔들이 도움이 되었어.

with the help of

…의 도움으로 *of 다음에는 사람이나 사물이 오며, 사람이 오는 경우에는 with sb's help라고 써도 된다.

- with the help of sb
  …의 도움으로(with sb's help)
- with the help of sth
  …의 도움으로

A: I painted my apartment **with the help of** friends.
난 친구들의 도움으로 내 아파트를 페인트 칠했어.

B: Well, it really looks nice in here. 그래. 정말 멋지게 보인다.

└ The church operates **with the help of** its members.
교회는 성도들의 도움으로 운영되지.

└ The building was built **with the help of** workers.
그 빌딩은 노동자들의 힘으로 지어졌어.

call for help

도움을 요청하다 *get help하려면 call for help를 해야 된다.

A: What did you do when the fight started?
싸움이 시작되었을 때 넌 뭐했니?

B: I **called for help** right away. 난 즉시 도움을 청했어.

└ **Call for help** if there is trouble. 문제가 있으면 도움을 청해라.

└ I didn't hear his **call for help**. 난 걔가 도움을 청하는 것을 듣지 못했어.

need some help

도움이 필요하다 *get help와 같은 표현

- need some (more) help with
  …하는데 좀 (더) 도움이 필요하다
- need some (more) help ~ing
  …하는데 좀 더 도움이 필요하다
- in need
  어려움에 처한, 도움이 필요한

A: Do you **need some help** with this work?
이 일을 하는데 좀 도움이 필요하니?

B: No, I've got it all taken care of. 아니. 잘 처리해 놓았어.

↳ We need some more help fixing this. 우린 이것을 고치는데 좀 더 도움이 필요해.
↳ I'll let you know if I need help. 도움이 필요하면 알려줄게.

be there for

…를 도와주기 위해 있다 *'…을 위해 거기에 있다'라는 말은 …에게 힘이 되어준다는 의미이다.

A: I'll **be there for** you if you have problems.
너한테 문제가 생기면 내가 힘이 되어줄게.

B: Thanks. I appreciate your friendship. 고마워. 우정에 감사해.

↳ They'll be there for your race. 너 경기를 위해 걔들이 가있을 거야.
↳ She'll be there for Josh's graduation. 조쉬의 졸업식을 위해 걔가 거기에 갈 거야.

back sb up on

…가 …을 하는데 지지해주다 *뒤에서 밀어주는데 밀어주는 내용은 on 이하에 적는다.

A: Did Josh really meet Brad Pitt? 조쉬가 브래드 피트를 정말 만났대?

B: I was there. I can **back him up on** that.
나도 거기 있었어. 내가 확인해줄 수 있어.

↳ Back me up on what I said. 내가 말한 것에 대해 날 지지해주라.
↳ She backed Tim up on his statement. 걘 팀의 발표에 대해 지지를 했어.

be useful to

…하는데 도움이 되다, 유용하다 *be useful for는 …에 도움이 되다라는 뜻

- be useful to know that
  그것을 알면 유용하다
- be useful for picnics
  소풍 가는데 유용하다

A: Do you use the Internet a lot? 넌 인터넷을 많이 사용하니?

B: Yes. It's **useful to** find information. 응. 정보를 찾는데 유용해.

↳ It's useful to know that there is a hospital close by.
가까이 병원이 있다는 것을 알면 도움이 되지.
↳ This park is useful for picnics. 이 공원은 피크닉가기에 좋아.

16 가르치다, 배우다
teach sb to

teach sb to

- **teach sb about**
  …에게 …에 대해 가르치다
- **teach at a college**
  대학에서 가르치다
- **teach sb a lesson**
  …에게 버릇을 가르치다

…에게 …하는 걸 가르치다 *to 앞에서 how가 생략된 것으로 보면 된다.

A: Sharon **taught us to** cook Italian food.
  샤론은 우리에게 이태리 요리를 가르쳐줬어.

B: You can make a meal for me then.
  그러면 나한테 이태리 음식을 해줄 수 있겠네.

└ Walter taught us about camping. 월터는 캠핑에 대해 우리에게 가르쳤어.

└ I hope to teach at a college in a few years. 몇 년 후에 대학에서 가르치기를 바래.

be taught that S+V

- **teach sb that S+V**
  …에게 …을 가르치다

…라고 배우다, 가르침을 받다 *반대로 가르쳐줘서 배웠다고 할 때

A: I **was taught that** science helps everyone.
  과학이 모두를 도와준다고 배웠어.

B: Yes, scientists invented many things.
  그래, 과학자들이 많은 것을 발명했지.

└ He was taught that cigarettes cause cancer. 걘 담배가 암을 일으킨다고 배웠지.

└ We are taught that there are seven deadly sins.
  우린 7개의 치명적인 죄가 있다고 가르침을 받았어.

learn to

- **learn sth by heart**
  …을 암기하다, 외우다

…하는 것을 배우다 *learn how to do에서 how가 생략된 것으로 보면 된다.

A: I am broke again this week. 이번주 돈이 바닥났어.

B: You should **learn to** manage your money.
  너 돈관리하는 것 좀 배워야겠다.

└ Gina learned the song by heart. 지나는 그 노래를 외웠어.

└ Lenny learned to fly an airplane. 레니는 비행조종을 배웠어.

learn about

- **learn A from B**
  B로부터 A를 받다
- **give a lesson**
  …을 가르치다, 교훈주다
- **learn a lesson**
  교훈을 얻다

…에 관해 배우다 *더 배운다고 할 때는 learn more about~

A: What did you **learn about** today? 오늘 뭐에 대해서 배웠니?

B: The teacher taught us about European history.
  선생님은 유럽역사에 대해 가르쳤어.

└ Ms. Thompson gave a lesson to the elementary students.
  톰슨 씨는 초등학생들을 가르쳤어.

└ I spent a lot of time learning about fashion. 난 패션 배우는데 많은 시간을 보냈어.

instruct sb to

- **instruct (sb) that S+V**
  (…에게) …를 지시하다
- **be instructed in sign language**
  수화 교육을 받다
- **train sb for sth**
  …에 대해 …를 훈련시키다
  (특정 직업이나 스포츠)

…에게 …하는 것을 지시하다, 가르치다 *공식적으로 …할 것을 지시한다고 할 때

A: What did the policeman say? 경찰이 뭐라고 말했니?

B: He **instructed everyone to** stay inside.
  모두가 안에 남아있으라고 지시했어.

└ We were instructed in sign language at school. 우린 학교에서 수화교육을 배웠어.

└ The country trained soldiers for the war. 국가는 전쟁에 대비해 병사들을 훈련시켰어.

excuse sb for

excuse sb for~

- Excuse us for leaving so early.
  너무 일찍 떠나는 것을 용서하세요.

…에 대해 …를 용서하다 *for 다음에는 명사나 ~ing을 쓰면 된다.

A: Please **excuse me for** being rude. 무례한 데 대해 용서하세요.

B: You'd better try to be nicer. 좀 더 착해지도록 노력하는 게 좋을 거야.

↳ Excuse me for being so late. 이렇게 늦은데 대해 죄송해요.

↳ Excuse her for acting so rude. 걔가 그렇게 무례하게 군 것을 용서하세요.

if you'll excuse me

양해를 해주신다면, 괜찮다면 *함께 자리를 하던 중 잠시 자리를 뜰 때

A: **If you'll excuse me,** I need to go. 양해를 해주신다면 떠나야 해요.

B: I'll see you again tomorrow. 내일 다시 만나죠.

↳ If you'll excuse me, my phone is ringing. 괜찮다면 전화 좀 받을게요.

↳ If you'll excuse me, I have a meeting to go to. 양해해주신다면 참석할 회의가 있어요.

forgive sb for

- forgive sb for sth[~ing]
  …에 대해 …를 용서하다
- forgive and forget
  용서하고 잊다

…에 대해 …를 용서하다 *for 다음에는 역시 명사나 ~ing를 붙이면 된다.

A: Jan and Mike are staying together. 얀과 마이크는 같이 머물고 있어.

B: Did she **forgive him for** dating other women? 마이크가 다른 여자와 데이트한 걸 얀이 용서했니?

↳ Do you want me to **forgive** you? Why should I? 내가 널 용서하길 원하니? 왜 그래야 하는데?

↳ You're going to **forgive me for not** going to school? 결석한거 용서해줄거죠?

be forgiven

- seek forgiveness
  용서를 구하다

용서받다 *특히 You're forgiven하면 구어체로 상대방에게 화가 풀렸다고 할 때

A: I heard that Thad caused problems for his parents. 타드가 부모님한테 문제를 일으켰다고 들었어.

B: Yes, but he **was forgiven by** them. 그래, 그런데 걔 부모님한테 용서 받았대.

↳ Kari **sought forgiveness from** her friends. 카리는 친구들로부터 용서를 구했어.

↳ I **was forgiven for** hurting him. 난 걔를 다치게 한데 대해 용서를 받았어.

pardon sb for

- pardon me for interrupting you
  끼어들어서 미안하다
- condone sb[sth]
  …를 용납하다

…에 대해 …를 용서하다, 사면하다 *forgive와 같은 의미이나 좀 더 formal하다.

A: **Pardon me for** smoking here. 여기서 담배를 핀데 대해 용서하세요.

B: Don't worry, it's fine with me. 걱정하지마, 난 괜찮아.

↳ **Pardon me for** interrupting you, but I must say something. 중간에 끼어들어서 미안한데요 할 말이 있어요.

↳ **Pardon me for** not showing up in the morning meeting. 아침 회의에 참석하지 못한데 대해 용서하세요.

wait on

---

treat sb to

- serve tea to sb
  …를 위해 차를 접대하다
- be one's treat
  …가 접대하는 것이다

…에게 …을 대접하다 *상대방에게 음식 등을 사준다고 할 때

A: Is anyone else feeling hungry? 누가 허기를 느끼니?

B: I can **treat you to** lunch. 내가 점심을 살 수가 있어.

↳ My aunt **served tea to** the group. 이모가 그 그룹에게 차를 대접했어.

↳ The ice cream **is my father's treat.** 아이스크림은 아빠가 대접했어.

---

treat sb like

- treat me like a brother
  나를 형제처럼 대하다
- treat me like dirt
  나를 먼지처럼 대하다

…를 …처럼[같이] 대하다 *like 대신 as를 써도 된다.

A: Is your boss tough to work for? 네 보스랑 같이 일하기 힘드니?

B: Yes, he **treats his workers like** slaves.
응, 보스는 직원들을 노예처럼 대해.

↳ Dave **treated me like** a brother. 데이브는 날 남동생처럼 대해줬어.

↳ You shouldn't **treat me like** this. 날 이런 식으로 대하면 안돼.

---

treat sb very well

- treat sb so unfair
  …를 불공평하게 대하다
- treat sb that way
  그런 식으로 …를 대하다

…를 잘 대하다 *이번에는 sb 다음에 형용사나 부사를 넣어서 sb 대접을 어떻게 했는지 말하는 경우

A: Tim and Lulu seem like good parents. 팀과 룰루는 좋은 부모님 같아.

B: They **treat their children very well.** 그분들은 자녀들한테 아주 잘 해줘.

↳ The teacher **treated Katie so unfairly.** 선생님은 케시를 아주 불공평하게 대했어.

↳ Don't **treat your pets that way.** 애완동물을 그런 식으로 다루지 마라.

---

wait on

- wait on sb hand and foot
  손과 발을 다해 …를 시중들다

…를 접대하다, 기다리다 *특히 가게나 레스토랑에서 시중드는 것을 말한다.

A: Is this restaurant even open? 이 식당 문을 열기나 한 거예요?

B: Someone will **wait on** us soon. 조만간 누가 접대를 할 겁니다.

↳ Sarah had to **wait on** her mother-in-law hand and foot.
사라는 시어머니를 정성을 다해 돌봤어.

↳ I won't **wait on** you even if you are sick. 네가 아프더라도 난 네 시중들지 않을 거야.

---

entertain sb

- wait on sb hand and foot
  손과 발을 다해 …를 시중들다

…를 즐겁게 해주다 *손님에게 음식[료]과 함께 다른 형태의 즐거움을 베풀어 준다는 뜻

A: It is difficult to **entertain** children. 애들을 즐겁게 해주는 것은 어려워.

B: Why don't you buy them some toys? 장난감 좀 사주지 그래?

↳ The magician **entertained** us with tricks. 마술사는 마술로 우릴 즐겁게 해주었어.

↳ A businessman needs to **entertain** his clients. 사업가는 고객들을 접대해야 돼.

keep one's word

promise to

- promise oneself that S+V
  …을 다짐한다(스스로 약속한다)
- like you promised(= as promised)
  약속한 대로
- make a promise (to do)
  (…하겠다는) 약속하다

…하기로 약속하다 *appointment와 달리 내가 뭔가를 하겠다고 다짐을 한다는 의미

A: I **promise to** make you a happy woman.
널 행복한 여자로 만들 것을 약속해.

B: Well, then I will be glad to marry you.
그렇다면 기꺼이 즐겁게 결혼하겠어.

↳ I promised myself that I will exercise more. 내가 운동을 좀 더 할 것을 다짐해.

↳ You need to give me the money like you promised.
네가 약속한대로 나한테 돈을 줘야 해.

keep one's word

- honor one's promise
  약속을 지키다
- fulfill a promise
  …약속을 지키다

약속을 지키다 *자기가 한 말을 지킨다는 말로 자기가 한 약속을 지키다라는 뜻

A: Are you still coming to my party? 내 파티에 올 거니?

B: Sure. I always **keep my word**. 그럼. 난 항상 약속을 지키잖아.

↳ You'd better honor your promise to our kids.
넌 우리 애들에게 약속을 지키는 게 좋을 거야.

↳ She had to go to her hometown to fulfill a promise.
걘 약속을 지키기 위해 고향으로 가야만 했어.

give (sb) one's word that~

…에게 …을 약속하다 *that 이하는 word의 구체적인 내용을 적으면 된다.

A: Can we trust Tom to keep quiet?
탐이 조용히 있겠다는 말을 믿을 수 있을까?

B: He **gave his word that** he won't tell our secret.
걔가 우리 비밀을 말하지 않겠다고 약속했어.

↳ Mindy gave her word that she would pay for it. 민디는 그걸 갚겠다고 약속을 했어.

↳ I give my word that I'll come back tomorrow. 난 내일 돌아올 거라고 약속을 했어.

take one's word for it

- have one's word (for it)
  (그것에 대해) …의 말을 믿다
- You have my word (on sth)
  …에 대해 약속하다

그것에 대해 …의 말을 정말로 믿다 *take 대신에 have를 사용해도 같은 의미

A: **Take my word for it.** He's really violent.
내 말 정말이라고. 걘 정말 폭력적이야.

B: I'll keep that in mind. 명심할게.

↳ Take my word for it, he's the best in the business. 진짜야. 걔가 업계 최고야.

↳ Take my word for it. He's found another girl. 정말야. 걘 다른 여자를 만났어.

break one's word

- break one's word to sb
  …에게 약속을 안지키다
- break one's word on sth
  …약속을 지키지 않다

…의 약속을 깨트리다 *자기 약속을 break한다는 건 not keep one's word한다는 얘기

A: Did Darlene pay you the money? 다린이 네게 돈을 줬어?

B: No, she **broke her word** on that. 아니. 그 약속을 안지켰어.

↳ I never break my word to my friends. 난 친구들에게 결코 약속을 어긴 적이 없어.

↳ The auto salesman broke his word to us. 자동차 영업사원은 우리에게 약속을 어겼어.

pledge to

- pledge support
  지원을 약속하다
- pledge to support
  후원하기로 약속하다
- pledge that S+V
  …을 약속하다

…하기로 약속하다, 서약하다 *공식적이고 공개적으로 뭔가 하겠다고 약속할 때

A: Are the parents going to assist the students?
  부모님들이 학생들을 도와주기로 했니?

B: They **pledged to** help the school. 부모님들은 학교를 돕겠다고 약속했어.

ㄴ I pledge to love you forever. 난 널 영원히 사랑하겠다고 서약해.

ㄴ Jane pledged to set up the picnic. 제인은 소풍을 준비하겠다고 약속했어.

swear to

- swear that S+V
  …을 맹세하다
- I swear to God.
  신께 맹세해.

…하겠다고 맹세하다 *swear은 엉뚱하게도 '욕하다'라는 의미로도 쓰이니 조심해야 한다.

A: Are you going to win the race? 넌 경주에서 이길 거니?

B: I **swear to** run as fast as I can. 내가 가능한 한 빨리 뛸 것을 맹세해.

ㄴ The soldiers swore allegiance to each other. 병사들은 서로에게 충성을 맹세했어.

ㄴ The ex-president swore to stay out of politics.
  전직 대통령은 정치에서 벗어나 있겠다고 맹세했어.

promise vs. appointment
우리말로 하면 다같이 「약속」이란 단어이다. 하지만 promise는 자기가 「뭔가를 꼭 하겠다는 다짐을 지키겠다는 약속」을 말하며 appointment는 「고객을 만나거나 병원에 가서 의사를 만나는 등의 목적으로 일정 시간, 장소에서의 약속」을 말한다.

She has a promise with a client this afternoon. → She has an appointment with a client this afternoon.
He made an appointment to give me a hand. → He made a promise to give me a hand.

prepare for

prepare for

- **prepare to do**
  …하는 것을 준비하다
- **prepare sth for sb**
  …를 위해 …을 준비하다
- **prepare oneself for**
  …에 대비하다

준비하다 *앞으로 한 일에 대해 계획하고 준비하는 것을 뜻한다.

A: What is taking you so long? 왜 이렇게 오래 걸리는 거야?

B: I'm **preparing for** my interview tomorrow.
　　난 내일 인터뷰를 준비하고 있어.

↳ My sister **prepared to** make some food. 여동생이 음식을 좀 만들려고 준비했어.

↳ It will take time for us to **prepare the report**. 그 보고서 준비하는데 시간이 걸릴거야.

be prepared to

- **make preparations for**
  …에 준비를 하다
- **have[get] sth prepared**
  …을 준비시키다

…할 준비가 되다 *수동형으로 주어가 …할 준비가 되었다는 뜻으로 to 다음에는 동사가 온다.

A: We may have to travel to Busan. 우린 부산 여행을 해야 할지도 몰라.

B: I **am prepared to** leave at any time. 난 언제라도 떠날 준비가 되어 있어.

↳ The family **made preparations for** the reunion. 그 가족은 재회를 준비했어.

↳ Are you **prepared to** face the challenges ahead?
　　앞으로 닥칠 도전에 직면할 준비가 되어 있니?

get ready for

- **get ready to do**
  …할 준비를 하다
- **get sth ready to do**
  …를 할 준비가 되다

…을 준비하다, 대비하다 *for 대신 to do가 올 수도 있고 또한 get 대신에 be를 써도 된다.

A: **Get ready for** the snow storm. 눈 폭풍에 대비를 해라.

B: It is supposed to be a very big storm. 아주 큰 폭풍이 될 거야.

↳ I came here to see if you **were ready**. 네가 준비되어 있는지 보러 왔어.

↳ Let me make sure Mom **is ready to** leave. 엄마가 떠날 준비가 되어 있는지 확인해보자.

be (all) set to

- **be all set for sth**
  …에 준비가 되어 있다
- **be all set to go on a vacation**
  휴가 갈 준비가 되어 있다

…에 대한 준비가 되다 *앞뒤 각설하고 준비됐다고 할 때 그냥 "All set"이라고도 한다.

A: **Are you all set for** your trip? 여행준비는 다 되었니?

B: I have a few more things to get and then I'll be ready.
　　몇 가지 더 사야 할 것이 있는데 그러면 준비가 끝나.

↳ I'm packed and **all set to** go on vacation. 나 짐 다쌌고 이제 휴가떠날 준비가 됐어.

↳ **Are you all set for** your vacation? 휴가 떠날 준비는 다 된 거야?

arrange to

- **arrange for sth**
  …을 준비하다
- **arrange a meeting**
  회의를 준비하다
- **arrange for sb to do sth**
  …가 …을 하도록 주선하다

…할 준비를 하다 *arrange의 명사형을 써서 make some arrangement for라고 해도 된다.

A: Are you traveling to your hometown? 네 고향으로 여행가니?

B: Yeah, I've **arranged to** meet some of my old teachers.
　　그래, 내 옛날 선생님 몇 분을 만나게 되어 있어.

↳ We **arranged for** a place to stay. 우린 머물 곳을 마련해놓았어.

↳ The company **arranged** a meeting for tomorrow. 회사는 낼 열릴 회의를 준비했어.

date back

come from

- come[be] from+장소명사
  …출신이다
- come from
  …에서 생겨나다, 유래하다

…로부터 유래하다 *come 대신에 be 동사를 사용하기도 하며 from 다음에 장소가 나오면 출신을 의미

A: **Where is this vase from?** 이 꽃병은 어디에서 온 거니?

B: **I bought it when I was in Israel.** 내가 이스라엘에 있을 때 산 거야.

↳ The groceries **came from** the corner store. 그 식품점은 코너가게에서 시작되었어.

↳ Where did this pair of socks **come from**? 이 양말은 어디에서 난 거니?

date back to

…로 거슬러 올라가다 *주로 a particular time in the past까지 거슬러 올라간다는 의미

A: **This is a very old coin.** 이건 아주 오래된 동전이야.

B: **It dates back to Roman times.** 이건 로마시대로 거슬러 올라가.

↳ The Chinese furniture **dates back to** the last century.
  이 중국가구는 지난 세기것이야.

↳ This mummy **dates back to** ancient Egypt. 이 미라는 고대 이집트로 거슬러 올라가.

be the source

- find the source
  근원을 찾다

…가 출처이다 *source 다음에는 반드시 of가 와서 무엇의 출처인지를 말한다.

A: **What is the source of** this clothing? 이 옷의 출처는 어디니?

B: **I'm pretty sure it was made in Italy.**
  이건 이태리에서 만들어진 것으로 확신해.

↳ It was difficult to **find the source of** the problem.
  그 문제의 원인을 찾기가 어려웠어.

↳ Jerry **was the source of** our inspiration. 제리가 우리 영감의 원 출처였어.

originate from

- originate with sb
  …로부터 유래하다

…로부터 유래하다 *from sth 대신 with sb하면 사람으로부터 유래한 것을 의미

A: **Who invented cigarettes?** 누가 담배를 발명했니?

B: **They originated from South America.** 남미로부터 유래되었어.

↳ That style **originated with** a pop star. 그 스타일은 팝 스타로부터 유래했어.

↳ Pizza **originated from** the Italians. 피자는 이태리 사람으로부터 유래되었어.

be derived from

- derive from
  …으로 유래하다
- fear derived from
  superstition
  미신으로부터 유래된 공포

…에서 유래하다 *특이하게도 수동태형 be derived from과 능동형 derive from는 같은 의미이다.

A: **The Bible derives from ancient writings.**
  성경은 고대 문서로부터 유래한 거야.

B: **Many people consider it the holiest book.**
  많은 사람들이 최고의 성서라고 생각해.

↳ The test **was derived from** our textbook. 시험은 우리 교재에서 나왔어.

↳ The villagers' fear **was derived from** superstition.
  마을 사람들의 공포는 미신으로부터 비롯되었어.

get sth from

get sth from

…에서 …을 가져오다, 얻다   *문맥에 따라 사람한테 받거나 혹은 세일해서 샀다는 의미가 될 수 있다.

- get A B(= get B for A)
  A에게 B를 가져다 주다
- get sth as a present for sb
  …에게 선물로 …을 가져오다

A: Did you have a good holiday? 휴일 잘 지냈니?

B: Sure. I **got a ring from** my boyfriend.
그럼. 난 남친으로부터 반지를 받았어.

⌐ Get a chair for her to sit in. 걔가 앉도록 의자를 가져와라.

⌐ Get a new shirt for him to wear. 걔가 입도록 새 셔츠를 가져와라.

have got sth for sb

…를 위해 …를 가져오다   *전치사 for sb가 오면 …위해 사오거나 가져왔다는 말

- Here is sth for sb
  …를 위한 …가 있다

A: **Here is something for** you to eat. 이거 좀 먹어.

B: Thanks. I don't mean to cause extra work.
고마워. 나 땜에 일을 더하는 것을 바라진 않아.

⌐ We have got a present for our teacher. 우린 선생님을 위해 선물을 가져왔어.

⌐ Here is a DVD for you to watch. 여기 네가 볼 DVD가 있어.

bring sb sth

…에게 …을 가져다 주다   *sb와 sth의 위치를 바꾸려면 bring sth to sb라 하면 된다.

A: Could you let me know the total cost? 총 합계가 얼마죠?

B: I'll **bring you the bill.** 계산서를 갖다 드리죠.

⌐ Don't forget to bring your girlfriend to the party.
파티에 네 여친 데려오는 것 잊지마.

⌐ Bring me a coffee on your way back. 돌아 오는 길에 커피 좀 가져오세요.

take sth from

…에서 …을 가져오다   *take ~ from 하면 …에서 …을 가져오거나 가져가는 것을 뜻한다.

A: Where did you get something to read?
읽을 거리를 어디에서 가져왔니?

B: I **took a magazine from** the rack. 난 선반에서 잡지를 가져왔지.

⌐ He took a beer from the fridge. 걘 냉장고에서 맥주를 꺼냈어.

⌐ Take some food from my plate. 내 그릇에서 음식을 좀 가져가라.

hand over

건네주다, 양도하다   *hand는 동사로 직접 다른 사람에 건네준다는 것을 말한다.

- provide A with B
  A에게 B를 제공하다
- present A with B
  A에게 B를 선사하다
- pass sb sth
  …에게 …를 건네주다

A: Are you finished moving your things? 네 물건 다 옮겼니?

B: Yeah, but I need to **hand over** my apartment key.
응, 다만 내 아파트 열쇠를 넘겨줘야 해.

⌐ The teacher provided the students with exams.
선생님이 학생들에게 시험을 치뤘어.

⌐ The manager presented one of his workers with an award.
매니저는 직원 한 명에게 상을 주었어.

23 돌려받다

want sth back

STUDENT LOAN

want sth back

- would like sth back
  …를 돌려달라고 하다

…을 돌려받기 원하다 *want sth에 부사 back만을 살짝 붙이면 sth을 돌려달라는 의미가 된다.

A: I **want my old boyfriend back.** 내 옛 남친하고 다시 사귀었으면 해.

B: But you broke up with him a year ago.
   그렇지만 1년전에 개랑 헤어졌잖아.

↳ Larry **would like** his i-pod **back.** 래리는 자기의 아이팟을 돌려받기를 원해.

↳ She said she **wants** her necklace **back.** 걘 자기 목걸이를 돌려받기를 원한대.

bring sth back to+장소

- bring back books to the library
  책들을 도서관에 반납하다
- bring sb back
  …을 데려다주다

…을 …에 돌려주다 *원래 있던 장소로 다시 가져간다는 의미

A: This shirt is too small. 이 셔츠는 너무 작아.

B: **Bring it back to** the store. 가게로 갖다 줘라.

↳ I must **bring back** some books **to** the library. 난 도서관에 책 몇 권을 반납해야 돼.

↳ **Bring** some of your money **back to** your parents. 네 돈 일부를 부모님께 돌려드려.

take (sth) back

- take sth back to+장소[사람]
  …을 …로[에게] 다시 가져가다
- take a defective item back
  흠 있는 물품을 돌려주다

(…을) 돌려주다 *가져왔던 걸 돌려주거나 줬던 걸 다시 가져온다는 의미. '취소한다'는 뜻으로도 쓰임.

A: Peter had many problems with his new car.
   피터는 자신의 새 차에 문제가 많았어.

B: He said he wants to **take it back.** 걘 차를 돌려주기를 원한다고 말했어.

↳ **Take** this paperwork **back to** Mary. 이 서류작업을 메리한테 돌려줘라.

↳ We need to **take** the defective items **back to** the store.
   하자 있는 물품은 가게로 반품해야 돼.

give back sth to sb

- give back sth by+시간
  …까지 …을 돌려주다
- Here is sth back
  자, 이거 다시 가져가
- hand back
  돌려주다
- turn back
  돌려주다

…을 …에게 돌려주다 *return과 같은 의미로서 give 대신 hand나 turn을 써도 된다.

A: Henry has borrowed a lot from his parents.
   헨리는 부모한테서 많은 것을 빌렸어.

B: He is **giving back** the money **to** his mother.
   걘 엄마한테 돈을 돌려줄 거야.

↳ **Here is** your dictionary **back.** 여기 네 사전 돌려줄게.

↳ Mr. Lewis will **hand back** the exams today. 루이스씨는 오늘 시험지를 돌려줄거야.

get (sth) back

…을 돌려받다 *get은 만능동사. 돌려받는 것을 get과 back 사이에 넣으면 된다.

A: Why do you need to talk to Don? 왜 돈하고 말해야 하니?

B: I want to **get my computer games back.**
   내 컴퓨터 게임을 돌려받으려고.

↳ Can you **get** the cell phone **back?** 넌 휴대폰을 돌려 받을 수 있니?

↳ I need to **get my money back.** 내 돈을 돌려받아야 해.

hand sth down

inherit sth from sb

···을 ···로부터 물려받다 *다른 사람의 사후에 재산을 물려받는다는 의미

- inherit sth
  ···을 물려받다
- inherit a fortune from one's parents
  부모로부터 재산을 물려받다

A: Kathy is taking a trip to Europe. 케시는 유럽 여행을 하고 있어.

B: I heard she **inherited money from** her grandmother.
  걔가 할머니한테서 유산을 받았다고 들었어.

└ You'll **inherit my house** when I die. 내가 죽으면 넌 내 집을 물려받을거야.

└ The young man **inherited a fortune from** his parents.
  젊은이가 부모로부터 큰 돈을 물려받았어.

hand sth down (to sb)

···을 (···에게) 물려주다 *꼭 재산이 아니더라도 물건, 기술 등을 다음 세대에 물려준다는 뜻

- be handed down to
  ···에게 물려지다

A: This is a nice antique chair. 이건 아주 멋진 앤틱 의자야.

B: My grandfather **handed the chair down to** me.
  내 할아버지가 나한테 물려준 거야.

└ The money **was handed down to** the children. 그 돈은 자녀한테 물려주게 되었어.

└ Uncle John plans to **hand his business down to** his kids.
  삼촌 존은 자신의 사업을 애들에게 물려줄 계획이야.

leave a small inheritance for

···에게 적은 유산을 남기다 *inheritance는 돈 등의 자산을 상속받은 것을 뜻함.

- leave a small inheritance for sb
  ···에게 적은 유산을 남기다

A: You seem to live very comfortably. 넌 아주 편안하게 사는 것 같구나.

B: Mom and dad **left a small inheritance for** me.
  부모가 적은 유산을 나한테 남겼어.

└ I will **leave a small inheritance for** my relatives.
  난 적은 유산을 친지들에게 남길 거야.

└ The couple **left a small inheritance for** their daughter.
  그 부부는 딸을 위해 적은 유산을 남겼어.

leave a legacy of

···의 유산을 남기다 *legacy는 과거의 유산이라는 의미도 있지만 죽은 사람이 남긴 상속자산도 뜻한다.

- be left with a legacy of pollution
  공해라는 유산을 물려받다
- leave an estate of
  재산을 남기다

A: Stan was a very unkind old man. 스탠은 매우 불친절한 노인이었어.

B: He **left a legacy of** sadness for his kids.
  그는 아이들에게 슬픔이란 유산을 남겼어.

└ The factory town **was left with a legacy of** pollution.
  그 공장마을은 공해라는 유산을 물려받았어.

└ Simon **left a legacy of** broken hearts behind him.
  사이몬은 상심을 유산으로 남겼어.

make a donation

donate sth to

- donate money to charity
  자선단체에 돈을 기부하다
- donate one's organ
  장기기증을 하다
- donate blood
  헌혈하다

…을 …에 기증[부]하다 *기부하면 첨 떠오르는 단어는 donate

A: **What can we do with this piano?** 이 피아노를 어떻게 할까?

B: **Let's donate it to our church.** 우리 교회에 기증하자.

↳ Cindy **donates money to** charity every Christmas.
신디는 크리스마스 때마다 자선단체에 돈을 기부하고 있어.

↳ Many students decided to **donate blood.** 많은 학생들이 헌혈하기로 결정했어.

make a donation

- make a donation to~
  …에 기부하다
- anonymous donation
  익명의 기부
- organ donation
  장기기증

기부하다 *기부하는 곳은 to~, 기부받는 곳은 from~으로 쓴다.

A: **I am going to make a donation to the Red Cross.**
적십자사에게 기부할거야.

B: **That is a good way to use your money.**
네 돈을 쓰는 아주 좋은 방법야.

↳ Jim **made an anonymous donation to** the group. 짐은 그 단체에 익명으로 기부했어.

↳ **Organ donations** help save many lives. 장 기기증은 많은 생명들을 살리는데 도움돼.

contribute sth to ~

- contribute money to~
  …에 돈을 기부하다

…에 …을 기부하다 *돈이나 도움, 시간 등 다른 사람에 도움이 되도록 주는 것

A: **The flood really created a mess.** 홍수로 정말 난리가 났어.

B: **I will contribute money to the clean up.**
난 정화사업에 돈을 기부할거야.

↳ Can you **contribute some money to** our school? 우리 학교에 돈 좀 기부할 수 있어?

↳ Mom **contributed food to** the party. 엄마는 그 파티에 음식을 기부했어.

make a contribution

- make a contribution to
  …에 기부하다

기부하다 *역시 contribute의 명사형을 활용한 것으로 기부한 곳은 to 다음에 적으면 된다.

A: **I made a contribution to the Red Cross.** 난 적십자사에 기부를 했어.

B: **How much money did you give?** 얼마나 했는데?

↳ Every member is expected to **make a contribution.** 모든 회원은 기부해야 돼.

↳ **Make a contribution to** the community's church. 동네 교회에 기부를 해라.

give sth to charity

- give clothes to charity
  의류를 자선단체에 기부하다
- leave sth to charity
  자선단체에 기부하다

자선단체에 기부하다 *일반적으로 자선단체라고 할 때는 charity에 관사를 붙이지 않는다.

A: **Do you plan to give anything to charity?**
자선단체에 뭘 기부할 계획이니?

B: **I have no extra money right now.** 난 지금 여유 돈이 없어.

↳ Sharon **gave** her old clothes **to charity.** 샤론은 자선단체에 입던 옷들을 기부했어.

↳ My family **gives** money **to charity** every year. 내 가족은 매년 자선단체에 돈을 기부해.

sort out

separate A from B

A를 B로부터 분리하다 *뭔가 두개를 분리해 놓는다는 의미

- be separated from
  …로부터 분리되다
- separate politics from religion
  정치와 종교를 분리하다

A: My boss and I went out drinking twice this week.
보스와 난 일주에 2번 마시러 나갔어.

B: You should **separate your private life from** work.
너 사생활을 일과 분리해야만 해.

↳ The student was separated from his parents for a year.
그 학생은 1년간 부모와 떨어졌어.

↳ The law separates politics from religion. 법은 정치와 종교를 분리시켰어.

keep A off B

A를 B로부터 떼어놓다 *A를 B와 떨어진(off) 상태로 keep, 즉 유지한다는 표현

- take (A) apart
  A를 분리시키다, 분해하다

A: **Keep your dogs off** my lawn. 네 강아지들을 내 잔디에 오지 못하게 해.

B: I'm sorry, I'll move them. 미안해. 강아지들을 데려갈게.

↳ We have to take your watch apart to fix it. 네 시계를 고치려면 분해해야 돼.

↳ Keep your feet off the coffee table. 커피 테이블에서 네 발을 치워라.

sort sth out (from sth)

…을 …로부터 가려내다, 분류하다 *뭔가 섞여있는 것을 분류 정리한다는 의미

- sort out faulty goods
  불량품을 가려내다

A: This bedroom is a real mess. 이 침실은 진짜 엉망이야.

B: It will take time to **sort it out.** 정리하는데 시간이 걸릴 거야.

↳ The factory had to **sort out** its faulty goods. 공장은 흠 있는 물품을 골라내야 했어.

↳ Let's sort the report out together. 같이 보고서를 분류하자.

divide A into B

A를 B로 나누다 *separate와 같은 의미로 두개나 그 이상으로 나누어질 때

- divide the class into three groups
  학급을 세 그룹으로 나누다
- his property was divided among his children
  그의 재산이 자녀들 앞으로 분할되다

A: This is a large pizza. 이건 큰 피자야.

B: We should **divide it into** five pieces. 5조각으로 나눠야 해.

↳ Our instructor divided the class into three groups.
강사는 학급을 3개그룹으로 나눴어.

↳ The old man's property was divided among his children.
노인의 재산이 자녀들한테 분할되었어.

classify A as B

A를 B로 분류하다 *각각의 특징별로 구분하여 분류한다는 의미

- classified ads
  광고
- be classified according to subjects
  주제별로 분류되어 있다

A: Jim didn't show up at school today. 짐은 오늘 학교에 나오지 않았어.

B: He will **be classified as absent.** 결석으로 처리될 거야.

↳ We advertised the car in a classified ad. 우린 광고란에 그 차를 광고 냈어.

↳ The courses were classified according to subjects.
수업은 주제에 따라 분류되었어.

go through

have a lot of experience

- have more experience with
  …에 더 많은 경험을 갖고 있다
- have a bad experience with
  …와 나쁜 경험이 있다

경험이 많다 *experience와 어울리는 전치사는 of, in, with이다.

A: Have you worked in an office before?
전에 사무실에서 일해본 적이 있나요?

B: Yes, I **have a lot of experience with** businesses.
예, 업무에 경험이 많아요.

↳ The computer repairman **had more experience with** IBM.
그 컴퓨터 수리공은 IBM과 일한 경험이 더 많아.

↳ We **had a bad experience with** that company. 우린 그 회사와 나쁜 경험이 있어.

learn from experience

- speak from a personal experience
  개인적 경험으로부터 말하다
- be a good experience for sb
  …에게 좋은 경험이다
- experience sth
  …을 경험하다

경험으로 알다 *배우긴 배우되 '경험'을 통해서 배울 때

A: It's too cold outside today. 오늘 밖이 너무 추워.

B: I **learned from experience** cold weather makes me sick.
경험에 비추어보면 추운 날씨는 날 아프게 만들어.

↳ The old woman **spoke from personal experience**. 노부인은 경험으로 말했어.

↳ The trip to Japan **was a good experience for everyone**.
일본여행은 모두에게 좋은 경험이었어.

judging from one's experience

- in one's experience
  …의 경험에서
- from one's experience
  …의 경험으로 볼 때

…의 경험에 비추어 판단해볼 때 *judging 대신에 speaking을 써도 된다.

A: I just can't trust my boyfriend. 내 남친을 그냥 믿을 수가 없어.

B: He's a bad guy, **judging from your experience.**
네 경험에서 보면 걘 나쁜 애야

↳ **In my experience**, it's good to eat a lot of fruit. 내 경험상 과일 많이 먹으면 좋아.

↳ **From my experience**, Hyundai makes a good car. 내경험상 현대는 좋은 차를 만들어.

go through

- undergo
  …을 경험하다

…을 경험하다 *특히 뭔가 어렵거나 안좋은 경험을 할 때

A: We had to **go through** three months of training.
우린 3달에 걸친 훈련을 겪어야 했어.

B: Was it difficult being in the military? 군대에 있는 것이 어렵니?

↳ Our economy **has gone through** some very hard times. 경제가 힘든 시기를 겪었어.

↳ I don't want to **go through** that. 난 그 일을 겪고 싶지 않아.

have been there

- Been there, done that
  가봤고 해봤어(다 해봤어)

…을 경험한 적이 있다 *'there'은 물리적 장소 뿐만 아니라 추상적인 경험을 말하기도 한다.

A: I'm having trouble finding a job. 난 구직하는데 고생을 하고 있어.

B: I understand. I've **been there** myself. 알아. 나 자신도 그래 봤거든.

↳ Don't drink too much. **Been there, done that.** 과음하지마. 다 해봤어.

↳ You're right. We **have all been there.** 맞아. 우린 다 경험해봤어.

report sth to

report sth to sb

- report sth[~ing]
  ···을 신고하다, 보고하다
- report it to the authorities
  당국에 신고하다
- file a report
  경위서를 작성하다

···를 ···에게 신고하다 *어떤 문제나 사고 등을 윗사람에게 신고한다는 의미.

A: Did you tell Mason about the problem?
  메이슨에게 그 문제에 대해 말했니?

B: Someone **reported the problem to** him.
  누군가 걔한테 그 문제를 보고했어.

ㄴ You should **report the cheating to** your teacher. 컨닝은 선생님에게 보고해야 돼.

ㄴ Leo **reported the theft to** the authorities. 레오는 절도를 당국에 신고했어.

declare sth

- declare that S+V
  ···을 신고하다
- declare bankruptcy
  파산신고하다

···을 신고하다 *공식적으로 신고한다는 의미로 세무신고, 출생신고, 통관신고 등을 말할 때

A: You've got to **declare your income** every year.
  년 매년 소득신고를 해야 돼.

B: I really hate paying taxes. 난 정말로 세금 내는 게 싫어.

ㄴ Phil **declared** his birthplace as Toronto. 필은 출생지를 토론토라고 신고했어.

ㄴ The fourth of July **was declared** a holiday. 7월 4일은 휴일로 선포되었어.

register sth

- register a marriage[birth, death]
  결혼[출생, 사망]신고를 하다
- registered mail
  등기 우편

···을 신고하다 *주로 출생, 사망 등을 신고할 때 쓰이나 우편물을 등기로 보낼 때도

A: Why did you come to this office? 왜 이 사무실에 왔니?

B: I need to **register as** a foreign citizen. 난 외국시민으로 등록해야만 해.

ㄴ People **register** marriages at the courthouse. 사람들은 법원에서 결혼을 신고해.

ㄴ The letter arrived via **registered** mail. 그 편지는 등기 편으로 도착했어.

brief sb on

- be briefed on the plan
  계획에 대해 브리핑을 받다

···에 대해 ···에게 브리핑하다 *주로 공식적인 내용에 대해 briefing을 한다는 의미

A: You'd better **brief the president on** the situation.
  그 상황에 대해 대통령에게 보고해라.

B: He is very worried about it. 대통령이 그 상황에 대해 크게 걱정하고 있거든.

ㄴ The whole committee **was briefed on** the plan.
  전체 위원회가 그 계획에 대해 설명을 들었어.

ㄴ I'll **brief you on** what happened in the meeting. 회의내용을 네게 브리핑해줄게.

tell on sb

- threaten to tell on sb
  ···를 고자질하겠다고 위협하다

···를 고자질하다 *···가 나쁜 행동을 했다고 ···에게 inform한다는 의미

A: Bart **told on** his little sister to his parents.
  바트는 여동생을 부모님께 고자질했어.

B: He should respect her privacy.
  바트는 여동생의 프라이버시를 존중해야 해.

ㄴ Another student threatened to **tell on** me. 다른 학생이 날 고자질하겠다고 위협했어.

ㄴ You should **tell on** the cheater in your class. 년 학급에서 컨닝하는 애를 일러야 돼.

make use of

use sth for

- use sth as
  …을 …로 이용하다
- be used for
  …으로 사용되다
- be used to do
  …하는데 사용되다

…용도로 …을 이용하다　*이용하다의 대표동사로 다양한 전치사와 어울려 표현을 만든다.

A: Brian gave me a lot of books.　브라이언은 나한테 많은 책을 주었어.

B: **Use my bag for** taking them home.
　그 책들을 집에 가져가는데 내 가방을 사용해라.

┗ We used the room as a place to meet.　우린 그 방을 만나는 장소로 활용했어.

┗ This car was used for a taxi.　이 차는 택시로 사용되었어.

take advantage of

- have the advantage of
  …의 이점이 있다

…을 이용하다　*자기 목적달성을 위해 다른 사람이나 상황을 이용한다는 의미

A: Let's go shopping today.　오늘 쇼핑하러 가자.

B: We can **take advantage of** some sales.
　우린 몇몇 세일을 이용할 수 있어.

┗ We went outside to take advantage of the warm weather.
　우린 따뜻한 날씨를 이용해서 외출했어.

┗ I took advantage of the low cost of rent.　난 낮은 임대료를 활용했지.

make use of

- make good use of~
  …을 잘 이용하다
- put sth to use
  …을 이용하다

…을 이용하다　*자기에게 도움이 될 사람이나 사물을 활용한다는 의미

A: Can you **make use of** these clothes?　이 옷들을 잘 이용할 수 있나요?

B: Sure, I'll give them to my brother.　그럼, 난 남동생한테 줄 거야.

┗ The diners made good use of the extra food.　식당들은 남은 음식들을 잘 이용했어.

┗ Cathy put the old car to use.　캐시는 중고차를 잘 사용했어.

get the most out of

- get the most out of life
  인생을 최대한 이용하다
- make the most out of sth
  …을 잘 활용하다

…을 최대한 이용하다　*of 다음에 나오는 사물을 최대한 이용한다는 뜻

A: You've worn that old coat for years.
　넌 수년간 그 오래된 코트를 낡도록 입었어.

B: I like to **get the most out of** things I own.
　난 내 것들을 최대한 활용하고 싶어.

┗ My wife and I get the most out of life.　아내와 함께 난 인생을 최대한 즐길거야.

┗ Who got the most out of that class?　누가 그 수업을 최대한 잘 이용했니?

cash in on

- cash in on one's daughter's fame
  …의 딸의 명성을 이용하다

…을 이용하다　*어떤 기회를 이용하여 이익을 취한다는 뉘앙스의 표현

A: The value of these stocks has really gone up.
　이 주식들의 가치가 정말로 많이 올라갔어.

B: Maybe it's time to **cash in on** them.
　아마도 그 주식으로 돈을 벌 때인가 봐.

┗ Pam decided to cash in on her daughter's fame.　팸은 딸 명성을 이용하기로 했어.

┗ The older couple cashed in on the value of their house.
　그 노부부는 자택의 가치를 이용하여 한몫을 챙겼어.

solve a problem

solve a problem

- solve a math problem
  수학문제를 풀다
- solve a puzzle
  수수께끼를 풀다
- fix a problem
  문제를 해결하다, 고치다

문제를 해결하다 *solve 동사 대신에 fix를 써도 된다.

A: I heard you spent a lot fixing your car.
네 차를 고치는데 돈을 많이 썼다고 들었어.

B: Yeah, but it didn't **solve the problem** I was having.
그래, 그래도 문제를 해결하지 못했어.

↳ It takes time to **solve a math problem**. 수학문제를 푸는데 시간이 걸려.

↳ I have to **fix a problem with** this computer. 난 이 컴퓨터 문제를 해결해야만 해.

find a[the] solution to

- find a way (for sb) to do
  (…가) …을 할 길을 찾다
- find a solution to one's problem
  …의 문제에 대한 해결책을 찾다

…에 대한 해결책을 찾다 *find a way to 또는 find an answer to도 같은 의미

A: Did you **find the solution to** the mystery?
그 미스터리에 대한 해법을 찾았니?

B: No, we still don't understand what happened.
아니, 우린 아직도 일어난 일을 이해하지 못하고 있어.

↳ She couldn't **find a way to** go home. 걘 집에 갈 길을 찾지 못했어.

↳ We need to **find a solution to** our problem. 우린 우리 문제에 대한 답을 찾아야만 해.

settle the problem

- settle the problem with~
  …와의 문제를 해결하다
- settle a civil complaint
  민원을 해결하다
- That settles it.
  해결이 나다.

문제를 해결하다 *settle 다음에는 주로 논쟁, 다툼, 소송 등의 명사가 와서 이를 해결[합의]하다.

A: I **settled the problem** with my neighbor.
난 이웃과의 문제를 해결했어.

B: So, are you both getting along? 그래, 이제는 서로 잘 지내니?

↳ They went to court to **settle a civil complaint**. 걔들은 민원을 해결하려고 법원에 갔어.

↳ **That settles it.** I'm finished working here. 해결 났어. 난 여기서 일하는 걸 끝낼래.

resolve a conflict

- resolve sth
  …을 해소하다
- get sth resolved
  …을 해결하다

갈등을 해결하다 *solve나 settle과 동의어로 어떤 문제점이나 어려움을 해결할 만족할만한 방법을 찾다.

A: I want to punch Frank in the nose. 난 프랭크 코에 주먹을 날리고 싶어.

B: Fighting is the wrong way to **resolve a conflict.**
싸움은 갈등을 해소하는데 좋지않은 방식이야.

↳ It took an hour to **resolve the argument**. 논쟁을 해결하는데 한 시간이 걸렸어.

↳ Let's try to **get this resolved**. 이것을 해결하기 위해 노력하자.

work itself out

- problem works itself out
  문제가 스스로 해결되다

…이 잘 해결되다 *어려운 문제[상황]가 나아지고 있다는 뜻으로 주어자리에는 사물이 온다.

A: My washing machine is very loud. 내 세탁기가 너무 시끄러워.

B: Maybe the noise will **work itself out.**
아마도 그 소음은 저절로 없어질거야.

↳ The problem between them **worked itself out**. 걔들 간 문제는 스스로 해결되었어.

↳ Your trouble will **work itself out** soon. 네 고민은 조만간 스스로 해결될 거야.

31 비난하다, 고소하다
find fault with

accuse A of B

A를 B로 고소하다 *친숙한 법적 용어로 비난하다, 고소하다라는 의미

- accuse sb of sth[~ing]
  …했다고 …를 고소하다
- be accused of
  … 로 고발되다, 비난받다
- charge A with B
  A를 B로 고소하다

A: Jenny **accused her husband of** hitting her.
　　제니는 남편이 자기를 때렸다고 고소했어.

B: Her husband has a bad temper. 걔 남편은 성질이 더러워.

┗ The man **was accused of** stealing a gold ring. 저 사람은 금반지절도혐의로 고소됐어.

┗ Police **charged Tom with** causing an accident. 경찰은 탐이 사고일으켰다고 고소했어.

find fault with

…를 비난하다, 흠을 잡다 *실수를 intentionally 찾은 후 비난하는 경우에 주로 사용

- find fault with one's boss
  …의 보스를 비난하다

A: My parents always **find fault with** my schoolwork.
　　내 부모는 항상 내 학업에 대해 비난하셔.

B: But you get really good grades. 그런데 넌 정말 좋은 학점을 받았네.

┗ All of the workers **found fault with** their boss. 모든 직원들이 보스를 헐뜯고 있어.

┗ It was easy to **find fault with** the old computer. 낡은 컴퓨터를 흠잡는 것은 쉽지.

criticize sb for~

…를 …로 비난하다 *for 다음에는 비난하는 내용을 for sth, for ~ing으로 표현하면 된다.

- criticize sb for sth[~ing]
  …을 …로 비난하다
- be[get] criticized for
  …으로 비난 받다

A: Did you enjoy the tour of the city? 도시관광을 즐겼니?

B: No. The guide **criticized me for** being late.
　　아니, 가이드가 늦게 왔다고 날 비난했거든.

┗ We **criticized Roger for** his laziness. 우린 로저가 게으르다고 비판했어.

┗ Several students **were criticized for** poor spelling.
　　몇 명의 학생들이 스펠링을 형편없이 써서 비난을 받았어.

blame A for B

B에 대해 A를 비난하다, 탓하다 *나쁜 짓을 한 사람에게 책임이 있다고 비난할 때

- be to blame for sth
  …에 대한 책임이 있다
- take the blame for sth
  …에 대해 책임을 지다
- lay the blame on
  …에 죄를 씌우다

A: An old stove **was blamed for** the house fire.
　　낡은 난로가 그 집 화재의 책임이었어.

B: Wow, it burned everything to the ground.
　　와, 그 난로가 모든 것을 태워 버렸구나.

┗ Karen **was to blame for** ending the marriage. 카렌이 결혼파국의 책임이 있어.

┗ The coach **lay the blame on** one of the team members.
　　코치는 팀 멤버 중 한 사람에게 책임을 물었어.

file a complaint against

…에 대해 고소하다 *against 다음에 사람이든 기관이든 고소하는 대상을 쓰면 된다.

- file a complaint against A for
  ~ing
  A를 …했다고 고소하다
- file a complaint against the
  store
  가게에 대해 불평을 제기하다, 고소장을 제출
  하다

A: The new neighbor has his music on all night.
　　새로 온 이웃은 밤새도록 음악을 틀었어.

B: Why don't you **file a complaint against** him?
　　걔한테 불평을 제기하지 그러니?

┗ Madge **filed a complaint against** the store for poor service.
　　매지는 그 가게 서비스가 형편없다고 불평을 제기했어.

┗ He **filed a complaint against** Sam for damaging his car.
　　걘 자기 차를 손상시켰다고 샘을 고소했어.

make fun of

joke about

- joke with sb
  …와 농담하다
- make jokes about
  …에 대해 농담하다

…에 대해 농담하다 *농담거리는 about sth, 농담거는 사람은 with sb라 한다.

A: What did you do with your high school friends?
네 고등학교 친구들과 어떻게 지냈니?

B: We **joked about** things we had done.
우린 과거에 했던 일들에 대해 농담을 주고받았어.

↳ Our teacher jokes with us a lot. 우리 선생님은 우리랑 농담을 많이 해.

↳ We made jokes about our strange classmate. 반 이상한 아이에 대해 농담했어.

play a joke

- play a joke on~
  …에게 농을 하다
- play a trick on~
  …에게 장난을 하다

농담을 하다, 농을 하다, 장난을 하다 *농담이나 장난을 거는 사람은 on 이하에 넣어준다.

A: Why are you all hiding? 너희들 모두 왜 숨니?

B: We're **playing a joke on** your sister. 우린 네 여동생한테 장난을 치려고.

↳ On April 1st, people play jokes on their friends. 4월 1일은 친구들한테 장난쳐.

↳ Did you play a trick on me? 너 나한테 장난한 거였지?

make fun of

- make a fool of
  우롱하다

조롱하다 *of 다음에는 조롱하는 사람이나 사물이 올 수 있다.

A: Many people **make fun of** beggars. 많은 사람들이 거지들을 놀려.

B: That seems very unkind. 그건 매우 친절하지 못한 행동이야.

↳ My ex-boyfriend made a fool of me. 내 옛 남친은 나를 놀렸어.

↳ Don't make fun of disabled people. 장애인들을 놀리지 마라.

pull one's leg

놀리다 *사실이 아닌 이야기를 해서 상대방을 놀릴 때

A: Did you really win a beauty contest? 너 정말로 미인대회에서 뽑혔니?

B: No, I **was just pulling your leg.** 아니야. 그냥 농담해 본 거야.

↳ Uncle Bob likes to pull my leg. 삼촌 밥은 나한테 농담하기 좋아하서.

↳ You must be pulling his leg. 너 개한테 농담하고 있는 게 틀림없어.

tease sb about

- kid sb
  …을 놀리다

…를 …로 놀리다 *악의든 선의든 상대방을 놀리거나 장난치는 걸 말한다.

A: What made Jason so angry? 제이슨은 뭐 때문에 그렇게 화가 났니?

B: Someone **teased him about** his hairstyle.
누군가 걔 헤어스타일에 대해 놀렸대.

↳ We kidded Lotta about her new boyfriend. 우린 로타의 새 남친에 대해 놀렸지.

↳ The children teased Mary about her orange dress.
애들은 메리가 입은 오렌지 옷에 대해 놀렸어.

be hard on

be hard on

- sb be hard on sb
  …가 …을 힘들게 하다
- sth be hard on sb[sth]
  …가 …를 무리하게 하다
- be hard on the body
  몸에 무리가 되다

…심하게 다루다, 나무라다 *일을 일부러 많이 주는 등 부당하고 엄격하게 특정인을 힘들게 할때

A: Our new manager really doesn't like you.
　　새로 온 매니저는 너를 정말 싫어해.

B: Yes, she **has been very hard on** me. 맞아. 걘 나한테 무지 심하게 해.

↳ Too much running is hard on the body. 너무 많이 뛰면 몸에 무리가 돼.

↳ The busy schedule was hard on everyone. 그 바쁜 스케줄로 모두에게 무리가 되었어.

give sb a hard time

…를 힘들게 하다 *역시 sb를 부당하게 대하거나 비난하는 등 괴롭힐 때

A: Andrea has made many mistakes. 안드레아는 많은 실수를 범했어.

B: She's new. Don't give her a hard time.
　　걘 새로 왔어. 너무 심하게 대하지 마.

↳ The policeman gave me a hard time. 경찰은 나를 힘들게 했어.

↳ He gave Cecil a hard time until he quit. 걘 그만둘 때까지 세실을 힘들게 했어.

pick on

…을 괴롭히다, 긁다, 트집잡다 *on 다음에 나오는 사람을 계속 부당하게 비난할 때

A: Beth has a very big nose. 베스는 매우 큰 코를 가지고 있어.

B: It's not nice to **pick on** people. 사람에게 트집잡는 것은 좋지 않아.

↳ Some people pick on my little brother. 일부 사람들은 내 남동생을 괴롭혀.

↳ Why are you picking on me? 왜 날 괴롭히는 거야?

get on one's nerves

- get off one's back
  …에게 잔소리하다

신경을 건드리다 *뭔가 짜증나는 일을 계속 해대서 신경이 곤두설 때

A: Do you like being around Levi? 레비 주변에 있는 게 좋니?

B: No, he really **gets on my nerves.** 아니. 걘 내 신경을 정말로 건드려.

↳ Get off my back about paying the bills! 청구서 갚는 문제에 대해 잔소리하지 마라.

↳ That noise gets on our nerves. 저 소음으로 신경이 거슬려.

bother A with B

- sorry to bother you
  폐를 끼쳐서 죄송하다
- harass sb
  …을 괴롭히다
- nag
  괴롭히다

A를 B로 괴롭히다 *바쁘거나 뭔가 하고 있는데 중간에 끼어 들어 방해할 때

A: Would you like to buy a vacuum cleaner? 진공청소기를 사고 싶니?

B: Don't **bother me with** that right now.
　　지금은 그걸로 날 괴롭히지 마라.

↳ Sorry to bother you, but your mom is calling. 폐를 끼쳐 미안한데 네 엄마가 전화했어.

↳ John harassed the girl until she left. 존은 그 여자애가 떠날 때까지 괴롭혔어.

cheat sb out of

trick sb into ~ing

…을 속여서 …하게 하다 *trick은 상대방을 속여서 뭔가 얻어내는 것을 말한다.

• be[get] tricked into ~ing
속아서 …하다
• trick sb out of sth
…을 속여서 …하지 않게 하다

A: There is a big scam on the Internet.
인터넷 상으로 큰 사기 사건이 생겼어.

B: Olivia **was tricked into** sending money to it.
올리비아가 속아서 그곳에 돈을 보냈대.

↳ We **were tricked into** working today. 우린 속아서 오늘 일하게 되었어.
↳ Patty **was tricked into** marrying Sal. 패티는 샐과 속아서 결혼하게 되었어.

cheat sb out of

…를 속여서 …를 빼앗다 *cheat은 컨닝과 배우자 부정 외에도 남을 사기쳐서 빼앗는 것을 말함.

A: The lawyer **cheated Terry out of** her money.
변호사는 테리를 속여서 돈을 빼앗았어.

B: I hope she can get some back. 걔가 조금이라도 돌려받기를 바래.

↳ Harry **cheated her out of** the rent money. 해리는 걜 속여서 임대료를 빼앗았어.
↳ They **cheated me out of** a prize! 걔들이 날 속여서 상을 갈취해갔어.

con sb out of

…을 속여서 (돈)을 빼앗다 *con은 명사로도 쓰여 con artist하면 사기꾼을 말한다.

• con sb into~
…을 속여서 …를 갈취하다

A: Jerry was never honest with us.
제리는 절대로 우리에게 정직하지 않았어.

B: He **conned everyone out of** their paychecks.
걘 모두를 속여 급여를 갈취했어.

↳ The criminal **conned his family out of** their savings.
그 범죄자는 가족을 속여 예금을 빼앗았어.
↳ The businessman **was conned into** paying more money.
사업가가 속아서 더 많은 돈을 지불했어.

fall for a trick

…의 속임수에 넘어가다 *'fall for sb'하면 '…에게 홀딱 반하다'라는 의미가 된다

• fall for the same trick
그런 속임수에 넘어가다

A: You can trust me with your money. 날 믿고 내게 돈을 맡겨도 돼.

B: No I can't. I **fell for that trick** before.
아니야. 전에도 그 속임수에 넘어갔잖아.

↳ My brother fell for the same trick. 내 동생은 같은 속임수에 넘어갔어.
↳ Don't fall for Paul's tricks. 폴의 속임수에 넘어가지 마라.

be arrested for fraud

사기죄로 체포되다 *fraud 역시 사람들을 속여서 돈을 갈취하는 것을 말한다.

• through[by] fraud
사기로
• do a number on sb
…를 해롭게 하다, 다치게 하다
• commit a fraud
사기치다

A: The bank manager **was arrested for fraud.**
은행 매니저가 사기죄로 체포되었어.

B: What problems did he cause? 걔가 무슨 문제를 일으켰는데?

↳ Most of the money was stolen through fraud. 사기로 대부분의 돈을 뺏겼어.
↳ That stockbroker really did a number on us. 저 주식브로커가 진짜 우리를 베껴먹었어.

35 훔치다, 빼앗다
rob A of B

steal sth

- steal A from B
  B에게서 A를 훔치다
- be caught stealing sth
  …을 훔치다가 잡히다

…을 훔치다 *steal 다음에는 훔치는 물건, rob 다음에는 훔치는 장소나 사람이 온다.

A: **Why are the policemen outside?** 왜 경찰이 밖에 나와 있니?

B: **Someone stole my new car.** 누군가 내 새 차를 훔쳐갔어.

ㄴ He **stole some money from** the old woman. 걘 노부인에게서 돈을 좀 훔쳤어.

ㄴ Danny **got caught stealing a purse from** the store.
대니는 가게에서 지갑을 훔치다가 잡혔어.

be stolen from

- have sth stolen
  도난 당하다

…에서 도난 당하다 *have sth stolen의 사역동사를 쓰기도 한다.

A: **A television was stolen from Wendy's apartment.**
웬디의 아파트에서 TV가 도난당했어.

B: **Was it expensive to replace?** 비싼 거였니?

ㄴ The jewelry store had many diamonds **stolen from** it.
보석가게에서 많은 다이아를 도난당했어.

ㄴ I **had my watch stolen.** 시계를 도둑맞았어.

rob A of B

- rob a bank downtown
  시내 은행을 털다
- be robbed of one's money
  …의 돈을 도난 당하다

A에게서 B를 빼앗다 *rob 다음에 은행 등의 장소명사가 오면 '…을 털다'라는 의미

A: **The thief robbed us of our Christmas presents.**
우리가 강도한테 크리스마스 선물들을 털렸어.

B: **Wow, that's a terrible thing to do.** 와, 끔찍한 일을 저질렀군.

ㄴ Someone **robbed a bank** downtown. 누군가 시내 은행을 털었어.

ㄴ The tourists **were robbed of** their money. 관광객들의 돈이 털렸어.

hold up sth

- hold up the store
  마을 가게를 털다
- holdup
  노상강도

…을 강탈하다 *주로 은행[상점]에서 gun 등 deadly weapon을 들고 '강탈하다'라는 의미

A: **The robber held up the bank.** 강도가 은행을 강탈했어.

B: **I hope the police will catch him.** 경찰이 범인을 체포하길 바래.

ㄴ He ran out after he **held up** the store. 걘 가게를 털고 나서 달아났어.

ㄴ Tim was caught after he **held up** the McDonalds. 팀은 맥도날드 턴 후 잡혔어.

be deprived of

- be deprived of one's
  freedom
  …의 자유를 빼앗기다
- deprive sb of sth
  …에게서 …을 빼앗다

…을 빼앗기다 *당연히 갖고 누려야 할 것을 빼앗긴다는 말

A: **Was it difficult to stay in jail?** 감옥에 있는 게 힘들었지?

B: **We were deprived of food and water for a while.**
우린 한 동안 음식과 물을 빼앗겼었어.

ㄴ Linda **was deprived of** freedom after being arrested.
린다는 체포된 이후 자유를 빼앗겼어.

ㄴ The people **were deprived of** sunlight during the rainy days.
사람들은 우기 동안 햇볕을 쬐지 못했어.

have words with

argue about

- **argue with sb about sth**
  …에 대해 …와 다투다
- **argue it out**
  끝까지 다투다

…에 대해 다투다 *about 대신에 over를 써도 된다.

A: **My car is much nicer than yours.** 내 차가 네 것보다 훨씬 나아.

B: **I don't want to argue about it.** 그 문제로 다투고 싶지 않아.

↳ Can we **argue about** this later? 이거 나중에 언쟁하자, 응?

↳ You really want to **argue with** me about this? 너 정말 나랑 이것 갖고 말다툼할 거야?

have words with

- **have a few words with sb**
  …와 이야기하다
- **be at odds with**
  …와 의견이 다르다

…와 말다툼하다 *have a word with sb는 '…와 개인적으로 대화하다'라는 의미가 된다.

A: **Were Jimmy and Bill really fighting?**
지미와 빌은 정말로 싸우고 있었던 거니?

B: **No, but they had words about something.**
아니, 단지 무슨 문제에 대해 말다툼을 했어.

↳ I need to **have a few words with** you right now. 난 지금 너하고 이야기 좀 나눠야겠어.

↳ Some of the students **were at odds with** the teacher.
일부 학생들이 선생님과 의견이 달랐어.

have a fight

- **start a fight with sb**
  …와 싸움을 시작하다
- **fight a lot with**
  …와 많이 싸우다

싸우다 *말다툼을 뜻하는 quarrel 뿐만 아니라 모든 형태의 싸움을 포괄하는 의미

A: **What happened to Sylvester?** 실베스타에게 무슨 일이 생겼니?

B: **I think he got into a fight.** 걔가 싸움을 했던 것 같아.

↳ Tom and I **had a really big fight.** 탐과 내가 정말 크게 싸웠는데.

↳ My parents **got into a big fight** and got divorced. 부모님은 크게 싸우고 헤어졌어.

call sb names

- **insult sb**
  …을 모욕하다
- **shout[yell] at sb**
  …에게 소리치다

…을 욕하다 *이름부르는 것이 아니다. sb자리가 소유격이 아니라 목적격인 점에 주목한다.

A: **Jethro is just a dummy.** 제스로는 그냥 바보야.

B: **Come on, don't call him names.** 왜 그래. 걔한테 욕하지 마.

↳ The fight started after he **insulted my girlfriend.**
걔가 내여친을 모욕해 싸움이 시작됐어.

↳ She got so angry she began to **shout at everyone.**
걘 넘 화나 모두에게 소리치기 시작했어.

bring it on

덤비다 *주로 명령문 형태로 '덤벼봐'라는 뜻으로 도전정신이 가득한 표현

A: **I can beat you up any time.** 난 널 아무 때나 두들겨 팰 수 있어.

B: **When you're ready to fight, bring it on.**
싸울 준비가 되어 있으면 덤벼.

↳ If you're tough enough, **bring it on!** 네가 터프하다면 덤벼봐.

↳ We can handle it. **Bring it on.** 우리가 다룰 수 있어. 덤벼라.

37 때리다

beat up

hit sb hard

- be hit by a car
  차에 치다
- hit sb in the face
  …의 얼굴을 때리다
- punch sb in the nose
  …의 코를 때리다

…를 심하게 때리다　*hit sb in the+신체부위의 형태로 자주 쓰인다.

A: How did Pat get hurt?　패트가 어떻게 다쳤니?

B: Another guy **hit him hard.**　어떤 친구가 걜 심하게 때렸어.

↳ The bicyclist **was hit by a car.**　자전거 타는 사람이 차에 치었어.

↳ The baseball **hit Tara in the face.**　야구 볼이 타라의 얼굴에 맞았어.

beat sb up

- beat sb up in a fight
  싸움에서 …를 실컷 때리다

…을 실컷 때리다　*주먹으로 때린다는 뉘앙스로 up을 써서 강조한 표현이다.

A: Several people **beat Jason up.**　몇 명이 제이슨을 실컷 때렸어.

B: How did he make them angry?　제이슨이 어떻게 걔들을 화나게 했는데?

↳ Todd **beat him up in a fight.**　토드는 싸움에서 걔를 실컷 때렸어.

↳ I am going to **beat him up.**　걜 혼내줄거야.

slap sb in the face

- spank sb
  …을 손바닥으로 때리다

…의 얼굴을 때리다　*손바닥으로 때린다는 뉘앙스로서 give a slap이라고도 한다.

A: What happened when you tried to kiss Sue?
수한테 키스하려고 할 때 무슨 일이 생겼니?

B: She **slapped me in the face.**　걔가 내 얼굴을 손바닥으로 때렸어.

↳ The angry woman **slapped her boyfriend in the face.**
화난 여성이 남친의 얼굴을 손바닥으로 때렸어.

↳ I almost **slapped you in the face.**　거의 네 얼굴을 때릴 뻔 했어.

smack sb

…을 때리다　*역시 아이들을 손바닥으로 벌주기 위해 때리는 것을 말한다.

A: What did Sandra do when her husband dated other
women?　샌드라는 남편이 다른 여자들과 데이트할 때 어떻게 했어?

B: She **smacked** him across his face.　얼굴을 갈겼어.

↳ I am going to **smack** you if you don't shut up.　입다물지 않으면 갈겨버릴거야.

↳ Dave **smacked** his little brother.　데이브는 남동생을 때렸어.

knock ~ down

- knock down the wall
  벽을 무너트리다
- be knocked down by storm
  폭풍에 의해 무너지다

…를 때려 눕히다, 무너트리다　*know out은 '때려 쓰러트리나'는 뜻

A: The old woman just **knocked me down.**
그 나이 든 여성이 날 방금 넘어트렸어.

B: Well, she really wanted to get on the bus.
글쎄, 반드시 버스를 타야만 했나 봐.

↳ We'll **knock down** the wall before starting construction.
우린 건축을 시작하기 전에 벽을 무너트렸어.

↳ The big tree **was knocked down by the storm.**　큰 나무가 폭풍으로 쓰러졌어.

38 복수하다, 보복하다
get even with

get even with

- get even with sb one day
  언젠가 …에게 복수하다

…보복[복수]하다 *과거의 받은 trouble이나 harm에 대해 똑같이 되갚는다는 의미의 표현

A: Brad decided to **get even with** his ex-girlfriend.
　　브래드는 옛날 여친에 대해 복수하기로 했어.

B: What is he going to do? 그래서 뭘 할 건데?

   ↳ I'll **get even with** my enemies some day. 난 언젠가 적들에게 복수할 거야.

   ↳ I will **get even with** my boss for firing me. 날 해고한 데 대해 사장에게 보복할거야.

get back at

- get back at sb for ~ing
  …에게 …한 것을 앙갚음하다

…에게 앙갚음하다 *…에게 받은 상처나 피해 등을 다시 돌려준다는 의미

A: Why did Mark break your window? 왜 마크가 네 창문을 부쉈니?

B: He was trying to **get back at** me. 나한테 복수하려고 한 것 같아.

   ↳ I'll **get back at** Carol for saying bad things about me.
　　캐롤이 나에 대해 나쁘게 말한 데 대해 앙갚음 할 거야.

   ↳ Don't try to **get back at** him. 걔한테 앙갚음 하려고 노력하지마.

pay back

- pay sb sth back
  …에게 …을 되갚다
- pay sb back for sth
  …에게 …한 것에 대해 갚다

보복하다, 갚다 *빌린 돈을 갚는다는 것으로 비유적으로 상대방이 내게 한 짓을 되갚을 때.

A: Why did you cut up my clothes? 왜 내 옷을 잘랐니?

B: It was **pay-back** for you cheating on me. 나를 속인 보복이었어.

   ↳ You must **pay back** the money within a week. 넌 일주 안에 그 돈을 갚아야 해.

   ↳ Sarah got **pay back** by breaking his cell phone. 새라는 걔휴대폰을 부셔 복수했어.

get revenge on

- get some revenge for~
  …에 대한 복수를 하다
- take revenge on sb
  …에게 복수하다

…에게 복수하다 *on 다음에는 복수할 sb를, for 다음에는 복수하게 된 이유를 적는다.

A: I heard Paul stole your girlfriend. 폴이 네 여친을 뺏었다며.

B: Yeah, I'll **get revenge on** him for that.
　　그래, 그거에 대해 걔한테 복수할거야.

   ↳ Paula got **revenge for** being insulted. 폴라는 모욕받은데 대해 복수했어.

   ↳ My uncle **took revenge on** his enemies. 내 삼촌은 자기 적들에게 복수했어.

seek revenge

- look for revenge
  복수의 길(방법)을 찾다

복수의 기회를 노리다 *역시 복수의 원인은 for 이하에 적는다.

A: I'm going to **seek revenge** for what he did.
　　걔가 한 짓에 대해 복수할 기회를 찾을 거야.

B: Don't do anything that will get you in trouble.
　　네가 어려움에 빠질 수 있는 일은 하지마.

   ↳ Some people **look for revenge** on the Internet.
　　어떤 사람들은 인터넷 상으로 복수의 방법을찾고 있어.

   ↳ He waited ten years to **seek revenge**. 걘 복수할 기회를 위해 10년을 기다렸어.

make up with

make up with

- make up with sb
  …와 화해하다

화해하다 *싸우고 다툰 이후에 다시 화를 풀고 친구가 될 때

A: Polly and her boyfriend **made up with** each other.
폴리와 걔의 여친은 서로 화해했어.

B: So they are not fighting any more? 그래서 더 이상 안 싸우니?

↳ You should **make up with** your brothers and sisters.
네 여자, 남자 형제들과 화해해야 해.

↳ I couldn't **make up with** my worst enemy. 난 최악의 적과 화해를 할 수가 없어.

patch things up with

…와 화해하다 *주로 patch it up 혹은 patch things up의 형태로 쓰인다.

A: Why did you meet with Ron? 왜 론과 만났니?

B: I wanted to **patch things up** after our argument.
다툰 끝에 난 서로 화해하기를 원했어.

↳ Try to **patch things up with** your family. 네 가족과 화해하도록 해.

↳ We'll **patch things up** when we get together. 만날 때 서로 이견을 조정할 거야.

resolve one's differences

- settle one's differences
  …의 차이점을 해결하다

…의 차이점을 해결하다, 해소하다 *상호간의 의견 차이를 푼다고 할 때

A: I heard Mike and Eric stopped fighting.
마이크와 에릭이 싸움을 중단했다고 들었어.

B: It took several hours to **resolve their differences.**
걔들 차이점을 해소하는데 몇 시간이나 걸렸어.

↳ Let's **settle our differences** like real men. 진짜 사나이답게 우리 차이를 해결하자.

↳ We can **resolve our differences** another time. 다른 때 우리 차이점을 해결할 수 있어.

reach a settlement

해결책에 이르다, 해결방안을 찾다 *settlement는 '해결책'을 의미한다.

A: How is your court case going? 네 법원 사건은 어떻게 돌아가니?

B: I finally **reached a settlement.** 결국 해결책을 찾았어.

↳ Joan **reached a settlement with** the insurance company.
조안은 보험회사와 합의를 했어.

↳ Will you ever **reach a settlement with** her? 한번이라도 걔와 문제해결 한 적이 있니?

iron out

해결하다 *다리미로 구겨진 곳을 펴듯 이견과 갈등을 조정해서 없앤다는 말

A: Is Stan still upset with you? 스탠이 아직도 네게 화나있어?

B: No, we **ironed out** the problem. 아니. 우린 문제를 해결했어.

↳ It will take time to **iron out** these issues. 이 문제들을 해결하는데 시간이 걸릴거야.

↳ Have you **ironed out** the computer problem? 컴퓨터 문제를 해결했어?

turn against

go behind one's back

…를 배신하다 *turn against sb와 같은 의미의 표현

A: Should I tell someone about the problem?
그 문제에 대해 누군가에게 얘기해도 되니?

B: Don't **go behind your teacher's back.** 네 선생님을 배신하지는 마.

└ She went behind my back to the boss. 걘 내 뒤에서 사장에게 날 비난했어.

└ I went behind my wife's back to buy the computer. 아내 모르게 컴퓨터를 샀어.

betray one's friend

…의 친구를 배신하다 *betray sb면 「…를 배반하다」라는 의미

- betray one's trust
  신뢰를 저버리다, 배신하다

A: Ashley always **betrays her friends.** 애쉴리는 항상 친구들을 배반해.

B: That's why no one trusts her. 그래서 아무도 걜 믿지 않는 거야.

└ The man betrayed all of his friends. 저 친구는 모든 친구들을 배반했어.

└ She betrayed her friends while in high school. 걘 고교 친구들을 배신했어.

stab sb in the back

…를 배반하다, 등을 치다 *Brutus에게 등에 칼을 맞고 "You, too, Brutus!"라고 말한 Caesar.

A: Businessmen **stab each other in the back** all the time.
기업가들은 항상 상대를 배반해.

B: Yeah, it's tough to have a job like that.
그래, 그런 직업을 갖는 것은 정말 거칠어.

└ My best friend stabbed me in the back. 내 절친이 날 배반했어.

└ I can't believe you stabbed me in the back! 네가 날 배반하다니 믿을 수가 없구나.

blow the whistle on

내부고발을 하다 *주로 부정, 비리, 잘못 등을 대외에 알리는 양심적 행위

A: Hank **blew the whistle on** his boss.
행크는 자기 보스에 대해 내부고발을 했어.

B: That's why he was just fired. 그래서 걔가 바로 해고되었어.

└ It's difficult to blow the whistle on wrongdoing. 부정행위를 내부고발하는 건 어려워.

└ She never blew the whistle on the illegal operation.
걘 불법 조업에 대해 결코 내부고발을 하지 않았어.

turn against

배신하다, 등을 돌리다 *반대로 방향을 틀다는 것으로 비유적으로 등을 돌리다 정도의 의미

A: Courtney **turned against** her friends.
커트니는 친구들에게 등을 돌렸어.

B: She spends a lot of time alone now. 걘 지금 많은 시간을 혼자 보내.

└ The voters turned against the President. 유권자들은 대통령에게 등을 돌렸어.

└ We turned against our strict teacher. 우리는 엄한 선생님에게 등을 돌렸어.

teach a lesson

punish sb for

- punish sb for sth[~ing]
  ···에 대해 ···를 혼내다
- punish sb by ~ing
  ···함으로써 ···을 혼내다
- get[be] punished
  혼나다

···에 대해 ···를 혼내다 *for 다음에는 혼나야 할 짓을 명사나 ~ing로 말하면 된다.

A: **Why is your son sitting over there?** 네 아들이 왜 거기에 앉아있니?

B: **I punished him for hitting his older brother.**
형을 때린 데 대해 벌을 준 거야.

ㄴ The government should **punish them for** stealing money.
정부는 돈을 훔친 죄로 걔들을 처벌해야 돼.

ㄴ We **punished them for** skipping school. 수업 빼먹은 걔들을 처벌했어.

teach sb a lesson

- teach sb manners
  버르장머리를 가르치다
- lesson learned
  배운 교훈

···에게 교훈을 주다, 혼내주다 *이렇게 해서 교훈을 받는 것은 learn a lesson

A: **Did Harry get sent to jail?** 해리가 투옥되었니?

B: **Yes. I hope it teaches him a lesson.** 그래. 걔가 교훈을 얻기를 바래.

ㄴ These problems really **taught me a lesson.** 이 문제들로 난 진짜 교훈을 얻었어.

ㄴ I'll **teach you a lesson** about disrespecting me! 날 무시한 데 대해 널 혼낼거야!

kick one's ass

- get one's ass kicked
  ···가 혼나다
- kick one's ass out of
  ···를 ···에서 쫓아내다

···를 혼내다 *구어표현으로 one's ass를 발로 kick하는 모습을 연상해보면 된다.

A: **Brett says he's going to kick your ass.**
브레트는 널 혼내 줄 거라고 말해.

B: **No way. I'm much tougher than he is.** 안될 걸. 내가 걔보다 더 강한데.

ㄴ The boxer **got his ass kicked** in this fight. 그 권투선수가 이 싸움에서 혼났어.

ㄴ I'll **kick your ass** right out of my house. 내가 널 내 집에서 쫓아버릴 거야.

scold sb for

- scold sb for sth[~ing]
  ···에 대해 혼나다
- get a scolding from
  ···로부터 꾸지람을 듣다

···를 ···한다고 꾸중하다 *특히 어린아이의 잘못을 호되게 혼낼 때

A: **Mom scolded Sally for talking too much.**
엄마는 샐리가 너무 말을 많이 한다고 꾸중했어.

B: **Sally should learn to be quieter.** 샐리는 좀 더 조용히 있는 걸 배워야 해.

ㄴ Busby **got a scolding from** his teacher. 버즈비는 선생님으로부터 꾸지람을 들었어.

ㄴ I had to **scold Jill for** not paying me. 질이 돈을 갚지 않아 혼냈어.

get away with

- get away with murder
  살인에 대한 처벌을 피하다

···처벌받는 것을 피하다 *avoid punishment for는 의미로 나쁜 짓을 하고도 벌받지 않는다라는 뜻

A: **Did you watch the trial?** 그 재판을 잘 보았니?

B: **Yes. The man got away with robbing the bank.**
그럼. 그 사람은 은행을 털고서도 처벌을 받지 않았지.

ㄴ I think Helen **got away with** murder. 헬렌이 살인하고도 벌받지 않았다고 생각해.

ㄴ She **got away with** stealing something from the store.
걘 가게에서 뭔가를 훔치고도 벌을 모면했어.

give up

stop ~ing

- stop a bad habit
  나쁜 습관을 중단하다
- kick the habit
  그 습관을 버리다

…하는 것을 그만두다 *stop to do하면 '…하기 위해서 멈추다'라는 의미

A: Let's **stop** working and finish this tomorrow.
그만 일하고 내일 마무리하자.

B: That's a good idea. I'm tired. 좋은 생각이야. 나 피곤해.

└ I have tried every year since 2005 to **stop** smoking.
난 2005년 이래 매년 금연을 시도해왔어.

└ **Stop** complaining and get back to work. 불평 그만하고 일해.

quit ~ing

- quit school
  학교를 그만두다
- quit drinking
  음주를 중단하다

…하는 것을 중단하다 *학교나 직장을 그만두거나 보통 안좋은 일들을 그만둔다고 할 때

A: What made you **quit your job**? 어째서 일을 그만둔 거야?

B: I really hated to wake up early. 일찍 일어나기가 정말 싫더라고.

└ Bill **quit school** last year. 빌은 작년에 학교를 그만 두었어.

└ Didn't you **quit smoking** last year? 넌 작년에 금연했었니?

give up

- give up work
  일을 그만두다
- Don't give up.
  포기하지 마라.

…을 그만두다 *일상적으로 하던 일, 혹은 열심히 하던 일을 그만두다라는 뜻

A: Why did you **give up** drinking? 왜 술을 끊었는데?

B: It was making me very unhealthy. 술이 내 건강을 해쳤거든.

└ Jean **gave up** working daily. 진은 매일 일하는 것을 포기했어.

└ Don't **give up**. Things will get better. 포기하지마. 상황이 좋아질 거야.

knock it off

- knock off early
  일찍 끝내다
- Come off it!
  집어쳐!
- Cut it out!
  그만둬!

그만두다 *다른 사람이 하던 일을 그만두라고 할 때 쓰는 표현으로 cut it out, come it off도 같은 표현

A: It's too cold. Turn up the heat! 너무 추워. 난방을 세게 해라.

B: **Knock it off.** The temperature is fine. 그만둬. 온도가 적당해.

└ Let's **knock off** early and grab a beer. 빨리 끝내고 맥주 마시러 가자.

└ **Come off it!** You don't have that many problems.
집어쳐! 넌 그렇게 많은 문제를 가지고 있지는 않아.

break off

- leave off
  뭔가 그만두다

(말이나 행동을) 중단하다 *어떤 말이나 행동을 하다가 갑자기 그만 둘 때

A: I will have to **break off** right now. 지금 당장 그만 둬야겠어.

B: Do you have other plans? 다른 계획이 있어?

└ The speaker **broke off** in mid-sentence. 발표자는 말도중에 중단했어.

└ We **left off** on page number eighty one. 우리는 81페이지에서 그만뒀어.

keep sb from

stop sb from ~ing

…가 …하는 것을 막다 *stop 대신 keep, prevent를 사용해도 같은 의미

A: We **stopped Gary from** fighting with Tom.
우린 게리가 톰과 싸우는 것을 막았어.

B: Good. Those guys don't like each other. 잘했어. 걔들은 서로 싫어해.

↳ The police prevented the thief from stealing money.
경찰은 도둑이 돈을 훔치는 것을 사전에 막았어.

↳ The airport stopped people from getting on the plane.
공항 측은 승객들이 탑승하는 것을 막았어.

keep sb from ~ing

…가 …하는 것을 막아주다, 보호하다 *from 다음에는 명사나 ~ing 형태가 오면 된다.

- keep sb from sth
  …가 …못하도록 하다
- keep sth from sth
  …가 …하지 않도록 하다
- keep oneself from ~ing
  …하지 않도록 하다

A: Do these vitamins really work? 이 비타민이 진짜로 효과가 있니?

B: They **kept me from** getting sick. 내가 병드는 것을 방지해줬어.

↳ Keep the TV from playing too loud. TV를 너무 크게 틀어놓지마.

↳ I can't keep him from drinking. 난 걔가 술 마시는 것을 막을 수가 없어.

get in the way

…의 방해가 되다, 막고 있다 *get 대신에 stand를 사용해도 같은 의미

- be in the way
  방해가 되다
- get out of the way
  비켜서다
- keep out of one's way
  …를 피하다

A: Don is the worst member of our group.
돈은 우리 그룹 중에서 최악의 멤버야.

B: He always **gets in the way** when we do things.
우리가 일할 때 항상 방해가 돼.

↳ The table is in the way of the door. 테이블이 문을 막고 있어.

↳ The tree is falling. Get out of the way! 나무가 넘어져. 비켜서라.

disturb sb[sth]

…를 방해하다 *하던 일을 interrupt하여 못하게 할 때

- sorry to disturb you
  방해해서 죄송하다
- disturb one's sleep
  …의 잠을 방해하다
- interrupt sb
  …를 방해하다, 가로막다

A: Did you hear all the yelling last night?
어제 밤 소리치는 것을 들었니?

B: Yes, it **disturbed** everyone in my apartment building.
응, 그 소리가 아파트 빌딩 내 모든 사람들을 방해했지.

↳ Be careful not to disturb the sleeping baby. 자는 애기가 깨지 않도록 주의해라.

↳ The speech continued without interruption. 그 연설은 끊임없이 계속되었어.

block one's way

…을 차단하다, 막다 *…가 가는 길을 막고 있어서 못지나갈 때

- block sth
  …을 막다
- set back
  저지하다, 막다

A: Why was the bus late getting here? 왜 버스가 여기에 늦게 온 거야?

B: There was an accident that **blocked its way.** 사고로 길이 막혔어.

↳ Tim blocked Jena from leaving his room. 팀은 제나가 방을 나가는 것을 막아 섰어.

↳ My boss tried to set back my plan for vacation. 사장이 내 휴가계획을 막으려 했어.

keep away from

keep away from

• keep away from
···를 멀리하다

···을 멀리하다, 가까이 가지 못하다 *from 다음에는 sb나 sth 다 올 수 있다.

A: **Keep away from** the boss. He's in a bad mood.
보스로부터 떨어져 있어라. 아주 기분이 안 좋아.

B: I saw that he looked upset. 보스가 화가 나 있는 것 같아.

↳ Keep away from that old house. 저기 고가를 멀리해라.

↳ Keep away from the sharp knives. 날카로운 칼들은 멀리해라.

stay away from

···로부터 떨어져 있다 *물리적으로 떨어질 뿐만 아니라 추상적으로 어떤 일에서 빠지라고 할 때도 쓴다.

A: Have you been to this neighborhood? 이 주변에 와본적 있어?

B: **Stay away from** there. It's dangerous. 그곳에 가까이 가지마. 위험해.

↳ Stay away from dishonest people. 부정직한 사람들 가까이 하지마라.

↳ Stay away from my wallet. 내 지갑에 접근하지 마라.

keep off

···에 가까이 하지 않다, 피하다 *잔디밭에 있는 "Keep off the grass"로 유명한 표현

A: **Keep off** the sidewalk. 보도에 가까이 가지마.

B: I see it is being repaired. 보수공사중이네.

↳ You'd better keep off my lawn. 내 잔디밭에 가까이 오지 마라.

↳ She said to keep off the new furniture. 걘 새로 산 가구에 가까이 오지 말라고 했어.

get out of

• get out of +sth[~ing]
···하는 것을 피하다

··· 하기 싫은 일을 성공적으로 피하다 *out of로부터 벗어난다는 것.

A: **We have to work all day Sunday.** 우린 일요일 하루 종일 일해야 돼.

B: Is there any way to **get out of** it? 그걸 피할 수 있는 어떤 방도가 있니?

↳ I got out of going on that blind date. 난 그 소개팅을 성공적으로 피했지.

↳ You need to get out of the schedule you have. 넌 네 스케줄을 회피할 필요가 있어.

sneak out of

• sneak out of work[school]
직장(학교)에서 조용히 빠져 나오다

···로부터 조용히 빠져 나오다 *sneak는 조용히 들키지 않고 가는 것을 말한다.

A: **Are you sure you can meet me today?**
오늘 확실히 나하고 만날 수 있니?

B: Sure. I'll **sneak out of** our office meeting.
그럼. 사무실 회의에서 빠져 나올게.

↳ Don't sneak out of work on Friday. 금요일에 사무실에서 빠져 나오지마.

↳ Three students sneaked out of school. 학생 3명이 학교에서 조용히 빠져 나왔어.

set ~ free

set sb free

- be set free
  석방되다
- become[get] free[loose]
  자유로워지다

…가 석방되다, 자유로워지다 *allow sb to be free한다는 말

A: **What will happen to the animals in this zoo?**
이 동물원 동물들 어떻게 될까?

B: **They will be set free in the future.** 앞으로 자유롭게 풀려날거야.

↳ The court **set the prisoner free.** 법정은 그 죄수를 석방시켰다.

↳ The boat was lost when it **got free of** the dock. 배는 선창에서 풀리자 사라졌어.

be released from

- release a hostage
  인질을 석방하다
- be released from a cage
  새장에서 풀려나다

…에서 풀려나다 *release는 잡았던 사람이나 동물을 풀어주는 것을 말한다.

A: **My brother was just released from jail.** 형이 감옥에서 풀려났어.

B: **Really? Why was he in jail?** 정말. 왜 감옥에 갔는데?

↳ The terrorists agreed to **release a hostage.**
테러리스트들은 인질을 석방하기로 동의했어.

↳ The animals **were released from** their cage. 동물들은 우리에서 풀려났어.

let out

- let the dog out
  강아지를 풀어주다

…를 나가게 하다, 풀어주다 *역시 사람이나 동물 등을 풀어줄 때

A: **I think someone locked the door.** 누가 문을 잠근 것 같아.

B: **I'll let out the people who are inside.**
내가 안에 있는 사람들을 풀어줄게.

↳ Gwen must go home and **let the dog out.** 그웬은 집에 가서 개를 풀어주었다.

↳ Open the window and **let out** the smoke. 창문을 열고 연기를 내보내라.

turn sb loose

- set[let] sb loose
  풀어주다

…를 풀어주다 *turn 대신에 set이나 let을 사용해도 같은 표현이 된다.

A: **I heard Brandon was detained at the airport.**
브랜든이 공항에 억류되었다며.

B: **Yes, but they turned him loose after a few hours.**
어, 하지만 몇시간 후에 풀려났어.

↳ The vampire was **turned loose** in a dark place. 뱀파이어가 어두운 곳에서 풀려났어.

↳ I hope they never **turn him loose.** 그 남자를 절대 풀어주지 않았으면 해.

get out of prison

- put sb in prison
  수감하다

감옥에서 풀려나다 *go to the prison하면 볼일이 있어 감옥이란 건물에 가는 걸 말한다.

A: **What happened to the bank robber?** 그 은행강도는 어떻게 되었니?

B: **He got out of the prison after completing his term.**
형기를 마치고 풀려났어.

↳ After **getting out of the prison,** he became a Christian.
걘 감옥에서 나와서 기독교인이 됐어.

↳ Try to visualize the moment when you **get out of prison.**
네가 감옥에서 나가는 순간을 머리 속에 그려보도록 해라.

take action

act like+N

- act like a fool
  바보처럼 행동하다
- act like[as if] S+V
  …처럼[인양] 행동하다

…같이 행동하다 *act like 다음에는 명사 이외에도 S+V의 절이 오기도 한다.

A: You're married. Don't **act like** a single guy.
  넌 결혼한 몸야. 총각처럼 행동하지마.

B: I'm not. I was just talking to these girls.
  안 그래. 그냥 이 여자분들하고 얘기 좀 나눴을 뿐야.

↳ Gina just acted like she didn't know me. 지나는 나를 모르는 것처럼 행동했어.

↳ Tony acts like he has a lot of money. 토니는 마치 돈이 많은 것처럼 행동해.

act+부사

- act strangely
  이상하게 행동하다
- act so badly
  아주 나쁘게 행동하다

…하게 행동하다 *행동을 어떻게 한다고 말할 때 쓰는 표현으로 반드시 act 다음에 부사를 쓴다.

A: Kari **was acting strangely** today. 카리는 오늘 이상하게 행동했어.

B: What was wrong with her? 무슨 문제가 있었니?

↳ Act quickly before it is too late. 너무 늦기 전에 빨리 행동을 취해.

↳ I always act friendly to people I don't know.
  난 언제나 내가 모르는 사람들에게도 친절하게 대해.

act+형용사

- act cruel
  잔인한 척하다
- act strange all day
  온종일 이상한 척하다
- act very crazy
  아주 미친 척하다
- act the fool
  바보인 척하다

…인 척하다 *진짜 감정과는 다르게 행동하는 것으로 act 다음에 명사가 올 수도 있다.

A: Why were you and Gerald fighting? 너와 제랄드는 왜 싸우니?

B: He **acted very cruel** towards me. 걔가 나한테 무지 잔인하게 행동했어.

↳ Brandon acts crazy when he has been drinking.
  브랜든은 술먹으면 미친 듯이 행동해.

↳ Our new teacher acts funny. 우리 새로 온 선생님은 행동하는 게 재미있어.

take action

- take (some) steps
  조치를 취하다

조치를 취하다 *action 대신에 measures나 steps를 써도 된다.

A: I owe more money every day. 난 매일 돈을 더 빌려.

B: You should **take action** and pay your debts.
  넌 빚을 갚을 조치를 취해야 해.

↳ They took action to stop the thief. 걔들은 도둑을 막을 조치를 취했어.

↳ Melinda took action to lose weight. 멜린다는 감량을 위한 조치를 취했어.

behave like+N

- behave as if S+V
  …인 것처럼 행동하다
- behave strangely
  이상하게 행동하다

…처럼 행동하다 *Behave yourself는 '얌전히 굴어라'라는 표현으로 애들에게 많이 쓰인다.

A: The kids acted badly on the subway.
  애들이 지하철에서 나쁘게 행동했어.

B: I agree. They **behaved like** little monkeys.
  동의해. 마치 작은 원숭이들처럼 말이야.

↳ The businessmen behaved like gangsters.
  그 비즈니스맨들은 마치 갱들처럼 행동했어.

↳ The man and woman behaved like lovers. 그 남녀는 마치 연인처럼 행동했어.

make a move

- make a move to do
  …하기 위해 움직이다
- *cf.* make a move on sb
  성적으로 추근대다

움직이다, 행동을 취하다 *어떤 문제를 해결하거나 목적을 달성하기 위해 움직인다는 의미

A: I'm worried that I will lose all my money.
내 모든 돈을 잃을 까봐 걱정이 돼.

B: You should **make a move to** protect it.
그 돈을 보호할 조치를 취해야 돼.

└ Rick made a move to find a better job. 릭은 좀 더 나은 직업을 찾으려고 행동을 취했어.

└ The students made a move to join another class.
학생들이 다른 수업에 참석하려고 조치를 취했어.

meet a challenge

도전에 대응하다 *어려운 일을 피하지 않고 맞서서 부딪혀 본다는 말

A: Our basketball team is pretty talented.
우리 농구팀은 정말 재능 있어.

B: They can **meet a challenge from** any other team.
어떤 다른 팀이 도전해도 당당히 대응할 거야.

└ Are you ready to meet a challenge from someone else?
다른 사람으로부터 도전해도 대응할 준비가 되어 있니?

└ We can meet a challenge from another company.
우린 다른 회사로부터의 도전에 응할 수 있어.

cope with

일을 처리하다. 대처하다 *어려운 문제나 상황을 잘 처리한다는 의미

A: Darian's parents both died this year.
다리안의 부모님은 금년에 둘 다 돌아가셨어.

B: It must be difficult for her to **cope with** that.
걔가 극복하기가 어려울 것 같아.

└ I can't cope with all the work I have to do. 내가 해야 될 모든 일을 처리할 수가 없어.

└ How did you cope with getting fired? 회사에서 잘린 것은 어떻게 극복할 수 있었니?

take a chance

take a chance

- take one's chance
  운에 맡기면 한번 해보다
- take chances
  위험을 무릅쓰다
- take a chance on ~
  …에 모험을 해보다
- *cf.* take the chance
  기회를 잡다

위험을 무릅쓰고 한번 해보다 *위험이 있는데도 불구하고 한번 시도해볼 때

A: Do you think I should get this leather coat?
이 가죽 코트를 가져야 한다고 생각하니?

B: It may be bad quality. You'd **be taking a chance on** it.
질은 좋지 않을 수 있는데 한번 시도해봐라.

↳ Take a chance and do something new. 한번 새로운 것을 운을 걸고 시도해봐라.

↳ Pam **took a chance and** tried Internet dating. 팸은 운걸고 인터넷데이트를 시도했어.

run a risk

- run[take] the risk of ~ing
  …의 위험을 무릅쓰다
- take some risk
  위험을 좀 무릅쓰다

위험을 무릅쓰다 *run 대신 take를 써도 되며 위험을 무릅쓰는 내용은 of ~ing로 써준다.

A: We are going to break into the school tonight.
우린 오늘 밤 학교에 침입할 계획이야.

B: You **run a risk of** being caught by the police.
경찰에 잡힐 위험을 무릅써야 할 거야.

↳ Every soldier **runs a risk of** being shot. 모든 병사들은 총에 맞을 위험을 감수하고 있어.

↳ I didn't study and **run a risk of** failing the exam.
난 공부를 하지 않아서 시험에 떨어질 위험이 있어.

risk ~ing

- risk it
  성패를 걸고 해보다, 위험을 감수하다
- risk one's life[fortune]
  목숨[재산]을 걸다

…할 모험을 하다, 감행하다 *risk가 동사로 쓰이는 경우로 다음에 명사나 ~ing가 온다.

A: Lucy brought all of her money to the casino.
루씨는 카지노에 가진 모든 돈을 가져갔어.

B: Is she going to **risk** losing it all?
걘 모든 돈을 잃을 위험을 감수하겠다는 거야?

↳ He **risked** falling off the side of the cliff. 걘 절벽 한쪽으로 떨어질 위험을 무릅썼지.

↳ You **risk** hurting someone with that knife.
넌 그 칼로 누군가를 해칠 위험을 감수한 거야.

at the risk of ~ing

- There is a risk of~
  …할 위험이 있다
- be worth the risk
  위험을 무릅쓸 만하다
- at all risks
  기필코, 어떤 위험을 무릅쓰더라도

…할 위험을 무릅쓰고 *at risk of sth[~ing]은 안좋아질 가능성, at the risk of~는 실제 위험.

A: Gee why is Hattie making so much noise?
해티가 왜 그렇게 시끄러운지 알아봐.

B: I don't know, but she is **at risk of** making people angry.
모르겠지만 주변 사람들이 화낼 위험이 있어.

↳ Smokers are **at risk of** getting cancer. 흡연자들은 암에 걸릴 위험을 갖고 있지.

↳ Fast drivers are **at risk of** getting stopped by police.
속도 광들은 경찰에 걸릴 위험을 감수해야지.

be in danger

- be in danger of ~ing
  …할 위험에 놓이다
- put sb in danger[at risk]
  위험에 빠트리다

위험에 처하다 *위험에 처한 내용을 말하려면 danger 다음에 ~ing을 넣으면 된다.

A: You **are in danger of** getting fired. 넌 해고당할 위험에 처해있어.

B: Is there anything I can do to save my job?
직장에 남도록 할 수 있는 방안이 있을까?

↳ The city's water is **in danger of** being polluted. 도시수질이 오염될 위험에 처해있어.

↳ Joe is **in danger of** failing math class. 조는 수학 수업에서 낙제할 위험에 처해있어.

register for

register for

- register for a course
  과목을 수강 신청하다
- register for a dance class
  댄스강좌에 등록하다
- *cf.* register sth
  …을 등록하다

등록신청을 하다 *출생, 혼인, 사망 등을 신고할 때도 register를 사용한다.

A: **Why are there so many students here?** 왜 여기 학생들이 많이 있니?

B: **They are registering for their classes.** 걔들은 수강 신청을 하고 있지.

↳ Robert registered for a cooking class. 로버트는 요리 수업에 등록했어.

↳ I have registered to take the written test for a driver's license.
난 운전면허 필기시험에 등록했어.

enroll in

- enroll in an advanced class
  고급반에 등록하다
- enroll the course
  이 코스에 등록하다

등록하다 *enroll sb on the list 아는 '…을 …의 명부에 올리다'라는 표현이다.

A: **I hope to enroll in a course this summer.**
올 여름에 한 과목 등록하고 싶어.

B: **Any course in particular?** 특별히 생각하고 있는 과목이라도 있니?

↳ Laura wants to enroll in Princeton University.
로라는 프린스턴 대학에 등록하고 싶어해.

↳ Did you enroll in my English class? 넌 내 영어 수업에 신청을 했니?

hand in

- hand out
  나눠주다(give out)
- hand-out
  유인물

건네주다, 제출하다 *turn in, give in도 모두 같은 의미이며 한 단어로 하면 submit이다.

A: **Before I go any further, Bill has something to say.**
제가 더 얘기를 하기 전에 빌이 뭔가 할 말이 있답니다.

B: **I handed in my resignation this morning.**
저 아침에 사직서를 제출했어요.

↳ I got him to turn in the report. 난 걔가 레포트를 제출하도록 했어.

↳ Make sure that you turn in your keys at the end of the day.
일과가 끝나면 열쇠를 확실히 돌려 줘.

fill out

- fill in
  답을 쓰다, 써 넣다, 적어 넣다
- complete a form
  양식서 작성을 끝내다

양식서를 채우다, 작성하다 *서류를 다 완성하는 것을 뜻하며 반면 fill in은 일반적인 서류작성을 의미.

A: **Don't forget to fill out those forms before you go.**
가기 전에 이 양식을 다 채우는 것 잊지마.

B: **I'll leave them on your desk before I go.**
제가 가기 전에 책상 위에 둘게요.

↳ Would you fill out this form, please? 이 서식을 써 넣어 주시겠어요?

↳ I'd like you to fill out this questionnaire for me.
이 질문서를 작성해 주셨으면 하는데요.

Time, Place & etc.

각종 부사구 및 기타 상황에 관한 표현

SMART DICTIONARY OF
EASY ENGLISH EXPREESIONS

be in the service

be in the service

- enter the service
  입대하다
- do one's military service
  군복무를 하다

복무 중이다 *감옥에서 형기를 치르고 있다는 뜻도 있으나 여기서 service는 military service로서 군복무.

A: When **were you in the service?** 언제 군대에 있었어요?

B: In the '90s. 90년대에.

┗ I entered the service just after my 18th birthday. 내 18세 생일 직후에 입대했어.

┗ Several men are away doing their military service. 몇몇이 군복무로 떠났어.

serve in the army

- serve in the military
  군복무를 하다

군복무를 하다 *army 대신에 air force, navy를 넣거나 혹은 military를 써도 된다.

A: All citizens of Israel must **serve in the military.**
모든 이스라엘 시민은 군 복무를 해야 돼.

B: Does that include women too? 여성도 포함되니?

┗ I served in the army about twenty years ago. 난 20년전 군복무했어.

┗ Kevin chose not to serve in the military. 케빈은 군대를 가지 않기로 결정했어.

join the army

- enlist in the army
  군입대하다
- go into the army
  군에 들어가다

입대하다 *군입대한다고 할 때는 join, go into 혹은 enlist 동사를 사용한다.

A: What made you **join the army?** 왜 입대했니?

B: I wanted to have a career as a soldier. 난 군인 경력을 갖기를 원했어.

┗ He decided to go enlist in the army. 걘 입대하기로 결정했어.

┗ The young men went into the army last year. 그 젊은이들이 작년에 입대했어.

volunteer for military service

자원 입대하다 *volunteer for하면 '…을 자원해서 …하다'라는 의미

A: Do you plan to **volunteer for military service?**
자원해서 입대할 계획이니?

B: Yes, I will as soon as I finish high school.
응, 고등학교를 마치는 대로 바로 갈 거야.

┗ In the US and Canada, people can volunteer for military service.
미국과 캐나다에서는 사람들이 군복무를 자원할 수 있어.

┗ John volunteered for military service during the war. 존은 전쟁중 자원입대했어.

be discharged from the army

- leave the army
  제대하다
- honorary discharge
  명예제대

제대하다 *discharge는 군대나 병원 등에서 공식적으로 내보내는 걸 말한다.

A: What is the happiest day you can remember?
네가 기억하는 가장 행복한 순간은?

B: It was when I **was discharged from** the army.
내가 제대했던 날이었어.

┗ Mark left the army after being injured. 마크는 부상당한 후 제대했어.

┗ The older students are finished with their military service.
나이 든 학생들은 군 복무를 마쳤어.

break the law

break the law

법을 지키지 않다 *keep the law는 반대 표현으로 법을 지키다.

- feel guilty
  죄의식을 느끼다
- go into effect
  (법률 등) 효력이 발효되다

A: **It is illegal** to throw garbage in the street.
거리에 쓰레기를 버리는 것은 불법이야.

B: I think we shouldn't **break the law.** 우린 법을 어기면 안 된다고 생각해.

└ The little boy **felt guilty about** stealing candy.
어린 애가 캔디를 훔친 데 대해 죄의식을 느꼈어.

└ New traffic laws **go into effect** this year. 새로운 교통법이 금년에 발효돼.

get caught ~ing

···하다 잡히다 *불법이나 나쁜 행동을 하다가 걸리는 경우에 사용

- catch sb ~ing
  ···가 ···하는데 잡다
- catch sb with the security camera
  ···를 보안카메라로 잡다

A: I read in the paper that the police **caught a thief.**
경찰이 도둑을 잡았다고 신문에서 읽었어.

B: Good. I feel safer hearing that. 좋아. 그 말을 들으니 좀 더 안심이 되네.

└ Jerry **got caught stealing** a watch. 제리는 시계를 훔치다가 잡혔어.

└ I **caught** him **looking** in my windows. 난 걔가 내 창문을 들여다보는 것을 알아차렸어.

get arrested for

···로 체포되다 *불법적 행동으로 경찰에 의해 잡혔을 때 사용

- be under arrest for
  ···로 체포된 상태에 있다
- call the police
  경찰을 부르다

A: Why is Teresa in jail? 테레사는 왜 구치소에 있니?

B: She **got arrested for** stealing a pair of shoes.
신발을 훔쳤다는 이유로 잡혔어.

└ Several people **are under arrest for** breaking windows.
몇 명이 창문을 깨트렸다는 이유로 체포되어 있어.

└ This is dangerous. Let's **call the police.** 이건 위험해. 경찰을 부르자.

go on trial

재판하다 *under trial은 심리중인, without trial은 '재판없이'라는 의미

- file a lawsuit against
  ···에게 소송을 걸다
- win[lose] a lawsuit[case]
  소송에서 이기다(지다)
- reach a verdict
  판결에 이르다

A: What happened after Carl was arrested?
칼이 체포된 이후 어떻게 되었니?

B: He's **going on trial** in a few weeks. 몇 주 후에 재판을 받을 거야.

└ I had to **file a lawsuit against** the company. 난 그 회사를 상대로 소송을 걸어야 해.

└ The old man **won a lawsuit against** LG. 그 노인은 LG를 상대로 승소했어.

put sb in jail

투옥시키다 *in jail은 '투옥중,' '수감중'이라는 뜻

- go to jail
  감옥에 가다

A: Was Lisa arrested last night? 리사가 어제 밤 체포되었니?

B: Yeah, the police **put her in jail.** 그래. 경찰이 걜 투옥시켰어.

└ You'll **go to prison** if you are caught. 넌 잡히면 감옥에 갈 거야.

└ After the riot, police **put** many people **in jail.**
폭동후 경찰이 많은 사람들을 투옥시켰어.

buy insurance

be insured for+돈

…짜리 보험에 가입되다 *주어로 사람이나 사물이 나올 수 있다.

- be insured for sth
  …용으로 보험가입하다

A: Your car was damaged in the accident. 네 차는 사고로 손상되었어.

B: Yeah, but I **was insured for** traffic accidents.
  그런데 난 교통사고관련 보험에 들어있어.

└ The large diamond was insured for a million dollars.
  그 큰 다이아는 백만 불짜리 보험에 들어있어.

└ Our home is insured for floods and fires. 집은 홍수와 화재에 대비해 보험에 들어있어.

buy insurance

보험에 가입하다 *반대로 sell insurance to sb하면 '…에게 보험을 판매하다'가 된다.

- buy insurance for one's house
  …의 집을 보험에 들다
- purchase life insurance
  생명보험에 가입하다
- take out insurance
  보험에 가입하다
- sell insurance to sb
  …에게 보험을 판매하다

A: I was wondering if you **sold travel insurance.**
  여행자 보험을 판매하시는지요.

B: I'm sorry we don't, but our sister company does.
  죄송하지만 저흰 안팔지만 저희 자회사에선 판매하죠.

└ I must buy insurance for my house. 난 우리 집을 보험에 들어야 해.

└ I'm not interested in purchasing life insurance. 생명보험 드는데 관심 없어.

have insurance for[on]

보험을 가지고 있다 *for나 on 뒤에 구체적인 보험내용이 나오거나 혹은 insurance 앞에 보험종류를 말한다.

- have health insurance
  건강보험을 갖다
- have insurance on one's house
  …의 집을 보험들다

A: Do you **have health insurance?** 너 건강보험 가지고 있니?

B: No, it's too expensive to purchase. 아니, 너무 비싸서.

└ Paul had health insurance when he got sick. 폴은 아플때 건강보험에 들어있었어.

└ Do you have any life insurance at the moment? 현재 뭐 생명보험 들은거 있어?

(insurance) covers that~

(보험이) …에 적용이 되다 *insurance coverage면 '보험적용대상'이란 의미

- A be covered by the insurance
  A가 보험에 적용되다

A: The tree fell right on my house. 나무가 바로 내 집에 넘어졌어.

B: I hope **my insurance covers that damage.** 보험이 적용되기를 바래.

└ Jackie's operation was covered by her insurance. 재키 수술은 보험처리됐어.

└ His insurance covers that property. 그 부동산은 걔 보험대상으로 처리되었어.

file an insurance claim

보험을 청구하다 *보험금을 받아내기 위해 보험사에 돈을 청구할 때

- commit insurance fraud
  보험사기를 저지르다

A: Wow, the flood destroyed your house. 와, 홍수로 네 집이 부서졌네.

B: I have to **file an insurance claim to** rebuild it.
  집을 다시 짓기 위해 보험을 청구해야 돼.

└ Jim was arrested after **committing insurance fraud.** 짐은 보험 사기후 체포됐어.

└ They filed an insurance claim to replace their car.
  걔들은 차바꾸려 보험을 청구했어.

do damage to

do damage to

- **do some serious damage**
  심각한 손해를 끼치다
- **cause damage to**
  …에 손해를 초래하다

…에 손해를 입히다 *'damage is done'하면 손해가 이미 이루어졌음을 의미

A: Was anyone hurt in the accident? 그 사고로 누가 다쳤니?

B: No, but it **did damage to** the car. 아니, 그냥 차만 피해를 보았어.

↳ This software can **cause damage to** your computer.
이 소프트웨어는 네 컴퓨터에 피해를 줄 수 있어.

↳ It could **do some serious damage to** our firm's image.
그건 우리 회사의 이미지에 꽤 심각한 피해를 줄 수 있어.

no harm done

어떤 피해도 받지 않다 *harm 대신에 damage를 사용해도 같은 의미

A: I'm sorry I spilled juice on your sofa. 소파에 주스를 흘려서 미안합니다.

B: **No harm done.** I'll have it cleaned. 피해준 것 없어요. 세탁을 할 거에요.

↳ **No damage.** It's an easy problem to fix. 피해는 없어. 고치기 쉬운 문제야.

↳ Don't worry about it. **No harm done.** 걱정하지마. 피해는 없어.

do sb good

- **do sb harm**
  …에게 손해를 끼치다
- **be doing good in business**
  사업이 번창하다(이익을 내고 있다)

…에게 이익을 주다 *do sb bad하면 반대표현으로 '…에게 피해를 끼치다'가 된다.

A: Harold looks much healthier now. 해롤드는 이제 훨씬 더 건강해 보여.

B: His long vacation **did him good.** 휴가를 오래 갔다 와서 좋아진 거야.

↳ The economic problems **have done us harm.** 경제문제가 우리에게 피해를 주었어.

↳ Your uncle **is doing good** in his business. 네 삼촌이 사업에서 이익을 내고 있어.

make a profit

이익을 내다 *make 대신 turn이나 earn을 써도 된다.

A: How is your company doing? 네 회사는 어떠니?

B: It's fine. We're **making a profit.** 괜찮아. 이익을 내고 있어.

↳ You can't **make a profit** selling vitamins. 비타민을 팔아서 이윤을 낼 수가 없어.

↳ I need to **make a profit** this month. 난 이번달에 이익을 내야 돼.

suffer a loss

- **make a loss of~**
  …만큼의 손해를 보다

손실을 입다 *손해를 봤을 경우에는 make 혹은 suffer 다음에 a loss를 쓰면 된다.

A: Jill seems very unhappy. 질은 매우 안좋아보여.

B: She **suffered a loss** on her investments. 투자했다가 손해봤거든.

↳ The firm **suffered a loss** last year. 그 회사는 작년에 손실을 보았어.

↳ Many people on Wall Street **suffered a loss.** 월가의 많은 사람들이 손실을 입었어.

make up for

make up for

- make up (to sb) for sth
  …에 대해 (…에게) 보상을 받다
- make up for lost time
  잃어버린 시간을 보충하다

…을 보상하다 *잃어버린 것이나 피해입은 것을 대체해주거나 혹은 뭔가 잘못된 것을 만회.

A: I can't believe you didn't remember our date.
우리 데이트 날짜를 어떻게 잊을 수 있어.

B: I'll **make up for** it tomorrow, I promise. 내일 보상해줄게, 약속해.

⌐ We talked for hours, **making up for** lost time.
놓친 시간을 보충하려 몇 시간 얘기했어.

⌐ Is this your first step to **make up for** it? 이게 네 잘못에 대한 보상 첫 단계니?

make it up to

- make it up
  보상하다
- make it up to sb
  …에게 보상하다

…에게 보상하다 *to 다음에 보상을 해주어야 하는 사람을 쓴다.

A: He'll have to **make up for** the time he's been away.
걔는 자기가 비운 시간을 보충해야 할거야.

B: He said he'll **make it up** this weekend.
걘 이번 주에 자기가 못한 시간만큼 일하겠대.

⌐ I'll **make it up to** you later. 내가 나중에 보상해줄게.

⌐ There is no way to **make it up to** me. 나한테 보상해줄 방법이 없어.

get[be] rewarded

- pay back
  보상을 받다

…보상을 받다, 보답을 받다 *보상받는 이유는 for 다음에 sth나 ~ing을 넣으면 된다.

A: Kelly **was rewarded for** being the top salesperson.
켈리는 최고의 판매원으로 보상을 받았어.

B: I heard she was given a new car. 걔가 새 차를 받았다고 들었어.

⌐ When do you plan to **pay back** my money? 내 돈 언제 돌려주려고 계획하고 있니?

⌐ Melvin **was rewarded for** good behavior. 멜빈은 품행이 방정하다고 상을 받았어.

pay for all the damage

모든 손해에 대해 배상을 하다 *pay for는 대금을 지불하거나 빚을 갚는다는 의미

A: The item inside the package was broken.
그 꾸러미 안에 있는 물품이 부서졌어.

B: Well, the shipper should **pay for all the damage**.
글쎄, 운송업체가 모든 피해에 대해 배상해야 돼.

⌐ I'll **pay for all the damage** to your house. 네 집에 입힌 모든 피해에 대해 배상해줄게.

⌐ She **paid for all the damage** she caused. 걘 자신이 초래한 모든 피해에 대해 배상했어.

seek compensation for

- as compensation
  보상으로
- monetary compensation
  금전적 보상

…에 대한 보상을 요구하다 *seek 대신 demand, claim을 써도 된다.

A: Why is she hiring a lawyer? 왜 걔가 변호사를 고용했어?

B: She's **seeking compensation for** getting hurt.
상처입은거 보상받으려고.

⌐ A large amount of money was given **as compensation**. 많은 돈이 보상으로 지급됐어.

⌐ I need **monetary compensation** for my property. 내 자산에 대한 금전적 보상이 필요해.

belong to

belong to

- belong to nobody
  주인이 없다
- belong here
  여기에 있을 사람이다
- belongings
  소지품

···의 것이다, ···의 소속이다 *소유나 소속을 의미하는 가장 기본적인 표현이다.

A: **Is this your suitcase?** 이것이 네 여행가방이니?

B: **No, it belongs to my brother.** 아니, 이건 내 동생거야.

⌐ She gathered her belongings and left. 걔 자기 소지품을 챙겨서 떠났어.
⌐ These pencils belong to my students. 이 연필들은 내 학생 거야.

own a car

- first owner
  (차의) 최초 소유자
- call sth one's own
  ···을 ···의 소유라고 하다

차를 소유하다 *lease a car는 차를 리스하다, rent a car는 차를 렌트하다.

A: **Do you own a car?** 너 차를 가지고 있니?

B: **Yes. I drive to work every day.** 그럼. 매일 운전하고 사무실에 가.

⌐ They called the little house their own. 걔들은 그 작은 집이 자기들 기래.
⌐ I'll own a car when I finish college. 난 대학을 마치면 차를 가질 거야.

be in possession of

···을 가지고 있다, 소지하고 있다 *통상 주어가 'of 이하를 가지고 있다'라는 표현.

A: **I am in possession of some gold coins.**
난 금화를 일부 소지하고 있어.

B: **Make sure no one steals them.** 아무도 훔쳐가지 못하도록 해라.

⌐ Tammy was in possession of a new coat. 타미는 새 코트를 소유하고 있어.
⌐ Mike was in possession of three dictionaries. 마이크는 사전 3권을 보유하고 있었어.

share sth with

···를 ···와 공유하다, 나누다 *사물이나 감정 등을 같이 나눈다는 의미로 사용

A: **I forgot to bring my lunch today.** 난 오늘 점심 가져오는 것을 잊었어.

B: **I could share my food with you.** 내것 같이 나눠 먹자.

⌐ She shared her textbook with her friend. 걔 교재를 친구와 같이 보았어.
⌐ Do you want to share this taxi with me? 나랑 이 택시 합승할까?

be on sth

- be on the management
  committee
  경영위원회소속이다
- Whose team are you on?
  너는 어느 팀 소속이니?

···에 소속되어 있다 *스포츠 팀이나 위원회 등의 명사가 오면 ···에 소속되어 참여하고 있다는 의미.

A: **Christy is on the student council.** 크리스티가 학생회소속이야.

B: **Good, she's a very smart girl.** 좋아. 걔 정말 영리한 아이야.

⌐ They were on the baseball team. 걔네들은 야구팀 소속야.
⌐ Is Frank on our chess team? 프랭크가 우리 체스팀에 소속되어 있니?

deserve to

deserve+N

- deserve a day off
  하루 쉴 자격이 있다
- deserve more money
  돈을 더 받을 자격이 있다

…받을 자격이 있다 *강조하려면 deserve more than+N라 하면 된다.

A: Everyone in the office has been working very hard.
   사무실에선 누구나 아주 열심히 일하고 있어요.

B: They **deserve** time to relax and enjoy themselves.
   걔들은 휴식시간을 갖고 즐길 자격이 있어.

↳ You deserve a reward for helping me. 넌 날 도와준 보상을 받을 만해.

↳ She deserves a good grade in English class. 걘 영어수업에서 좋은 학점을 받을 만해.

deserve to

- deserve to do~
  …할 자격이 있다

…할 자격이 있다 *to 다음에 무슨 자격이 되는지 동사를 붙여주면 된다.

A: Kevin works very hard in class. 케빈은 수업중 열심히 공부해.

B: He **deserves to** get the highest grade. 걘 최고성적을 받을 만해.

↳ I deserve to have a day off. 난 하루 휴가를 받을 자격이 있어.

↳ The children deserve to get ice cream. 아이들은 아이스크림을 받을 만해.

be qualified for[to]

- qualify for
  …의 자격이 되다
- qualify as (a lawyer)
  …의 자격을 따다
- qualify A for sth[to do]
  A가 …할 자격을 갖게 하다

…의 자격이 있다 *qualified 앞에 well를 자주 쓰며 for 뒤에는 sth, to 뒤에는 동사를 쓴다.

A: Bart talks like he is a lawyer. 바트는 자신이 변호사인 것처럼 말해.

B: He **is qualified to** practice law in New York.
   걔는 뉴욕에서 변호사로 활동할 자격이 있어.

↳ I am qualified to teach in high schools. 난 고등학교에서 가르칠 자격이 있어.

↳ She isn't qualified to write that exam. 걘 그 시험문제를 낼 자격이 없어.

be eligible for[to]

- be entitled to do
  …할 자격[권한]이 있다

…에 적당하다, 알맞다 *역시 for 다음에는 명사, to 다음에는 동사를 쓴다.

A: Mark has worked the hardest of anyone.
   마크는 누구보다 더 열심히 일했어.

B: He **is eligible for** a bonus at work. 걘 직장에서 보너스를 받을 만해.

↳ The soldiers are eligible for a vacation. 병사들은 휴가를 받을 권한이 있어.

↳ Older people are eligible for discounts. 나이 드신 분들은 할인을 받을 수 있어.

be cut out for

- not be cut out for sth[~ing]
  …가 되기에[하기에] 제격이 아니다
- not be cut out to be sth
  …가 되기가 제격이 아니다

…에 제격이다 *부정문과 의문문에서만 사용되며 for 다음에는 직업이나 어떤 행동을 뜻하는 단어가 온다.

A: You can't run very fast, John. 존, 넌 아주 빨리 뛸 수 없어.

B: I'm **not cut out for** being in a race.
   난 경주에 참여하는 게 적합하지 않아.

↳ Most people aren't cut out for being politicians.
   대부분 사람들은 정치인이 되기에 적합하지 않아.

↳ He was cut out for working as an actor. 그는 배우로서 적격이었어.

earn sth

- earn a living
  생계비를 벌다
- earn a reputation for
  …에 대한 평판을 얻다
- You've earned it.
  넌 그럴 자격이 있어.

…을 얻다[받다](자격이 되어 얻다) *뭔가 얻을 만한 일이나 자격이 된다는 의미로도 쓰인다.

A: I want a higher grade than a B. 난 B보다 높은 학점을 원해.

B: You need to **earn** an A in this class.
   넌 이 수업에서 A 학점을 받을 필요가 있어.

↳ She earned a lot of money at her job. 걘 자기 일자리에서 돈을 많이 벌었어.

↳ Daniel's artwork earns praise from critics.
   다니엘의 작품은 비평가들로부터 칭찬을 받았어.

serve (sb) right

- It serves sb right to do
  …하는 것을 보니 고소하다

당연한 대우를 하다 *It serves you right가 '인과 응보다,' '고소하다'라는 부정적인 의미로도 쓰인다.

A: Aurora got thrown out of her apartment.
   오로라는 자기 아파트로부터 쫓겨 났어.

B: **It serves her right.** She never paid her rent.
   당연하지. 걘 집세를 한번도 내지 않았거든.

↳ It serves criminals right to be sent to jail.
   범법자들을 감옥에 보내는 것은 당연한 일이야.

↳ It serves him right to fail the class. 그가 낙제를 한 것을 보니 고소하네.

I'm not cut out for that job

"난 그 일이 안맞아"라는 문장. 특정한 옷을 만들기 위해 그에 맞게 재단해놓은(cut out) 옷감처럼, 어떤 사람이 특정한 일을 위해(for) 태어나기라도 한 것처럼 천부적인 재능을 보이는(with a talent for that) 경우 「타고 나다」(be naturally well suited for), 「자로 잰 듯이 딱이다」라는 뜻으로 쓰는 말이 be cut out for sth 혹은 be cut out to do sth이다.

go digital

go digital

- **go green**
  환경친화적이 되다
- **go global**
  국제화 하다

디지털화하다 *go 다음에 형용사가 와서 '…하게 변하다'라는 뜻을 갖는다.

A: **It's so easy to use the Internet here.** 여기서 인터넷 쓰기가 아주 쉬워.

B: **Korea was very quick to go digital.** 한국은 매우 빨리 디지털화 했어.

↳ My cousin decided to see the green this summer.
  내 조카는 이번 여름 신록을 보기로 했어.

↳ Samsung **went global** about 30 years ago. 삼성은 30여년 전에 국제화 했어.

get old

- **get cold**
  추워지다

늙다, 나이가 들다 *get 뒤에 형용사가 이어져 '…하게 되다'라는 의미를 갖는다.

A: **My grandmother is always complaining.** 할머니는 항상 불평을 해.

B: **Well, she's probably unhappy about getting old.**
  글쎄, 아마도 나이가 드는 것이 불행하게 느껴지시나 봐.

↳ Our car **got old** over the years. 우리 차는 시간이 지나면서 낡아졌어.

↳ Are you aware of prices **getting higher**? 물가가 오르고 있다는 것을 알고 있니?

turn grey

- **turn white**
  하얗게 되다
- **turn cold**
  추워지다
- **turn violent**
  폭력적이 되다

흰머리가 나다 *다른 성질로 변한다는 뜻으로 다양한 형용사를 이어 붙일 수 있다.

A: **The skies often turn grey in January.**
  1월에는 하늘이 종종 회색으로 변해.

B: **It's the most gloomy time of the year.** 1년 중 가장 우울한 때야.

↳ This letter **turned out to** be very important. 이 편지는 아주 중요한 것으로 판명되었어.

↳ I thought you said the weather **turned cold**.
  날씨가 추워졌다고 네가 말했던 것으로 생각되는데.

grow to be~

- **grow old**
  나이가 들다
- **grow to be successful**
  자라서 성공하다

자라서 …가 되다 *형용사가 이어져 서서히 성질이나 모습이 바뀐다는 의미

A: **I remember Greg when he was a kid.** 난 그레그가 어렸을 때를 기억해.

B: **He grew to be quite successful.** 걘 자라서 상당히 성공했어.

↳ My grandparents plan to **grow old** in Florida.
  조부모는 플로리다에서 노년을 보낼 계획이야.

↳ The little tree **grew to** be quite tall. 저 작은 나무가 자라서 무지 커졌어.

whatever you want

whatever you want

네가 원하는 것은 무엇이든지 *want 대신에 do, ask, say 등 다양한 동사를 사용

- **whatever you do**
  네가 하는 것은 무엇이나
- **whatever you ask**
  네가 요청하는 것은 무엇이나

A: Good enough! Let's work on the rest tomorrow.
  이만하면 됐네! 나머지는 내일 계속 하지.

B: **Whatever you say,** boss. 분부대로 하죠, 보스.

↳ We can **do whatever you want** tonight. 우린 오늘밤 네가 원하는 뭐든지 할 수 있어.

↳ OK, I will **do whatever you ask.** 좋아, 네 말하는 거 뭐든지 할게.

do anything for

…을 위해 뭐든지 하다 *for 대신이 to do가 오면 … 하기 위해 뭐든지 한다는 뜻

- **(would) do anything to do**
  …하기 위해 뭐든지 하다
- **give anything to do**
  …하기 위해 뭐든지 주다

A: So, it looks like you have a pretty good friend there.
  넌 정말 좋은 친구를 가진 것 같아.

B: Yeah. He'll **do anything for** me.
  맞아. 걘 날 위해서라면 뭐든 하려고 하거든.

↳ I would **do anything to** avoid studying. 난 공부를 피할 수 있다면 뭐든지 할 거야.

↳ She is willing **to do anything for** money. 걘 돈을 위해서라면 뭐든지 할 용의가 있어.

anything else

다른 것 *something else도 거의 같은 의미로 사용된다.

A: Could you do me a favor and lift this box?
  이 상자 드는 것 좀 도와줄래요?

B: Sure. I can help you with that. **Anything else?**
  물론이죠. 그건 도와줄 수 있죠. 다른 건 없나요?

↳ Is there **anything else** you need? 다른 것 또 필요한 게 있으세요?

↳ Well, do you want to eat **something else?** 자, 다른 거 또 먹고 싶어?

or whatever

그 밖의 무엇이든지 *무엇이든지 가리지 않겠다는 뉘앙스

- **or something**
  …인지 무엇이든지

A: We can do what I want **or whatever** you want.
  우린 내가 원하는 것 또는 네가 원하는 것 무엇이든지 할 수 있어.

B: Thanks. Let's do the things I want to do.
  고마워. 내가 하고 싶은 것을 하자.

↳ We'll go to a nightclub **or whatever** club is open.
  나이트클럽을 가거나 아니면 아무 클럽이나 문이 열려 있는데 갈 거야.

↳ I need to buy her a necklace **or something.**
  난 걔한테 목걸이 등 뭔가를 사줘야 해.

anything but

…이외에는 무엇이든, 결코 …아니다 *여기서 but은 except 의미로 쓰였다.

A: I thought I'd make hamburgers for dinner.
  난 저녁으로 햄버거를 만들려고 생각했어.

B: No, **anything but** burgers. I hate them!
  아냐, 햄버거만 빼고 아무거나. 난 그건 싫어해.

↳ You can watch **anything but** sports with me. 넌 나랑 스포츠 빼고는 다 볼 수 있어.

↳ Dan will eat **anything but** apples. 댄은 사과 빼고는 다른거 다 먹어.

let alone

let alone

…은 커녕 *부정문 뒤에 이어지는 표현으로 비교대상에 따라 다양한 품사가 이어질 수 있다.

A: Did you pay Brian the money you owe him?
넌 브라이언에게 빚진 돈을 갚았니?

B: I can't pay my bills, **let alone** Brian's money.
브라이언 돈은 커녕 내 청구서도 못 갚고 있어.

↳ We couldn't pay the interest, let alone the full amount.
우린 원금은 고사하고 이자도 낼 수가 없어.

↳ They didn't fly overseas, let alone to Europe. 걔들은 유럽은 커녕 해외에 나갈 수가 없어.

to say nothing of

…은 말할 것도 없고 *not to mention of, not to speak of와 같은 의미

• not to mention of
  …은 말할 것도 없고
• not to speak of
  …은 말할 것도 없고

A: How has Kendra been doing in your class?
켄드라가 네 수업에서 잘하고 있니?

B: She's a great student, **to say nothing of** her exam scores.
걘 시험 성적은 말할 것도 없고 훌륭한 학생이야.

↳ It's very cold, not to mention the snow that is falling.
눈이 오고 있는 것은 말할 것도 없고 아주 추워.

↳ She told us not to speak of her ex-husband. 걘 전 남편 얘기 하지말라고 했어.

it goes without saying that

…라는 것은 말할 것도 없다 *that 이하는 두말할 필요가 없다는 말

• needless to say
  말할 것도 없이

A: Are we going to be working on Sunday? 우리 일요일에 일할 거야?

B: **It goes without saying that** we'll be off on Sunday.
말할 것도 없이 우린 일요일이 휴무야.

↳ Needless to say, we need to make more money. 말할 것도 없이 우린 돈 더 벌어야 해.

↳ It goes without saying that our partnership is finished.
두말할 것도 없이 우리 파트너십이 끝났어.

no wonder

…은 놀랍지 않다, 그도 그럴 것이 *이상하지 않다는 이야기는 당연하다는 말

• no wonder
  당연하다
• be natural for sb to do
  …가 …하는 것이 당연하다

A: The Smiths just got back from vacation.
스미스 가족이 휴가를 끝내고 막 돌아왔어요.

B: **No wonder** they're so tanned. 그들이 그렇게 그을릴 만도 하군요.

↳ No wonder that movie is so popular. 그 영화가 그렇게 인기 있는 것은 놀랍지 않아.

↳ It's natural for girls to like you. 여자애들이 널 좋아하는 것은 당연해.

be no surprise that~

…은 놀랄 일이 아니다 *be not surprising that~이라고 해도 된다.

• not surprisingly
  당연히, 놀랄 것 없이

A: My best friend was sad when I moved away.
내 절친은 내가 이사 갔을 때 슬퍼했어.

B: **It was no surprise** she came to visit.
걔가 너를 보러오는 것이 놀랄 일이 아니었구나.

↳ Not surprisingly, the new shop failed. 당연히 그 새 가게는 망했어.

↳ It is no surprise that the book was published. 그 책이 발간된 건 놀랄 일이 아냐.

11 ···하는 방식으로
in the way that~

be the only way to
···할 유일한 방법이다 *only 대신 best를 쓰면 '최선의 방법'이라는 뜻

- be the best way to do
  ···할 최선의 방법이다

A: **I think you are working too hard.** 네가 너무 열심히 일하는 것 같아.

B: **It's the only way for me to** make extra money.
추가적으로 돈벌려면 이게 유일한 방법이야.

└ This is the best way to go. 이것이 최선의 방책이야.

└ Excuse me. Is this the way to the airport? 실례해요. 공항 가는 길 맞나요?

be the way that S+V
···하는 방식이다 *that 이하는 way가 어떤 방식인지 구체적으로 말하면 된다.

- Is there any way that S+V
  ···할 어떤 방법이 있나

A: **Why are you eating with your hands?** 왜 네 손으로 먹고 있니?

B: **This is the way that** everyone eats food here.
여기서는 모든 사람들이 이렇게 먹어.

└ Is this the way your mom cleans the house? 너희 어머니는 집을 이렇게 청소하시니?

└ This is the way that the system works. 이게 바로 그 시스템이 돌아가는 방식이야.

in the way that S+V
···라는 점에서 *in the way하면 ···라는 점에서, from the way하면 ···하는 점을 봐서라는 뜻

- from the way that S+V
  ···로부터 판단해보면

A: **Cathy is in love with her boyfriend.** 케시는 남친과 사랑에 빠져있어.

B: **I saw it in the way that** she looks at him.
나도 케시가 걔를 바라보는 데서 알 수 있었어.

└ There's something special in the way this cake was baked.
이 케익이 구워지는 방식이 뭔가 특별해.

└ The sky is more beautiful in the way the stars are shining.
별들이 빛날 때 하늘이 더 아름다워.

like the way S+V
···한 방식이 좋다 *여기서 way 다음에 that이 생략되었다.

A: **I like the way you talk to me.** 네가 나한테 말하는 방식을 좋아해.

B: **Perhaps we should go on a date.**
아마도 우린 네이트를 해야 할 것 같은네.

└ Students like the way he teaches his classes. 학생들은 선생님 수업방식을 좋아해.

└ Do you like the way the food is cooked? 음식 조리법이 마음에 들어?

that way
그와 같이 *the other way면 '다르게,' '반대로'라는 의미

- put it the other way
  다르게 말하자면

A: **It's like something's changed.** 뭔가 바뀐 것 같아.

B: **What makes you feel that way?** 왜 그렇게 생각하는 거야?

└ Don't act that way. 그렇게 행동하지 마라.

└ I never thought of it that way before. 난 전에는 그런 식으로 생각해보지 못했어.

be the first to

be the first to

- be the first to ask
  가장 먼저 질문하다
- be the last time when~
  …한 마지막 때이다

가장 먼저 …을 하다 *first 다음에 person을 넣어도 된다.

A: Why does Nadine study so hard? 나딘이 왜 그렇게 열심히 공부하니?

B: She wants to **be the first to** score 100 percent.
  걘 100점을 맞는 최초의 학생이 되고 싶어해.

↳ I was the first to enter the school. 내가 최초로 그 학교에 들어간 거었어.

↳ Every boy wants to **be the first to** kiss Vera.
  남자애들 다 베라랑 젤 먼저 키스하고 싶어해.

be the last thing I want to~

- be the last thing I think of
  가장 생각하지 못했던 것이다
- be the last thing I expect
  가장 예상하지 못했던 것이다

가장 원치 않는 것이다 *want 대신 think of, expect를 사용해도 된다.

A: Wouldn't it be great if all of our friends came to visit us?
  친구들 모두가 우릴 방문하러 오면 얼마나 좋겠니?

B: No, that's **the last thing I want to** see.
  아냐, 그건 내가 가장 원치 않는 거야.

↳ Jail is the last place I want to visit. 감옥은 내가 가장 방문하고 싶지 않은 곳이야.

↳ Math is the last subject I want to study. 수학은 내가 가장 공부하고 싶지 않은 과목야.

the best ~I've ever seen

- the best ~I've ever heard
  내가 들은 것 중에서 가장 …하다
- the best ~I've ever thought
  내가 생각한 것 중에서 가장 …하다

내가 본 것 중 최고의 …이다 *seen 대신에 상황에 따라 heard, thought를 사용

A: Dan is the best athlete I have ever seen.
  댄은 내가 본 최고의 운동선수야.

B: He prefers exercising rather than staying at home.
  걘 집에 머무는 것보다 운동하는 것을 선호해.

↳ The concert had the best music I've ever heard.
  그 연주회는 들은 것 중에 최고의 음악을 선사했어.

↳ That was the best zoo I've ever visited. 그 동물원은 내가 방문했던 것중에 최고였어.

비교급+than ever before

- study harder than ever
  before
  그 어느 때보다 열심히 공부하다
- less than before
  (과거보다) 덜 …하다

그 어느 때보다 더 …한 *비교급+than이 작당하여 최상급을 만드는 경우

A: Wow, it's raining **harder than ever before.**
  와, 그 어느 때보다 더 비가 오네.

B: I think the river is going to overflow. 강이 넘칠 것 같은데.

↳ You need to study harder than ever before. 넌 어느 때보다 더 열심히 공부해야 돼.

↳ My doctor told me to drink less than before. 의사가 내게 전보다 절주하라고 했어.

be one of the 최상급+명사

- be one of the best athletes
  가장 훌륭한 선수 중의 하나
- best of the best
  최고 중의 최고

가장 …한 것 중의 하나 *최상급은 ~est, the most+adj 아니면 best 등을 쓰면 된다.

A: What do you think about Hitler? 넌 히틀러 어떻게 생각하니?

B: He's **one of the most** shameless men that ever lived.
  그는 지금껏 존재해온 가장 파렴치한 인물 중 한 명야.

↳ He's one of the best painters I've ever seen. 걘 내가 본 최상의 화가 중 한 명이야.

↳ I heard he was one of the best athletes in the game.
  최고의 선수 중 하나였다고 들었어.

think it is best to

...하는 것이 가장 낫다 *think it better to do면 '...하는 것이 더 낫다'라는 의미

- think it would be best if S+V
  ...하면 제일 좋을 것 같다

A: Should we stay for another drink? 남아서 한잔 더 할까?

B: **I think it is best to** go home now. 이제 집에 가는게 최선으로 생각돼.

  ↳ I think it would be best if he retires. 그가 은퇴하는게 가장 좋은 걸로 생각돼.

  ↳ The owner thinks it is best to close his business.
주인은 사업을 접는 것이 최선이라고 생각해.

the best part is

가장 좋은 부분은 ...이다 *the hard part is하면 '가장 힘든 부분은 ...이다'라는 의미이다.

- the best part is the ending
  끝이 가장 뛰어난 부분이다

A: So you got a new job? 그래 넌 새 직장을 잡았니?

B: Yes, and **the best part is** it pays a lot of money.
그래, 최고로 좋은 점은 돈을 많이 준다는 거야.

  ↳ The hard part is to stay awake at night. 애로사항은 밤늦게까지 깨어 있다는 거야.

  ↳ The best part is the ending of the movie. 가장 좋은 부분은 영화의 맨 끝이야.

second to none

그 어느 것에도 뒤지지 않는 *second next to none도 같은 의미

- second to none in sth
  ...에서 누구에게도 뒤지지 않는다
- the wine is second to none
  이 포도주는 최고급이다

A: This is a very nice jacket. 이건 아주 좋은 윗도리야.

B: The company that made it is **second to none.**
그걸 만든 회사는 제일가는 회사야.

  ↳ Sandra is second to none in her science class. 산드라는 과학 수업에서 최고야.

  ↳ The wine at this restaurant is second to none. 이 식당의 포도주는 일류야.

never have it so good

더 좋은 적이 없었다 *be in a better situation now than before라는 의미

- there's no such thing as
  ...와 같은 것은 없다

A: Stop complaining. You've **never had it so good.**
불평하지마. 이보다 더 좋은 적이 없었잖아.

B: But I always want things to get better.
그래도 난 항상 상황이 더 좋아지길 원하잖아.

  ↳ The kids have never had it so good. 애들은 더 좋은 적이 없었어.

  ↳ There's no such thing as a free lunch. 이 세상에 공짜 점심이란 것은 없어.

be nothing like that~

그렇지 않다, 최고이다 *that 대신에 ~ing를 사용해도 된다.

- there's no such thing as
  ...와 같은 것은 없다

A: Is it true that Sally is unkind to her family?
샐리가 가족들을 잘 대하지 않는다는 게 사실이니?

B: No, Sally **is nothing like that.** 아니야. 샐리는 그렇지가 않아.

  ↳ There's nothing like that in the world. 그건 천하 일품이야.

  ↳ There's nothing like sleeping in on a Sunday. 일요일 늦잠 자는 느낌은 최고지.

13 ···할 권한이 있다
have the right to

have the power to
···할 능력이 있다 *어떤 권한이나 권리를 가지고 있다는 말

- have the power to perform miracles
  기적을 행할 능력이 있다

A: I **have the power to** stop everyone from working.
난 모두의 일을 중단시킬 권한을 가지고 있어.

B: You must be happy to be the company manager.
넌 회사 매니저라서 좋겠다.

└ They say Jesus had the power to perform miracles.
예수님은 기적을 행할 능력을 가졌다고 해.

└ He has the power to make laws in his country. 그는 조국에서 입법권한을 가지고 있어.

have the right to
···할 권리가 있다 *right 앞에 every를 붙이면 '···할 권리가 충분하다'라는 강조표현

- have every right to complain
  불평할 충분한 권리가 있다
- have no right to do
  ···할 권리가 전혀 없다

A: I hate working at this factory. 난 이 공장에서 일하는 것을 싫어해.

B: You **have the right to** quit your job. 넌 일을 그만둘 권한을 가지고 있어.

└ None of you have the right to complain. 너희들 누구도 불평할 권한이 없어.

└ You have no right to talk bad about me. 나에 대해 나쁘게 말할 권한이 네겐 없어.

have the authority to~
···할 권한이 있다 *authority는 당국,기관 등의 의미로 추상적으로는 갖고 있는 '권한'이란 뜻이다.

- have absolute authority over sth
  ···에 대해 절대적인 권한을 갖다
- be legally authorized to do
  ···할 법적 권한을 부여 받다

A: What makes you think you can do this?
어째서 네가 이걸 할 수 있을 거라 생각하니?

B: I **have the authority to** do whatever I want.
원하는 거면 뭐든 할 권한이 내게 있으니까.

└ The dictator has absolute authority over the citizens.
독재자는 국민에 대한 절대적 권한을 갖고 있다.

└ The policeman has the authority to stop traffic. 경찰은 교통통제권한을 갖고 있다.

give sb full authority
···에게 모든 권한을 부여하다 *권한을 부여하는 목적은 authority 뒤에 to를 붙이면 된다.

- beyond one's authority
  ···의 권한을 넘어서
- be given with full authority
  모든 권한을 부여 받다

A: You can't take my computer. 넌 내 컴퓨터를 가질 수 없어.

B: Our boss **gave me full authority** to take it.
보스가 나한테 그 권한을 주었어.

└ Making new rules is beyond my authority. 새로운 규칙을 만드는 것은 내 권한 밖야.

└ They gave Jen full authority to fire people.
걔들은 젠에게 해고에 대한 전권을 부여했어.

be in a position
···입장에 있다 *position 뒤에 to do가 있으면 입장의 구체적인 내용이 나온다.

- be in a position to do~
  ···할 위치에 있다

A: You've got to give me some more money.
넌 나한테 돈을 좀 더 줘야 해.

B: I am not **in a position** to give you a raise.
난 너한테 봉급인상을 해줄 입장이 아니야.

└ Harry is in a position to help Callie. 해리는 캘리를 도울 입장이야.

└ Are you in a position to talk to the owner? 넌 소유주하고 말할 입장이 되니?

14 거의 …할 뻔하다, …까지 하지 않다
come close to

almost got

- almost got hit by a car
  차에 치일 뻔했다

거의 …할 뻔하다 *almost 대신에 nearly를 사용해도 된다.

A: I **almost got** an apartment in Manhattan.
  난 거의 맨하튼에 아파트를 구할 뻔했어.

B: What stopped you from signing the lease?
  무엇 때문에 임대계약에 서명을 하지 않았는데?

↳ The group almost got left behind. 그 그룹은 거의 뒤쳐지게 될 뻔했어.

↳ Mom almost got a new oven for the kitchen. 엄마는 부엌에 새로 레인지를 살 뻔했어.

come close to

- come close to sth[~ing]
  거의 …할 뻔하다
- come close to death
  거의 죽을 뻔하다

거의 …할 뻔하다 *to 다음에는 명사나 ~ing를 붙이면 된다.

A: Did you visit the Hawaiian Islands? 하와이 섬들을 방문했었니?

B: No, but we **came close to** sailing there.
  아니, 그래도 그곳을 항해할 뻔 했어.

↳ The soldiers came close to death in the battle. 병사들이 전투에서 거의 죽을 뻔했어.

↳ The couple came close to meeting a movie star.
  그 커플은 무비 스타를 거의 만날 뻔했어.

come near ~ing

- come[go] near ~ing
  하마터면 …할 뻔하다
- come near being drowned
  하마터면 물에 빠져 죽을 뻔하다

하마터면 …할 뻔하다 *come 대신에 go를 사용해도 같은 의미

A: The rain came down hard this weekend.
  이번 주말 비가 세게 내렸어.

B: We **came near** going home instead of hiking.
  우린 하이킹 대신 집에 갈 뻔했어.

↳ The swimmer came near being drowned in the river.
  수영하던 사람이 강에서 거의 빠져 죽을 뻔했어.

↳ I came near asking my boss for time off. 난 보스에게 쉬자고 요청할 뻔했어.

stop short of

- stop short of sth[~ing]
  …까지 하지는 않다
- stop short of one's desire
  욕망을 이루지 못하다

…까지는 가지 않다 *of 다음에는 명사나 ~ing를 붙인다.

A: Did Ray ask his girlfriend to marry him?
  레이가 여친에게 결혼하자고 요청했니?

B: No, he **stopped short of** popping the question.
  아니, 걘 그 문제를 꺼내려다가 말았어.

↳ Too many people stop short of their desires. 너무 많은 사람들이 욕망을 이루지 못해.

↳ I had some wine but stopped short of drinking it. 와인이 좀 있는데 마시지 않았어.

be shy of ~ing

- be too shy to say sth
  …을 말하기를 두려워하다
- be shy around strangers
  낯을 가린다

…하기를 꺼린다 *of 다음에 명사가 오면 '명사'보다 '약간 부족한'이란 뜻

A: How old is your grandmother? 할머니가 몇 세시니?

B: She **is just shy of** turning 70. 막 70세가 되기 직전이셔.

↳ He was too shy to ask Melissa to dance. 걘 멜리사에게 춤추자고 말하기를 두려워해.

↳ Her daughter is very shy around strangers. 걔 딸은 모르는 사람에겐 낯을 가려.

such as

for example

- for instance
  예를 들면
- be an example to sb
  …에게 모범이 되다

예를 들면 *말하는 것의 구체성을 주기 위해 예를 들 경우

A: **Why do you think I'm not clean?** 왜 내가 깨끗하지 않다고 생각하니?

B: **For example, you never wash your clothes.**
예를 들면, 넌 네 옷을 결코 세탁하지 않잖아.

↳ Jim was an example to the younger kids. 짐은 어린 애들에게 모범이었어.

↳ For example, this plant needs to be watered. 예를 들면 이 나무는 물을 줘야 해.

such as

…와 같은 *앞서 말한 내용에 역시 구체성을 주기 위해 예를 나열할 때

A: **How can we improve our house?** 우리 집을 어떻게 개량할 수 있을까?

B: **We can do many things, such as paint it.**
페인트를 칠하든가 많은 것을 할 수 있지.

↳ You do good work, such as in this report. 넌 이 보고서에서 나타난 것처럼 일을 잘해.

↳ He sleeps too long, such as on the weekends. 걘 주말과 같은 때 늦잠을 자.

~ or something like that

- things like that
  그런 것들
- like[as] in
  …에서 처럼

비슷한 거야 *문장끝에 나오면서 앞에서 나온 것과 비슷하다는 의미를 재강조하는 표현

A: **What should I cook for dinner?** 저녁에 뭘 요리할까?

B: **Make spaghetti, or something like that.**
스파게티나 그런 것들을 만들어봐.

↳ You can wash the dishes, and things like that. 넌 설거지나 그 비슷한 일을 해봐.

↳ Paris was romantic, like in the movies. 파리는 영화에서처럼 낭만적이야.

and so on

- and so forth
  …등등
- and the like
  …등등

…등등 *and so forth, and the like, et cetera도 같은 의미의 표현들이다.

A: **Who do you spend your free time with?**
넌 자유시간을 누구랑 보내니?

B: **I have many friends, Jill, Rick, Simon, and so on.**
난 친구들이 많아. 질, 릭, 사이몬 등등.

↳ The healthy foods are apples, grapes, tomatoes and so on.
건강식은 사과 포도, 토마토 등등 이야.

↳ We'll go out to eat, go dancing, and so on. 우린 외식하고, 춤추고 등등을 할 거야.

to name a few

- to name but a few
  몇 개만 말하자면
- you name it
  그밖에 뭐든지, 뭐든지 다

몇 개만 말하자면 *예를 몇 개 나열한 후에 다른 예들도 더 있다고 말할 때

A: **What is your favorite drink?** 네가 좋아하는 음료는 뭐니?

B: **Well, I like wine, juice, and cider, to name a few.**
몇 개만 말하자면 포도주, 주스, 사과주 등등.

↳ I want a necklace, a ring, and a dress, to name a few gifts.
난 몇 개만 말하자면 목걸이, 반지 그리고 드레스 등을 원해.

↳ The nightclubs are Ringo's, Salsa Time, and Club 59, to name a few.
나이트클럽을 몇 개만 말하자면 링고스, 살사타임 그리고 클럽 59 등등.

16 처음이다

never happened

be the first time that~

- be one's first time skiing
  …가 스키 타는 것이 처음이다

…하는 건 처음이다 *time 뒤에 to do하면 '…하는 것이 처음야'라는 뜻으로 동사+at first time과 같은 의미.

A: **Is this your first time to visit England?**
이번이 영국을 최초로 방문하는 거니?

B: **Yes, and I'm having a great time.** 그래요 아주 즐기고 있어.

↳ This is my first time to come here. 난 여기 오는 건 처음이야.

↳ That was the first time you said that. 네가 그렇게 말한 건 처음이었어.

never happened to sb before

처음으로 일어난 일이다 *전에는 결코 일어나지 않았음을 강조하는 표현

A: **Have you won any money gambling?**
도박을 해서 돈을 따본 적이 있니?

B: **No, that never happened to me before.**
아니, 한번도 그런 적이 없었어.

↳ This feeling has never happened to me before. 이런 감정은 정말 처음이야.

↳ A car accident has never happened to me before. 자동차 사고는 이번이 처음야.

never heard of such a thing

- never heard of such a thing as sth
  …와 같은 것을 처음 들어 보다

그런 것을 처음 들어 보다 *끝에 until now을 쓰면 이제껏 처음 들어본다는 의미

A: **A monkey was climbing the side of my apartment building.** 원숭이가 내 아파트 빌딩을 타고 올라갔어.

B: **No way! I never heard of such a thing.**
절대 아냐. 그런 걸 들어본 적이 없어.

↳ He'd never heard of such a thing as a TV in a car. 갠 카TV란 걸 들어본 적이 없어.

↳ Tim has never heard of my favorite singer.
팀은 내가 좋아하는 가수를 들어본 적이 없대.

never seen anything like it

- never done anything like that
  그런 것은 해본 적이 없다

…같은 것은 처음으로 본다 *it 대신에 that을 써도 되며 또한 맨 뒤에 before를 쓰면 뜻이 분명.

A: **Look at the high score of this game.** 이 경기의 높은 점수를 봐라.

B: **Wow! I've never seen anything like it.** 왜! 이런 건 처음 본다.

↳ I've never seen anything like that before in my life. 내 일생 동안 그런 것 첨 봐.

↳ Have you ever seen anything like that before? 과거에 그런 걸 본 적이 있니?

can't remember the last time~

- remember the last time S+V
  …한 마지막 때를 기억하다

…한 것이 처음이다 *주로 부정문 형태에서 쓰인다.

A: **I can't remember the last time we met.**
우리가 마지막으로 만난 때를 기억할 수가 없어.

B: **It was at least ten years ago.** 적어도 10년 전은 되겠지.

↳ We can't remember the last time it snowed. 마지막으로 눈온 때를 기억할 수 없어.

↳ I can't remember the last time I had a good meal.
이렇게 맛난 음식은 생전 처음야.

enough to

enough to

- have enough to do
  …하기에 충분하다
- be enough to do
  …하기에 충분히 …하다

…하기에 충분한 *have enough to do면 '…하기에 충분하다'라는 의미

A: Will that be cash or charge? 현금, 아님 신용카드로 하시겠어요?

B: I think I have **enough to** pay cash. 현금이 충분한 것 같군요.

└ He is old enough to know better. 걘 철이 들 나이야.

└ Do you have enough to read on the airplane? 비행기에서 읽을 건 충분해?

have enough+
명사+to~

…하기에 충분한 …를 가지고 있다 *충분한데 무엇이 충분한지 말할 때

A: Would you like to go to the grocery store?
   넌 식품점에 가길 원하니?

B: No, we **have enough food to** eat for a few days.
   아니, 며칠간 먹을 음식은 충분해.

└ They had enough work to stay busy all day. 걔들은 종일 바쁘게 할 일이 있었어.

└ Do you have enough money to start up the company?
   넌 회사창업자금이 충분해?

go beyond

- go beyond oneself
  제 분수를 넘다

…을 초과하다 *sth 대신 sb가 오면 '…보다 뛰어나다'라는 의미가 된다.

A: You can be successful in your hometown.
   넌 고향에서 성공할 수 있어.

B: I'd like to **go beyond** my hometown. 난 고향을 넘어서고 싶어.

└ This secret goes beyond you and I. 이 비밀은 너와 내 선을 넘는 거야.

└ The bills went beyond the money they had. 청구서는 걔들이 갖고 있는 돈을 초과했어.

have gone too far

…가 지나치다, 무리였다 *물론 그냥 go[went] too far의 형태로도 쓰인다.

A: Look at all the ads in this newspaper. 이 신문에 난 모든 광고를 봐라.

B: I think the advertisers **have gone too far.**
   광고주들이 지나친 것으로 생각해.

└ Jason has gone too far and angered everyone.
   제이슨은 지나쳐서 모두를 화나게 했어.

└ The fighting couple went too far and upset their parents.
   그 싸우던 커플은 선을 넘어서 부모들을 당황시켰어.

be full of

- be full of energy
  활기가 넘치다
- be filled with
  …로 가득차다

…가 가득하다 *be full of = be filled with라는 공식을 생각하면 된다.

A: Lyman always talks about how strong he is.
   리만은 항상 자신이 강하다고 말하고 있어.

B: I don't believe it. He's **full of** hot air. 난 믿지 않아. 걘 허풍쟁이야.

└ I was full of energy after drinking some coffee. 난 커피 좀 마셨더니 활기가 넘쳤어.

└ The crowd was full of excitement as they waited.
   관중은 기다리면서 흥분에 차있었어.

fall short of

- fall short of sth[~ing]
  …에 부족하다
- be short of
  …이 부족하다

…에 미치지 못하다 *예상되는 기준에 약간 부족했다는 뉘앙스

A: Did you get admitted to Harvard? 너 하버드 대학에 입학했니?

B: No, I **fell short of** getting in. 아니, 입학하기에는 미흡했나봐.

└ He was short of money for the cab ride. 걘 택시 값이 부족했어.

└ Leona fell short of being the best student. 레오나는 최고의 학생이 되기에는 미흡했어.

run out of

…이 다 떨어지다 *out of sth의 형태로 써서 sth이 다 떨어져가고 있음을 말한다.

A: We **ran out of** paper for the copier. 복사기에 종이가 다 떨어졌어.

B: I'll get the secretary to get some more.
비서한테 종이를 좀 더 가져오라고 할게.

└ The store ran out of ice cream. 그 가게는 아이스크림이 다 떨어졌어.

└ We're about to run out of gas. 기름이 바닥 나려고 하는데.

run low on

…이 부족하다 *역시 on sth의 상태로 …이 떨어져가고 있다는 말

A: Can I get anything for you? 뭐 좀 갖다 줄까요?

B: I'm beginning to **run low on** toilet paper.
화장실 휴지가 떨어져가요.

└ My trainees ran low on energy this afternoon.
내 훈련생들이 오늘 오후 힘이 떨어졌어.

└ My father ran low on time before going to work. 아빠는 사무실 갈 시간이 부족했어.

lack of

…이 부족한 *lack of 다음에 주로 명사가 오지만 ~ing가 올 수도 있다.

A: Why did the business fail? 왜 사업이 망했니?

B: There was **a lack of** planning for the future.
미래에 대한 기획이 부족했어.

└ The country had a lack of educated people. 그 나라는 교육받은 국민들이 부족했어.

└ There was a lack of rain this summer. 금년 여름에 비가 부족했어.

18 바로, 곧

in no time

pretty soon

이내, 곧   *at once, right away, immediately와 같은 의미

- right now
  바로 지금

A: I didn't order this! 난 이걸 주문하지 않았어.

B: I'm sorry, I'll get you your food **right away.**
    미안합니다. 주문한 음식을 즉시 가져오죠.

↳ I'm not saving any money **right now.** 지금 저축을 전혀 하고 있지 않아.

↳ Let's not do our homework **right now.** 지금 숙제를 하지 말자.

before you know it

순식간에, 금방   *네가 알기 전이라는 얘기는 '즉시'라는 의미

A: We have to work for ten hours today. 우린 오늘 10시간을 일해야 해.

B: Let's work hard and **before you know it,** we'll be done.
    일을 열심히 하면 곧 일을 마치게 될 거야.

↳ **Before you know it,** my birthday will be here. 금방 내 생일이 돌아올 거야.

↳ It will be winter **before you know it.** 금방 겨울이 올 것야.

before long

오래지 않아, 얼마 후   *shortly와 같은 의미

A: Our class will graduate in June. 우리 반은 6월에 졸업할 거야.

B: **Before long,** we'll be looking for jobs.
    머지않아 우린 구직을 하게 될 거야.

↳ Dad will be home **before long.** 곧 아빠가 집에 오실 거야.

↳ It will be dark **before long.** 머지않아 어두워질 거야.

in no time

당장에   *very quickly와 같은 의미로 뒤에 at all을 붙이기도 한다.

- in no time at all
  순식간에

A: Can you type up this paper? 이 문서를 타이핑할 수 있니?

B: Sure, I'll have it done **in no time.** 그럼요, 당장에 할게요.

↳ The house was cleaned **in no time.** 집은 당장에 청소가 되었어.

↳ We arrived at the store **in no time.** 우린 가게에 빨리 도착했어.

in a moment

곧, 순간적으로   *moment 대신에 while 또는 minute를 사용해도 같은 의미

- be back in a moment
  곧 돌아오다

A: Could we get another pitcher of water? 물 좀 더 갖다 주시겠어요?

B: Sure, I'll bring it for you **in a minute.** 그러죠, 곧 갖다 드리겠습니다.

↳ The shopkeeper will be back **in a moment.** 가게 주인은 곧 돌아올 거야.

↳ I can help you out **in a minute.** 난 곧 널 도와줄 수 있어.

19
우선적으로, 처음으로
to begin with

to begin with

첫째, 처음에는 *뭔가 중요한 말부터 꺼내고자 할 때

A: **What do you want to talk about?** 뭐에 대해서 말하고 싶은데?

B: **To begin with,** we need to discuss money.
우선 우린 돈에 대해서 토론할 필요가 있어.

└ To begin with, I missed my train. 첫째, 내 기차를 놓쳤어.

└ To begin with, I don't like her appearance. 우선 그녀의 외모가 싫어.

for a start

- firstly
  첫째
- to start with
  우선

우선, 먼저 *주로 논쟁에서 일련의 포인트 중 첫 번째를 말할 때 사용하며 문장 맨 앞 또는 맨 뒤에 위치

A: **What problems have you been having?**
넌 어떤 문제를 가지고 있니?

B: **For a start,** I've had a lot of headaches. 우선 난 골치거리가 많아.

└ Firstly, we can start on our homework. 첫째 우린 숙제를 시작할 수 있어.

└ To start with, he needs to leave my party. 우선 걘 내 파티에서 떠나야 해.

at first

- among other things
  무엇보다도, 우선

처음에 *참고로 at first sight하면 '언뜻 보기에,' at first hand하면 '직접적'이라는 의미

A: **What did you think about my friend Mac?**
내 친구 맥에 대해서 어떻게 생각했니?

B: **At first,** I really didn't like him. 처음엔 정말로 걔가 싫었어.

└ Among other things, you should shut off the computer.
우선 넌 컴퓨터를 꺼야돼.

└ At first, I was very surprised to see Annie. 처음엔 애니를 보게 되어 매우 놀랐어.

for the first time

- for the first time in years
  수년 만에
- first thing in the morning
  아침에 가장 먼저
- for the last time
  마지막으로

처음으로 *뒤에 in one's life를 붙이면 '…생전 처음으로'라는 말

A: **Has he ever been here before?** 그 사람이 전에 여기에 와 본 적 있어?

B: **No, he's coming here for the first time.**
아니, 여기는 처음으로 오게 되는 거야.

└ For the first time in years, I came home very late.
수년만에 첨으로 아주 늦게 귀가했어.

└ I'll call him first thing in the morning. 아침에 가장 먼저 걔한테 전화할게.

in the beginning

- in the beginning of
  …의 시작에서
- at the beginning of
  …의 시작에서
- from the beginning of
  …의 처음부터

맨 처음에 *beginning은 명사로 「시작」, 「처음」이라는 의미이다.

A: **How has their marriage been?** 걔들 결혼생활은 어떻대?

B: **In the beginning,** it was very happy. 처음에는 무지 행복했었대.

└ In the beginning of the show, you'll see my sister.
쇼가 시작할 때 넌 내 여동생을 볼 수 있을 거야.

└ At the beginning of class, we practice English. 수업 초반에 우린 영어를 연습해.

at the same time

in a few years

몇 년이 지난 후 *in+특정기간명사=…에, in+불특정기간명사= '…가 지난 후에,' '…만에'라는 뜻.

- **in less than a year**
  1년 안된 후에
- **in about an hour or so**
  약 1시간 만에
- **in a few moments**
  잠시 후에

A: **This is a small apartment.** 이건 작은 아파트야.

B: **In a few years, I'll move elsewhere.**
몇 년 안에 난 다른 곳으로 이사 갈 거야.

┗ In less than a year, she'll come back from America.
1년 안돼 갠 미국에서 돌아올거야.

┗ I'll just come back in a few minutes. 잠시 후에 다시 돌아올게.

before ~ing

…하기 전에 *before는 전치사[접속사]로 뒤에 ~ing 및 명사나 S+V의 절이 올 수도 있다.

- **before dark**
  어두워지기 전에
- **before I leave**
  내가 떠나기 전에
- **the night before**
  전날 밤에(= the previous night)

A: **Have some dinner before you go out.** 외출하기 전에 저녁을 좀 해라.

B: **Mom, I'm not hungry right now.** 엄마, 지금 배고프지 않아요.

┗ We'll wait for you to get back before we start. 돌아오는거 기다렸다 시작할게.

┗ Would you like a glass of wine before dinner? 저녁 먹기 전 와인 한잔 할래?

after ~ing

…한 후에 *마찬가지로 after 다음에는 명사, ~ing 그리고 S+V절이 온다.

- **after the accident**
  사고 후에
- **after a while**
  잠시 후에

A: **After unpacking, I went downstairs for dinner.**
짐을 풀고 나서 난 저녁 하러 아래층으로 내려갔어.

B: **How was the food in the hotel's restaurant?**
호텔 식당 음식은 어땠니?

┗ Do they play sports after school? 방과 후에 걔들은 스포츠를 하니?

┗ Do you want to go to a new bar after work? 퇴근 후에 새로 생긴 술집에 가길 원하니?

from now on

이제부터 *지금부터라는 말로 starting from now라는 의미

- **be safe from now on**
  이제부터 안전하다

A: **From now on, we're going to exercise more.**
지금부터 우린 운동을 좀 더 할 거야.

B: **Shall we go jogging together?** 우리 조깅을 같이 할까?

┗ Look around, and be safe from now on. 주변을 살펴봐, 그리고 지금부터 안전해야돼.

┗ From now on, you need to ask me first. 이제부터 넌 나한테 먼저 물어봐야 해.

in advance

미리, 사전에 *beforehand, ahead of time도 같은 의미이다.

- **thank you in advance**
  미리 감사하다
- **시간+in advance**
  '시간' 만큼 앞서
- **a year in advance**
  1년을 앞서

A: **When is the meeting scheduled for?** 회의가 언제로 잡혔니?

B: **They will tell us in advance of it.** 시작 전에 우리한테 알려줄 거야.

┗ Thank you in advance for all your help. 너의 모든 도움에 먼저 감사를 표해.

┗ We ordered the new i-pod in advance. 우린 먼저 새로운 아이팟을 주문했어.

a few days ago

며칠 전에 *과거의 시점을 나타내는 부사로 앞에 시간명사가 오게 된다.

- a month ago
  한달 전에
- a long time ago
  오래 전에
- some time ago
  (오래전) 언젠가

A: When was the last time you went travelling?
여행을 마지막으로 간 게 언제였는데?

B: I went to Japan **five years ago.** 5년 전에 일본에 갔었지.

↳ I graduated from a university about ten years ago. 한 10년쯤 대학을 졸업했어.

↳ It's hard to believe that was six years ago. 그게 6년전 일이라는 게 믿기지 않아.

once S+V, ~

일단 …하면, …하자마자 *once가 접속사로 쓰인 경우로 어떤 일이 벌어진 이후로 부터라는 말

A: I heard your girlfriend had a lot of homework.
네 여친이 숙제가 많다고 들었어.

B: **Once she finished, we went out.** 걔가 숙제를 끝내자마자 우린 외출했어.

↳ Once I get rich, I'll buy a big car. 일단 내가 부자가 되면 난 큰 차를 살 거야.

↳ Once you eat this, you'll feel better. 일단 네가 이걸 먹으면 기분이 나아질 거야.

ahead of time

사전에 *시간에 앞서서라는 말로 in advance와 같은 의미

A: The concert tonight is sold out. 오늘 밤 연주회는 매진이야.

B: We bought our tickets **ahead of time.** 우린 사전에 표를 샀지.

↳ The bookwork was done ahead of time. 장부정리는 사전에 이루어졌어.

↳ The building was completed ahead of time. 그 빌딩은 사전에 완공이 되었어.

on time

정각에 *at the exact time이라는 말이며, in time은 늦지 않게, 때를 맞춰, 즉 early or soon enough이라는 뜻.

- in time
  시간에 늦지 않게
- in the nick of time
  아슬아슬한 때에, 겨우 늦지 않게

A: Has the meeting started? Am I late? 회의 시작됐어요? 제가 늦었나요?

B: No, you're just **on time.** 아뇨, 딱 맞게 왔어요.

↳ I got there on time. 제 시간에 도착했어.

↳ You'd better be on time tomorrow. 내일 정각에 오도록 해라.

at the same time

동시에, 한꺼번에 *한 단어로 바꿔 쓰면 simultaneously란 의미

- one at a time
  한 번에 하나씩, 차례대로

A: We got here **at the same time.** 우린 동시에 여기에 도착했어.

B: Did you take the subway from Yaksu? 넌 약수역에서 지하철을 탔니?

↳ We'll meet here tomorrow at the same time. 내일 같은 시간에 여기서 보자.

↳ We can travel and make money at the same time!
우린 여행을 하면서 동시에 돈도 벌 수 있어.

at the moment

at the moment

- at this point
  현 시점에서
- at that moment (in time)
  그 때에
- at this (very) moment
  바로 이 때에

지금, 바로 이 순간 *at this point, 간단히 말하면 now라고 해도 된다.

A: **Is Veronica in?** 베로니카가 들어왔니?

B: **She is not in at the moment.** 지금은 들어오지 않았어.

↳ I'm not available **at the moment.** 지금 난 바빠.

↳ I'm sorry, he's on another line **at the moment.**
  미안하지만 걘 지금 다른 전화 받고 있어.

as of+시점

- as of September 10th
  9월 10일부로

…부로, …시점을 기준으로 *특정 날짜에 뭐가 시작되거나 계속된다는 의미.

A: **Are classes going to begin soon?** 수업이 곧 시작될거니?

B: **No, they were canceled as of 9 am.** 아니, 9시 부로 수업이 취소되었어.

↳ You're fired, **as of right now.** 넌 지금 시점에서 해고야.

↳ We'll be leaving, **as of midnight tonight.** 우린 오늘 밤 자정 부로 떠날 거야.

for now

- for the moment
  지금으로서는(나중에는 바뀔 것이다)

우선은, 당분간은 지금으로서는 *'잠시동안' 혹은 '어떤 상황이 바뀌기까지'라는 의미

A: **What're you going to do next?** 이젠 뭐할 거야?

B: **I don't have any plans for now.** 지금으로선 아무 계획이 없어.

↳ We'll rent this house, **for now.** 우린 당분간 이 집을 임대할 거야.

↳ **At this point,** no one has canceled the meeting.
  현재 누구도 회의를 취소하지 않았어.

these days

요즘, 요새, 근간에 *of late, lately라 해도 된다.

A: **You don't look good these days.** 넌 요즘 안 좋아 보여.

B: **Yeah, I've been sick a lot.** 그래, 난 많이 아팠어.

↳ Why do you get up so early **these days?** 요즘 왜 그렇게 일찍 일어나니?

↳ Why are you working so late **these days?** 요즘 왜 그렇게 늦게까지 일하니?

recently

최근에 *아주 최근이라고 강조할 때는 recently앞에 quite를 붙이면 된다.

A: **How are things going with you recently?** 최근에 어떻게 지내니?

B: **I've been doing the same old thing - a lot of work, as usual.** 전하고 똑같지 뭐, 늘 그렇듯 일에 허덕여.

↳ You seem to be working really slowly **recently.** 최근에 일이 아주 느려진 것 같아.

↳ Did you see any movies **recently?** 최근에 뭐 영화 본 거 있어?

to date

until next year

- until+N[S+V]
  ···까지
- until now
  지금까지
- until next year
  내년까지
- until everything is finished
  다 끝날 때까지

내년까지 *until은 그 이하의 시점까지 동작이나 상태가 계속되는 것을 말한다.

A: I put Bill in charge **until I return.**
빌한테 내가 돌아올 때까지 맡아달라고 했어.

B: Are you sure that's a good idea? 그게 정말 잘한 거라고 봐?

↳ You may play music **until 10 pm.** 넌 밤 10시까지 음악을 연주할 수 있어.

↳ I'm going to keep asking her **until she says yes.**
난 그녀가 좋다고 할 때까지 계속 조를 거야.

by then

- by +N
  ···까지
- by now
  지금쯤은 이미
- by the end of next week
  다음 주말까지

그때까지 *until과 달리 계속적인 지속성 없이 by 이하의 시점에 동작이 완료되는 걸 뜻한다.

A: Will the stage be ready **by Friday?** 금요일까지 무대가 완성될까?

B: They should be able to get it ready **by then.**
그 사람들이 그 때까진 모든 준비를 마칠 수 있을 거야.

↳ I think our meal should be ready **by now.** 식사가 지금쯤 준비되었을 것으로 생각해.

↳ The movie will be in theaters **by the end of next week.**
그 영화는 다음 금요일까지 영화관에 나올거야.

up to now

지금까지 *up to the present time이라는 의미로 up to는 ···까지라는 시점을 의미

A: How are you enjoying summer camp? 여름 캠프를 어떻게 즐겼니?

B: I've loved it **up to now.** 지금까지 즐기고 있어요.

↳ **Up to now,** we've been disappointed in our classes.
지금까진 우린 수업에 실망했어.

↳ Everyone has had a good time, **up to now.** 모두가 지금까진 좋은 시간을 보내고 있어.

so far

- so far, so good
  지금까진 좋다

지금까지 *until now라는 말. 비슷한 표현으로 thus far가 있는데 이는 좀 formal하다.

A: Does your son like going to university? 네 아들 대학가는거 좋아해?

B: **So far,** he thinks it is great. 지금까지는 좋다고 생각하는 것 같아.

↳ It is going well. **So far,** so good. 잘되고 있어. 지금까지는 괜찮아.

↳ We haven't seen any of our friends **so far.** 우린 지금까지 친구들중 아무도 못봤어.

to date

현재까지 *달리 표현하자면 앞서 나온 up to now와 같은 의미의 표현

A: Has Alicia come to see you? 앨리샤가 널 보러 왔니?

B: **To date,** she hasn't been here. 현재까지 걘 여기에 오지 않았어.

↳ **To date,** nothing special has happened. 현재까지 특별한 일이 생기지 않았어.

↳ **To date,** the business has been doing fine. 현재까지 사업은 잘 되고 있어.

for a while

for a while

- for a couple of days
  며칠 동안

잠시 동안 *while은 길지 않는 시간을 말한다.

A: I hope you'll come back soon. 네가 조만간 돌아오길 바래.

B: I'm only going out **for a while.** 난 단지 잠시 동안만 나간 거야.

↳ You've been in the bathroom for an hour. 넌 화장실에 한 시간이나 있었어.

↳ I need you to be quiet for a while. 네가 잠시 동안 조용히 해주면 해.

for a moment

- for a minute
  잠시
- for a second
  아주 잠깐

잠깐 동안 *길지 않은 짧은 기간동안이라는 뜻으로 '지금으로서는'이라는 의미의 for the moment와 구분.

A: Do you mind if I sit here **for a second?** 여기 잠깐 앉아도 돼?

B: Yeah, sure thing! 그럼, 그렇게 해!

↳ Would you please excuse me for a moment? 잠시 실례해도 될까요?

↳ I was wondering if I could talk to you for a sec. 잠깐 이야기할 수 있을까요.

for the time being

당분간 *역시 짧은 기간동안이라는 말

A: Can you move this piano out of here?
이 피아노를 여기서 치울 수 있니?

B: It has to stay **for the time being.** 당분간 여기에 있어야 해.

↳ I will wait for her for the time being. 난 당분간 걔를 기다릴게.

↳ For the time being, let's eat dinner. 우선, 저녁부터 먹자.

for a long time

- for so long
  오랜 기간 동안
- for ages = in ages
  길이, 오랫동안
- for some time
  한동안

오랫동안, 장기간 *기간전치사 for 다음에 장시간을 나타내는 명사가 오는 경우

A: She's been in school **for a long time.** 걘 학교에 오랫동안 있었어.

B: She must be a very good student. 걘 아주 좋은 학생임에 틀림이 없어.

↳ This handbag will not last for a long time. 이 백은 오랫동안 가지는 않을 거야.

↳ Our friendship will last for a long time to come.
우리 우정은 앞으로 오랫동안 계속될거야.

over the years

- over the next month
  내달에
- over the past week
  지난 주에

몇 년에 걸쳐, 수년 간 *over의 다양한 뜻 중 over 다음에 시간명사가 오면 during의 의미가 된다.

A: When was the company started? 그 회사가 언제 시작되었니?

B: It was founded **over a hundred years ago.**
약 100여년 전에 창설되었어.

↳ We've been great friends over the years. 우린 수년 간 좋은 친구 사이야.

↳ The schedule will be changed over the next month. 내달에 스케줄이 바뀔 거야.

during the vacation

- during one's vacation
  휴가중
- during this summer
  이번 여름에
- during the meeting
  회의중에

휴가 중에 *during 다음에는 특정 기간명사가 나온다.

A: Let's go to New York **during summer vacation.**
여름 휴가 동안 뉴욕에 가자.

B: That would be a lot of fun. 재미있겠다.

┗ Our high school will be closed during the vacation.
방학 중에 우리 고등학교는 문을 닫을 거야.

┗ What will you do during your vacation? 너 휴가기간 동안 뭐할 거니?

all the time

- all year
  1년 내내
- all night
  밤새

항상 *always 혹은 문맥에 따라 often이라는 의미를 갖는다.

A: Hey Joe, you sound tired. 죠, 너 피곤한 것 같구나.

B: I know. I've been awake **all night.** 알아. 밤새 깨어 있었어.

┗ We used to play together all the time. 우린 항상 함께 놀곤 했어.

┗ I'm so tired. I've been studying all night. 너무 피곤해. 밤새 공부했거든.

all day long

하루 종일 *all day도 같은 뜻이며 all the day라고 쓰면 안된다.

A: How long have you been working on that project?
그 작업을 얼마나 오랫동안 하고 있는 거야?

B: I have been working on it **all day long.**
하루 종일 이 일에만 매달려 있었어.

┗ Our festival will last all day long. 우리 축제는 하루 종일 계속될 거야.

┗ Where has Jessica been all day? 제시카는 하루 종일 어디에 있었대?

in the meantime

그 동안, 그 사이에, 한편 *현재와 미래 혹은 두 사건 사이의 기간을 말한다.

A: I think mom and dad will be here soon.
엄마와 아빠가 조만간 여기에 올 걸로 생각해.

B: **In the meantime,** let's play a game. 그 동안 게임이나 하자.

┗ In the meantime, they began talking. 한편, 걔들은 대화하기 시작했어.

┗ They plan to keep working in the meantime.
걔들은 그 사이에 계속 일할 계획을 세웠어.

on a daily basis

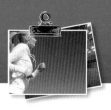

three times a week

일주일에 3번 *…times+기간명사'하면 '기간' 중에 몇 번이라는 의미. times = 횟수

- **once a week**
  일주에 한번
- **twice a month**
  한 달에 두 번
- **once in a blue moon**
  극히 드물게(very rarely)
- **many times**
  많이, 여러번

A: Is this your first time to meet a movie star?
무비 스타를 만나는 것이 이번이 처음이니?

B: No, I've met famous people **many times.**
아니. 난 유명인사들을 많이 만났어.

↳ My favorite show is on **once a week.** 내가 좋아하는 쇼는 일주에 한번 해. 4

↳ We'll meet up at least **twice a month.** 우리 한 달에 적어도 두 번은 만날거야.

over and over (again)

여러 번 거듭하여 *강조하여 뒤에 again를 붙이기도 한다.

- **time after time**
  반복해서
- **again and again**
  반복해서
- **go on and on**
  계속되다

A: Is your girlfriend angry at you again? 네 여친이 너한테 다시 화났니?

B: Yes. This has happened **over and over again.**
그래. 이건 반복되는 일이야.

↳ He has called my phone **again and again.** 갠 나한테 여러 번 전화를 했어.

↳ The snowstorm seemed to **go on and on.** 눈 폭풍은 쉬지 않고 계속되는 것 같아.

on a daily basis

매일 단위로 *on a+시간명사+ basis면 주기가 '시간명사'단위로라는 의미

- **on a weekly basis**
  주 단위로
- **on a bi-monthly basis**
  한 달에 두 번씩, 두 달에 한번씩

A: Do you brush your teeth often? 넌 자주 양치질을 하니?

B: Sure, I brush them **on a daily basis.** 그럼. 매일 양치질해.

↳ Mom goes shopping **on a weekly basis.** 엄마는 주단위로 쇼핑을 해.

↳ He goes to meetings **on a bi-monthly basis.** 갠 한 달에 두 번씩 회의에 참석해.

every day

매일 *everyday처럼 붙여 쓰면 everyday life처럼 '일상의'라는 형용사가 된다.

- **every month**
  매달
- **every night**
  매일 밤
- **every other day**
  2일에 한 번씩

A: Are you still jogging **every day?** 아직도 매일 조깅하니?

B: Yes, I run about thirty miles per week. 일주일에 30마일은 뛰고 있어.

↳ How much TV do you watch **every day?** 넌 매일 TV를 얼만큼 보니?

↳ I watch the news **every morning.** 난 매일 아침 뉴스를 시청해.

every+N+that I have

내가 가지고 있는 모든… *좀 복잡하지만 every를 응용한 표현으로 강조할 때 쓰는 표현

- **every opportunity that I have**
  내가 기회가 있을 때마다

A: **Every machine that I have has** broken.
내가 가진 모든 기계가 고장 났어.

B: Maybe you should take better care of them.
아마도 넌 기계들을 잘 간수해야 돼.

↳ I will meet her **every opportunity that I have.** 난 기회가 있을 때마다 갤 만날거야.

↳ Jean gave away **every piece of furniture she had.**
진은 자신이 보유한 모든 가구를 줘버렸어.

day in and day out

- year after year
  해를 거듭해서

연일, 항상 *day after day와 같은 의미로 뭔가 오랫동안 계속 지속적으로 행해질 때

A: Your dad is a very hard worker. 네 아빠는 아주 열심히 일하는 직원이야.

B: Yeah, he's on the job **day in and day out.**
그래요, 아빠는 연일 직장에 나가요.

└ The company keeps growing, **year after year.**
그 회사는 해를 거듭할수록 성장하고 있어.

└ She is always nice, **time after time.** 걘 매번 항상 착해.

in a row

- stand in a row
  줄지어 서있다
- fifth win in a row
  5연승

연속적으로, 잇따라 *one after the other이란 의미로 한 단어로 하자면 consecutively

A: It's time to start exercising. 이제 운동을 시작할 시간이야.

B: OK, everyone line up **in a row.** 오케이, 모두 한 줄로 서라.

└ The soldiers stood in a row **for an hour.** 병사들이 1시간동안 줄 서있었어.

└ This is our team's fifth win **in a row.** 우리 팀이 이번에 5연승을 한 거야.

all over again

- start all over again
  처음부터 다시 시작하다

새로이, 처음부터 다시 *starting from the beginning이라는 의미

A: Look, there is a big problem here. 봐라, 여기에 큰 문제가 있어.

B: We'll have to do it **all over again.** 우린 처음부터 다시 해야만 할 거야.

└ He started **all over again** after he failed the exam.
걘 시험에 실패한 후 처음부터 다시 시작했어.

└ I don't want to begin **all over again.** 난 처음부터 다시 시작하는 것을 원치 않아.

every day vs. everyday

every day는 매일이라는 부사구로 every week(매주), every year(매년), every month(매달)과 같은 구조이다. 반면 every와 day를 붙여 써서 everyday가 되면 이는 형용사로 명사 앞에서 일상의, 평상의라는 의미가 된다. 이와 비슷한 경우로 some time, sometime, sometimes가 있는데 some time은 「(짧지 않은) 얼마간의 시간」(a considerable amount of time; quite a lot of time)을, sometime은 명확하지 않은 시간으로 (앞으로) 언젠가」라는 뜻으로 그리고 sometime에 s를 붙인 sometimes는 「어떤 때는」(on some occasions), 「때때로」(more than once)라는 의미의 빈도부사로 사용된다.

from time to time

from time to time

때때로, 이따금 *sometimes, but not often이라는 의미

- think of sb from time to time
  …를 이따금 생각한다
- sometimes
  때때로
- *cf.* sometime
  언젠가
- some time
  한동안

A: **Your clock on the wall stopped working.** 벽에 있는 시계가 섰어.

B: **From time to time the battery goes dead.**
이따금 배터리가 죽어버려.

↳ I think of my ex-girlfriend from time to time. 난 때때로 옛 여친을 생각해.

↳ From time to time you'll have to use this computer.
넌 이따금 이 컴퓨터를 사용해야 될 거야.

(every) now and then

간혹 *sometimes, but not regularly라는 의미

A: **Do you go out to eat often?** 넌 간혹 외식하니?

B: **Well, we go out to restaurants every now and then.**
글쎄, 종종 식당에서 외식해.

↳ Now and then I get to see Rob. 난 간혹 롭을 만나러 가.

↳ Every now and then a train goes by the house. 간혹 기차가 집 옆을 지나가.

more often

자주, 대개 *강조하려면 more often than not을 쓰면 이때의 의미는 in most occasions

- every so often
  간혹(sometimes, but not frequently)

A: **We have to come here more often.** 우리 좀 더 자주 여기 와야겠다.

B: **That's fine with me as long as you pay!** 네가 낸다면야 난 좋지!

↳ It happens more often than we think. 우리가 생각한 것보다 자주 그 일이 생겨.

↳ What an amazing dinner! We should come here more often.
저녁식사 끝내주는데! 우리 더 자주 여기 오자.

once in a while

가끔 *every once in a while이라고 해도 된다.

A: **Once in a while I paint a picture.** 가끔 난 그림을 그려.

B: **Your paintings look really great.** 네 그림은 정말로 대단해 보여.

↳ I water the plants every once in a while. 난 가끔 화초에 물을 줘.

↳ Once in a while my father gets angry. 가끔 아빠가 화를 내.

at times

가끔 *at the time하면 그 때라는 의미로 정관사 the의 유무에 주의한다.

A: **Do you travel to other countries?** 넌 다른 나라로 여행을 가니?

B: **I've traveled overseas at times.** 난 가끔 해외여행을 하고 있어.

↳ I come to this restaurant at times. 때때로 이 식당에 와.

↳ I have to work overtime sometimes. 가끔 야근을 해야 돼.

as soon as

as quickly as possible

- *cf.* as much as possible
  가능한 많이

가능한 빨리, 속성으로 *속도나 시간상으로 빠르다는 의미

A: **When do you want this finished?** 넌 언제 이 일이 끝나기를 원하니?

B: **It must be done as quickly as possible.** 가능한 빨리 끝나야 해.

ㄴ Come to my office as quickly as possible. 가능한 빨리 내 사무실로 와라.

ㄴ Joseph started to work as quickly as possible. 조셉은 가능한 빨리 일을 시작했어.

as soon as possible

- reply ASAP
  가능한 조속히 답변하다
- as soon as one can
  가능한 빨리

되도록 신속하게 *ASAP라는 약자로 쓰이기도 하며 as soon as one can과 같은 의미

A: **He always wants us to finish as soon as possible.**
사장은 항상 우리가 일을 가능한 빨리 끝내기를 원해.

B: **Your boss is a tough guy to work for.**
네 사장은 같이 일하기 힘든 사람야.

ㄴ Please have her return my call as soon as possible.
가능한 빨리 걔보고 전화달라고 해줘.

ㄴ I'll try and get there as soon as possible. 가능한 한 빨리 도착하도록 할게.

as soon as S+V,

…하자마자 *as soon as 자체가 접속사처럼 쓰인 경우로 right after S+V의 의미

A: **When are you going to take your driving test?**
언제 운전면허시험 보러 가니?

B: **As soon as I get used to driving in the rain.**
빗길 운전이 익숙해지는 대로.

ㄴ Could you ask him to call me back as soon as he gets in?
들어오는 대로 나한테 전화 좀 해달라고 전해줄래?

ㄴ As soon as you exit the station, you'll see Bloomingdale's.
그 역에서 나오자 마자 넌 블루밍데일 백화점을 볼 수 있을 거야.

any time now

- at any time
  아무 때나, 때 없이

곧, 빨리 *정확한 시간은 모르지만 very soon이라는 의미

A: **Has the mailman come yet?** 우편 배달부가 왔니?

B: **No, but he'll probably come any time now.**
아니, 아마도 곧 도착할 거야.

ㄴ It may start to rain at any time. 방금이라도 비가 올 것 같아.

ㄴ Susan is due to arrive any time now. 수잔은 곧 도착 예정이야.

sooner than expected

- arrive home sooner than expected
  예상보다 빨리 집에 도착하다

의외로 빨리 *sooner than you think도 같은 의미

A: **I thought you were still working.** 난 네가 아직도 일하고 있다고 생각했어.

B: **We finished sooner than expected.** 우린 생각보다 빨리 끝났어.

ㄴ The students arrived home sooner than expected. 학생들이 예상보다 빨리 집에 왔어.

ㄴ My package came sooner than expected. 내 꾸러미가 생각보다 빨리 도착했어.

later this week

this year

- this morning
  오늘 아침
- this time 이번에
- this week 이번 주에
- this time of year 년중 이맘때

금년에 *this time of year는 '년중 이맘때'라는 말로 회화에서 많이 쓰인다.

A: **Your son has grown quite a lot.** 네 아들은 꽤 많이 컸구나.

B: **He's a junior in high school this year.** 금년에 걔가 고등학교 3학년이야.

└ Are you going to the beach **this summer**? 이번 여름에 해변으로 갈 거니?

└ Are you aware of Jen graduating **this year**? 젠이 금년에 졸업하는 걸 알고 있니?

on Friday

- on the weekend
  주말에
- on the weekends
  주말마다

금요일에 *특정 요일 명사 앞에는 전치사 on를 사용한다

A: **Are you going to be here on the weekend?**
  주말에 여기에 올 거니?

B: **Yes, I will. I have no plans yet.** 그래. 아직 아무런 계획이 없어.

└ I'm not sure what to do **on Saturday**. 난 토요일에 뭘 할지 확실치가 않아.

└ I made it a rule to play golf **on the weekends**. 난 주말마다 으레 골프를 쳐.

last year

- last month
  지난 달에
- last night
  간밤에
- last week
  지난 주에

작년에 *last, next, this 등이 시간명사 앞에 올 때는 전치사가 없이 쓰인다.

A: **I stayed out drinking beer last night.**
  난 어제 밤 맥주를 마시느라 밖에 있었어.

B: **That's not smart. Your wife will be angry.**
  현명치 않네. 네 부인이 화낼 거야.

└ I saved five times as much as I did **last year**. 작년보다 5배나 더 저축했어.

└ I had a really hard time **last month**. 지난 달에는 엄청 고생을 했지.

next month

- next Monday
  다음 월요일에

다음 달에 *next 다음에 year, day, week 등 원하는 시간명사를 넣으면 된다.

A: **Have you had your wisdom teeth pulled out?** 사랑니 뽑았어요?

B: **No, but I'm planning to have them extracted next
  month.** 아뇨, 다음 달에 뽑을 거예요.

└ I've got a job interview **next Monday**. 다음 주 월요일에 취업면접이 있어.

└ I heard about you getting married **next month**.
  네가 다음 달에 결혼한다는 이야기 들었어.

later this week

- later this year
  금년도 후반부에

이번 주 후반부에 *이번 주이긴 한데 후반부를 얘기하고 싶을 때

A: **When will your brother arrive?** 네 동생이 언제 도착하니?

B: **He's coming later this week.** 이번 주 후반에 올 거야.

└ I'll plant a garden **later this year**. 난 금년 후반에 정원에 나무를 심을 거야.

└ Your books will be here **later this week**. 네 책들은 이번 주 후반에 올 거야.

in the upcoming year

- in the coming years
  앞으로, 다가오는 몇 년 안에

내년에 *upcoming은 '다가오는,' '곧 있을'이라는 의미의 형용사이다.

A: **In the upcoming year,** I'll start university.
  내년도에 난 대학을 시작할 거야.

B: I hope you enjoy studying there. 거기서 공부하는 것을 즐기길 바래.

  ↳ My family is moving **in the upcoming year.** 내 가족은 내년에 이사 갈 거야.

  ↳ The economy will improve **in the upcoming year.** 경제가 내년도에는 좋아질 거야.

at the end of the day

하루가 끝날 때에 *비유적으로 '가장 중요한 것은,' '결국'이라는 의미로도 쓰인다.

A: When do you play World of Warcraft?
  넌 언제 월드 오브 워크래프트 게임을 하니?

B: I usually start to play **at the end of the day.**
  난 보통 하루가 끝날 때쯤 그 게임을 시작해.

  ↳ We take long walks **at the end of the day.** 우린 하루가 끝난 후에 오랫동안 산책을 해.

  ↳ **At the end of the day** they will be in New Zealand.
    걔들은 결국 뉴질랜드에 가있을 거야.

some day

- maybe some other time
  아마도 다른 때에

언젠가 *someday는 '미래의 언젠가'를 의미하고 one day는 '과거의 언젠가'를 의미

A: When are you going to make a trip to Finland?
  넌 언제 핀란드를 여행할 거니?

B: **Some day,** I will make sure to visit Helsinki.
  난 언젠가 분명히 헬싱키를 방문할 거야.

  ↳ **Some day** I'll have a lot of money. 언젠가는 난 많은 돈을 갖게 될 거야.

  ↳ **Maybe some other time** we can get together.
    아마도 우린 다른 때에 만날 수 있을 거야.

in the future

- in the near future
  가까운 장래에

미래에, 앞으로 *가까운 미래를 말하려면 future 앞에 near를 붙이면 된다.

A: I don't care what happens **in the future.**
  난 미래에 무슨 일이 생길 지 신경 쓰지 않아.

B: How can you not care about your future?
  어떻게 네 미래에 대해서 신경을 쓰지 않을 수 있니?

  ↳ We'll have tiny cell phones **in the near future.**
    가까운 미래에 초소형 휴대폰이 나올 거야.

  ↳ She is going to become a president **in the future.** 걘 미래에 사장이 될 거야.

on such short notice

all of the sudden

갑자기, 불의에 *비슷한 표현으로는 all at once, suddenly, unexpectedly 등이 있다.

- stop all of the sudden
  갑자기 서다
- sudden death
  급사

A: **What happened when you were driving?**
　너 운전할 때 무슨 일이 생겼니?

B: **All of the sudden, I saw a policeman.** 갑자기 경찰관을 보았어.

∟ The train stopped all of the sudden. 기차가 갑자기 정차했어.

∟ They are still shocked by the sudden death of Bill.
　걔들은 아직도 빌의 급사에 충격을 받고 있어.

in the blink of an eye

순식간에, 눈 깜박할 사이에 *blink 대신에 twinkle, twinkling을 사용해도 같은 의미

A: **I hear that Paul has no money now.** 폴은 이제 돈이 없다고 들었어.

B: **Yeah, he lost it all in the blink of an eye.**
　그래, 순식간에 돈을 다 잃었대.

∟ We finished the work in the blink of an eye. 우린 순식간에 일을 끝냈어.

∟ The robber was gone in the blink of an eye. 강도가 순식간에 사라져 버렸어.

on such short notice

갑작스럽게 *통보를 하되 매우 임박해서 줄 경우 상대방 입장에서는 갑작스러울 수 밖에 없다.

- be short notice
  갑작스럽다
- without notice
  갑자기

A: **Can we have a party tonight?** 오늘 밤에 파티할까?

B: **It will be difficult on such short notice.** 그렇게 갑자기는 어려울걸.

∟ There was short notice before the meeting was held.
　회의개최통보가 너무 갑작스러웠어.

∟ My favorite store closed without notice. 내가 좋아하는 가게가 갑자기 문닫았어.

out of the blue

난데없이 *구어체로 '청천벽력처럼'이란 뜻

A: **Did you know she was coming to town?**
　걔가 시내로 나온다는 것을 알았니?

B: **No, she arrived here out of the blue.**
　아니, 걘 난데없이 여기 도착했던 거야.

∟ Linda got chosen out of the blue. 린다는 난데없이 뽑혔어.

∟ The manager was fired out of the blue. 매니저가 난데없이 해고되었어.

in the end

at last

- at length
  길게, 장황하게, 드디어

마침내, 드디어 *after all, finally 등의 표현으로 바꿔 쓸 수 있다.

A: The letter from my boyfriend came **at last.**
내 남친으로부터 편지가 드디어 왔어.

B: Why did it take so long to arrive? 왜 그렇게 오래 걸린 거야?

↳ We are getting married, at long last. 드디어 우린 결혼할 거야.

↳ The professor talked at length about our project.
교수는 우리 계획에 대해 장황하게 말했어.

in the long run

결국에는 *당장은 아니고 '오랜 시간이 흐른 후'라는 의미로 한 단어로 하자면 eventually

A: I heard you succeeded in getting a job.
네가 구직에 성공했다고 들었어.

B: Yeah, everything was fine **in the long run.**
응. 결국 모든 게 잘 되었어.

↳ Honesty will win in the long run. 정직이 결국에는 승리할 것이다.

↳ Just keep on trying and eventually you'll succeed.
계속 시도하다 보면 결국 성공할 테니까.

in the end

마침내, 궁극적으로 *구어체표현으로 간단히 말하면 finally가 된다.

A: So, you aren't trying to date Renee anymore?
그래. 넌 더 이상 르네하고 데이트를 시도하지 않을 거니?

B: No, **in the end** I just gave up. 응. 결국 난 포기했어.

↳ Everything was fixed, in the end. 결국 모든 것이 해결되었어.

↳ In the end, we decided not to buy it. 결국 우리는 그것을 사지 않기로 결정했어.

once and for all

- end sth once and for all
  …을 완전히 종결 짓다

최종적으로 *completely and finally라는 의미

A: Barney and his girlfriend always argue. 바니와 여친은 항상 다퉈.

B: They should just break up **once and for all.**
걔들은 최종적으로 헤어져야만 해.

↳ We had to end our relationship once and for all. 우린 관계를 최종적으로 끝내야 돼.

↳ The TV show concluded, once and for all. 그 TV 쇼는 완전히 끝나버렸어.

sooner or later

- be fired sooner or later
  조만간 해고되다

조만간, 머지않아 *early or later라 해도 된다.

A: I never learned how to drive. 난 운전법을 결코 배우지 못했어.

B: **Sooner or later** you'll need to buy a car.
조만간 넌 차를 살 필요가 생길 거야.

↳ Gary is going to be fired sooner or later. 게리는 조만간 해고될 거야.

↳ She's going to get in trouble sooner or later. 걘 조만간 어려움에 처하게 될 거야.

in addition to

above all else

다른 무엇보다도 *above all은 '무엇보다도,' above all else는 '다른 무엇보다도'라는 의미

- most of all
  그 중에서도, 무엇보다도

A: You need to make money **above all else.**
넌 무엇보다 돈을 벌어야만 해.

B: But I want to find a job I enjoy too.
그래도 내가 즐길 수 있는 일을 찾고 싶어.

↳ Felicia liked my present **most of all.** 펠리사는 무엇보다도 내 선물을 좋아했어.

↳ Health is **above all else.** 건강이 가장 중요하다.

to top it (all) off

게다가, 설상가상으로 *이미 말하거나 행동해놓고 다시 추가적인 이야기를 할 때

- on top of it
  게다가
- what is more
  게다가

A: Your brother was very rude at the party.
네 동생은 파티에서 무지 무례했어.

B: **To top it all off,** he got drunk. 설상가상으로 갠 취했어.

↳ **To top it off,** we're going to Switzerland. 게다가 우린 스위스를 갈 예정이야.

↳ **To top it all off,** she left me with huge debts. 게다가 갠 내게 엄청난 부채를 남겼다.

in addition to

…에 더하여, 뿐만 아니라 *to 이하 뿐만 아니라 다른 것도 한다고 강조할 때 쓰는 표현. = besides sth

- in addition
  게다가

A: So, people say you like to go jogging.
사람들이 네가 조깅을 좋아한다고 그래.

B: **In addition to** jogging, I also do aerobics.
조깅뿐만 아니라 난 에어로빅도 좋아해.

↳ **Besides** working, he likes fishing in his free time.
일하는 것뿐만 아니라 갠 쉬는 시간에 낚시하는 것을 좋아해.

↳ She's a wonderful friend, **in addition to** being a wonderful mother.
걔는 훌륭한 어머니일 뿐 아니라 훌륭한 친구이기도 해.

not only A but also B

A 뿐만 아니라 B도 *강조하려는 단어를 B에 적으면 된다.

- B as well as A
  A 뿐만 아니라 B도

A: Which one of these phones do you want to buy?
여기 전화기 중 어떤 것을 사고 싶니?

B: I'll take the silver one, **as well as** the black one.
검은 것뿐만 아니라 은색도 가질 거야.

↳ We're **not only** tired, **but also** hungry. 우린 피곤할 뿐만 아니라 배가 고팠어.

↳ Jill has a good education, **as well as** being pretty.
질은 예쁘기도하고 교육도 잘 받았어.

by far

훨씬, 단연코 *주로 최상급 형용사나 부사 앞에 사용되면서 강조를 하는 부사구

- What in the world[on earth]~
  도대체

A: This is **by far** my favorite TV show. 이건 내가 가장 애호하는 TV 야.

B: Me too. I love the main actor. 나도 그래. 난 남자 주인공을 좋아해.

↳ What in the world is Neil doing? 도대체 닐이 뭘하고 있는거야?

↳ You are **by far** the most handsome student. 넌 단연코 가장 잘생긴 학생야.

on the other hand

in spite of

- in spite of one's age
  …의 나이에도 불구하고

…에도 불구하고 *in spite of를 한 단어로 바꾸면 despite가 된다.

A: I can't believe you went jogging this morning.
오늘 아침 네가 조깅을 했다는 걸 믿기 어려워.

B: **In spite of** being tired, I decided to exercise.
피곤함에도 불구하고 난 운동하기로 했어.

↳ My parents are healthy, **in spite of** their age. 부모님은 그 연세에도 불구하고 건강해.

↳ We arrived in time, **despite** the traffic jam. 교통체증에도 불구하고 늦지않게 도착했어.

even though S+V

- even though it is true
  그것이 사실일지라도

비록 …하더라도 *though 대신 if를 써서 even if라 해도 된다.

A: Do you want to get something to eat? 뭐라도 먹고 싶니?

B: I'm still hungry, **even though** I ate dinner.
저녁을 했음에도 난 여전히 배고파.

↳ Don't tell anyone, **even though** it is true. 그것이 사실이라도 누구에게도 말하지마.

↳ **Even though** he left, I still miss him. 걔가 비록 떠났더라도 난 여전히 걔가 그리워.

even so

그렇다고 할지라도 *even if it were so의 줄인 표현이다.

A: Darryl is a very cruel man. 대릴은 아주 잔인한 사람이야.

B: **Even so,** we can't change his character.
그럴지라도 우리가 걔 성격을 바꿀 수는 없지.

↳ **Even so,** they must follow the rules. 그럴지라도 걔들은 규칙을 따라야만 해.

↳ **Even so,** Jerry can't stay here. 그럴지라도 제리는 여기에 머물 수가 없어.

on the other hand

- instead of
  …대신에

다른 한편으로는, 반면에 *'한편으로는'이라는 뜻의 on the one hand가 앞에 나오고 뒤에 쓸 때.

A: We can go camping this summer. 우린 이번 여름에 캠핑을 갈 수 있어.

B: **On the other hand,** we can stay in a hotel too.
한편 우린 호텔에도 묵을 수도 있어.

↳ They chose cake **instead of** ice cream. 걔들은 아이스크림 대신에 케익을 택했어.

↳ I think I'll drive **instead of** walking. 난 걷는 대신 운전을 할까 생각해.

but then S+V

…하지만 …하다 *앞의 내용과 맞기는 하지만 뒤의 사실 때문에 앞의 내용이 중요하지 않을 수도 있다는 말.

A: Let's leave work early today. 오늘 일찍 퇴근하자.

B: **But then** we might lose our jobs. 하지만 우린 실직할 수 있어.

↳ **But then** she started to cry. 하지만 걘 울기 시작했어.

↳ This is better, **but then** again it costs more. 이것은 좋지만 반면에 가격이 더 비싸다.

in other words

so to speak

말하자면, 다시 말해서 *자기의 말을 요약하거나 정리할 때

- **as it were**
  말하자면

A: I didn't know your wife liked sewing.
네 아내가 바느질을 좋아하는지 몰랐는 걸.

B: It's one of her hobbies, **so to speak.**
말하자면 그건 여러 취미 중 하나야.

↳ This is the finest resort, so to speak. 말하자면 이곳은 초일류 리조트야.

↳ Congressmen were back in school today, so to speak.
말하자면 의원들이 오늘 회기가 시작되었어.

in short

요컨대, 요약하면 *in brief, in a word 등도 같은 의미이며 한마디로 shortly라고 해도 된다.

A: How was your first day at work? 출근 첫날이 어땠어?

B: In short, everything went wrong. 요약하면 모든 것이 잘못 되었어.

↳ In brief, she said we had to break up. 요컨대 걘 헤어지자고 말했어.

↳ In short, we don't have money. 요컨대 우린 돈이 없어.

in a nutshell

분명하게, 간단명료하게 *견과껍질 안에 먹을 수 있는 걸 다 집어넣는다는 점에서 유래하였다.

A: So, we must move to another department?
그래 우리가 다른 부서로 옮겨야 된다고?

B: Yes, that's **in a nutshell.** 그래, 간단히 말해서 그래.

↳ In a nutshell, we had to fire him. 간단히 말해서, 우린 걔를 해고해야 돼.

↳ Gary explained everything in a nutshell. 게리는 간단히 모든 걸 설명했어.

to make a long story short

한마디로 말해서, 결론부터 말하면 *make 대신에 cut으로 바꿔써도 좋다.

- **to cut a long story short**
  간단히 말해서

A: Did you have a fight with Marsha? 너 마샤하고 싸웠니?

B: **To make a long story short,** yes. 결론부터 말하면 그래.

↳ To make a long story short, it was very nice. 한마디로 말하면 그건 아주 좋았어.

↳ To make a long story short, I failed. 결론은 내가 실패했다는 거야.

in other words

달리 말해서, 즉 *말 그대로 '다른 말로 하면'이라는 뜻으로 앞서 한 말을 다시 부연설명할 때

- **namely**
  즉

A: My boss said he would promote me.
보스는 날 승진시키겠다고 말했어.

B: **In other words,** you'll be making more money?
달리 말해서 넌 돈을 더 벌게 될 거야.

↳ Some people were very kind, namely John and Vicky.
일부 사람들 즉, 존과 비키는 매우 친절했어.

↳ This is the festival's last day, as it were. 말하자면 오늘이 축제의 마지막 날이야.

by the way

by the way

그런데 *말을 하다가 화제를 바꿀 때 주로 사용하는 전형적인 표현

A: **By the way,** someone called from your school.
그런데 누군가 니 학교에서 전화를 했어.

B: Oh, I should give them a call back. 오, 내가 전화를 해줘야만 해.

↳ By the way, you still owe me twenty dollars. 그런데 너 내게 아직도 20불 빚이 있어.

↳ By the way, what time is it now? 그런데 말이야, 지금 몇 시지?

as a matter of fact

사실상 *회화에서 뻔질나게 사용되는 것으로 뭔가 중요한 사실을 말할 때

- in fact
  사실
- actually
  사실, 실상

A: Have you ever been to Disneyland? 디즈니랜드에 가본 적이 있니?

B: No, **as a matter of fact,** I haven't. 아니. 실은 가본 적이 없어.

↳ As a matter of fact I didn't go to bed last night. 사실은 간밤에 잠을 못 잤어.

↳ In fact, she looked forward to a quiet dinner alone.
사실 걘 혼자 조용한 식사를 기대했었어.

as I told you before

이전에 말했듯이 *before 대신에 previously라고 해도 된다.

- like I said before
  전에도 말했듯이
- as you have already heard
  이전에 들었듯이

A: Do you want to go to the concert? 연주회에 가고 싶니?

B: **As I told you before,** I have no time for that.
전에 말했듯이 난 그럴 시간이 없어.

↳ As you've already heard, classes were cancelled.
이미 들었겠지만 수업은 취소됐어.

↳ As I told you before, I am in a big trouble. 전에 말했듯이 난 큰 어려움에 처해있어.

now that you mention it

그 얘길해서 말인데 *상대방의 말에 기억이 나서 뭔가 얘기할 때

- speaking of ~
  …얘기가 나와서 말인데
- speaking of which
  말이 나와서 말인데

A: I'm sure we met somewhere before.
전에 우리가 만난 적이 있다고 확신해.

B: **Now that you mention it,** you look familiar.
말하니까 말인데 낯이 익어.

↳ Now that you mention it, I remember that event. 네가 말하니까 그 행사가 기억나.

↳ Speaking of which, are you ready to go to lunch?
말이 나왔으니 말인데, 점심 먹으러 갈 준비됐어?

generally speaking

일반적으로 말해서 *speaking 앞에 frankly, strictly 등의 부사를 넣어 사용한다.

- frankly speaking
  솔직히 말해서
- strictly speaking
  엄격히 말해서
- actually
  정말로, 실제로, 참으로

A: Do you know what I mean? 내가 말하는 것이 무언지 알겠어?

B: **Actually,** I have no idea what you are talking about.
실은 무슨 말인지 모르겠어.

↳ Generally speaking, I don't like to fight. 일반적으로 말해서 난 싸우기 싫어.

↳ Really, sitting at that table would be fine. 정말로 저 테이블에 앉는 것은 괜찮아.

a bit of

quite a few

- **quite a few times**
  상당히 여러 번
- **quite a lot**
  꽤 많은

꽤 많이 *a few 대신에 a bit, a lot을 사용해도 되며 quite는 'a' 앞에 온다는 점에 주목한다.

A: Have you attended a soccer match before?
　전에 축구경기를 관람한 적이 있니?

B: Yes, I've been to **quite a few** soccer matches.
　응, 단지 몇 차례 관람했어.

└ Someone knocked on the door quite a few times.　누군가 꽤 여러 번 문을 두들겼어.

└ They go to the movies quite a lot.　걔들은 상당히 여러 번 영화를 보았어.

a lot of

- **plenty of errors**
  많은 오류
- **plenty of time**
  넉넉한 시간

많은 *many[much]와 같은 의미지만 a lot of 뒤에는 셀 수 있[없]는 명사가 올 수 있다.

A: These boxes have **a lot of** paperwork in them.
　이 박스들에는 상당히 많은 서류가 들어있어.

B: We'd better put them in the closet.　창고 안에 넣어두는 것이 좋겠어.

└ There is **plenty of** food in the fridge.　냉장고 안에 음식이 무지 많아.

└ I found **plenty of** errors in the article.　난 이 기사에서 많은 오류를 찾았어.

a number of

- **a number of+N+복수동사**
  많은 …
- **the number of+N+단수동사**
  …의 수

많은 *a number of~ 은 복수주어가 되고 반면 the number of~는 …의 수라는 의미로 단수주어가 된다.

A: There are **a number of** students outside.　밖에 학생들이 많이 있어.

B: I think they are going to play some music.
　걔들이 음악을 연주할 것으로 생각돼.

└ A number of workers were hired at the company.
　많은 노동자들이 그 회사에 고용됐어.

└ You need to buy **a number of** things for your apartment.
　네 아파트 용으로 물건을 많이 사야 해.

at least

- **at (the) best**
  기껏해야, 잘해야
- **at the most**
  많아야, 기껏해야

최소한, 적어도 *수량. 정도 뿐만 아니라 비유적으로 양보의 의미로도 사용된다.

A: I think it's going to rain today.　오늘 비가 올 것으로 생각해.

B: **At least** the temperature is warm.　적어도 기온은 따뜻해.

└ At best, he'll get a passing grade on the test.　잘해야 걘 시험통과학점을 받을거야.

└ You will get third place, at the most.　기껏해야 넌 3등을 할 거야.

a bit of

- **a bit of rain**
  약간의 비
- **a bit of conscience**
  일편의 양심

약간의 *그냥 a bit의 형태로도 많이 쓰이는데 이때는 부사로 a little의 의미

A: Can I have **a bit of** your chocolate bar?
　네 초콜렛 바 좀 먹을 수 있겠니?

B: Sure. Here's a piece for you.　그럼. 여기 조금 있어.

└ Seoul will get **a bit of** rain tomorrow.　서울은 내일 비가 조금 올 거야.

└ Jack never shows **a bit of** conscience.　잭은 약간의 양심도 결코 보여주지 않아.

a few+N

약간의 … *셀 수 없는 명사의 경우에는 a little를 사용

- a few of+N
  약간의 …

A: There are **a few things** I need to do. 내가 할 일이 약간 있어.

B: Well, let's meet up again later. 글쎄, 나중에 다시 만나자.

↳ Here are a few pictures from our trip. 우리 여행가서 찍은 사진이 몇 장 있어.

↳ Give me a few minutes to finish the work. 일을 끝내게 몇 분만 줘.

a couple of

몇 개[명]의 *'한 쌍의'라는 의미에서 대략 '2-3개' 정도의 의미로 쓰인다.

- a handful of
  한줌의, 소수의

A: These shoes are killing my feet. 신발 때문에 발이 아파 죽겠어.

B: It will take **a couple of** days to break them in.
  길들이려면 2~3일 걸릴 거야.

↳ A couple of old women sat on the bench. 몇 명의 나이든 여성들이 벤치에 앉았어.

↳ Jen grabbed a handful of nuts. 젠은 한줌의 견과를 집었어.

kind of

약간, 조금 *부사로 쓰이는 kind of는 동사 뒤에 위치하며 kinda로 표기하기도 한다.

- sort of
  약간, 조금

A: Would you like to join me for dinner? 저녁 함께 드실래요?

B: Well, I am **kind of** busy right now. How about tomorrow?
  글쎄요, 지금은 제가 좀 바빠서요. 내일은 괜찮을까요?

↳ I'm kind of nervous about going on stage. 무대에 올라가는 것이 좀 긴장돼.

↳ I've sort of hard feelings for her. 걔한테 조금이지만 감정이 있어.

a piece of

한 조각의, 한 장의 *어떤 큰 부분의 한 조각내지는 작은 부분을 말한다.

- a piece of paper
  종이 한 장
- a piece of advice
  충고 한마디

A: Can I have **a piece of** your pie? 네 파이 한 쪽을 먹을 수 있을까?

B: It's right here. Help yourself. 여기 있으니까 먹어도 돼.

↳ I need a piece of paper. 난 한 장의 종이가 필요해.

↳ Mike gave me **a piece of** his gum. 마이크는 자기 껌 한 조각을 나한테 주었어.

a bit

bit은 명사로 「작은 조각」, 「부분」을 말하는 것으로 a bit의 형태로 일상회화에서는 「조금」, 「약간」이라는 의미로 무척 많이 쓰이는 표현이다. 특히 a little bit이란 형태로 많이 쓰인다. 지금 조금 바쁘다라고 말하려면 'I'm a little bit busy right now," 상대방이 좀 취해 보일 때는 "You seem to be a little bit drunk," 그리고 사장님이 가끔 훔쳐보는 것을 느꼈을 때 "I feel a little bit uncomfortable" 이라고 말할 수 있다. 물론 a (little) bit of+명사 형태로 써서 「약간의…」라고 말할 수도 있다.

as far as

more or less

- be more or less valueless [worthless]
  거의 가치가 없다

다소간, 거의 *almost란 의미이며 수량을 언급할 때도 사용된다.

A: **Do you have much work to do?** 할 일이 많니?

B: **No, I'm more or less finished.** 아니. 난 거의 일을 끝냈어.

↳ These stocks are **more or less** worthless. 이 주식들은 거의 가치가 없어.

↳ I can earn 100$ a day, **more or less.** 난 하루에 거의 100 달러 정도를 벌 수 있어.

step by step

- little by little
  조금씩

단계적으로, 차근차근 *말 그대로 한 걸음 한 걸음 나아간다는 뉘앙스

A: **Our business hasn't done well this year.**
우리 사업은 금년에 잘 되지 못했어.

B: **Step by step, your business will get bigger.** 단계적으로 커질거야.

↳ **Step by step,** I learned to speak Chinese. 난 단계적으로 중국어 회화를 배웠어.

↳ **Little by little** we moved the giant piano. 우린 조금씩 큰 피아노를 옮겼어.

to a certain degree

- in some respects
  어떤 점에서, 어떤 측면에서
- to some degree
  어느 정도

어느 정도 *degree 대신에 extent를 사용하기도 한다.

A: **How is your relationship with Hal?** 할과의 관계는 어떻니?

B: **To a certain degree, it's pretty good.** 어느 정도까지는 아주 좋아.

↳ **To some degree,** this will help you and me.
이건 어느 정도 너와 나한테 보탬이 될 거야.

↳ **In some respects,** it was a very difficult week. 어떤 면에서 매우 힘든 한 주였어.

as much as sth

- twice as much as sth
  …보다 배의 양이 되는
- as many as 30 passengers
  30명이나 되는 승객들

…만큼, …정도 *셀 수 있는 명사이면 as many as를 쓰면 된다.

A: **This TV weighs as much as an elephant.**
이 TV 무게는 마치 코끼리 무게 같아.

B: **Come on, it doesn't weigh that much.**
왜 그래, 그렇게 많이 나가지는 않아.

↳ You can have **as many as** you want. 네가 원하는 만큼 가져.

↳ I hate this **as much as** you. 너만큼이나 이거 싫어해.

as far as S+V

- as far as I know
  내가 아는 한
- as far as I concerned
  내가 관련되어 있는 한
- as far as sb ~ing
  …가 …하는 한
- as far as A goes
  A에 관해서라면

…하는 한, …까지 *뭔가 범위를 S+V로 한정지어 말할 때

A: **Did you break up with your boyfriend?** 남친과 헤어졌어?

B: **Yeah. As far as me dating him, it's finished.**
응. 개랑 만나는 건 완전히 끝났어.

↳ I will help you **as far as I can.** 내가 가능한 한 도와줄 거야.

↳ **As far as his experience goes,** he's second to none.
경험에 관해서라면 그 사람을 따라갈 사람이 없지.

over there

---

in front of

…앞에 *물리적으로 …의 앞에라는 말로 of 다음에는 사람, 사물 다 올 수 있다.

A: Dan and his friends are playing video games.
댄과 친구들은 비디오겜을 하고 있어.

B: They are so stupid. They just sit **in front of** computers.
걔들은 아주 멍청해. 그냥 컴퓨터 앞에 앉아 있는 거야.

↳ Helen got very nervous in front of the class. 헬렌은 학급 앞에서 아주 초초해졌어.

↳ Our band played in front of a large crowd. 우리 밴드는 대규모 군중 앞에서 연주했어.

---

next to

…옆에 *next to는 beside와 같은 의미인데 '게다가'라는 의미의 besides와 구분해야 한다.

• beside+N
…옆에

A: Is it **next to** the stadium? 그건 스타디움 옆에 있니?

B: No, it is across the street, **next to** the post office.
아니, 길 건너 우체국 옆에 있어.

↳ The prettiest girl in class sat next to me. 반에서 젤 예쁜애가 바로 내 옆에 앉았어.

↳ The keys are next to my glasses. 열쇠가 내 안경 옆에 놓여있어.

---

inside of

…안에 *반대의 의미는 outside of로 의미는 '…의 밖에'

A: Are Korean pop stars popular **outside of** Korea?
한국의 가수들이 해외에서도 인기있어?

B: Yes, especially in China. 어, 특히 중국에서.

↳ There were many plants inside of the greenhouse. 온실 안에 많은 식물들이 있어.

↳ You need to catch one of the shuttle buses outside of the airport.
공항 밖 셔틀버스를 잡아타야 돼.

---

over there

저기에, 저쪽에 *현재 있는 지점에서 반대편에 있다는 의미

• over here
여기에

• far away
멀리에

A: The woman sitting **over there** is my teacher.
저기 앉아 있는 사람이 우리 선생님이야.

B: You mean the one with brown hair? 갈색머리 여자 말이야?

↳ I've walked over there from here. 여기서 거기까지 걸어갔는데요.

↳ Is it far away from here? 여기서 머니?

---

in the neighborhood

동네에, 주변에 *neighborhood는 '사는 동네' 또는 '가까운 주변'을 뜻한다.

A: Where can I find the library? 도서관이 어디에 있어?

B: It's the largest building **in the neighborhood.**
동네에서 가장 큰 빌딩이야.

↳ I'll stop by your apartment when I'm in the neighborhood.
내가 근처에 가면 네 아파트에 들릴게.

↳ There used to be a popular nightclub in my neighborhood.
내 동네에 인기 있는 나이트 클럽이 있었는데.

if you like

if you like

- if you want do~
  …하고 싶으면
- if you wish
  원하시면
- if possible
  가능하면

좋으시면, 괜찮으시면 *답변으로 사용되는데 그때의 의미는 '그렇게 하세요'라는 허락의 뜻

A: I'm afraid to walk home alone. 난 집에 혼자 걸어가기가 두려워.

B: I'll walk with you, **if you like.** 원하시면 제가 같이 걸어가죠.

↳ If you want to meet him, I can introduce you. 걔 만나고 싶으면 내가 소개해줄게.

↳ We can leave now, if you wish. 네가 원하면 우린 지금 떠날 수 있어.

in that case

- if that is the case
  만약 그런 경우라면
- in case S+V
  …하는 경우
- in this case
  이 경우에
- in any case
  어떤 경우든지

이런 경우 *그런 상황이라면이라고 가정하여 말을 할 경우

A: Tony said that he'd pick up the tab.
토니는 자신이 계산을 하겠다고 말했어.

B: **In that case** I'll have dessert. 그렇다면 내가 후식을 내지.

↳ In that case I'll change the plans. 그렇다면 난 계획을 바꿀 거야.

↳ I'm going to label them just **in case** they get lost.
그것들을 잃어버릴 경우에 대비해서 라벨을 붙여놓을 거야.

as long as

- as if
  (마치) …인 것처럼
- as though
  (마치) …인 것처럼

…하는 한 *as 이하면 '…을 하겠다'는 의미이며 특히 기간을 강조하고자 할 때는 for as long as라 한다.

A: It looks **as though** the country is on its way to recovery.
국가가 회복의 길에 들어선 것처럼 보여.

B: I sure hope so. It's been a long and hard year.
나도 그렇길 바래. 아주 길고 힘든 한 해였어.

↳ You can stay here **as long as** you like. 네가 원하는 만큼 여기 머물러도 돼.

↳ I haven't been in here for **as long as** I remember.
내 기억으로는 여기에 오지 않았어.

what if ~

- otherwise
  그렇지 않다면

…라면 어쩌지, 어떻게 될까 *주로 걱정하면서 하는 말로 if 뒤에는 안좋은 가정이 나온다.

A: **What if** I said we had to work tomorrow?
우리가 내일 일해야 한다고 말하면 어떨까?

B: I'd pretend that I didn't hear you. 못 들은 걸로 할게.

↳ **What if** this ship began to sink? 이 배가 가라앉으면 어떨까?

↳ **What if** the security guard doesn't show up?
보안요원이 나타나지 않으면 어떻게 될까?

let's say~

예를 들면, 이를 테면 *아직 일어나지 않았지만 '뭔가 일어난다면'이라는 가정을 해볼 때

A: **Let's say** the electricity stopped working.
예를 들어 전기가 끊어진다면.

B: That would mean many people would have problems.
많은 사람들에게 문제가 생긴다는 것을 의미하지.

↳ **Let's say** you and I had a date together. 이를테면 너하고 내가 함께 데이트를 한다면.

↳ **Let's say** Kim can't come with us. 예를 들어 김씨가 우리랑 같이 갈 수 없다면.

when it comes to

when it comes to~

···에 대하여   *to가 부정사가 아니기 때문에 다음에 명사가 이어진다.

A: **When it comes to** computer problems, I would ask Tina.
컴퓨터 문제에 관해서라면 나 같으면 티나한테 물어 보겠다.

B: Do you know where she is right now?
지금 티나가 어디에 있는지 알아?

⊾ When it comes to winter, Ed likes skiing.   겨울에 대한 거라면 에드는 스키를 좋아해.

⊾ When it comes to love, I know nothing.   사랑에 관해서라면 난 아는 게 전혀 없어.

as for[to]

···대해 말하자면   *as for 다음에는 사람이나 사물이, as to 다음에는 사물이 온다

- as for me
  나로서는
- as to the matter
  그 문제에 관하여

A: I really like to go on long trips.   난 정말로 긴 여행을 좋아해.

B: **As for me**, I like to stay at home.   나로서는 집에 머무는 것을 선호해.

⊾ As for Jen, she's ready to get started.   젠으로서는 시작준비가 되어 있어.

⊾ As for him, he'll be at lunch for an hour.   그는 1시간 동안 점심을 할 거야.

concerning+N

···에 관하여   *전치사처럼 쓰이는 단어로 뒤에 명사 상당어구가 온다.

A: I'd like to talk with you **concerning** tomorrow's meeting.
낼 회의에 관해서 얘기하고 싶은데요.

B: What time would be good for you?   언제가 좋겠어요?

⊾ These reports were written **concerning** pollution.
이 보고서는 공해에 대해 쓰여졌어.

⊾ I talked to three people **concerning** you.   난 너와 관련된 3명과 이야기를 나눴어.

with regard to

···에 관하여, ···에 대하여   *with 대신 in을 써도 되며 formal한 표현이다.

- without regard to
  ···에 상관없이

A: **With regard to** a job, I am trying to find one.
직업에 대해 말하자면 난 지금 찾고 있는 중이야.

B: It's very difficult to get hired these days.   요즘 취업이 무지 어렵지.

⊾ With regard to that car, it's been sold.   그 차에 대해 말하자면 팔린 차야.

⊾ With regard to the show, it's been canceled.   그 쇼에 대해 말하면 취소된 거야.

regarding+N

···에 관하여   *어떤 특별한 주제를 언급하고자 할 때 쓰는 역시 formal한 표현

A: **Regarding** your flight, it will be delayed.
손님항공편에 대해 말씀드리자면 연착될 것입니다.

B: I guess I will have to wait here.   여기서 기다려야 겠군요.

⊾ Regarding the exam, I failed it.   시험에 관해서라면 난 떨어졌어.

⊾ He spoke to us **regarding** our future.   갠 우리 미래에 대해 말했어.

Index & Test

엔트리표현 찾기 및 테스트해보기

H

Y